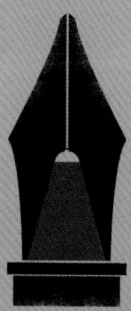

新时代法学教育丛书

NEW ERA LEGAL EDUCATION SERIES

新时代法学教育丛书

莫纪宏 总主编

网络与信息法学教程

周 辉 主编

当代中国出版社

Contemporary China Publishing House

图书在版编目（CIP）数据

网络与信息法学教程 / 周辉主编 . -- 北京：当代
中国出版社，2024. 12. -- （新时代法学教育丛书 / 莫
纪宏总主编）. -- ISBN 978-7-5154-1458-4

Ⅰ . D922.17；D922.8

中国国家版本馆 CIP 数据核字第 20248SM727 号

出 版 人	蔡继辉	
责任编辑	刘　照	
责任校对	贾云华　康　莹	
印刷监制	刘艳平	
封面设计	乔智炜　李默涵	
出版发行	当代中国出版社	
地　　址	北京市地安门西大街旌勇里 8 号	
网　　址	http://www.ddzg.net	
邮政编码	100009	
编 辑 部	（010）66572148	
市 场 部	（010）66572281　66572157	
印　　刷	中国电影出版社印刷厂	
开　　本	787 毫米 × 1092 毫米　1/16	
印　　张	24.5 印张　1 插页　546 千字	
版　　次	2024 年 12 月第 1 版	
印　　次	2024 年 12 月第 1 次印刷	
定　　价	68.00 元	

总　序

　　2023 年 2 月底，中共中央办公厅、国务院办公厅联合印发了《关于加强新时代法学教育和法学理论研究的意见》（以下简称《意见》）。《意见》明确指出，要完善法学教材体系。坚持以习近平法治思想为统领，通过抓好核心教材、编好主干教材、开发新形态教材等，构建中国特色法学教材体系。为了有效贯彻落实《意见》对构建中国特色法学教材体系提出的明确要求，中国社会科学院大学法学院组织学院全部师资力量和科研力量，出版了本套能够充分体现中国社会科学院大学"科教融合"成果、面向高等法律院校本科、硕士和博士的通用法学教材。本套教材严格按照《意见》提出的完善法学学科专业体系，构建自主设置与引导设置相结合的学科专业建设要求，立足目前高等法律院校教学体系现状，依托中国社会科学院法学研究所和国际法研究所强大的科研能力，用两年左右的时间编写而成，是一套适应新时代高等法律院校教学特点的"新时代法学教育丛书"。丛书主要面向高等法律院校的法学硕士、法律硕士，同时可以作为提升本科生阅读和理解能力的教学辅导资料，并可以成为夯实法学博士生法学知识基础的参考文献。

　　此套丛书分两批完成。第一批主要根据中国社会科学院大学法学院 2023 年 6 月的教学管理体制改革方案，建立以 17 个教研室为基础的教学管理单位，负责各门法学核心课程的设计、教材的编写以及法学本科、硕士和博士的培养计划等教学管理工作，围绕《意见》强调的法学主干学科编写各门法学核心课程的教程，包括《法理学教程》《中国法律史学教程》《宪法学教程》《行政法学教程》《刑法学教程（上、下册）》《民法学教程（上、下册）》《商法学教程（上、下册）》《刑事诉讼法学教程》《民事诉讼法学教程》《行政诉讼法学教程》《经济法学教程》《社会法学教程》《环境与资源法学教程》《知识产权法学教程》《国际公法学教程》《国际私法学教程》《国际经济法学教程》《军事法学教程》，同时按照中国社会科学院大学法学院目前各学科教研室设置的布局，与上述核心课程教程一起推出《网络与信息法学教程》《监察法学教程》。每册教程 50 万字左右，按照教育部规定的高等法律院校专业课程教学的基本要求编写，既有正文讲解，又有引导性、提纲性的内容提示，还有思考题和参考文献。鉴于有些学科知识量较大，将《刑法学教程》《民法学教程》《商法学教程》分为上、下两册编写，给主体为法学硕士、法律硕士的学习群体全面和系统地掌握法学基础知识提供高质量的教学辅导读物。第一批出版 20 本教程（23 册），2024 年底出齐。第二批教程预计 16 本左右，主要为落实《意见》加强新兴学科建设的要求，拟编写的教程包括《立法学教程》《文化法学教程》《教育法学教程》《国家安全法学教程》《区际法学教程》《社会治理法学教程》《科技法学教程》《气候法学教程》《海洋法学教程》《涉外法学教程》《党内法规学教程》《法学论文写作指导教程》《法学方法论教程》《法学文献阅读辅导教程》《法律职业伦理教程》《法学学术规范与学术道德教程》等。第二批教程拟于 2025 年底出齐。为了加深学习者对教程内容的理解，在第二批教程出版的同时，从每一本教程中抽象出 50 余个常用的学科名词术语，汇编成《新时代法学教育大辞典》，作为辅导学生学习和理解教材的必备参考。"新时代法学教育丛书"共计 30 余本，构成了《意见》要求设置的法学教学体系的整体框架和全部内容，可以为全面和系统地培育高等法律院校的本科生、硕士生和博士生提供最富有实效的教学参考资料，形成系统化的法学知识体系，以因应新时代对法学人才之需。本套丛书是全国 600 多所高等法律院校或法学院率先贯彻落实《意见》对法学教材体系建设要求形成的重要教学科研成果，丛书的出版可以为全国高等法律院校编写同类教材或者直接采用作为教材提供帮助。

为保证按时按质地组织"新时代法学教育丛书"的编写和出版工作，中国社会科学院大学、中国社会科学院法学研究所和国际法研究所举全力支持中国社会科学院大学法学院组织的"新时代法学教育丛书"的编写和出版，这将是 2020 年 9 月 20 日中国社会科学院大学法学院成立后由法学院独立组织出版的充分反映法学院教学能力和科研实力的系列法学教材，是法学院为争创"双一流"建设学科而进行的带有前瞻性、创新性、战略性的重大教学改革和创新举措。

"新时代法学教育丛书"由中国社会科学院大学法学院组织，法学院院长莫纪宏教授任总主编，执行院长吴用教授、党委书记张初霞副教授任副总主编，法学院院务会组成人员、17 位教研室主任以及法学研究所、国际法研究所若干研究室主任作为丛书编委会成员，同时聘请中国社会科学院李林、陈甦、孙宪忠学部委员，中国社会科学院大学党委书记崔唯航教授、校长张政文教授、常务副校长王新清教授以及中国社会科学院大学法学院特聘教授李明德、田禾等教授作为丛书总顾问，集中中国社会科学院大学法学院全部在编教学人员编写。

总共两批 30 余本教程的编写采取两种模式的主编责任制。一是以法学院现有 17 个教研室为单位，主干和核心课程以教研室主任作为学科教程的主编，教研室全体在编教学人员参加编写；二是由法学院根据具体情况指定特定人员负责教程编写工作。

"新时代法学教育丛书"是面向高等法律院校在读学生的教学参考书，知识点全面覆盖，以问题为导向，带有思考性特点，主要阅读群体是法学硕士和法律硕士，难度中等，适合本科生提升和博士生夯基使用。丛书使用 2008 年出版的社科法硕教材和中国社会科学院研究生教材编写体例，每本教材的名称统一为《××法学教程》。

中国社会科学院大学法学院是中国社会科学院实行"科教融合"的改革举措，吸收中国社会科学院法学研究所、国际法研究所、研究生院以及原中国青年政治学院法学院四个方面的科研和教学力量汇集起来的科研型教学单位，从 2020 年 9 月 20 日成立至今尚不足 4 年，是全国 600 多所高等院校法学院中较年轻的法学院。尽管起步较晚，但法学院可以追溯的历史却源远流长。

我们的法学研究生教育最早可以追溯到 1961 年。1978 年成立了中国社会科学院研究生院法学系，正式开启了中国社会科学院系统的规范化法学教育历程，1981 年我们成为新中国首批设立法学一级学科博士点的 3 家单位之一。我们的法学本科教育也于 2009 年入选教育部第四批高等学校特色专业建设点，2012 年入选教育部、中央政法委首批卓越法律人才教育培养基地（应用型、复合型法律职业人才教育培养基地），当然也都是北京市的特色专业和法律人才教育培养基地。因为有了这样良好的法学教育基础，2019 年，中国社会科学院大学法学院入选了国家级一流本科专业建设点。

数十年来，法学院人才培养成效卓著，大量优秀毕业生在法学科研、教育领域以及党政机构、司法和监察部门、律师事务所、大型企业等实务部门就职，为法治中国建设作出了杰出贡献。

"科教融合"以后的法学院现有本科专业学位点、法学一级学科硕士学位点、法律硕士专业学位点、法学一级学科博士学位点，还有博士后流动站，目前在读学生 1100 余人。

我们希望通过我们自己的努力，将"科教融合"的成果和中国社会科学院大学法学院的办学特色体现到"新时代法学教育丛书"中去，积极探索中共中央办公厅、国务院办公厅联合印发的《关于加强新时代法学教育和法学理论研究的意见》中明确提出的"抓好核心教材、编好主干教材、开发新形态教材等，构建中国特色法学教材体系"各项要求的新路子，力争在不久的将来跻身中国高等法律院校的"名院"行列，为国家培养更多合格的法治人才。

中国社会科学院大学法学院院长
中国社会科学院法学研究所所长
2024 年 4 月于北京沙滩北街 15 号

目 录 CONTENTS

第一章　总论 　　001
第一节　基本概念 　　001
第二节　法律渊源 　　007
第三节　指导思想与基本原则 　　011
第四节　网络与信息法主体 　　014
第五节　网络与信息法的框架 　　030

第二章　网络安全法 　　034
第一节　网络安全法导论 　　035
第二节　网络运行安全法律制度 　　049
第三节　网络安全监测预警和应急处置制度 　　066

第三章　电信法 　　076
第一节　电信法导论 　　076
第二节　电信法基本原则 　　091
第三节　电信管理制度 　　092
第四节　法律责任 　　103

第四章　反电信网络诈骗法 　　108
第一节　反电信网络诈骗法导论 　　108
第二节　反电信网络诈骗法的基本原则 　　113
第三节　电信治理 　　116
第四节　互联网治理 　　122
第五节　法律责任 　　126

第五章　数据安全法 　　131
第一节　数据安全法导论 　　132

第二节　数据安全法的基本原则 141

第三节　数据分类分级保护制度 147

第四节　数据安全审查制度 152

第五节　数据跨境安全管理制度 156

第六节　法律责任 163

第六章　个人信息保护法 175

第一节　个人信息保护法导论 176

第二节　基本原则 188

第三节　个人信息处理规则 195

第四节　个人信息跨境提供规则 211

第五节　个人信息主体的权利 217

第六节　个人信息处理者义务 223

第七节　法律责任 229

第七章　数字经济法 239

第一节　数字经济法导论 240

第二节　电子商务法律制度 242

第三节　数字竞争法律制度 252

第四节　数据要素流通 258

第五节　其他数字经济制度 264

第八章　网络信息内容法 270

第一节　网络信息内容服务管理基础法律框架 271

第二节　网络账号管理制度 282

第三节　社交类网络信息内容服务管理制度 286

第四节　音视频类网络信息内容服务管理制度 293

第五节　新闻类网络信息内容服务管理制度 301

第九章　人工智能法 314

第一节　人工智能法导论 314

第二节　人工智能伦理规范 332

第三节　人工智能法律制度 335

第十章　互联网司法和在线纠纷解决　　　　　　　　　　350

　　第一节　互联网司法　　　　　　　　　　　　　　　　350

　　第二节　在线纠纷解决　　　　　　　　　　　　　　　357

　　第三节　电子证据法律制度　　　　　　　　　　　　　373

后　记　　　　　　　　　　　　　　　　　　　　　　378

第一章　总论

【内容提示】

当前，新一代信息技术快速、迭代发展，网络日益成为创新驱动发展的先导力量。把握好新一代信息技术发展的重要机遇，促进数字经济发展，处理好网络安全、人工智能治理、信息化发展等方面的挑战，需要法律做好护航、保障和支撑作用。中国网信事业的发展和法治中国建设的迈进，共同推动了网络与信息法学的繁荣发展，中国网络信息法律制度体系也日益健全。

网络与信息法对网络空间（cyberspace）中的社会关系进行调整，塑造信息技术发展和应用，形成网络与信息法律关系。网络与信息法律关系一般包括网络与信息法主体、网络与信息法客体及网络与信息法权利义务等内容。网络与信息法主体是依据网络与信息法享有权力或权利，并需履行相应义务的主体。随着信息技术促进社会各方面的网络化、数字化、智能化转型，一方面传统部门法主体及其法律关系在网络空间得以体现，另一方面掌握网络空间权力的私主体开始出现，尤其是以平台形式组织和开展活动。

本章旨在对我国网络与信息法、网络与信息法学进行简要介绍，供读者从整体把握这一新兴法律部门、新型法学二级学科的知识体系。其中，第一、二、三节主要介绍网络与信息法学的基本概念、法律渊源、指导思想与基本原则；第四节将重点对网络与信息法主体及其典型权利、义务进行介绍；第五节将在前述内容的基础上介绍网络与信息法的法律体系构成。

第一节　基本概念

一、网络与信息法学

（一）学科概念

网络与信息法学，是以调整网络空间中的社会关系，塑造信息技术发展和应用的法律规范，即网络与信息法，为研究对象的法学学科。[1]

---

[1] 参见中国学位与研究生教育学会网。

在信息技术网络化、数字化、智能化迭代发展的过程中，网络与信息法、网络与信息法学不断成熟。网络化为信息传播提供了更广泛的节点通道和交换连接，数字化为信息生产提供了更丰富的数据原料和处理方式，智能化为信息决策提供了更高效的自主能力和精准分析。网络化、数字化、智能化叠加、融合，使得网络空间中的社会关系更加多维、复杂。

在信息技术高速公路的互联网发展之初，曾有观点认为，网络社会应当实现社群自治，而非依赖现实中的政府或法律进行规制；互联网用户应在自我组织与自我管理的同时，又能保有最大限度的、独立于公共人格之外的自由。[1]劳伦斯·莱斯格教授将这种想象形容为："……网络空间是一个完全不同的社会。那里有约束和管理，但应从下而上建立，而不是通过国家的指导来建立。这个空间的社会应是一个完全自我组织的实体，没有统治者，没有政治干预。"[2]但是，这种观点很快便退出历史舞台：网络空间的运行基于底层基础设施、软件程序和代码以及流动于其中的信息，设施、代码、程序、信息都可能也应该受法律规范保护和规制。事实上，迄今为止还未存在过"无法被控制"的网络，只是控制的主体可能存在差异。国家介入网络空间、以法律手段对网络空间及其中的信息技术发展和应用进行塑造，既属实然，也系应然。

（二）学科命名逻辑

学科名称的选择既要在汉语习惯用语的基础上体现学科特点，集中反映与其他学科之间的差异，也应兼顾既有研究传统和实践惯例。以北京大学、清华大学、中国人民大学、中国政法大学、西南政法大学、华东政法大学为代表的高校，在相关新法学学科探索上，分别选择了不同的名称和定位，为进一步系统化的学科构建提供了有益参考。[3]但无论是互联网法学、网络法学侧重研究对象的空间场域，还是信息法学、数据法学侧重研究对象的表现形式，抑或数字法学、计算法学[4]、人工智能法学突出研究对象的技术路径，都按特定的逻辑突出研究的特色和重点。但如果全面考虑学科研究的时空命题、技术演进、方向导向、战略任务、实践基础、国际面向，中国法学会网络与信息法学研究会和中国社会科学院大学选择的"网络与信息法学"这一名称更具科学性。

第一，同时突出"网络"和"信息"，既可以体现本学科研究特点和重点，也可以反映本学科对于网络空间、网络社会关系、信息技术和信息内容的全面认识。"网络"既指向网络空间，也指向借助信息技术实现更广泛、更快速、更复杂连接的社会关系网络或网络社会关系。以因特网（Internet）为代表的互联网所形成的网络空间是本学科研究的历史起点和基本场域，确立"网络"作为本学科名称的关键词，既可以接续互联网

---

[1] 参见［美］约翰·P.巴洛：《"网络独立宣言"》，李旭、李小武译，载《清华法治论衡》2004年第00期。

[2] ［美］劳伦斯·莱斯格：《代码2.0：网络空间中的法律》（第2版），李旭、沈伟伟译，清华大学出版社2018年版，第3页。

[3] 参见周辉、徐玖玖：《中国网络与信息法学研究机构建设和发展报告（2004—2020）》，载周汉华主编：《网络信息法学研究》2021年第1期。

[4] 如果计算法学致力于把法律规范作为研究对象的科学应用、法律科技，那么其法学门类的属性并不强。

法[1]或网络法的研究脉络，也可以突出与传统法学的空间差异。"信息"则是信息化和不同信息技术的代称，突出这一概念可以更好地与信息技术界对话和跨学科研究。

第二，同时突出"网络"和"信息"，可以更好坚持贯彻、丰富发展习近平总书记关于网络强国的重要思想，更好反映党中央领导、推动网络安全和信息化立法所取得的历史性成就，更好建构本学科领域内体现中国气派、中国风格的自主知识体系。网络强国、网信事业、网信工作，是习近平总书记关于网络强国的重要思想基本内涵和核心要义的主要关键词。[2]"网络"和"信息"两个概念结合在一起，能够更好地呼应这些关键词。另外，从法治领域的战略规划和立法实践来看，中共中央印发的《法治社会建设实施纲要（2020—2025 年）》《法治中国建设规划（2020—2025 年）》分别强调了依法治理网络空间和加强信息技术领域立法；早在 2000 年通过的《全国人民代表大会常务委员会关于维护互联网安全的决定》就区分了保障互联网的运行安全和信息安全两个问题；[3]2012 年的《全国人民代表大会常务委员会关于加强网络信息保护的决定》首次从法律效力文件层面将"网络"与"信息"一起使用。《网络安全法》《反电信网络诈骗法》两部专门法律和数以十计的规章标题都包含"网络"一词；名称中有"信息"的法律如《个人信息保护法》，典型的行政法规则有《互联网信息服务管理办法》《信息网络传播权保护条例》《关键信息基础设施保护条例》等，相关部门规章更是超过数十部。相对而言，名称包含"数据""数字"的法律法规则要少很多。

第三，同时突出"网络"和"信息"，可以涵盖安全和发展双重命题，既体现学科的兼容性和平衡性，也更契合发展和安全深度融合的战略要求。习近平总书记在二十届中央国家安全委员会第一次会议上发表的重要讲话中明确提出推动发展和安全深度融合的战略要求，为新时代国家安全工作指明了前进方向、提供了根本遵循。网络作为现代社会信息传输的主要载体，与安全有着密不可分的关系，安全这一命题是深植于"网络"一词中的核心理念。信息作为知识经济时代的核心资源，与社会经济发展之间的联系更为紧密。"信息"除了指向信息技术和信息内容，还代表信息化的发展。信息化是当前重要的发展机遇，没有信息化就没有现代化。信息资源的开发、利用和共享，不但能够大幅提高生产力，促进经济增长，而且对于产业结构调整、科技创新驱动、社会治理创新等方面具有深远影响。

第四，同时突出"网络"和"信息"，可以更容易被本领域国际学术界理解和认可，更好传播中国特色话语和概念。从本学科的国外顶级学术机构来看，最典型的网络"互

---

〔1〕 参见周汉华：《论互联网法》，载《中国法学》2015 年第 3 期；张平：《互联网法律规制的若干问题探讨》，载《知识产权》2012 年第 8 期。

〔2〕 习近平总书记关于网络强国的重要思想的基本内涵和核心要义是"五个明确"：明确了网信工作在党和国家事业全局中的重要地位，明确了网络强国建设的战略目标，明确了网络强国建设的原则要求，明确了互联网发展治理的国际主张，明确了做好网信工作的基本方法。参见习近平：《在全国网络安全和信息化工作会议上的讲话》，载中共中央党史和文献研究院编：《习近平关于网络强国论述摘编》，中央文献出版社 2021 年版，第 43—45 页。

〔3〕《全国人民代表大会常务委员会关于维护互联网安全的决定》第 1 段提到："如何保障互联网的运行安全和信息安全问题已经引起全社会的普遍关注。"

联网"是最有广泛认可度的标志性名称，如哈佛大学法学院伯克曼·克莱恩互联网与社会研究中心（Berkman Klein Center for Internet and Society）、斯坦福大学法学院互联网与社会研究中心（The Center for Internet and Society）、牛津大学互联网研究院（Oxford Internet Institute）等。在与本学科最相关的联合国互联网治理论坛（Internet Governance Forum，IGF）和非常重要的国际机构互联网名称与数字地址分配机构（Internet Corporation for Assigned Names and Numbers，ICANN）的名称中，这一情况也充分体现。"信息"则是耶鲁大学法学院信息社会研究中心（The Information Society Project）名称的核心概念。相较而言，以数据、数字为主题名称的国际学术机构则较为少见。

综上可见，选择"网络与信息法"作为本学科的名称，既符合社会关系的时空逻辑、技术演进的历史逻辑，也可以鲜明地体现中国特色的学科特点和定位；在建构中国自主的学术体系、话语体系的同时，也能更好地融入国际学术界，与本学科的国外顶级学术机构进行交流对话。国务院学位委员会最新编修发布的《研究生教育学科专业简介及其学位基本要求（试行版）》中也采用了"网络与信息法"这一名称，充分证明了这一命名能够最大限度地继承、吸收、包容已有的学术积累和理论创新。

二、与网络与信息法学有关的概念

（一）网络与互联网

自 20 世纪 80 年代起，我国就在科研、通信等活动中探索进行网络设施建设和国际联网，并于 1994 年实现与国际互联网的全功能连接，被视为网络时代的开端。1995 年，我国开始向社会提供网络接入服务。1996 年发布、2024 年修订的《中华人民共和国计算机信息网络国际联网管理暂行规定》对网络及相关概念有如下界定：互联网络，是指直接进行国际联网的计算机信息网络；国际联网，即计算机信息网络国际联网，是指中华人民共和国境内的计算机信息网络为实现信息的国际交流，同外国的计算机信息网络相连接。

从广义上讲，网络并不仅指互联网络。实践中，网络主要包括"三网"，即电信网络、广播电视网络和计算机网络。[1] 这三种网络向用户提供的服务不同。电信网络的用户可得到电话、电报以及传真等服务；广播电视网络的用户能收听、观看各种广播电视节目；计算机网络则使用户能够迅速传送数据文件以及从网络上查找并获取各种有用资料，包括图像和视频文件等。这三种网络中发展最快并起到核心作用的是计算机网络，特别是通过一定的通信协议（通信规则）将若干个计算机网络互联而形成的"计算机网络的网络"（network of networks）。

对于基于通信协议所形成的"计算机网络的网络"，英文中有两个对应的语词：

---

[1] 参见《最高人民法院关于审理侵害信息网络传播权民事纠纷案件适用法律若干问题的规定》（2020 年修正）就规定：信息网络，包括以计算机、电视机、固定电话机、移动电话机等电子设备为终端的计算机互联网、广播电视网、固定通信网、移动通信网等信息网络，以及向公众开放的局域网络。

internet 和 Internet；中文的对应译名分别是互联网和因特网。[1]以小写字母 i 为首字母的 internet（互联网）是一个通用名词，指由若干计算机网络相互连接而成的网络，在这些网络之间的通信协议可以是任意的。根据信息的传输逻辑，按照五层协议的原理体系，互联网的结构层次包含：（1）物理层，透明地传送比特流；（2）数据链路层，在两个相邻结点间的线路上无差错地传送以帧为单位的数据；（3）网络层，负责为分组交换网上的不同主机提供通信服务；（4）运输层，负责向两台主机进程之间的通信提供通用的数据传输服务；（5）应用层，通过应用进程间的交互来完成特定网络应用。此外，还有电缆、光缆、无线信道等传递信息的物理媒体，这被称为物理层下的第 0 层。[2]

随着网络技术的发展和政策的推动，"三网"之间已经深度交叉融合。其中，尤以移动电信网络与互联网之间的结合产生的移动互联网（对应普通计算机相互连接的桌面互联网）影响最大。2016 年通过的《网络安全法》第 76 条从更广的意义上使用和规定了网络的概念："网络，是指由计算机或者其他信息终端及相关设备组成的按照一定的规则和程序对信息进行收集、存储、传输、交换、处理的系统。"本书将主要使用网络这一概念。但是，对于法律文件中已经使用或约定俗成的概念（如互联网金融），如非必要，将不对相关表述作调整。

（二）信息

当生物尝试用话语、符号、图片、音乐来表述事物客观运动和主观感受时，信息就已存在。在生物的进化演进中，信息传递是生存和繁衍的关键要素之一。通过以听觉、视觉和触觉等多种方式，包括人类在内的动物根据收到的信息来获取食物、寻找伴侣、避免危险等。对于人类所建立的文明社会而言，信息是人类社会中个体和群体之间交流、合作和决策的基础，它在文化、科技、政治和经济等各个领域都起着至关重要的作用。美国学者曼纽尔·卡斯特曾经指出："知识和信息一直是生产力和权力的重要源泉。"

有关"信息"一词的定义，可以追溯到信息论创始人、美国数学家克劳德·艾尔伍德·香农（Claude Elwood Shannon）和美国数学家、工程师沃伦·韦弗（Warren Weaver）。他们的信息论将信息界定为"一个数量，它以瓦特（bits）为单位测量并通过符号出现的概率来定义"。在《贝尔系统技术杂志》发表的《通信的数学理论》一文中，香农将信息量定义为随机不定性程度的减少。换言之，在香农看来，信息就是用来减少随机不定性的东西。这个"东西"在网络时代最集中的体现就是网络空间中的"数据信息"或者"网络数据"。也有观点认为，"信息的特殊本质在于它是一种可以表征物质客体的成分、结构、状态、行为、功能、属性、演化趋势的东西，一种能表征一切物质属性的物质属性"；同时，这种"表征物质客体属性的信息可以同该客体分离开来，固定在叫作载体的其他物质客体上"。[3]此外，也有人将信息定义为"主体所感知的或所表述的相应

---

〔1〕 英文语词及其对应译文参见全国科学技术名词审定委员会公布的《计算机科学技术名词》（第 2 版），科学出版社 2002 年版，第 4 页、第 201 页。

〔2〕 参见谢希仁编：《计算机网络》（第 7 版），电子工业出版社 2017 年版，第 30—32 页。

〔3〕 苗东升：《系统科学精要》，中国人民大学出版社 1998 年版，第 263 页。

事物的运动状态及其变化方式，包括状态及其变化方式的形式含义和效用"。[1]信息的传递需要具有载体，如语言、文字、图像或者电磁波，才能够让接收者理解和解释。信息作为对事物运动的具体表述，可以涵盖广泛的领域，包括事实、情报、思想、观点等。

信息与数据之间既有联系，也有区别：数据是记载客观现象的原始数字、事实；信息则是有表述内容的消息，是有意义的数据。信息具有使用价值，能够满足人们的特殊需要，可以用来为社会服务。对于信息资源，有狭义和广义之分：狭义的信息资源，指的是信息本身或信息内容，即经过加工处理，对决策有用的数据。广义的信息资源，指的是信息活动中各种要素的总称，"要素"包括信息、信息技术以及相应的设备、资金和人等。本文所指的信息资源就是狭义上的概念，即经过挖掘整理后的有意义的数据。[2]

从信息与知识的关系来看，知识则可认为是认识主体以"内在认识图式结合同化认识客体而再现出来的或原则上可以再现出来的被观念化被符号化了的有序信息组合"，即知识本质上就是信息，是具有公共性形式的信息，因而具有共享性。[3]

（三）平台

将"平台"这一概念予以专门介绍，其原因是平台在网络社会中具有重要地位，其不仅是大多数重要网络服务的提供途径，也是信息集散、交流甚至贸易往来的关键环节。

网络空间的开放、共享给各方带来了获取更多信息的机会，相应地增进了各方的收益——无论是有形的还是无形的，还是物质上的或精神上的。但是，开放、共享并不必然是完全美好和自由的。开放、共享离不开一定的平台载体作为相关参与方下载、上传等信息交流行为的媒介。如果把网络空间比喻为一个生态系统的话，谁掌控了平台，谁就是开放、共享幕后的"老大哥"（BigBrother），谁就是这个生态系统的支配者。如果把作为平台的私主体与平台上的其他私主体都视为网络空间的链接节点的话，那么他们就是存在"不平等"关系的"枢纽节点"与普通节点。

经济数字化拓展了贸易空间，缩短了贸易的距离和时间，使得全球贸易规模远远超越了以往任何一个时期，数字网络技术推进经济全球化进入新的阶段，亚马逊、谷歌、脸书以及国内的阿里巴巴、腾讯、字节跳动等各种大型互联网平台随之涌现，成为收集利用数据、推动商品与生产要素流动、促进分工细化的中坚力量，以平台经济为主要代表形式的数字经济已经成为社会创新发展和产业升级的新引擎。

网络平台作为一个数字化的平台具有基础设施的特点，它为用户群体的互动和经济活动提供一系列的技术工具，供用户在平台内实现自己的产品和服务的交易，形成了一个在这种基础设施上的新的市场。"平台"并不是物理意义上的一个平坦开阔的空间，而是复杂的、多层次的，在其信息网络背后是程序员、设计师创造的以代码为核心的基

---

〔1〕 唐世伟、刘贤梅主编：《信息论》，哈尔滨工程大学出版社 2009 年版，第 3 页。

〔2〕 参见周辉：《技术、平台与信息：网络空间中私权力的崛起》，载《网络信息法学研究》2017 年第 2 期。

〔3〕 参见王太平、杨峰：《知识产权法中的公共领域》，载《法学研究》2008 年第 1 期。

础架构。此外，平台要想发挥价值就必须依赖于平台使用者的交互，平台无法离开用户。平台同时又是由许多不同的、可能重叠但也可能相互冲突的群组组成。一般意义上的"中立的平台"实际上忽视了平台内海量用户可能拥有不同的观点和不同的利益诉求。平台实际上是人的产物，既包括直接的人工介入，也包括人所开发的程序（如算法）对平台运行过程的控制和管理。

作为一种经济组织形式，平台是在公司与市场两个概念之间的一种过渡状态，或兼有两者一部分特性的综合状态。从平台和公司的联系和区别来看，平台上的经济活动的开展和平台自身的运营有一定的秩序，有一定的规范性，与公司的组织结构和运作相近；但是公司是一个独立的个体，它仅控制公司所有的资源和公司雇佣的劳动力，只能组织自己内部的生产。但平台在组织自己的资源之外还可以利用用户的资源，既包括经营者也包括服务使用者。因此平台既具有公司的特点又具有市场的特点。平台的价值得以发挥的核心是连接不同的用户，在平台内满足用户的需求，同时也满足有交易需要的用户的"进行供给"的需要。[1]

第二节　法律渊源

狭义上，中国法律渊源以宪法为核心、以法律法规规章和法律解释等制定法为主要表现形式。广义上，中国法律渊源还包括党内法规、规范性文件、标准、政策等。

（一）宪法

宪法是国家的根本大法，同时也是网络与信息法的重要渊源。《个人信息保护法》第 1 条就阐明："为了保护个人信息权益，规范个人信息处理活动，促进个人信息合理利用，根据宪法，制定本法。"虽然《网络安全法》《数据安全法》等法律并未在法条中强调这一点，但法律未明确说明"根据宪法，制定本法"并不意味着该法不以宪法为上位法，除非该法律是其他某部基本法律的特别法。在网络与信息法律体系中，一方面，网络安全、数据安全和个人信息保护等制度均是对宪法中保护国家安全、维护社会稳定和保障公民权利（如人格尊严）规定的落实；另一方面，网络与信息立法必须符合宪法的精神、遵循宪法规范和宪法原则。

（二）法律

法律是指由全国人大或其常委会制定的规范性法律文件。目前，我国在网络与信息领域制定的成文法律已有很多，既包括《网络安全法》《数据安全法》《个人信息保护法》等构成我国网络信息法律制度基础框架的立法，也有《电子商务法》《反电信网络诈骗法》等针对特定活动制定的、规制专门问题的法律。此外，在《国家安全法》《民法典》《刑法》等法律中，也分别规定了涉及网络与信息的规范内容，如虚拟财产保护、

---

〔1〕 参见周辉、张心宇：《互联网平台治理研究》，中国社会科学出版社 2022 年版，第 13—21 页。

网络信息犯罪等，这些法律也是网络与信息法的重要渊源。

（三）行政法规

国务院根据宪法和法律，可以为执行法律的规定或履行《宪法》第89条规定的国务院行政管理职权而制定行政法规，作出规定。较有代表性的网络与信息行政法规有《互联网信息服务管理办法》《关键信息基础设施安全保护条例》《电信条例》《互联网上网服务营业场所管理条例》《未成年人网络保护条例》《网络数据安全管理条例》等，此外还有与网络信息法关联较大的其他领域的行政法规，如《快递暂行条例》《出版管理条例》等。

（四）地方性法规

省、自治区、直辖市以及设区的市的人民代表大会及其常务委员会根据本行政区域的具体情况和实际需要，在不同宪法、法律、行政法规相抵触的前提下，可以制定地方性法规。目前，有关网络与信息的地方性法规主要集中于数据开放、数据报送和数字经济以及人工智能产业促进等领域，例如，《贵州省大数据发展应用促进条例》《深圳经济特区数据条例》《上海市公共数据开放暂行办法》《上海市促进人工智能产业发展条例》《深圳经济特区人工智能产业促进条例》等。

（五）浦东新区法规

浦东新区法规是2021年6月10日，十三届全国人大常委会第二十九次会议作出《关于授权上海市人民代表大会及其常务委员会制定浦东新区法规的决定》，授权上海市人大及其常委会制定的新型法规。2023年修正后的《立法法》第84条第2款进一步明确，上海市人民代表大会及其常务委员会根据全国人民代表大会常务委员会的授权决定，制定浦东新区法规，在浦东新区实施。

浦东新区法规在遵循宪法规定以及法律和行政法规基本原则的前提下，可以对法律、行政法规、部门规章作出变通规定，可以更好地进行立法试验、制度创新。在网络与信息法方面，浦东新区法规已经有了探索。例如，2022年出台的《上海市浦东新区促进无驾驶人智能网联汽车创新应用规定》就为无驾驶人智能网联汽车在浦东新区的测试和应用提供了法律保障。

（六）规章

规章又可分为部门规章和地方政府规章。

1. 部门规章

国务院各部、委员会、中国人民银行、审计署和具有行政管理职能的直属机构以及法律规定的机构[1]，可以根据法律和国务院的行政法规、决定、命令，在本部门的权限范围内，制定部门规章。部门规章规定的事项应当属于执行法律或者国务院的行政法规、决定、命令的事项。没有法律或者国务院的行政法规、决定、命令的依据，部门规

---

[1] 这是2023年《立法法》修正后明确的，如国家网信办虽然不是国务院的部、委员会和具有行政管理职能的直属机构，但因为有《网络安全法》等法律的授权规定，也可以制定规章。

章不得设定减损公民、法人和其他组织权利或者增加其义务的规范，不得增加本部门的权力或者减少本部门的法定职责。

由于规章的制定周期更短，内容更细致、更有针对性，国务院相关部门制定并发布规章是目前实施网络治理的常用手段。网络与信息法相关的规章主要由国家网信办、公安部、工信部、国家市场监督管理总局等部门发布，为各自履行监管职责提供依据。有些部门规章的出台是细化上位的网络与信息法律或行政法规，如《网络交易监督管理办法》是依据《电子商务法》等法律法规制定的，《网络安全审查办法》是依据《网络安全法》和《数据安全法》等制定的；也有些部门规章是在上位网络与信息法空白的情况下，根据一般性的上位法制度的，如《互联网域名管理办法》是根据《行政许可法》《国务院对确需保留的行政审批项目设定行政许可的决定》等规定，参照国际上互联网域名管理准则制定的。此外还有涉及多个部门职责，由多个部门联合出台的规章，如《互联网信息服务算法推荐管理规定》《生成式人工智能服务管理暂行办法》等。

2. 地方政府规章

省、自治区、直辖市和设区的市、自治州的人民政府，可以根据法律、行政法规和本省、自治区、直辖市的地方性法规，制定地方政府规章。地方政府规章可以就下列事项作出规定：（1）为执行法律、行政法规、地方性法规的规定需要制定规章的事项；（2）属于本行政区域的具体行政管理事项。目前，我国已经出台了不少涉及数字法治、人工智能法治的地方政府规章，如《广东省公共数据管理办法》《浙江省公共数据开放与安全管理暂行办法》等，也有《杭州市网络餐饮外卖配送监督管理办法》等就特定行业出台的监管规则，或《上海市智能网联汽车测试与应用管理办法》等新技术新应用方面的规定。

（七）国际条约与协定

国际法渊源也是网络与信息法律渊源的组成部分之一，尤其是各国关于知识产权保护、国际贸易等问题上形成的共识，对全球网络治理有着重要作用。我国积极推进网络领域国际规则建设，支持联合国制定打击网络犯罪全球性公约、参与世界知识产权组织有关版权国际规则、域名国际规则的合作，并在WTO、联合国等合作框架下就全球数字经贸规则和数字治理等作出贡献。2020年4月，《视听表演北京条约》正式生效，成为新中国成立以来第一个在我国缔结、以我国城市命名的国际知识产权条约。此外，中国还与日本、韩国、澳大利亚、新西兰和东盟十国共15方成员一道制定了《区域全面经济伙伴关系协定》，围绕电子认证和签名、知识产权保护、电子商务和网络安全等方面形成区域性规则。

（八）法律解释与司法解释

法律解释是指有权的国家机关对现行法律的内容和含义所作的说明。目前尚未出台专门针对网络与信息法的法律解释。

司法解释与网络信息有关的司法解释相对较为常见，即主要指的是最高人民法院、最高人民检察院作出的属于审判、检察工作中具体应用法律的解释由最高人民法院解释审判工作中具体应用法律、法令的问题，或由最高人民检察院解释检察工作中具体应用法律、法令的问题。最高人民法院、最高人民检察院的司法解释也是网络与信息法律渊源之一。现行网络与信息的司法解释着重于解决各法律的具体适用问题，如《最高人民法院、最高人民检察院关于办理利用信息网络实施诽谤等刑事案件适用法律若干问题的解释》《最高人民法院关于审理侵害信息网络传播权民事纠纷案件适用法律若干问题的规定》《最高人民法院关于审理利用信息网络侵害人身权益民事纠纷案件适用法律若干问题的规定》《最高人民法院最高人民检察院关于办理非法利用信息网络、帮助信息网络犯罪活动等刑事案件适用法律若干问题的解释》《最高人民法院关于审理侵害信息网络传播权民事纠纷案件适用法律若干问题的规定》《最高人民法院关于审理网络消费纠纷案件适用法律若干问题的规定（一）》等。

（九）党内法规

党内法规是中国特色社会主义法治体系的重要组成部分，并具有制定主体的特定性、适用范围的普遍性、基本功能的规范性等法的某些特征和属性。[1]党内法规是党的中央组织，中央纪律检查委员会以及党中央工作机关和省、自治区、直辖市党委制定的体现党的统一意志、规范党的领导和党的建设活动、依靠党的纪律保证实施的专门规章制度。《中央网络安全和信息化委员会工作规则》《党委（党组）网络安全工作责任制实施办法》《中国共产党党员网络行为规定》等党内法规，是网络与信息法的重要组成部分。

（十）规范性文件

规范性文件，是除前文所述正式法律渊源外，由行政机关、司法机关或者经法律法规授权的具有管理公共事务职能的组织依照法定权限、程序制定并公开发布的，涉及公民、法人和其他组织权利义务，具有普遍约束力且在一定期限内反复适用的公文。[2]规范性文件数量众多，是网络与信息法律渊源的重要组成部分，针对网络与信息法领域的具体问题提出了明确的规范和要求。例如，国家新闻出版署发布的《国家新闻出版署关于进一步严格管理切实防止未成年人沉迷网络游戏的通知》就为网络游戏的管理提供了具体指导。此外，该部分法律渊源的体现还有《国家发展改革委等部门关于整治虚拟货币"挖矿"活动的通知》等。

（十一）标准

根据《标准化法》的定义，标准是指农业、工业、服务业以及社会事业等领域需要统一的技术要求，包括强制性标准和推荐性标准。网络与信息法的实施离不开技术保障，因此各类技术标准也是重要的非正式法律渊源。例如，《工业互联网安全标准体系》和《网络安全标准实践指南》等标准为对应领域技术的安全应用提供了规范指引，提升

---

〔1〕 李林：《论"党内法规"的概念》，载《法治现代化研究》2017年第6期。

〔2〕 关于规范性文件，《立法法》等法律中并无统一定义。例如《各级人民代表大会常务委员会监督法》第五章名为"规范性文件的备案审查"，既规定了行政法规、地方性法规、自治条例和单行条例、规章、司法解释等文件的备案审查，也规定了对地方各级人民代表大会常务委员会和地方政府决议、决定和命令的备案审查工作。本书所使用的"规范性文件"取较狭义的定义，不包含正式的法律、法规、规章等文件。该种定义可参见国务院办公厅《关于加强行政规范性文件制定和监督管理工作的通知》。

了技术的安全性和可靠性，也是法律实施的重要支撑。又如，2024 年 9 月 1 日，中央网络安全和信息化委员会办公室组织完成了《网络安全技术 人工智能生成合成内容标识方法》强制性国家标准的征求意见稿，并于 9 月 14 日面向社会公开征求意见。

（十二）政策

政策是国家或政党为了完成一定时期的任务而制定的活动准则。政策具有指导信息技术发展方向和规范市场秩序的重要作用。例如，《中华人民共和国国民经济和社会发展第十四个五年规划和 2035 年远景目标纲要》等政策文件对建设网络强国、数字中国及发展网络信息法律体系作出了重要部署；《中共中央 国务院关于构建数据基础制度 更好发挥数据要素作用的意见》就构建数据基础制度提出 20 条政策举措，就数据权益保护等法律问题提出制度构建框架。

第三节 指导思想与基本原则

一、指导思想

习近平总书记关于网络强国的重要思想是我国网络与信息法及网络与信息法学研究的指导思想。党的十八大以来，以习近平同志为核心的党中央站在人类历史发展、党和国家事业全局高度，从信息化发展大势和国内国际大局出发，重视互联网、发展互联网、治理互联网，统筹推进网络安全和信息化工作，提出一系列具有开创性意义的新理念、新思想、新战略，深刻回答了事关网信事业发展的一系列重大理论和实践问题，形成了关于网络强国的重要思想，擘画了建设网络强国的宏伟蓝图。这一重要思想是习近平新时代中国特色社会主义思想的重要组成部分，是党管网治网实践经验的理论总结和网信事业发展的行动指南。

2014 年，中央网络安全和信息化领导小组第一次会议召开，习近平总书记首次提出"努力把我国建设成为网络强国"的战略目标。2016 年 10 月 9 日，十八届中央政治局进行第三十六次集体学习，其主题就是实施网络强国战略。2018 年，全国网络安全和信息化工作会议召开。这次会议最突出、最重大、最核心的成果，就是对习近平总书记关于网络强国的重要思想进行系统阐述。习近平总书记用"五个明确"对这一重要思想进行了高度概括：明确网信工作在党和国家事业全局中的重要地位，明确网络强国建设的战略目标，明确网络强国建设的原则要求，明确互联网发展治理的国际主张，明确做好网信工作的基本方法。

党的二十大擘画了全面建设社会主义现代化国家、以中国式现代化全面推进中华民族伟大复兴的宏伟蓝图，明确提出加快建设网络强国，对网信工作作出新的战略部署。2023 年 7 月 14 日至 15 日，全国网络安全和信息化工作会议在北京召开。习近平总书记对网络安全和信息化工作作出重要指示，充分肯定了党的十八大以来网信事业取得的成就，深刻阐述新时代新征程网信事业的重要地位作用，鲜明提出网信工作要"切实肩负起举旗帜聚民心、防风险保安全、强治理惠民生、增动能促发展、谋合作图共赢"的使命任务，并明确了"十个坚持"的重要原则：坚持党管互联网；坚持网信为民；坚持走中国特色治网之道；坚持统筹发展和安全；坚持正能量是总要求、管得住是硬道理、用得好是真本事；坚持筑牢国家网络安全屏障；坚持发挥信息化驱动引领作用；坚持依法管网、依法办网、依法上网；坚持推动构建网络空间命运共同体；坚持建设忠诚干净担当的网信工作队伍。

二、价值取向

（一）公平正义

公正是法治的生命线，是网络与信息法的基础价值取向。在网络空间中，正义体现为对权利的平等尊重、对违法行为的有效惩治、对合法权益的有力保障。一方面，网络空间并非法外之地，所有网络参与者应平等地享有言论自由、信息获取、隐私保护等基本权利，任何侵犯他人权利的行为都应受到法律的约束与制裁。网络与信息法通过对网络侵权、网络犯罪等问题的研究，推动立法、司法与执法部门公正地对待网络纠纷，确保网络环境的公平正义。另一方面，网络与信息法强调对弱势群体的特殊保护，如儿童网络权益、数字鸿沟下的信息贫困群体等，力求消除网络空间中的不平等现象，实现社会正义的延伸与深化。

（二）良法善治

良法善治是网络与信息法的道德追求。在网络世界中，善意味着引导和促进网络行为的正当性、利他性与公共福祉。网络与信息法倡导网络伦理，鼓励网络用户在行使个人权利的同时，尊重他人、承担社会责任，避免滥用技术手段进行诽谤、欺诈、侵犯隐私等不道德行为。此外，网络与信息法还关注网络技术与服务如何服务于社会公益，如通过信息公开、电子政务、远程教育、在线医疗等方式，推动社会福利的提升与共享，实现科技向善。

（三）权益保障

权益保障是网络与信息法的重要宗旨。网络空间中的权益主体多元、关系复杂，包括个人隐私权、知识产权、数据权益、企业竞争权益等。我国在推进网络立法过程中，坚持人民主体地位，恪守以民为本、立法为民理念，在保障公民通信自由和通信秘密、保护公民使用网络的权利、加强个人信息保护和维护网络空间财产安全等方面出台了一系列立法。[1]网络与信息法致力于研究如何通过法律制度设计与实施，有效预防、制止和救济各种网络侵权行为，确保网络参与者合法权益不受侵犯。这需要法律对新型权利类型进行明确界定，构建适应网络特性的权利保护机制，为网络参与者提供坚实的法律保障。

---

〔1〕 参见中央网络安全和信息化委员会办公室：《中国网络法治三十年》，人民出版社 2024 年版，第 12—14 页。

（四）创新发展

创新发展是网络与信息法的价值目标。网络技术与业态日新月异，法律制度必须紧跟时代步伐，为科技创新提供宽松有序的法治环境。网络与信息法研究如何在保护权益的前提下，适度放宽对创新行为的法律规制，鼓励技术创新、商业模式创新，推动数字经济、人工智能、区块链等新兴领域的快速发展。同时，法律还需引导和规范科技创新的方向，防止技术滥用导致的社会失衡，如通过数据治理、算法监管等手段，确保科技创新服务于社会进步与人类福祉。

（五）安全可控

安全可控是网络与信息法发展的基础保障。网络安全关乎国家主权、社会稳定和个人安全，网络与信息法致力于构建全面、立体、有效的网络安全法律体系，强化网络空间的国家安全屏障。同时，安全可控也要求对网络信息内容进行合理监管，打击网络谣言、网络暴力、网络色情等有害信息，维护网络空间的清朗秩序。

三、基本原则

（一）党的领导

党的全面领导是中国特色依法治网之路最本质的特征，也是推进网络法治建设的根本政治保证。"党管互联网"这一重大政治原则贯穿于网信工作全过程，是建设网络强国的首要基础。网络安全和信息化事关党的长期执政，事关国家长治久安，事关经济社会发展和人民群众福祉。加强党对网信工作的集中统一领导，同时也是防范化解网络安全和信息化重大风险的必然选择，是推进国家治理体系和治理能力现代化的题中应有之义。坚持党的领导，要健全和完善党领导网信工作的体制机制，提高各级领导干部用网治网能力，把党的方针政策落实到网络信息立法、执法和司法各方面。

（二）保障人权

网络法治建设的根基在人民，与人民群众切身利益密切相关，具有鲜明的人民性。中国网络信息立法将保护公民、法人和其他组织的合法权益放在非常重要的位置。《电子签名法》《网络安全法》《全国人民代表大会常务委员会关于维护互联网安全的决定》《关于加强网络信息保护的决定》等法律文件分别将"维护各方的合法权益""保护公民、法人和其他组织的合法权益""保护个人、法人和其他组织的合法权益""保障公民、法人和其他组织的合法权益"作为立法的重要目的，在第一条或第一段中进行明确规定。保障人权不仅是对我国宪法精神、宪法规范的遵循，也符合我国网信事业发展以人民为中心的发展思想。网络与信息法要适应人民期待和需求，让互联网造福人民，让亿万人民在共享互联网发展成果上有更多获得感。

（三）维护主权

《网络安全法》第 1 条就明确宣示了中国对于维护国家网络空间主权的主张。网络空间是人类共同的活动空间，网络空间前途命运应由世界各国共同掌握。《联合国宪章》确立的主权平等原则是当代国际关系的基本准则，覆盖国与国交往的各个领域，其原则和精神也应该适用于网络空间。各国自主选择网络发展道路、网络管理模式、互联网公共政策和平等参与国际网络空间治理的权利都应该得到尊重，中国不搞网络霸权，不干涉他国内政，不从事、纵容或支持危害他国国家安全的网络活动。

网络在技术形态上无国界，需要在现实中不断强化对网络的实际控制，就更需要在网络立法和网络司法实践过程中坚持维护国家的网络主权。这一原则既包括维护国家自身主权，也包括不侵犯其他国家的主权。

（四）平衡安全与发展

安全是发展的前提，发展是安全的保障。习近平总书记强调，"坚持统筹发展和安全，坚持发展和安全并重，实现高质量发展和高水平安全的良性互动"[1]。一方面，发展是解决我国一切问题的基础和关键，网络法治建设必须始终围绕经济社会发展大局，为网络强国建设提供坚实保障；另一方面，我国是全球最大的发展中国家，网民数量最多，网络与生产生活方方面面深度融合，必须保障好网络安全，进而贯彻落实总体安全观，保护国家安全和人民的根本利益，保障网络信息事业的发展。[2]平衡发展与安全原则意味着要把该管的管住，对各类安全风险积极有效防范和化解，保护各类主体权益和国家安全、社会秩序；也要把该放的放开，发展利用好新兴技术，增强发展新动能、发展新质生产力，塑造国家竞争新优势。

（五）综合治理

随着互联网特别是移动互联网发展，社会治理模式正在从单向管理转向双向互动，从线下转向线上线下融合，从单纯的政府监管向更加注重社会协同治理转变。中国的网信事业发展经验证明：一方面，在治理主体上，只有既重视监管的作用，也重视其他主体协同监管的作用，网上网下要同心聚力、齐抓共管，才能形成共同防范社会风险、共同构筑同心圆的良好局面；另一方面，在治理手段上，既要坚持法治原则、重视法治的作用，也要客观认识到徒法不足以治网。因此，中国网络信息法律制度的健全，要重视提高网络综合治理能力，形成党委领导、政府管理、企业履责、社会监督、网民自律等多主体参与，经济、法律、技术等多种手段相结合的综合治网格局。目前，我国不断探索跨领域、跨部门综合执法实践，立法中也对各部门分工协作、国家网信部门负责统筹协调网信工作进行了明确规定，网络与信息法综合治理体系日益完善。

第四节　网络与信息法主体

网络与信息法主体，即在网络与信息法律关系中依法享有权利或履行义务的组织或个人。这里所指的组织，既包括公权力机构也包括各类私营企业、社会组织；而个人即

---

〔1〕 习近平：《贯彻总体国家安全观，构建大安全格局》，载《习近平谈治国理政》（第4卷），外文出版社2002年版，第390页。

〔2〕 参见中央网络安全和信息化委员会办公室：《中国网络法治三十年》，人民出版社2024年版，第37页。

法律意义上的公民、外国人等自然人。

　　绝大多数网络与信息法主体是线上线下相联系的。例如，一个网络空间内的用户账号，一般对应一个现实中具体操作该账号的自然人，主体实质上是该自然人而非账号；一个网络服务背后必然有现实中的提供者（或在《网络安全法》中称为网络运营者），一般为某种组织，但也有以个人名义提供服务的情况。理论上，任何在网络与信息领域内实施的法律行为，均可追溯到特定的现实主体，从而依法保护其法律权利，或令其承担法律义务与责任。实践中，也有一些黑灰营销、公关产业，自动化或人力控制多个账号，即表面上的多个主体背后实际为同一主体，进而实现机器人水军、刷流量等违规行为，这也是我国"清朗"等互联网治理专项行动长期重点打击的情形。

　　由于网络与信息法和其他部门法的关系，网络与信息法主体通常也可以在具体法律关系中被认定为其他部门法主体。例如，消费者和商家经由线上渠道完成交易，则双方既是网络与信息法主体，又是民事法律关系中的主体。由此不难得出，随着信息技术的发展和普及，只要任意传统部门法的法律关系的内容全部或一部分与信息技术有关，即落入网络与信息法律关系的范畴，相关主体即在个案中属于网络与信息法主体。但是，若以此种广义理解作为网络与信息法研究的范围，则容易落入"泛网络与信息化"的困境，即要将所有传统部门法都添上"网络与信息"之后再重新加以论述和研究，即使信息技术的参与并没有明显改变原有的法律关系。

　　为了避免研究泛化，需要厘清网络与信息法主体的重点类型。因此，本书所介绍的网络与信息法主体（以及本章和其他各章中的权利义务关系）主要是具有信息时代特点的、受到信息技术显著影响的主体类型，而非全部可能在网络世界中出现的法律主体。

一、网络与信息法主体的概念与类型

　　根据在网络与信息领域内扮演的角色、承担的职责、享有的权利和应履行的义务不同，可以将网络与信息法主体主要分成三类：公权力主体、私权力主体、私权利主体。

（一）公权力主体

　　理解公权力主体（包括下文的私权力主体），首先应理解权力的概念。在以国家和私人二元主体划分为基础的传统公私法结构中，"拥有权力，拥有支配性独断意志的仅仅是通过合法程序约束下的政府及其机关"，[1]此处的"政府及其机关"一般被认为是掌握公权力的主体。社会学对于权力的界定是较为体系和完整的。按照达尔的观点，权力真正成为一个解释性概念，是从韦伯开始的。韦伯指出："权力意味着在一种社会关系里哪怕遇到反对也能贯彻自己意志的任何机会，不管这种机会是建立在什么基础之上。"《布莱克维尔政治学百科全书》也持类似观点："权力就是一个行为者或机构影响其他行为者或机构的态度和行为的能力。"郭道晖在《权力的特性及其要义》中归纳提出了权力的本质要素：权力是一种社会关系。某个主体能够运用其拥有的资源，对他人发生强制性的影响力、控制力，促使或强迫对方按权力者的意志和价值标准作为或不作为，此

---

〔1〕　参见邓峰：《经济法漫谈：社会结构变动下的法律理念和调整（6）》，载中国民商法律网。

即权力。

照此定义，公权力，或称公共权力，其本质是共同体（如国家）对其成员进行支配和控制的权力，其最主要的体现就是国家权力。行使国家权力的国家机关，包括作为行政机关的各级人民政府和县级以上各级人民政府的组成部门，即属于最典型的公权力主体。当然，公权力主体还包括立法机关、司法机关，如各级人民代表大会和各级人民法院、人民检察院等；法律法规授权行使公权力的组织在行使权力时也属于公权力主体，网络与信息法中的此类主体一般包括各类网络信息行业组织和机构或与之相关的社会组织，如中国消费者协会、中国互联网协会、国家计算机病毒应急处理中心等。当然，这些组织只有在依据授权行使公权力时才可视为公权力主体，自身并不当然具备相应的权力。

国家主权在网络空间的适用同样也是公权力的体现，许多重要的国际文件中已经确认了国家主权原则适用于网络空间。2003 年，联合国信息社会世界峰会通过的《日内瓦原则宣言》就提出"互联网公共政策的决策权是各国的主权"。2015 年，二十国集团领导人《二十国集团领导人安塔利亚峰会公报》中指出，"确认国际法，特别是联合国宪章，适用于国家行为和信息通信技术运用，并承诺所有国家应当遵守进一步确认自愿和非约束性的在使用信息通信技术方面的负责任国家行为准则"。2019 年，世界互联网大会发布《携手构建网络空间命运共同体》概念文件，强调"网络主权是国家主权在网络空间的自然延伸，应尊重各国自主选择发展道路、治理模式和平等参与网络空间国际治理的权利"。

（二）私权力主体

在法学的概念体系中，公法与私法界分的背景下，公权力与私权利"泾渭分明"。私权力这一概念是否就没有理论上的基础呢？美国法学家霍菲尔德在《司法推理中应用的基本法律概念》一文中有关权力的分析恰好可以提供这一问题的答案。霍菲尔德从法学体系的自足性出发，认为"严格的基本法律关系终究是自成一格的（suigeneris）"。他在区分法律概念与非法律概念、构成性事实与证明性事实的基础上，提出了四组基本法律概念：权利（right）与义务（duty）、特权（privilege）与无权利（no-right）、权力（power）与责任（liability）、豁免权（immunity）与无资格（disability）。霍菲尔德认为，与日常生活中人们用以表示某人具有做某事的物质或精神能力而使用"权力"概念相比，作为法律概念的"权力"存在根本的不同。作为法律概念的权力与特定法律关系的变更密切相关。特定法律关系的变更可能产生于：（1）事后出现的、一个人（或人们）的意志所不能控制的某一或某组事实；（2）事后出现的、一个人（或人们）的意志所能控制的某一或某组事实。在第二种情况下，可以说意志控制占主导地位的那个人（或那些人）便拥有问题所涉的实现法律关系的特定变化的（法律的）权力。权力的关联概念是责任，它的对立概念是无资格。[1]

---

[1] 霍菲尔德对包括八个基本法律概念的分析详见 Wesley·Newcomb·HohfeldSource, *Some Fundamental Legal Conceptions as App.* lied in Judicial Reasoning, The Yale Law Journal, Vol. 23: 1, pp.16-59(1913)；该文的译文见 ［美］W.N. 赫菲尔德：《司法推理中应用的基本法律概念（上）》，陈端洪译，载《环球法律评论》2007 年第 3 期。

虽然霍菲尔德对"权力"更多的是从私法角度着墨，但是，他却从法律概念的逻辑上揭示了权力并不为公主体所垄断，换而言之，权力与私主体之间是可兼容的。从公司这一典型私主体的前世今生，便可一窥私权力存在的客观性。最初的公司就被视作私主体与政治体的结合体，在某种程度上甚至是国家主权的分享者。在殖民主义的时代，像英国东印度公司这样拥有惊人权力（包括但不限于建设城堡和城市、发行货币、宣战、议和乃至缔结国际条约等）的公司占有很大比例。这些公司所拥有的权力几乎涵盖了一个国家所拥有主权的全部内容，可以称为准主权（quasi-sovereigns）或微国家（mini-state）的实体。[1] 进入垄断资本主义时期，一些新型巨型公司日益成长起来。这些公司在市场上拥有相对于其竞争者和消费者的经济优势，具有了支配相关领域内市场的能力。虽然这些公司不再可能攫取类似英国东印度公司曾拥有过的强大权力，但是他们在谋取支配性权力方面仍然不遗余力。[2] 大公司实际上享有"私人政府"的地位，与政府分享主权。[3]

网络空间中，同样存在掌握权力的私主体。这类主体在现实中多数以公司的组织形式出现，如谷歌等全球互联网巨头企业；而在网络空间中，私权力主体往往以前文所述的平台形式组织起来，为网络上的各类活动提供渠道与信息、资源集散地。可以说，在网络生态中，平台企业不仅仅是技术服务提供者，也是一类最重要、最有代表性的私权力主体。一方面，作为网络社会和平台生态中的私主体，按照经典的治理秩序理想型，平台企业必然要接受政府等公共机构的监管，成为公权力作用的监管对象。但更重要的是，从另一方面来看，相对于平台生态内的其他私主体，其又是实际的权力行使者。理解作为私权力主体的平台，可以从以下角度着手：

第一，进入网络时代后，平台企业借助平台优势，可以在技术、数据方面形成更加明显的支配优势。平台企业通过技术手段可以决定信息在用户面前的展示方式和优先顺序，通过数据分析可以发现、过滤和处置特定内容。随着算法技术广泛应用于平台业务并成为其新的竞争力，数据处理和信息投送的精准性、自动性也不断提升。平台生态内的用户几乎每时每刻都处在被算法推荐、算法决策的作用之下。在算法"黑箱"的背景下，这种支配也更加隐蔽，可以在用户不知情或无感知的情况下接受约束，最终产生重塑个体与社会之间关系的更深层次影响。[4] 某种意义上，平台企业是平台生态的内部治理者，政府的治理能力很大程度上会止步于平台生态之外。[5]

第二，随着互联网业态的融合发展，一些网络平台网络效应和规模经济特征突出，其聚集已有资源、吸引用户使用平台服务的过程，也是生成数据、为平台创造新的资源的过程。在此基础上，平台整合资源、吸引用户的能力不断强化，构建起相对独立的生

---

〔1〕　参见 Greenwood, Daniel J. H., *The Semi-Sovereign Corporation*. Utah Legal Studies Paper, 20 March, 2005, No. 05-04. P2. Available at SSRN: http: // ssrn. com/abstract = 757315。

〔2〕　参见 Allison D. Garrett, *Corporation as Sovereign*, 60 Me. L. Rev., p. 129, 133。

〔3〕　参见［美］伯纳德·施瓦茨：《美国法律史》（第 2 版），王军等译，法律出版社 2011 年版，第 172 页。

〔4〕　参见周辉：《算法权力及其规制》，载《法制与社会发展》2019 年第 6 期。

〔5〕　参见徐晋：《大数据平台：组织架构与商业模式》，上海交通大学出版社 2014 年版，第 13 页。

态体系。[1]而平台对这种生态体系拥有很强的控制力和影响力，能够通过制定和实施交易规则，建立和实现平台内的经济秩序。平台可以制定服务协议、用户规则，可以对违反规则的用户进行处罚，还可以利用内部纠纷解决机制对用户间的矛盾进行"裁决"，这些行为实质上类似于对市场进行公共管理、维护竞争秩序，使平台具有了类似政府的职能。[2]

第三，对于用户众多的内容平台生态而言，除了在平台内形成某种意义上的社群"共同体"，也会因用户兼具线上线下身份，而对整个社会产生衍生性影响。从治理的角度来看，平台企业已经成为关系大众生活的非官方、非选举产生的监管机构。[3]对此，Facebook 的创始人扎克伯格有清晰的认识："Facebook 从许多方面来看更像是一个政府，而非一家传统意义上的公司。我们拥有庞大的用户社区，远远超过其他任何一家高科技公司。我们其实是在制定政策。"[4]

需要指出的是，平台并非在互联网发展的每个时期都当然掌握私权力，平台自身也随着信息技术的发展，经历了从"平台 1.0"到"平台 2.0"再到"平台 3.0"的变化过程，或称"连接者""组织者""治理者"三个层层承接递进的阶段。

1. 平台 1.0：网络信息的"连接者"

20 世纪 80 年代、90 年代，互联网平台企业的雏形开始出现，形成了最早的"平台 1.0"模式。Netscape、Yahoo 和 Google 等公司开始以点击流量作为其盈利的基础，一般通过运营门户网站集成其他网址链接供用户检索、浏览和访问。此时的门户网站，从平台的角度来看，扮演着"连接者"的角色，在其他网络服务、网络信息与用户间搭建了一条管道，使用户可以实现快速分流。中国的"门户时代"则大约在 1998 年前后发端，搜狐、网易、新浪等多家大型的网络内容服务商开始在其网站上聚合诸多信息资源，并通过广告投放获得收益。

2. 平台 2.0：网络空间的"组织者"

在平台 1.0 时代，作为平台的门户网站传递信息的方式较为单一，用户只是借此浏览其他网页，对门户网站推送的信息也只能单向被动接受，而难以在平台上进行用户与平台、用户与用户之间的交流。随着技术能力的增强、用户数量的增加、互动方式的开发，诸多大型网络平台围绕主体业务形成自有生态体系，允许用户在平台上进行更复杂的交互。在这一时期，平台的角色开始由特征单一的"连接者"转变为属性多元的"组织者"，平台不仅是信息的传递者，也是信息的创造者，在平台体系中不仅可以进一步撮合各方，还形成了初步的平台规则，可以依照平台自身的规则体系对平台用户进行规范，拥有了可以对开放平台管理控制的"私权力"。这一时期，全球范围内的代表性平台企业是所谓的"Big Four"（Google、Apple、Facebook 和 Amazon）；中国的大型平台企

---

[1] 周汉华：《论平台经济反垄断与监管的二元分治》，载《中国法学》2023 年第 1 期。

[2] 张晨颖：《公共性视角下的互联网平台反垄断规制》，载《法学研究》2021 年第 4 期。

[3] ［美］杰奥夫 G. 帕克、马歇尔 W. 苑·埃尔斯泰恩、桑基特·保罗·邱达利：《平台革命：改变世界的商业模式》，志鹏译，机械工业出版社 2017 年版，第 162 页。

[4] ［美］大卫·柯克帕特里克：《Facebook 效应》，沈路等译，华文出版社 2010 年版，第 175 页。

业代表则被称为"BAT"，即百度、阿里巴巴和腾讯等公司。

当然，平台经济繁荣和网络平台的发展壮大也带来了网络空间无序化越发严重、有害信息大肆传播发酵等问题。平台企业自身作为典型的经济人，基于自利本性，有动机和能力去追求自己的利益最大化。[1]因此，若不加监管，则可能会影响平台展示信息的中立性、客观性，有损平台生态。2016年，22岁大学生魏则西患癌去世。他生前在网上写下自己的就医经过，表示自己根据百度搜索结果选择就医，却延误了病情，质疑搜索引擎的竞价排名机制误导用户。事后，国家网信办牵头成立联合调查组，调查结论认为存在付费竞价权重过高、商业推广标识不清等问题，影响了搜索结果的公正性和客观性，容易误导网民，要求百度立即整改。同时，国内外也有大量社交媒体用户因各种理由遭到他人曝光隐私、侮辱谩骂甚至造谣诽谤，网络暴力一时成为社会关注的焦点，上述问题促使各国对平台的监管开始收紧。

3. 平台3.0：现代社会的"治理者"

近年来，平台开始逐渐具备"治理者"这一角色，平台3.0时代到来。这一时期，各国对互联网依赖程度快速上升，平台在社会生产生活中扮演着更加重要的角色。各类基于平台产生的新应用、新经济、新消费、新职业得到发展，与国家、市场、社会深度融合。例如，在疫情防控中，各种平台在信息汇集利用、物资统筹规划、人力组织协调、日常办公交流等方面起到了至关重要的作用。平台行使私权力有其正面作用：平台可以代替政府进行监管，减少平台内经营活动的负外部性，在数字经济时代部分地弥补了政府的规制能力缺陷。[2]但是，由于缺乏类似于现代法治国家的民主监督、行政监督等机制的约束，平台滥用私权力可能更加肆无忌惮，仅靠市场竞争和行业自律难以有效应对，这将可能造成用户权益受损、表达自由受限、平台内秩序失控等问题，甚至会影响社会稳定和国家政治安全。随着平台影响力的增强、平台角色的样态多元化，考虑到平台经济未来仍扮演重要角色，世界各国对平台实施的治理将越发严格。[3]

（三）私权利主体

私权利主体，即在网络世界中享有合法权益的主体。私权利主体在网络世界中的身份较为多样化：他们可以是信息的接收者、内容的创造者、商品和服务的消费者或提供者，以及数字劳动的参与者。上文所述的平台，或私权力主体，同样享有作为私主体的合法权利，它们也是网络服务提供者这一范畴下的细分类别。当公权力或私权力主体行使其权力时，私权利主体一般是直接受到权力影响、规制的对象。

当然，自然人仍然是占比最多也最主要的一类私权利主体，有时此类主体亦被称为"网民"，泛指使用信息技术、通过网络进行某些活动的自然人。依据《第53次中国互联网络发展状况统计报告》披露的数据，截至2023年12月，我国网民规模达10.92亿人，较2022年12月增长2480万人；互联网普及率达77.5%，较2022年12月提升1.9

---

〔1〕参见杨明：《平台经济反垄断的二元分析框架》，载《中外法学》2022年第2期。
〔2〕参见刘权：《网络平台的公共性及其实现——以电商平台的法律规制为视角》，载《法学研究》2020年第2期。
〔3〕参见周辉、张心宇：《互联网平台治理研究》，中国社会科学出版社2022年版，第8—12页。

个百分点。

外国人和无国籍人在中国依然享有相关网络与信息法律法规规定的部分权利，但同时也受到法律的约束和规制。例如，《个人信息保护法》规定："自然人的个人信息受法律保护，任何组织、个人不得侵害自然人的个人信息权益""在中华人民共和国境内处理自然人个人信息的活动，适用本法。"从上述规定中可以看出，《个人信息保护法》的适用范围并不是采取属人主义原则，而是以属地主义为主，保护主义为辅。这意味着，即使是外国人或无国籍人，只要在中国境内，就可以依据该法主张自己的个人信息权益。

二、网络与信息法主体的权利与义务

权利和义务是法学的核心概念，全部法律问题都可归结于权利和义务，[1] 网络与信息法学亦不例外。在网络信息领域的立法中，仍然主要通过规定权利人所享有的权利以及网络与信息法主体应承担的义务来设置网络世界中的法律规则。网络与信息法主体的权利与义务，既有传统部门法体系内权利义务在线上的映射，也有因网络信息活动特点而产生的、独属于本部门的特有权利义务内容。本节首先将介绍网络与信息法主体所具有的网络世界中的基本权利；其次将介绍网络与信息法主体的普通权利；最后，着眼于"私权力主体"这一特殊类型的网络与信息法主体，本节将介绍该类主体在"合作治理"关系下所产生的公法义务及第三方义务。

需指出的是，网络与信息法主体的权利与义务内涵相当广泛，绝大多数传统部门法规定的权利与义务内容，均可以在网络空间找到不同程度的体现。因此，本节将选择几类较为明显、在使用网络服务过程中更容易被侵犯且更多得到关注的权利内容加以介绍，并附带说明为保障该权利所可能需要履行的义务。此外，私权力主体所承担的义务仍然是为了保障各类权利，但其履行主体和履行方式较传统部门法不同，故有必要专门对此予以分析。

（一）基本权利

1. 言论自由权

《宪法》第35条规定："中华人民共和国公民有言论、出版、集会、结社、游行、示威的自由。"由于信息传递更为方便、快捷，言论传播更加迅速、影响更广泛，网络空间已成为人们发表各类言论、交换见解的主要场域。从最早期的文字论坛、个人网页，到可供个人撰写、发表文章的博客及聊天群组，再到微博客、短视频平台以及自媒体，言论的表达方式和表达渠道越发多样。当然，相比于以往，谣言、网络暴力等以言论自由之名行侵犯权利、破坏社会秩序之实的现象也更频繁地出现。言论自由从未不设限，行使言论自由权须以不侵犯他人权利、不违反社会公德和法律底线为前提。例如，《网络安全法》第12条规定："国家保护公民、法人和其他组织依法使用网络的权利，促进网络接入普及，提升网络服务水平，为社会提供安全、便利的网络服务，保障网络

---

[1] 参见张文显主编：《法理学》（第5版），高等教育出版社2018年版，第125页。

信息依法有序自由流动。任何个人和组织使用网络应当遵守宪法法律，遵守公共秩序，尊重社会公德，不得危害网络安全，不得利用网络从事危害国家安全、荣誉和利益，煽动颠覆国家政权、推翻社会主义制度，煽动分裂国家、破坏国家统一，宣扬恐怖主义、极端主义，宣扬民族仇恨、民族歧视，传播暴力、淫秽色情信息，编造、传播虚假信息扰乱经济秩序和社会秩序，以及侵害他人名誉、隐私、知识产权和其他合法权益等活动。"《互联网信息服务管理办法》《网络信息内容生态治理规定》等法规、规章则进一步为言论自由的行使划出了边界，规定了禁止发布、传播的信息类型，同时也明确了国家机关和网络服务提供者对违法信息采取各种措施的职责或义务。

2. 监督权

《宪法》第 27 条第 2 款规定："一切国家机关和国家工作人员必须依靠人民的支持，经常保持同人民的密切联系，倾听人民的意见和建议，接受人民的监督，努力为人民服务。"第 41 条第 1 款规定："中华人民共和国公民对于任何国家机关和国家工作人员，有提出批评和建议的权利；对于任何国家机关和国家工作人员的违法失职行为，有向有关国家机关提出申诉、控告或者检举的权利，但是不得捏造或者歪曲事实进行诬告陷害。"社会舆论本就是监督权行使的重要渠道，信息技术的出现则进一步助力了公民通过社会舆论行使监督权。目前，网络空间日益成为人们获取舆论的主要渠道，成为开展舆论监督的主要阵地。舆论逐渐从传统的报纸、电视、电台等转移到互联网上，网络舆论已经成为舆论的主要组成部分。习近平总书记曾经强调，要让互联网成为交流沟通的新平台，成为了解群众、贴近群众、为群众排忧解难的新途径，成为发扬人民民主、接受人民监督的新渠道；充分发挥互联网新平台、新途径、新渠道的功能，就要充分发挥、接受并适应网络舆论监督这一新形式。[1]

当然，网络舆论监督一旦过度，也可能变成对特定国家工作人员的诽谤和网络暴力行为，或是以舆论扭曲正当合法开展的工作，成为满足特定群体甚至特定个人一己私利的武器。政府如何正确开展网络舆论监督、个人如何正确参与网络舆论监督、媒体尤其是传统媒体如何在网络舆论监督中正确发挥作用，仍然是我们需要在实践与理论研究中不断探索的重要课题。

3. 通信自由和通信秘密

通信自由与通信秘密是指公民通过书信、电报、传真、电话及其他通信手段，根据自己的意愿进行通信，不受他人干涉的自由。《宪法》第 40 条规定："中华人民共和国公民的通信自由和通信秘密受法律的保护。除因国家安全或者追查刑事犯罪的需要，由公安机关或者检察机关依照法律规定的程序对通信进行检查外，任何组织或者个人不得以任何理由侵犯公民的通信自由和通信秘密。"通信自由与隐私权的保护存在着一定的交叉，但二者的侧重点与角度是不同的：通信自由主要侧重保护思想交流的途径和媒介，公民通过行使通信自由可以自由地进行社会交往；而隐私权侧重于保护个人生活的

---

〔1〕　参见中共中央党史和文献研究院编：《习近平关于网络强国论述摘编》，中央文献出版社 2021 年版，第 71 页。

私密性。如今，智能手机、电脑等设备终端成为人们通信的主要工具，网络成为通信的主要渠道，而社交软件、社交媒体平台则成为通信的主要方式方法。人们发送、接收和处理信息的模式较传统已有很大不同，通信自由和通信秘密的内涵与外延自然也随之扩展。例如，通过微信等线上方式私下进行的交流，也应属于通信自由的范畴，不受非法干涉；交流内容除基于国家安全或者追查刑事犯罪的需要，由公安机关、国家安全机关或者检察机关依照法律规定的程序进行检查外，不得随意窃取、拦截。

4. 人格尊严权

《宪法》第 38 条规定："中华人民共和国公民的人格尊严不受侵犯。禁止用任何方法对公民进行侮辱、诽谤和诬告陷害。"该条将人格尊严确立为一项基本权利，这一权利在《民法典》等法律法规中又得到了进一步的细化和扩展。侵犯个人姓名权、肖像权、名誉权、荣誉权和隐私权的行为均可能在网络世界中发生，如盗用他人身份信息注册账号、冒用他人身份、造谣诽谤他人、侮辱网暴他人、侵犯他人个人信息权益等。此外，随着人工智能技术的广泛应用，利用深度合成技术生成他人形象、音频进行"换脸"操作，也有侵犯人格尊严的风险。

5. 平等权

《宪法》第 33 条规定："中华人民共和国公民在法律面前一律平等。……任何公民享有宪法和法律规定的权利，同时必须履行宪法和法律规定的义务。"确立了公民在法律面前一律平等的基本原则。随着互联网的普及和信息技术的快速发展，虚拟空间成为公民生活的重要组成部分，网络世界中平等权的实现与保障也成为重要课题。

应该指出的是，由于不同群体在获取和运用信息通信技术方面的差异，"数字鸿沟"等不平等问题客观存在，但此种不平等主要体现在信息的检索、处理、分析能力，以及网络安全意识、数据和个人信息保护意识等方面，而非宪法意义上的平等权保障问题。平等权在网络空间的保障，主要是不同用户有权平等地享有权利和平等地履行义务，不允许有超越法律规定的任何特权，同时也要禁止不合理的差别对待。实践中，一些网络服务提供者同时也要履行网络监管和违法行为处置的义务，但对不同用户的不同违规行为的处罚力度可能存在差别。例如，在对违法违规言论进行处置时，有限制流量、删帖、封禁账号等不同力度的措施。相关处置规则（既包括法定处置规则，也包括网络服务提供者自订的规则）适用应平等，不应存在特殊群体如知名博主、"大 V"等凭借其影响力减轻或逃避承担相应处罚的情形。

（二）普通权利

1. 人格权

我国《民法典》将人格权独立成编，体现了对人格权保护的重视。在迅速发展的网络带来生活便利的同时，如前所述，由人格尊严权这一宪法权利衍生出的各项具体人格权均有在网络空间遭到侵犯的风险。以下将列举几类较受关注的人格权利。

一是名誉权。名誉权是公民人格权的重要组成部分，是公民要求社会和他人对自己的人格给予尊重的权利。目前，网络空间的名誉权侵权正呈现出侵权行为更加隐蔽、传播速度更快、传播范围更广、损害后果更难预料等特点。例如，如果有人发布虚假信息或恶意评论诋毁他人名誉，这些信息会迅速在网络上传播开来。许多侵权者通过"小号"或匿名方式侵犯他人名誉权，如果网络服务提供者和监管部门不能及时介入、查明真实侵权人，仅凭被侵权人自身，将难以追踪和确认侵权者的真实身份。同时，网络上的信息一旦发布，即使被删除，也可能已经被大量用户截图或保存。因此，网络名誉权侵权的影响往往难以完全消除。被侵权人的社会评价可能长时间受到负面影响，甚至可能引发长期的网络暴力。由于网络信息的易复制性和易传播性，网络名誉权侵权行为很容易引发二次侵权、再次侵权等问题：如果其他网络用户对已有信息进行了转发或评论，就可能在无意中成为侵权行为的帮凶。

二是肖像权。《民法典》第 1018 条规定："自然人享有肖像权，有权依法制作、使用、公开或者许可他人使用自己的肖像。肖像是通过影像、雕塑、绘画等方式在一定载体上所反映的特定自然人可以被识别的外部形象。"第 1023 条第 2 款规定："对自然人声音的保护，参照适用肖像权保护的有关规定。"在网络世界中，个人肖像会随着图文动态、直播、短视频等快速传播，一些电子档案里的证件照、合照等也有可能在很长时间后被检索出来。一旦这些肖像未经授权被使用，所造成的侵权影响则难以在短时间内被消除。此外，通过"AI 换脸技术"和"表情包"等途径，个人肖像可能被用于传播虚假信息或其他不良信息，这使网络肖像权保护面临更大的挑战。此外，网络直播活动也常常涉及在私密空间或公共场所捕捉并公开展示他人肖像的行为。

三是隐私权与个人信息权益等。[1] 隐私权与个人信息权益之间紧密关联，但又有所区分。一般认为，隐私权较个人信息权益范围更窄，隐私权所保护的信息必定属于个人信息，反之则不然。一些大数据画像等数据滥用行为若未经个人同意，或侵犯其个人信息权益，但并不侵犯其隐私；但未经他人同意对医疗健康信息、行踪轨迹信息等一些敏感个人信息进行收集、加工或公开，则可能同时侵犯二者。

目前，随着网络深入人们的生活，隐私权与个人信息权益保护仍有许多挑战亟待解决：权利主体在社会生活过程中被动留痕越来越多的信息，而政府部门和服务提供者出于监管和服务数字化的需求，也要求个人主动提供越来越多的信息。这些信息处理者凭借其技术、信息、资源上的优势地位，可通过记录的各类数据对用户实施画像、大数据分析，并追溯、识别出特定个人，这使个人不可能完全隐藏真实的自我而伪装一个虚拟的身份。"互联网上没有人知道你是谁"的现象已发生改变，如今许多个人信息处理者不仅可以知道"你"的身份信息，更可进一步获知"你"的生活轨迹、个人兴趣喜好，人们在网络上甚至比在现实中更加透明。同时，个人信息作为数据资源的重要组成部分，可用于市场分析、精准营销、征信评级等，具备很高的商业和社会价值。由此，各类主体更有动力、更有动机获取和使用个人信息。数据交易、共享、开放等行为越发频繁，个人信息流转节点、处理主体不断增多，增加了个人信息泄露或遭非法使用进而侵犯个人信息权益及隐私权的风险。

---

〔1〕 本段部分节选自周辉、孙牧原：《数字化生存时代我的信息谁做主》，载《学习时报》2023 年 9 月 22 日，第 3 版，有删改。

2. 数据和虚拟财产保护

按照《数据安全法》的定义，数据是指任何以电子或者其他方式对信息的记录；虚拟财产必然属于数据范畴，但其显然具有相对独立的概念和属性。一般认为，虚拟财产是指伴随互联网发展而产生，依附于虚拟空间并以电磁数据为载体，具有真正意义上的使用价值，可以通过一定的换算机制转化为现实财产的无形资产。例如，网络游戏中的可以用法定货币购买、兑换的游戏币、游戏道具等，就是最为典型的一类虚拟财产；持有这些虚拟财产的账号在某些情况下可以被买卖、租赁，一些粉丝数量巨大的社交媒体平台账号也被认为具有经济价值，这些也属于较广泛意义上的虚拟财产。《民法典》第127条则规定"法律对数据、网络虚拟财产的保护有规定的，依照其规定"，确定了数据、虚拟财产所具有的民事权利属性。

实务中，对虚拟财产的保护与传统物权保护类似，例如，窃取游戏货币、以删除等手段毁灭游戏虚拟道具等行为将可能被认定为侵犯虚拟财产。在这个意义上，网络虚拟财产是网络时代的虚拟物、是物权客体，可以建立所有权[1]；但对于数据之上是否可以确立财产权或其他权利、如何确立、如何进行保护，依然是学界和实务界长期争论的话题。即使《关于构建数据基础制度更好发挥数据要素作用的意见》提出了数据权利分置的思路，相关实践也还在探索中。

3. 特殊主体的权利

未成年人、老年人和残障人士等特殊群体仍然有使用信息技术、参与网络空间各类活动的需求。例如，对于未成年人而言，进行信息技术教育、培育数字素养，已成为当下教育事业的重要主题；但是，未成年人身心发育尚未成熟，也更容易在学网用网过程中受到网络不良影响和网络犯罪的侵害。同时，未成年人的个人信息一旦遭受侵犯，所造成的影响也更为严重。又如，老年人学习能力较差，在网络上面临信息获取和操作使用上的障碍，因此可能因不熟悉网络操作而成为网络欺诈和信息不对称的受害者；而如果不接触电子设备和信息网络，在移动支付等各类场景中，便利化的在线服务反而会成为老年人群体的障碍。同样，残障人士，尤其是视觉、听觉等方面有缺陷的群体，亦会在使用网络服务时面临困难，如无法访问特定网站、无法接受某些类型的网络服务等。

为了解决上述问题、保障特殊群体网络权利，我国出台了一系列政策和相关立法。例如，《未成年人网络保护条例》国家网信部门负责统筹协调未成年人网络保护工作，并依据职责做好相关工作。同时，学校、家庭也应教育引导未成年人科学、文明、安全、合理使用网络，预防和干预未成年人沉迷网络。《儿童个人信息网络保护规定》则进一步强化了对未成年人个人信息的保护，要求网络运营者在收集、存储、使用、转移、披露儿童个人信息时必须遵循正当必要、知情同意等原则，并设置了专门的保护规则和用户协议；针对未成年人沉迷网络问题，教育、卫生健康、市场监督管理等部门还需依据各自职责对本行业网络服务提供者实施必要的监管和指导。

---

〔1〕 参见杨立新:《民法总则规定网络虚拟财产的含义及重要价值》，载《东方法学》2017年第3期。

在老年人、残障人士权益保障方面，《数据安全法》第 15 条规定："……提供智能化公共服务，应当充分考虑老年人、残疾人的需求，避免对老年人、残疾人的日常生活造成障碍。"《"十四五"数字经济发展规划》《无障碍环境建设法》等也对赋能特殊群体、消减数字鸿沟提出要求，如《"十四五"数字经济发展规划》明确"构建先进普惠、智能协作的生活服务数字化融合设施。在基础设施智能升级过程中，充分满足老年人等群体的特殊需求，打造智慧共享、和睦共治的新型数字生活""提高老年人、残障人士等运用数字技术的能力，切实解决老年人、残障人士面临的困难"等发展方向；《无障碍环境建设法》明确"利用财政资金建立的互联网网站、服务平台、移动互联网应用程序，应当逐步符合无障碍网站设计标准和国家信息无障碍标准。""音视频以及多媒体设备、移动智能终端设备、电信等终端设备制造者提供的产品，应当逐步具备语音、大字等无障碍功能"等。

（三）私权力主体的义务[1]

如前所述，私权力主体的义务从内容上仍然是保障各类权利的行使和实现，或协助国家机关履行某些监管职责。基于这一逻辑，可以将私权力主体承担的义务分为私法义务、公法义务和第三方管理义务三类。下面将以平台这一具有代表性的私权力主体为例，说明我国法律中对私权力主体义务的规定。当然，其中部分规定对不掌握私权力的主体也同样适用，例如，符合条件的网络运营者、网络服务提供者和个人信息处理者等主体仍需履行"权益保障"部分所述私法义务。

1. 权益保障：主体的私法义务

承担私法义务时，权利义务关系所涉各方的法律地位相对平等。但是，即使是一般的服务提供者和个人信息处理者，由于其自身资源、技术积累等因素，在网络上仍然占有较现实更明显的优势地位。例如，消费者能接收到的信息大多数为销售者、生产者或平台加工、整理后的二手信息，难以如线下一般充分"货比三家"——考察和比对同类服务质量后再行选择。因此，我国在部分网络与信息立法中会直接规定、强调一些私法义务，以弥补这种不平等。目前，私权力主体主要需承担的私法义务包括以下几类。

一是消费者权益保护义务。《电子商务法》《消费者权益保护法》等法律规定了电子商务平台经营者、电子商务经营者等主体在真实合理宣传、公平交易和信息披露等方面的义务。

就真实合理宣传义务来看，平台若经商品展示过程向消费者进行推广、营销，对于竞价排名的商品或者服务，应当显著标明"广告"。同时，还应根据商品或者服务的价格、销量、信用等，以多种方式向消费者显示商品或者服务的搜索结果。此外，《电子商务法》要求电子商务经营者或电子商务平台不得虚构交易、编造用户评价，不得将搭售商品或者服务作为消费者默认同意的选项等。

---

[1] 本部分内容节选自周辉、张心宇：《互联网平台治理研究》，中国社会科学出版社 2022 年版，第 22—70 页，有删改。

公平交易的私法义务履行则主要体现在防范"大数据杀熟"上。从平台角度，若根据消费者的兴趣爱好、消费习惯等特征向其提供商品或者服务的搜索结果，应当同时向该消费者提供不针对其个人特征的选项。电子商务经营者销售商品、提供服务时，无正当理由不得对不同用户群体进行区分，实施展示不同价格或同价不同货等行为。另外，一些电子商务经营者会收取一定押金作为提供服务的前提，此时需明示押金退还的方式、程序，不得对押金退还设置不合理条件。消费者申请退还押金，符合押金退还条件的，应当及时退还。

信息披露义务的履行主要是针对平台而言，但电子商务经营者等主体也需遵守，并协助平台实现。设置这一义务的主要目的是增强个人在网络交易等场景中的安全感，构建诚信的网络交易环境。例如，若平台经营者修改其与电子商务经营者的协议、交易规则，应当遵循公开、连续、合理的原则，修改内容应当提前公示并通知相关经营者；若平台同时自营某些服务，则需履行作为电子商务经营者的义务，区分标注自营业务和其他经营者业务。

二是个人信息保护义务。《个人信息保护法》中明确，任何组织、个人不得非法收集、使用、加工、传输他人个人信息，不得非法买卖、提供或者公开他人个人信息等。平台作为法律所规定的个人信息处理者应遵循个人信息处理的基本原则，履行相应的义务、保障个人信息主体各项权利的行使。例如，同一个人信息处理主体若同时提供多个互不关联的服务，或者某一平台允许用户在平台内跳转到其他网站、应用时，不得在未依法向用户告知并取得同意的前提下，将从此处收集的个人信息挪作他用；"挪作他用"既包括由同一个人信息处理者改变个人信息处理方式，也包括与其他个人信息处理者共同处理个人信息、委托他人处理个人信息或将个人信息传输至其他处理者。

关于个人信息处理者履行个人信息保护义务的具体规定，本书将在"个人信息保护法"一章中进行详细介绍。

三是知识产权保护义务。私权力主体的知识产权保护义务主要基于"避风港规则"与"红旗原则"，这一义务实际上是一般主体不得侵犯他人知识产权的补充。知识产权权利人认为其知识产权受到侵害的，有权通知平台经营者或更广泛意义上的网络服务提供者采取删除、屏蔽、断开链接、终止交易和服务等必要措施。网络服务提供者接到通知后，应当及时采取必要措施，并将该通知转送实施相关侵权行为的用户。用户同时可进行未侵权的反通知，网络服务提供者亦需将反通知转送发出通知的知识产权权利人，并告知其可向有关主管部门投诉或者向人民法院起诉。网络服务提供者在转送声明到达知识产权权利人后法定期限内，未收到权利人已经投诉或者起诉通知的，应当及时终止所采取的措施。当然，网络服务提供者的知识产权保护义务是有限的。如果网络服务提供者仅"提供网络服务"，例如，网盘存储服务，用户因使用服务而获得侵权作品，并不必然意味着网盘平台就需要承担著作权法下"提供作品"所对应的侵权责任。在类似的场景下，网盘平台或网络服务提供者并不需要承担主动审查其上内容是否符合知识产权的义务，同时也无须在收到侵权通知后逐一审查平台上所有内容侵权与否，而只需对通知所指定的内容采取措施。[1]

2. 配合监管：主体的公法义务

如前文所述，私权力主体的角色已变得十分复杂，既是被监管者，也是监管者，同时也是公权力的合作者。因此，私权力主体往往需要承担一部分协助公权力进行监管和网络治理的公法义务。这些义务主要包括配合监管执法工作义务、用户身份核验义务、留存记录义务等。本部分将以较典型的电子商务平台为例进行说明。

一是配合监管执法工作的义务。由于平台对发生在平台内的各项活动往往比监管部门更为清楚，平台内用户的数据、信息也首先传输到平台，因此当需要进行监管执法工作时，平台有积极配合、提供必要信息和协助的义务。例如，电子商务平台经营者应当提示未办理市场主体登记的经营者依法办理登记，并配合市场监督管理部门，针对电子商务的特点，为应当办理市场主体登记的经营者办理登记提供便利；电子商务平台经营者应当依照税收征收管理法律、行政法规的规定，向税务部门报送平台内经营者的身份信息和与纳税有关的信息，并应当提示依照不需要办理市场主体登记的电子商务经营者依法办理税务登记。如果监管部门发现平台上出现违法信息或违法行为并通知平台，平台也需按照通知采取相对应的措施，并为调查执法工作提供相应的便利。

为提高监管执法工作效率，平台经营者可能还要履行信息报送、数据提供义务，供监管机关进行监测和评估。《电子商务法》规定，有关主管部门依照法律、行政法规的规定要求电子商务经营者提供有关电子商务数据信息的，电子商务经营者应当提供；《网络交易监督管理办法》进一步明确了数据报送的频次、范围等，并鼓励监管部门与平台间建立自动化数据对接渠道。

二是用户身份核验义务。网络实名制是我国互联网治理的重要制度之一，平台需要在为用户提供公平的注册服务同时，对用户的身份以及相关资质进行核验。身份核验的目的是令平台能够追查到使用平台服务的真实个体，因此平台应当查验用户的有效证件或者要求使用可追溯至本人的邮箱或手机号码进行注册。对于电子商务等涉及交易真实安全的类别，平台对用户核验身份的义务最为严苛，特别是对电子商务的销售者和消费者，这些用户接入平台必须用实名制，平台也必须核验其身份，不能把无法提供真实身份的用户接入平台。一般而言，互联网平台采用后台真实、前台匿名的方式，用户是否采用真实姓名在平台进行活动取决于用户个人意愿。用户如果使用匿名，也可以同样使用平台服务，与使用真名没有差别。值得一提的是，目前也有一些社交媒体平台、短视频平台开始探索对部分用户进行前台实名，主要是对时政、直播等特定领域的、达到一定粉丝数量或满足其他条件的用户，须在前台同时展示其实名信息。用户若不接受前台实名，仍可正常使用一般平台服务，但使用平台商业营销、创作推广等功能会受到限制。

此外，特殊经营类别的商事主体需要获得政府颁发的特殊许可，平台对此类主体应当查验其许可证书，对未取得许可的主体不得接入平台提供服务，而且平台还需要定期

---

[1] 参见周辉：《网盘平台创新服务的著作权保护：从平台责任到合规治理》，载《中外法学》2023 年第 2 期。

核验卖家的经营主体资格文件（特殊业务的行政许可）。

三是留存记录义务。我国有多部法律和法规对平台保存记录的义务作了规定，不过规定的详细程度和具体标准则有所不同。例如，《网络安全法》仅对平台发现或知道违法信息或行为时保存有关记录并依法提供进行了概括性要求；各领域法规中的规定则较为具体。《网络预约出租汽车经营服务管理暂行办法》规定了一般性的记录保存义务，要求网约车平台公司采集的个人信息和生成的业务数据应当在中国内地存储和使用，保存期限不少于2年；同时，该办法也明确，网约车平台发现他人利用其网络服务平台传播有害信息的，应当立即停止传输，保存有关记录，并向国家有关机关报告。

3. 自我治理：主体的第三方义务

一般认为，第三方义务，是指特定私主体所应承担的、相对于违法行为者（第一方）与受害人（第二方）而言的义务。此类主体既不是所监督行为的主要实施者，也不是违法行为的受益者，但其承担着必须将私人信息提供给行政机关或者由其本身采取阻止性措施以防止有害行为发生的义务。[1]

"私权力"如果利用得当，将可以有效推动网络空间健康发展，减轻公权力的治理压力、避免公权力滥用，并提高治理效能。因此，许多国家都开始探索对以平台为代表的网络服务提供者设置第三方义务，要求其根据其具有的治理能力，在分享社会权力的同时，承担不同于事后被动处置义务的、更加主动的管理职能。在这种自我治理功能可以有效发挥其作用时，可以降低公权力出面干预的必要性及其成本，[2]也可以在不过早或过高成本地调用监管执法资源的同时，推动平台主动承担其治理责任，进而实现问题解决的目的，以较高的性价比解决侵权风险和满足权利人诉求。[3]甚至在一些情况下，对于平台上的负外部性行为，平台自治规范的治理比法律规范会更有效。[4]以平台为代表的私权力主体履行第三方义务，可主要从以下几个方面进行理解。

一是建立平台内规则体系的义务。平台对平台内用户行为进行管理，既要依据现有法律法规进行，也有可能需根据平台内服务的特点，制定作为补充和细化的平台内规范。平台所制定的各种规则已经日渐成为一个成熟、全面的"软法"体系，当平台依据这些规则对用户采取处置措施的时候，若不能保证规则本身的公平、合理，就有可能导致平台不恰当地扩张自身权力，损害用户合法权益。因此，大多立法在规定平台管理职责时，都要求平台依法建立平台内规则体系。例如，国家网信办于2019年公布的《网络信息内容生态治理规定》明确，网络信息内容服务平台应当建立网络信息内容生态治理机制，制定本平台网络信息内容生态治理细则，健全用户注册、账号管理、信息发布审核、跟帖评论审核、版面页面生态管理、实时巡查、应急处置和网络谣言、黑色产业

---

〔1〕 参见高秦伟：《论行政法上的第三方义务》，载《华东政法大学学报》2014年第1期。

〔2〕 参见 Martens B. *An economic policy perspective on online platforms*, Institute for Prospective Technological Studies Digital Economy Working Paper, 2016: 34。

〔3〕 参见周辉：《网盘平台创新服务的著作权保护：从平台责任到合规治理》，载《中外法学》2023年第2期。

〔4〕 参见 Evans D S, *Governing Bad Behavior by Users of Multi-Sided Platforms*, Berkeley Technology Law Journal, PP.1201–1250, (2012)。

链信息处置等制度；还应制定并公开管理规则和平台公约，完善用户协议，明确用户相关权利义务，并依法依约履行相应管理职责。《电子商务法》第 32 条规定：电子商务平台经营者应当遵循公开、公平、公正的原则，制定平台服务协议和交易规则，明确进入和退出平台、商品和服务质量保障、消费者权益保护、个人信息保护等方面的权利和义务。《电子商务法》同时规定，平台经营者应当在其首页显著位置持续公示平台服务协议和交易规则信息或者上述信息的链接标识，并保证经营者和消费者便利、完整地阅览和下载；当这些规则发生修改时，平台经营者须在其首页显著位置公开征求意见并采取合理措施确保意见的及时充分表达；对于不能接受修改内容的用户，平台经营者不得阻止其退出平台，并且在此情况下应按照修改前的规则承担相关责任。平台亦不得利用自己制定的规则实施不正当竞争等行为，获取优势地位。《个人信息保护法》在对大型平台规定特别义务时，也要求其"遵循公开、公平、公正的原则，制定平台规则，明确平台内产品或者服务提供者处理个人信息的规范和保护个人信息的义务"。

二是信用评价体系建设的义务。信用评价体系的建立既是平台自身健康良好发展的必然要求，也是社会经济发展的急迫需求。《国务院办公厅关于加强互联网领域侵权假冒行为治理的意见》将"建立健全网络交易、广告推广等业务和网络经营者信用评级的内部监控制度，制止以虚假交易等方式提高商户信誉的行为"作为电商平台的企业责任来看待。《第三方电子商务交易平台服务规范》作出规定：平台经营者应当采取合理措施，保证网上交易平台的正常运行，提供安全可靠的交易环境和公平、公正、公开的交易服务，维护交易秩序，建立并完善网上交易的信用评价体系和交易风险警示机制。除电子商务平台外，《网络信息内容生态治理规定》也提出，网络信息内容服务平台应当建立用户账号信用管理制度，根据用户账号的信用情况提供相应服务。实践中，一些平台会对信誉或行为评分不高的用户采取限制发言、限制评论点赞、内容展示限流等措施，即平台履行该义务的体现。

三是信息内容传播审查过滤的义务。互联网平台应当对平台上的信息负责管理和处置，这主要是对平台上展示的信息进行事前技术审查过滤的义务。例如，《网络交易监督管理办法》规定，网络交易平台经营者应当对平台内的经营者及其发布的商品和服务信息建立检查监控制度，发现有违反市场监督管理法律、法规、规章的行为的，应当向所在地县级以上市场监督管理部门报告，并及时采取必要的处置措施，保存有关记录。据此，电商平台应有义务对网店的信息进行一定事前审查和监管，防止违反强制性法律规范或存在明显侵权行为。《网络信息内容生态治理规定》要求平台建立的信息发布审核、跟帖评论审核制度，也是信息内容事前过滤机制。目前，平台普遍采用的互联网信息过滤主要使用四种手段：基于因特网内容分级平台过滤（PICS）、数据库过滤（IP 库、URL 库）、关键词过滤以及基于内容理解的过滤。未来，随着人工智能技术的进一步发展，AI 辅助下实现对内容语义更精确的识别和过滤，将成为可能。

四是违法行为处置义务。此处所述的、作为第三方义务的处置义务，是在平台履行了建立平台内规则体系的义务后，为确保这一规则体系的有效运行，所必须履行的配套义务。这一义务同时也与私法意义上主体根据"避风港规则"和"红旗原则"履行的知识产权保护（或制止其他侵权行为）义务紧密相连，并作为其补充。换言之，在遏制了对应的侵权行为后，平台（或网络服务提供者）出于警示教育、防止再犯或进行惩罚的目的，会依据其制定的规则执行额外的处置措施；有时，这种制定并执行规则的行为会由法律强制规定平台履行，此时平台即承担了作为第三方义务的监管和处置义务。例如，《个人信息保护法》第58条对提供重要互联网平台服务、用户数量巨大、业务类型复杂的个人信息处理者即大型平台作出专条规定，规定了其在个人信息保护方面的特殊义务，其中就包含"对严重违反法律、行政法规处理个人信息的平台内的产品或者服务提供者，停止提供服务"。依据该条规定，即使大型平台自身未进行个人信息处理行为，也需要对平台内其他个人信息处理者的严重违法行为负有主动制止义务。

除了在平台内进行处置、惩戒外，有时平台经营者还承担着向有关主管部门报告、举报特定事项的义务。例如，《网络安全法》要求网络运营者在发生或者可能发生个人信息泄露、毁损、丢失的情况时，应当立即采取补救措施，然后按照规定及时告知用户并向有关主管部门报告；网络产品、服务的提供者发现其网络产品、服务存在安全缺陷、漏洞等风险时，应当立即采取补救措施，按照规定及时告知用户并向有关主管部门报告。

五是维护市场秩序与公序良俗的义务。2015年，美团、百度外卖、饿了么之间进行了外卖行业的"百团大战"；滴滴和快滴、美团和滴滴等在网约车、共享单车领域进行价格竞争，采用巨额补贴和相互诋毁等方式，严重破坏了市场秩序。上述行为后被原工商总局2015年9月2日颁布的《网络商品和服务集中促销活动管理暂行规定》所明令禁止。该规定第11条明确要求："网络集中促销组织者不得违反《反垄断法》《反不正当竞争法》等法律、法规、规章的规定，限制、排斥平台内的网络集中促销经营者参加其他第三方交易平台组织的促销活动。"对于违反这一规定的平台经营者，市场监管部门可依照《反垄断法》《反不正当竞争法》等法律、法规、规章的规定进行查处。

上述规定要求具备优势地位、掌握强制力和支配力的平台（或网络服务提供者）不能滥用自身的优势地位和强力进行不正当竞争，而应主动采取措施维护市场秩序与公序良俗，包括在平台内建立竞争规则，这在一定程度上也分担了市场监管部门的职责，亦包含自我治理意义上的第三方义务。

第五节　网络与信息法的框架

基于网络与信息法独特的技术属性，考虑到网络化、数字化、智能化已成为新一代信息技术的焦点，以我国已经制定或正在制定中的法律、重要行政法规和部门规章所规定的内容为根据，网络与信息法框架包括九个部分。

一、网络安全法

网络的安全稳定运行是网络化社会发展的基础保障，网络安全法的核心议题是网络硬件及其运行安全。《网络安全法》是网络安全领域首部基础性、框架性、综合性法律，更是对网络信息基础设施建设和保护的骨干性立法。《网络安全法》再次确认了《国家安全法》已经规定的网络主权原则，将在中华人民共和国境内建设、运营、维护和使用网络以及相关监督管理都纳入了其适用范围。除《网络安全法》外，《关键信息基础设施安全保护条例》《网络安全审查办法》《互联网用户账号信息管理规定》《网络产品安全漏洞管理规定》《互联网域名管理办法》《反电信网络诈骗法》等法律法规也从网络安全等级保护、关键信息基础设施保护、网络安全审查、网络用户身份管理、漏洞及恶意软件防范、应急管理、域名管理以及反电信网络诈骗等方面对网络运行安全有关事项进行了规定。此外，各行业主管部门制定的本行业网络安全等级保护标准规范，如《证券期货业网络安全等级保护基本要求》《广播电视网络安全等级保护基本要求》也是网络法的关注内容。

二、电信法

电信是保障信息互联互通和支撑数字经济发展的关键基础行业，电信法律制度是调整电信通信关系的法律规范的总称，既关系着电信产业的发展，也关系着社会的数字化转型。《电信条例》是电信法律制度的基础立法，其主要规范的对象是电信网络这一重要的网络信息基础设施，涉及电信网间互联、电信资源利用、电信设施建设以及电信设备进网等相关规定。除《电信条例》外，电信法律制度还包括《国务院、中央军委关于保护通信线路的规定》《外商投资电信企业管理规定》等行政法规以及《公用电信网间互联管理规定》《电信设备进网管理办法》等部门规章，它们共同构建了我国电信法律制度的基本框架，对于推动电信和互联网健康发展，保障经济社会的数字化转型发挥了积极作用。

三、反电信网络诈骗法

以《反电信网络诈骗法》为代表，与《刑法》中有关条文紧密关联，并以两部《最高人民法院、最高人民检察院、公安部关于办理电信网络诈骗等刑事案件适用法律若干问题的意见》为辅助的《反电信网络诈骗法》，是我国针对电信网络诈骗活动这一危害极大的网络犯罪形态构建的专门法律制度。《反电信网络诈骗法》是以"小切口"方式对重点领域进行专门立法的重要实践，充分体现了以"小快灵"立法满足实际需要和"急用先行"的立法策略，是我国开展电信网络诈骗犯罪源头治理、全链条治理和综合治理的重要法治基础，为打击遏制电信网络诈骗活动提供了有力有效的法治保障。

四、数据安全法

数据安全是网络信息法治体系建设中安全保障的重要一环。《网络安全法》对网络数据的分类分级与重要数据的保护作了部分规定，但并未形成数据安全领域统一的顶层设计，2021 年 9 月施行的《数据安全法》则填补了这一空白。《数据安全法》围绕保障数据安全和促进数据开发利用两大核心，从数据安全与发展、数据安全制度、数据安全保护义务、政务数据安全与开放的角度进行了详细的规制。在保障数据安全方面，建立了数据分类分级、数据安全风险评估、安全事件报告制度、监测预警机制、应急处置机制、安全审查制度以及数据出境安全评估制度等数据安全基本制度。此外，工业和信息化部于 2022 年 12 月发布的《工业和信息化领域数据安全管理办法（试行）》、网信办于 2022 年 7 月发布的《数据出境安全评估办法》以及先后两次公布的《网络数据安全管理条例（征求意见稿）》也是数据安全法律制度的重要组成部分。

五、个人信息保护法

随着新技术、新业态、新应用不断涌现，产生了大量以电子等方式记录的个人信息，个人信息已成为具有重要经济价值的数字资产，其不仅事关个人权益维护，也关系数字经济健康发展。与信息法关注信息内容秩序不同，个人信息保护所强调的仍然是数据保护，而不是具体信息内容所产生的影响。2012 年通过的《全国人民代表大会常务委员会关于加强网络信息保护的决定》首次对公民个人信息保护作出了规定。2020 年颁布的《民法典》进一步明确个人信息的人格权属性，认可了自然人对其个人信息享有受保护的民事权益。2021 年 8 月通过的《个人信息保护法》，则专门规定了个人信息保护基本原则和制度，有力增强了个人信息保护的系统性、权威性和针对性。

六、数字经济法

以数据为关键要素的数字经济是网络信息经济活动的典型体现，既包括数字的产业化，也包括产业的数字化。2022 年 12 月，中共中央、国务院正式对外发布《中共中央　国务院关于构建数据基础制度更好发挥数据要素作用的意见》（"数据二十条"），明确数据要素的贡献是价值贡献，提出要培育和发展健全的数据要素市场，有效配置数据资源，加快发展数字经济。数字经济法律制度包括传统产业经济法律制度的延伸适用，还包括网络交易、网络金融等新经济方面的法律制度。具体而言，数字经济法律制度主要由数字交易法律制度、数字竞争法律制度以及互联网金融、互联网医疗、网约车等一些专门领域的法律制度构成，主要立法包括《电子商务法》《电子签名法》《电子认证法》《快递暂行条例》《网络交易监督管理办法》等。此外，在"数据二十条"发布前数年，我国即开始在数据流通和发挥数据要素价值方面进行了相关探索，形成了一批政策文件和地方立法实践。

七、智能法

人工智能的进步给社会、道德和法律的规范体系带来新的挑战。一方面，人工智能技术具备很强的信息处理能力和内容生成能力，能够辅助人类或独自处理复杂问题，对于提升国家竞争力、维护国家安全具有十分重要的战略意义；另一方面，如果放任人工智能无序发展，将会加剧技术黑箱、算法歧视、社会伦理失序等问题。因此，智能法以规制人工智能技术及其应用的法律制度为研究对象，旨在大力发展人工智能的同时，重视可能带来的安全风险挑战，确保人工智能安全、可靠、可控发展。智能法主要包括原则性的人工智能伦理规范以及与人工智能发展应用有关的数据利用、算力供给和算法规制等方面法律制度。

八、信息内容法

信息内容法以信息内容秩序相关法律制度为研究对象，主要包括用户账号信息管理、新闻信息服务管理、信息内容生态管理、信息服务市场管理等制度。这部分法律制度以《网络信息内容生态治理规定》《互联网新闻信息服务管理规定》《互联网文化管理暂行规定》《文化和旅游市场信用管理规定》《网络文化市场执法工作指引（试行）》等各类法规、规章为主，核心目标是管理网上传播的信息内容，维护网络空间这一虚拟"社会"的秩序和信息内容安全，保障公民权益，促进网络文明健康发展，为社会主义文化繁荣昌盛提供法治保障。

九、互联网法院和在线纠纷解决

网络与信息领域同样需要法院和司法活动来确保各项法律实务活动的顺利进行。党的十八大以来，各级人民法院认真贯彻落实习近平法治思想和习近平总书记关于网络强国的重要思想，将信息化作为一场深刻的自我变革，加快建设智慧法院，在全世界法院树立了网络覆盖最全、数据存量最大、业务支持最多、公开力度最强、协同范围最广、智能服务最新的示范样板，为广大人民群众开展在线诉讼、在线调解等活动提供了极大便利，取得了显著成效，充分体现了以人民为中心的发展思想。最高人民法院制定发布了一系列指导性文件和技术标准来引领和规范智慧法院建设。我国关于建设杭州互联网法院、北京互联网法院和广州互联网法院的决定，以及《人民法院在线诉讼规则》《人民法院在线调解规则》等司法解释和规范性文件，对互联网法院运行、在线纠纷解决等问题进行了较为详细的规定。

▌**重要名词术语** ▶

网络、信息、网络与信息法、网络强国重要思想

▌**思考题** ▶

1.如何理解网络与信息法（网络与信息法学）的名称内涵？

2.如何理解网络强国重要思想的内涵？

3.网络与信息法和传统部门法（如民法、刑法）之间有怎样的关系？

4.如何理解网络空间私主体（如网络平台）的发展与演进脉络？现在的平台对我们的日常生活有哪些重要影响？

5.简述我国网络与信息法律制度的构成。

第二章　网络安全法

【内容提示】

　　网络安全对于社会健康稳定发展乃至国家安全而言都是至关重要的。习近平总书记多次强调，"没有网络安全，就没有国家安全"。维护网络安全，需要充分发挥法治的保障作用。自全功能接入国际互联网以来，我国一直都十分重视网络安全方面的法治建设工作，陆续出台并实施了《计算机信息系统安全保护条例》《计算机网络国际联网安全保护管理办法》《互联网信息服务管理办法》《全国人民代表大会常务委员会关于维护互联网安全的决定》《网络安全法》《关键信息基础设施安全保护条例》等法律法规，网络安全法治建设工作取得了历史性成就。

　　本章以《网络安全法》为中心，讲解我国网络安全法的基础理论和核心制度。在导论部分，重点阐述网络安全的定义、网络安全观、网络安全法基本原则、网络安全战略和网络安全监管体制等基础理论与制度问题。学习网络安全法，首先需要理解"什么是网络安全"，了解网络安全的法律定义。其次，还要把握网络安全法中贯彻体现的新时代网络安全观以及网络安全法制定和实施的基本原则，以更好地理解网络安全法的基础理论。同时，透过了解网络安全战略，将有助于从更宏观的视角理解和观察网络安全法。最后，通过对我国网络安全监管体制的解读，将有助于读者更清晰地理解网络安全的监管模式和执法工作方式。

　　本章第二节和第三节重点介绍我国保障网络安全的基本制度和重要规则。实现和持续保障网络安全，需要依靠具体的网络安全制度。根据我国网络安全工作的成功实践，借鉴国外有益经验，我国网络安全法构建了若干重要制度，包括网络安全等级保护制度、网络运营者的网络安全义务、关键信息基础设施安全保护制度、网络安全审查制度、网络安全监测预警和应急处置制度等。其中，网络安全等级保护制度以及网络运营者网络安全义务相关的制度，是维护网络安全的基础性制度。关键信息基础设施安全保护制度和网络安全审查制度是针对网络安全重点领域制定的制度，尽管它们的适用范围并不涵盖所有网络和网络设施，但在对抗网络威胁、化解重大网络安全风险方面，发挥着举足轻重的作用。网络安全的本质在于对抗，对抗的本质在于攻防两端能力的较量。为了有效应对网络风险或者网络安全事件，我国构建了网络安全监测预警和应急处置制度。这些制度旨在尽早发现潜在网络威胁，并在发生网络安全事件时迅速启动应急响应，最大限度地减轻网络安全事件可能带来的损失，从而维护网络空间的持续安全稳定。

第一节　网络安全法导论

网络安全法，是指调整网络安全法律关系的法律规范的总称。从法律渊源来看，除 2016 年 11 月 7 日第十二届全国人民代表大会常务委员会第二十四次会议通过、2017 年 6 月 1 日起施行的《网络安全法》之外，网络安全法的渊源还包括《关键信息基础设施安全保护条例》《未成年人网络保护条例》等行政法规，《网络安全审查办法》等部门规章，《新疆维吾尔自治区网络安全管理条例》《湖南省网络安全和信息化条例》等地方性法规，以及《国家安全法》《电子商务法》《数据安全法》《个人信息保护法》《刑法》等法律中规定网络安全法律关系的规范。

一、网络安全

"网络安全"是网络安全法中的核心概念，但同时也是难以精准定义的概念。关于"网络安全"，法学、管理学、计算机科学等不同学科可能有不完全一致的理解，世界各国在法律层面上对"网络安全"的定义和规定也是存在不少差异。此外，随着技术的发展，人们对"网络安全"的认识也可能会发生改变。我国《网络安全法》规定，网络安全，是指通过采取必要措施，防范对网络的攻击、侵入、干扰、破坏和非法使用以及意外事故，使网络处于稳定可靠运行的状态，以及保障网络数据的完整性、保密性、可用性的能力。

在《网络安全法》出台之前，我国法律法规中还曾使用过"计算机信息系统安全""计算机信息网络安全""互联网安全"等类似的概念。如 1994 年公布、2011 年修改的《计算机信息系统安全保护条例》《最高人民法院、最高人民检察院关于办理危害计算机信息系统安全刑事案件应用法律若干问题的解释》、1997 年经国务院批准的《计算机信息网络国际联网安全保护管理办法》、2000 年全国人大常委会通过的《全国人民代表大会常务委员会关于维护互联网安全的决定》等。上述概念的使用与选择有着历史的原因，是符合当时信息网络技术发展水平的。在适用相关法律规范时，应当将上述概念作同一解释，即以《网络安全法》关于网络安全的最新定义来解释"计算机信息系统安全""计算机信息网络安全""互联网安全"等概念，以保证法律体系的统一性。

《全国人民代表大会常务委员会关于维护互联网安全的决定》将互联网安全划分为"运行安全和信息安全"，规定"要动员全社会的力量，依靠全社会的共同努力，保障互联网的运行安全与信息安全"。《网络安全法》延续了这种分类方法，将网络安全分为网络运行安全和网络信息安全两个部分，分别用专章（第三章和第四章）规定了网络运行安全制度和网络信息安全制度。其中，网络信息安全是指信息利用的安全，具体主要包括保护个人信息和防止有害信息两个方面的内容，而网络运行安全则是指防范对网络的攻击、侵入、干扰、破坏及意外事故，使网络处于稳定可靠运行的状态，以及保障网络数据的完整性、保密性、可用性的能力，具体包括网络基础设施的物理安全、信息系统的安全和信息自身的安全即数据安全等方面的内容。下文重点介绍网络运行安全方面的法律制度，有关信息内容安全方面的法律制度将在第八章进行介绍。

二、总体国家安全观和网络安全观

制定和实施网络安全法，是贯彻新时代总体国家安全观和网络安全观的重要举措。在解释和适用《网络安全法》时，也要坚持以总体国家安全观和网络安全观为指导理念和理论基础。

（一）总体国家安全观

总体国家安全观是包括《网络安全法》在内的国家安全法律体系的指导思想。2014年4月15日，习近平总书记在中央国家安全委员会第一次全体会议上，创造性提出总体国家安全观，明确坚持以人民安全为宗旨，以政治安全为根本，以经济安全为基础，以军事文化社会安全为保障，以促进国际安全为依托，维护各领域国家安全，构建国家安全体系，走中国特色国家安全道路。总体国家安全观的关键是"总体"，强调大安全理念，涵盖政治、军事、国土、经济、金融、文化、社会、科技、网络、粮食、生态、资源、核、海外利益、太空、深海、极地、生物、人工智能、数据等诸多领域，而且将随着社会发展不断动态调整。

2020年12月11日，习近平总书记在主持中共中央政治局第二十六次集体学习时，就贯彻总体国家安全观提出了十点要求即"十个坚持"，标志着总体国家安全观理论休系的正式确立。"十个坚持"分别是：（1）坚持党对国家安全工作的绝对领导。国家安全的根本保证是坚持党对国家安全工作的绝对领导，坚持党中央对国家安全工作的集中统一领导，加强统筹协调，把党的领导贯穿到国家安全工作各方面全过程，推动各级党委（党组）把国家安全责任制落到实处。（2）坚持中国特色国家安全道路。贯彻总体国家安全观，坚持政治安全、人民安全、国家利益至上有机统一，以人民安全为宗旨，以政治安全为根本，以经济安全为基础，捍卫国家主权和领土完整，防范化解重大安全风险，为实现中华民族伟大复兴提供坚强安全保障。（3）坚持以人民安全为宗旨。国家安全一切为了人民、一切依靠人民，充分发挥广大人民群众积极性、主动性、创造性，切实维护广大人民群众安全权益，始终把人民作为国家安全的基础性力量，汇聚起维护国家安全的强大力量。（4）坚持统筹发展和安全。坚持发展和安全并重，实现高质量发展和高水平安全的良性互动，既通过发展提升国家安全实力，又深入推进国家安全思路、体制、手段创新，营造有利于经济社会发展的安全环境，在发展中更多考虑安全因素，努力实现发展和安全的动态平衡，全面提高国家安全工作能力和水平。（5）坚持把政治安全放在首要位置。国家安全的生命线是政治安全，政治安全是最高的国家安全，是国家安全的根本，必须坚持把政治安全放在首要位置，坚定维护国家政权安全、制度安全、意识形态安全。（6）坚持统筹推进各领域安全。统筹应对传统安全和非传统安全，实现国家安全各领域战略布局一体融合、战略资源一体整合、战略力量一体运用。（7）坚持把防范化解国家安全风险摆在突出位置。提高风险预见、预判能力，力争把可能带来重大风险的隐患发现和处置于萌芽状态。（8）坚持推进国际共同安全。高举合作、创新、法治、共赢的旗帜，推动树立共同、综合、合作、可持续的全球安全观，加强国际安全合作，完善全球安全治理体系，共同构建普遍安全的人类命运共同体。（9）坚持推进国家安全体系和能力现代化。坚持以改革创新为动力，加强法治思维，构建系统完备、科学规范、运行有效的国家安全制度体系，提高运用科学技术维护国家安全的能力，不断增强塑造国家安全态势的能力。（10）坚持加强国家安全干部队伍建设。加强国家安全战线党的建设，坚持以政治建设为统领，打造坚不可摧的国家安全干部队伍。上述"十个坚持"，构成了总体国家安全观的核心要义。

（二）网络安全观

理念决定行动，网络安全法是网络安全观的制度体现。习近平总书记在网络安全和信息化工作座谈会上强调，要树立正确的网络安全观。当今的网络安全，有以下几个主要特点。

第一，网络安全是整体的而不是割裂的。在信息时代，网络安全对国家安全牵一发而动全身，同许多其他方面的安全都有着密切关系。随着各行各业的信息化、数字化，网络安全辐射范围越来越大，已经深刻影响到政治、军事、国土、经济、金融、文化、社会、科技、生态、资源、核等领域的安全。另外，网络攻击等安全威胁往往不是单点风险、不是对网络系统的某个节点的攻击，而是可能对整个系统的安全构成威胁。

第二，网络安全是动态的而不是静态的。信息技术变化越来越快，过去分散独立的网络变得高度关联、相互依赖，网络安全的威胁来源和攻击手段不断变化，那种依靠装几个安全设备和安全软件就想永保安全的想法已不合时宜，需要树立动态、综合的防护理念。

第三，网络安全是开放的而不是封闭的。作为被保护的对象，网络具有互联互通的特征，其本身处于开放的环境中，因此不可能在封闭的环境中实现网络保护。同时，只有立足开放环境，加强对外交流、合作、互动、博弈，吸收先进技术，网络安全水平才会不断提高。

第四，网络安全是相对的而不是绝对的。网络攻防具有不对称性，网络攻击和网络保护的技术都在不断发展，网络安全只能是相对的，不可能实现绝对的、永久性的安全。因此我们要立足基本国情保安全，避免不计成本追求绝对安全，那样不仅会背上沉重负担，甚至可能顾此失彼。

第五，网络安全是共同的而不是孤立的。网络安全为人民，网络安全靠人民，维护网络安全是全社会共同责任，需要政府、企业、社会组织、广大网民共同参与，共筑网络安全防线。另外，网络空间是全人类共同活动的空间，维护网络安全并不是一国或者少数国家的任务，而是各国共同的责任，因此需要加强沟通对话与深化合作，共同维护网络空间安全。

三、网络安全法的基本原则

（一）网络主权原则

2015 年 12 月 16 日，在第二届世界互联网大会开幕式上，习近平总书记提出了推进全球互联网治理体系变革的四项基本原则，其中第一项就是尊重网络主权的原则。《联合国宪章》确立的主权平等原则是当代国际关系的基本准则，覆盖国与国交往各个领域，其原则和精神也应该适用于网络空间。网络主权原则要求尊重各国自主选择网络发展道路、网络管理模式、互联网公共政策和平等参与国际网络空间治理的权利，不搞网络霸权，不干涉他国内政，不从事、纵容或支持危害他国国家安全的网络活动。

《国家安全法》第 25 条规定："国家建设网络与信息安全保障体系，提升网络与信息安全保护能力，加强网络和信息技术的创新研究和开发应用，实现网络和信息核心技术、关键基础设施和重要领域信息系统及数据的安全可控；加强网络管理，防范、制止和依法惩治网络攻击、网络入侵、网络窃密、散布违法有害信息等网络违法犯罪行为，维护国家网络空间主权、安全和发展利益。"该条是我国法律关于网络空间主权概念的第一次规定，"网络主权"由此正式成为一个法律概念。《网络安全法》第 1 条明确将"维护网络空间主权"作为其立法目的之一，为维护我国网络主权提供了更坚实的法律基础。

相对于陆地、海洋、天空等空间，网络空间是一个新的空间，网络主权是国家主权在这一新空间的自然延伸，是国家主权的组成部分，但关于网络主权的具体内涵，目前在理论和国际法上还没有形成普遍共识。比较有影响力的观点认为，网络空间主权至少包括以下内容[1]：一是国内主权，即国家拥有对其领土范围内网络基础设施、网络活动与信息的管辖权；二是依赖性主权，即国家拥有管理跨界网络活动的权力，这一权力通常需要依赖国家之间的合作来实现；三是独立权，即独立制定政策、自主处理国内外网络事务，不受他国干涉的权力；四是自卫权，即对他国的网络攻击有采取自卫措施的权力。网络安全法将维护网络空间主权作为立法目的，有利于更好地维护我国的国家主权和安全，有利于推动构建和平、安全、开放、合作的网络空间，建立多边、民主、透明的网络治理体系。

尊重一国的网络主权，就要尊重各国自主选择发展道路、网络管理模式、互联网公共政策和平等参与国际网络空间治理的权利。各国主权范围内的网络事务由各国人民自己做主，各国有权根据本国国情，借鉴国际经验，制定有关网络空间的法律法规，依法采取必要措施，管理本国信息系统及本国疆域上的网络活动；保护本国信息系统和信息资源免受侵入、干扰、攻击和破坏，保障公民在网络空间的合法权益；防范、阻止和惩治危害国家安全和利益的有害信息在本国网络传播，维护网络空间秩序。任何国家都应不搞网络霸权、不搞双重标准，不利用网络干涉他国内政，不从事、纵容或支持危害他国国家安全的网络活动。《网络安全法》的许多条文，也直接体现了法律对于网络主权的维护。例如，《网络安全法》第 5 条规定，国家采取措施，监测、防御、处置来源于中华人民共和国境内外的网络安全风险和威胁，保护关键信息基础设施免受攻击、侵入、干扰和破坏，依法惩治网络违法犯罪活动，维护网络空间安全和秩序。《网络安全法》第 75 条规定，境外的机构、组织、个人从事攻击、侵入、干扰、破坏等危害中华人民共和国的关键信息基础设施的活动，造成严重后果的，依法追究法律责任；国务院公安部门和有关部门并可以决定对该机构、组织、个人采取冻结财产或者其他必要的制

---

[1] 参见杨合庆主编：《中华人民共和国网络安全法解读》，中国法制出版社 2017 年版，第 4 页。

裁措施。

（二）网络安全与信息化发展并重原则

网络安全和信息化是相辅相成的。安全是发展的前提，发展是安全的保障，安全和发展要同步推进。习近平总书记指出，"网络安全和信息化对一个国家很多领域都是牵一发而动全身的，要认清我们面临的形势和任务，充分认识做好工作的重要性和紧迫性，因势而谋，应势而动，顺势而为。网络安全和信息化是一体之两翼、驱动之双轮，必须统一谋划、统一部署、统一推进、统一实施。做好网络安全和信息化工作，要处理好安全和发展的关系，做到协调一致、齐头并进，以安全保发展、以发展促安全，努力建久安之势、成长治之业"[1]。

《网络安全法》第 3 条规定，国家坚持网络安全与信息化发展并重，遵循积极利用、科学发展、依法管理、确保安全的方针，推进网络基础设施建设和互联互通，鼓励网络技术创新和应用，支持培养网络安全人才，建立健全网络安全保障体系，提高网络安全保护能力。因此，《网络安全法》的全面实施，既要求将网络安全的各项具体制度落到实处，也要求将促进信息化发展、鼓励网络技术创新和应用等政策落地生根。在《网络安全法》执法过程中，要坚持审慎包容的监管理念，既查处各类危害网络安全的违法犯罪行为，同时也要坚持比例原则，防止过度的执法监管行为对网络企业的发展造成负面影响。

（三）共同参与原则

维护网络安全是全社会共同责任，需要政府、企业、社会组织、广大网民共同参与。除政府监管外，《网络安全法》还强调了网络运营者、行业组织和网民在维护网络安全的重要作用。具体来说，网络运营者开展经营和服务活动，必须遵守法律、行政法规，尊重社会公德，遵守商业道德，诚实信用，履行网络安全保护义务，接受政府和社会的监督，承担社会责任。网络相关行业组织按照章程，加强行业自律，制定网络安全行为规范，指导会员加强网络安全保护，提高网络安全保护水平，促进行业健康发展。国家倡导诚实守信、健康文明的网络行为，推动传播社会主义核心价值观，采取措施增强全社会的网络安全意识和水平，形成全社会共同参与促进网络安全的良好环境。

四、网络安全战略

网络安全战略是一国制定的关于网络安全的战略目标、战略行动、保障措施等的总和。《网络安全法》规定，国家制定并不断完善网络安全战略，明确保障网络安全的基本要求和主要目标，提出重点领域的网络安全政策、工作任务和措施。关于网络安全战略与网络安全法的关系，可以从以下两个方面来理解：一方面，网络安全战略指导网络安全法的制定、修改和实施。一个国家的网络安全战略目标往往会成为网络安全法制定或修改时的立法目的，网络安全战略行动往往会通过立法的方式被上升为法律制度。另一方面，网络安全法是实现网络安全战略目标的法治保障。通过制定、修改和实施网络

---

[1]《习近平谈治国理政》（第一卷），外文出版社 2018 年版，第 197—198 页。

安全法律制度，有助于实现一国所设定的网络安全战略目标，同时也为实施有关战略行动提供法治保障。

由于网络安全对于国家安全、社会发展、人民福祉的重要性，越来越多的国家出台并实施网络安全国家战略。在我国，国家互联网信息办公室于2016年12月27日发布的《国家网络空间安全战略》，外交部和国家互联网信息办公室于2017年3月1日联合发布了《网络空间国际合作战略》。这两份战略共同构成了目前我国的网络安全国家战略。

（一）国家网络空间安全战略的基本内容

1. 战略目标

我国国家网络空间安全战略目标是：以总体国家安全观为指导，贯彻落实创新、协调、绿色、开放、共享的新发展理念，增强风险意识和危机意识，统筹国内国际两个大局，统筹发展安全两件大事，积极防御、有效应对，推进网络空间和平、安全、开放、合作、有序，维护国家主权、安全、发展利益，实现建设网络强国的战略目标。具体可以分为以下五个子目标：

（1）和平：信息技术滥用得到有效遏制，网络空间军备竞赛等威胁国际和平的活动得到有效控制，网络空间冲突得到有效防范。

（2）安全：网络安全风险得到有效控制，国家网络安全保障体系健全完善，核心技术装备安全可控，网络和信息系统运行稳定可靠。网络安全人才满足需求，全社会的网络安全意识、基本防护技能和利用网络的信心大幅提升。

（3）开放：信息技术标准、政策和市场开放、透明，产品流通和信息传播更加顺畅，数字鸿沟日益弥合。不分大小、强弱、贫富，世界各国特别是发展中国家都能分享发展机遇、共享发展成果、公平参与网络空间治理。

（4）合作：世界各国在技术交流、打击网络恐怖和网络犯罪等领域的合作更加密切，多边、民主、透明的国际互联网治理体系健全完善，以合作共赢为核心的网络空间命运共同体逐步形成。

（5）有序：公众在网络空间的知情权、参与权、表达权、监督权等合法权益得到充分保障，网络空间个人隐私获得有效保护，人权受到充分尊重。网络空间的国内和国际法律体系、标准规范逐步建立，网络空间实现依法有效治理，网络环境诚信、文明、健康，信息自由流动与维护国家安全、公共利益实现有机统一。

2. 战略任务

中国的网民数量和网络规模世界第一，维护好中国网络安全，不仅是自身需要，对于维护全球网络安全乃至世界和平都具有重大意义。中国致力于维护国家网络空间主权、安全、发展利益，推动互联网造福人类，推动网络空间和平利用和共同治理。因此，《国家网络空间安全战略》制定以下九项战略任务。

（1）坚定捍卫网络空间主权。

根据宪法和法律法规管理我国主权范围内的网络活动，保护我国信息设施和信息资源安全，采取包括经济、行政、科技、法律、外交、军事等一切措施，坚定不移地维护我国网络空间主权。坚决反对通过网络颠覆我国国家政权、破坏我国国家主权的一切行为。

（2）坚决维护国家安全。

防范、制止和依法惩治任何利用网络进行叛国、分裂国家、煽动叛乱、颠覆或者煽动颠覆人民民主专政政权的行为；防范、制止和依法惩治利用网络进行窃取、泄露国家秘密等危害国家安全的行为；防范、制止和依法惩治境外势力利用网络进行渗透、破坏、颠覆、分裂活动。

（3）保护关键信息基础设施。

国家关键信息基础设施是指关系国家安全、国计民生，一旦数据泄露、遭到破坏或者丧失功能可能严重危害国家安全、公共利益的信息设施，包括但不限于提供公共通信、广播电视传输等服务的基础信息网络，能源、金融、交通、教育、科研、水利、工业制造、医疗卫生、社会保障、公用事业等领域和国家机关的重要信息系统，重要互联网应用系统等。采取一切必要措施保护关键信息基础设施及其重要数据不受攻击破坏。坚持技术和管理并重、保护和震慑并举，着眼识别、防护、检测、预警、响应、处置等环节，建立实施关键信息基础设施保护制度，从管理、技术、人才、资金等方面加大投入，依法综合施策，切实加强关键信息基础设施安全防护。

关键信息基础设施保护是政府、企业和全社会的共同责任，主管、运营单位和组织要按照法律法规、制度标准的要求，采取必要措施保障关键信息基础设施安全，逐步实现先评估后使用。加强关键信息基础设施风险评估。加强党政机关以及重点领域网站的安全防护，基层党政机关网站要按集约化模式建设运行和管理。建立政府、行业与企业的网络安全信息有序共享机制，充分发挥企业在保护关键信息基础设施中的重要作用。

坚持对外开放，立足开放环境下维护网络安全。建立实施网络安全审查制度，加强供应链安全管理，对党政机关、重点行业采购使用的重要信息技术产品和服务开展安全审查，提高产品和服务的安全性和可控性，防止产品服务提供者和其他组织利用信息技术优势实施不正当竞争或损害用户利益。

（4）加强网络文化建设。

加强网上思想文化阵地建设，大力培育和践行社会主义核心价值观，实施网络内容建设工程，发展积极向上的网络文化，传播正能量，凝聚强大精神力量，营造良好网络氛围。鼓励拓展新业务、创作新产品，打造体现时代精神的网络文化品牌，不断提高网络文化产业规模水平。实施中华优秀文化网上传播工程，积极推动优秀传统文化和当代文化精品的数字化、网络化制作和传播。发挥互联网传播平台优势，推动中外优秀文化交流互鉴，让各国人民了解中华优秀文化，让中国人民了解各国优秀文化，共同推动网络文化繁荣发展，丰富人们精神世界，促进人类文明进步。

加强网络伦理、网络文明建设，发挥道德教化引导作用，用人类文明优秀成果滋养网络空间、修复网络生态。建设文明诚信的网络环境，倡导文明办网、文明上网，形成安全、文明、有序的信息传播秩序。坚决打击谣言、淫秽、暴力、迷信、邪教等违法有害信息在网络空间传播蔓延。提高青少年网络文明素养，加强对未成年人上网保护，通过政府、社会组织、社区、学校、家庭等方面的共同努力，为青少年健康成长创造良好的网络环境。

（5）打击网络恐怖和违法犯罪。

加强网络反恐、反间谍、反窃密能力建设，严厉打击网络恐怖和网络间谍活动。坚持综合治理、源头控制、依法防范，严厉打击网络诈骗、网络盗窃、贩枪贩毒、侵害公民个人信息、传播淫秽色情、黑客攻击、侵犯知识产权等违法犯罪行为。

（6）完善网络治理体系。

坚持依法、公开、透明管网治网，切实做到有法可依、有法必依、执法必严、违法必究。健全网络安全法律法规体系，制定出台《网络安全法》《未成年人网络保护条例》等法律法规，明确社会各方面的责任和义务，明确网络安全管理要求。加快对现行法律的修订和解释，使之适用于网络空间。完善网络安全相关制度，建立网络信任体系，提高网络安全管理的科学化规范化水平。

加快构建法律规范、行政监管、行业自律、技术保障、公众监督、社会教育相结合的网络治理体系，推进网络社会组织管理创新，健全基础管理、内容管理、行业管理以及网络违法犯罪防范和打击等工作联动机制。加强网络空间通信秘密、言论自由、商业秘密，以及名誉权、财产权等合法权益的保护。

鼓励社会组织等参与网络治理，发展网络公益事业，加强新型网络社会组织建设。鼓励网民举报网络违法行为和不良信息。

（7）夯实网络安全基础。

坚持创新驱动发展，积极创造有利于技术创新的政策环境，统筹资源和力量，以企业为主体，产学研用相结合，协同攻关、以点带面、整体推进，尽快在核心技术上取得突破。重视软件安全，加快安全可信产品推广应用。发展网络基础设施，丰富网络空间信息内容。实施"互联网+"行动，大力发展网络经济。实施国家大数据战略，建立大数据安全管理制度，支持大数据、云计算等新一代信息技术创新和应用。优化市场环境，鼓励网络安全企业做大做强，为保障国家网络安全夯实产业基础。

建立完善国家网络安全技术支撑体系。加强网络安全基础理论和重大问题研究。加强网络安全标准化和认证认可工作，更多地利用标准规范网络空间行为。做好等级保护、风险评估、漏洞发现等基础性工作，完善网络安全监测预警和网络安全重大事件应急处置机制。

实施网络安全人才工程，加强网络安全学科专业建设，打造一流网络安全学院和创新园区，形成有利于人才培养和创新创业的生态环境。办好网络安全宣传周活动，大力开展全民网络安全宣传教育。推动网络安全教育进教材、进学校、进课堂，提高网络媒介素养，增强全社会网络安全意识和防护技能，提高广大网民对网络违法有害信息、网络欺诈等违法犯罪活动的辨识和抵御能力。

（8）提升网络空间防护能力。

网络空间是国家主权的新疆域。建设与我国国际地位相称、与网络强国相适应的网络空间防护力量，大力发展网络安全防御手段，及时发现和抵御网络入侵，铸造维护国家网络安全的坚强后盾。

（9）强化网络空间国际合作。

在相互尊重、相互信任的基础上，加强国际网络空间对话合作，推动互联网全球治理体系变革。深化同各国的双边、多边网络安全对话交流和信息沟通，有效管控分歧，积极参与全球和区域组织网络安全合作，推动互联网地址、根域名服务器等基础资源管理国际化。

支持联合国发挥主导作用，推动制定各方普遍接受的网络空间国际规则、网络空间国际反恐公约，健全打击网络犯罪司法协助机制，深化在政策法律、技术创新、标准规范、应急响应、关键信息基础设施保护等领域的国际合作。

加强对发展中国家和落后地区互联网技术普及和基础设施建设的支持援助，努力弥合数字鸿沟。推动"一带一路"建设，提高国际通信互联互通水平，畅通信息丝绸之路。搭建世界互联网大会等全球互联网共享共治平台，共同推动互联网健康发展。通过积极有效的国际合作，建立多边、民主、透明的国际互联网治理体系，共同构建和平、安全、开放、合作、有序的网络空间。

（二）网络空间国际合作战略的中国主张

1. 国际合作战略目标

中国参与网络空间国际合作的战略目标是：坚定维护中国网络主权、安全和发展利益，保障互联网信息安全有序流动，提升国际互联互通水平，维护网络空间和平安全稳定，推动网络空间国际法治，促进全球数字经济发展，深化网络文化交流互鉴，让互联网发展成果惠及全球，更好造福各国人民。

（1）维护主权与安全。

中国致力于维护网络空间和平安全，以及在国家主权基础上构建公正合理的网络空间国际秩序，并积极推动和巩固在此方面的国际共识。中国坚决反对任何国家借网络干涉别国内政，主张各国有权利和责任维护本国网络安全，通过国家法律和政策保障各方在网络空间的正当合法权益。网络空间加强军备、强化威慑的倾向不利于国际安全与战略互信。中国致力于推动各方切实遵守和平解决争端、不使用或威胁使用武力等国际关系基本准则，建立磋商与调停机制，预防和避免冲突，防止网络空间成为新的战场。

网络空间国防力量建设是中国国防和军队现代化建设的重要内容，遵循一贯的积极防御军事战略方针。中国将发挥军队在维护国家网络空间主权、安全和发展利益中的重要作用，加快网络空间力量建设，提高网络空间态势感知、网络防御、支援国家网络空间行动和参与国际合作的能力，遏控网络空间重大危机，保障国家网络安全，维护国家安全和社会稳定。

（2）构建国际规则体系。

网络空间作为新疆域，亟须制定相关规则和行为规范。中国主张在联合国框架下制定各国普遍接受的网络空间国际规则和国家行为规范，确立国家及各行为体在网络空间应遵循的基本准则，规范各方行为，促进各国合作，以维护网络空间的安全、稳定与繁荣。中国支持并积极参与国际规则制定进程，并将继续与国际社会加强对话合作，作出自己的贡献。

中国是网络安全的坚定维护者。中国也是黑客攻击的受害国。中国反对任何形式的黑客攻击，不论何种黑客攻击，都是违法犯罪行为，都应该根据法律和相关国际公约予以打击。网络攻击通常具有跨国性、溯源难等特点，中国主张各国通过建设性协商合作，共同维护网络空间安全。

（3）促进互联网公平治理。

中国主张通过国际社会平等参与和共同决策，构建多边、民主、透明的全球互联网治理体系。各国应享有平等参与互联网治理的权利。应公平分配互联网基础资源，共同管理互联网根服务器等关键信息基础设施。要确保相关国际进程的包容与开放，加强发展中国家的代表性和发言权。

中国支持加强包括各国政府、国际组织、互联网企业、技术社群、民间机构、公民个人等各利益攸关方的沟通与合作。各利益攸关方应在上述治理模式中发挥与自身角色相匹配的作用，政府应在互联网治理特别是公共政策和安全中发挥关键主导作用，实现共同参与、科学管理、民主决策。

（4）保护公民合法权益。

中国支持互联网的自由与开放，充分尊重公民在网络空间的权利和基本自由，保障公众在网络空间的知情权、参与权、表达权、监督权，保护网络空间个人隐私。同时，网络空间不是"法外之地"，网络空间与现实社会一样，既要提倡自由，也要保持秩序。中国致力于推动网络空间有效治理，实现信息自由流动与国家安全、公共利益有机统一。

（5）促进数字经济合作。

中国大力实施网络强国战略、国家信息化战略、国家大数据战略、"互联网＋"行动计划，大力发展电子商务，着力推动互联网和实体经济深度融合发展，促进资源配置优化，促进全要素生产率提升，为推动创新发展、转变经济增长方式、调整经济结构发挥积极作用。

中国秉持公平、开放、竞争的市场理念，在自身发展的同时，坚持合作和普惠原则，促进世界范围内投资和贸易发展，推动全球数字经济发展。中国主张推动国际社会公平、自由贸易，反对贸易壁垒和贸易保护主义，促进建立开放、安全的数字经济环境，确保互联网为经济发展和创新服务。中国主张进一步推动实现公平合理普遍的互联网接入、互联网技术的普及化、互联网语言的多样性，加强中国同其他国家和地区在网络安全和信息技术方面的交流与合作，共同推进互联网技术的发展和创新，确保所有人都能平等分享数字红利，实现网络空间的可持续发展。

中国坚持以安全保发展，以发展促安全。要保持数字经济健康、强劲发展，既不能追求绝对安全阻碍发展的活力、限制开放互通、禁锢技术创新，也不能以市场自由化、贸易自由化为由，回避必要的安全监管措施。各国、各地区互联网发展水平和网络安全防护能力不同，应为广大发展中国家提升网络安全能力提供力所能及的援助，弥合发展中国家和发达国家间的"数字鸿沟"，实现数字经济互利共赢，补齐全球网络安全短板。

（6）打造网上文化交流平台。

互联网是传播人类优秀文化、弘扬正能量的重要载体。网络空间是人类共同的精神家园。各国应加强合作，共同肩负起运用互联网传承优秀文化的重任，培育和发展积极向上的网络文化，发挥文化滋养人类、涵养社会、促进经济发展的重要作用，共同推动网络文明建设和网络文化繁荣发展。

中国愿同各国一道，发挥互联网传播平台优势，通过互联网架设国际交流桥梁，促进各国优秀文化交流互鉴。加强网络文化传播能力建设，推动国际网络文化的多样性发展，丰富人们精神世界，促进人类文明进步。

2. 国际合作的基本原则

中国网络空间国际合作战略以和平发展为主题，以合作共赢为核心，倡导和平、主权、共治、普惠作为网络空间国际交流与合作的基本原则。

（1）和平原则。

网络空间互联互通，各国利益交融不断深化，一个安全稳定繁荣的网络空间，对各国乃至世界都具有重大意义。

国际社会要切实遵守《联合国宪章》宗旨与原则，特别是不使用或威胁使用武力、和平解决争端的原则，确保网络空间的和平与安全。各国应共同反对利用信息通信技术实施敌对行动和侵略行径，防止网络军备竞赛，防范网络空间冲突，坚持以和平方式解决网络空间的争端。应摒弃冷战思维、零和博弈和双重标准，在充分尊重别国安全的基础上，以合作谋和平，致力于在共同安全中实现自身安全。

网络恐怖主义是影响国际和平与安全的新威胁。国际社会要采取切实措施，预防并合作打击网络恐怖主义活动。防范恐怖分子利用网络宣传恐怖极端思想，策划和实施恐怖主义活动。

（2）主权原则。

《联合国宪章》确立的主权平等原则是当代国际关系的基本准则，覆盖国与国交往各个领域，也应该适用于网络空间。国家间应该相互尊重自主选择网络发展道路、网络管理模式、互联网公共政策和平等参与国际网络空间治理的权利，不搞网络霸权，不干涉他国内政，不从事、纵容或支持危害他国国家安全的网络活动。

明确网络空间的主权，既能体现各国政府依法管理网络空间的责任和权利，也有助于推动各国构建政府、企业和社会团体之间良性互动的平台，为信息技术的发展以及国际交流与合作营造一个健康的生态环境。

各国政府有权依法管网，对本国境内信息通信基础设施和资源、信息通信活动拥有管辖权，有权保护本国信息系统和信息资源免受威胁、干扰、攻击和破坏，保障公民在网络空间的合法权益。各国政府有权制定本国互联网公共政策和法律法规，不受任何外来势力干预。各国在根据主权平等原则行使自身权利的同时，也需履行相应的义务。各国不得利用信息通信技术干涉别国内政，不得利用自身优势损害别国信息通信技术产品和服务供应链安全。

（3）共治原则。

网络空间是人类共同的活动空间，需要世界各国共同建设，共同治理。网络空间国际治理，首先应坚持多边参与。国家不分大小、强弱、贫富，都是国际社会平等成员，都有权通过国际网络治理机制和平台，平等参与网络空间的国际秩序与规则建设，确保网络空间的未来发展由各国人民共同掌握。

其次，应坚持多方参与。应发挥政府、国际组织、互联网企业、技术社群、民间机构、公民个人等各主体作用，构建全方位、多层面的治理平台。各国应加强沟通交流，完善网络空间对话协商机制，共同制定网络空间国际规则。联合国作为重要渠道，应充分发挥统筹作用，协调各方立场，凝聚国际共识。其他国际机制和平台也应发挥各自优势，提供有益补充。国际社会应共同管理和公平分配互联网基础资源，建立多边、民主、透明的全球互联网治理体系，实现互联网资源共享、责任共担、合作共治。

（4）普惠原则。

互联网与各行业的融合发展，对各国经济结构、社会形态和创新体系产生着全局性、革命性影响，为世界经济增长和实现可持续发展目标提供了强劲动力。促进互联网效益普遍惠及各地区和国家，将为2030年可持续发展议程的有效落实提供助力。

国际社会应不断推进互联网领域开放合作，丰富开放内涵，提高开放水平，搭建更多沟通合作平台，推动在网络空间优势互补、共同发展，确保人人共享互联网发展成果，实现联合国信息社会世界峰会确定的建设以人为本、面向发展、包容性的信息社会目标。

各国应积极推动双边、区域和国际发展合作，特别是应加大对发展中国家在网络能力建设上的资金和技术援助，帮助他们抓住数字机遇，跨越"数字鸿沟"。

3.国际合作行动计划

与国家网络空间安全战略不同，《网络空间国际合作战略》的实施依赖于中国和其他国家的平等合作。对此，《网络空间国际合作战略》强调，中国将积极参与网络领域相关国际进程，加强双边、地区及国际对话与合作，增进国际互信，谋求共同发展，携手应对威胁，以期最终达成各方普遍接受的网络空间国际规则，构建公正合理的全球网络空间治理体系。同时，《网络空间国际合作战略》也列举了一些中国倡导和促进的行动计划。

（1）倡导和促进网络空间和平与稳定。

首先，参与双多边建立信任措施的讨论，采取预防性外交举措，通过对话和协商的方式应对各种网络安全威胁。其次，加强对话，研究影响国际和平与安全的网络领域新威胁，共同遏制信息技术滥用，防止网络空间军备竞赛。最后，推动国际社会就网络空间和平属性展开讨论，从维护国际安全和战略互信、预防网络冲突角度，研究国际法适用网络空间问题。

（2）推动构建以规则为基础的网络空间秩序。

首先，发挥联合国在网络空间国际规则制定中的重要作用，支持并推动联合国大会通过信息和网络安全相关决议，积极推动并参与联合国信息安全问题政府专家组等进程。其次，上海合作组织成员国于2015年1月向联大提交了"信息安全国际行为准则"更新案文。"准则"是国际上第一份全面系统阐述网络空间行为规范的文件，是中国等上合组织成员国为推动国际社会制定网络空间行为准则提供的重要公共安全产品。中国将继续就该倡议加强国际对话，争取对该倡议广泛的国际理解与支持。最后，中国支持国际社会在平等基础上普遍参与有关网络问题的国际讨论和磋商。

（3）不断拓展网络空间伙伴关系。

首先，中国致力于与国际社会各方建立广泛的合作伙伴关系，积极拓展与其他国家的网络事务对话机制，广泛开展双边网络外交政策交流和务实合作。其次，中国举办世界互联网大会（乌镇峰会）等国际会议，与有关国家继续举行双边互联网论坛，在中日韩、东盟地区论坛、博鳌亚洲论坛等框架下举办网络议题研讨活动等，拓展网络对话合作平台。最后，中国推动深化上合组织、金砖国家网络安全务实合作。促进东盟地区论坛网络安全进程平衡发展。积极推动和支持亚信会议、中非合作论坛、中阿合作论坛、中拉论坛、亚非法律协商组织等区域组织开展网络安全合作。推进亚太经合组织、二十国集团等组织在互联网和数字经济等领域合作的倡议。探讨与其他地区组织在网络领域的交流对话。

（4）积极推进全球互联网治理体系改革。

首先，参与联合国信息社会世界峰会成果落实后续进程，推动国际社会巩固和落实峰会成果共识，公平分享信息社会发展成果，并将加强信息社会建设和互联网治理列为审议的重要议题。其次，推进联合国互联网治理论坛机制改革，促进论坛在互联网治理中发挥更大作用。加强论坛在互联网治理事务上的决策能力，推动论坛获得稳定的经费来源，在遴选相关成员、提交报告等方面制定公开透明的程序。最后，参加旨在促进互联网关键资源公平分配和管理的国际讨论，积极推动互联网名称和数字地址分配机构国际化改革，使其成为具有真正独立性的国际机构，不断提高其代表性和决策、运行的公开透明。积极参与和推动世界经济论坛"互联网的未来"行动倡议等全球互联网治理平台活动。

（5）深化打击网络恐怖主义和网络犯罪国际合作。

第一，探讨国际社会合作打击网络恐怖主义的行为规范及具体措施，包括探讨制定网络空间国际反恐公约，增进国际社会在打击网络犯罪和网络恐怖主义问题上的共识，并为各国开展具体执法合作提供依据。第二，支持并推动联合国安理会在打击网络恐怖主义国际合作问题上发挥重要作用。第三，支持并推动联合国开展打击网络犯罪的工作，参与联合国预防犯罪和刑事司法委员会、联合国网络犯罪问题政府专家组等机制的工作，推动在联合国框架下讨论、制定打击网络犯罪的全球性国际法律文书。第四，加强地区合作，依托亚太地区年度会晤协作机制开展打击信息技术犯罪合作，积极参加东盟地区论坛等区域组织相关合作，推进金砖国家打击网络犯罪和网络恐怖主义的机制安排。第五，加强与各国打击网络犯罪和网络恐怖主义的政策交流与执法等务实合作。积极探索建立打击网络恐怖主义机制化对话交流平台，与其他国家警方建立双边警务合作机制，健全打击网络犯罪司法协助机制，加强打击网络犯罪技术经验交流。

（6）倡导对隐私权等公民权益的保护。

一方面，支持联合国大会及人权理事会有关隐私权保护问题的讨论，推动网络空间确立个人隐私保护原则。推动各国采取措施制止利用网络侵害个人隐私的行为，并就尊重和保护网络空间个人隐私的实践和做法进行交流。另一方面，促进企业提高数据安全保护意识，支持企业加强行业自律，就网络空间个人信息保护最佳实践展开讨论。推动政府和企业加强合作，共同保护网络空间个人隐私。

（7）推动数字经济发展和数字红利普惠共享。

第一，推动落实联合国信息社会世界峰会确定的建设以人为本、面向发展、包容性的信息社会目标，以此推进落实2030年可持续发展议程。第二，支持基于互联网的创新创业，促进工业、农业、服务业数字化转型。促进中小微企业信息化发展。促进信息通信技术领域投资。扩大宽带接入，提高宽带质量。提高公众的数字技能，提高数字包容性。增强在线交易的可用性、完整性、保密性和可靠性，发展可信、稳定和可靠的互联网应用。第三，支持向广大发展中国家提供网络安全能力建设援助，包括技术转让、关键信息基础设施建设和人员培训等，将"数字鸿沟"转化为数字机遇，让更多发展中国家和人民共享互联网带来的发展机遇。第四，推动制定完善的网络空间贸易规则，促进各国相关政策的有效协调。开展电子商务国际合作，提高通关、物流等便利化水平。保护知识产权，反对贸易保护主义，形成世界网络大市场，促进全球网络经济的繁荣发展。第五，加强互联网技术合作共享，推动各国在网络通信、移动互联网、云计算、物联网、大数据等领域的技术合作，共同解决互联网技术发展难题，共促新产业、新业态的发展。加强人才交流，联合培养创新型网络人才。第六，紧密结合"一带一路"建设，推动并支持中国的互联网企业联合制造、金融、信息通信等领域企业率先走出去，按照公平原则参与国际竞争，共同开拓国际市场，构建跨境产业链体系。鼓励中国企业积极参与他国能力建设，帮助发展中国家发展远程教育、远程医疗、电子商务等行业，促进这些国家的社会发展。

（8）加强全球信息基础设施建设和保护。

首先，共同推动全球信息基础设施建设，铺就信息畅通之路。推动与周边及其他国家信息基础设施互联互通和"一带一路"建设，让更多国家和人民共享互联网带来的发展机遇。其次，加强国际合作，提升保护关键信息基础设施的意识，推动建立政府、行业与企业的网络安全信息有序共享机制，加强关键信息基础设施及其重要数据的安全防护。再次，推动各国就关键信息基础设施保护达成共识，制定关键信息基础设施保护的合作措施，加强关键信息基础设施保护的立法、经验和技术交流。最后，推动加强各国在预警防范、应急响应、技术创新、标准规范、信息共享等方面合作，提高网络风险的防范和应对能力。

（9）促进网络文化交流互鉴。

推动各国开展网络文化合作，让互联网充分展示各国各民族的文明成果，成为文化交流、文化互鉴的平台，增进各国人民情感交流、心灵沟通。以动漫游戏产业为重点领域之一，务实开展与"一带一路"沿线国家的文化合作，鼓励中国企业充分依托当地文化资源，提供差异化网络文化产品和服务。利用国内外网络文化博览交易平台，推动中国网络文化产品走出去。支持中国企业参加国际重要网络文化展会。推动网络文化企业海外落地。

五、网络安全监管体制

网络安全监管体制，是指国家有关部门在网络安全监督管理、网络安全法执法职能方面如何进行分工合作的制度安排。《网络安全法》明确了网信部门与其他相关网络监管部门的职责分工，即网信部门负责统筹协调网络安全工作和相关监督管理工作，国务院电信主管部门、公安部门和其他有关机关依法在各自职责范围内负责网络安全保护和监督管理工作。这种"1+X"的监管体制，符合当前互联网与现实社会全面融合的特点和我国监管需要。

首先，网信部门负责统筹协调网络安全工作。网络安全监管工作由多个部门共同完成，但鉴于网络业务快速发展变化，可能会出现网络安全的监管职责界限模糊的问题。例如，在某个或某些新型网络业务发展的初期，可能不清楚应该由哪个部门负责监管相关网络安全问题。此外，网络业务天然具有跨领域、跨行业的特性，可能会出现多个部门对同一事项拥有监管职权从而引发职权上的重叠甚至冲突。为了有效解决上述问题，需要由网信部门统筹协调有关工作，既防止出现监管真空，亦防止监管打架的问题，确保各部门之间既能够各司其职，又能协同监管。

其次，网信部门还承担具体的工作，主要是信息安全监管工作。《国务院关于授权国家互联网信息办公室负责互联网信息内容管理工作的通知》规定，为促进互联网信息服务健康有序发展，保护公民、法人和其他组织的合法权益，维护国家安全和公共利益，授权重新组建的国家互联网信息办公室负责全国互联网信息内容管理工作，并负责监督管理执法。据此，网信部门还负责信息安全的管理工作和《网络安全法》有关信息安全制度的执法工作。

最后，根据"谁主管谁负责"的原则，有关部门要负责本领域、本行业内的网络安全保护和监督管理工作。《网络安全法》对此作出了原则性规定：国务院电信主管部门、公安部门和其他有关机关依照本法和有关法律、行政法规的规定，在各自职责范围内负责网络安全保护和监督管理工作。例如，国务院电信主管部门主要负责电信网、互联网及其相关网络与信息安全保护和监管工作；国家市场监督管理部门主要负责与网络商品交易及有关服务相关的网络安全工作；公安部门主要负责预防和打击危害网络安全的违法犯罪行为等工作。

第二节　网络运行安全法律制度

一、网络运行安全制度概述

网络运行安全制度的内容比较复杂，《网络安全法》将网络运行安全制度区分为一般制度和关键信息基础设施保护制度两个部分，即专门对关键信息基础设施的运行安全作了规定，并实行重点保护。就保障网络运行安全的一般制度而言，《网络安全法》强调要落实网络运营者第一责任人的责任，在网络安全等级保护制度的基础上规定了网络运营者保护网络运行安全的一般义务、网络身份管理义务、应急处置义务，规定了网络产品和服务提供者的网络安全保护义务，明确禁止危害网络安全的行为等。

针对关键信息基础设施规定专门的保护制度，是我国《网络安全法》的一大特色。《网络安全法》规定了关键信息基础设施安全保护工作部门的职责、关键信息基础设施建设的安全要求、关键信息基础设施运营者的安全保护义务、关键信息基础设施采购的国家安全审查、关键信息基础设施采购的安全保密义务、关键信息基础设施数据的境内存储和对外提供、关键信息基础设施的定期安全检测评估、关键信息基础设施保护的统筹协作机制等内容。以《网络安全法》为基础，国务院于2021年通过了《关键信息基础设施安全保护条例》，进一步细化了关键信息基础设施保护的各项制度。

二、网络安全等级保护制度

网络安全等级保护，是网络运行安全的基础性制度。它是指国家通过制定统一的网络安全等级保护管理规范和技术标准，组织公民、法人和其他组织对网络分等级实行安全保护，对等级保护工作和实施进行监督、管理的法律制度。

1994年2月18日，国务院发布《中华人民共和国计算机信息系统安全保护条例》，规定国家对计算机信息系统实行安全等级保护，以行政法规的方式正式建立了网络安全等级保护制度。2007年6月22日，公安部、国家保密局、国家密码管理局、原国务院信息化工作办公室联合印发了《信息安全等级保护管理办法》，进一步细化网络安全等级保护制度。自2008年起，我国陆续公布了有关信息系统等级保护的系列国家标准，包括：《GB/T 22239—2008 信息安全技术信息系统安全等级保护基本要求》《GB/T 22240—2008 信息安全技术信息系统安全等级保护定级指南》《GB/T 25058—2010 信息安全技术信息系统安全等级保护实施指南》《GB/T 28448—2012 信息安全技术信息系统安全等级保护测评要求》《GB/T 28449—2012 信息安全技术信息系统安全等级保护测评过程指南》等，上述系列标准通常被简称为"等保1.0标准"。

《网络安全法》在原有的"计算机信息系统安全等级保护"制度的基础上提出"国家实行网络安全等级保护制度"。由于《网络安全法》并没有构建具体的制度规则，因此《计算机信息系统安全保护条例》的有关规定依然有效。2019年12月1日，与网络安全等级保护制度相关的系列国家标准正式实施，具体包括《信息安全技术网络安全等级保护基本要求》《信息安全技术网络安全等级保护测评要求》《信息安全技术网络安全等级保护安全设计技术要求》正式实施，2020年4月《信息安全技术网络安全等级保护定级指南》国家标准发布，上述系统国家标准也被称为"等保2.0标准"。

2020年7月22日，公安部发布《贯彻落实网络安全等级保护制度和关键信息基础设施安全保护制度的指导意见》，进一步明确了网络安全等级保护制度的工作内容和工作重点，强调要根据网络（包含网络设施、信息系统、数据资源等）在国家安全、经济建设、社会生活中的重要程度，以及其遭到破坏后的危害程度等因素，科学确定网络的安全保护等级，实施分等级保护、分等级监管，重点保障关键信息基础设施和第三级（含第三级、下同）以上网络的安全。

除公安部之外，一些行业主管部门亦制定了本领域的网络安全等级保护具体办法。例如，2022 年 11 月 16 日，国家能源局修订印发了《电力行业网络安全等级保护管理办法》。新修订的管理办法共包括总则、等级划分与保护、等级保护的实施与管理、网络安全等级保护的密码管理、法律责任、附则 6 个章节，围绕电力行业网络安全等级保护各环节，明确了电力行业网络安全保护等级划分和等级保护工作原则，规定了国家能源局及其派出机构、电力企业及网络安全等级保护测评机构在电力行业网络安全等级保护定级、审核、建设、测评、检查及密码管理等方面的有关要求，以及法律责任。

（一）网络分级标准

根据网络在国家安全、经济建设、社会生活中的重要程度，以及一旦遭到破坏、丧失功能或者数据被篡改、泄露、丢失、损毁后，对国家安全、社会秩序、公共利益以及公民、法人和其他组织的合法权益的危害程度等因素，网络划分为五个安全保护等级。

第一级，受到破坏后，会对相关公民、法人和其他组织的合法权益造成一般损害，但不危害国家安全、社会秩序和公共利益。

第二级，受到破坏后，会对相关公民、法人和其他组织的合法权益造成严重损害或特别严重损害，或者对社会秩序和公共利益造成危害，但不危害国家安全。

第三级，受到破坏后，会对社会秩序和公共利益造成严重危害，或者对国家安全造成危害。

第四级，受到破坏后，会对社会秩序和公共利益造成特别严重危害，或者对国家安全造成严重危害。

第五级，受到破坏后，会对国家安全造成特别严重危害。

在进行具体判断时，核心要考虑两个问题。第一个问题，网络受侵害后，国家安全、社会秩序、公共利益以及公民、法人和其他组织的合法权益四类客体中，哪一个或者哪一些客体会受到侵害？第二个问题是，如何判断相关客体受到侵害的程度？对于这两个问题，国家标准《GB/T 22240—2020　信息安全技术 网络安全等级保护定级指南》提出了具体规则。

首先是确定受侵害的客体。确定受侵害的客体时，首先判断是否侵害国家安全，然后判断是否侵害社会秩序或公共利益，最后判断是否侵害公民、法人和其他组织的合法权益。其中，侵害国家安全的事项包括以下方面：影响国家政权稳固和领土主权、海洋权益完整；影响国家统一、民族团结和社会稳定；影响国家社会主义市场经济秩序和文化实力；其他影响国家安全的事项。侵害社会秩序的事项包括以下方面：影响国家机关、企事业单位、社会团体的生产秩序、经营秩序、教学科研秩序、医疗卫生秩序；影响公共场所的活动秩序、公共交通秩序；影响人民群众的生活秩序；其他影响社会秩序的事项。侵害公共利益的事项包括以下方面：影响社会成员使用公共设施；影响社会成员获取公开数据资源；影响社会成员接受公共服务等方面；其他影响公共利益的事项。侵害公民、法人和其他组织的合法权益是指受法律保护的公民、法人和其他组织所享有的社会权利和利益等受到损害。

其次要针对不同的受侵害客体进行侵害程度的判断。在针对不同的受侵害客体进行侵害程度的判断时，参照以下不同的判别基准：（1）如果受侵害客体是公民、法人或其他组织的合法权益，则以本人或本单位的总体利益作为判断侵害程度的基准；（2）如果受侵害客体是社会秩序、公共利益或国家安全，则以整个行业或国家的总体利益作为判断侵害程度的基准。不同侵害后果的标准如下：

（1）"一般损害"的标准是：工作职能受到局部影响，业务能力有所降低但不影响主要功能的执行，出现较轻的法律问题，较低的财产损失，有限的社会不良影响，对其他组织和个人造成较低损害。

（2）"严重损害"的标准是：工作职能受到严重影响，业务能力显著下降且严重影响主要功能执行，出现较严重的法律问题，较高的财产损失，较大范围的社会不良影响，对其他组织和个人造成较高损害。

（3）"特别严重损害"的标准是：工作职能受到特别严重影响或丧失行使能力，业务能力严重下降且或功能无法执行，出现极其严重的法律问题，极高的财产损失，大范围的社会不良影响，对其他组织和个人造成非常高损害。

（二）网络安全分级保护

针对上述五级网络，网络运营者应当采取不同程度的保护措施，国家监管部门应当实行不同程度的监管。其中，第一级网络运营者应当依据国家有关管理规范和技术标准进行保护。第二级网络运营者应当依据国家有关管理规范和技术标准进行保护；国家网络安全监管部门对该级网络安全等级保护工作进行指导。第三级网络运营者应当依据国家有关管理规范和技术标准进行保护；国家网络安全监管部门对该级网络安全等级保护工作进行监督、检查。第四级网络运营者应当依据国家有关管理规范、技术标准和业务专门需求进行保护；国家网络安全监管部门对该级网络安全等级保护工作进行强制监督、检查。第五级网络运营者应当依据国家管理规范、技术标准和业务特殊安全需求进行保护；国家指定专门部门对该级网络安全等级保护工作进行专门监督、检查。

（三）网络定级程序

网络安全等级保护实行的是自主定级、自主保护的原则。网络运营者应当根据法律、行政法规、部门规章以及《GB/T 22240—2020　信息安全技术 网络安全等级保护定级指南》等国家标准规范和行业标准，全面梳理本单位各类网络，特别是云计算、物联网、新型互联网、大数据、智能制造等新技术应用的基本情况，并根据网络的功能、服务范围、服务对象和处理数据等情况，科学确定网络的安全保护等级。对新建网络，应在规划设计阶段确定安全保护等级。

网络运营者对其网络进行定级后，不需要向有关主管部门审批，但是对第二级以上网络，网络运营者应当依法向公安机关备案，并向行业主管部门报备。公安机关对网络运营者提交的备案材料和网络的安全保护等级进行审核，对定级结果合理、备案材料符合要求的，及时出具网络安全等级保护备案证明。根据国家标准《GB/T 22240—2020 信息安全技术 网络安全等级保护定级指南》，安全保护等级初步确定为第一级的等级保护对象，其网络运营者可自行确定最终安全保护等级；但安全保护等级初步确定为第二级及以上的等级保护对象，其网络运营者应组织进行专家评审、主管部门核准和备案审核，最终确定其安全保护等级。

对于特定行业的网络定级，同时需要符合行业主管部门的相关规定。例如，在电力行业，国家能源局根据制定电力行业网络安全等级保护定级指南，指导电力行业网络安全等级保护定级工作。对拟定为第二级及以上的网络，电力企业应当组织网络安全专家进行定级评审；其中，拟定为第四级及以上的网络，还应当由国家能源局统一组织国家网络安全等级保护专家进行定级评审。全国电力安全生产委员会企业成员单位汇总集团总部拟定为第二级及以上网络的定级结果和专家评审意见，报国家能源局审核。各区域（省）内的电力企业汇总本单位拟定为第二级及以上网络的定级结果，报国家能源局派出机构审核。电力企业应当在收到国家能源局或其派出机构审核意见后，按照有关规定将结果提交公安机关备案审核并向国家能源局或其派出机构报告定级备案结果。

（四）网络安全等级测评、自查和检查

1.网络安全等级测评

网络建设完成后，网络运营者或者其主管部门应当定期对网络安全等级状况开展等级测评。第三级网络应当每年至少进行一次等级测评，第四级网络应当每半年至少进行一次等级测评，第五级网络应当依据特殊安全需求进行等级测评。网络运营者在开展测评服务过程中要与测评机构签署安全保密协议，并对测评过程进行监督管理。公安机关要加强对本地等级测评机构的监督管理，建立测评人员背景审查和人员审核制度，确保等级测评过程客观、公正、安全。

第三级以上网络运营者应委托符合国家有关规定的等级测评机构进行等级测评，并及时将等级测评报告提交受理备案的公安机关和行业主管部门。新建第三级以上网络应在通过等级测评后投入运行。

第三级以上网络的等级保护测评机构应当符合以下条件：（1）在中华人民共和国境内注册成立（港澳台地区除外）；（2）由中国公民投资、中国法人投资或者国家投资的企事业单位（港澳台地区除外）；（3）从事相关检测评估工作两年以上，无违法记录；（4）工作人员仅限于中国公民；（5）法人及主要业务、技术人员无犯罪记录；（6）使用的技术装备、设施应当符合本办法对信息安全产品的要求；（7）具有完备的保密管理、项目管理、质量管理、人员管理和培训教育等安全管理制度；（8）对国家安全、社会秩序、公共利益不构成威胁。

从事网络安全等级测评的机构，应当履行下列义务：（1）遵守国家有关法律法规和技术标准，提供安全、客观、公正的检测评估服务，保证测评的质量和效果；（2）保守在测评活动中知悉的国家秘密、商业秘密和个人隐私，防范测评风险；（3）对测评人员进行安全保密教育，与其签订安全保密责任书，规定应当履行的安全保密义务和承担的法律责任，并负责检查落实。

2.网络安全等级保护的自查与检查

网络运营者及其主管部门应当定期对网络安全状况、安全保护制度及措施的落实情况进行自查。第三级网络应当每年至少进行一次自查，第四级网络应当每半年至少进行一次自查，第五级网络应当依据特殊安全需求进行自查。

受理备案的公安机关应当对第三级、第四级网络的运营、使用单位的信息安全等级保护工作情况进行检查。对第三级网络每年至少检查一次，对第四级网络每半年至少检查一次。对跨省或者全国统一联网运行的网络的检查，应当会同其主管部门进行。对第五级网络，应当由国家指定的专门部门进行检查。公安机关、国家指定的专门部门应当对下列事项进行检查：（1）网络安全需求是否发生变化，原定保护等级是否准确；（2）运营、使用单位安全管理制度、措施的落实情况；（3）运营、使用单位及其主管部门对网络安全状况的检查情况；（4）系统安全等级测评是否符合要求；（5）信息安全产品使用是否符合要求；（6）网络安全整改情况；（7）备案材料与运营、使用单位、网络的符合情况；（8）其他应当进行监督检查的事项。

经测评或者自查，网络安全状况未达到安全保护等级要求的，运营、使用单位应当制定方案进行整改。公安机关检查发现网络安全保护状况不符合信息安全等级保护有关管理规范和技术标准的，应当向运营、使用单位发出整改通知。运营、使用单位应当根据整改通知要求，按照管理规范和技术标准进行整改。整改完成后，应当将整改报告向公安机关备案。必要时，公安机关可以对整改情况组织检查。

三、网络运营者维护网络运行安全的义务

网络运营者，是指网络的所有者、管理者和网络服务提供者。网络运营者是维护网络安全的"第一责任人"，应当依法履行网络安全保护义务。

（一）网络安全保护义务

网络运营者应当按照网络安全等级保护制度的要求，履行下列安全保护义务，保障网络免受干扰、破坏或者未经授权的访问，防止网络数据泄露或者被窃取、篡改：（1）制定内部安全管理制度和操作规程，确定网络安全负责人，落实网络安全保护责任；（2）采取防范计算机病毒和网络攻击、网络侵入等危害网络安全行为的技术措施；（3）采取监测、记录网络运行状态、网络安全事件的技术措施，并按照规定留存相关的网络日志不少于6个月；（4）采取数据分类、重要数据备份和加密等措施；（5）法律、行政法规规定的其他义务。

案例：2021年2月，广安某单位所使用的智慧政务一体化平台被黑客攻击植入木马病毒，导致系统文件被加密勒索，广安公安机关立即以破坏计算机信息系统立案侦查。通过一案双查发现，该单位未制定内部安全管理制度和操作规程，未采取防范计算机病毒的技术措施，未对重要数据备份和加密，未履行网络安全保护义务。广安公安机关根据《网络安全法》第21条和第59条之规定，对该单位作出罚款1万元、对单位具体责任人赵某作出罚款5000元的行政处罚。

案例评析：广安某单位所使用的智慧政务一体化平台被黑客攻击，除了该

单位遭受损失外，相关数据主体的利益、社会公共利益因此也受到了损害或者威胁。此外，网络安全是整体的，黑客攻击该智慧政务一体化平台后，可能进一步威胁到其他网络系统的安全。本案中，广安某单位承受了相关损失，看似是本案的受害者，但是，相关网络系统被攻击的一个重要原因，是该单位没有履行《网络安全法》相关的网络安全保护义务且存在较大过失，因此需要承担相应的法律责任。《网络安全法》第59条第1款规定，网络运营者不履行本法第21条、第25条规定的网络安全保护义务的，由有关主管部门责令改正，给予警告；拒不改正或者导致危害网络安全等后果的，处1万元以上10万元以下罚款，对直接负责的主管人员处5000元以上5万元以下罚款。据此，广安公安机关对智慧政务一体化平台的使用单位及其负责人作出相应的行政处罚。

（二）网络产品和服务提供者的网络安全保护义务

网络产品和服务，是指作为网络组成部分以及维护网络功能的设备、软件和服务。网络产品和服务是影响网络安全的重要因素，因此《网络安全法》明确规定网络产品和服务提供者需要履行相应的网络安全保护义务。

1. 一般安全义务

网络产品、服务应当符合相关国家标准的强制性要求。网络产品、服务的提供者不得设置恶意程序；发现其网络产品、服务存在安全缺陷、漏洞等风险时，应当立即采取补救措施，按照规定及时告知用户并向有关主管部门报告。

2. 安全维护义务

网络安全是动态的，是持续变化的，因此，网络产品、服务的提供者应当为其产品、服务持续提供安全维护；在规定或者当事人约定的期限内，不得终止提供安全维护。

3. 用户信息保护义务

网络产品、服务具有收集用户信息功能的，其提供者应当向用户明示并取得同意；涉及用户个人信息的，还应当遵守《网络安全法》《个人信息保护法》和有关法律、行政法规关于个人信息保护的规定。

4. 网络关键设备和网络安全专用产品认证检测义务

网络关键设备和网络安全专用产品应当按照相关国家标准的强制性要求，由具备资格的机构安全认证合格或者安全检测符合要求后，方可销售或者提供。国家网信部门会同国务院有关部门制定、公布网络关键设备和网络安全专用产品目录，并推动安全认证和安全检测结果互认，避免重复认证、检测。网络安全专用产品，是指用于保护网络安全的专用硬件和软件产品，包括以服务形式提供安全防护能力的产品。

（1）网络关键设备和网络安全专用产品目录。

网络关键设备和网络安全专用产品实施目录管理，根据国家互联网信息办公室、工业和信息化部、公安部、国家认证认可监督管理委员会发布的《网络关键设备和网络安全专用产品目录》（2023年版），网络关键设备和网络安全专用产品服务的目录如表

2-1、表 2-2 所示：

表 2-1　网络关键设备目录

序号	设备类别	范围
1	路由器	整系统吞吐量（双向）≥ 12Tbps 整系统路由表容量 ≥ 55 万条
2	交换机	整系统吞吐量（双向）≥ 30Tbps 整系统包转发率 ≥ 10Gpps
3	服务器（机架式）	CPU 数量 ≥ 8 个 单 CPU 内核数 ≥ 14 个 内存容量 ≥ 256GB
4	可编程逻辑控制器（PLC 设备）	控制器指令执行时间 ≤ 0.08 微秒

表 2-2　网络安全专用产品服务

序号	产品类别	产品描述
1	数据备份与恢复产品	能够对信息系统数据进行备份和恢复，且对备份与恢复过程进行管理的产品
2	防火墙	对经过的数据流进行解析，并实现访问控制及安全防护功能的产品
3	入侵检测系统（IDS）	以网络上的数据包作为数据源，监听所保护网络节点的所有数据包并进行分析，从而发现异常行为的产品
4	入侵防御系统（IPS）	以网桥或网关形式部署在网络通路上，通过分析网络流量发现具有入侵特征的网络行为，在其传入被保护网络前进行拦截的产品
5	网络和终端隔离产品	在不同的网络终端和网络安全域之间建立安全控制点，实现在不同的网络终端和网络安全域之间提供访问可控服务的产品
6	反垃圾邮件产品	能够对垃圾邮件进行识别和处理的软件或软硬件组合，包括但不限于反垃圾邮件网关、反垃圾邮件系统、安装于邮件服务器的反垃圾邮件软件，以及与邮件服务器集成的反垃圾邮件产品等
7	网络安全审计产品	采集网络、信息系统及其组件的记录与活动数据，并对这些数据进行存储和分析，以实现事件追溯、发现安全违规或异常的产品
8	网络脆弱性扫描产品	利用扫描手段检测目标网络系统中可能存在的安全弱点的软件或软硬件组合的产品
9	安全数据库系统	从系统设计、实现、使用和管理等各个阶段都遵循一套完整的系统安全策略的数据库系统，目的是在数据库层面保障数据安全
10	网站数据恢复产品	提供对网站数据的监测、防篡改，并实现数据备份和恢复等安全功能的产品
11	虚拟专用网产品	在互联网链路等公共通信基础网络上建立专用安全传输通道的产品
12	防病毒网关	部署于网络和网络之间，通过分析网络层和应用层的通信，根据预先定义的过滤规则和防护策略实现对网络内病毒防护的产品
13	统一威胁管理产品（UTM）	通过统一部署的安全策略，融合多种安全功能，针对面向网络及应用系统的安全威胁进行综合防御的网关型设备或系统
14	病毒防治产品	用于检测发现或阻止恶意代码的传播以及对主机操作系统应用软件和用户文件的篡改、窃取和破坏等的产品

续表

序号	产品类别	产品描述
15	安全操作系统	从系统设计、实现到使用等各个阶段都遵循了一套完整的安全策略的操作系统，目的是在操作系统层面保障系统安全
16	安全网络存储	通过网络基于不同协议连接到服务器的专用存储设备
17	公钥基础设施	支持公钥管理体制，提供鉴别、加密、完整性和不可否认服务的基础设施
18	网络安全态势感知产品	通过采集网络流量、资产信息、日志、漏洞信息、告警信息、威胁信息等数据，分析和处理网络行为及用户行为等因素，掌握网络安全状态，预测网络安全趋势，并进行展示和监测预警的产品
19	信息系统安全管理平台	对信息系统的安全策略以及执行该策略的安全计算环境、安全区域边界和安全通信网络等方面的安全机制实施统一管理的平台
20	网络型流量控制产品	对安全域的网络进行流量监测和带宽控制的流量管理系统
21	负载均衡产品	提供链路负载均衡、服务器负载均衡、网络流量优化和智能处理等功能的产品
22	信息过滤产品	对文本、图片等网络信息进行筛选控制的产品
23	抗拒绝服务攻击产品	用于识别和拦截拒绝服务攻击、保障系统可用性的产品
24	终端接入控制产品	提供对接入网络的终端进行访问控制功能的产品
25	USB 移动存储介质管理系统	对移动存储设备采取身份认证、访问控制、审计机制等管理手段，实现移动存储设备与主机设备之间可信访问的产品
26	文件加密产品	用于防御攻击者窃取以文件等形式存储的数据、保障存储数据安全的产品
27	数据泄露防护产品	通过对安全域内部敏感信息输出的主要途径进行控制和审计，防止安全域内部敏感信息被非授权泄露的产品
28	数据销毁软件产品	采用信息技术进行逻辑级底层数据清除，彻底销毁存储介质所承载数据的产品
29	安全配置检查产品	基于安全配置要求实现对资产的安全配置检测和合规性分析，生成安全配置建议和合规性报告的产品
30	运维安全管理产品	对信息系统重要资产维护过程实现单点登录、集中授权、集中管理和审计的产品
31	日志分析产品	采集信息系统中的日志数据，并进行集中存储和分析的安全产品
32	身份鉴别产品	要求用户提供以电子信息或生物信息为载体的身份鉴别信息，确认应用系统使用者身份的产品
33	终端安全监测产品	对终端进行安全性监测和控制，发现和阻止系统和网络资源非授权使用的产品
34	电子文档安全管理产品	通过制作安全电子文档或将电子文档转换为安全电子文档，对安全电子文档进行统一管理、监控和审计的产品

（2）认证标准和认证实施程序。

实践中，网络关键设备和网络安全专用产品认证的依据是相应的国家标准，其中，网络关键设备认证依据的标准为《GB 40050—2021　网络关键设备安全通用要求》等，网络安全专用产品认证依据的标准为《GB 42250—2022CN　信息安全技术 网络安全专用产品安全技术要求》等。

认证实施程序包括认证委托、型式试验、获证后监督等环节。首先，网络关键设备和网络安全专用产品提供者等相关主体应当委托认证机构进行认证。认证机构应当明确认证委托资料要求，至少包括认证委托人信息、产品功能说明书和/或使用手册、安全保障能力文件、同一认证单元中型号/版本的差异说明（适用时）等。认证委托人应当按认证机构要求提出认证委托，认证机构在对认证委托审核后及时反馈是否受理。其次，认证机构开展型式试验。认证机构应当根据认证委托确定型式试验方案，包括型式试验的全部样品要求和数量、检测标准项目、实验室信息等，并告知认证委托人。认证委托人应当按照型式试验方案向实验室提供型式试验样品。实验室应当对型式试验全过程作出完整记录，并妥善管理、保存、保密相关文件，确保检测结果可追溯。型式试验结束后，实验室应当及时向认证机构和认证委托人出具型式试验报告。最后，认证机构对型式试验和相关文件信息进行综合评价，作出认证决定。对符合认证要求的，颁发认证证书并允许使用认证标志；对暂不符合认证要求的，允许认证委托人限期整改，对整改后仍然不符合认证要求的，认证机构不予批准认证委托，认证终止。

在获证后，认证机构仍然要开展监督工作。获证后监督的内容为安全质量持续符合能力评价或产品检测。安全质量持续符合能力评价的内容包括产品一致性、认证标志管理等。认证机构应当在实施细则中对评价内容及评价方式予以明确。在开展监督工作时，要实施生产企业分类管理，即认证机构根据诚信守法状况、所生产产品质量状况等与质量相关的信息进行综合评价，对生产企业进行分类，从而对不同类别生产企业所生产的产品在获证后监督等方面实施差异化管理，以实现控制认证风险、提高认证活动的质量和效率、确保获证产品持续符合认证要求的目标。认证机构应当对获证产品、生产者和生产企业进行持续监督，并在生产企业分类管理的基础上合理确定监督频次，具体要求应当在实施细则中予以明确。认证机构对获证后监督结论和相关文件信息进行综合评价，作出认证决定。对符合认证要求的，可继续保持认证证书、使用认证标志；不符合的，允许认证委托人限期整改，对整改后仍然不符合认证要求的，认证机构应当根据相应情形作出暂停或者撤销认证证书的处理，停止使用认证标志，并予以公布。

认证证书的有效期为5年。在有效期内，通过认证机构的获证后监督，保持认证证书的有效性。认证证书有效期届满、需要延续使用的，认证委托人应当在有效期届满前90天内提出认证委托。认证有效期内最后一次获证后监督结果合格的，认证机构应当在接到认证委托后直接换发新证书。

（三）用户身份管理义务

在《网络安全法》实施之前，我国就建立了由网络运营者对网络用户身份进行管理的制度，不过网络运营者承担的具体义务则随着制度的发展而有所变化。例如，2000年实施的《互联网信息服务管理办法》规定，从事新闻、出版以及电子公告等服务项目的互联网信息服务提供者，应当记录提供的信息内容及其发布时间、互联网地址或者域名；互联网接入服务提供者应当记录上网用户的上网时间、用户账号、互联网地址或者域名、主叫电话号码等信息。据此规定，网络运营者虽然有记录网络用户某些信息的义务，但并没有收集用户真实身份信息的权利和义务。随着此种匿名化管理制度的弊端逐渐显示，特别是许多违法犯罪行为由于匿名化难以被查处，我国法律逐渐构建了"实名制"的网络用户身份管理制度。例如，2010年实施的《网络游戏管理暂行办法》第21条规定："网络游戏运营企业应当要求网络游戏用户使用有效身份证件进行实名注册，并保存用户注册信息。"2012年《全国人民代表大会常务委员会关于加强网络信息保护的决定》规定，网络服务提供者为用户办理网站接入服务，办理固定电话、移动电话等入网手续，或者为用户提供信息发布服务，应当在与用户签订协议或者确认提供服务时，要求用户提供真实身份信息。该决定以法律的形式正式规定了以"网络实名制"为核心的网络用户身份管理制度。

《网络安全法》延续了《全国人民代表大会常务委员会关于加强网络信息保护的决定》中的网络用户身份管理制度，并且进一步拓展了有关内容。具体而言，网络运营者为用户办理网络接入、域名注册服务，办理固定电话、移动电话等入网手续，或者为用户提供信息发布、即时通讯等服务，在与用户签订协议或者确认提供服务时，应当要求用户提供真实身份信息。用户不提供真实身份信息的，网络运营者不得为其提供相关服务。

四、关键信息基础设施安全保护制度

关键信息基础设施是经济社会运行的神经中枢，是网络安全的重中之重，也是可能遭到重点攻击的目标。"物理隔离"防线可被跨网入侵，电力调配指令可被恶意篡改，金融交易信息可被窃取，这些都是重大风险隐患。不出问题则已，一出就可能导致交通中断、金融紊乱、电力瘫痪等问题，具有很大的破坏性和杀伤力。[1]因此，《网络安全法》规定了保护关键信息基础设施安全的特殊制度，《关键信息基础设施安全保护条例》针对实践中的突出问题，细化《网络安全法》有关规定，将实践证明成熟有效的做法上升为法律制度，强调坚持综合协调、分工负责、依法保护，强化和落实关键信息基础设施运营者主体责任，充分发挥政府及社会各方面的作用，共同保护关键信息基础设施安全。

（一）关键信息基础设施的概念

关键信息基础设施是从"基础设施"和"关键基础设施"的概念衍生发展而来。基础设施（infrastructure）一般是指为社会生产和居民生活提供公共服务的物质工程设施，是用于保证国家或地区社会经济活动正常进行的公共服务系统。[2]而"关键基础设施"，则主要是指那些关系国计民生，为社会提供不可缺少的产品和服务的基础设施。[3]从概念上来看，无论是基础设施，还是关键基础设施，都是对国家、社会、公民十分重要

---

〔1〕 参见习近平：《在网络安全和信息化工作座谈会上的讲话》（2016年4月19日），人民出版社2016年版，第15—17页。

〔2〕 参见顾伟：《美国关键信息基础设施保护与中国等级保护制度的比较研究及启示》，载《电子政务》2015年第7期。

〔3〕 参见谢永江、李欲晓主编：《网络安全法学》，北京邮电大学出版社2017年版，第97页。

的措施，但其外延又比较模糊，难以精准确定。我国法律法规和规范性文件虽然使用了"基础设施"和"关键基础设施"的概念，如《国务院关于加强城市基础设施建设的意见》《基础设施和公用事业特许经营管理办法》等，但并没有给两个概念规定法律定义。

虽然我国法律并没有界定"基础设施"和"关键基础设施"的定义，但《网络安全法》明确将"关键信息基础设施"界定为"公共通信和信息服务、能源、交通、水利、金融、公共服务、电子政务等重要行业和领域，以及其他一旦遭到破坏、丧失功能或者数据泄露，可能严重危害国家安全、国计民生、公共利益的"信息基础设施。《关键信息基础设施安全保护条例》将重要行业和领域的范围进一步扩张，规定"关键信息基础设施，是指公共通信和信息服务、能源、交通、水利、金融、公共服务、电子政务、国防科技工业等重要行业和领域的，以及其他一旦遭到破坏、丧失功能或者数据泄露，可能严重危害国家安全、国计民生、公共利益的重要网络设施、信息系统等"。关键信息基础设施保护当前所面临的挑战是多方位、多角度的：既有来自网络空间内的"线上"安全威胁，也有来自现实中的"线下"安全威胁；既要考虑自然灾害等意外事故，也要考虑国际关系变化、供应链切断等突发事件。[1]

（二）监督管理体制

在关键信息基础设施监督和保护机制上，我国实施的是统一管理和分工协作相结合的模式。从横向监管和保护的维度来看，在国家网信部门统筹协调下，国务院公安部门负责指导监督关键信息基础设施安全保护工作；国务院电信主管部门和其他有关部门在各自职责范围内负责关键信息基础设施安全保护和监督管理工作。从纵向监管和保护的维度来看，我国实施的是中央与省两级保护和监督管理机制，即除上述国务院有关部门之外，省级人民政府有关部门依据各自职责对关键信息基础设施实施安全保护和监督管理。有关部门既是主管部门、监督管理部门，同时也是负责关键信息基础设施安全保护工作的部门（以下简称保护工作部门）。

（三）关键信息基础设施的认定规则

识别认定关键信息基础设施是开展安全保护工作的前提，关键信息基础设施的法定概念比较抽象，难以为执法司法与企业合规实践提供明确的法律依据。为了进一步明确关键信息基础设施的具体范围，《关键信息基础设施安全保护条例》从我国国情出发，借鉴国外通行做法，规定了关键信息基础设施的认定规则，具体包括认定标准和认定程序两个方面内容。

对于认定的核心标准，主要包括三个方面的因素：一是网络设施、信息系统等对于本行业、本领域关键核心业务的重要程度，关键信息基础设施应当是能起到基础支撑作用的设施。二是网络设施、信息系统等一旦遭到破坏，丧失功能或者数据泄露，可能严重危害国家安全、国计民生和公共利益。三是对其他行业和领域具有重要关联性影响。

在认定主体和认定程序上，实行的是保护工作部门先制定认定规则，然后组织认定的机制。具体来说，关键信息基础设施保护工作部门将重点考虑以上因素，结合本行

---

[1] 周辉：《加强关键信息基础设施保护立法和监督》，载《光明日报》2023年6月17日，第5版。

业、本领域实际，制定关键信息基础设施的认定规则，报国务院公安部门备案。认定规则制定后，保护工作部门根据认定规则负责组织认定本行业、本领域的关键信息基础设施，及时将认定结果通知运营者，并通报国务院公安部门。

（四）运营者的安全维护义务

关键信息基础设施运营者承担着保护关键信息基础设施安全的主体责任。运营者依照《网络安全法》《关键信息基础设施安全保护条例》、有关部门规章以及国家标准的强制性要求，在网络安全等级保护的基础上，承担关键信息基础设施的保护义务。

1. 网络安全保护义务

关键信息基础设施运营者首先应当履行作为网络运营者所应当履行的法定义务。除此之外，还应当履行更加严格的网络安全保护义务。具体包括以下几项：（1）设置专门安全管理机构和安全管理负责人，并对该负责人和关键岗位的人员进行安全背景审查。审查时，公安机关、国家安全机关应当予以协助。（2）定期对从业人员进行网络安全教育、技术培训和技能考核。（3）对重要系统和数据库进行容灾备份。（4）制定网络安全事件应急预案，并定期进行演练。（5）法律、行政法规规定的其他义务。

关键信息基础设施运营者设置的专门安全管理机构，具体负责本单位的关键信息基础设施安全保护工作，履行下列职责：（1）建立健全网络安全管理、评价考核制度，拟订关键信息基础设施安全保护计划；（2）组织推动网络安全防护能力建设，开展网络安全监测、检测和风险评估；（3）按照国家及行业网络安全事件应急预案，制定本单位应急预案，定期开展应急演练，处置网络安全事件；（4）认定网络安全关键岗位，组织开展网络安全工作考核，提出奖励和惩处建议；（5）组织网络安全教育、培训；（6）履行个人信息和数据安全保护责任，建立健全个人信息和数据安全保护制度；（7）对关键信息基础设施设计、建设、运行、维护等服务实施安全管理；（8）按照规定报告网络安全事件和重要事项。运营者应当保障专门安全管理机构的运行经费、配备相应的人员，开展与网络安全和信息化有关的决策应当有专门安全管理机构人员参与。

根据国家标准《GB/T 39204—2022　信息安全技术 关键信息基础设施安全保护要求》，关键信息基础设施安全保护主要包括分析识别、安全防护、检测评估、监测预警、主动防御、事件处置六个方面：

（1）分析识别：围绕关键信息基础设施承载的关键业务，开展业务依赖性识别、关键资产识别、风险识别等活动。本活动是开展安全防护、检测评估、监测预警、主动防御、事件处置等活动的基础。

（2）安全防护：根据已识别的关键业务、资产、安全风险，在安全管理制度、安全管理机构、安全管理人员、安全通信网络、安全计算环境、安全建设管理、安全运维管理等方面实施安全管理和技术保护措施，确保关键信息基础设施的运行安全。

（3）检测评估：为检验安全防护措施的有效性，发现网络安全风险隐患，应建立相应的检测评估制度，确定检测评估的流程及内容等，开展安全检测与风险隐患评估，分析潜在安全风险可能引发的安全事件。

（4）监测预警：建立并实施网络安全监测预警和信息通报制度，针对发生的网络安全事件或发现的网络安全威胁，提前或及时发出安全警示。建立威胁情报和信息共享机制，落实相关措施，提高主动发现攻击能力。

（5）主动防御：以应对攻击行为的监测发现为基础，主动采取收敛暴露面、捕获、溯源、干扰和阻断等措施，开展攻防演习和威胁情报工作，提升对网络威胁与攻击行为的识别、分析和主动防御能力。

（6）事件处置：运营者对网络安全事件进行报告和处置，并采取适当的应对措施，恢复由于网络安全事件而受损的功能或服务。

2. 采购网络产品和服务的安全保障义务

关键信息基础设施所采用的网络产品和服务直接影响其安全，因此关键信息基础设施的运营者在采购网络产品和服务时，要履行额外的保障义务。

一是保密义务。关键信息基础设施的运营者采购网络产品和服务，应当按照规定与提供者签订安全保密协议，明确提供者的技术支持和安全保密义务与责任，并对义务与责任履行情况进行监督。

二是安全评估和安全审查义务。关键信息基础设施运营者采购网络产品和服务的，应当预判该产品和服务投入使用后可能带来的国家安全风险，优先采购安全可信的网络产品和服务。采购网络产品和服务可能影响国家安全的，应当按照国家网络安全规定通过安全审查。通过网络安全审查，对相关网络产品和服务进行事前审查和评估，可以预防网络安全事件，降低关键信息基础设施受到外部攻击或非法利用等风险。鉴于网络安全审查制度的内容比较复杂，下文将作专门分析。

根据《关键信息基础设施安全保护条例》《网络安全法》的规定，以上两个义务属于关键信息基础设施供应链安全保护的重要组成部分。除这两个义务外，国家标准《GB/T 39204—2022 信息安全技术 关键信息基础设施安全保护要求》还规定了供应链安全保护的其他措施，主要包括：

（1）应建立供应链安全管理策略，包括：风险管理策略、供应方选择和管理策略、产品开发采购策略、安全维护策略等。建立供应链安全管理制度，提供用于供应链安全管理的资金、人员和权限等可用资源。

（2）采购网络关键设备和网络安全专用产品目录中的设备产品时，应采购通过国家检测认证的设备和产品。

（3）应形成年度采购的网络产品和服务清单。采购、使用的网络产品和服务应符合相关国家标准的要求。

（4）应建立和维护合格供应方目录。应选择有保障的供应方，防范出现因政治、外交、贸易等非技术因素导致产品和服务供应中断的风险。

（5）应强化采购渠道管理，保持采购的网络产品和服务来源的稳定或多样性。

（6）采购网络产品和服务时，应明确提供者的安全责任和义务，要求提供者对网络产品和服务的设计、研发、生产、交付等关键环节加强安全管理。要求提供者声明不非法获取用户数据、控制和操纵用户系统和设备，或利用用户对产品的依赖性谋取不正当利益或者迫使用户更新换代。

（7）应要求网络产品和服务的提供者对网络产品和服务研发、制造过程中涉及的实体拥有或控制的已知技术专利等知识产权获得 10 年以上授权，或在网络产品和服务使用期内获得持续授权。

（8）应要求网络产品和服务的提供者提供中文版运行维护、二次开发等技术资料。

（9）应自行或委托第三方网络安全服务机构对定制开发的软件进行源代码安全检测，或由供应方提供第三方网络安全服务机构出具的代码安全检测报告。

（10）使用的网络产品和服务存在安全缺陷、漏洞等风险时，应及时采取措施消除风险隐患，涉及重大风险的应按规定向相关部门报告。

3. 数据本地存储义务

关键信息基础设施的运营者在中华人民共和国境内运营中收集和产生的个人信息和重要数据应当在境内存储。因业务需要，确需向境外提供的，应当按照国家网信部门会同国务院有关部门制定的办法进行安全评估；法律、行政法规另有规定的，依照其规定。

数据本地存储义务仅是关键信息基础设施的数据安全防护措施中的一个部分。关键信息基础设施的运营者还应当遵守《数据安全法》等法律的相关要求。而根据国家标准《GB/T 39204—2022　信息安全技术 关键信息基础设施安全保护要求》，关键信息基础设施的运营者还应当采取以下数据安全保护措施：（1）应建立数据安全管理责任和评价考核制度，编制数据安全保护计划，实施数据安全技术防护，开展数据安全风险评估，制定数据安全事件应急预案，及时处置安全事件，组织数据安全教育、培训。（2）应建立基于数据分类分级的数据安全保护策略，明确重要数据和个人信息保护的相应措施。（3）应严格控制重要数据的使用、加工、传输、提供和公开等关键环节，并采取加密、脱敏、去标识化等技术手段保护敏感数据安全。（4）应建立业务连续性管理及容灾备份机制，重要系统和数据库实现异地备份。（5）数据可用性要求高的，应采取数据库异地实时备份措施。业务连续性要求高的，应采取系统异地实时备份措施，确保关键信息基础设施一旦被破坏，可及时进行恢复和补救。（6）应在关键信息基础设施退役废弃时，按照数据安全保护策略对存储的数据进行处理。（7）应建立数据处理活动全流程的安全能力，并符合相关国家标准关于数据安全保护的要求。

4. 定期评估和风险报告义务

关键信息基础设施的运营者应当自行或者委托网络安全服务机构对关键信息基础设施每年至少进行一次网络安全检测和风险评估，对发现的安全问题及时整改，并按照保护工作部门要求报送情况。关键信息基础设施发生重大网络安全事件或者发现重大网络安全威胁时，运营者应当按照有关规定向保护工作部门、公安机关报告。

（五）保护工作部门和网信部门的保护职责

除了运营者要履行保护关键信息基础设施的安全义务之外，关键信息基础设施的保护工作部门和网信部门也应当履行法定的保护职责。关键信息基础设施发生重大和特别重大网络安全事件，经调查确定为责任事故的，除应当查明运营者责任并依法予以追究外，还应查明相关网络安全服务机构及有关部门的责任，对有失职、渎职及其他违法行为的，依法追究责任。

保护工作部门主要履行以下几项职责：（1）制定本行业、本领域关键信息基础设施安全规划，明确保护目标、基本要求、工作任务、具体措施。（2）建立健全本行业、本领域的关键信息基础设施网络安全监测预警制度，及时掌握本行业、本领域关键信息基础设施运行状况、安全态势，预警通报网络安全威胁和隐患，指导做好安全防范工作。（3）按照国家网络安全事件应急预案的要求，建立健全本行业、本领域的网络安全事件应急预案，定期组织应急演练；指导运营者做好网络安全事件应对处置，并根据需要组织提供技术支持与协助。（4）定期组织开展本行业、本领域关键信息基础设施网络安全检查检测，指导监督运营者及时整改安全隐患、完善安全措施。

国家网信部门主要履行以下几项职责：（1）对关键信息基础设施的安全风险进行抽查检测，提出改进措施，必要时可以委托网络安全服务机构对网络存在的安全风险进行检测评估。国家网信部门统筹协调国务院公安部门、保护工作部门对关键信息基础设施进行网络安全检查检测，提出改进措施。有关部门在开展关键信息基础设施网络安全检查时，应当加强协同配合、信息沟通，避免不必要的检查和交叉重复检查。检查工作不得收取费用，不得要求被检查单位购买指定品牌或者指定生产、销售单位的产品和服务。（2）定期组织关键信息基础设施的运营者进行网络安全应急演练，提高应对网络安全事件的水平和协同配合能力。（3）统筹协调有关部门建立网络安全信息共享机制，及时汇总、研判、共享、发布网络安全威胁、漏洞、事件等信息，促进有关部门、保护工作部门、运营者以及网络安全服务机构等之间的网络安全信息共享。（4）对网络安全事件的应急处置与网络功能的恢复等，提供技术支持和协助。

（六）关于漏洞探测、渗透性测试的特殊规定

实践中，一些个人和组织擅自对关键信息基础设施实施漏洞探测、渗透性测试等活动，影响关键信息基础设施安全。对此，《网络安全法》和《关键信息基础设施安全保护条例》作出了专门规定。

首先，明确规定任何个人和组织不得实施非法侵入、干扰、破坏关键信息基础设施的活动，不得危害关键信息基础设施安全。

其次，从事相关的网络安全测试的，需要获得特殊授权。未经国家网信部门、国务院公安部门批准或者保护工作部门、运营者授权，任何个人和组织不得对关键信息基础设施实施漏洞探测、渗透性测试等可能影响或者危害关键信息基础设施安全的活动。对基础电信网络实施漏洞探测、渗透性测试等活动，应当事先向国务院电信主管部门报告。

最后，专门规定了相应罚则。实施非法侵入、干扰、破坏关键信息基础设施，危害其安全的活动尚不构成犯罪的，由公安机关没收违法所得，处 5 日以下拘留，可以并处 5 万元以上 50 万元以下罚款；情节较重的，处 5 日以上 15 日以下拘留，可以并处 10 万元以上 100 万元以下罚款。受到治安管理处罚的人员，5 年内不得从事网络安全管理和网络运营关键岗位的工作；受到刑事处罚的人员，终身不得从事网络安全管理和网络运营关键岗位的工作。

五、网络安全审查制度

网络安全审查制度，是指对影响或者可能影响国家安全的网络产品和服务以及数据处理活动，依法进行安全风险评估和审查的制度。《国家安全法》第 59 条规定，国家建立国家安全审查和监管的制度和机制，对影响或者可能影响国家安全的外商投资、特定物项和关键技术、网络信息技术产品和服务、涉及国家安全事项的建设项目，以及其他重大事项和活动，进行国家安全审查，有效预防和化解国家安全风险。《网络安全法》在《国家安全法》的基础上，进一步规定针对关键信息基础设施运营者采购网络产品或服务的国家安全审查即网络安全审查制度。

为了更好落实《网络安全法》的网络安全审查制度，国家互联网信息办公室联合多个部门于 2021 年 12 月 28 日共同公布了《网络安全审查办法》，该办法已于 2022 年 2 月 15 日起施行。

（一）网络安全审查制度的适用范围

网络安全审查制度主要适用于以下三种情形：（1）关键信息基础设施运营者采购网络产品和服务，影响或者可能影响国家安全的。网络产品和服务主要指核心网络设备、重要通信产品、高性能计算机和服务器、大容量存储设备、大型数据库和应用软件、网络安全设备、云计算服务，以及其他对关键信息基础设施安全、网络安全和数据安全有重要影响的网络产品和服务。（2）网络平台运营者开展数据处理活动，影响或者可能影响国家安全的。（3）掌握超过 100 万用户个人信息的网络平台运营者赴国外上市的。

网络安全审查重点评估相关对象或者情形的以下国家安全风险因素：（1）产品和服务使用后带来的关键信息基础设施被非法控制、遭受干扰或者破坏的风险；（2）产品和服务供应中断对关键信息基础设施业务连续性的危害；（3）产品和服务的安全性、开放性、透明性，来源的多样性，供应渠道的可靠性以及因为政治、外交、贸易等因素导致供应中断的风险；（4）产品和服务提供者遵守中国法律、行政法规、部门规章情况；（5）核心数据、重要数据或者大量个人信息被窃取、泄露、毁损以及非法利用、非法出境的风险；（6）上市存在关键信息基础设施、核心数据、重要数据或者大量个人信息被外国政府影响、控制、恶意利用的风险，以及网络信息安全风险；（7）其他可能危害关键信息基础设施安全、网络安全和数据安全的因素。

（二）网络安全审查机制

根据《网络安全审查办法》的规定，在中央网络安全和信息化委员会领导下，国家互联网信息办公室会同中华人民共和国国家发展和改革委员会、中华人民共和国工业和信息化部、中华人民共和国公安部、中华人民共和国国家安全部、中华人民共和国财政部、中华人民共和国商务部、中国人民银行、国家市场监督管理总局、国家广播电视总局、中国证券监督管理委员会、国家保密局、国家密码管理局建立国家网络安全审查工作机制。网络安全审查办公室设在国家互联网信息办公室，负责制定网络安全审查相关制度规范，组织网络安全审查。

（三）网络安全审查程序

一是受理程序。当事人（关键信息基础设施运营者、网络平台运营者）提交申报书、关于影响或者可能影响国家安全的分析报告、采购文件、协议、拟签订的合同或者拟提交的首次公开募股（IPO）等上市申请文件等材料，向网络安全审查办公室申报网络安全审查。网络安全审查办公室应当自收到规定的审查申报材料起10个工作日内，确定是否需要审查并书面通知当事人。

二是初步审查程序。网络安全审查办公室认为需要开展网络安全审查的，应当自向当事人发出书面通知之日起30个工作日内完成初步审查，包括形成审查结论建议和将审查结论建议发送网络安全审查工作机制成员单位、相关部门征求意见；情况复杂的，可以延长15个工作日。网络安全审查工作机制成员单位和相关部门应当自收到审查结论建议之日起15个工作日内书面回复意见。

三是通知当事人程序。网络安全审查工作机制成员单位、相关部门对初步审查的意见一致的，网络安全审查办公室以书面形式将审查结论通知当事人；意见不一致的，按照特别审查程序处理，并通知当事人。

四是特别审查程序。按照特别审查程序处理的，网络安全审查办公室应当听取相关单位和部门意见，进行深入分析评估，再次形成审查结论建议，并征求网络安全审查工作机制成员单位和相关部门意见，按程序报中央网络安全和信息化委员会批准后，形成审查结论并书面通知当事人。特别审查程序一般应当在90个工作日内完成，情况复杂的可以延长。

第三节　网络安全监测预警和应急处置制度

一、网络安全监测预警制度

按照"早发现、早报告、早处置"的原则，《网络安全法》规定了网络安全监测预警制度。网络安全监测，是指采取技术手段对网络系统进行实时监控从而掌握网络的全面运行情况，发现网络安全风险的活动。网络安全预警，是指在网络安全风险发生蔓延并造成实际危害之前，通过对网络安全监测所获取的信息进行分析和风险评估，向有关部门和社会发出警示。[1]

（一）网络安全监测

根据国家标准《GB/T 36635—2018　信息安全技术网络安全监测基本要求与实施指南》，从技术上来看，网络安全监测是指通过对网络和安全设备日志、系统运行数据等信息进行实时采集，以关联分析等方式对监测对象进行风险识别、威胁发现、安全事件

---

〔1〕　参见杨合庆主编：《中华人民共和国网络安全法解读》，中国法制出版社2017年版，第110页。

实时告警及可视化展示。网络安全监测主要由监测对象、监测活动两部分组成。监测对象为网络安全监测过程与活动提供数据源，主要包括物理环境、通信环境、区域边界、计算存储环境、安全环境。监测活动，是网络安全监测行为的要素与流程，通过数据分析的方法识别与发现信息安全问题与状态，包括接口连接、采集、存储、分析和展示与告警等环节。按照监测目标的不同，网络安全监测分为以下四类：

（1）信息安全事件监测：对可能或正在损害监测对象正常运行或产生信息安全损失的事件，按照信息安全事件分类、分级要求，进行分析和识别。

（2）运行状态监测：对监测对象的运行状态进行实时监测，包括网络流量、各类设备和系统的可用性状态信息等，从运行状态方面判断监测对象信息安全事态。

（3）威胁监测：对监测对象的安全威胁进行评估分析，发现资产所面临的信息安全风险。

（4）策略与配置监测：按照监测对象既定的安全策略与相关设备或系统的配置信息进行核查分析，并评估其安全性。

（二）网络安全信息通报

网络安全信息通报是实现网络安全监测预警制度功能、连接网络安全监测预警和应急处置的关键环节。因此，《网络安全法》规定，国家建立信息通报制度，国家网信部门应当统筹协调有关部门加强网络安全信息收集、分析和通报工作，按照规定统一发布网络安全监测预警信息。目前，有关信息通报的责任主体和通报内容、对象范围、方式、时限等具体事项还待规定。但是，网络安全信息通报工作已经开展多年。例如，成立于2001年8月国家计算机网络应急技术处理协调中心（CNCERT/CC 以下简称CNCERT）依托对丰富数据资源的综合分析和多渠道的信息获取实现网络安全威胁的分析预警、网络安全事件的情况通报、宏观网络安全状况的态势分析等，为用户单位提供互联网网络安全态势信息通报等服务。[1]

在《网络安全法》施行之前，工业和信息化部曾于2009年制定《互联网网络安全信息通报实施办法》，为规范通信行业互联网网络安全信息通报工作提供了更详细的规范。虽然该办法已经被废止，但其具体规则仍有重要参考意义。《互联网网络安全信息通报实施办法》主要解决信息通报工作中"谁来报信息""报什么信息""怎么报信息""我能得到什么信息"的问题。关于"谁来报信息"，《互联网网络安全信息通报实施办法》中规定信息报送单位包括：通信管理局、基础电信业务经营者、跨省经营的增值电信业务经营者、CNCERT、互联网域名注册管理机构、互联网域名注册服务机构、中国互联网协会。同时为了拓展网络安全信息获取渠道，规定CNCERT应与网络安全研究机构、网络安全技术支撑单位、非经营性互联单位、网络安全企业、国际网络安全组织等广泛合作。只有信息来源多才能更全面地掌握网络安全整体状况，才能对网络安全形势有更准确的判断，对网络安全工作起到更好的指导作用。关于"报什么信息"，由于不同单位的网络安全工作有不同的侧重点，因此《互联网网络安全信息通报实施办

---

〔1〕 参见国家计算机网络应急技术处理协调中心简介，载国家互联网应急中心网。

法》针对每个单位的特点规定了报送信息的内容，具体信息报送项目在附件中列出。关于"怎么报信息"，信息报送单位按照《互联网网络安全信息通报实施办法》规定的事件分类分级标准，以及相应的报送时间和报送单位的要求，及时报送信息。关于"我能得到什么信息"，《互联网网络安全信息通报实施办法》中突出强调了"信息共享"，对信息通报进行了明确的规定。信息报送单位不仅仅是报送信息，更能从中获得更多有价值的网络安全信息，这将帮助信息报送单位进一步做好本单位的网络安全工作。

与网络安全信息通报密切相关的一个概念是"网络安全信息共享"。根据国家标准化指导性技术文件《GB/Z 42885—2023　信息安全技术 网络安全信息共享指南》，网络安全信息共享是指通过采取有效的组织机制和技术手段，使网络安全信息在参与者间实现信息资源复用的活动。组织或个人参与共享活动的共享场景，一般可分为以下三类：（1）信息公开，即通过信息共享平台或相关技术手段提供开放信息资源的在线检索、浏览、下载及调用等服务。（2）信息报送或下发，即一般由多层级的共享活动参与者完成，由下级参与者与上级参与者完成网络安全信息的共享。（3）信息交换，即共享活动参与者之间通过建立合作关系开展信息共享。在此种信息共享过程中，共享活动参与者之间是平等的关系。

（三）网络安全风险评估

网络安全风险评估，是网络安全监测预警制度中的重要内容。《网络安全法》第53条规定，国家网信部门协调有关部门建立健全网络安全风险评估机制。相关工作机制的具体内容，目前还有待进一步明确。一些监管部门对此进行了探索，例如，《国家能源局关于加强电力行业网络安全工作的指导意见》提出，要"加快完善自评估为主、第三方检查评估为辅的网络安全风险评估工作机制，及时开展检测评估，其中关键信息基础设施每年至少开展一次评估。规范评估流程、控制评估风险，整改安全隐患，完善安全措施"。《电力行业网络安全管理办法》规定，"电力企业应当按照国家有关规定开展网络安全风险评估工作，建立健全网络安全风险评估的自评估和检查评估制度，完善网络安全风险管理机制"。

当网络安全事件发生的风险增大时，省级以上人民政府有关部门应当按照规定的权限和程序，并根据网络安全风险的特点和可能造成的危害，采取下列措施：（1）要求有关部门、机构和人员及时收集、报告有关信息，加强对网络安全风险的监测；（2）组织有关部门、机构和专业人员，对网络安全风险信息进行分析评估，预测事件发生的可能性、影响范围和危害程度；（3）向社会发布网络安全风险预警，发布避免、减轻危害的措施。

二、网络安全应急处置制度

网络安全应急处置，是指针对突发的网络安全事件，立即启动网络安全事件应急预案，对网络安全事件进行调查和评估，要求网络运营者采取技术措施和其他必要措施，消除安全隐患，防止危害扩大，并及时向社会发布与公众有关的警示信息。

根据《网络安全法》的要求，国家网信部门协调有关部门建立健全应急工作机制，制定网络安全事件应急预案，并定期组织演练。2017 年 1 月 10 日，中央网络安全和信息化领导小组办公室印发了经中央网络安全和信息化领导小组同意的《国家网络安全事件应急预案》，进一步细化了我国网络安全应急处置制度。

（一）网络安全事件及其分类分级

1.网络安全事件的定义及分类

网络安全事件是指由于人为原因、软硬件缺陷或故障、自然灾害等，对网络和信息系统或者其中的数据造成危害，对社会造成负面影响的事件，可分为有害程序事件、网络攻击事件、信息破坏事件、信息内容安全事件、设备设施故障、灾害性事件和其他事件。

网络安全事件分为有害程序事件、网络攻击事件、信息破坏事件、信息内容安全事件、设备设施故障、灾害性事件和其他网络安全事件等。

（1）有害程序事件分为计算机病毒事件、蠕虫事件、特洛伊木马事件、僵尸网络事件、混合程序攻击事件、网页内嵌恶意代码事件和其他有害程序事件。

（2）网络攻击事件分为拒绝服务攻击事件、后门攻击事件、漏洞攻击事件、网络扫描窃听事件、网络钓鱼事件、干扰事件和其他网络攻击事件。

（3）信息破坏事件分为信息篡改事件、信息假冒事件、信息泄露事件、信息窃取事件、信息丢失事件和其他信息破坏事件。

（4）信息内容安全事件是指通过网络传播法律法规禁止信息，组织非法串联、煽动集会游行或炒作敏感问题并危害国家安全、社会稳定和公众利益的事件。

（5）设备设施故障分为软硬件自身故障、外围保障设施故障、人为破坏事故和其他设备设施故障。

（6）灾害性事件是指由自然灾害等其他突发事件导致的网络安全事件。

（7）其他事件是指不能归为以上分类的网络安全事件。

2.网络安全事件的分级

《网络安全法》规定，网络安全事件应急预案应当按照事件发生后的危害程度、影响范围等因素对网络安全事件进行分级，并规定相应的应急处置措施。分级的主要目的在于保证网络安全事件应急预案和应急措施的针对性、有效性，并防止应急处置措施超过必要的限度，造成不必要的损失或者其他负面影响。据此，《国家网络安全事件应急预案》将网络安全事件分为四级：特别重大网络安全事件、重大网络安全事件、较大网络安全事件、一般网络安全事件。

（1）符合下列情形之一的，为特别重大网络安全事件：

①重要网络和信息系统遭受特别严重的系统损失，造成系统大面积瘫痪，丧失业务处理能力。重要网络与信息系统是指所承载的业务与国家安全、社会秩序、经济建设、公众利益密切相关的网络和信息系统。网络和信息系统损失是指由于网络安全事件对系统的软硬件、功能及数据的破坏，导致系统业务中断，从而给事发组织所造成的损失，其大小主要考虑恢复系统正常运行和消除安全事件负面影响所需付出的代价。特别严重的系统损失是指，造成系统大面积瘫痪，使其丧失业务处理能力，或系统关键数据的保

密性、完整性、可用性遭到严重破坏，恢复系统正常运行和消除安全事件负面影响所需付出的代价十分巨大，对于事发组织是不可承受的。

②国家秘密信息、重要敏感信息和关键数据丢失或被窃取、篡改、假冒，对国家安全和社会稳定构成特别严重威胁。其中的重要敏感信息，是指不涉及国家秘密，但与国家安全、经济发展、社会稳定以及企业和公众利益密切相关的信息，这些信息一旦未经授权披露、丢失、滥用、篡改或销毁，可能造成以下后果：

（a）损害国防、国际关系；

（b）损害国家财产、公共利益以及个人财产或人身安全；

（c）影响国家预防和打击经济与军事间谍、政治渗透、有组织犯罪等；

（d）影响行政机关依法调查处理违法、渎职行为，或涉嫌违法、渎职行为；

（e）干扰政府部门依法公正地开展监督、管理、检查、审计等行政活动，妨碍政府部门履行职责；

（f）危害国家关键基础设施、政府信息系统安全；

（g）影响市场秩序，造成不公平竞争，破坏市场规律；

（h）可推论出国家秘密事项；

（i）侵犯个人隐私、企业商业秘密和知识产权；

（j）损害国家、企业、个人的其他利益和声誉。

③其他对国家安全、社会秩序、经济建设和公众利益构成特别严重威胁、造成特别严重影响的网络安全事件。

（2）符合下列情形之一且未达到特别重大网络安全事件的，为重大网络安全事件：

①重要网络和信息系统遭受严重的系统损失，造成系统长时间中断或局部瘫痪，业务处理能力受到极大影响。严重的系统损失是指造成系统长时间中断或局部瘫痪，使其业务处理能力受到极大影响，或系统关键数据的保密性、完整性、可用性遭到破坏，恢复系统正常运行和消除安全事件负面影响所需付出的代价巨大，但对于事发组织是可承受的。

②国家秘密信息、重要敏感信息和关键数据丢失或被窃取、篡改、假冒，对国家安全和社会稳定构成严重威胁。

③其他对国家安全、社会秩序、经济建设和公众利益构成严重威胁、造成严重影响的网络安全事件。

（3）符合下列情形之一且未达到重大网络安全事件的，为较大网络安全事件：

①重要网络和信息系统遭受较大的系统损失，造成系统中断，明显影响系统效率，业务处理能力受到影响。较大的系统损失是指造成系统中断，明显影响系统效率，使重要信息系统或一般信息系统业务处理能力受到影响，或系统重要数据的保密性、完整性、可用性遭到破坏，恢复系统正常运行和消除安全事件负面影响所需付出的代价较大，但对于事发组织是完全可以承受的。

②国家秘密信息、重要敏感信息和关键数据丢失或被窃取、篡改、假冒，对国家安全和社会稳定构成较严重威胁。

③其他对国家安全、社会秩序、经济建设和公众利益构成较严重威胁、造成较严重影响的网络安全事件。

（4）除上述情形外，对国家安全、社会秩序、经济建设和公众利益构成一定威胁、造成一定影响的网络安全事件，为一般网络安全事件。一般网络安全事件造成的是较小的系统损失，具体是指造成系统短暂中断，影响系统效率，使系统业务处理能力受到影响，或系统重要数据的保密性、完整性、可用性受到影响，恢复系统正常运行和消除安全事件负面影响所需付出的代价较小。

（二）工作机制

网络安全应急处置应当坚持统一领导、分级负责；坚持统一指挥、密切协同、快速反应、科学处置；坚持预防为主，预防与应急相结合；坚持谁主管谁负责、谁运行谁负责，充分发挥各方面力量共同做好网络安全事件的预防和处置工作。

关于网络安全应急处置工作的领导机构，根据《国家网络安全事件应急预案》和有关规定，在中央网络安全和信息化委员会的领导下，中央网络安全和信息化委员会办公室（以下简称中央网信办）统筹协调组织国家网络安全事件应对工作，建立健全跨部门联动处置机制，工业和信息化部、公安部、国家保密局等相关部门按照职责分工负责相关网络安全事件应对工作。必要时成立国家网络安全事件应急指挥部（以下简称指挥部），负责特别重大网络安全事件处置的组织指挥和协调。

关于网络安全应急处置工作的办事机构，《国家网络安全事件应急预案》规定，国家网络安全应急办公室（以下简称应急办）设在中央网信办。应急办负责网络安全应急跨部门、跨地区协调工作和指挥部的事务性工作，组织指导国家网络安全应急技术支撑队伍做好应急处置的技术支撑工作。有关部门派负责相关工作的司局级同志为联络员，联络应急办工作。中央和国家机关各部门按照职责和权限，负责本部门、本行业网络和信息系统网络安全事件的预防、监测、报告和应急处置工作。各省（区、市）网信部门统筹协调组织本地区网络和信息系统网络安全事件的预防、监测、报告和应急处置工作。

（三）监测预警

1. 监测

各单位按照"谁主管谁负责、谁运行谁负责"的要求，组织对本单位建设运行的网络和信息系统开展网络安全监测工作。重点行业主管或监管部门组织指导做好本行业网络安全监测工作。各省（区、市）网信部门结合本地区实际，统筹组织开展对本地区网络和信息系统的安全监测工作。各省（区、市）、各部门将重要监测信息报应急办，应急办组织开展跨省（区、市）、跨部门的网络安全信息共享。

2. 预警

各省（区、市）、各部门组织对监测信息进行研判。根据监测研判情况，由有关主体依法发布预警信息。预警信息包括事件的类别、预警级别、起始时间、可能影响范围、警示事项、应采取的措施和时限要求、发布机关等。网络安全事件预警等级分为四级：由高到低依次用红色、橙色、黄色和蓝色表示，分别对应发生或可能发生特别重大、重大、较大和一般网络安全事件。

各省（区、市）、各部门组织对监测信息进行研判，认为需要立即采取防范措施的，应当及时通知有关部门和单位，对可能发生重大及以上网络安全事件的信息及时向应急办报告。各省（区、市）、各部门可根据监测研判情况，发布本地区、本行业的橙色及以下预警。应急办组织研判，确定和发布红色预警和涉及多省（区、市）、多部门、多行业的预警。

3. 预警响应

有关主体应当根据预警的级别，开展相关预警响应工作。

（1）红色预警响应。

对于红色预警，应急办组织预警响应工作，联系专家和有关机构，组织对事态发展情况进行跟踪研判，研究制定防范措施和应急工作方案，协调组织资源调度和部门联动的各项准备工作。有关省（区、市）、部门网络安全事件应急指挥机构实行24小时值班，相关人员保持通信联络畅通。加强网络安全事件监测和事态发展信息搜集工作，组织指导应急支撑队伍、相关运行单位开展应急处置或准备、风险评估和控制工作，重要情况报应急办。国家网络安全应急技术支撑队伍进入待命状态，针对预警信息研究制定应对方案，检查应急车辆、设备、软件工具等，确保处于良好状态。

（2）橙色预警响应。

对于橙色预警，有关省（区、市）、部门网络安全事件应急指挥机构启动相应应急预案，组织开展预警响应工作，做好风险评估、应急准备和风险控制工作。有关省（区、市）、部门及时将事态发展情况报应急办。应急办密切关注事态发展，有关重大事项及时通报相关省（区、市）和部门。国家网络安全应急技术支撑队伍保持联络畅通，检查应急车辆、设备、软件工具等，确保处于良好状态。

（3）黄色、蓝色预警响应。

对于黄色、蓝色预警，有关地区、部门网络安全事件应急指挥机构启动相应应急预案，指导组织开展预警响应。

（4）预警解除。

预警发布部门或地区根据实际情况，确定是否解除预警，及时发布预警解除信息。

（四）应急处置

网络安全事件发生后，事发单位应立即启动应急预案，实施处置并及时报送信息。各有关地区、部门立即组织先期处置，控制事态，消除隐患，同时组织研判，注意保存证据，做好信息通报工作。对于初判为特别重大、重大网络安全事件的，立即报告应急办。

网络安全事件应急响应分为Ⅰ、Ⅱ、Ⅲ、Ⅳ四级，分别对应特别重大、重大、较大和一般网络安全事件。Ⅰ级为最高响应级别。

1. Ⅰ级响应

属特别重大网络安全事件的，及时启动Ⅰ级响应，成立指挥部，履行应急处置工作的统一领导、指挥、协调职责。应急办24小时值班。

有关省（区、市）、部门应急指挥机构进入应急状态，在指挥部的统一领导、指挥、协调下，负责本省（区、市）、本部门应急处置工作或支援保障工作，24小时值班，并派员参加应急办工作。

有关省（区、市）、部门跟踪事态发展，检查影响范围，及时将事态发展变化情况、处置进展情况报应急办。指挥部对应对工作进行决策部署，有关省（区、市）和部门负责组织实施。

Ⅰ级响应的结束，由应急办提出建议，报指挥部批准后，及时通报有关省（区、市）和部门。

2. Ⅱ级响应

网络安全事件的Ⅱ级响应，由有关省（区、市）和部门根据事件的性质和情况确定。

（1）事件发生省（区、市）或部门的应急指挥机构进入应急状态，按照相关应急预案做好应急处置工作。

（2）事件发生省（区、市）或部门及时将事态发展变化情况报应急办。应急办将有关重大事项及时通报相关地区和部门。

（3）处置中需要其他有关省（区、市）、部门和国家网络安全应急技术支撑队伍配合和支持的，商应急办予以协调。相关省（区、市）、部门和国家网络安全应急技术支撑队伍应根据各自职责，积极配合、提供支持。

（4）有关省（区、市）和部门根据应急办的通报，结合各自实际有针对性地加强防范，防止造成更大范围影响和损失。

Ⅱ级响应的结束，由事件发生省（区、市）或部门决定，报应急办，应急办通报相关省（区、市）和部门。

3. Ⅲ级、Ⅳ级响应

网络安全事件的Ⅲ级、Ⅳ级响应，由事件发生地区和部门按相关预案进行应急响应。

（五）调查和评估

在应急响应结束后30天内，应当由有关主体完成网络安全事件的调查处理和总结评估工作。特别重大网络安全事件由应急办组织有关部门和省（区、市）进行调查处理和总结评估，并按程序上报。重大及以下网络安全事件由事件发生地区或部门自行组织调查处理和总结评估，其中重大网络安全事件相关总结调查报告报应急办。总结调查报告应对事件的起因、性质、影响、责任等进行分析评估，提出处理意见和改进措施。

（六）预防工作

各地区、各部门按职责做好网络安全事件日常预防工作，制定完善相关应急预案，做好网络安全检查、隐患排查、风险评估和容灾备份，健全网络安全信息通报机制，及时采取有效措施，减少和避免网络安全事件的发生及危害，提高应对网络安全事件的能力。

中央网信办协调有关部门定期组织演练，检验和完善预案，提高实战能力。各省（区、市）、各部门每年至少组织一次预案演练，并将演练情况报中央网信办。

各地区、各部门应充分利用各种传播媒介及其他有效的宣传形式，加强突发网络安全事件预防和处置的有关法律法规和政策的宣传，开展网络安全基本知识和技能的宣传活动。

各地区、各部门要将网络安全事件的应急知识列为领导干部和有关人员的培训内容，加强网络安全特别是网络安全应急预案的培训，增强防范意识及技能。

在国家重要活动、会议期间，各省（区、市）、各部门要加强网络安全事件的防范和应急响应，确保网络安全。应急办统筹协调网络安全保障工作，根据需要要求有关省（区、市）、部门启动红色预警响应。有关省（区、市）、部门加强网络安全监测和分析研判，及时预警可能造成重大影响的风险和隐患，重点部门、重点岗位保持 24 小时值班，及时发现和处置网络安全事件隐患。

三、约谈制度

为有效应对网络安全风险或者处置网络安全事件，监管部门除了可以依法自行采取有效措施之外，还可以要求网络服务提供者采取相应措施。为此，《网络安全法》规定了网络安全监督管理约谈制度。

网络管理约谈制度，是指省级以上人民政府有关部门在履行网络安全监督管理职责中，发现网络存在较大安全风险或者发生安全事件的，按照规定的权限和程序对该网络的运营者的法定代表人或者主要负责人进行约谈，该网络运营者应当按照要求采取措施，进行整改，消除隐患的制度。约谈制度包括监管部门约谈和网络运营者整改两个部分。

约谈在法律性质上不属于行政处罚或行政强制措施，而是一种新型的行政指导行为。约谈是落实网络安全监测预警和网络安全应急处置的重要举措。从其制度功能来看，一方面，约谈起到警示告诫的作用。通过约谈，监管部门可以提醒网络服务提供者注意可能存在的网络安全风险或者已经发生的网络安全事件，防止网络服务提供者因为不知道风险的存在或者安全事件的发生而造成更大的社会危害。另一方面，约谈起到督促整改的作用。通过约谈，指出网络服务提供者未能履行网络安全保护义务的情况，分析其原因，研究并提出整改措施，从而督促网络服务提供者自觉履行网络安全保护义务。

虽然行政指导行为本身并不具有法律上的强制执行力，但是在监管部门与网络运营者进行约谈之后，网络运营者有责任按照约谈中所提出的要求，采取有效措施进行整改，以消除可能存在的安全隐患，否则可能会承担相应的法律责任。

▶ **重要名词术语** ▶

网络安全、网络安全等级保护、关键信息基础设施、网络安全审查、网络安全监测、网络安全预警、网络安全事件

思考题

1. 简述网络安全观与网络安全法的关系。
2. 简述网络安全战略与网络安全的关系。
3. 简述关键信息基础设施安全保护制度的特殊意义。
4. 简述网络安全审查的制度功能与实施办法。
5. 简述约谈的法律性质。

典型案例分析

案例一

凌某某系 D 市休闲网吧和星悦网吧的网管，负责两家公司的网吧电脑维护和管理等工作。自 2018 年 8 月开始，凌某某在"比目鱼"联盟网站注册了账号，且未经网吧所有人的授权许可，下载比目鱼客户端，并先后在休闲网吧、星悦网吧电脑上设置比目鱼网咖联盟主页。设置之后整个网吧的电脑都会显示这个主页，上诉人凭此获取比目鱼平台支付的佣金合计人民币 12683 元。经鉴定，比目鱼客户端是破坏性程序，该客户端程序能控制计算机下载其他模块、锁定浏览器主页、生成桌面广告图标、下载并执行挖矿程序。经凌某某安装的比目鱼客户端非法控制的电脑共计 263 台，占用网吧计算机信息系统资源，导致网吧系统变慢。

案例二

2023 年 2 月，厦门公安机关接到某科技公司报案称，其公司信息系统被攻击，导致大量用户信息泄露。经查，犯罪嫌疑人马某发现该科技公司信息系统中的交易记录等信息具有经济价值，遂指使杨某、陈某等人，通过黑客手段入侵该系统，非法获取大量公民个人信息，并转卖至李某、刘某、黄某等人。李某利用上述信息，通过拨打骚扰电话、邮寄产品等方式，向受害人进行精准营销。3 月，厦门公安机关组织集中收网抓捕行动，抓获犯罪嫌疑人 7 名，涉案金额 200 余万元。此外，厦门公安机关还依法对该科技公司未履行网络安全保护义务的行为给予行政处罚。

第三章　电信法

【内容提示】

近年来，随着我国网络强国战略、"互联网＋"行动计划、国家大数据战略计划的加快实施，电信业在支撑经济社会发展、提升国家治理能力和改善人民生活等方面发挥更加重要的作用。电信基础设施从主要用于提供通信服务转向成为各行业数字化发展的重要网络基础设施，电信网络安全成为其他行业网络和数据安全的重要基础。电信市场改革进一步深入，电信市场竞争和开放力度加大。我国电信和互联网用户量均居全球首位，电信业成为国民经济的基础性产业、战略性产业和新兴产业之一。同时，全球处于以信息化全面引领创新、以信息化为基础重构国家核心竞争力的新阶段，电信业已成为全球经济竞争最激烈的领域之一。

作为国民经济的基础产业，电信业的发展与规范一直以来受到国家高度重视，构建和完善电信立法体系成为立法机关以及监管部门的关注重点。我国立法部门多次将电信法列入国家立法规划，并加快推动电信法立法进程，进一步提升电信业在国民经济发展中的重要地位。总体而言，目前我国已经形成了以《电信条例》为统领，以电信领域部门规章、地方性法规、地方政府规章和规范性文件为具体规范的电信法律体系。在数字经济的时代背景之下，电信领域基础地位进一步凸显，为互联网的应用发展带来一系列问题，对于我国传统的电信立法体系提出新的挑战。我国亟须加快推进电信法制定和出台，以高质量立法为电信领域法治化提供制度保障，推动信息化发展更好地服务经济社会发展。

本章以《电信条例》及《电信业务经营许可管理办法》《电信网码号资源管理办法》《电信设备进网管理办法》《电信服务规范》等电信领域相关立法为基础，以电信基本概念、国内外电信立法基本情况、电信法基本原则、电信管理基础制度及法律责任五方面内容为核心，概述我国电信法律制度构建情况，并对电信领域监管中的电信设施建设与保护制度、电信设备入网管理制度、电信业务管理制度、电信用户权益保护制度、电信网络安全制度等进行重点介绍和阐释，完整呈现我国电信法律制度基本特征和关键内容。

第一节　电信法导论

为促进电信行业健康有序发展，将电信行业管理纳入法治化轨道，我国持续推进电信立法工作。从解放初期起草《邮电法》到出台《电信条例》，以及近年来持续推进的电信法的立法进程，我国电信领域法治化不断向纵深推进。电信法已被多次纳入国家立法计划、规划之中，并在国家文件中多次提及。2015年6月公布的《十二届全国人大常委会立法规划》将电信法列入第一类立法项目，即条件比较成熟、任期内拟提请审议的法律草案。《国务院 2016 年立法工作计划》中也明确，电信法属于研究项目中"有关适应经济发展新常态要求，促进经济持续健康发展和对外开放"的立法项目。此外，多份国家重要战略政策文件也专门提及电信法立法的相关内容。2016 年 7 月，中共中央办公厅、国务院办公厅印发的《国家信息化发展战略纲要》中提出，应有序推进信息化立法进程，加快制定网络安全法、电信法、电子商务法等。2016 年 12 月，国务院印发的《"十三五"国家信息化规划》中提出，为完善信息化法律框架，应统筹信息化立法需求，优先推进电信、网络安全等重点领域相关立法工作。《十三届全国人大常委会立法规划》及《十四届全国人大常委会立法规划》将电信法列为第二类立法项目，即需要抓紧工作、条件成熟时提请审议的法律草案。

一、电信的概念范畴

"电信"是一种利用技术手段进行信息交流的方式。国际电信联盟（ITU）对"电信"的定义是：通过电线、无线电、光学或其他电磁系统进行的信号、信令、文字、图像、声音或任何情报性质的传输、发射或接收。ITU 的这一定义也给许多国家和地区的电信立法提供了借鉴，综合来看"电信"具有以下特点。

"电信"的信息交流方式具有技术中立性，可以包含互联网等新兴网络和技术。包括 ITU、中国、欧盟、新加坡、俄罗斯、日本、韩国在内，对"电信"的定义包含了有线、无线、光和其他电磁手段，并未限制采用特定技术，可以将各类有线、无线技术及网络包含在内，包括互联网。例如，欧盟对"电子通信网络"的定义就借鉴了 ITU 的电信定义，并且明确指出包含了卫星网络、固定网络（电路和包交换网络，包括互联网）和移动网络、电力电缆系统、无线电电视广播的网络、有线电视网络。只有澳大利亚明确将单一的无线电通信排除在电信的范畴之外。

"电信"对信息传递发挥接收、发送、传输等作用。ITU 及大部分国家和地区在内将"电信"界定为对信息的接收、发送和传输，不管信息的性质如何。但是，对于是否允许对信息的形式进行改变和处理，只有少数国家在定义中进行了明确。美国在《1934 年通信法》中明确电信"不改变发送或者接收信息的内容或者形式"，这意味着电信服务只包含了发挥传输、收发信息作用的基础电信服务。越南、新加坡对"电信"的定义明确说明除了"发送、传输和接收"之外，还可以对信息进行处理，这意味着电信服务可包含了增值电信服务。

从实际电信立法包含的电信服务范围来看，尽管多数国家并未明确"电信"是否允许对信息的形式进行改变或其他处理，但其立法中实际包含的电信服务类型并不限于基础电信服务，还包含了增值电信服务甚至互联网服务。例如，澳大利亚《1997 年电信法》中定义的电信产业包含了内容服务。韩国的《电信事业法》中电信服务包含了增值电信服务（包括通过互联网提供的增值服务）。新加坡的电信法也同样能适用于互联网接入服务、互联网电话和数据服务、在线存储转发、在线存储和检索服务等增值电信业务的管理。欧盟《电子通信规则指令》中，电子通信服务包含了电子邮件、信息服务和群聊服务。美国《1996 年电信法》中界定的电信服务虽然仅包含了基础电信服务，但是该法单独界定了相当于增值电信服务和互联网服务的"信息服务"，以适用不同于基础电信服务的轻管制。

普遍来看，电信服务只提供广播电视等内容服务的传输功能，而并不包含内容服务本身。例如，美国定义的"电信"是指在用户指定的点对点之间，传输用户选择的信息，而不改变发送或者接收信息的内容或者形式。而欧盟定义的"电子通信服务"更是明确指出不包含对使用电子通信网络和服务传输的内容提供或行使编辑控制的服务。澳大利亚尽管在电信法中将内容服务包含在电信产业当中，但是并未规定内容服务的具体监管义务，仍由广播法来进行具体规定。（更多具体规定参见表 3-1）

表 3-1　各国际组织、国家或地区关于电信的定义

国际组织、国家或地区	文件 / 法律	电信相关定义
ITU	《无线电管制》（2012年版）	通过电线、无线电、光学或其他电磁系统进行的信号、信令、文字、图像、声音或任何性质的情报的传递、发射或接收
WTO	《服务贸易总协定》所附的《电信服务附件》	"电信"指通过电磁手段传输和接收信号。"基础电信服务"包括所有涉及端到端客户信息传输的公共和专用电信服务。"增值电信服务"是提供商通过增强用户信息的格式或内容，或者给用户信息提供存储和检索来"增加价值"的电信服务
中国	《电信条例》	电信，是指利用有线、无线的电磁系统或者光电系统，传送、发射或者接收语音、文字、数据、图像以及其他任何形式信息的活动
美国	《1996 年电信法》	电信是指在用户指定的点对点之间，传输用户选择的信息，而不改变发送或者接收信息的内容或者形式
欧盟	2018 年《电子通信规则指令》	"电子通信网络"指任何传输系统，无论其是否基于永久性基础设施或集中管理能力的传输系统，以及在任何适用情形下的交换或路由设备和其他资源，包括非活动的网络元素，其允许通过如下方式传输信号：电线、无线电、光学或其他电磁方式。包括卫星网络，固定（电路和分组交换，包括互联网）和移动网络，电力电缆系统，用于无线电和电视广播的网络以及有线电视网络（其使用范围仅限于传输信号），而与所传递的信息类型无关。"电子通信服务"指通常出于营利通过电子通信网络提供的服务，包含以下服务：（1）互联网接入服务；（2）人际交往通信服务；（3）全部或主要由信号传输构成的服务，例如用于提供机器对机器服务的传输服务以及用于提供广播的传输服务，不包含对使用电子通信网络和服务传输的内容提供或行使编辑控制的服务

续表

国际组织、国家或地区	文件／法律	电信相关定义
英国	2003年《通信法》《COMMUNICATIONS ACT 2003》	电子通信网络与服务的含义 （1）本法规定的"电子通信网络"是指： （a）利用电能、磁能或电磁能源传送各种信号的传送系统。 （b）系统提供者或与系统有关者为传送信号所使用的下列设备或工具。 （i）系统中包含的设备。 （ii）转换信号或安排信号路径的设备。 （iii）软件和存储数据。 （2）本法规定的"电子通信服务"是指包含利用电子通信网络传送信号的服务，或以此作为其主要特征的服务，内容服务除外
韩国	《电信事业法》（2017年7月26日法律第14839号修订）	"电信"指的是任何通过有线、无线、光或其他电磁系统传送或接收符号、信号、文字、声音和图像
日本	《电信事业法》（2015年修订）	指通过电缆、无线电或任何其他电磁形式传输、中继或接收代码、声音或图片
澳大利亚	《1997年电信法》《Telecommunications Act 1997》	"电信网络"指一种系统或一系列系统，用于通过导向（guided）或非导向的电磁能或两者同时承载通信。但不包括仅通过无线电通信承载通信的系统或一系列系统。 "电信服务"指通过导向或非导向的电磁能或两者同时承载通信的服务，是一种使通信能够在运营商运营的电信系统上承载的服务，但不是一种仅通过无线电通信承载通信的服务。 "通信"包括以下信息的传递： （A）任何人之间，事物之间或者人和物之间； （B）通过说话、音乐或者其他声音； （C）通过数据的形式； （D）通过文本； （E）通过视觉形象（动画或者其他形式）； （F）通过信号； （G）任何其他形式； （H）任何形式的组合
新加坡	《电信法》《Telecommunications Act》	"电信"是指通过有线、无线电、光学或其他电磁系统传输、发射或接收任何性质的标志、信号、文字、图像、声音或情报，无论这些标志、信号、文字、图像、声音或情报在传输、发射或接收过程中是否经过重新整理、计算或其他处理
德国	《电信法》《Telecommunications Act（TKG）》	"电信"意为，通过电信系统发送、传输、接收信号的技术过程
俄罗斯	《2003年通信法》	"电信"指沿着任何无线电系统或有线、光学或其他电磁系统的信号、信令、口头信息、文本信息、描述、声音或其他任何陈述的发射、传输和接收

国际组织、国家或地区	文件／法律	电信相关定义
印度	1885年《电报法》《THE INDIAN TELEGRAPH ACT, 1885》	电报是指任何器具、工具，材料或设备被用来发送或者接收符号、信号，文字，图像和声音或者任何其他物质的信息，通过有线、光学或其他电磁手段、无线电波或者赫兹波、电流、电动或磁性手段
越南	《电信法》《No.41/2009/QH12》	"电信"指通过电缆、无线电、光学和其他电磁装置发送、传输、接收、处理信号、信令、数据、文字、图像、声音或任何其他形式的信息。"电信服务"指在两个用户或一群用户之间发送、传输、接收或处理信息的服务，包括基础服务和增值服务

二、电信立法概述

（一）我国现行电信立法体系概况

目前我国电信领域的立法主要由行政法规、部门规章、地方性法规、地方政府规章和规范性文件组成。从立法的层级来看，2000年出台的《电信条例》是目前我国电信领域的基本法律文件，确立了电信业监管的基本制度。在《电信条例》的基础上，国务院电信主管部门及地方相关部门出台了一系列电信业管理的部门规章、地方性法规、地方政府规章及规范性文件，基本确立了我国电信领域立法体系，并在实践中不断进行修订和完善。从立法的内容来看，目前电信领域立法主要涉及了电信设施建设和保护、电信业务管理、电信用户权益保护等相关制度规则。

2000年出台的《电信条例》是我国第一部电信领域综合性立法，标志着我国电信业改革与发展进入了一个新的历史阶段。《电信条例》在保护电信用户权益、规范电信资源和电信业务管理、维护电信市场秩序、保障电信网络和信息的安全、促进电信业健康发展等方面发挥了重要作用，回应了我国电信业发展的实践要求，较好地实现了依法监管和促进产业发展的双重目标。

为更好适应和解决电信业面临的新趋势、新问题，提高《电信条例》的可操作性和实施性，自《电信条例》颁布施行以来，国务院电信主管部门在其法定职责范围内，制定了多部部门规章及规范性文件，细化了《电信条例》所确立的电信市场准入、电信网间互联、电信资费管理、电信资源管理、电信业务管理、电信设施建设与保护、电信设备管理以及电信网络安全等基础制度。部门规章方面，国务院电信主管部门在2001年颁布了《电信业务经营许可管理办法》《公用电信网间互联管理规定》《电信网间争议处理办法》《电信服务质量监督管理暂行办法》《电信设备进网管理办法》《通信行政处罚程序规定》，2002年颁布了《电信建设管理办法》《国际通信设施建设管理规定》，2003年颁布了《电信网码号资源管理办法》，2005年颁布了《非经营性互联网信息服务备案管理办法》（已于2024年修订）和《电信服务规范》，2006年颁布了《互联网电子邮件服务管理办法》，2009年颁布了《工业和信息化部行政许可实施办法》，2011年颁布了《规范互联网信息服务市场秩序若干规定》，2013年颁布了《电信和互联网用户个人信息保护规定》《电话用户真实身份信息登记规定》，2015 年颁布了《通信短信服务管理规定》，2016 年颁布了《电信用户申诉处理办法》，2017 年颁布了新修订的《电信业务经营许可管理办法》《互联网域名管理办法》，2018 年颁布了《通信建设工程质量监督管理规定》，2022 年颁布了《无线电发射设备管理规定》《地面无线电台（站）管理规定》，2023 年颁布了《工业和信息化行政处罚程序规定》，2024 年修订了《工业和信息化部行政复议实施办法》等。此外，我国多个省（自治区、直辖市）出台了电信领域相关立法，其中辽宁省、江西省、湖南省出台了本省的电信（通信、电信管理）条例，四川省、广西壮族自治区、天津市、内蒙古自治区、陕西省、吉林省等出台了针对电信设施建设和保护的地方性法规、规章。目前，以《电信条例》为基础，以部门规章为配套规范，以地方性法规、地方政府规章为重要补充的电信领域立法体系基本确立起来。

随着电信业的不断发展，我国经济总量和质量在不断提高。2023 年，我国电信业务总量达到 18327 亿元，电信业务收入累计完成 16835 亿元。但是，与电信业快速发展以及电信业对其他行业的支撑作用日益凸显的态势不相适应的是，我国至今尚未有一部专门法律对电信业的基本问题进行规制。随着电信业发展和电信市场竞争格局的变化，目前我国电信领域立法在法律文件层级、制度设计、规范适用等方面均显现出一定的局限性，不仅不利于对电信业的依法监管，更在一定程度上也限制了产业的健康发展。制定电信领域基本法，从社会发展和产业促进角度方面均具有重大意义。为了弥补《电信条例》的不足，提高电信领域立法层级和规范效力，电信法起草和制定工作一直在积极推进之中。

（二）外国电信立法体系概况

目前，多数国家和地区已经制定出台专门的电信立法。虽然各国电信产业发展情况、行业监管实践以及立法传统存在一定差异，但在电信立法的制度设计和具体规则方面仍存共性。总体来看，各国电信立法重点规定了电信业务管理、电信监管体制、电信普遍服务、电信市场竞争、电信资源管理、电信设施建设等基础制度。

1. 电信管理机构和管理体制

多数国家和地区在电信立法中明确设立独立且职责明确的电信监管机构。在多数国家，电信监管机构由中央政府集中监管，地方不设电信监管机构。电信监管机构的重要职能为按照国家的法律规定贯彻执行政府的电信政策，必要时应采取有效措施，保证电信服务的顺利推行。随着电信市场全球化的特征日益明显，各国的监管机构大体上监管目标趋同，如促进竞争、保护公共利益和消费者利益、促进电信资源有效利用、确保电信产业的健康发展等。[1]

美国设立了独立的联邦电信行业监管机构——联邦通信委员会（Federal Communications Commission，FCC）。FCC 主席由总统任命，具有制定电信行业规则、监督行业发展和竞争、管理美国州际和国际通信等权力。按照《1996 年电信法》，美国州内通信业务由各州公益事业委员会自行决定，FCC 不干涉。《1996 年电信法》中大规模

---

〔1〕 参见都明、尧长青、冯涛：《国外电信立法趋势分析》，载《四川省通信学会 2007 年学术年会论文集》。

重新界定 FCC、企业和电信用户之间的权利和义务，强调了政府在保障信息技术发展过程中所必须担当的责任，此外，《1996 年电信法》加入了大篇幅的 FCC 职责。

英国通信办公室（Office of Communication，OFCOM）是英国的电信监管部门，对电视、无线电、视频点播、固定电话、移动电话、邮政服务以及无线设备中的无线电波等业务进行监管。根据英国《2023 年通信法》，OFCOM 的主要职责是增进市民和消费者的合法权益，同时适当增进市场竞争。根据议会的要求，OFCOM 制定并执行电信领域的监管规则，并与竞争和市场机构在电信领域执行竞争法。经费来自广播和电信领域的监管费用，以及政府资助。

德国成立了管制实体电信与邮政管理机构（Reg TP），接管联邦邮电部（BMPT）的监管职能。[1] Reg TP 的监管目标主要涵盖以下四大领域：保证公平竞争；维持运营者之间的必要的技术合作，并防止歧视；监测经济和技术进步，促进市场增长和发展；保证普遍服务和足够的邮电服务。电信法还规定电信管理机构应设顾问委员会和专家咨询委员会。

日本采用政监合一的监管体制，由总务省（Ministry of Internal Affairs and Communications）相关下设机构对电信市场进行统一监管，包括情报通信国际战略局、情报流通行政局以及综合通信局三个职能部门，既负责制定电信监管政策，同时负责电信政策的执行和行业监管。

巴西的《电信基本法》设立国家电信监管局（ANATEL）作为独立的电信行业监管部门，对国内电信运营企业进行监管。经营许可的颁发、行业发展规划的制定、电信资费的定价、频率资源的分配以及电信网络建设的授权都由该机构独立进行。国家电信监管局董事会为其决策机构，负责就其内部规则修改、电信政策制定和改变等向总统提出建议，批准投标公告和邀标书，发布标准，批准无线电频率分配和卫星轨道占用计划。[2]

南非实行"企监分离"和"政监分离"的独立监管模式，其监管机构不仅独立于国内电信运营企业，而且独立于行业行政主管部门。该模式通过南非电信法及《独立通信局法》予以明确，南非电信法第 5 条第 4 款 d 项规定："为实现本法之目的，监管局履行其职责时应与通信主管部门部长在电信业发布的政策指导保持一致。"南非电信法第 96 条规定把监管的权力赋予监管机构，但是第 96 条第 6 款也规定这种监管在得到部长同意并在部长发布的政府公告上公布才合法。

2. 电信业务分类管理制度

综合各国的电信法，不同国家对于电信业务分类标准并不一致。从国际上看，电信业务分类有多种分类方式，具体在本书有专门的部分予以阐述。大致来看，电信业务主要有以下几种分类方式：

---

〔1〕 Reg TP 于 1998 年 1 月 1 日开始运作，原联邦邮电办公室（BAPT）并入 Reg TP。在新的管制架构下，Reg TP 名义上隶属联邦经济部（BMWA），实际上是个独立的管制机构。

〔2〕 参见肖征：《"职能分立"的电信监管治理结构》，载《世界电信》2007 年第 6 期。

一是分为基础电信业务和增值电信业务。典型的是世界贸易组织（WTO）中，各国对电信服务贸易的承诺减让表都是依据该分类进行开放承诺的。WTO《服务部门分类表》（W/120）中，总体上按照基础电信、增值电信作出分类。韩国的分类与我国类似，按照"是否属于信道业务（或称信号传输业务）"的业务性质，将电信业务分为"公共电信业务"和"增值电信业务"两大类。

二是按是否拥有设施进行电信业务分类。日本、新加坡、澳大利亚等国家，以是否拥有设施划分电信运营商。

三是美国以多重标准划分电信业务。美国在电信业务分类方面自成一体，主要以业务性质、传输介质和重要性作为划分电信业务的标准，划分电信业务和信息业务两大类。依据其《1996年电信法》，所谓"电信业务"，是对用户产生的信息内容进行传送和接收，不改变用户信息的内容或形式，即强调通信网络具有信息传输能力（信道作用），而不论传输的用户信息是语音的、数据的、视频的或传真件的形式，具有底层性。所谓"信息业务"，是指利用电脑和互联网共同提供、涉及信息存储和发送的业务，一般是通过电子通信而提供的生成、截取、存储、转换、处理、检索和使用信息的能力，包括电子出版在内，但不包括利用该能力进行管理、控制、运营电信系统，或利用该能力从事电信业务的管理。该业务基于电信网络提供，在电信业务的上层，旨在向用户提供信息利用的能力。

四是不对电信业务进行分类，采用统一授权的准入模式。欧盟成员国则按照欧盟统一要求，完全淡化了对电信业务的具体分类和市场准入许可管理的方式。

五是不对电信业务进行分类，但是采用类似负面清单的列举方式，对电信业务进行管理。典型的如印度，并未对电信业务进行明确分类，而是参考WTO和联合国的电信业务分类细项，按照业务的具体内容和提供方式来列明业务分类。

3. 电信资源管理制度

鉴于电信资源的有限性，各国立法中普遍加强对无线频率、码号等电信资源的监管。

德国电信法第五部分规定了频率的分配、规划使用和许可。在频率分配方面，联邦政府有权以频率分配表格的形式，规定德意志联邦共和国的频率分配并对其进行修正，且需德国议会的允许。管制机构在国家频率分配的基础上，起草频率使用规划。频率指配是指由公共机构给予或者依照法律规定拥有权利，在具体规定的条件下使用专门的频率。德国还允许频率交易，如果存在相关频谱使用权利的交易利益，管制机构可以在听取当事方陈述之后，发布用于交易的频率波段，并制定用于交易的框架条件和程序。另外，电信法还授予管制机构号码资源管理权，如果有可靠信息证明电话号码被非法使用，管制机构可以对使用该号码的相关网络运营商发布命令，使该号码无效。

英国《2003年通信法》对频率的管制主要是通过发放频率许可证实施的。除非有专门豁免，否则任何经营无线电通信设备的人都必须获得国务大臣发放的许可证。《2003年通信法》保留了许可证制度，但将频率许可管理和实施权转交给了OFCOM。无线电频率是有限资源，通信法认为对于特定频率的竞争将是不可避免的，需要对频率加以认真管理并通过发放数量有限的许可证实行定量分配。《2003 年通信法》引进频率许可和许可证交易制度，可以对许可证或频率许可中的权利进行交易。新加坡电信法规定监管当局可以经部长同意，或根据部长规定的一般授权条款，授予任何频谱权、许可卫星轨道槽。

除了频率以外，号码也是电信资源。韩国《电信事业法》第 48 条规定任何人都不能私下交易属于有限国家资源的电信号码。英国《2003 年通信法》规定由 OFCOM 决定作为电话号码分配的码号，法律还规定了获得电话号码的条件。

4. 电信设施建设制度

电信通路权，又称电信道路权，或电信线路通行权，英文为 right of way，有学者将其定义归纳为"电信基础网络建设者在埋设电信管线、架设电信线杆、搭建电信线路、建设电信塔台的过程中，所享有的穿越或使用公、私所有或占有的土地、房屋等不动产的权利"。[1]电信通路权对电信设施建设具有重要意义，因此各国电信法对此基本都有规定，但电信通路权的规定涉及一国政治体制、法治传统以及市场发展情况，因此，各国对此的规定存在一定的差异。

美国《1934 年通信法》对电信通路权的问题作出了一些规定，《1996 年电信法》进一步从实体规范和程序规范两个方面对电信通路权的问题进行更为详尽的规范。《1996 年电信法》[2]明确各州政府有权制定立法专门规范本州范围内的电信基础设施的选址、建设和更改等问题，但州政府制定的立法不得同联邦通信委员会确立的有关电信通路权的原则性规定和公共政策发生抵触。法律也授权联邦通信委员会授予电信建设许可的权力。对于电信设施建设中的具体程序和关键问题，法律也进行了规定，例如电信设施建设对他人造成的损失补偿机制，纠纷解决机制和救济手段等。

英国《2003 年通信法》赋予电信建设者为建设网络和运营的土地进入权。[3]法律规定，国务大臣可以授权电信服务提供商强制购买其所需要的土地，但授权也需要获得 OFCOM 的同意。同时，法律规定，如果对他人的权利造成了损害，应当予以补偿；如果就补偿产生纠纷，可以提交仲裁机构进行仲裁。

德国电信法也明确赋予电信服务提供商网络建设的道路使用权。法律规定，德意志联邦共和国有权免费将交通道路用于为大众服务的电信线路，这种权利可以通过监管机构授予电信服务提供商。电信线路的设置和维护，应满足安全和条例要求，并符合公认的工程标准；新线路的铺设和已有线路的改造要得到负责公共道路建设与维护机构的书面批准。法律还规定了电信建设者在建设电信线路时，必须避免干扰特殊设施的正常使用，这些特殊设施包括公共道路、运河、水煤气线路、轨道和电力设施等，以及电信设施建设对道路或他人财产产生损失的赔偿制度。

新加坡电信法 2016 年针对电信设施建设还做过专门的修订。其法律规定："如果公

---

[1] 娄耀雄：《论建立我国电信法中的电信通路权制度》，载《华东政法大学学报》2010 年第 4 期。

[2] 《1996 年电信法》第 332 条第（7）款（A）项和（B）项。

[3] 《2003 年通信法》附录 4 强制购买和为探索目的的侵占土地。

共电信许可证持有人认为，有必要或可能有必要履行本法案赋予其的、在任何非国有土地上提供任何电信服务或安装任何电信系统的权力，公共电信许可证持有人或其任何授权个人，至少提前 3 小时通知土地占用者后，如有，在不造成任何损坏或干扰的前提下，进入土地进行勘察，尽一切必要努力提供服务或安装系统。"法律还规定，如果进入土地造成任何损坏或干扰，公共电信许可证持有人应向土地所有人或占用人支付赔偿。但前述规定并不视为授权公共电信许可证持有人砍伐或清除任何植物、栅栏或其他设施，或进入任何建筑物或任何建筑物的任何围地。关于国有土地的使用，法律授权公共电信许可证持有人根据监管部门和土地管理局的批准，在国有土地之内或之上架设电信装置或设备。如果电信设施建设干扰改善、建筑、树木或作物生长，对相关个人的利益造成损害，许可证持有人应为任何损坏或干扰支付赔偿。如果对电信设施建设有关主体与公共电信许可证持有人产生争议，可以由监管部门予以解决。

5. 电信普遍服务制度

美国《1934 年通信法》中首次提出"电信普遍服务"的概念，即"使尽可能多的美国人民以合理的价格、充足的设施享受快速、有效、遍布全国及全世界的有线与无线通信"。[1] 目前，多个国家和地区将"电信普遍服务"确定为电信监管部门的基本目标，并在长期实践中逐步形成一套完整的普遍服务法律制度。电信服务提供者应以合理价格向用户提供高品质的电信服务，这是电信用户的基本通信权利，也是电信服务提供者的基本义务。

欧盟的《普遍服务指令》（2002/22/EC）指出应保障所有用户都能以合理的价格获取高质量的电信服务，同时减少市场扭曲现象。法国电信法中强调，普遍服务业务是以合理的价格向所有人提供高质量的电话业务。它的主要内容包括在用户接入点之间传送电话信号、免费传送紧急呼叫、提供问讯服务和纸张印刷及电子形式的电话号码簿，以安装在公共场合的电话亭来连接整个国土。普遍服务业务主要解决两个问题，一是消除不同地区在享受电信服务上的差别，二是保证价格上的"适当性"和"人人都能接受"。尤其是对经济困难的用户实行特殊资费，同时对拖欠资费的用户实行一些特殊政策，保证在拖欠资费的情况下，仍能享受到最基本的电话服务，并根据不同的情况，按照不同的方法来解决拖欠问题。德国的电信法中明确普遍服务是指用于公众电信业务最基本的一类业务，其要求每一个用户都能以合理的价格接入，不受住宅和工作地点的限制，并且把为公众提供基本业务作为必不可少的电信业务。同时，德国电信法把紧急服务、公共电话、电话簿等具体事项列为普遍服务。法律对什么是可负担进行了明确，要求"每一个在相关产品和地区市场上运营的提供商，如果在本法规定范围内获得这一市场总销售的至少 4%，或在相关的产品和地区市场上有着显著的市场力量"的运营商有义务提供普遍服务。

6. 电信互联互通制度

根据国际电信联盟（ITU）的规定，互联互通就是指网络服务提供商为联接设备、

---

〔1〕 李晓丹、刘广：《日本电信产业规制及其对我国的借鉴》，载《广东商学院学报》2004 年第 1 期。

网络与服务所作的商务与技术安排，目的是使得用户能访问其他网络提供商的用户、服务及网络。[1]互联互通主要的监管对象是具有一定市场地位的电信服务提供商，监管机构对其互联协议、互联价格进行监管。

美国《1996 年电信法》明确规定每个电信运营商有直接或间接与其他电信运营商的设施或设备网间互联的义务。[2]任何市话电信交换运营商在其提供有线电话业务（wireline service）的范围内，应当按照《1996 年电信法》实施之前即已适用于该类电信运营商的任何法院的指令、判决或 FCC 的法规、法令和政策中所规定的平等接入（the same equal access）、非歧视性网间互联限定和义务（nondiscriminatory interconnection restrictions and obligations），为长途电信运营商（interexchange carriers）和信息服务提供商提供电信交换接入、信息接入和电信交换业务。法律授权监管机构 FCC 制定网间互联的具体规则。

法国电信法对互联互通作出了具体规定，公共网络运营者在客观、透明和非歧视的条件下，应满足建网和网络运营许可证持有者提出的互联要求；公共电信网络运营者在任务书规定的条件下，必须公布事先由电信监管机构同意的提供网络互联服务的技术要求和资费标准；同拒绝互联、互联协定及入网条件相关的纠纷由电信监管机构按相关法律进行处理。

英国针对电信系统和电信业务经营提出一般性条件，其中一般接入和互联互通义务是最重要的条件。而《2003 年通信法》保留了原有的接入和互联互通义务和原则。同时，要求这些接入和互联义务作为整体市场审查的一部分而被审查。[3]授权 OFCOM 就《通信法》第 73 款规定的相关内容设定与接入有关的条件，包括网络接入和互通的要到达的程度以确保"有效""可持续的竞争"和最终用户"最大可能的利益"。

德国电信法规定，每一个公共电信网络运营商都应当依据要求向其他公共电信网络运营商提供互联，以保障用户的通信、保障电信服务的提供和全社会范围内电信服务的互用性。监管机构可以向拥有市场显著力量的公共网络运营商施加义务，要求其在客观标准上制定接入协议，并使协议透明，以保证平等的接入，符合公平合理的要求。

南非电信法取消南非电信的垄断地位后形成了多家运营商并存的局面。为此，南非明确规定了严格的互联互通条件和标准。南非电信法第 43 条第 1 款第 2 项、第 3 项规定当南非电信公司和其他任何电信服务商如要求另一方提供其电信系统互联互通的服务时，另一方无正当理由不得拒绝。该条第 3 项规定"如果一个在前两项中提到的互联互通要求被监管机构认定在技术上是可行的，且会增加公众对电信服务的使用，或使电信设施能更有效运行，那就是合理要求"。[4]

7. 电信争议解决机制

电信争议解决机制主要是指电信运营商之间的争议交由监管机构予以裁决的机制。

---

〔1〕 参见张燕：《互联原则及各国（地区）的互联互通》，载《通信世界》2001 年第 30 期。
〔2〕 参见信息产业部电信管理局主编：《电信网络与信息安全管理》，人民邮电出版社 2004 年版，第 165 页。
〔3〕 参见《IT 聚焦（32）》，载《广东通信技术》2003 年第 11 期。
〔4〕 龚微、洪永红：《南非电信立法及对中国的启示》，载《西亚非洲》2005 年第 4 期。

英国《2003 年通信法》第 3 章第二部分规定了电信争议解决机制，其内容是欧盟框架指令要求的反映。这部分主要规定了不同运营商之间争议的解决规则和解决程序，并提出了针对 OFCOM 或国务大臣有关网络、业务或频率使用权决定的上诉机制。除非 OFCOM 认为有其他方式可以快速、有效地解决提交的争议，否则 OFCOM 必须处理向其提交的争议。OFCOM 必须就是否受理有关争议作出决定，并就其决定通知争议各方。如果争议不能在 4 个月内由其他替代方式解决，任意一方仍可以将争议再提交 OFCOM 解决，OFCOM 必须处理。争议一方将争议提交 OFCOM 并不妨碍受影响一方将争议事项提起诉讼或如果诉讼已经进行继续诉讼的权利；或阻碍 OFCOM 就有关争议事项采取强制执行行动。如果法院要求 OFCOM 中止对争议的处理，OFCOM 必须遵守。如果决定受理争议（或争议被再次提交回 OFCOM），OFCOM 必须在 4 个月内解决争议，除非有例外情况或者 OFCOM 可以在短于 4 个月的时间内解决争议。日本还设立了电信纠纷处理委员会，主要对电信纠纷委员会的设置与组成，调解与仲裁，咨询等进行了规定。韩国《电信事业法》规定，电信业务经营企业相互之间产生的与电信业务相关纠纷在双方无法经过协商解决的情况下可向广播通信委员会申请裁定。

三、电信法立法及展望

党的十八届四中全会提出加强互联网领域立法，完善网络信息服务、网络安全保护、网络社会管理等方面的法律法规，依法规范网络行为。党的十九大报告提出了全面依法治国的工作布局和重点任务，要求坚持法治国家、法治政府、法治社会一体建设。党的二十大进一步丰富完善全面依法治国要求，提出坚持走中国特色社会主义法治道路，建设中国特色社会主义法治体系、建设社会主义法治国家，全面推进国家各方面工作法治化。[1] 近年来，随着我国网络强国战略、国家大数据战略计划的加快实施，电信业在支撑经济社会发展、提升国家治理能力和改善人民生活等方面将发挥更加重要的作用。网络空间不是"法外之地"，制定电信法是网络空间有法可依的必然要求。

（一）电信法基本定位

电信法作为电信领域的统领全局的基础性法律，确立电信活动中的基本权利义务关系，面对新形势立法要及时作出回应，既要做到有一定的前瞻性，同时还要能够保持一定的稳定性，关键需要处理好四个方面的关系。

一是安全与发展的关系。改革开放给电信市场带来了新的变化，新技术、新业务推动行业创新发展。与此同时，市场和技术的发展变化给安全监管和用户权益保护带来挑战。习近平总书记强调，要全面贯彻落实总体国家安全观，必须坚持统筹发展和安全两件大事。电信法作为行业的基本法，在制度设计上如何既能够促进创新，推动行业发展，又能保障电信网络安全和消费者权益，是考验立法者智慧的重要问题。电信法可考虑以促进行业发展为目标，同时统筹兼顾安全。

二是电信与互联网的关系。电信与互联网具有强交叉性和互补性的相互关系。长期

---

〔1〕　参见习近平：《为实现党的二十大确定的目标任务而团结奋斗》，载《求是》2023 年第 1 期。

以来，虽然电信和互联网都各自相对独立的处于不断发展变化中，但二者关系密切，融合趋势明显。电信法对电信活动的规范绕不开电信与互联网之间的关系，面对新形势，尤其要加强互联网业务的管理。

三是中央立法和地方立法的关系。由于电信网的全程全网属性，在监管规则设计上需要全国统一。然而我国幅员辽阔，地区经济、社会发展不平衡等因素，使中央在实施集中化管理的前提下，还应当考虑各地区发展的需求。尤其在互联网兴起之后，互联网业务的管理已经更多的具备社会属性，立法过程中要兼顾地方差异。因此，一方面，电信法在制定过程中要充分吸收现有的地方立法已经确立的成熟的制度，例如，电信设施建设和保护方面，已有大部分省、市制定了地方性法规或规章；另一方面，电信法可确立电信立法基本原则和基础性制度，为地方立法留有空间。

四是法律与行政法规以及部门规章的关系。电信法既要结合新时期行业发展的新趋势，制定符合经济、社会发展规律的制度，也需尽量吸收现行法规制度中已经相对成熟和完善的经验，将其上升为法律。例如，在电信业务经营管理、码号、域名和 IP 地址管理、通信网络安全防护等方面，现行的法规和规章已经确立了相对成熟的管理制度，可以上升为成熟的法律制度。

（二）电信法亟须解决的问题

目前，我国在电信领域已经颁布实施了一系列行政法规、部门规章、地方性法规、地方政府规章和规范性文件，其中确立电信业管理制度对于调控电信市场秩序、引导电信业持续健康发展发挥了重要作用。但随着信息通信技术不断进步、产业创新融合加速、行业管理体制调整等现实情况变化，给电信领域立法带来了新的问题、提出了新的要求。

1. 互联网发展对电信监管提出新的要求

互联网和电信网相对独立，但二者关系又日趋密切、不断融合。从定义来看，电信网是由电信终端、交换节点和传输链路相互有机地连接起来，以实现在两个或更多规定的电信端点之间提供连接或非连接传输的信息传递系统，而互联网本质上是重叠在电信网上的一种新型信息通信网络。在互联网业务发展之初，只是电信网提供的数据通信增值业务，属于新型的数据通信业务。随着技术和应用飞速发展，互联网作为多业务承载的属性开始显现，不仅具有很强的通信属性，还出现了明显的媒体属性和工具属性，明显超出了传统电信业务的范围。从这一层面来讲，可以认为电信网是信息通信产业发展的初级阶段，而互联网是电信网的发展和延伸。近年来，以互联网业务为代表的增值电信业务飞速发展扩张，已经成为电信领域主要的市场主体。

2. 电信业务分类和管理需根据实践情况进行调整

一是部分增值电信业务定义不够明确。电信监管部门对于电信业务的管理主要基于《电信业务分类目录》进行，主要从技术实现角度进行描述。随着互联网行业的发展，互联网信息服务业务、在线数据处理和交易处理业务的内涵和外延不断扩展，提供服务类型已经远远超过电信业务范围。

二是电信业务分类目录调整程序不够明确。《电信条例》第 8 条规定国务院信息产业主管部门根据实际情况，可以对目录所列电信业务分类项目作局部调整，重新公布。而《国务院关于严格控制新设行政许可的通知》则规定，法律、行政法规或国务院决定规定对需要取得行政许可的产品、活动实施目录管理的，产品、活动目录的制定、调整应当经国务院批准。因此，对电信业务分类目录调整的程序还需要立法进一步厘清。

3. 电信设施建设和保护缺乏法律保障

我国电信设施在建设、保护的过程中依然面临着电信设施建设法律保障不足、建设规划落实不到位等问题，主要体现在以下三个方面：

一是电信设施建设法律保障不足。电力、铁路、公路等其他基础设施领域目前均有专门的法律保障，而电信设施建设方面最高层级的立法依据是《电信条例》，属于国务院行政法规。法律保障的缺失，导致基础电信业务经营者在电信设施建设中的权利得不到有效保障。

二是制定电信设施建设规划并将其纳入地方整体建设规划的要求实践中难以落实。实践操作中，电信设施建设在纳入地方各级人民政府城市建设总体规划和村镇、集镇建设总体规划的要求落实不到位，各级地方建设总体规划中并未突出电信设施在新时期战略性公共基础设施的作用。

三是在民用建筑物附挂电信设施与建筑物产权人的物权存在冲突可能性。依据《民法典》物权编的规定，在建筑物上附挂电信设施应征得建筑物所有权人、使用权人同意。而《电信条例》则规定基础电信业务经营者在民用建筑物上附挂电信设施，仅需通知建筑物所有权人、使用权人并支付使用费用。两部法律文件规定存在不一致，而《民法典》物权编法律层级高于《电信条例》，导致基础电信业务经营者架设电信设施的权利难以得到保障。

4. 电信网络安全管理责任落实依据不足

当前，电信网络的整体安全水平得到提升，用户的通信安全也得到了有效保护，但在用户通信自由和通信秘密保护、落实网络安全监管责任方面仍然存在法律依据不足等问题，具体体现为三个方面：

一是对用户通信秘密和通信自由保护的法律依据不足。《电信条例》规定因国家安全或者追查刑事犯罪的需要，公安机关、国家安全机关、人民检察院有权对电信内容进行检查。但在实践中，存在着司法机关及其他相关部门依据《民事诉讼法》等其他法律来要求电信企业提供用户相关数据的情况，而仅依据《电信条例》无法有效对抗《民事诉讼法》等法律的规定。

二是实名制管理规定落实困难。《网络安全法》《反恐怖主义法》对于实名制规定了不同的处罚，而《电信条例》尚未对实名制进行规定，导致实践中电信业务经营者及国务院电信主管部门落实实名制要求依据不充分。

三是国务院电信主管部门网络安全职责划分不明确。《网络安全法》等法律法规对网络安全的基本制度进行了规定，但对于相关主管部门具体职责划分尚未明确，实践中存在着相关部门对电信领域相关企业重复检查的问题。

（三）电信法立法展望

基于上述问题，未来有必要梳理和整合我国电信领域相关立法，形成以电信法为基础和统领，行政法规、地方性法规、部门规章、地方政府规章及规范性文件为落实和补充的电信领域综合立法体系。

1. 电信法宜重点关注的问题

一是明确电信设施作为战略性公共基础设施的地位。在电信法中可明确"电信设施是国家战略性公共基础设施"，并构建形成一套更加完整、有效的电信基础设施建设和保护体系。在电信法中赋予电信设施建设者相应通路权，确保电信设施建设者在满足法律规定的合法情形时能够有效开展电信设施建设、维护、维修。在电信法中还可以明确电信设施与其他相关设施之间平等的法律地位，规定相邻关系的处理原则等。

二是构建适应实践发展的电信业务准入制度，明确电信业务分类目录修改程序。电信法宜对电信业务的分类进行科学设定，对电信业务的分类进行更新、完善，对电信业务准入机制进行调整。对电信业务分类目录的调整程序也宜由电信法进行统一规定。

三是明确相关主管部门对互联网的监管职责。随着互联网承载的业务越来越多样化，其对社会的全方位渗透导致对互联网的管理涉及多个相关部门。为加强对互联网的监管，可在电信法中明确国务院电信主管部门是电信和互联网行业的主管部门，承担网络基础管理的职责。

四是完善执法依据和规则。为加强事中事后监管，电信法可对国务院电信主管部门在监督检查时可采取的措施进行明确。如进入企业生产经营场所进行调查取证、要求企业负责人和直接责任人就重大事项作出说明等。此外，可考虑进一步完善电信网络信息安全管理要求，根据违法行为的具体情形和严重程度细化相关处罚规定。

五是在电信法中体现新形势变化。数字经济等新的经济形态已经渗透到日常生活的方方面面，在电信领域也有不同程度的反映。电信法宜紧跟形势变化，既要鼓励创新发展、尊重不同市场主体的要求，也要严格规范市场行为，最大限度避免经济活动不稳定性带来的风险。在完善供给结构和需求结构匹配、提高生产效率、优化资源配置等方面助力实体经济的发展。

2. 电信法配套立法

在电信法确立的电信领域基础性制度架构的基础上，为提高电信法的可操作性，细化基础制度要求，我国还可考虑针对电信领域的具体问题制定或完善与电信法配套的行政法规、部门规章、规范性文件等。

一是制定电信设施建设和保护的行政法规。目前，虽然多地出台了地方电信设施建设、保护立法，但我国电信设施建设与保护方面的法律规范仍不充分，电信基础设施的建设和保护工作进展存在障碍，国家宽带网络的战略计划欠缺基础性立法保障。借鉴国外电信设施立法以及其他基础设施领域的立法经验，我国可在国家层面出台电信设施建设与保护专项立法，统一指导各地电信设施管理，明确电信设施建设和保护要求。

二是加强对电信用户权益保护的规定。修订和完善电信、互联网用户个人信息保护的相关规定。新技术、新业务的不断涌现对电信和互联网领域的个人信息保护提出了新的要求。以欧盟为典型代表的其他国家和地区也纷纷出台或修订了电信领域的个人信息保护规定。我国可考虑借鉴国外成熟的立法经验，对现有的规定进行修订、更新，或在个人信息保护专项立法中增加对于电信领域个人信息保护的规定。[1]在治理垃圾短信、骚扰电话方面，近年来多个部门在"查处伪基站""清网行动"等方面取得了一定的成效，但仍未遏制垃圾短信、骚扰电话蔓延的势头。未来可通过专门立法对垃圾短信、骚扰电话进行规制，界定垃圾短信、骚扰电话的范围，明确主管部门的执法手段、消费者权利救济渠道以及基础电信业务运营者、第三方企业责任分配等。

第二节　电信法基本原则

电信法的基本原则是规范电信领域各项活动、促进电信业健康发展的指导性准则，为电信法制定和实施提供了基本遵循。总体来看，电信法包含了保障安全原则、促进竞争原则、普遍服务原则和用户权益保护原则。

一、保障安全原则

当前，我国电信领域安全形势日益严峻。云计算、大数据、人工智能、物联网等新技术、新业务、新平台的发展，使网络虚拟空间和现实空间已完全打通。针对工业控制系统和重要信息系统的网络攻击愈演愈烈，网络违法犯罪活动日趋猖獗。应用软件、供应链、智能联网设备等安全问题开始显现。电信网从原来主要用于提供通信服务转向成为各行业数字化发展的重要网络基础设施，电信网络安全成为其他行业网络和数据安全的重要基础，因此，对电信网络和数据安全管理的要求应当随之提升。为此，需从法律层面完善与电信网络发展安全相关的资源、设施、运行、服务等制度，以及网络和数据安全管理、用户身份登记、应急通信保障等制度，确保行业在安全的轨道上发展，保障国家安全和网络安全。

二、促进竞争原则

迄今为止，世界电信业先后经历了竞争、垄断、竞争三个历史发展阶段。从 20 世纪 80 年代起，各国电信法的价值取向陆续从确立和维持垄断转变为促进和保障竞争，并以竞争原则为指导重构了本国的电信法体系。促进竞争原则，是指政府针对垄断的电信市场或由垄断向竞争过渡的电信市场，通过政府规制在电信市场引入竞争并保障和促进竞争力量的成长，从而形成有效竞争的电信市场。美国《1996 年电信法》开启美国电信行业全面竞争时代，规定了互联互通、本地市场开放、长途电话市场开放等条文，由此启动了有线电视、长话和市话三大市场的竞争，美国电信业正式走向了全面竞争。德国 1996 年修改的电信法批准了德国在 1998 年 1 月 1 日前结束电信垄断，开放市场，不

---

〔1〕　参见赵淑钰：《电信领域个人信息保护立法——中国与欧盟的路径比较》，载《世界电信》2017 年第 2 期。

再限制电话市场准入，同时制定了新的竞争环境下的电信市场规则。[1]日本 2015 年修订《电信事业法》，对竞争监管制度进行了进一步修订和完善。

三、普遍服务原则

经济合作与发展组织（OECD）指出，电信普遍服务是指任何人在任何地点都能以承担得起的价格享受电信业务，而且业务质量和资费标准一视同仁。电信普遍服务蕴含着保障基本人权、促进社会公平、平衡区域发展的丰富内容，它因此成为各国际组织和各国政府致力追求的目标和重要的职责所在。电信普遍服务的发展水平反映了一个国家信息化的程度，做好了电信普遍服务工作才可以消除通信的贫富不均和地区差异，才可以为绝大多数居民提供最基本的电信服务，实现社会和国民经济的均衡发展。

四、用户权益保护原则

电信服务是满足发展国民经济和改善人民生活的基本需要。电信服务质量关系到千家万户的切身利益，关系到电信事业和电信行业的发展。我国电信和互联网用户数量均全球领先，电信业牵涉广大人民群众的切身利益。电信属于服务业范畴，是为公众提供信息通信的服务，因此，不论行业规划、市场监管还是企业运营，都要以最广大用户的根本利益为出发点。以人为本，维护电信用户权益、促进改善电信服务，已经成为电信业发展的根本要求。随着电信及互联网服务能力逐步增强，服务边界正在日益扩大，电信及互联网用户权益与传统行业消费者权益深度交融，用户权益问题也随之深化，衍生出跨行业用户权益保护新问题，权益间的深度融合将成为常态。[2]当前，电信服务合同争议、互联网不正当竞争、个人信息滥用、网络诈骗等问题影响电信服务质量，侵害用户权益。为了让人民群众在信息化发展中有更多获得感、幸福感、安全感，不断满足用户的信息通信新需求，还需进一步完善电信立法，进一步规范企业经营行为，保障群众享受更好的电信服务。

第三节　电信管理制度

一、电信设施与设备管理制度

（一）电信设施管理制度

1. 我国电信设施立法概况

目前，《电信条例》在"电信建设"一章规定了部分"电信设施建设"的内容。自 20

---

[1] 参见蔡振京：《中德电信法律规制的比较研究》，载《商场现代化》2010 年第 6 期。

[2] 参见姚晓庆、石中金《怎样做好电信和互联网用户权益保护工作》，载《人民邮电》2018 年 8 月 14 日，第 3 版。

世纪 80 年代末至今，陆续有地方颁布了针对电信通信设施保护的地方性立法（见表 3-2）。

表 3-2　地方电信设施建设和保护立法

类别	发布部门	立法名称	实施时间	效力级别
专门性的地方性法规、规章	四川省人大	《四川省电信设施建设和保护条例》	2018 年 5 月	地方性法规
	广西壮族自治区人大	《广西壮族自治区电信设施建设与保护条例》	2018 年 6 月	地方性法规
	天津市人大	《天津市公共电信基础设施建设和保护条例》	2018 年 1 月	地方性法规
	陕西省政府	《陕西省电信设施建设和保护办法》	2017 年 7 月	地方政府规章
	吉林省人大	《吉林省通信设施建设与保护条例》	2017 年 8 月	地方性法规
	安徽省政府	《安徽省电信设施建设和保护办法》	2017 年 6 月	地方政府规章
	重庆市政府	《重庆市电信设施建设与保护办法》	2016 年 2 月	地方政府规章
	河北省人大	《河北省电信设施建设和保护条例》	2015 年 10 月	地方性法规
	福建省人大	《福建省电信设施建设与保护条例》	2015 年 9 月	地方性法规
	黑龙江省人大	《黑龙江省电信设施建设与保护条例》	2015 年 8 月	地方性法规
	云南省人大	《云南省电信设施建设和保护条例》	2014 年 12 月	地方性法规
	贵州省人大	《贵州省信息基础设施条例》	2014 年 5 月	地方性法规
	海南省人大	《海南省电信设施建设与保护条例》	2011 年 8 月	地方性法规
	江苏省政府	《江苏省电信设施建设与保护办法》	2015 年 5 月	地方政府规章
	宁夏回族自治区政府	《宁夏回族自治区电信设施建设与保护办法》	2014 年 9 月	地方政府规章
	河南省政府	《河南省通信基础设施建设与保护办法》	2014 年 11 月	地方政府规章
	四川省政府	《四川省通信设施保护规定》	2013 年 11 月	地方政府规章
	西藏自治区政府	《西藏自治区通信线路保护办法》	2000 年 10 月	地方政府规章
	广东省政府	《广东省邮电通信线路保护规定》	1998 年 1 月	地方政府规章
	陕西省政府	《陕西省保护通信线路规定》	1992 年 4 月	地方政府规章
设专章或条款的地方性法规	江西省人大	《江西省电信条例》	2003 年 6 月	地方性法规
	辽宁省人大	《辽宁省电信管理条例》	2004 年 6 月	地方性法规
	湖南省人大	《湖南省通信条例》	2017 年 8 月	地方性法规

2. 地方电信设施立法比较

各地电信设施立法在结构上大致可分为两类：一类是侧重于对电信设施保护进行规

定，同时涉及设施保护中的建设问题，如《四川省通信设施保护规定》。另一类是同时兼顾电信设施的保护与建设，设专章分别对两者进行规定，且设施建设方面条款的涉及面根据其自身需要较第一类而言显得更加多元化，如《福建省电信设施建设与保护条例》《江苏省电信设施建设与保护办法》《云南省电信设施建设和保护条例》《宁夏回族自治区电信设施建设与保护办法》。

（1）共性规定。

总体来看，各地立法在结构和内容上均主要包括总则、规划与建设、设施保护、法律责任四部分。

总则部分是对电信设施的定义、法律定位、主管部门与部门间协作等方面的规定。其重点共性内容具体来看有三方面。一是电信设施定义中的主要要素，即比较各地方规定对于电信设施的定义可以发现，各地所定义的电信设施的范围不尽相同，且皆有一项主要要素为用于电信业务中的设施与设备；二是电信设施的法律定位，即部分地方对电信设施的法律定位作了界定，将电信设施定位为公共基础设施，以强调其受法律保护的重要性；三是主管部门与部门间协作，即各地方立法均对电信设施建设与保护的主管部门及部门间协作做出了规定，仅在协作部门的列举上有一定区别。

电信设施的规划与建设部分是对电信行业发展与设施建设的统筹规划、电信设施建设的原则、电信设施建设的具体要求与注意事项等方面的规定。[1] 其重点共性内容具体来看有六方面：一是制定电信行业发展与设施建设规划的职责，即电信主管部门应当编制电信行业发展规划与电信设施建设规划，地方政府应当将电信设施建设规划纳入本行政区域国民经济和社会发展规划以及城乡建设规划；二是基础设施与资源的共建共享，即在新建、改建或扩建电信基础设施时要实行统一建设或联合建设，实现资源共建共享；三是预留管线及基础设施位置，即在制定公共设施设计、建设方案时应当根据规划和工程建设标准预留通信管线及基础设施位置[2]；四是电信设施的配套建设，即涉及民生、经济、公共利益等的重要建设项目应当配套建设电信设施；五是配套设施的平等接入和使用条件，即城镇民用建筑的开发者、所有者和管理者应当为电信业务经营者使用区域内的配套公用电信设施提供平等的接入和使用条件；六是补偿或赔偿，即应当对电信设施建设、迁移过程中造成的损失进行补偿或赔偿。

电信设施保护部分是对电信设施保护措施与相关具体要求、电信设施保护相关单位或个人的职能权利与责任义务以及禁止行为等方面的规定。其重点共性内容具体来看有六方面：一是保持安全空间，即要求其他设施与电信设施保持安全间隔距离；二是禁止行为，即禁止做出妨碍电信设施保护、危害电信设施安全以及收购来源不明的电信设施和相关物品的行为；三是应急优先权利，即执行应急通信保障和电信设施抢修任务的车辆和人员的优先通行权利；四是电信业务经营者的保护义务，即电信业务经营者应当加

---

〔1〕 参见刘耀华：《加快电信设施保护立法刻不容缓》，载《人民邮电》2018 年 10 月 31 日，第 6 版。

〔2〕 参见张博舍、张涛、侯令忠：《通信设施建设与保护遇到的问题及立法建议——以陕西省为例》，载《中国电信业》2017 年第 8 期。

强对电信设施的维护管理、安全保卫责任、应急措施，为电信设施保护工作提供必要保障；五是相邻关系处理，即其他基础设施、工程建设中可能影响电信设施安全的，应当对电信设施采取必要保护措施，造成损害的应当赔偿，确需迁移电信设施的应当协商解决并进行必要补偿；六是违法犯罪行为的查处，即公安部门应当依法及时查处阻碍通信基础设施建设、破坏、盗窃通信基础设施以及其他危害通信基础设施安全的违法犯罪行为。[1]

法律责任部分是对违法后的相应行政处罚事项、金额以及行政处分、刑事责任、民事责任的承担等方面的规定。

（2）差异化规定。

虽然各地立法在总体结构与主要制度上基本一致，但是由于目前没有全国统一立法，各地均从设施建设与保护的整体性与全面性角度出发制定了一些符合自身需要的规定，这使得各地立法在具体要求和注意事项等内容上有所差异。这些差异性寓于共同性之中，即在大体相同的制度框架下又存在不同的具体规定，既表现为条文涵盖面的宽窄不同，也表现为行文表述的不一。

电信设施规划与建设方面存在差异。各地立法在设备接入与设置要求、相邻关系的处理等方面存在明显差异，例如，仅有少数地方规定未取得相应资质或者资格的单位和人员，不得从事通信基础设施建设活动；在民用建筑物上设置设备或附挂线路时，有的地方规定对建筑产权人或使用人履行告知义务即可设置，而有的则是履行协商义务后方可设置；仅有少数地方规定了应当对在自然保护区、风景名胜区等特殊区域的电信设施采取美化或隐蔽措施，以及对城市建成区内的架空管线逐步入地；对应当同步配套电信设施的建设项目范围有不同的归纳。

电信设施保护与监督方面详略有别。各地立法在设施保护与监督上的差异并不十分明显，但仍存在一些地方制定了某项更加详细的规定或者其他地方未涉及的保护规定。例如，各地立法所列举的纳入建设与保护范围的电信设施、设备并不完全一致，详略程度有所差别，个别地方列举得较为概括；仅有少数地方的规定涉及了安全保护区的划定范围，但也并不全面；各地立法对禁止行为的列举也有所不同；各地立法对电信经营者的保护义务、可能影响电信设施安全或者通信质量行为的列举等也并非都有规定。

法律责任方面差异较大。各地立法在行政处罚事项与金额方面的规定并不一致，针对同一类型的违法行为的罚金幅度差异较大。例如，针对电信设施安全保护范围内挖沙取土等行为的处罚，有的地方区分个人与单位处以不同的罚金，有的则不做区分，并且在金额幅度上有的对个人处以1000元至1万元罚金，对单位处以1万元至10万元罚金，而有的则对个人和单位均处以500元至5000元罚金；针对签订排他性协议、妨碍平等接入的处罚，有的地方罚金最高可达100万元，有的地方上限则仅为2万元。

〔1〕 参见《河南省通信基础设施建设与保护办法》，载《河南日报》2014年10月15日，第9版。

（二）电信设备管理制度

目前，我国对电信设备的管理主要包括三个方面，即工业和信息化部信息通信管理局负责的电信设备进网许可制度、工业和信息化部无线电管理局负责的型号核准制度和国家市场监督管理总局负责的强制性产品认证制度。三项制度各有其法律法规依据，监管目的不同，涉及的产品范围不同但有重合。

从 1989 年开始，作为国务院电信主管部门的原邮电部陆续对电话机、传真机、用户交换机、移动电话机等电信终端设备实行进网许可制度。1998 年信息产业部成立后，对包括电信终端设备在内的电信设备统一实行了进网许可制度。2000 年《电信条例》为电信设备进网许可制度确立了法律依据。

2001 年 1 月 9 日，原信息产业部联合国家质量技术监督局发布了《关于公布实行进网许可制度的电信设备目录（第一批）的通告》，将电信终端设备、无线电通信设备和涉及网间互联的设备细化为 28 类。随后，信息产业部发布了《实行进网许可制度的电信设备目录的具体设备名称及检验标准》，并在 2005 年（信电函〔2005〕41 号）、2006年（信电函〔2006〕34 号）进行了修订并对外公布。其中 2006 年目录中共对三大类 28种 408 个具体电信设备实行进网许可管理。随着 3G、4G、物联网等新技术的发展，设备目录中新增了 3G、4G、物联网等新型电信设备，并对设备目录进行了优化调整。此外，根据《电信条例》《电信设备进网管理办法》以及 2005 年原信息产业部制定的《关于印发〈电信设备证后监督管理办法〉的通知》（信部电〔2005〕448 号）规定，国家电信主管部门对获得进网许可的电信设备开展证后监督检查工作。

二、电信业务管理制度

（一）我国电信业务准入发展历程

随着我国电信业改革的不断深入和发展，电信市场准入体系和电信业务分类经历了三个不同的阶段：

第一阶段（1949—1993 年）：行政垄断阶段。在这一阶段，政府部门或国有电信公司在特许之下垄断经营电信业务，不存在电信业务分类及许可。

第二阶段（1993—1998 年）：初步引入许可制度阶段。在这一阶段，在增值电信业务领域向社会开放了无线寻呼、电子信箱等 9 项增值电信业务，并对增值电信业务实行经营许可制度。在基础电信领域，以 1994 年中国联通公司成立为标志，打破了基础电信领域的垄断，首次引入竞争。

第三阶段（1998—2015 年），建立较为完善的许可制体系阶段。以 2000 年《电信条例》颁布为重要标志，第一次通过立法形式确认对电信业务经营按照电信业务分类，实行许可制度。电信主管部门可根据电信管理和发展需要，适时调整《电信业务分类目录》。其后，原信息产业部在 2001 年 6 月对《电信业务分类目录》进行了第一次调整，目的在于更好地促进电信市场竞争、满足 WTO 对外谈判的需要；在 2003 年对《电信业务分类目录》进行了第二次调整，旨在满足当时破除垄断、鼓励竞争以及履行我国加入WTO 承诺的需要。两次目录调整，较好地体现了国务院电信体制改革精神，适应了我国电信市场对外开放以及电信市场监管的客观要求，为发展电信业务、促进市场竞争、适应 WTO 对外开放发挥了重要而积极的作用。

第四阶段（2015 年至今），我国电信业发展内外部环境发生了深刻变化，对目录调整提出了新的需求。2015 年工信部对《电信业务分类目录》进行了第三次修改，在维持原目录总体框架、业务种类、业务界定的相对稳定的基础上做出了如下调整：一是为了顺应技术的演进和发展，删除了电报、模拟集群等已经淘汰的业务，增设了 LTE/ 第四代数字蜂窝移动通信业务。二是为了满足未来一段时期电信市场对内、对外稳步开放需求，将呼叫中心区分为国内、离岸两种，增设了有线接入设施服务业务和移动通信转售业务。三是面向培育战略性新兴产业的需要，增设互联网资源协作业务和内容分发网络业务。四是适应信息安全管理重点的变化以及便于热点业务的精细化、精准化管理，将互联网接入服务从二类增值变更到一类增值，在线数据处理与交易等从一类增值变更到二类增值业务，并将信息服务按照现实需要重新界定分类。五是为了满足三网融合双向进入需求，重新划分了 IP 电话和互联网数据传送业务。

2019 年 6 月 6 日，第五代移动通信业务牌照发放，工信部对《电信业务分类目录（2015 年版）》作出修订，增设第五代数字蜂窝移动通信业务子类。[1]

（二）我国电信业务准入及分类规定

根据《电信条例》有关规定，国家对电信业务经营按照电信业务分类，实行许可制度。电信业务分为基础电信业务和增值电信业务。[2] 工业和信息化部和省、自治区、直辖市通信管理局根据经营者申请业务种类的不同，分别向其颁发《基础电信业务经营许可证》《跨地区增值电信业务经营许可证》和《增值电信业务经营许可证》。申请基础电信业务和增值电信业务所应具备的条件和许可审批期限存在差别，基础电信业务在国有股权、注册资本金、业务发展计划等方面的要求要高于增值电信业务的许可申请，审批期限为 180 天，长于增值电信业务的 60 天。

根据 2015 年 12 月发布、经 2019 年 6 月 6 日修订的《电信业务分类目录（2015 年版）》（见表 3-3），当前的电信业务分类目录如下表所示，共有四级分类。我国电信业务分类目录的分类标准比较复杂，基础电信业务和增值电信的业务分类标准主要在于是否涉及公共网络基础设施、基本话音服务和公共数据传送，并不完全基于设施，部分业务可以租用设施来组建网络开展业务，如 IP 电话业务、数据传送业务。而基础电信业务方面，一类、二类的划分标准则进一步考虑了设施和业务的重要性（例如，技术的先进性、目标用户、设施范围）等因素。在基础电信业务的三级分类中，还进一步按网络技术方式等标准做出进一步划分。在增值电信业务方面，一类增值主要是基于机房、应用网络等设施提供的服务，而二类增值主要是基于公共平台提供的通信或互联网应用。此外，需要指出的是，大部分二类基础电信业务和通过转售方式提供的蜂窝移动通信业

---

〔1〕 参见贺斌：《5G 加速度将带动经济产出 10.6 万亿元》，载《科学大观园》2019 年第 13 期。

〔2〕 基础电信业务，是指提供公共网络基础设施、公共数据传送和基本话音通信服务的业务。增值电信业务，是指利用公共网络基础设施提供的电信与信息服务的业务。

务比照增值电信业务管理。

表 3-3 电信业务分类目录

基本分类	二级分类	三级分类	四级分类 / 业务功能
基础电信业务	第一类基础电信业务	固定通信业务	本地，国内长途，国际长途，国际通信设施
		蜂窝移动通信业务	2G，3G，4G，5G
		第一类卫星通信业务	卫星移动，卫星固定
		第一类数据通信业务	互联网国际数据传送业务、互联网国内数据传送业务、互联网本地数据传送业务、国际数据通信业务
		IP 电话业务	国内 IP、国际 IP
	第二类基础电信业务	集群通信业务	数字集群通信
		无线寻呼业务	—
		第二类卫星通信业务	卫星转发器出租、出售业务，VAST
		第二类数据通信业务	固定网国内数据传送业务
		网络接入设施服务业务	无线接入、有线接入、用户驻地网
		国内通信设施服务业务	—
		网络托管业务	—
增值电信业务	第一类增值业务	互联网数据中心业务	包括互联网资源协作服务业务
		内容分发网络业务	
		国内互联网虚拟专用网业务	
		互联网接入服务业务	
	第二类增值业务	在线数据处理与交易处理业务	交易处理业务、电子数据交换业务和网络 / 电子设备数据处理业务
		国内多方通信业务	国内多方电话会议服务业务、国内可视电话会议服务业务和国内互联网会议电视及图像服务业务等
		存储转发类业务	包括语音信箱、电子邮件、传真存储转发等业务
		呼叫中心业务	国内呼叫中心业务，离岸呼叫中心业务
		信息服务业务	信息发布平台和递送服务、信息搜索查询服务、信息社区平台服务、信息即时交互服务、信息保护和处理服务等
		编码和规程转换业务	互联网域名解析服务业务

三、电信用户权益保护制度

我国现行关于电信用户权益保护的法律体系主要由《消费者权益保护法》《电信条例》《电信服务规范》和《电信用户申诉处理办法》进行规定。《消费者权益保护法》作为消费者权益保护的基本法律，规定了消费者权益保护的一般制度，适用于包括电信业在内的所有领域。在此基础上，具体到电信领域的电信用户权益保护则由《电信条例》《电信服务规范》以及《电信用户申诉处理办法》作出进一步明确和细化。因此电信消费者既有类似于其他消费者的一般权益，又有一定的特殊权益。

（一）电信用户的一般权益

1. 安全保障权

电信用户的安全保障权是指用户在购买、使用电信产品和接受服务时享有的要求电信运营商、经销商提供合格的电信终端产品和信息服务，保障其人身、财产安全不受损害的权利。[1]《电信条例》对安全保障权作了如下规定：（1）电信业务经营者及其工作人员不得擅自向他人提供电信用户使用电信网络所传输信息的内容；（2）本地电话业务和移动电话业务经营者，应免费向用户提供火警、匪警、医疗急救、交通事故报警等公益性电信服务，并保障通信线路畅通，从而在更大范围内保护电信用户享有安全保障的权利；（3）电信业务经营者一经发现电信用户出现异常巨额话费，应尽可能地迅速通知电信用户，并采取相应的措施。

2. 知情权

我国《消费者权益保护法》明确规定消费者享有消费者安全权、知情权、选择权、公平交易权、求偿权、结社权、受教育权、获得尊重权和监督权九项权利。其中，知情权被认为在这一权利束中具有基础性地位，是其他权利行使的前提和基础。[2]具体到电信领域，用户的知情权是指用户具有了解电信业务种类、资费标准、交费办法、障碍申告和话费查询等方面的权利。《电信条例》和《电信服务规范》对电信用户在电信业务消费方面的知情权作了具体规定：（1）有权知悉电信服务的种类、范围、资费标准和时限。如：电信业务经营者应对各类电信业务实行明码标价，涉及价格适用期限的，还应明确告知该项电信业务资费的适用期限；（2）有权要求电信业务经营者免费提供国内长途通信、国际长途通信、移动通信、信息服务、主叫号码方式的IP电话等收费清单；（3）对交纳本地电话费用有异议的，有权要求电信业务经营者提供收费依据和协助查找原因；（4）有权知悉电信业务经营者涉及代收费用的协作事项，如该项服务的整体收费构成、本电信运营企业的具体收费情况和服务义务等。另外，《电信服务规范》还规定，电信业务经营者办理电信业务时，应当向用户提供该项业务的说明，包括该业务的业务功能、通达范围、业务取消方式、费用收取办法、交费时间、障碍申告电话、咨询服务电话等。

3. 自主选择权

电信用户的自主选择权是指电信消费者根据自己的实际需要，从自身的主观愿望出发，在不存在经营者或其他市场主体诱导、胁迫、欺诈、隐瞒等不正当干涉的情况下，

---

〔1〕　参见温蕾：《电子商务中的消费者安全权保护》，载《中国流通经济》2016年第2期。

〔2〕　参见顾功耘：《经济法案例法规选编》，北京大学出版社2008年版，第121页。

自由选择商品或服务的提供商及商品或服务的种类的一种权利。[1]根据我国《消费者权益保护法》第9条的规定，消费者享有自主选择权。展开来看，其包含两个方面的要求：首先，主观方面的自愿性。根据民法的一般原理，当事人意思表示真实是民事行为的生效要件之一，欠缺真实意思表示的行为不产生民事法律行为的后果。因此在主观层面，自主选择权体现在电信用户的行为是基于自愿做出的选择。其次，客观方面的自由性。个人的生活习惯、职业经历以及消费观念都会影响消费者选择权的行使，必须排除来自他人的诱导、强迫、威逼、欺骗等非法干涉，确保电信用户的选择真实、自由、明确。

4. 公平交易权

电信消费者在购买或者接受服务时，有权获得公平交易条件，得到通信稳定、话音清晰、价格合理、计费准确的通信服务，有权根据自我需求选择一项或多项服务，有权拒绝经营者的搭售增值电信业务、强制开通业务或其他强制交易行为。[2]

5. 求偿权

电信消费者在使用电信业务时，由于电信运营商、代理商的过失造成话费差错、服务中断、遭受骚扰、泄露隐私等，以及因使用设备制造商提供的不合格终端产品造成经济损失或人身伤害的，有获得民事赔偿的权利。[3]《电信条例》规定，以下情形电信用户有权要求电信业务经营者给予赔偿：（1）电信业务经营者因其自身原因逾期未能装机、移机并开通的；（2）电信业务经营者因工程施工、网络建设等原因，中断电信服务的；（3）电信用户申告电信服务障碍，电信业务经营者未按期修复或调通的。电信运营企业承担赔偿的方式有：支付违约金、减免用户的月租费及有关费用、赔偿损失等。

6. 质询权

电信业务经营者的广告宣传是用户获取消费信息的主要渠道之一。因此《电信条例》和《电信服务规范》都规定，电信业务经营者不得作容易引起误解的虚假宣传，如电信运营企业应客观真实地进行业务讲解、宣传，不得夸大业务的覆盖范围、使用功能，不得对自身业务的各种限制性规范含糊其词。《电信服务规范》还规定，电信业务宣传资料应针对业务全过程，通俗易懂，真实准确。

7. 人格尊严权

《电信条例》和《电信服务规范》在这方面对电信业务经营者作了强制性规定，以保证用户受到尊重：（1）不得以不正当手段胁迫、刁难电信用户或者对投诉的电信用户打击报复；（2）不得无正当理由拒绝、拖延或者中止对电信用户的电信服务；（3）由于电信业务经营者检修线路、设备搬迁、工程割接、网络及软件升级等可预见的原因，影响或可能影响用户使用的，应提前72小时通告所涉及的用户；（4）电信业务经营者及其工作人员不得擅自向他人提供电信用户使用电信网络所传输信息的内容。《电信服务规范》还规定，上门服务人员应遵守预约时间，出示工作证明或佩带本企业标识，代经

---

〔1〕 参见柴伟伟：《论电信消费者自主选择权的法律保护》，载《河北法学》2015年第6期。
〔2〕 参见娄耀雄主编：《电信法》，对外经济贸易大学出版社2010年版，第168页。
〔3〕 参见娄耀雄主编：《电信法》，对外经济贸易大学出版社2010年版，第168页。

销人员应主动明示电信业务代理身份，爱护用户设施，保持环境整洁。

8. 监督权

《电信条例》《电信服务规范》及《电信用户申诉处理办法》规定：（1）电信业务经营者应采取各种形式广泛听取电信用户意见，接受社会监督，不断提高电信服务质量；（2）电信业务经营者提供的电信服务如达不到国家规定的电信服务标准或者其公布的企业标准的，电信用户有权要求电信业务经营者予以解决。电信业务经营者拒不解决或者电信用户对解决结果不满意的，电信用户有权向电信管理机构或者其他有关部门申诉，收到申诉的机关必须在规定的期限内作出答复。

（二）电信用户的特殊权益

电信用户不仅应该享有其他消费者的一般性权利，还应当享有一些电信消费的特有权利。

1. 享受电信普遍服务的权利

普遍服务就是要对任何人提供无地域、无质量、无资费歧视且能够承担起的电信服务。电信普遍服务的三项基本要素为：可接入性（无论何时何地，只要有需求，都应该有全面覆盖的电话服务）；非歧视性（无论用户所处的地理位置、种族、性别、宗教信仰，他们在价格、服务和质量等各方面都应得到一视同仁）；可购性（电话服务的定价应让大部分用户能用得起）。各国都将电信服务看作是具有社会福利性质的"准社会公共产品"，力求使所有的公民能够享受到电信服务所带来的利益。根据《全球人权宣言》，获得通信服务电信普遍接入是一项基本人权。对于我国这样一个发展还不平衡不充分的国家来说，普遍服务有着更为深远的政治和经济利益。信息技术的发展有助于提高一个国家的国际竞争力和生产效率，减少日益扩大的信息贫富差距，带动边远地区和贫困地区的经济发展，提高边远地区人民的生活质量和社会管理效率，促进可持续发展。[1]

2. 享受电信网互联互通的权利

电信的网络化特征决定电信服务是全程服务，必须保障互联互通。互联互通是在竞争市场条件下实现普遍服务原则的具体操作机制。原信息产业部在2001年5月颁布的《公用电信网间互联管理规定》中明确指出，"互联，是指建立电信网间的有效通信连接，以使一个电信业务经营者的用户能够与另一个电信业务经营者的用户相互通信或者能够使用另一个电信业务经营者的各种电信业务。互联包括两个电信网网间直接相联实现业务互通的方式，以及两个电信网通过第三方的网络转接实现业务互通的方式"。互联互通是在自然垄断环境中开展竞争的必要手段，是国家、社会的要求，并非企业的选择。互联互通虽然表现为向其他运营商提供接入服务，但其最终结果是消费者可以方便地获得有竞争性的电信服务。[2]因此，互联互通真正的意义不是为其他运营商提供服务，而是为各个企业的消费者实现跨网络的沟通提供服务。

---

〔1〕 参见彭熙海、褚格林：《论电信消费者的特殊性权利及其保护机制》，载《河北法学》2005年第10期。

〔2〕 参见娄耀雄主编：《电信法》，对外经济贸易大学出版社2010年版，第169页。

3. 通信自由和通信秘密受保护权利

通信自由权是指电信消费者享有互通音信、保持联系而进行社会自由交往的权利；通信秘密权是指消费者有权对个人电报、电话、传真、电子邮件及通话内容、通话详单等信息加以保密，禁止他人非法窃听或窃取。在电信通信中，对公民的通话内容，非经法定公检机关，包括电信企业在内的任何单位和个人不得监听或偷录等。而对除此之外的其他通信信息如通话费用、用户名址、通话时间等，因关系到用户个人生活的安宁且多为用户不愿公开，应将其作为通信秘密之外的一般隐私权予以保护，电信企业同样应负保密义务。通信自由和通信秘密保护的利益是个人私生活的秘密与表现行为的自由，既体现了国家对公民个人隐私权的保护，同时它也是实现言论自由和思想自由的一个重要形式。[1]

4. 自由转网权

电信消费者有自由选择网络和服务商的权利，消费者可以自由地转换电信网络和服务商，有权以最小的投入获得最好的服务，任何个人、组织和服务商都无权干涉。[2]

四、电信网络安全管理制度

（一）我国电信网络安全立法概况

我国现行相关立法中关于电信网络安全已有相关的规定，主要体现在《网络安全法》《电信条例》等相关立法中。

《网络安全法》对于整体的网络安全管理制度进行了规定，其中一些制度规定需要在电信领域进行细化落实。包括网络安全等级保护制度、关键信息基础设施安全保护制度、网络产品和服务安全管理制度、实名制、网络安全应急管理制度、网络安全监测预警与应急处置制度等。《电信条例》也对"电信安全"进行了专章的规定，其中关于网络安全的制度设计包括电信网及电信设施安全防护、电信业务经营者内部安全制度建设、电信网络安全设施"三同步"制度等。《电信条例》中电信网络安全相关制度也需要在《电信法》进行进一步明确和更新完善。此外，《通信网络安全防护管理办法》中关于对通信网络单元进行分级管理的制度也需要在《电信法》中进行相应的规定。

（二）电信网络安全监管立法方向

电信网络是国家总体网络的主体，属于通信领域的关键信息基础设施，同时还承担着为其他行业关键信息基础设施提供网络通道和信息服务的重任，在国家经济社会活动中具有极端重要性。因此，公共通信和信息服务在满足极高稳定性的同时，作为载体的电信网络本身也应当保证绝对安全。在制度构建方面，电信法需在《网络安全法》国家整体网络安全的蓝图下，探索构建更加完善细致的电信网络安全监管机制。

在网络安全建设环节，一是基于现有的网络安全标准体系和供应链安全保障要求，

---

〔1〕 参见周伟：《通信自由与通信秘密的保护问题》，载《法学》2006 年第 6 期。

〔2〕 参见娄耀雄主编：《电信法》，对外经济贸易大学出版社 2010 年版，第 169 页。

探索建立电信网络安全目录管理制度。二是基于《网络安全法》确立的网络安全审查制度和《数据安全法》确立的数据安全审查制度，探索构建电信网络安全审查制度。

在网络安全运行环节，一是基于《网络安全法》确立的网络安全等级保护制度和《数据安全法》确立的数据分类分级保护制度，在《电信法》中探索建立电信网络分级管理制度。二是进一步完善现有的实名制要求，将实践中常用的二次实名动态核验固化为制度安排。三是增加针对通信大数据平台的安全保障制度，以应对防疫常态化的现实需要。

在网络安全应急处置环节，一是基于《网络安全法》规定的网络安全宣传教育活动，在《电信法》中进一步明确电信网络安全宣传教育机制，依托每年 5 月 17 日"世界电信日"开展电信网络安全宣传周活动。二是基于《网络安全法》和《数据安全法》确立的应急处置机制，建立完善突发情况通信恢复机制。

第四节　法律责任

《电信条例》第 6 章"罚则"对于电信领域法律责任进行了规定。此外，《电信业务经营管理办法》《电信服务规范》《电信网码号资源管理办法》等相关立法中也对于电信领域法律责任进行了规定。

一、民事法律责任

除遵守《民法典》《侵权责任法》《消费者权益保护法》等相关立法中有关民事法律责任的一般规定外，电信立法也针对电信领域具体情形规定了电信业务经营者的民事法律责任。

《电信条例》规定，电信业务经营者拒绝免费为电信用户提供国内长途通信、国际通信、移动通信和信息服务等收费清单，或者电信用户对交纳本地电话费用有异议并提出要求时，拒绝为电信用户免费提供本地电话收费依据的，由省、自治区、直辖市电信管理机构责令改正，并向电信用户赔礼道歉。违反《电信条例》第 40 条规定，包括限定电信用户使用指定的业务；限定电信用户购买指定的电信终端设备或者拒绝电信用户使用自备的已经取得入网许可的电信终端设备；无正当理由拒绝、拖延或者中止对电信用户的电信服务；对电信用户不履行公开作出的承诺或者作容易引起误解的虚假宣传；以不正当手段刁难电信用户或者对投诉的电信用户打击报复，需向电信用户赔礼道歉，赔偿电信用户损失。

《电信设备进网管理办法》规定，电信业务经营者拒绝用户自备的获得进网许可的电信终端设备进网的，需向电信用户赔礼道歉，赔偿电信用户损失。

《公用电信网间互联管理规定》规定，主导电信业务经营者违反向非主导的电信业务经营者提供信息、配合通信设施使用、提供电话号码查询服务等要求时，给其他的电信业务经营者造成直接经济损失的，应当予以经济赔偿。

二、行政法律责任

目前，我国电信领域相关立法重点对电信业务经营者等相关主体的行政法律责任进行明确。

违反电信业务管理要求的行政法律责任。如《电信条例》规定，伪造、冒用、转让电信业务经营许可证、电信设备进网许可证或者编造在电信设备上标注的进网许可证编号的，由市电信管理机构没收违法所得，处以罚款。擅自经营电信业务的，或者超范围经营电信业务的，由电信管理机构没收违法所得，并处以罚款，情节严重的，责令停业整顿。如《电信业务经营许可管理办法》规定，以欺骗、贿赂等不正当手段取得电信业务经营许可的，电信管理机构撤销该行政许可，给予警告并直接列入电信业务经营失信名单，并视情节轻重处以罚款，申请人在3年内不得再次申请该行政许可。如《非经营性互联网信息服务管理办法》规定，未履行备案手续提供非经营性互联网信息服务的，由住所地省通信管理局责令限期改正，并处1万元罚款；拒不改正的，关闭网站。超出备案的项目提供服务的，由住所地省通信管理局责令限期改正，并处罚款，拒不改正的关闭网站并注销备案。

扰乱电信市场秩序的行政法律责任。如《电信条例》规定，扰乱电信市场秩序，尚不构成犯罪的，由电信管理机构没收违法所得，处以罚款。在电信业务经营活动中进行不正当竞争的，由电信管理机构责令改正，处以罚款，情节严重的责令停业整顿。

违反电信资源管理要求的行政法律责任。如《电信条例》规定，擅自使用、转让、出租电信资源或者改变电信资源用途，拒不按照规定缴纳电信资源使用费，由电信管理机构没收违法所得，并处以罚款，情节严重的，责令停业整顿。如《互联网域名管理办法》规定，未经许可擅自设立域名根服务器及域名根服务器运行机构、域名注册管理机构、域名注册服务机构的，电信管理机构采取措施予以制止，并视情节轻重予以警告或者处以罚款。

违反网间互联和普遍服务管理要求的行政法律责任。如《电信条例》规定，擅自中断网间互联互通或者接入服务，拒不履行普遍服务义务，在电信网间互联中违反规定加收费用，遇有网间通信技术障碍不采取有效措施予以消除，拒绝其他电信业务经营者提出的互联互通要求，向其他电信业务经营者提供网间互联的服务质量低于本网及其子公司或者分支机构等情形，由电信管理机构没收违法所得，并处以罚款，情节严重的，责令停业整顿。

违反电信设施和电信设备管理要求的行政法律责任。如《电信条例》规定，销售未取得进网许可的电信终端设备，擅自改动或者迁移他人的电信线路及其他电信设施，由电信管理机构责令改正，处罚款。如《电信设备进网管理办法》规定，伪造、冒用、转让进网许可证，或者编造进网许可证编号的，由电信管理机构没收违法所得，并处罚款。粘贴伪造的进网许可标志的，由电信管理机构责令限期改正。如《通信建设工程质量监督管理规定》规定，未按要求对影响工程质量的问题进行整改，不配合通信建设工程质量监督检查，通过质监管理平台提交虚假材料等情形由电信管理机构责令改正并可处以罚款。

违反电信用户权益保护要求的行政法律责任。如《电信条例》规定，电信业务经营者拒绝免费为电信用户提供国内长途通信、国际通信、移动通信和信息服务等收费清单，或者电信用户对交纳本地电话费用有异议并提出要求时，拒绝为电信用户免费提供本地电话收费依据，由电信管理机构责令改正，并向电信用户赔礼道歉；拒不改正并赔礼道歉的，处以警告并处以罚款。电信业务经营者限定电信用户使用指定的业务；限定电信用户购买指定的电信终端设备或者拒绝电信用户使用自备的已经取得入网许可的电信终端设备；无正当理由拒绝、拖延或者中止对电信用户的电信服务；对电信用户不履行公开作出的承诺或者作容易引起误解的虚假宣传；以不正当手段刁难电信用户或者对投诉的电信用户打击报复，拒不改正并向用户赔礼道歉、赔偿损失的，由电信管理机构对其处以警告，并处以罚款，情节严重的责令停业整顿。

违反信息安全管理要求的行政法律责任。如《电信条例》规定，擅自向他人提供电信用户使用电信网络所传输信息的内容的，由电信管理机构没收违法所得，并处以罚款，情节严重的，责令停业整顿。

三、刑事法律责任

《刑法》对电信领域犯罪进行了专门规定。《刑法》第124条规定破坏公用电信设施，危害公共安全构成破坏广播电信设施、公用电信设施罪，需承担有期徒刑、拘役等刑事法律责任。第265条规定，以牟利为目的盗接他人通信线路、复制他人电信号码或者明知是盗接、复制的电信设备、设施而使用的，依照盗窃罪进行处罚。《电信条例》规定，利用电信网络制作、复制、发布、传播违法信息，从事危害电信网络安全和信息安全的行为，扰乱电信市场秩序，构成犯罪的要追究刑事责任。此外对于监管部门的工作人员，《电信条例》规定电信管理机构工作人员玩忽职守、滥用职权、徇私舞弊，构成犯罪的，依法追究刑事责任。

电信领域其他相关立法也对其他构成犯罪的行为进行了衔接性规定。如《互联网域名管理办法》规定，任何组织或者个人违法注册、使用域名，构成犯罪的，依法追究刑事责任；《电信业务经营许可管理办法》规定以欺骗、贿赂等不正当手段取得电信业务经营许可的构成犯罪的，依法追究刑事责任；《通信网络安全防护管理办法》规定，电信管理机构的工作人员对通信网络安全防护工作进行检查时不收取任何费用，要求接受检查的单位购买指定品牌或者指定单位的安全软件、设备或者其他产品，以及违法泄露检查工作中获悉的国家秘密、商业秘密和个人隐私，构成犯罪的，依法追究刑事责任。

此外，电信领域相关立法还针对行业管理需求规定了其他监管手段。如《通信建设工程质量监督管理规定》中明确，工程质量责任主体违反通信建设工程质量管理规定，受到行政处罚的，由电信管理机构记入信用记录，并依照有关法律、行政法规的规定予以公示。《电信业务经营许可管理办法》中规定，以欺骗、贿赂等不正当手段取得电信业务经营许可的，电信管理机构撤销该行政许可，给予警告并直接列入电信业务经营失信名单。

电信、基础电信服务、增值电信服务、电信设施、电信普遍服务、电信互联互通

1. 我国第一部电信业综合性立法是什么？其在哪些方面发挥了重要作用？有哪些部门规章和规范性文件对其进行了补充？

2. 简述外国电信立法体系。

3. 电信法的基本原则是什么？

4. 电信用户拥有哪些权益？

5. 电信领域的法律责任有哪些？

案例一

2001 年 10 月 25 日，A 公司与 B 公司签订《B 房产南方花园 C 组电话协议书》，约定 A 公司为 B 公司下的某小区 C 组团电话业务经营商，负责该小区内的电话安装、维护、经营，合作期 20 年。合作期内，某小区 C 组团不再与其他公司进行相同或类似服务的合作。2013 年 9 月 18 日，原告 D 公司与物业公司（B 公司某小区的物业公司）签订《社区宽带互联接入业务合作运营协议》，约定双方在某区共同建设社区宽带网络，D 公司承担信息化社区的网络工程建设的投资、设计、施工、维护以及技术改造，为该小区提供互联网宽带接入服务。后 D 公司在某小区的户外通信管道以及楼内户线通道内进行了缆线的铺设。2014 年 9 月，被告 A 公司工作人员将 D 公司在某小区 C 组团铺设的合计总长 5653 米 4 芯光缆、1056 米 48 芯光缆以及 1309 米双绞线剪断并将其中的双绞线抽出带走。原告向法院提起诉讼，要求判决 A 公司将剪断的光缆以及双绞线恢复原状。

法院审理认为，A 公司与 B 公司约定协议合作期 20 年内某小区 C 组团内通信管道由 A 公司专属使用，该条款限制其他电信运营公司接入某小区 C 组团，破坏了公平竞争的市场环境，限制了小区业主自由选择电信服务的权利，损害了小区业主的利益，应属无效。根据《物权法》规定，建筑区划内的其他公共场所、公用设施和物业服务用房，属于业主共有。小区内配套的通信管道应属于公用设施的一种，是开发商建设小区楼盘时必须建设的满足建筑物专有部分功能需求的配套设施之一，开发商将房屋交付后，通信管道应该属于业主共有。小区内的通信管道属某小区 C 组团业主共有。原告 D 公司依据与物业公司签订的《社区宽带互联接入业务合作运营协议》有权在南方花园小区的通信管道内铺设缆线。A 公司的行为侵害了 D 公司的财产权，应当承担侵权责任，对原告

的诉讼请求予以支持。

案例二

2011年7月，原告孙某在被告某通信公司处入网，办理了电话卡。2020年6月至12月，孙某持续收到营销人员以某通信公司工作人员名义拨打的推销电话，以"搞活动""回馈老客户""赠送""升级"等为由数次向孙某推销套餐升级业务。期间，原告孙某两次拨打该通信公司客服电话进行投诉，该通信公司客服在投诉回访中表示会将原告的手机号加入"营销免打扰"，以后尽量避免再向原告推销。后原告孙某又接到了被告的推销电话，经拨打该通信公司客服电话反映沟通未得到回复，原告遂向人民法院提起诉讼。法院认为，电信服务运营商未经手机客户同意，向手机客户滥发商业短信、违法短信或拨打电话，对客户的手机正常通信造成严重影响或者侵犯客户的人身权益的，电信服务运营商应承担相应的民事责任。某通信公司擅自多次向孙某进行电话推销，侵扰了孙某的私人生活安宁，构成了对孙某隐私权的侵犯。故判决被告某通信公司未经原告孙某的同意不得向其移动通信号码拨打营销电话，并赔偿原告孙某交通费用782元、精神损害抚慰金3000元。

第四章　反电信网络诈骗法

【内容提示】

《反电信网络诈骗法》是打击治理电信网络诈骗活动的专门立法，为有关部门开展打击治理电信网络诈骗工作提供了重要法律依据。本章介绍了电信网络诈骗治理制度在网络法治领域的相关要求及实践。反电信网络诈骗工作注重源头治理、综合治理，违法犯罪行为的信息流、资金流主要涉及电信、互联网和金融行业，从源头把控好电信网络诈骗违法犯罪风险，加强行业监管，压实经营者责任，是开展电信网络诈骗治理工作的重要思路。本章主要包括导论、基本原则、反电信网络诈骗法重要制度之一电信治理、反电信网络诈骗法重要制度之二互联网治理和法律责任五节。一是导论部分，主要介绍《反电信网络诈骗法》中的重要基本概念以及电信网络诈骗治理的主要法律渊源。二是围绕《反电信网络诈骗法》总则有关条款，梳理电信网络诈骗治理中的主要原则及其主要考虑。三是电信治理，包括电话实名、办卡数量及管理、监测识别处置电话卡、物联网卡管理、真实主叫要求以及涉诈设备、软件防治。四是互联网治理，包括网络实名制、监测识别处置涉诈异常账号、App 治理、域名服务管理等内容。四是法律责任部分，包括民事责任、行政责任和刑事责任。

第一节　反电信网络诈骗法导论

从立法目的上看，《反电信网络诈骗法》属于预防和打击电信网络诈骗活动的"小切口"专门立法，聚焦于行政机关的协同治理和全链条治理，具有很强的行政法属性。其立法目的特定，内容涵盖广泛。

一、反电信网络诈骗法的基本概念

（一）电信网络诈骗的概念

《反电信网络诈骗法》第 2 条将电信网络诈骗界定为以非法占有为目的，利用电信网络技术手段，通过远程、非接触等方式，诈骗公私财物的行为。该定义延续了传统刑法关于诈骗行为的定义，并在信息交互手段上体现"电信网络"特征，区别于传统的面对面、一对一的诈骗行为。关于电信网络诈骗的定义需要关注以下几点：一是以非法占有为目的诈骗公私财物，这是电信网络诈骗行为区别于一般网络纠纷的重要特征，表明其在众多网络违法犯罪行为中的诈骗属性和财产属性，可以与网络上常见的名誉权等人身权纠纷以及网络交易或者服务纠纷作区分。二是利用电信网络技术，这里的电信网络技术包括电话、语音、互联网等通信技术，电信涵盖范围较为广泛，目前除纸质或者其他实物书面形式的通信以及面对面通信外，电信是最主要的通信方式。三是通过远程、非接触等方式，这是从表现形式上对电信网络诈骗行为区别于一般诈骗行为的概括，这种特征客观上为电信网络诈骗治理提高了治理难度，也为推动电信网络诈骗立法提供了现实必要性。

（二）电信网络的概念

《反电信网络诈骗法》并未对电信网络的概念作出界定。关于"电信"的定义，在《电信条例》中，电信指利用有线、无线的电磁系统或者光电系统，传送、发射或者接收语音、文字、数据、图像以及其他任何形式信息的活动。关于"网络"的定义，在《网络安全法》中，网络指由计算机或者其他信息终端及相关设备组成的按照一定的规则和程序对信息进行收集、存储、传输、交换、处理的系统。综合来看，电信网络主要涉及信息的收集、存储、传输、交换、处理活动，而信息形式包括但不限于语音、文字、数据、图像等。上述概念范畴较为广泛，在电信网络诈骗治理中，主要指利用电信网络技术进行信息交流，主要包括几种特定形式，一是通过电话语音方式，二是通过短信息方式，三是接入互联网，以应用程序、网站等载体实现信息交流。

（三）电信业务经营者的概念

电信业务经营者是2000年制定的《电信条例》主要规范主体，在此后的《反间谍法》《无障碍环境建设法》《反电信网络诈骗法》等法律中也使用了相关表述。《反电信网络诈骗法》的电信治理、互联网治理以及综合措施章节对电信业务经营者提出较多法律要求，有必要从义务主体界定角度对相关概念予以明确。目前，相关立法并未对电信业务经营者作出明确定义，在理解其概念时需要重点把握以下两点：一是电信业务，其内涵随着信息通信技术不断发展，在不同发展阶段其业务类型影响力也存在差异，如传统的有线电话、传呼业务类型，再到如今的数据中心、互联网信息服务等。二是经营者，并非信息技术发展产生的所有电信业务均属于其范畴，相关业务足够成熟面向社会经营后，方属于法律中的电信业务。因此，基于这种技术发展带来的内涵上的不确定，引入目录管理并适时更新更符合管理实践需要。据此，在《电信条例》第8条明确了电信业务分类的具体划分由条例所附的《电信业务分类目录》中列出，并作适时调整。目前施行的《电信业务分类目录》为2015年版，并在2019年结合5G技术的发展对相关目录进行了部分调整。

（四）互联网服务提供者的概念

《反电信网络诈骗法》在互联网治理、综合措施章节对互联网服务提供者提出了大量的义务要求，相关概念研究涉及法律条文的主体范围确定。除《反电信网络诈骗法》外，互联网服务提供者在《反间谍法》《反有组织犯罪法》《反恐怖主义法》也被作为相关义务主体予以明确，且具备两方面特色。一是相关立法均以"反"字头命名，是基于防范打击某类违法犯罪活动的专门立法；二是在具体条款中常与电信业务经营者并列，常受到同类行为要求的规制。这在客观上反映出互联网服务提供者这类主体的以下特征，理解相关特征有利于准确把握其概念。一是新颖性，相关立法在早期制定修订过程中并未对互联网服务提供者提出专门要求，是伴随信息技术发展并深入国民经济生产生活，发挥巨大影响力后在相关条款中予以关注。二是风险性，集中出现在防范打击类专门立法中，体现出互联网服务提供者在经营中存在为特定违法犯罪活动所利用的风险，存在加强治理的必要性。三是与电信活动关系密切，互联网服务的呈现形式以信息交互为主，无论是即时通讯、网络交易还是网络公告等，均是作为信息流的实现路径影响生产生活，其本质仍在电信范畴。这使得在主体范围上，互联网服务提供者与《电信业务分类目录》存在高度关联。

如电信业务经营者一样，目前暂无立法对互联网服务提供者作出明确界定，其内涵除与信息通信技术的发展密切相关外，不同类型还与应用模式关联。《反电信网络诈骗法》第21条从网络账户实名制角度罗列出反诈领域关注的互联网服务，包括：提供互联网接入服务；提供网络代理等网络地址转换服务；提供互联网域名注册、服务器托管、空间租用、云服务、内容分发服务；提供信息、软件发布服务，或者提供即时通讯、网络交易、网络游戏、网络直播发布、广告推广服务。以上大多数服务类型属于《电信业务分类目录》中的增值电信业务。从现有监管体系上看，互联网接入服务和互联网信息服务是互联网服务的两类主要服务类型。按照《电信业务分类目录》，互联网接入服务业务是指利用接入服务器和相应的软硬件资源建立业务节点，并利用公用通信基础设施将业务节点与互联网骨干网相连接，为各类用户提供接入互联网的服务。用户可以利用公用通信网或其他接入手段连接到其业务节点，并通过该节点接入互联网。《互联网信息服务管理办法》第2条明确规定互联网信息服务，是指通过互联网向上网用户提供信息的服务活动，而信息服务业务在《电信业务分类目录》中指通过信息采集、开发、处理和信息平台的建设，通过公用通信网或互联网向用户提供信息服务的业务。信息服务的类型按照信息组织、传递等技术服务方式，主要包括信息发布平台和递送服务、信息搜索查询服务、信息社区平台服务、信息即时交互服务、信息保护和处理服务等。

二、电信网络诈骗治理的法律渊源

从法律位阶上来看，调整反电信网络诈骗治理活动的法律渊源包含了宪法、法律、行政法规、部门规章、地方性法规、地方政府规章和司法解释等。

（一）宪法

《宪法》是我国的根本大法，规定了国家的根本制度和根本任务，是国家统一、民族团结、社会稳定的基础，相关法律依据宪法有关规定制定，被称为"母法"。对电信网络诈骗治理领域的立法也源自宪法有关规定，例如，第40条"中华人民共和国公民的通信自由和通信秘密受法律的保护。除因国家安全或者追查刑事犯罪的需要，由公安机关或者检察机关依照法律规定的程序对通信进行检查外，任何组织或者个人不得以任何理由侵犯公民的通信自由和通信秘密"以及第13条第1款"公民的合法的私有财产不受侵犯"的规定。从治理政策角度，电信网络诈骗治理面临的一个重要课题便是尊重通信秘密和通信自由的同时，如何防止和打击相关不法分子利用通信技术侵害他人的合法财产。一方面，信息通信技术已经深度融入生产生活，尊重和保障公民的通信自由和通信秘密的影响不仅体现在隐私权保护层面，也越发体现在对个人基本生活的保障；另一方面，信息通信服务的普及增加了人们享受信息服务、获取相关信息的可及性和普遍性，使得被用于实施诈骗等违法犯罪活动的成本大幅度降低。在这种情形下，电信网络诈骗治理在诸多制度构造上体现了对二者的平衡。如《反电信网络诈骗法》第10条有关电话卡治理的规定，在意识到电话卡对公民信息通信、生产生活重要意义的同时，出于反诈的需要，从开卡数量、异常行为识别、信息查询等角度审慎设置了相关限制或者便利。综上可以看出，宪法对公民基本权利的有关规定，在电信网络诈骗治理相关规范制定中得到充分的体现和平衡。

（二）法律

本小节的法律是狭义概念上的法律，特指《立法法》第10条规定的全国人民代表大会和全国人民代表大会常务委员会根据宪法规定行使国家立法权所制定的法律。电信网络诈骗治理涉及众多领域，既涉及电信、互联网、金融等行业的全链条管理，又涉及个人信息保护、反洗钱、数据安全、刑事追诉等特定问题、特定事项的规范。基于这种规范内容上的复合性，电信网络诈骗治理在法律层面的渊源呈现既集中又多元的特点。一方面，《反电信网络诈骗法》是打击和防范电信网络诈骗的专门立法，其打通了各行业、各领域、各部门在监管治理上的职责壁垒和信息壁垒，实现了跨部门、跨行业的治理协同，集中体现电信网络诈骗治理所需的核心制度和重点工作要求，兼具电信网络诈骗治理的赋权性、规范性和指导性。另一方面，在电信网络诈骗治理中的一些重要且集中的环节，如果有相关法律已作出专门规定的，《反电信网络诈骗法》并未予以重复，而是准引至相关法律，例如，该法第29条提及的《个人信息保护法》、第27条提及的《刑事诉讼法》、第49条提及的《网络安全法》《反洗钱法》等相关法律规定。此外，《反电信网络诈骗法》中未明确提及的法律，但在有关规范中涉及的立法，也是电信网络诈骗治理的重要法律渊源，包括《刑法》《民法典》《全国人民代表大会常务委员会关于加强网络信息保护的决定》等。

（三）行政法规

本小节的行政法规特指《立法法》第3章规定的，由国务院依据宪法和法律按照法定的程序制定的行政法规。对行政法规的认定除关注其制定主体和内容外，还应重点关注其程序性，包括是否依照《立法法》《行政法规制定程序条例》等要求履行起草、审查、审议、公布等程序，其显著特征是其文件号以国务院总理令或者国务院总理、中央军事委员会主席共同签署国务院、中央军事委员会令形式公布。从治理内容上看，涉及电信、互联网以及银行等金融领域的部分治理的行政法规，均可视为电信网络诈骗治理的法律依据。例如，在电信领域，《电信条例》规定了电信业务经营者市场准入、服务提供、电信网络安全等方面的制度要求，是电信行业开展电信网络诈骗行业治理的重要法律依据。在互联网领域，《互联网信息服务管理办法》对互联网信息服务监管职责分工、许可备案管理、行为规范等作出的规定，以及《未成年人网络保护条例》有关个人信息保护、内容管理等规范是互联网行业开展电信网络诈骗治理的重要法律依据。在金融领域，《非银行支付机构监督管理条例》对相关非银行支付机构设定的服务规则，以及管理部门的监管措施等，是有关行业主管部门开展本行业电信网络诈骗治理的重要法律依据。此外，对银行业务、反洗钱等领域的行政法规，也是电信网络诈骗治理的重要法律渊源。

（四）部门规章

本小节的部门规章，指《立法法》第91条所规定的由国务院各部、委员会、中国人民银行、审计署和具有行政管理职能的直属机构以及法律规定的机构，根据法律和国务院的行政法规、决定、命令，在本部门的权限范围内，制定的规章。因电信网络诈骗治理涉及公安、电信、网信、银行等众多主管部门的职责，因此相关领域的部门规章法律渊源丰富多元，是各部门围绕电信网络诈骗治理工作的具体体现。公安机关是反电信网络诈骗工作的牵头部门，在各部门反诈工作中发挥牵头协调作用，其依据《反电信网络诈骗法》会同有关部门出台的《电信网络诈骗及其关联违法犯罪联合惩戒办法》落实了《反电信网络诈骗法》第31条对有关违法行为进行处置的规定，系统规定了惩戒情形、措施等，为规范化、制度化、系统化落实好有关反诈治理要求提供了制度保障。电信主管部门是电信和互联网行业主管部门，在开展电信网络行业治理、源头治理中发挥重要作用，目前电信和互联网领域的部门规章体系已相对成熟，相关部门规章为我国电信和互联网行业数十年来的跨越式发展提供了制度保障。在反诈工作层面，一些历经实践检验的部门规章仍发挥着积极作用。例如，在为落实《反电信网络诈骗法》第23条有关移动互联网应用程序许可备案的制度要求出台的《工业和信息化部关于开展移动互联网应用程序备案工作的通知》中，明确了《互联网域名管理办法》《互联网IP地址备案管理办法》等早期制定出台的部门规章仍然适用。伴随《反电信网络诈骗法》有关制度的进一步落实细化，相关领域的部门规章将进一步完善细化，为相关部门开展具体工作提供立法支撑的同时，也为企业和社会公众遵守有关制度要求提供具体指引。

（五）地方性立法

本小节的地方性立法，主要指《立法法》第4章第1节规定的地方性法规、自治条例和单行条例以及第2节第93条规定的省、自治区、直辖市和设区的市、自治州的人民政府，根据法律、行政法规和本省、自治区、直辖市的地方性法规，制定的规章。目前，省级地方性法规《湖南省人民代表大会常务委员会关于加强打击治理电信网络诈骗违法犯罪工作的决议》主要从落实《反电信网络诈骗法》角度，结合本省各部门各单位职责分工，对开展有关工作作出了部署。再如设区的市级地方性法规《武汉市人民代表大会常务委员会关于全面开展打击治理电信网络诈骗违法犯罪工作的决定》，是在《反电信网络诈骗法》出台前对本地区开展有关工作作出的部署要求。由于电信网络诈骗活动的跨地域特性，目前各地方针对电信网络诈骗治理的立法活动较少，主要是以决定形式对该单一事项的执行进行规定。

（六）司法解释

《立法法》第119条对最高人民法院、最高人民检察院作出的属于审判、检察工作中具体应用法律的解释进行了规范，明确了司法解释的内容应当主要针对具体的法律条文，并对符合立法的目的、原则和原意进行解释。同时，在主体和程序上，严格限制了司法解释的作出主体为最高人民法院、最高人民检察院，并要求相关解释应当自公布之日起 30 日内报全国人民代表大会常务委员会备案。

电信网络诈骗在治理层面的压力首先传导至司法机关，在《反电信网络诈骗法》出台前，相关制度规范的构建主要通过司法机关通过对现有法律的适用解释开展。2016年，最高人民法院、最高人民检察院会同公安部、工业和信息化部等部门出台的《关于防范和打击电信网络诈骗犯罪的通告》，为当时有关部门和社会公众开展反诈工作提供了宝贵规范指引，并在此后的反诈斗争中发挥重要作用。此后，最高人民法院、最高人民检察院、公安部相继出台《关于办理电信网络诈骗等刑事案件适用法律若干问题的意见》《关于办理电信网络诈骗等刑事案件适用法律若干问题的意见（二）》，从打击电信网络诈骗犯罪活动的角度对相关制度予以细化明确。以司法解释形式对现有法律规范作出符合新形势、新问题治理需求的适用解释，既保障了法律的生命力，减少旧法律在应对新问题时的失能风险，又能够在已有法律框架下形成应对新问题行之有效的实践经验，为应对新问题的法律制定、修订提供符合我国实践需求的治理范本。客观上，早期司法机关会同国务院有关部门出台的相关司法解释，为《反电信网络诈骗法》的制定出台提供了宝贵经验。

第二节　反电信网络诈骗法的基本原则

《反电信网络诈骗法》并未对立法原则作出明确规定，但是在治理实践中形成的具备广泛认同的原则内容，在该立法中的其他条款中予以了充分体现。

一、概述

在 2022 年中共中央办公厅、国务院办公厅印发的《关于加强打击治理电信网络诈骗违法犯罪工作的意见》中提出，加强打击治理电信网络诈骗违法犯罪工作要坚持以人民为中心，统筹发展和安全，强化系统观念、法治思维，坚持严厉打击、依法办案，实现法律效果与社会效果有机统一，坚持打防结合、防范为先，强化预警劝阻，加强宣传教育，坚持科技支撑、强化反制，运用科技信息化手段提升技术反制能力，坚持源头治理、综合治理，加强行业监管，强化属地管控，坚持广泛动员、群防群治，发动群众力量，汇聚群众智慧，坚决遏制电信网络诈骗违法犯罪多发高发态势，提升社会治理水平，使人民获得感、幸福感、安全感更加充实、有保障、可持续，为建设更高水平的平安中国、法治中国作出贡献。同时，该文件还从打击犯罪、严密防范和源头治理等方面对电信网络诈骗治理作出具体要求。有关文件内容为各部门、各地区开展电信网络诈骗治理工作提供了指导和方案，在总结实践经验的基础上，《反电信网络诈骗法》充分吸收了该文件的制度内容，并按照不同领域、不同层次在总则及其他章节中分别予以体现。其中，吸收于总则部分的内容涵盖电信网络诈骗治理全流程，具备实质上的法律原则地位。

《关于加强打击治理电信网络诈骗违法犯罪工作的意见》有关内容在《反电信网络诈骗法》总则部分集中体现在第 4 条"反电信网络诈骗工作坚持以人民为中心，统筹发展和安全；坚持系统观念、法治思维，注重源头治理、综合治理；坚持齐抓共管、群防群治，全面落实打防管控各项措施，加强社会宣传教育防范；坚持精准防治，保障正常生产经营活动和群众生活便利"的规定。同时，《反电信网络诈骗法》第 5 条"反电信网络诈骗工作应当依法进行，维护公民和组织的合法权益。有关部门和单位、个人应当对在反电信网络诈骗工作过程中知悉的国家秘密、商业秘密和个人隐私、个人信息予以保密"的规定，从平衡打击治理和保障公民权利相平衡的角度作出要求，与第 4 条的有关规定共同构成《反电信网络诈骗法》的基本原则。

二、具体原则

（一）坚持以人民为中心，统筹发展和安全

坚持以人民为中心，统筹发展和安全原则是防范打击治理电信网络诈骗的首要原则，该原则既是开展电信网络诈骗治理工作的遵循，也是开展电信网络诈骗治理工作在立法、执法和司法上的目的。

坚持以人民为中心是我国权力机关、行政机关和政府机关开展相关工作的重要原则，该原则也同样贯穿《反电信网络诈骗法》从制定到实施之始终。电信网络诈骗严重危害人民群众的个人财产安全，广大人民群众深受其害，实践中更是出现因遭受电信网络诈骗侵害而造成重大身体、精神损害的情形，这为制定《反电信网络诈骗法》立法并开展相关治理工作提供了必要性。同时，《反电信网络诈骗法》第 1 条在制定目的中也明确将保护公民和组织的合法权益作为立法目的之一，相关制度内容的设定、执行也能立足于防范和打击电信网络诈骗行为，从而实现保护公民合法权益的目的。可以说，坚持以人民为中心既是《反电信网络诈骗法》制定的出发点，也是电信网络诈骗治理工作的落脚点。坚持以人民为中心原则的落实不仅体现在《反电信网络诈骗法》制定这一立法领域，在执法、司法以及普法方面均要有所体现。

近年来，新技术、新业态、新应用的不断涌现，在发展生产力、促进要素市场合理有效分配等方面发挥积极影响的同时，也产生了各类不可预见、难以控制的风险。如何发展好相关新兴事物，充分发挥利用其有用价值的同时，防范治理好由其产生的不利安全风险，是近年来各领域特别是网络和信息法领域立法和政策制定工作的重要课题。而电信网络诈骗治理工作正是这种安全和发展相平衡的集中领域。一方面，信息通信技术的发展与普及，为社会生产生活提供便利，也为我国把握下一轮产业革命提供了机遇；另一方面，日益猖獗的电信网络诈骗活动不断侵害人民群众财产利益，已发展成为社会治理问题。在此基础上，统筹发展和安全原则的确立，在电信网络诈骗治理各个环节，要求相关部门在打击治理违法犯罪行为时，应重点关注相关治理措施对相关产业发展带

来的不利影响，尽可能避免对相关领域的技术和产业发展产生不利影响。

（二）坚持系统观念、法治思维，注重源头治理、综合治理

坚持系统观念、法治思维，注重源头治理、综合治理原则明确了各部门和社会各界在开展防范打击治理电信网络诈骗活动时的观念和方法，是在立法、执法和司法领域保障电信网络诈骗治理工作科学有效推进的重要原则。电信网络诈骗治理工作涉及电信、金融、互联网及边境管理等领域，是信息流、资金流和人员流的整合，而阻断其中任一环节，都将对打击个案中的电信网络诈骗活动产生积极作用。因此，开展电信网络诈骗治理工作须以各地区、各部门和社会各界的协同治理、共同参与为必要。在此背景下，系统性、综合性的打击治理思路具备了现实意义。

系统观念要求在把握好电信网络诈骗总体要求的同时，还应聚焦于各个关键环节的重点打击治理，整体和局部协同推进。法治思维要求相关治理措施应在法治框架下开展，通过推进《电信网络诈骗法》立法实现有法可依，通过各部门协同治理实现执法必严，通过打击电信网络诈骗相关违法犯罪活动实现违法必究，并通过普法宣传活动实现全社会协同治理、共同参与。源头治理要求厘清电信网络诈骗行为产生的根源和特征，在个人信息泄露、灰黑产等领域重点打击、精准施策，从预防角度消除相关违法犯罪活动的滋生空间。综合治理要求电信网络诈骗治理不能局限于特定领域、特定行业和特定环节，应将打击治理措施贯穿电信网络诈骗行为涉及的全领域、全行业和全环节，采取综合治理措施实现监管的全覆盖，为高效科学打击电信网络诈骗行为提供更充分有效的法律制度保障。

（三）坚持齐抓共管、群防群治，全面落实打防管控各项措施，加强社会宣传教育防范

从表述上看，《反电信网络诈骗法》第4条有关"坚持齐抓共管、群防群治，全面落实打防管控各项措施，加强社会宣传教育防范"的规定更像是开展打击治理电信网络诈骗工作的思路或者是方式表述。将其作为原则理解，既有该法并未明确规定其法律原则的考量，也有该表述实质贯穿电信网络诈骗治理各环节的考虑。本项原则集中体现为"共"字，包括国家机关各部门之间与国家和社会之间两个层面。一是由于电信网络诈骗治理涉及众多行业和众多环节，在监管上涉及多个国家机关的职责，包括行政机关的行政监管、侦查机关刑事侦查、检察机关的刑事公诉以及审判机关的审判职责等，在行政机关内部，也涉及电信、互联网、金融、进出境等主管部门的职责，需要各部门、各单位协同发力，共同打击治理电信网络诈骗行为。二是电信网络诈骗的日益猖獗已成为一项社会治理问题，除政府等国家机关从公权力角度主导治理外，还需社会各界如行业协会、企业、个人等广泛参与，为打击治理电信网络诈骗工作提供违法线索、技术支撑和执法配合。

（四）坚持精准防治，保障正常生产经营活动和群众生活便利

与前几项强调打击治理电信网络诈骗不同，坚持精准防治，保障正常生产经营活动和群众生活便利原则是这部打击治理专门立法的平衡原则。客观上，打击治理电信网络诈骗无法避免将涉及对公民有关权利的限制，例如，电话卡办理次数的限制，以及实名

登记等行为要求等，从保障公民权益角度设定了相关限制。但对公民有关行为的限制应到何种程度适当，坚持精准防治，保障正常生产经营活动和群众生活便利原则为这种限制提供了标准，即应精准施策，不应以"一刀切"的方式开展治理，应保障社会的正常生产经营。

第三节　电信治理

广义上，互联网作为电信网承载的应用服务，也应属电信治理范畴。鉴于《反电信网络诈骗法》已将互联网治理单独成章，故本章有关电信治理的介绍主要聚焦于电话卡等基础电信在反诈领域的要求。

一、制度内容

以往关于电信网络治理中电信网络运营商所需要承担的义务主要见于《电信条例》、工信部《电话用户真实身份信息登记规定》以及最高人民法院、最高人民检察院、公安部等部委的联合规定中。《反电信网络诈骗法》的出台，确立了电信行业领域治理电信网络诈骗的基本制度，为合规开展电信业务，防范治理电信网络诈骗活动提供了法治保障。

（一）电话卡管理

核实电信网络用户基本身份信息可谓防范电信网络诈骗活动的"第一道防线"。当前，非法买卖电话卡、银行卡用于电信网络诈骗及其他相关违法犯罪活动问题日益突显。对此，《反电信网络诈骗法》在第9条明确了电话用户实名制要求，并进一步将主体责任向基础电信企业、转售企业压实。围绕电话卡开立、使用等环节提出了法律要求。在此之前，工信部在《电话用户真实身份信息登记规定》中明确规定，电信业务经营者为用户办理入网手续时，应当要求用户出示有效证件、提供真实身份信息，用户应当予以配合。该规定对于应查验登记的"用户身份信息"的范围予以明确规定，具体包括"证件类别以及证件上所记载的姓名（名称）、号码、住址信息；对于用户委托他人办理入网手续的，应当同时查验受托人的证件并登记受托人的上述信息。"

同时，最高人民法院、最高人民检察院在《关于依法严厉打击惩戒治理非法买卖电话卡银行卡违法犯罪活动的通告》中强调，电信企业要按照"谁开卡、谁负责"的原则，落实主体责任，强化风险防控。相关网络运营者可加强对用户身份信息的核查，尤其对于曾经办理多张电话卡的用户，可着重核实其登记身份信息的真实性，避免出现虚假身份办理电话卡或者冒用他人身份办理电话卡的情形。

（二）用户个人信息保密

电信网络运营商提供服务的用户人数众多，且掌握大量用户身份信息等重要数据。为维护国家电信网络运行安全秩序，维护用户隐私权，电信网络运营商需要严格落实信息保密制度。对此，工信部在《电话用户真实身份信息登记规定》中要求电信业务经营者应当建立健全用户真实身份信息保密管理制度。电信业务经营者及其工作人员对在提供服务过程中登记的用户真实身份信息应当严格保密，不得泄露、篡改或者毁损，不得出售或者非法向他人提供，不得用于提供服务之外的目的。同时，工信部在 2013 年 9 月实施的《电信和互联网用户个人信息保护规定》中再次强调电信业务经营者、互联网信息服务提供者及其工作人员对在提供服务过程中收集、使用的用户个人信息应当严格保密。

相关网络运营者应当完善现有的用户信息保密制度，并积极适用新技术不断巩固现有信息保密体系。除此以外，对于其他移动通信转售企业及网络代理商，可以在相关合同条款中突出强调保密义务，明确约定必要的保密措施，统一双方保密措施、环节、标准体系。对于因违反保密义务致使公司或第三人利益损失的，应当追究相关企业或者代理商的违约责任。

（三）电信运营活动的规范化管理

电信活动的规范化管理是确保系统稳定运行的关键。对此，需要由相关行业主管部门拟定规范化管理涉及的核心环节标准。在最高人民法院、最高人民检察院、公安部、工业和信息化部、中国人民银行、原中国银行业监督管理委员会《关于防范和打击电信网络诈骗犯罪的通告》中，各部委对于电信网络秩序的规范化管理予以原则性规定，其主要涉及领域包括：电话卡办理数量限制、虚假主叫拦截、取缔违规经营网络电话业务等领域。并且，该通知亦规定，对违规经营的各级代理商责令限期整改，逾期不改的一律将由相关部门吊销执照，并严肃追究民事、行政责任。[1]

针对电信网络诈骗这一防范领域，相关网络运营者应当建立系统性的安全体系，将前述具体的安全评估指标予以量化，并采取赋分制的模式进行管理，对于不达标的领域及时纠正整改，防止产生后续的民事、行政责任。

（四）违法信息阻断报告

违法信息阻断报告义务是指电信业务经营者在提供公共信息服务时，发现电信网络中传输的信息明显存在违法违规信息内容，则应当立即停止传输，保存有关记录，并向国家有关机关报告。对此，《电信条例》第 61 条予以明确规定。[2]电信运营商作为电信

[1] 详见最高人民法院、最高人民检察院、公安部、工业和信息化部、中国人民银行、原中国银行业监督管理委员会《关于防范和打击电信网络诈骗犯罪的通告》第 4 条规定：电信企业立即开展一证多卡用户的清理，对同一用户在同一家基础电信企业或同一移动转售企业办理有效使用的电话卡达到 5 张的，该企业不得为其开办新的电话卡。电信企业和互联网企业要采取措施阻断改号软件网上发布、搜索、传播、销售渠道，严禁违法网络改号电话的运行、经营。电信企业要严格规范国际通信业务出入口局主叫号码传送，全面实施语音专线规范清理和主叫鉴权，加大网内和网间虚假主叫发现与拦截力度，立即清理规范一号通、商务总机、400 等电话业务，对违规经营的网络电话业务一律依法予以取缔，对违规经营的各级代理商责令限期整改，逾期不改的一律由相关部门吊销执照，并严肃追究民事、行政责任。移动转售企业要依法开展业务，对整治不力、屡次违规的移动转售企业，将依法坚决查处，直至取消相应资质。

[2] 此处违法违规内容指：反对宪法所确定的基本原则的；危害国家安全，泄露国家秘密，颠覆国家政权，破坏国家统一的；损害国家荣誉和利益的；煽动民族仇恨、民族歧视，破坏民族团结的；破坏国家宗教政策，宣扬邪教和封建迷信的；散布谣言，扰乱社会秩序，破坏社会稳定的；散布淫秽、色情、赌博、暴力、凶杀、恐怖或者教唆犯罪的；侮辱或者诽谤他人，侵害他人合法权益的；含有法律、行政法规禁止的其他内容的。

网络中的重要主体，对于电信网络传输过程中可能出现的违法违规信息，建议采取多种措施强化监管，及时阻断相关信息的传输。值得注意的是，在当下电信环境中，许多违法者通过"谐音字""繁体字""变体字""表情符号""外国语言文字"等内容发送短信、邮件等通信信息，用以规避电信大数据筛查，意图达到变相传播违法信息等活动，客观上为违法信息的识别与阻断带来困难。

网络运营者应当进一步完善大数据筛查机制，不断更新相关违规词汇、敏感词汇数据库，可采用"网络筛查＋人工复核"的机制，尽可能精确识别涉嫌违法的信息类型。同时，可强化与网络安全部门、公安机关的沟通对接，对于在监管过程中发现的明显违法违规信息，应当及时向公安机关、网络监管部门予以上报，并配合前述有关机关的调查核实。

二、实施要点

2012 年 12 月，全国人大常委会《关于加强网络信息保护的决定》"网络服务提供者为用户办理网站接入服务，办理固定电话、移动电话等入网手续，或者为用户提供信息发布服务，应当在与用户签订协议或者确认提供服务时，要求用户提供真实身份信息"的规定，将推行多年的电话卡用户实名登记制度上升为法律要求，后电信主管部门出台的《电话用户真实身份信息登记规定》以部门规章的形式体系化规范了基础电信企业开展实名登记工作的相关要求。

一是明确了电话用户真实身份信息登记的含义。将电话用户真实身份信息登记界定为：电信业务经营者为用户办理固定电话、移动电话（含无线上网卡）等入网手续，在与用户签订协议或者确认提供服务时，如实登记用户提供的真实身份信息的活动。二是明确监督管理职责。明确由工业和信息化部和各省（区、市）通信管理局对电话用户真实身份信息登记工作实施监督管理。同时，规定明确要求电信管理机构对电信业务经营者的用户真实身份信息登记和保护情况实施监督检查，电信业务经营者应当予以配合。三是细化用户真实身份信息登记制度。从登记主体、登记义务、登记范围、证件类别、证件查验、信息留存、自查和培训等方面，规定了下列真实身份信息登记制度，包括：电信业务经营者为用户办理入网手续时，应当要求用户出示有效证件、提供真实身份信息，用户应当予以配合；电信业务经营者应当对用户出示的证件进行查验，并如实登记证件类别以及证件上所记载的姓名（名称）、号码、住址信息；有关身份信息和材料在向用户提供服务期间及终止提供服务后两年内应当留存；用户拒绝提供身份信息的，电信业务经营者不得为其办理入网手续；电信业务经营者应当对其信息登记和保护情况每年至少进行一次自查，对其工作人员进行培训。此外，还借鉴个人存款账户实名制等规定，对个人和单位的有效证件类别分别作了相应规定。四是确立用户真实身份信息保护制度。坚持用户真实身份信息登记和保护并重，明确要求电信业务经营者应当保护用户提供的真实身份信息，对用户真实身份信息应当严格保密；用户真实身份信息发生泄露、毁损、丢失时，应当立即采取补救措施。五是规范代理商的管理制度。按照"谁经营、谁负责""谁委托、谁负责"的原则，根据民法上的委托代理制度，明确规定由电信业务经营者负责对其代理商的信息登记工作实施管理。电信业务经营者应当对代理人的用户真实身份信息登记和保护工作进行监督和管理，不得委托不符合本规定有关用户真实身份信息登记和保护要求的代理人代办相关手续。六是确立报告制度。电话用户真实身份信息发生泄露、毁损、丢失，可能造成严重后果的，电信业务经营者应当立即向相关电信管理机构报告；电信管理机构在作出处理决定前，可以要求电信业务经营者暂停有关行为，电信业务经营者应当予以执行。

此外，网络与社会经济深度融合，数字经济的快速发展，电信企业范围、业务结构等发生深刻变化，也随之带来相关制度的调整。《反恐怖主义法》的修订以及《网络安全法》的颁布进一步将用户实名制的范围由电话用户扩展至互联网用户；《电信业务分类目录》的调整为民营资本通过转售方式进入基础电信业务市场提供了途径，也产生了转售企业相关违规经营行为的管理与违规责任承担疑问。《电话用户真实身份信息登记实施规范》进一步细化了电话用户真实身份信息登记的有关要求，为电信企业落实实名制提供了具体的行为操作指引。

（一）实名制的实施

1. 范围

关于电信业务经营者哪些业务必须实名制，不同层级、不同制定主体颁布的法律文件各不相同，这既有不同时期颁布的法律文件的产业发展背景差异原因，也有不同制定主体涉及职责范围以及规范目的的差异。例如，颁布较早的全国人大常委会《关于加强网络信息保护的决定》要求的实名制范围是"办理固定电话、移动电话等入网手续，或者为用户提供信息发布服务"，此处主要包括手机卡办理以及具备信息发布功能的网络账号申请。而电信主管部门从行业管理职责出发，在《电话用户真实身份信息登记规定》中明确的实名制范围是：为用户办理固定电话、移动电话（含无线上网卡）等入网手续，此处主要包括固定电话办理、手机卡及单纯的上网卡的办理。但随着网络化的不断加速，《网络安全法》"办理网络接入、域名注册服务，办理固定电话、移动电话等入网手续，或者为用户提供信息发布、即时通讯等服务"的规定，进一步将实名制的范围扩展至宽带办理、域名注册以及即时通讯业务。

基于实践及政策原因，上述立法不断丰富了电话用户实名制的内涵，由最初的具备话音及移动数据通信功能的移动电话卡实名，到宽带接入实名，再到互联网账号实名，电信企业对电信用户的实名制义务履行越发广泛。上述法律法规对电信企业均具有约束效力，电信企业应严格予以落实。

2. 操作

实体渠道和网络渠道均是办理开卡业务的合规途径。实体渠道在安全性上可能更有利于保证人证相符，网络渠道在用户便捷性和信息通达性上更具有优势。二者在安全性与便利性上的侧重点差异，也造成了两种开卡模式在操作规程上的差异。

对于实体渠道的开卡行为，先进行人证一致性查验，应由业务人员通过对用户出示的身份证件有效期限、所载性别、照片等信息进行判定。然后进行证件真实性查验，应由业务人员通过居民身份证识别设备查验居民身份证真实性，并通过居民身份证识别设备自动读取和录入用户身份信息，而不是人工录入。对于网络渠道的开卡行为，用户预约：在用户网上预约卡号环节，电信业务经营者应要求用户提供姓名和居民身份证号码，并上传居民身份证正反面照片和用户正面免冠照片。

对于网络渠道的开卡行为，首先应开展预约信息查验，电信企业应将用户预约信息与"全国公民身份信息库"联网查验，并核实用户已办理的移动电话卡是否超出"一证五卡"的数量限制。对于联网查验通过且用户已办理有效使用的电话卡不足 5 张的，电信业务经营者为用户生成销售订单。其次是物流配送，电信业务经营者应通过安全可靠的物流渠道向预约用户配送未激活的移动电话卡。再次是号卡激活，用户收到未激活的移动电话卡后，电信业务经营者应要求用户通过在线视频实人认证方式查验用户身份信息，确保预约信息与用户本人一致。对于因技术原因无法通过在线视频实人认证的，用户可持本人居民身份证在电信业务经营者自有营业厅办理实名登记。电信业务经营者应对网络渠道销售的移动电话卡设定并明确标识不超过 30 天的有效激活期限，超期未激活的，应及时回收卡号。

此处需要额外关注以未成年人为典型的民事行为能力欠缺主体的开卡问题。对于未满 16 周岁及其他无民事行为能力的用户，开卡应由其法定代理人在电信业务经营者自有营业厅代为办理，电信业务经营者应如实登记用户和法定代理人证件信息，并现场拍摄留存法定代理人照片。因此，对于 16 周岁以下未成年人的电话卡办理渠道当限定为实体办理。

（二）信息留存

在国家网络可信身份战略尚未强制性落地的情况下，电信及互联网的真实身份认证主要通过电话卡用户实名制展开，例如，众多中小微型增值电信业务经营者本身无相应的市场地位要求用户另行上传相关身份信息来完成法定的实名制义务，而更多依赖于用户注册互联网账号与电信企业的实名电话卡相绑定来完成实名。因此，实名制在功能上不仅体现在保证人证相符上，更体现在真实身份的溯源与责任承担上。因此，在完成实名开卡基本流程后，如何保存好相关实名材料及认证过程性文件，即是对电信企业自身履行实名合规义务的保护，也是日后治理电信用户出现违规使用电信服务问题的基础。

对于通过实体渠道办理入网手续的个人用户，每激活一个电话号码，电信业务经营者应现场拍摄留存一张用户本人（或委托人）的正面免冠照片。对于通过网络渠道办理入网手续的个人用户，应在用户认证视频中随机截取和留存两张用户正面清晰照片。单位用户办理入网手续的，电信业务经营者应现场拍摄留存一张经办人的正面免冠照片。同时，为确保留存信息的可识别，还应关注留存照片的质量问题，除照片格式、照片像素、文件大小、长宽比、清晰度等参数符合要求外，还应关注形式要件，例如，留存照片应加盖水印、水印应注明照片用途和拍摄日期、应包含渠道编号信息或上门服务人员工号信息、拍摄日期应精确到秒以及加盖水印应不影响照片关键信息的识别等要求。为此，电信业务经营者应通过后台系统自动实时调用拍照设备，现场拍摄留存用户照片并上传后台系统。不得未经现场拍摄通过本地上传用户照片和在本地保存用户照片。

（三）"一证多卡"

"一证多卡"清理对电信网络诈骗防范与治理工作具有重要意义，但因涉及与公民通信自由权限制曾引起社会热议。《电信条例》《电话用户真实身份信息登记规定》等行政法规及规章作为广义上的法律，并未对电信用户的持卡数量问题作出明确的限制，但在此后电信主管部门出台的《电话用户真实身份信息登记实施规范》中对电信企业提出了要求。这一度使电信企业在依法经营和监管合规上陷入两难。但随着反诈形势的日趋严峻，"一证多卡"清理工作的推进变得越发紧迫且必要，最高人民法院、最高人民检察院、公安部、工业和信息化部、中国人民银行、原中国银行业监督管理委员会联合发布的《关于防范和打击电信网络诈骗犯罪的通告》明确提出"电信企业立即开展一证多卡用户的清理"，这为电信企业推行"一证多卡"清理工作的正当性获得了司法的认定。按照《反电信网络诈骗法》第10条第1款"办理电话卡不得超出国家有关规定限制的数量"的规定，电信企业对"一证多卡"问题的处理具备法律层面的依据。

（四）异常办卡与拒绝办卡

异常办卡问题的实质是电信企业可否基于自身对特定用户先前存在涉诈异常行为的认定，而拒绝与用户建立起电信服务合同关系。这一方面可以针对性地将具有较大嫌疑利用电信服务从事电信网络诈骗行为的主体排除在电信服务对象之外，从而实现对电信网络诈骗治理的事前预防和事后惩戒。另一方面，由于异常行为的认定停留在电信企业的自主行为，该情形是否符合《电信条例》规定的"正当理由"仍有争议，且具有架空有关拒绝服务相关规定的嫌疑。因此，在《反电信网络诈骗法》实施前，可否基于对特定主体办卡行为异常的推定而拒绝为其提供服务，在合法性上仍有讨论空间。

《反电信网络诈骗法》第10条第2款"对经识别存在异常办卡情形的，电信业务经营者有权加强核查或者拒绝办卡"的规定，明确了电信企业可以办卡异常为理由拒绝为用户办卡，但并未明确"识别"应由谁按照何种标准来认定。如果完全交由电信企业识别认定，则现行监管规则体系中有关禁止拒绝服务有关要求存在被架空的风险；如果完全交由电信主管部门识别认定，则一事一议的认定过程将增加行政监管压力，也不符合企业自主经营的要求，因此，该款明确由电信主管部门制定相关识别办法。

《反电信网络诈骗法》第31条规定任何单位和个人不得非法买卖、出租、出借电话卡、物联网卡、银行账户、支付账户、互联网账号等，对经设区的市级以上公安机关认定的实施前述行为的单位、个人和相关组织者，以及因从事电信网络诈骗活动受过刑事处罚的人员，可以采取限制其有关卡、账户、账号等功能和停止非柜面业务、暂停新业务、限制入网等措施。对买卖电话卡等能产生限制入网等限制效果的情形认定，仍需以行政机关的认定为前提，并未赋予电信企业单独的认定权利。

因此，对于实践中存在的诈骗人员关停后又复卡复机的情形，可由《反电信网络诈骗法》有关赋予电信企业基于行为人办卡异常而拒绝办卡的规定解决。但这并不代表电信企业在办卡异常条件的认定上具有任意性，例如，行为人非法买卖、出租、出借电话卡、物联网卡的，该行为虽为异常，但并未直接产生电信企业拒绝服务的权利，而应以设区的市级以上公安机关认定为前提。

（五）其他

在《反电信网络法》颁布之前，尚不存在专门针对电信网络诈骗治理制定的法律、行政法规或规章，有关规定主要以政策文件的形式予以明确。国务院打击治理电信网络新型违法犯罪工作部级联席会议办公室于 2015 年印发的《打击治理电信网络新型违法犯罪专项行动工作方案》要求电信企业"要集中清理整治违规出租电信线路、非法设置 VOIP 经营平台、制作传播改号软件等违法违规经营行为"。六部门《关于防范和打击电信网络诈骗犯罪的通告》要求电信企业"要严格规范国际通信业务出入口局主叫号码传送，全面实施语音专线规范清理和主叫鉴权，加大网内和网间虚假主叫发现与拦截力度"。电信主管部门结合行业监管实践印发的《工业和信息化部关于进一步防范和打击通讯信息诈骗工作的实施意见》细化了有关要求，从整治网络改号问题、提升技术防范和打击能力、行业用户个人信息保护、社会监督与宣传教育等方面细化了有关举措要求。

2021 年 6 月，工业和信息化部、公安部联合印发《关于依法清理整治涉诈电话卡、物联网卡以及关联互联网账号的通告》，电信企业及互联网企业应按照"谁开卡、谁负责，谁接入、谁负责，谁运营、谁负责"的原则，严格落实网络信息安全主体责任，加强电话卡、物联网卡、互联网账号的实名制管理，加强涉诈网络信息监测处置，强化风险防控，并建立电话卡"二次实人认证"工作机制，对涉案电话卡、涉诈高风险电话卡所关联注册的微信、QQ、支付宝、淘宝等互联网账号依法依规进行实名核验。2022 年 4 月，中共中央办公厅、国务院办公厅印发《关于加强打击治理电信网络诈骗违法犯罪工作的意见》，明确要强化金融、电信、互联网等行业主管部门的技术反制和预警监测能力，通过建立健全安全评估、责任追究、信用惩戒等制度，进一步明确金融、电信、互联网行业的监管责任，推动相关行业强化源头治理。明确要建立健全行业主管部门、企业、用户三级责任制，建立电信网络诈骗严重失信主体名单制度。

第四节 互联网治理

随着移动通信的发展以及网络应用的普及，高科技技术也被应用到电信网络诈骗中。新型网络诈骗层出不穷，犯罪手段的隐蔽性更强且更加科技化，呈现出分工明确、专业化、集团化等特征。虚实结合、手段不断翻新的电信网络诈骗让人防不胜防。据国家反诈中心发布的数据，刷单返利诈骗、虚假网络贷款诈骗、冒充客服诈骗、冒充公检法诈骗、虚假投资理财诈骗这五类诈骗是电信网络诈骗中最高发的诈骗类型，发案占比接近 80%，其中刷单返利诈骗发案率最高，占发案总数的 1/3 左右，虚假投资理财诈骗则是损失金额最大的诈骗类型。

随着国家电信网络诈骗防治工作的深入推进、用户防范意识增强，诈骗分子进一步加大网络诈骗"创新"力度，诈骗手法套路持续翻新。诈骗实施模式与引流推广方式也不断升级，诈骗过程开始呈现接触周期长、诈骗环节多、多手法叠加、跨平台实施等显著特点。总体而言，诈骗分子大都利用非法手段获取被害人详细信息，利用网络信息的不对称性、不透明性，使用伪基站伪装身份进行角色扮演，并通过网络联系取得被害人信任，而后编造理由，甚至根据国家的经济政策和社会热点问题有针对性地进行诈骗，从而使被害人主动或被动转账汇款。同时，由于通信工具、网络的运用，致使电信网络诈骗突破地域的限制，境外的一些电信诈骗也通过技术手段传播至境内，加大了诈骗行为监测处置、追踪溯源和侦查打击难度。

此外，电信网络诈骗的"黑灰产业"链条也在逐渐壮大，电信网络诈骗犯罪越来越集团化。网络诈骗的"黑灰产业"链条层级较多且分工作业非常明确，诈骗集团的成员之间以网上联系为主，彼此只用虚拟身份，不掌握彼此真实身份和所在地域，当产业链上任何一个环节的团伙被打击，其他上下游团伙都能够迅速从其他渠道找到替补，重组后继续运作。在黑灰产业链中互联网账号等业务资源批量贩卖、出租出售等行为，进一步加大了对诈骗行为追踪溯源的难度。

一、实名登记与实人认证制度

在网络用户实名制方面，《反电信网络诈骗法》在《网络安全法》的制度基础上在范围和内容作出了进一步规定，基本适应了当前反诈形势下的新问题、新要求。一方面是对互联网领域的实名范围进一步丰富，从此前以互联网接入和互联网信息发布为主要治理抓手，目前进一步扩展至其他网络服务用户而不以信息的传输发布或者网络的接入为限。相关服务领域包括已提供网络代理等网络地址转换服务、服务器托管、空间租用、云服务、内容分发服务、网络交易、网络游戏、广告推广等服务。另一方面是进一步延伸了实名制在各类服务中的覆盖范围，在制度要求上完成了从实名到实人的演变。在开卡前的实名制基础上，设立在电信服务合同建立后的实人认证制度，确保实名登记人与实际使用人相一致，以便尽早发现不法人员利用他人电话卡实施电信网络诈骗的情形出现。实人认证制度的开展具有较大紧迫性。一方面，实卡不实人在我国电信网络诈骗治理中依然广泛存在，不法分子利用群众网络安全意识薄弱的特点，施以小利诱使他人转让、出借电话卡号，以规避监管处罚；另一方面，在互联网账号和电话卡号实名认证互相绑定的行业惯例下，确保电话卡号实名登记人员与账号实际使用人之间的一致性，也需要通过交叉核验和实人认证实现。

按照《工业和信息化部 公安部关于依法清理整治涉诈电话卡、物联网卡以及关联互联网账号的通告》要求，在电话卡实人认证方面，电信企业应建立电话卡"二次实人认证"工作机制，针对涉诈电话卡、"一证（身份证）多卡""睡眠卡""静默卡"、境外诈骗高发地卡、频繁触发预警模型等高风险电话卡，提醒用户在 24 小时内通过电信企业营业厅或线上方式进行实名核验，在规定期限内未核验或未通过核验的，暂停电话卡功能，有异议的可进行投诉反映，经核验通过的恢复功能。通过电信企业营业厅认证的，电信企业应要求用户现场签署涉诈风险告知书；采用线上方式认证的，电信企业应要求用户阅读勾选涉诈风险告知书，录制留存用户朗读知晓涉诈法律责任的认证视频。在互联网账号实人认证方面，互联网企业应根据公安机关、电信主管部门有关要求，对涉案电话卡、涉诈高风险电话卡所关联注册的微信、QQ、支付宝、淘宝等互联网账号依法依规进行实名核验，对违法违规账号及时采取关停等处置措施。

二、应用程序的准入制度

在《反电信网络诈骗法》颁布实施之前，针对互联网 App 的准入要求在相关法律行政法规中并不明确。在实践中，因应用程序背后联网实现信息传输交互仍是以域名等电信网络资源为依托，因此依照《互联网信息服务管理办法》和《电信条例》有关规定，按照应用程序涉及的经营属性和非经营属性在准入上分别实行许可管理和备案管理。《反电信网络诈骗法》第 23 条第 1 款"设立移动互联网应用程序应当按照国家有关规定向电信主管部门办理许可或者备案手续"的规定，即来自经营性和非经营互联网信息服务备案、许可制度。

（一）许可

在许可方面，依照《互联网信息服务管理办法》第 7 条第 1 款"从事经营性互联网信息服务，应当向省、自治区、直辖市电信管理机构或者国务院信息产业主管部门申请办理互联网信息服务增值电信业务经营许可证"的规定，从事经营性互联网信息服务的应用程序应当取得增值电信业务经营许可证。相应地，在《电信条例》的配套文件《电信业务分类目录》中 B25 信息服务业务中也将互联网信息服务纳入增值电信业务范畴，适用许可管理。

在制度实施上，《电信业务经营许可管理办法》是落实该制度的主要部门规章，该规章对增值电信业务经营许可证的申请、审批、使用和其他行为规范作出详细规定。在申请方面，申请人应满足一定的许可条件并提交相应的材料，许可条件包括：经营者为依法设立的公司；有与开展经营活动相适应的资金和专业人员；有为用户提供长期服务的信誉或者能力；在省、自治区、直辖市范围内经营的，注册资本最低限额为 100 万元人民币；在全国或者跨省、自治区、直辖市范围经营的，注册资本最低限额为 1000 万元人民币；有必要的场地、设施及技术方案；公司及其主要投资者和主要经营管理人员未被列入电信业务经营失信名单；国家规定的其他条件。在使用方面，电信业务经营者应当在公司主要经营场所、网站主页、业务宣传材料等显著位置标明其经营许可证编号。同时，经过许可机关批准，其持股不少于 51% 且具备相应能力的子公司，可不再另行申请电信业务经营许可而从事相关电信业务经营活动。

（二）备案

应用程序的备案管理制度始于《互联网信息服务管理办法》第 8 条"从事非经营性互联网信息服务，应当向省、自治区、直辖市电信管理机构或者国务院信息产业主管部门办理备案手续"的规定，申请人应向电信管理机构提交主办单位和网站负责人的基本情况；网站网址和服务项目；有关主管部门的同意文件等。履行完备案手续的凭证是各省、自治区、直辖市电信管理机构分发的备案编号。学理上将备案制度分为告知备案制度与核准备案制度，两者的主要区别在于前者在事中事后实施，不具备许可准入性质，而后者属于事前准入要求。

需要指出的是，非经营性互联网信息服务备案也具有许可准入性质，这是当前法治政府建设以及"放管服"改革中少有的以备案之名实施许可之实的制度。将该备案作为许可适用具有充分的依据。在法律上，《互联网信息服务管理办法》第4条第2款"未取得许可或者未履行备案手续的，不得从事互联网信息服务"的规定，从行政法规层面赋予了该备案于事前准入性质，在国务院办公厅公布的《法律、行政法规、国务院决定设定的行政许可事项清单（2023年版）》中已经明确将非经营性互联网信息服务备案制度列为行政许可事项，并将名称中的"备案"表述调整为"核准"。

在实施方面，《非经营性互联网信息服务备案管理办法》对从事非经营性互联网信息服务的应用程序作出了系统性规定。依照该办法，拟从事非经营性互联网信息服务的主体，可采用网上备案方式通过信息产业部备案管理系统如实填报《非经营性互联网信息服务备案登记表》履行备案手续，也可以委托因特网接入服务业务经营者、因特网数据中心业务经营者和以其他方式为其网站提供接入服务的电信业务经营者代为履行备案、备案变更、备案注销等手续。

三、应用程序分发平台管理

按照《电信业务分类目录》中"信息发布平台和递送服务是指建立信息平台，为其他单位或个人用户发布文本、图片、音视频、应用软件等信息提供平台的服务"的定义，应用程序分发平台属于《电信业务分类目录》B25信息服务业务中的信息发布平台和递送服务，依法应当取得增值电信业务经营许可证，相关内容参照前一小节。

《反电信网络诈骗法》对应用程序分发平台的规范内容，核心在于实名要求，但该实名要求无法归于"用户实名"范畴，实名信息的提供方和被提供方均为经营者，而非经营者与用户之间的消费关系。实践中，存在非法应用程序非法、过度获取用户个人信息，并用于实施电信网络诈骗的情况。实名要求是落实应用程序管理，实现电信网络诈骗源头治理的重要方式。同时，《反电信网络诈骗法》还要求还应当核验应用程序的功能和用途，以防范应用程序在封装、分发中存在的相关风险。

除此之外，《移动互联网应用程序信息服务管理规定》还对应用程序分发平台作出专章规定。值得一提的是，与前述应用程序分发平台应进行许可管理不同，该规定要求应用程序分发平台应当在上线运营30日内向所在地省、自治区、直辖市网信部门备案。该备案制度属于行政规范性文件设定的事后告知备案。依据该规定，应用程序分发平台除自身应当备案以外，还应当按类别向其所在地省、自治区、直辖市网信部门备案其上架的应用程序。并承担对上架、更新的应用程序的程序名称、图标、简介是否存在违法和不良信息，与注册主体真实身份信息不相符，业务类型存在违法违规等情况的，承担审核义务。

第五节　法律责任

《反电信网络诈骗法》第六章规定了违反电信网络诈骗治理有关制度的相关法律责任，以专章形式明确和细化了违反反诈义务可能要承担的法律责任，并科学衔接了《民法典》《个人信息保护法》等立法，体现了《反电信网络诈骗法》法律责任体系的协调性和严密性。本节将以《反电信网络诈骗法》第六章"法律责任"专章为基础，系统介绍相关法律责任体系，具体包括民事法律责任、行政法律责任和刑事法律责任。

一、民事法律责任

《反电信网络诈骗法》有关民事责任的规定主要见于第 46 条第 1 款"组织、策划、实施、参与电信网络诈骗活动或者为电信网络诈骗活动提供相关帮助的违法犯罪人员，除依法承担刑事责任、行政责任以外，造成他人损害的，依照《民法典》等法律的规定承担民事责任"和第 2 款"电信业务经营者、银行业金融机构、非银行支付机构、互联网服务提供者等违反本法规定，造成他人损害的，依照《民法典》等法律的规定承担民事责任"的规定。两个条款分别规定了电信网络诈骗活动行为实施主体，包括组织、策划、实施、参与电信网络诈骗活动的人员以及为其提供帮助的人员，在承担刑事、行政责任外的民事责任承担，和相关电信、互联网、金融服务提供者因违反法律规定承担相应民事责任两种情形。两款规定均未对反电信网络诈骗领域的有关行为的民事责任进行创设性规定，而是概括准引至《民法典》等有关民事立法中，既强调了相关违法犯罪人员对其电信网络诈骗行为之民事责任承担，又未对现有法律体系和管理实践造成过大冲击，做到了稳预期和利长远的平衡。

第 24 条第 1 款关于涉诈人员民事责任的规定，重点把握两个方面。一是主体范围，既包括电信网络诈骗活动直接参与者，如组织、策划、实施、参与人员，也包括为前述直接参与人员提供帮助的人员。何种行为可被视为对涉诈人员提供帮助，《反电信网络诈骗法》第 25 条有关禁止他人实施电信网络诈骗活动提供支持或者帮助的规定可供参考，具体行为包括：（1）出售、提供个人信息；（2）帮助他人通过虚拟货币交易等方式洗钱；（3）其他为电信网络诈骗活动提供支持或者帮助的行为。二是责任承担，相关行为人在因违反《反电信网络诈骗法》有关规定被追究刑事责任或者行政责任后，还应当继续承担被害人因其电信网络诈骗行为而遭受损害的民事赔偿责任，该层含义在法律层虽无创设性，但具备严厉打击电信网络诈骗违法犯罪活动的宣示性。

第 24 条第 2 款对电信、互联网、金融等相关领域服务者因违反合理注意义务而承担相应民事责任的规定，在《反电信网络诈骗法》制定过程中讨论广泛，在起草审议过程中几易其稿。以《反电信网络诈骗法（草案）征求意见》为例，该条款表述为"电信业务经营者、银行业金融机构、互联网服务提供者知道或者应当知道他人利用其产品、服务实施电信网络诈骗活动，未采取必要措施的，或者未依照本法规定履行义务，造成电信网络诈骗损失扩大的，根据过错程度等情况依法承担相应民事责任。有关单位、个人提起民事诉讼时，可以向人民法院申请公安机关协助提供有关情况和证据，公安机关应当予以帮助。"从二者的差异可以看出，本条款主要存在两点争议。一是过度强调服务者民事责任，从表述上看，相关规定并无创设性，被害人请求相关服务提供者承担赔偿责任仍需按照《民法典》的具体条款提供依据，该规定在无实体法意义的情况下，强调服务提供者责任的承担容易错误引导被害人向服务提供者提起损害赔偿，从而在增加企业应诉负担的同时，导致司法资源的浪费。二是责任承担情形的模糊性，"违反本法规定"的表述未明确具体的违法情形，如果所有违反《反电信网络诈骗法》有关规定的行为造成损失的均符合赔偿情形，将使相关服务者的经营风险处于不确定状态，影响现有行业发展情况。

二、行政法律责任

《反电信网络诈骗法》所规定的行政法律责任主要包括以下内容：

一是针对电信业务经营者违反电信治理章节相关义务的行政责任，包括（1）未落实国家有关规定确定的反电信网络诈骗内部控制机制；（2）未履行电话卡、物联网卡实名制登记职责；（3）未履行对电话卡、物联网卡的监测识别、监测预警和相关处置职责；（4）未对物联网卡用户进行风险评估，或者未限定物联网卡的开通功能、使用场景和适用设备；（5）未采取措施对改号电话、虚假主叫或者具有相应功能的非法设备进行监测处置等五类行为的行政处罚，存在前述情形的可由有关主管部门责令改正，情节较轻的，给予警告、通报批评，或者处5万元以上50万元以下罚款；情节严重的，处50万元以上5百万元以下罚款，并可以由有关主管部门责令暂停相关业务、停业整顿、吊销相关业务许可证或者吊销营业执照，对其直接负责的主管人员和其他直接责任人员，处1万元以上20万元以下罚款。

二是针对银行业金融机构、非银行支付机构违反本金融治理章节相关义务而产生的行政责任，包括（1）未落实国家有关规定确定的反电信网络诈骗内部控制机制；（2）未履行尽职调查义务和有关风险管理措施；（3）未履行对异常账户、可疑交易的风险监测和相关处置义务；（4）未按照规定完整、准确传输有关交易信息等四类违法情形。存在上述情形的，可由有关主管部门责令改正，情节较轻的，给予警告、通报批评，或者处5万元以上50万元以下罚款；情节严重的，处50万元以上500万元以下罚款，并可以由有关主管部门责令停止新增业务、缩减业务类型或者业务范围、暂停相关业务、停业整顿、吊销相关业务许可证或者吊销营业执照，对其直接负责的主管人员和其他直接责任人员，处1万元以上20万元以下罚款。

三是针对电信业务经营者、互联网服务提供者违反互联网治理章节有关规定的行政处罚情形，包括（1）未落实国家有关规定确定的反电信网络诈骗内部控制机制；（2）未履行网络服务实名制职责，或者未对涉案、涉诈电话卡关联注册互联网账号进行核验；（3）未按照国家有关规定，核验域名注册、解析信息和互联网协议地址的真实性、准确性，规范域名跳转，或者记录并留存所提供相应服务的日志信息；（4）未登记核验移动互联网应用程序开发运营者的真实身份信息或者未核验应用程序的功能、用途，为其提供应用程序封装、分发服务；（5）未履行对涉诈互联网账号和应用程序，以及其他电信网络诈骗信息、活动的监测识别和处置义务；（6）拒不依法为查处电信网络诈骗犯罪提供技术支持和协助，或者未按规定移送有关违法犯罪线索、风险信息等六类违法情形。存在上述情形的可由有关主管部门责令改正，情节较轻的，给予警告、通报批评，或者处 5 万元以上 50 万元以下罚款；情节严重的，处 50 万元以上 5 百万元以下罚款，并可以由有关主管部门责令暂停相关业务、停业整顿、关闭网站或者应用程序、吊销相关业务许可证或者吊销营业执照，对其直接负责的主管人员和其他直接责任人员，处 1 万元以上 20 万元以下罚款。

四是针对帮助实施电信网络诈骗行为以及灰黑产相关的行政处罚，具体涉及两个方面，第一类是违反第 14 条有关非法制造、买卖、提供或者使用有关设备、软件禁止性规定的情况，包括（1）电话卡批量插入设备；（2）具有改变主叫号码、虚拟拨号、互联网电话违规接入公用电信网络等功能的设备、软件；（3）批量账号、网络地址自动切换系统，批量接收提供短信验证、语音验证的平台；（4）其他用于实施电信网络诈骗等违法犯罪的设备、软件等四类设备、软件，以及相关电信业务经营者、互联网服务提供者未采取技术措施，及时识别、阻断前述非法设备、软件接入网络，未向公安机关和相关行业主管部门报告的情形。第二类是违反不得为他人实施电信网络诈骗活动提供支持或者帮助的禁止性规定的行为，包括（1）出售、提供个人信息；（2）帮助他人通过虚拟货币交易等方式洗钱；（3）其他为电信网络诈骗活动提供支持或者帮助的行为。符合上述两类行为的，可被处以没收违法所得，由公安机关或者有关主管部门处违法所得 1 倍以上 10 倍以下罚款，没有违法所得或者违法所得不足 5 万元的，处 50 万元以下罚款；情节严重的，由公安机关并处 15 日以下拘留。

五是针对电信业务经营者、互联网服务提供者未履行合理注意义务的处罚，包括（1）提供互联网接入、服务器托管、网络存储、通讯传输、线路出租、域名解析等网络资源服务；（2）提供信息发布或者搜索、广告推广、引流推广等网络推广服务；（3）提供应用程序、网站等网络技术、产品的制作、维护服务；（4）提供支付结算服务。违反前述注意义务可由有关主管部门责令改正，情节较轻的，给予警告、通报批评，或者处 5 万元以上 50 万元以下罚款；情节严重的，处 50 万元以上 5 百万元以下罚款，并可以由有关主管部门责令暂停相关业务、停业整顿、关闭网站或者应用程序，对其直接负责的主管人员和其他直接责任人员，处 1 万元以上 20 万元以下罚款。

六是针对非法买卖卡、账户以及假冒实名等行为的处罚，包括（1）非法买卖、出租、出借电话卡、物联网卡、电信线路、短信端口、银行账户、支付账户、互联网账号等；（2）提供实名核验帮助；（3）假冒他人身份或者虚构代理关系开立上述卡、账户、账号等三类禁止性要求，违反前述要求的，将被没收违法所得，由公安机关处违法所得 1 倍以上 10 倍以下罚款，没有违法所得或者违法所得不足 2 万元的，处 20 万元以下罚款；情节严重的，并处 15 日以下拘留。

三、刑事法律责任

《反电信网络诈骗法》在刑事责任层面仅作了衔接性规定，主要体现在两个方面：一是第 38 条规定，明确组织、策划、实施、参与电信网络诈骗活动或者为电信网络诈骗活动提供帮助，构成犯罪的，依法追究刑事责任。同时，对于尚不构成犯罪的，由公安机关处 10 日以上 15 日以下拘留；没收违法所得，处违法所得 1 倍以上 10 倍以下罚款，没有违法所得或者违法所得不足 1 万元的，处 10 万元以下罚款。二是第 45 条规定，明确反电信网络诈骗工作有关部门、单位的工作人员滥用职权、玩忽职守、徇私舞弊，或者有其他违反本法规定行为，构成犯罪的，依法追究刑事责任。具体刑事责任制度内容见于《刑法》及相关司法解释，主要涉及以下罪名和刑罚：

一是诈骗罪，按照《反电信网络诈骗法》第 2 条 "电信网络诈骗，是指以非法占有为目的，利用电信网络技术手段，通过远程、非接触等方式，诈骗公私财物的行为" 的定义，电信网络诈骗行为仍属诈骗范畴，相关直接行为人在行为模式上符合诈骗罪的构成要件，属于诈骗公私财物行为，数额较大的，处 3 年以下有期徒刑、拘役或者管制，并处或者单处罚金；数额巨大或者有其他严重情节的，处 3 年以上 10 年以下有期徒刑，并处罚金；数额特别巨大或者有其他特别严重情节的，处 10 年以上有期徒刑或者无期徒刑，并处罚金或者没收财产。

二是侵犯公民个人信息罪，个人信息保护是电信网络诈骗源头治理的重要环节，在电信网络诈骗相关活动中，存在非法获取、出售、提供具有信息发布、即时通讯、支付结算等功能的互联网账号密码、个人生物识别信息等行为的，如符合侵犯公民个人信息罪的构成要件，情节严重的，处 3 年以下有期徒刑或者拘役，并处或者单处罚金；情节特别严重的，处 3 年以上 7 年以下有期徒刑，并处罚金。

三是使用虚假身份证件、盗用身份证件罪，为规避《反电信网络诈骗法》规定的实名制度，在注册办理手机卡、信用卡、银行账户、非银行支付账户时，为通过网上认证，使用他人身份证件信息并替换他人身份证件相片，属于伪造身份证件行为，符合《刑法》第 280 条第 3 款规定的，将以伪造身份证件罪追究刑事责任。使用伪造、变造的身份证件或者盗用他人身份证件办理手机卡、信用卡、银行账户、非银行支付账户，符合《刑法》第 280 条之一第 1 款规定的，以使用虚假身份证件、盗用身份证件罪追究刑事责任，处拘役或者管制，并处或者单处罚金。

四是帮助信息网络犯罪活动罪，收购、出售、出租信用卡、银行账户、非银行支付账户、具有支付结算功能的互联网账号密码、网络支付接口、网上银行数字证书或者收购、出售、出租他人手机卡、流量卡、物联网卡的，如符合帮助信息网络犯罪活动罪的构成要件，情节严重的，处 3 年以下有期徒刑或者拘役，并处或者单处罚金。

除前述《反电信网络诈骗法》涉及的典型罪名外，不同的行为模式，相关实施主体还可能涉及掩饰、隐瞒犯罪所得、犯罪所得收益罪、妨害信用卡管理罪等罪名。

■ 重要名词术语 ▶

诈骗、电信网络诈骗、电信、网络

■ 思考题 ▶

1. 简述我国《反电信网络诈骗法》的适用范围。
2. 简述我国《反电信网络诈骗法》的基本原则。
3. 简述《反电信网络诈骗法》中的电信管理制度。
4. 简述《反电信网络诈骗法》中的互联网管理制度。
5. 简述移动程序备案许可管理制度。

■ 典型案例分析 ▶

2024 年 1 月，违法行为人叶某与收电话卡人通过网络约定以 500 元每天的价格出租其名下所有的电话卡。2024 年 1 月 11 日，叶某从广州坐车前往湖南邵阳隆回与收电话卡的人见面。见面后，对方将叶某带至隆回县一乡镇住房内，使用叶某的身份信息办理两张广电电话卡（其中一张为电话号码 1929748××××），叶某在旁边提供身份证、拍照协助办理，并在激活其名下电话卡后将卡交于对方便独自返回广州。经国家反诈大数据平台线索推送，叶某名下电话号码 1929748×××× 涉嫌诈骗，其中由腾冲市公安局立案侦查的姜某被诈骗案中，受害人姜某接到 1929748×××× 拨打的诈骗电话被骗 14 万余元；由永州市公安局立案侦查的唐某被诈骗案中，受害人唐某接到 1929748×××× 拨打的诈骗电话被骗 8 千余元。根据《反电信网络诈骗法》第 44 条之规定，叶某被行政拘留 10 日，并处罚款 3000 元。

实践中一些不法分子为规避《反电信网络诈骗法》《网络安全法》规定的电信用户实名登记制度，以逃避相关违法犯罪行为的承担，常通过高价租借、购买等方式，利诱社会公众出借、出售其名下电话卡用以实施电信网络诈骗行为。本案违法行为人未意识到相关行为的严重违法性，以得利为目的出借其名下电话卡，并造成了他人的财产损失后果，违反了《反电信网络诈骗法》第 31 条"任何单位和个人不得非法买卖、出租、出借电话卡、物联网卡、电信线路、短信端口、银行账户、支付账户、互联网账号等"的规定，依法被给予行政处罚。

该案具备警示意义。一方面，电话卡、互联网账号等与社会公众的日常生活密切相关，申请、获取多个电话卡、互联网账号的成本低、程序简单，一人持有多张电话卡等情况极为常见；另一方面，冒用他人电话卡以隐匿自身真实身份是不法分子实施电信网络诈骗的关键措施，为实现这一目的，不法分子常以高价收购、租借等方式诱使社会公众向其自愿提供本人名下的电话卡、互联网账号等。如果社会公众对我国反诈制度不了解，法律意识淡薄，极易出于各种因素考虑非法提供相关电话卡、互联账号等，从而触犯法律规定，产生行政责任乃至刑事责任。

第五章　数据安全法

【内容提示】

新一轮科技革命与产业变革的加速和蔓延，带来了经济、社会、伦理、政治、军事、劳动关系、国际关系等领域的连锁深刻变革，各国均进入一个不确定性增加、机会与风险并存的转型与过渡期。数字技术、数字经济、智慧社会迅猛发展，深刻改变传统工业时代的经济贸易结构和社会组织活动方式，同时带来了体系性和全局性的变革和治理新问题。数据是数字经济时代的核心资源，是数字经济的关键要素，是创新发展的重要资产。数字经济的健康快速发展，离不开巨量可利用的政务数据和社会数据资源的不断生产、集中、共享和融合，也离不开相关数据收集、利用、交易、保护规则的建立健全。

一方面，数据治理相关政策文件不断出台。数据特别是公共数据只有更大范围地共享利用才可能发挥更大的价值。《国民经济和社会发展第十四个五年规划和2035年远景目标纲要》中明确提出激活数据要素潜能，推进网络强国建设，加快建设数字经济、数字社会、数字政府，以数字化转型整体驱动生产方式、生活方式和治理方式变革。2022年中共中央、国务院发布《关于构建数据基础制度更好发挥数据要素作用的意见》，明确提出充分发挥我国海量数据规模和丰富应用场景优势，激活数据要素潜能，做强做优做大数字经济，增强经济发展新动能，构筑国家竞争新优势。这些政策文件明确提出要加快数据安全、个人信息保护等方面的数据立法工作，强化数据执法司法普法，积极推进数据要素市场化改革。

另一方面，数据相关立法不断完善。发展数字经济，推动数字产业化和产业数字化的有序开展，迫切需要充分发挥法律规则的调整、指引和规范作用，尽快制定完善数据开放、产权保护、数据交易、跨境传输、安全保护等方面相关政策法规和标准体系。《国家安全法》《网络安全法》《数据安全法》《个人信息保护法》以及《网络数据安全管理条例》等相关的行政法规、部门规章、规范性文件、标准等不断出台，立改废释不断跟进。尤其是《数据安全法》和《网络数据安全管理条例》分别作为数据领域的专门性基本法律和行政法规，重点构建了一系列数据保护制度，包括数据分类分级保护制度、数据安全风险评估预警机制、数据安全应急处置机制、数据安全审查制度、数据出口管制制度等，为我国数据安全管理与保护、数据流通与应用奠定了基础。

本章将以《数据安全法》为基础，以数据安全法相关基本概念、法律渊源、适用范围等内容为切入点，在此基础上围绕数据安全法的基本原则、数据分类分级保护制度、数据安全审查制度、数据跨境安全管理制度等展开体系性的制度介绍和理论解释。

第一节 数据安全法导论

从立法目的上看，《数据安全法》属于安全法的定位，是对数据安全保护所作出的整体性规定，既强调数据安全保护，也强调促进数据流通利用；既包含对数据处理活动进行规范调整的内容，也包含数据合法利用、保护个人、组织合法权益的内容。

一、数据安全法的基本概念

（一）数据的概念

《数据安全法》第3条第1款采取了广义的、宽泛的界定方式，将"数据"界定为"任何以电子或者其他方式对信息的记录"。"数据"概念的界定包含三个方面的要点：第一，数据是对"信息"的记录，即信息是数据产生的基础，也是数据所"记录"的对象；第二，数据是一种"记录"，数据的产生是一个将信息编码、分类和整理，使其具有可识别和可处理的过程，从而使原始的、自然产生的信息被转化为一种结构化或非结构化的形式，便于人们对其进行存储、传输和分析；第三，数据是以"电子或者其他的记录形式"的记录，数据的记录形式不仅限于电子方式，也包括纸质、唱片、胶卷等多种形式，突出了数据的多样化和灵活化。而《网络数据安全管理条例》重点定义了"网络数据"的概念，即"通过网络处理和产生的各种电子数据"。

从理论层面来看，关于何为"数据"的讨论尚无定论。学界对于数据是否能够成为权利客体存在一定争议，而在司法裁判中存在"个人信息""数据信息""敏感信息""原始数据""原始数据信息""衍生数据""数据产品""用户信息""个人电子信息"等术语混用的情况。[1]在元认知层面，数据的本质是对万事万物的客观记录，同时蕴含着对事物间初始关系的探讨。在规范层面，数据概念具有多种表现形式，在国际标准化组织（ISO）公布的《信息技术术语标准》中，"数据"被定义为"以适合沟通、解释或处理的形式化方式对信息进行的可再解释的展示"。《通用数据保护条例》（GDPR）中，将"个人数据"定义为"与已识别或者可识别的自然人（数据主体）相关的任何信息"。在我国，《民法典》规定数据应当被保护，但未具体界定数据的内涵，仅在第127条规定"法律对数据、网络虚拟财产的保护有规定的，依照其规定"。《网络安全法》第76条第4项中指出，"网络数据，是指通过网络收集、存储、传输、处理和产生的各种电子数据。"《数据安全法》中，"数据"在第3条第1款被规定为"任何以电子或者其他方式对信息的记录"。与数据关联紧密的《个人信息保护法》则直接绕过了对数据内涵的界定，也未明确个人信息与数据之间的关系。由此可知，规范层面上的数据概念具备两个面向：广义上的数据不考虑数据生成环境和作用介质的问题，仅要求数据发挥记录价值；狭义上的数据要求数据是指在电子环境中生成、网络场域中传输和利用，并发挥信息保持功能的记录。

---

[1] 参见彭诚信、向秦：《"信息"与"数据"的私法界定》，载《河南社会科学》2019年第11期。

关于"数据"与"信息"的关系，实务层面为避免分歧往往对"数据"和"信息"采取混用或回避的方式，而理论研究对此一直存在着不区分说和区分说两种不同的观点。不区分说认为，数据和信息两者天然共生、难以界分，在一定条件下可以互相转化；区分说认为数据和信息不能混同，数据是一种客观存在物，经技术解析后才能成为信息，两者并不必然一一对应，所承载的价值功能和法律目标均有区别。[1] 另有折中观点认为，信息与数据彼此依存、互为依托，两者既要区分，但又不能割裂。此类"折中"观点实际上仍是以区分为重心，应归属于区分说。从上述观点分歧来看，一方面，学者们大都认可数据与信息在形式与内容这一层面的关系，这一点在国际标准化组织对数据与信息的定义中可以体现，"数据是以适合通信、解释或处理的形式表现的可复译的信息；信息是在特定上下文中具有特定含义的关于特定对象（例如，事实、事件、事物、过程或想法，包括概念）的知识"[2]；另一方面，即使将数据限定在电子数据这一具体语境，针对信息与数据的关系，部分学者仍然得出截然相反的结论。因此，数据与信息的区别因认定标准的不同而具有不同的判断。

（二）数据安全的概念

《数据安全法》第3条第3款明确，"数据安全"是指通过采取必要措施，确保数据处于有效保护和合法利用的状态，以及具备保障持续安全状态的能力。可以发现，《数据安全法》所界定的"数据安全"，不仅包含静态的安全，也包含了动态的安全。对此，需要把握"数据安全"概念界定两个方面的要点。

第一，数据安全包含了静态意义上的安全。数据安全是一种确定的状态，即数据处于有效保护和合法利用的状态，这就要求数据处理者采取适当的技术和其他必要措施，使数据在处理过程中被安全保护并且相关利用行为具有合法性。具体而言，数据处理者可以采取加密、访问控制、数据备份等技术和措施以及建立健全全流程数据安全管理制度，组织开展数据安全教育培训等，确保数据在存储、传输和使用过程中的安全性和完整性。同时，数据处理者还应确保数据处理活动安全合规，只有在取得数据主体同意或具备其他合法事由的情况下，才能够对数据进行合法合规的利用行为。

第二，数据安全包含了动态意义上的安全。数据安全是一种持续的状态，这就要求数据处理者具备保障持续安全状态的能力。具体而言，数据处理者需要持续关注数据安全的变化和挑战，及时发现和应对潜在的安全风险。这包括定期进行数据安全风险评估，采取必要的预防和应对措施，及时修复漏洞，提升数据安全防护水平。

（三）数据处理的概念

《数据安全法》第3条第2款采用列举加兜底的方式对"数据处理"进行定义，明确数据处理包括数据的收集、存储、使用、加工、传输、提供、公开等。其中，数据收

---

〔1〕　参见申卫星：《论数据用益权》，载《中国社会科学》2020年第11期；申卫星：《数字权利体系再造：迈向隐私、信息与数据的差序格局》，载《政法论坛》2022年第3期；纪海龙：《数据的私法定位与保护》，载《法学研究》2018年第6期。

〔2〕　国际标准化组织（ISO）关于"数据"和"信息"的定义。转引自彭诚信、杨思益：《论数据、信息与隐私的权利层次与体系建构》，载《西北工业大学学报（社会科学版）》2020年第2期，第83页。

集是数据处理的起始环节，是指从各种来源获取信息并将其转化为数据的过程；数据存储是指将收集到的数据保存在某种载体（如硬盘、云存储等）上以便后续使用；数据使用是指根据特定目的对数据进行分析和应用的过程；数据加工是指对原始数据进行整理、清洗、转换等操作，以便更好地满足数据使用的需求；数据传输是指将数据从某一介质发送到另一个介质的过程；数据提供是指数据处理者将数据提供给其他数据处理者使用的过程；数据公开是指将数据向公众或特定群体披露的过程。《网络数据安全管理条例》第 62 条将"网络数据处理活动"定义为"网络数据的收集、存储、使用、加工、传输、提供、公开、删除等活动"，基本上沿袭了《数据安全法》的界定方式。

从这一界定方式可以看出，《数据安全法》所规定的"数据处理"是覆盖数据全生命周期的广义概念。因此，原则上涉及数据的所有活动都能够被"数据处理"概念所覆盖，相对应地，原则上涉及数据的所有活动都属于《数据安全法》的调整范围，都要接受《数据安全法》的规制。

（四）数据处理者的概念

数据处理者是指对数据进行收集、存储、使用、加工、传输、提供、公开等处理行为，并承担数据安全保护责任的主体。《网络数据安全管理条例》将"网络数据处理者"界定为"在网络数据处理活动中自主决定处理目的和处理方式的个人、组织"，该定义的核心在于突出数据处理者对于数据处理活动（包括处理目的和处理方式）的自主决定权，以此作为判断是否能够作为数据处理者的主体判断标准。数据处理者可以是组织或个人。数据处理者应当确保在处理数据的过程中遵循相关的法律法规，履行数据安全保护义务，尊重和保护数据主体的合法权益。这包括两个方面：一方面，数据处理者应当确保数据能够得到有效保护，即数据处理者有责任确保数据的安全，采取适当的技术和管理措施，防止数据泄露、篡改、丢失等风险，并定期评估数据安全风险，采取必要的措施进行改进和完善；另一方面，数据处理者应当确保数据利用行为合法合规，即数据处理者在处理数据时应当取得数据主体的同意或存在其他合法事由，确保数据处理过程的规范性和合法性。

（五）数据分类分级的概念

《数据安全法》第 21 条规定了数据分类分级保护制度，根据数据在经济社会发展中的重要程度，以及一旦遭到篡改、破坏、泄露或者非法获取、非法利用，对国家安全、公共利益或者个人、组织合法权益造成的危害程度，对数据实行分类分级保护。通过区分核心数据和重要数据，对数据进行分类分级，实现不同类型数据采取不同监管措施和法律要求的区分规制。

二、数据安全法的法律渊源

（一）正式法律渊源

从法律位阶上来看，数据安全法的法律渊源包含了宪法、法律、行政法规、部门规章、地方性法规、地方政府规章。

1. 宪法

《宪法》是我国的根本大法，规定了公民的基本权利和基本义务，其中也规定了与数据相关的公民基本权利。例如，第 40 条规定了中华人民共和国公民的通信自由和通信秘密受法律的保护，第 54 条规定了中华人民共和国公民有维护祖国的安全、荣誉和利益的义务。维护国家安全是宪法赋予每位公民的义务，数据安全作为非传统领域国家安全的重要组成部分，全体公民亦有维护国家数据安全的义务。因此，宪法条文提纲挈领为数据安全法提供规范性指引，奠定数据安全法这一具体层面的"子法"，也为公民享有的基本权利基础"通信自由"提供数据安全保障。

2. 法律

我国已经有多部法律对数据安全作出了规定，例如，《民法典》第 111 条规定："自然人的个人信息受法律保护。任何组织或者个人需要获取他人个人信息的，应当依法取得并确保信息安全，不得非法收集、使用、加工、传输他人个人信息，不得非法买卖、提供或者公开他人个人信息。"第 127 条规定："法律对数据、网络虚拟财产的保护有规定的，依照其规定。"《国家安全法》第 25 条明确将网络与信息安全保障作为国家安全的具体要义之一。《电子商务法》第 5 条、第 23 条、第 25 条、第 32 条对电子商务平台经营者的网络安全、个人信息保护等方面提出明确要求。《消费者权益保护法》第 14 条、第 29 条、第 50 条、第 56 条明确保护消费者个人信息的合法权利，要求经营者承担保护消费者个人信息的义务。其中，与数据安全密切相关的两部专门性法律为《网络安全法》和《数据安全法》。2016 年 11 月 7 日，第十二届全国人民代表大会常务委员会第二十四次会议通过《网络安全法》，自 2017 年 6 月 1 日起施行。《网络安全法》旨在保障网络安全，维护网络空间主权和国家安全、社会公共利益，保护公民、法人和其他组织的合法权益，促进经济社会信息化健康发展。2021 年 6 月 10 日，第十三届全国人民代表大会常务委员会第二十九次会议通过《数据安全法》，自 2021 年 9 月 1 日起施行。《数据安全法》旨在规范数据处理活动，保障数据安全，促进数据开发利用，保护个人、组织的合法权益，维护国家主权、安全和发展利益。2021 年 8 月 20 日，第十三届全国人民代表大会常务委员会第三十次会议通过《个人信息保护法》，自 2021 年 11 月 1 日起施行。《个人信息保护法》旨在保护个人信息权益，规范个人信息处理活动，促进个人信息合理利用。从制定和出台时间

可以说，《网络安全法》作为网络信息领域第一部专门性法律，在发布实施时在一定程度上承担了数据安全保护和个人信息保护的双重任务，其中围绕数据安全和个人信息的相关规定具有基础性和针对性。

3. 行政法规

我国已经有多部行政法规对数据安全作出了规定：例如，《关键信息基础设施安全保护条例》，主要目的在于保障关键信息基础设施安全，维护网络安全和数据安全；《优化营商环境条例》明确指出，国家要加快建设全国一体化在线政务服务平台，政府及其有关部门应当按照国家有关规定，提供数据共享服务，及时将有关政务服务数据上传至一体化在线平台，加强共享数据使用全过程管理，确保共享数据安全；等等。值得注意的是，《网络数据安全管理条例》作为《个人信息保护法》和《数据安全法》的配套行政法规已经出台，自 2025 年 1 月 1 日起施行，旨在落实法律关于数据安全管理的规定，

规范网络数据处理活动，保障网络安全，促进网络数据依法合理有效利用，保护个人、组织在网络空间的合法权益，维护国家安全和公共利益。

4. 部门规章

我国已经有多部部门规章对数据安全作出了规定：例如，《数据出境安全评估办法》旨在规范数据出境活动，保护个人信息权益，维护国家安全和社会公共利益，促进数据跨境安全、自由流动；《个人信息出境标准合同办法》旨在通过订立标准合同的方式开展个人信息出境活动，坚持自主缔约与备案管理相结合、保护权益与防范风险相结合，保障个人信息跨境安全、自由流动；《网络安全审查办法》旨在确保关键信息基础设施供应链安全，保障网络安全和数据安全，维护国家安全；《促进和规范数据跨境流动规定》旨在保障数据安全，保护个人信息权益，促进数据依法有序自由流动；等等。此外，各行业领域结合本行业本领域特点也出台了与数据安全保护相关的部门规章，例如，《汽车数据安全管理若干规定（试行）》《交通运输政务数据共享管理办法》《涉密信息系统集成资质管理办法》《中国银保监会监管数据安全管理办法（试行）》《中国人民银行金融消费者权益保护实施办法》等。

5. 地方性法规

根据《立法法》的规定，地方性法规的立法主体包括两大类：一是省、自治区和直辖市人大及其常委会；二是设区的市人大及其常委会。目前数据地方立法较为积极，绝大多数省市都出台了数据相关地方性法规或地方政府规章，例如，《上海市数据条例》《深圳经济特区数据条例》等。

6. 地方政府规章

数据地方立法中存在大量地方政府规章，主题主要围绕公共数据管理、政务数据管理、数字经济促进、数据资产管理、数据资源共享等方面，充分发挥了地方政府规章更高灵活性、更具操作性的优势，成为数据安全制度体系的有益补充。

（二）非正式法律渊源

1. 司法解释

我国出台了多部与数据安全相关的司法解释，例如，《最高人民法院 最高人民检察院 公安部关于办理信息网络犯罪案件适用刑事诉讼程序若干问题的意见》对信息网络犯罪案件的程序作出统一规定，明确信息网络犯罪案件包括危害计算机信息系统安全犯罪案件，拒不履行信息网络安全管理义务、非法利用信息网络、帮助信息网络犯罪活动的犯罪案件，以及主要行为通过信息网络实施的诈骗、赌博、侵犯公民个人信息等其他犯罪案件。《最高人民法院 最高人民检察院关于办理非法利用信息网络、帮助信息网络犯罪活动等刑事案件适用法律若干问题的解释》针对拒不履行信息网络安全管理义务罪、非法利用信息网络罪、帮助信息网络活动罪等刑法规定的罪名进一步解释，如第 4 条明确拒不履行信息网络安全管理义务所造成的严重后果，为之后《数据安全法》在法律责任部分设定数据安全相关刑事责任提供了判断依据。此外，《最高人民法院关于审理利用信息网络侵害人身权益民事纠纷案件适用法律若干问题的规定》（2020 年修正）、《最高人民法院关于审理使用人脸识别技术处理个人信息相关民事案件适用法律若干问题的规定》（2021 年 8 月 1 日施行）、《最高人民法院 最高人民检察院关于办理侵犯公民个人信息刑事案件适用法律若干问题的解释》（2017 年 6 月 1 日施行）等同样是数据安全相关较为重要的司法解释。

2. 规范性文件

与数据安全相关的规范性文件较多，例如，《贯彻落实网络安全等级保护制度和关键信息基础设施安全保护制度的指导意见》《App 违法违规收集使用个人信息行为认定方法》《工业数据分类分级指南（试行）》《常见类型移动互联网应用程序必要个人信息范围规定》《关于促进数据安全产业发展的指导意见》《工业和信息化领域数据安全管理办法（试行）》《关于开展数据安全管理认证工作的公告》《证券期货业网络和信息安全管理办法》《全国一体化政务大数据体系建设指南》《关于构建数据基础制度更好发挥数据要素作用的意见》等。

3. 政策性文件

目前与数据安全相关的政策性文件较多，例如，《关于促进数据安全产业发展的指导意见》《关于推进北京市数据专区建设的指导意见》《北京市"十四五"时期智慧城市发展行动纲要》《北京国际大数据交易所设立工作实施方案》《北京市数字经济促进条例》《中国（北京）自由贸易试验区投资自由便利专项提升方案》等。

4. 国家标准

与数据安全相关的国家标准较多，例如，《GB/T 36618—2018 信息安全技术 金融信息服务安全规范》《GB/T 37373—2019 智能交通 数据安全服务》《GB/T 37988—2019 信息安全技术 数据安全能力成熟度模型》《GB/T 37973—2019 信息安全技术 大数据安全管理指南》《GB/T37964—2019 信息安全技术 个人信息去标识化指南》《GB/T 38664.1—2020 信息技术 大数据 政务数据开放共享》《GB/T 39046—2020 政务服务平台基础数据规范》《GB/T 39725—2020 信息安全技术 健康医疗数据安全指南》等。

三、数据安全法的适用范围

《数据安全法》在第 2 条明确了该法的适用范围，"在中华人民共和国境内开展数据处理活动及其安全监管，适用本法。在中华人民共和国境外开展数据处理活动，损害中华人民共和国国家安全、公共利益或者公民、组织合法权益的，依法追究法律责任"。《数据安全法》的调整对象是"数据处理活动"及其"安全监管"，是针对行为的调整规则，表现出《数据安全法》采用了以行为规制为代表的"实质主义"范式，突出行为约束法的法律特征。通过行为规制的立法方式，全面覆盖所有数据处理活动，无论是政府、企业还是个人都需要遵守《数据安全法》。

与此同时，《数据安全法》第 2 条在适用效力上明确该法包含了域内适用效力与域外适用效力两个层面：一是域内适用效力，即在中华人民共和国境内开展数据处理活动及其安全监管适用《数据安全法》；二是域外适用效力，即在中华人民共和国境外开展数据处理活动，损害中华人民共和国国家安全、公共利益或者公民、组织合法权益的，同样应当依法追究法律责任。

第一，域内适用效力。境内开展的所有数据处理活动及其安全监管都需要遵守《数据安全法》，该条文所指向的是《数据安全法》第3条第2款所明确的"数据处理"概念，即境内开展的所有涉及数据的收集、存储、使用、加工、传输、提供、公开等活动以及针对这些活动的安全监管，都适用《数据安全法》。该条规定采用了列举加兜底的立法方式，一方面是列举目前较为常见的数据处理活动，将其以法律的形式明确为数据处理活动的主要类型；另一方面也通过"等"作为兜底规定，为未来数字活动多样化发展可能带来的新问题、新现象、新类型预留司法解释和行政解释的空间。与此同时，针对数据处理活动的安全监管同样也需要遵守《数据安全法》的规定，这从监管者的角度对推动依法行政、促进规范执法提出了基本的要求。数据安全监管不能脱离《数据安全法》等数据相关立法的调整范围，需要在法律框架内依法推进监督执法。行政机关必须遵守职权法定，只有法律明确规定的情况下才能依据法定程序行使数据安全监管的权力。

第二，域外适用效力。《数据安全法》第2条第2款规定了该法的域外使用效力，凡是以中国公民为数据处理对象，或者数据处理活动对中国可能产生实际影响的境外主体，亦须履行中国法下的数据安全保护义务。该条规定为跨国企业面向中国提供服务、在境外开展数据处理活动提供了管辖连结点。数据立法中赋予法律域外适用效力在相关立法例中并不鲜见，例如，欧盟GDPR同样兼采了属地原则、属人原则和保护原则：GDPR主要适用于在欧盟内部设立的数据控制者或处理者，无论其处理行为是否发生在欧盟境内；而当控制者和处理者向欧盟境内数据主体提供商品和服务（无论是否需要支付对价），或监控数据主体在欧盟境内行为，或由欧盟境外控制者对个人数据进行处理，但根据欧盟成员国法律可以通过国际公法适用于该控制者所在地的，即使控制者和处理者没有设立在欧盟境内，同样需要适用GDPR。可以发现，GDPR在域外适用效力方面的规定极其宽泛，无论数据的实际处理是否发生在欧盟境内，只要数据处理者或控制者在欧盟境内的连结点涵盖了数据处理活动，都需要接受欧盟立法的管辖。

四、数据安全法的主体

（一）履行数据安全管理职责的部门

第一，总体国家安全观框架下的数据安全管理部门。《数据安全法》是《国家安全法》在数据领域的具体呈现，因此在管理体制上也需要以总体国家安全观为出发点。《国家安全法》第5条规定，中央国家安全领导机构负责国家安全工作的决策和议事协调，研究制定、指导实施国家安全战略和有关重大方针政策，统筹协调国家安全重大事项和重要工作，推动国家安全法治建设。

第二，数据安全管理职能部门。根据《数据安全法》第5条和第6条的规定，履行数据安全管理职责的部门包括两个维度：中央国家安全领导机构负责国家数据安全工作的决策和议事协调，研究制定、指导实施国家数据安全战略和有关重大方针政策，统筹协调国家数据安全的重大事项和重要工作，建立国家数据安全工作协调机制；各地区、各部门对本地区、本部门工作中收集和产生的数据及数据安全负责。整体而言，数据安全管理职责呈现为条块分割的责任划分架构，由各地区、各部门对隶属于本地区、本部门管辖的数据处理活动承担数据安全的监管责任。其中，各地区是指我国行政区域划分的各级区域。各部门是指行业主管部门，具体是指工业、电信、交通、金融、自然资源、卫生健康、教育、科技等主管部门承担本行业、本领域数据安全监管职责；公安机关、国家安全机关等依照本法和有关法律、行政法规的规定，在各自职责范围内承担数据安全监管职责。由此，整体形成数据安全监管责任的条块划分。与此同时，考虑到数据流通于各行各业，对于同一数据或数据活动各部门之间必然会出现职责交叉重叠的情况，《数据安全法》赋予国家网信部门统筹协调互联网数据安全的职责，由其依照《数据安全法》和有关法律、行政法规的规定，负责统筹协调网络数据安全和相关监管工作。

第三，行业主管部门作为补充。《数据安全法》第 10 条规定，相关行业组织按照章程，依法制定数据安全行为规范和团体标准，加强行业自律，指导会员加强数据安全保护，提高数据安全保护水平，促进行业健康发展。

（二）数据处理者

数据处理者是指对数据进行收集、存储、使用、加工、传输、提供、公开等处理行为，并承担数据安全保护责任的主体。数据处理者可以是组织或个人。根据所处理数据是否具有特殊性，数据处理者可分为一般数据处理者和特殊数据处理者，后者包括处理涉及重要数据和核心数据的数据处理者以及涉及政务数据的数据处理者。按照所处理数据的特殊性进行区分，并不意味着数据处理者只能有一种定位或性质，而是需要根据具体业务判定其类型并承担相应的数据安全保护义务。

一是涉及重要数据和核心数据的数据处理者。《数据安全法》明确将重要数据处理的安全保护义务区别于对一般数据处理的保护义务，明确前者应当建立数据安全负责人制度和建立有关管理机构进行专门化管理实践，建立重要数据风险评估制度，要求重要数据的处理者定期对其数据处理活动开展风险评估，并向有关主管部门报送风险评估报告。其中，重要数据风险评估制度主要从评估对象、评估阶段、报送对象以及常态化评估等方面入手，针对重要数据的处理活动予以风险评估，明确数据处理活动的开展情况，寻找潜在风险并及时采取应对措施。风险评估制度要求对重要数据的种类数量以及开展数据处理活动的情况，面临的数据安全风险及其应对措施等进行评估，目的是梳理重要数据处理活动中存在的风险，预防数据处理活动中可能存在的危机，针对潜在的隐患及时采取措施予以规制，保障数据安全。针对重要数据的风险评估应包括数据处理活动的全过程，即风险评估应包括重要数据的收集、存储、使用、加工、传输、提供、公开等各个处理环节。以上环节如涉及重要数据，则应开展定期的风险评估活动，并将评估报告报送有关主管部门。

二是涉及政务数据的数据处理者。《数据安全法》在第 5 章专设"政务数据安全与开放"，对于政务数据安全保护和数据开放提出了特别要求。国家机关以及法律法规授权的具有管理公共事务职能的组织为履行法定职责开展数据处理活动，应当遵守《数据安全法》第5章的特别规定。第一，合法合规收集和使用数据的义务。国家机关为履行法定职责的需要收集、使用数据，应当在其履行法定职责的范围内依照法律、行政法规规定的条件和程序进行；对在履行职责中知悉的个人隐私、个人信息、商业秘密、保密商务信息等数据应当依法予以保密，不得泄露或者非法向他人提供。第二，落实数据安全保护责任的义务。国家机关应当依照法律、行政法规的规定，建立健全数据安全管理制度，落实数据安全保护责任，保障政务数据安全。第三，依法公开政务数据的义务。国家机关应当遵循公正、公平、便民的原则，按照规定及时、准确地公开政务数据。依法不予公开的除外。国家制定政务数据开放目录，构建统一规范、互联互通、安全可控的政务数据开放平台，推动政务数据开放利用。第四，监督政务数据处理受托方的义务。国家机关委托他人建设、维护电子政务系统，存储、加工政务数据，应当经过严格的批准程序，并应当监督受托方履行相应的数据安全保护义务。受托方应当依照法律法规的规定和合同约定履行数据安全保护义务，不得擅自留存、使用、泄露或者向他人提供政务数据。

（三）专业机构

数据产业相关的专业机构主要包括数据交易中介服务机构和数据处理相关服务提供者两类：

第一，数据交易中介服务机构。数据交易中介服务机构是数据交易活动的"中介人"，为数据交易提供媒介服务。数据交易中介服务机构向委托人报告订立合同的机会或者提供订立合同的媒介服务，由委托人向其支付报酬。例如，数据交易中心（数据交易服务平台等）等提供数据交易平台的企业，为数据交易双方提供各项信息化服务，都属于数据交易中介服务机构。《数据安全法》第33条规定了数据交易中介服务机构的数据安全保护义务，从事数据交易中介服务的机构提供服务，应当要求数据提供方说明数据来源，审核交易双方的身份，并留存审核、交易记录。该条规定明确了数据交易中介服务机构需要承担三个方面的数据安全保护义务。一是要求数据提供方说明数据来源。从主体来看，此义务性规定指向数据提供方，即数据交易中的卖方要求其说明数据来源。该条规定主要的目的在于确保数据来源的合法性，防止违法数据的输入，保障交易流程的安全和稳定。二是要求审核交易双方的身份。对交易主体身份的审核是为了保证交易主体的适格，审核交易主体是否符合相关交易规则或法律规定，确保数据安全以及交易的有效性。三是要求交易记录进行审核留存。该规定一方面要求对交易主体之间的交易记录进行审核，查看是否存在过往违规交易记录，明确交易过程中的风险；另一方面也是为了确保数据交易能顺利进行，保障数据交易安全。在法律责任上，从事数据交易中介服务的机构未履行《数据安全法》第33条规定的义务的，由有关主管部门责令改正，没收违法所得，处违法所得1倍以上10倍以下罚款，没有违法所得或者违法所得不足10万元的，处10万元以上1百万元以下罚款，并可以责令暂停相关业务、停业整顿、吊销相关业务许可证或者吊销营业执照；对直接负责的主管人员和其他直接责任人员处1万元以上10万元以下罚款。

第二，数据处理相关服务提供者。数据处理相关服务提供者需要遵守《数据安全法》规定的一般性的数据安全保护义务，遵守法律法规，尊重社会公德和伦理，遵守商业道德和职业道德，诚实守信，履行数据安全保护义务，承担社会责任，不得危害国家安全、公共利益，不得损害个人、组织的合法权益。《网络数据安全管理条例》第8条也对数据处理相关服务提供者提出了一般性的数据安全保护要求："任何个人、组织不得利用网络数据从事非法活动，不得从事窃取或者以其他非法方式获取网络数据、非法出售或者非法向他人提供网络数据等非法网络数据处理活动。任何个人、组织不得提供专门用于从事前款非法活动的程序、工具；明知他人从事前款非法活动的，不得为其提供互联网接入、服务器托管、网络存储、通讯传输等技术支持，或者提供广告推广、支付结算等帮助。"与此同时，对于实行许可制的特定领域数据处理服务的，数据处理相关服务提供者在遵守法律所规定的一般性数据安全保护义务之外，法律、行政法规规定提供数据处理相关服务应当取得行政许可的，服务提供者应当依法取得许可。例如，《电信条例》第7条第3款明确规定，"未取得电信业务经营许可证，任何组织或者个人不得从事电信业务经营活动"，如果数据处理相关服务提供者所提供的数据处理服务属于电信业务经营活动的，还需要取得电信业务经营许可证。对于具有特殊许可要求的数据处理活动，相关法律责任在《数据安全法》一般性义务要求的基础上，还需要承担特别法所规定的法律责任；如果《数据安全法》没有专设具体的违法处罚措施，相关罚则应在具体的实施条例或相关特别法中予以明确。

第二节　数据安全法的基本原则

法律原则是法律价值和基本原理的体现，为法律的制定和实施提供指导，填补法律漏洞，维护法律的稳定性和统一性，是法律体系不可或缺的重要组成部分。我国《数据安全法》中体现的基本原则，具体包括数据主权原则、数据安全原则、数据安全与发展并重原则。数据主权原则是数据安全法的首要原则，对于有效应对数据这一非传统领域的国家安全风险与挑战，切实维护国家主权、安全和发展利益具有重要意义；数据安全原则是数字经济中数据处理活动的基石，所有的数据活动都应确保安全、在法律的框架下有序进行，以此保护国家、公共、个人的数据安全权益；数据安全与发展并重原则是数字经济中数据处理活动的基本要求，旨在平衡数据安全与发展之间的关系，以数据开发利用和产业发展促进数据安全，以数据安全保障数据开发利用和产业发展。

一、数据主权原则

在数据时代，数据主权是国家主权的组成部分，数据主权原则是数据安全法的首要原则。在当前大数据的时代背景之下，数据越来越成为各国的重要战略资源以及国际核心竞争力的体现，各国在国家建设中对数据资源的依赖程度不断提高，数据资源逐渐成为国家间竞争和博弈的关键力量。因此，维护数据主权作为开展数据活动的首要原则，对于有效应对数据这一非传统领域的国家安全风险与挑战，切实维护国家主权、安全和发展利益具有重要意义。

（一）数据主权原则的基本概念

数据主权原则是指，国家独立自主地对本国数据享有最高权力，[1]维护国家主权、安全和发展利益，保护个人、组织的合法权益。数据主权对内表现为一国对其管辖范围内的数据生成、保存、处理、安全监管拥有最高权力；对外表现为一国有权决定以何种程序、何种方式参加到国际数据活动中，并有权采取必要措施保护数据权益免受其他国家侵害。[2]

《国家安全法》首次确立网络空间主权原则，《网络安全法》继《国家安全法》之后再次明确这一原则，而数据主权源于网络主权，属于网络空间主权的核心要素，[3]是国家主权在大数据时代的核心表现。[4]《数据安全法》第2条确立并体现了数据主权原则：第1款"在中华人民共和国境内开展数据处理活动及其安全监管适用本法"为数据主权原则对内的具体表现；第2款"在中华人民共和国境外开展数据处理活动，损害中华人民共和国国家安全、公共利益或者公民、组织合法权益的，依法追究法律责任"为数据主权对外的具体表现。

（二）数据主权原则的具体内涵

数据主权原则包含了数据主权对内和数据主权对外两方面的具体内涵。

第一，数据主权对内的具体表现。数据主权对内表现为一国对其管辖范围内的数据生成、保存、处理、安全监管拥有最高权力。数据管辖权是数据主权对内的重要表现形式，也是国家主权的重要表现形式。《数据安全法》第2条第1款体现了属地管辖的原则，即只要在中国境内开展数据处理活动及其安全监管，无论是中国境内还是境外的组织与个人，我国都对此数据处理活动享有管辖权。同时，我国《数据安全法》中诸如重要数据保护、数据国家安全审查制度、数据出口管制要求、境外执法机构数据调取的"封阻法令"等，均是从对本国数据进行控制和支配的角度、从维护国家主权的高度，以明确数据安全保障要求，体现了数据主权的原则。[5]

第二，数据主权对外的具体表现。数据主权对外表现为《数据安全法》的域外适用效力。《数据安全法》第2条第1款体现了保护性管辖的原则，即如果境外的组织或个人虽然没有在我国境内开展数据处理活动，但是其所进行的数据处理内容损害我国的国家、公共、个人的数据安全利益，我国有权依据数据安全法追究其法律责任。《关于〈中华人民共和国数据安全法（草案）〉的说明》也明确指出"草案赋予本法必要的域外

---

〔1〕 参见沈国麟：《大数据时代的数据主权和国家数据战略》，载《南京社会科学》2014年第6期。

〔2〕 参见齐爱民、盘佳：《数据权、数据主权的确立与大数据保护的基本原则》，载《苏州大学学报（哲学社会科学版）》2015年第1期。

〔3〕 参见王春晖：《完善〈数据安全法（草案）〉的十大建议》，载《南京邮电大学学报》（自然科学版）2020年第5期。

〔4〕 参见张晓君：《数据主权规则建设的模式与借鉴——兼论中国数据主权的规则构建》，载《现代法学》2020年第6期。

〔5〕 参见洪延青：《我国数据安全法的体系逻辑与实施优化》，载《法学杂志》2023年第2期。

适用效力"。与《网络安全法》第 75 条[1]相比，《数据安全法》第 2 条并不要求"造成严重后果"的要件，一定程度上扩大了域外效力的适用范围。但是，与欧盟《通用数据保护条例》的域外效力仍有所区别，其并非以属人管辖为基础的域外效力，而是以保护性管辖为基础的域外效力。[2]

二、数据安全原则

数字经济飞速发展，数据汇聚汇集效应更加凸显，数据安全已成为事关国家安全和经济社会发展的重要问题。数据超范围收集、超授权加工以及数据流动合法性缺失等问题，都会造成数据安全风险。[3]《数据安全法》的立法目标之一就是保障数据安全，这也奠定了数据安全原则在《数据安全法》中的基本原则地位。

（一）数据安全原则的基本概念

数据安全原则是指，开展数据处理活动及其监管应当坚持总体国家安全观，建立健全数据安全治理体系，通过采取必要措施，确保数据处于有效保护和合法利用的状态，以及具备保障持续安全状态的能力。开展数据处理活动应当依照法律法规的规定，建立健全全流程数据安全管理制度，组织开展数据安全教育培训，采取相应的技术措施和其他必要措施，保障数据安全。

第一，数据安全包括静态数据安全和动态数据安全两个方面。静态数据安全包括数据权属、内容、质量的安全，即数据权属明确，内容不影响国家社会个人信息安全，质量具备真实性、准确性、一致性和完整性；动态数据安全即指数据流转过程中，其安全利益不受影响，流转过程合规有效。通过静态数据安全与动态数据安全两个方面，可以保障数据在收集、处理、流通等各环节的真实性、安全性和保密性，以免数据面临遗失、非法接触、损毁、被利用、内容更改或泄露的风险，确保数据的安全。[4]

第二，数据安全不是片面的、绝对的安全，而是统筹发展的安全。规范数据处理活动是数据安全原则的核心要求。开展数据处理活动，应当遵守法律法规，尊重社会公德和伦理，遵守商业道德和职业道德，诚实守信，履行数据安全保护义务，承担社会责任，不得危害国家安全、公共利益，不得损害个人、组织的合法权益。国家统筹发展和安全，坚持以数据开发利用和产业发展促进数据安全，以数据安全保障数据开发利用和产业发展。[5]

（二）数据安全原则的具体内涵

《数据安全法》第 4 条规定，维护数据安全，应当坚持总体国家安全观，建立健全数据安全治理体系，提高数据安全保障能力。该条款从总体观念、制度层面、技术层

---

〔1〕《网络安全法》第 75 条规定：境外的机构、组织、个人从事攻击、侵入、干扰、破坏等危害中华人民共和国的关键信息基础设施的活动，造成严重后果的，依法追究法律责任；国务院公安部门和有关部门并可以决定对该机构、组织、个人采取冻结财产或者其他必要的制裁措施。

〔2〕参见郑鈜等：《数据安全立法的机理、表达与规范——"数据安全法治暨〈数据安全法〉立法研讨会"发言摘录》，载《西华大学学报》（哲学社会科学版）2020 年第 5 期。

〔3〕参见周辉、孙牧原：《我国的数据治理挑战及其应对》，载《信息安全研究》2023 年第 7 期。

〔4〕参见武长海主编：《数据法学》，法律出版社 2022 年 2 月版，第 22—70 页。

〔5〕相关内容将在本节第三部分"数据安全与发展并重原则"具体展开。

面，分别提出"坚持总体国家安全观""建立健全数据安全治理体系""提高数据安全保障能力"三个要求以保障数据安全。结合《数据安全法》的立法宗旨，数据安全原则还包含了"保护个人、组织的合法权益，维护国家主权、安全和发展利益"的数据权益保护要求。以上四个部分共同构成了数据安全原则的具体内涵。

第一，坚持总体国家安全观。坚持总体国家安全观是指，在总体国家安全观的指引下开展数据处理活动，对数据处理活动进行监督与管理，这是在总体观念层面保障数据安全的具体要求。2015 年《国家安全法》以基本法律的形式确立了"总体国家安全观"的指导地位，2016 年《网络安全法》成为与《国家安全法》紧密配套的一项重要立法。与之相关的，《数据安全法》同样遵循总体国家安全观的指引，[1] 成为数据领域落实总体国家安全观在立法层面的具体体现，将总体国家安全观全面融入数据安全的各个领域和全过程。

第二，建立健全数据安全治理体系。建立健全数据安全治理体系是指，国家在数字经济活动中对数据的生成、流通等环节提供制度性保障，确保能够在安全秩序下开展数据交易等活动，以此保障数据安全，[2] 这是在制度层面保障数据安全的具体要求。制度性保障具体包括数据分类分级保护制度；集中统一、高效权威的数据安全风险评估、报告、信息共享、监测预警机制；数据安全应急处置机制；数据安全审查制度；等等。值得注意的是，数据安全治理体系并非仅仅局限于《数据安全法》的相关规定和要求，我国目前已经形成了包括《网络安全法》《数据安全法》《个人信息保护法》等网络信息领域专门基本法的制度体系，都是数据安全治理体系的重要组成部分。

第三，提高数据安全保障能力。提高数据安全保障能力是指，提高数据输入、加工、处理、输入等环节的安全保障技术能力，确保技术手段符合法律规定的技术要求，这是技术层面保障数据安全的具体要求。技术安全是数据安全的基线，[3] 通说认为，数据安全包含机密性（Confidentiality）、完整性（Integrity）、可用性（Availability）三个具体方面。机密性（Confidentiality）是指保证信息不泄露给未经授权的用户，其目的是阻止未经授权的人的访问；完整性（Integrity）是指保证信息不被未授权用户篡改，完整性要求数据在传输或存储过程中不被增加、减少、替换、删除等任何改动；可用性（Availability）是指保证授权用户能对系统进行及时可靠的访问，要求系统能够及时、有效、准确地响应用户的访问。《数据安全法》中"数据分类分级保护"[4] 的要求、《个人信

〔1〕 参见杨蓉：《从信息安全、数据安全到算法安全——总体国家安全观视角下的网络法律治理》，载《法学评论》2021 年第 1 期。

〔2〕 参见洪延青：《我国数据安全法的体系逻辑与实施优化》，载《法学杂志》2023 年第 2 期。

〔3〕 参见许可：《自由与安全：数据跨境流动的中国方案》，载《环球法律评论》2021 年第 1 期。

〔4〕《数据安全法》第 21 条：国家建立数据分类分级保护制度，根据数据在经济社会发展中的重要程度，以及一旦遭到篡改、破坏、泄露或者非法获取、非法利用，对国家安全、公共利益或者个人、组织合法权益造成的危害程度，对数据实行分类分级保护。国家数据安全工作协调机制统筹协调有关部门制定重要数据目录，加强对重要数据的保护。

关系国家安全、国民经济命脉、重要民生、重大公共利益等数据属于国家核心数据，实行更加严格的管理制度。

各地区、各部门应当按照数据分类分级保护制度，确定本地区、本部门以及相关行业、领域的重要数据具体目录，对列入目录的数据进行重点保护。

息保护法》中"采取相应的加密、去标识化等安全技术措施"[1]的要求等，均是对数据安全保障能力的具体技术要求。

第四，保障数据权益。保障数据权益是指，通过制度与技术层面的保障，保护与数据安全相关的权益，包括个人数据权益、企业数据权益、公共数据权益、国家数据主权四个方面，这是目标层面对数据安全的具体要求。

以上四个方面共同构成了数据安全原则的具体内涵，是贯穿数据处理活动及其监管全过程全环节的重要内容。

三、数据安全与发展并重原则

数据安全与发展并重原则是《数据安全法》确立的重要基本原则。在一般规定中，《数据安全法》同时明确了数据安全和数据发展的双重要求：其中第 4 条明确了数据安全的要求，维护数据安全，应当坚持总体国家安全观，建立健全数据安全治理体系，提高数据安全保障能力；第 7 条明确了数据发展的要求，国家保护个人、组织与数据有关的权益，鼓励数据依法合理有效利用，保障数据依法有序自由流动，促进以数据为关键要素的数字经济发展。与此同时，《数据安全法》在第 2 章专设"数据安全与发展"，进一步明确了数据安全与发展并重原则的重要性，提出国家统筹发展和安全，坚持以数据开发利用和产业发展促进数据安全，以数据安全保障数据开发利用和产业发展。

（一）数据安全与发展并重原则的基本概念

数据安全与发展并重原则是指，开展数据处理活动及其监管应当统筹安全和发展，坚持以数据开发利用和产业发展促进数据安全，以数据安全保障数据开发利用和产业发展的理念。数据安全与发展并重原则要求，在数据活动中既要保障数据安全，又要注重数据发展，构筑数据安全底线，放开数据发展上限。[2]在数据安全的底线之上充分发挥数据的基础资源作用和创新引擎作用，加快形成以创新为主要引领和支撑的数字经济，更好服务我国经济社会发展，做到以安全保发展、以发展促安全。

理解数据安全与发展并重原则的关键在于，应当如何认识数据安全与数据发展之间的关系。数据安全与数据发展是对立统一的。就二者的紧张关系而言，如果过分追求数据安全，施加各种禁止性或者强制性规定，势必因为激励不相容而难以发挥数据流转

---

[1]《个人信息保护法》第 51 条：个人信息处理者应当根据个人信息的处理目的、处理方式、个人信息的种类以及对个人权益的影响、可能存在的安全风险等，采取下列措施确保个人信息处理活动符合法律、行政法规的规定，并防止未经授权的访问以及个人信息泄露、篡改、丢失：

（一）制定内部管理制度和操作规程；

（二）对个人信息实行分类管理；

（三）采取相应的加密、去标识化等安全技术措施；

（四）合理确定个人信息处理的操作权限，并定期对从业人员进行安全教育和培训；

（五）制定并组织实施个人信息安全事件应急预案；

（六）法律、行政法规规定的其他措施。

[2] 参见周汉华：《网络法治的强度、灰度与维度》，载《法制与社会发展》2019 年第 6 期。

所能产生的经济价值;[1]反之,如果过分追求数据发展而忽视数据安全,将对国家安全、公共利益、个人组织的合法权益产生影响。就二者的协调关系而言,数据发展可以促进数据安全,数据安全可以保障数据发展,数据技术与经济发展的成果可以推动数据安全工作的进步,而数据安全政策制度的完善能够守护数字经济发展的成果,从根本上保障人民利益。[2]因此,数据安全与发展并重原则旨在推动实现激励相容机制,寻求两者的平衡点,追求数据的相对安全而非绝对安全,是一种统筹的安全与发展。

（二）数据安全与发展并重原则的具体内涵

《数据安全法》第7条指明了坚持数据安全与发展并重原则的具体要求,即在数据安全的基础之上鼓励数据依法合理有效利用、保障数据依法有序自由流动、促进以数据为关键要素的数字经济发展,以此充分发挥数据开发利用和产业发展对数据安全的促进作用、数据安全对数据开发利用和产业发展的保障作用。

第一,鼓励数据依法合理有效利用。鼓励数据依法合理有效利用是指,在合法合规与保障数据安全的基础上,通过各项具体制度促进数据从静态领域的"持有"转为动态领域的"加工"与"经营"。原始数据在静态领域的"持有"仅具备潜在的价值创造能力,还不能直接参与价值创造。而当原始数据经过动态领域的"加工"与"经营"被利用后,形成数据集、数据库、信息报告、数据服务等不同形式的数据产品或服务,则可以被应用于数字经济中的不同场景,如广告精准投放等。[3]因此,唯有通过各项具体制度以促进数据从静态领域的"持有"转为动态领域的"加工"与"经营",将数据利用起来,才能充分发挥作为生产要素的作用,直接参与生产经营中的价值创造。《数据安全法》从不同角度具体规定了相关制度以促进数据依法合理有效利用,如第14条规定了"国家实施大数据战略,推进数据基础设施建设,鼓励和支持数据在各行业、各领域的创新应用";第16条规定了"鼓励数据开发利用和数据安全等领域的技术推广和商业创新,培育、发展数据开发利用和数据安全产品、产业体系";第19条规定了"培育数据交易市场";第37条规定了"提升运用数据服务经济社会发展的能力"等。

第二,保障数据依法有序自由流动。保障数据依法有序自由流动是指,保障数据在合法的基础上自由在不同区域之间流动,具体包括国际层面的流动与国内层面的流动。在国际层面,数据自由流动是经济全球化的不竭动力。我国作为经济全球化与自由贸易的参与者、受益者和倡导者,应当将数据自由流动作为基本立场和战略目标。[4]2019年我国签署G20《大阪数字经济宣言》,积极回应了其中"基于信任的数据自由流动"的倡议;2020年,我国促成并签署的《区域全面经济伙伴关系协定》,声

---

〔1〕 参见周汉华:《探索激励相容的个人数据治理之道——中国个人信息保护法的立法方向》,载《法学研究》2018年第2期。

〔2〕 参见朱雪忠、代志在:《总体国家安全观视域下〈数据安全法〉的价值与体系定位》,载《电子政务》2020年第8期。

〔3〕 参见蔡跃洲、刘悦欣:《数据流动交易模式分类与规模估算初探》,载《China Economist》2022年第6期。

〔4〕 参见许可:《自由与安全:数据跨境流动的中国方案》,载《环球法律评论》2021年第1期。

明"不得阻止基于商业行为而进行的数据跨境传输";2020年9月8日国务委员兼外交部部长王毅在"抓住数字机遇,共谋合作发展"国际研讨会高级别会议上提出《全球数据安全倡议》,其中包括"致力于维护全球供应链开放、安全和稳定"的倡议。在国内层面,数据自由流动是数字经济的创新引擎。数据作为一种新型生产要素,唯有让数据流通进入市场经济的环节,才能充分发挥其对经济的推动与促进作用。2014年起中国各地方政府便逐步开始尝试建设数据交易所来促进数据依法有序自由流动,北京、上海、温州、深圳、广州、杭州等多地建立或筹建由本地政府牵头的大数据交易所(中心等)。

第三,促进以数据为关键要素的数字经济发展。促进以数据为关键要素的数字经济发展即充分发挥数据作为一种新型生产要素的作用,促进数字经济的发展。2020年3月30日《中共中央 国务院关于构建更加完善的要素市场化配置体制机制的意见》正式公布,分类提出了土地、劳动力、资本、技术、数据五个要素领域改革的方向,数据作为一种新型生产要素被写入文件;2022年12月19日《中共中央 国务院关于构建数据基础制度更好发挥数据要素作用的意见》发布,明确指出要促进数据流通使用,赋能实体经济;2023年2月27日中共中央、国务院印发《数字中国建设整体布局规划》,其中强调促进数字经济和实体经济深度融合,以数字化驱动生产生活和治理方式变革。要充分促进以数据为关键要素的数字经济发展,需将经济社会发展与法治运行有机结合,以创新思维引领持续发展。我国改革开放创造的伟大奇迹更能说明,改革创新是我们战胜一切挑战的唯一出路。[1]在此基础上,"数据二十条"进一步提出:坚持顶层设计与基层探索结合,支持浙江等地区和有条件的行业、企业先行先试,发挥好自由贸易港、自由贸易试验区等高水平开放平台作用,引导企业和科研机构推动数据要素相关技术和产业应用创新。"数据二十条"是促进数据流通利用的重要改革政策,旨在打破数据壁垒,推动数据的高效流通和利用,建立合规高效的数据要素流通和交易制度,充分释放数据的价值,用数据赋能实体经济,促进全体人民共享数字经济发展红利。

第三节 数据分类分级保护制度

数据分类分级制度是《数据安全法》的重要制度之一,是数据安全管理的基础,通过科学划分数据的不同类型、不同级别,根据不同类型、不同级别的数据形成更具针对性、更加精准的安全风险管理措施,在有效保护数据安全的同时充分释放数据要素价值,促进数据合法规范的有序流通和开发利用。

---

[1] 参见周汉华:《网络法治的强度、灰度与维度》,载《法制与社会发展》2019年第6期。

一、数据分类分级保护制度概述

通过对数据分类分级实现区分规制的思想早已有之。早在 2018 年 3 月，国务院办公厅发布的《科学数据管理办法》就已经明确提出对数据实施分类分级管理的相关规定，但针对的对象范围较狭窄，仅限于科学数据。事实上，在《数据安全法》和《个人信息保护法》出台之前，数据安全管理和个人信息保护散见于相关的法律法规中，也是分类保护思想的重要体现，例如，《消费者权益保护法》规定要保护消费者个人信息，《电子商务法》要求保护电子商务用户信息，鼓励电子商务数据开发应用，保障电子商务数据依法有序自由流动，等等。2017 年《网络安全法》提出网络运营者应当采取数据分类的安全保护措施。2021 年《数据安全法》明确提出应当在国家层面建立数据的分类分级保护制度，并依据数据所划分的层级的不同赋予数据处理主体不同的安全保护义务，并辅以相应的法律责任。2021 年全国信息安全标准化技术委员会《网络安全标准实践指南——网络数据分类分级指引》提出了数据分类分级的五大原则，明确了数据分类分级的框架和方法，确立了分类多维原则、分级明确原则、从高就严原则和动态调整原则，将数据分类维度细化为公民个人维度、公共管理维度、行业领域维度等层面，同时明确了数据分级框架，从安全角度将数据分级为一般数据、重要数据和核心数据。

二、数据分类分级保护制度的主要内容

（一）数据分类分级标准

数据分级的目的是保护数据安全，数据分级的各级别应界限明确，不同级别的数据应采取不同的保护措施。数据被分为三级，即核心数据、重要数据和一般数据。根据《GB/T 43697—2024 数据安全技术 数据分类分级规则》：重要数据是指"特定领域、特定群体、特定区域或达到一定精度和规模的，一旦被泄露或篡改、损毁，可能直接危害国家安全、经济运行、社会稳定、公共健康和安全的数据"；核心数据是指"对领域、群体、区域具有较高覆盖度或达到较高精度、较大规模、一定深度的，一旦被非法使用或共享，可能直接影响政治安全的重要数据。核心数据主要包括关系国家安全重点领域的数据，关系国民经济命脉、重要民生、重大公共利益的数据，经国家有关部门评估确定的其他数据"；一般数据是指"核心数据、重要数据之外的其他数据"。与之相似的，《网络数据安全管理条例》第 62 条将"重要数据"界定为"特定领域、特定群体、特定区域或者达到一定精度和规模，一旦遭到篡改、破坏、泄露或者非法获取、非法利用，可能直接危害国家安全、经济运行、社会稳定、公共健康和安全的数据"。

数据分类的依据是数据属性或特征的不同，分类方式多元、并不唯一固定。数据的类别和级别可能因时间或政策变化、安全事件发生与否、不同业务场景的敏感性变化或相关行业规则的不同而发生改变，因此即使数据分类分级完成后，也需定期进行

审核并予以及时调整。[1]根据《GB/T 38667—2020 信息技术－大数据－数据分类指南》的定义，数据分类是根据数据的属性或特征，按照一定的原则和方法进行区分和归类，以便更好地管理和使用数据。因此，数据分类方法因管理主体、管理目的、分类属性或维度的区别而不同。数据分级则是基于数据本身的重要程度以及一旦泄露或发生其他危害时，可能会对国家、社会、个人等产生的影响程度的不同而有所区别。现有法律规范普遍从维护国家数据安全的角度来厘定分级的基本框架，[2]根据数据一旦遭到篡改、破坏、泄露或者非法获取、非法利用，对国家安全、公共利益或者个人、组织合法权益造成的危害程度，将数据从低到高分成一般数据、重要数据、核心数据三个级别。《数据安全法》第3章第21条对数据分级分类保护制度的界定，将关系国家安全、国民经济命脉、重要民生、重大公共利益的数据纳为核心数据，要求实施更严格的管理制度，并要求各地区、部门和行业建立本领域内重要数据的具体目录，对相关数据进行重点保护。其他数据相关标准指南参见下表。

表 5-1 数据相关标准指南

分类分级标准 / 指南	发布组织	发布时间
GB/T 352732020 信息安全技术 个人信息安全规范	国家市场监督管理总局 国家标准化管理委员会	2020 年
GB/T 386672020 信息技术大数据 数据分类指南	国家市场监督管理总局 国家标准化管理委员会	2020 年
GB/T 39725-2020 信息安全计算健康医疗数据安全指南	国家市场监督管理总局 国家标准化管理委员会	2020 年
TC260-PG-20212A 网络安全标准实践指南——网络数据分类分级指引	全国信息安全标准化计算委员会秘书处	2021 年
JR/T 0197-2020 金融数据安全 数据安全分级指南	中国人民银行	2020 年
JR/T 0158-2018 证券期货业数据分类分级指引	中国证券监管委员会	2018 年
工业数据分类分级指南（试行）	工业和信息化部办公室	2020 年
YD/T 3813-2020 基础电信企业数据分类分级方法	中国通信标准化协会	2020 年
GB/T 43697-2024 数据安全技术 数据分类分级规则	国家市场监督管理总局 国家标准化管理委员会	2024 年

（二）数据分类分级的流程

数据分类分级遵循的基本原则包括：第一，科学实用原则，从便于数据管理和使用的角度，科学选择常见、稳定的属性或特征作为数据分类的依据，并结合实际需要对数据进行细化分类；第二，边界清晰原则，数据分级的各级别应边界清晰，对不同级别的数据采取相应的保护措施；第三，就高从严原则，采用就高不就低的原则确定数据级别，当多个

---

〔1〕 参见徐玖玖：《利益均衡视角下数据产权的分类分层实现》，载《法律科学》2023 年第 2 期。
〔2〕 参见洪延青：《国家安全视野中的数据分类分级保护》，载《中国法律评论》2021 年第 5 期。

因素可能影响数据分级时，按照可能造成的各个影响对象的最高影响程度确定数据级别；第四，点面结合原则，数据分级既要考虑单项数据分级，也要充分考虑多个领域、群体或区域的数据汇聚融合后的安全影响，综合确定数据级别；第五，动态更新原则，根据数据的业务属性、重要性和可能造成的危害程度的变化，对数据分类分级、重要数据目录等进行定期审核更新。[1]

数据分类按照先行业领域分类、再业务属性分类的思路进行分类，先按照行业领域，将数据分为工业数据、电信数据、金融数据、能源数据、交通运输数据、自然资源数据、卫生健康数据、教育数据、科学数据等；再由各行业各领域主管（监管）部门根据本行业本领域业务属性，对本行业领域数据进行细化分类。

数据分级的影响要素包括数据的领域、群体、区域、精度、规模、深度、覆盖度、重要性等，其中领域、群体、区域、重要性通常属于定性描述的分级要素，精度、规模、覆盖度属于定量描述的分级要素，深度通常作为衍生数据的分级要素。

数据的影响对象通常包括国家安全、经济运行、社会秩序、公共利益、组织权益、个人权益。（见表 5–2、5–3）

表 5–2　数据的影响对象和影响程度

影响对象	影响程度		
	特别严重危害	严重危害	一般危害
国家安全	核心数据	核心数据	重要数据
经济运行	核心数据	重要数据	一般数据
社会秩序	核心数据	重要数据	一般数据
公共利益	核心数据	重要数据	一般数据
组织权益、个人权益	一般数据	一般数据	一般数据
注：如果影响大规模的个人或组织权益，影响对象可能不只包括个人权益或组织权益，也可能对国家安全、经济运行、社会秩序或公共利益造成影响。			

表 5–3　数据影响的参考说明

影响对象	影响程度	参考说明
国家安全	特别严重危害	直接影响国家政治安全
	严重危害	关系其他国家安全重点领域，或者对国土、军事、经济、文化、社会、科技、电磁空间、网络、生态、资源、核、海外利益、太空、极地、深海、生物、人工智能等安全造成严重威胁
	一般危害	对国土、军事、经济、文化、社会、科技、电磁空间、网络、生态、资源、核、海外利益、太空、极地、深海、生物、人工智能等安全造成威胁

---

[1]　参见《GB/T 43697—2024　数据安全技术 数据分类分级规则》。

续表

影响对象	影响程度	参考说明
经济运行	特别严重危害	（1）直接影响关系国民经济命脉的重要行业和关键领域的经济利益安全，如涉及国家安全的行业、提供重要公共产品的行业、重要资源行业等 （2）直接影响关系国民经济命脉的重点产业、重大基础设施、重大建设项目以及其他重大经济利益安全 （3）对一个或多个行业领域的经济发展、业务生产、技术进步、产业生态造成特别严重危害，如对支柱产业和高新技术产业中的重要骨干企业造成重大损害，导致大面积业务中断、大量业务处理能力丧失等 （4）对一个或多个省级行政区的经济运行造成特别严重危害，例如导致大范围停工停产、大规模基础设施长时间中断运行等
	严重危害	（1）直接影响宏观经济运行状况和发展趋势，如社会总供给和总需求、国民经济生产总值和增长速度、国民经济主要比例关系、物价总水平、劳动就业总水平与失业率、货币发行总规模与增长速度、进出口贸易总规模与变动等 （2）直接影响一个或多个地区、行业内多个企业或大规模用户，对行业发展、技术进步和产业生态等造成严重影响，或者直接影响行业领域核心竞争力、核心业务运行、关键产业链、核心供应链等
	一般危害	（1）对单个行业领域发展、业务经营、技术进步、产业生态等造成一般危害，如受影响的用户和企业数量较小、生产生活区域范围较小、持续时间较短、社会负面影响较小 （2）对单个行业领域或地区的经济运行造成一般危害
社会秩序	特别严重危害	（1）关系重要民生，直接影响人民群众重要民生保障的事项、物资、工程或项目等 （2）直接导致特别重大突发事件、特别重大群体性事件、暴力恐怖活动等，引起一个或多个省级行政区大部分地区的社会恐慌，严重影响社会正常运行
	严重危害	（1）直接导致重大突发事件、重大群体性事件等，影响一个或多个地区的社会稳定 （2）严重影响人民群众的日常生活秩序 （3）严重影响各级政务部门履行公共管理和服务职能 （4）严重影响法治和社会伦理道德规范
	一般危害	（1）对人民群众的日常生活秩序造成一般影响 （2）直接影响企事业单位、社会团体的生产秩序、经营秩序、教学科研秩序、医疗卫生秩序 （3）直接影响公共场所的活动秩序、公共交通秩序
公共利益	特别严重危害	（1）关系重大公共利益，导致一个或多个省级行政区大部分地区的社会公共资源供应长期、大面积瘫痪，大范围社会成员（如1000万人以上）无法使用公共设施、获取公开数据资源、接受公共服务 （2）导致特别重大网络安全和数据安全事件，或者导致特别重大事故级别的安全生产事故，对公共利益造成特别严重影响，社会负面影响大 （3）导致特别重大突发公共卫生事件（Ⅰ级），造成社会公众健康特别严重损害的重大传染病疫情、群体性不明原因疾病、重大食物和职业中毒等严重影响公众健康的事件

续表

影响对象	影响程度	参考说明
公共利益	严重危害	（1）直接危害公共健康和安全，如严重影响疫情防控、传染病的预防监控和治疗等 （2）导致重大突发公共卫生事件（Ⅱ级），造成社会公众健康严重损害的重大传染病疫情、群体性不明原因疾病、重大食物和职业中毒等严重影响公众健康的事件 （3）导致一个或多个地市大部分地区的社会公共资源供应较长期中断，较大范围社会成员（如 100 万人以上）无法使用公共设施、获取公开数据资源、接受公共服务
	一般危害	对公共利益产生一般危害，影响小范围社会成员使用公共设施、获取公开数据资源、接受公共服务等
组织权益	特别严重危害	导致组织遭到监管部门严重处罚（如取消经营资格、长期暂停相关业务等），或者影响重要 / 关键业务无法正常开展的情况，造成重大经济或技术损失，严重破坏机构声誉，企业面临破产
	严重危害	导致组织遭到监管部门处罚（如一段时间内暂停经营资格或业务等），或者影响部分业务无法正常开展的情况，造成较大经济或技术损失，破坏机构声誉
	一般危害	导致个别诉讼事件，或在某一时间造成部分业务中断，使组织的经济利益、声誉、技术等轻微受损
个人权益	特别严重危害	个人信息主体遭受重大的、不可消除的、可能无法克服的影响，容易导致自然人的人格尊严受到侵害或者人身、财产安全受到危害。如遭受无法承担的债务、失去工作能力、导致长期的心理或生理疾病、导致死亡等
	严重危害	个人信息主体遭受较大影响，个人信息主体克服难度高，消除影响代价较大。如遭受诈骗、资金被盗用、被银行列入黑名单、信用评分受损、名誉受损、造成歧视、被解雇、被法院传唤、健康状况恶化等
	一般危害	个人信息主体会遭受困扰，但尚可以克服。如付出额外成本、无法使用应提供的服务、造成误解、产生害怕和紧张的情绪、导致较小的生理疾病等

第四节　数据安全审查制度

一、数据安全审查制度概述

第一，在总体国家安全观的框架下理解数据安全审查制度。数据安全审查制度的确立是以《国家安全法》为依据。《国家安全法》中与数据安全审查制度相关的规定主要集中在第 25 条和第 59 条。其中，《国家安全法》第 25 条的规定明确了数据安全在国家安全保护中的重要地位，国家建设网络与信息安全保障体系，提升网络与信息安全保护能力，加强网络和信息技术的创新研究和开发应用，实现网络和信息核心技术、关键基础设施和重要领域信息系统及数据的安全可控；加强网络管理，防范、制止和依法惩治网络攻击、网络入侵、网络窃密、散布违法有害信息等网络违法犯罪行为，维护国家网络空间主权、安全和发展利益。基于此，开展数据安全审查是网络与信息安全保障体系的重要组成部分，这确立了数据安全审查的必要性，明确了以风险控制为导向的基本思路，奠定了数据安全审查制度的基础。[1] 与此同时，《国家安全法》第 59 条的规定确立了"网络信息技术产品和服务"领域进行国家安全审查的基本规则，国家建立国家安全审查和监管的制度和机制，对影响或者可能影响国家安全的外商投资、特定物项和关键技术、网络信息技术产品和服务、涉及国家安全事项的建设项目，以及其他重大事项和活动，进行国家安全审查，有效预防和化解国家安全风险。除了数据安全审查，国家安全审查制度体系还包括了其他领域的安全审查制度：例如，《外商投资法》第 35 条规定了国家建立外商投资安全审查制度，对影响或者可能影响国家安全的外商投资进行安全审查，并且通过《外商投资安全审查办法》进行细化；《网络安全法》第 35 条规定了关键信息基础设施的运营者采购网络产品和服务，可能影响国家安全的，应当通过国家网信部门会同国务院有关部门组织的国家安全审查，并且通过《网络安全审查办法》进行具体规定。因此，数据安全审查应当在国家安全审查的框架内进行理解，是国家安全审查在数据领域的映射和具体体现。

第二，《数据安全法》所确立的数据安全审查制度。《数据安全法》中关于数据安全审查制度的具体规定见于第 24 条，"国家建立数据安全审查制度，对影响或者可能影响国家安全的数据处理活动进行国家安全审查。依法作出的安全审查决定为最终决定。"数据安全审查制度是国家安全观在数据安全保护领域的具体体现和贯彻落实，其导向的利益是国家安全利益，而非单纯的个体利益或团体利益，这种国家利益具有最高级别和最核心利益的特点，其审查结论也具有终局性。但是从《数据安全法》的规定也可以看出，该法只是从法律层面确立了数据安全审查制度，但是关于数据安全审查制度的具体规则、程序要求等规定并未进一步展开，而是交由相关行业性数据安全审查制度进行细化和丰富。这种立法方式也为行业监管部门就本行业或本领域数据的特点和主要风险点，制定具有针对性和可操作性的具体数据安全审查规则预留了充分的空间。

值得注意的是，数据安全审查在实践中通常与网络安全审查密切相关，在实践中经常将两者混淆。根据《网络安全法》《数据安全法》《关键信息基础设施安全保护条例》，2022 年《网络安全审查办法》将网络平台运营者所开展的数据处理活动列入审查对象，并且分为主动申报和依法审查两类程序。

二、数据安全审查制度的主要内容

（一）审查对象

《数据安全法》第 24 条规定，凡是影响或者可能影响国家安全的数据处理活动都应当受到国家安全审查。数据处理活动包括数据的收集、存储、使用、加工、传输、提

---

〔1〕　参见刘金瑞：《数据安全范式革新及其立法展开》，载《环球法律评论》2021 年第 1 期。

供、公开等，因此数据安全审查制度的审查对象是数据处理的全生命周期，只要是影响或可能影响国家安全的数据处理活动，都属于数据安全审查的对象。相较而言，2022 年《网络安全审查办法》也延用和坚持了这一审查对象的判定标准，并将数据安全审查纳入网络安全审查体系之中，规定凡是被网络安全审查工作机制成员单位认定为影响或者可能影响国家安全的数据处理活动，均应当进行安全审查。

因此，相关数据处理活动是否要接受数据安全审查，不但包括确定的涉及国家安全风险的数据处理活动，也包括尚未发生但是存在风险可能的相关数据处理活动，通过这种较为宽泛的数据安全审查对象范围，以达到确保国家安全的制度目标。这也从另一方面体现了数据安全审查制度的最高级别特点，也由此延伸出数据安全审查制度的比例原则和谦抑定位。数据安全审查制度是对于数据主体相关行为的直接干涉，并且由于其决定具有终局性，相关利益主体的寻求救济和纠正的方式较少。数据安全审查制度应当聚焦于国家安全保护，根据《国家安全法》第 2 条的规定，国家安全是指国家政权、主权、统一和领土完整、人民福祉、经济社会可持续发展和国家其他重大利益相对处于没有危险和不受内外威胁的状态，以及保障持续安全状态的能力。如果数据处理活动并未涉及国家安全或未达到国家安全的利益位阶，不应当过于扩大和泛化数据安全审查的范围，避免过度干预与国家利益无关的仅涉及个体利益（如企业数据竞争利益等）或团体利益（如行业性、地区性的数据竞争利益等）的数据处理活动。从这一角度而言，数据安全审查制度既不能放松国家安全保护的法律保护力度，坚持总体国家安全观，维护数据领域国家安全，又要准确把握国家安全风险，避免将各类数据风险以扩大解释等方式"装入"国家安全的"大篮子"。

（二）审查主体

《数据安全法》并未直接对有安全审查资格的主体作出规定。参考《网络安全审查办法》的相关规定，在中央网络安全和信息化委员会领导下，国家互联网信息办公室会同中华人民共和国国家发展和改革委员会、中华人民共和国工业和信息化部、中华人民共和国公安部、中华人民共和国国家安全部、中华人民共和国财政部、中华人民共和国商务部、中国人民银行、国家市场监督管理总局、国家广播电视总局、中国证券监督管理委员会、国家保密局、国家密码管理局建立国家网络安全审查工作机制。网络安全审查办公室设在国家互联网信息办公室，负责制定网络安全审查相关制度规范，组织网络安全审查。网络安全审查工作机制成员单位认为影响或者可能影响国家安全的网络产品和服务以及数据处理活动，由网络安全审查办公室按程序报中央网络安全和信息化委员会批准后，依照本办法的规定进行审查。因此，网络安全审查由网络安全审查办公室组织，由成员单位按程序报批后进行具体的审查工作。

值得注意的是，应当区分数据安全审查与数据安全评估两类制度。第一，立法依据不同。数据安全审查制度由《数据安全法》第 24 条确立，数据安全评估制度则由《数据安全法》第 18 条、第 22 条、第 30 条具体规定。根据《数据安全法》的规定，国家促进数据安全检测评估、认证等服务的发展，支持数据安全检测评估、认证等专业机构依法开展服务活动。国家支持有关部门、行业组织、企业、教育和科研机构、有关专业机构等在数据安全风险评估、防范、处置等方面开展协作。国家建立集中统一、高效权威的数据安全风险评估、报告、信息共享、监测预警机制。其中，重要数据的处理者应当按照规定对其数据处理活动定期开展风险评估，并向有关主管部门报送风险评估报告。第二，制度内容不同。不同于数据安全审查制度聚焦于影响或可能影响国家安全数据的数据处理活动，数据安全评估更具有常规性和广泛性。数据安全评估是对特定行业领域或主体单位涉及网络或数据安全风险及其应对措施进行评估，包括自行评估或第三方评估，可以吸收市场主体作为第三方力量进行补充，相较于安全审查的适用范围也更加广泛。第三，细化程度不同。基于《数据安全法》的规定，行业主管部门往往会在实践中根据本行业领域的实际情况，细化数据安全评估的具体规定。例如，《汽车数据安全管理若干规定（试行）》规定，国家网信部门和国务院发展改革、工业和信息化、公安、交通运输等有关部门依据职责，根据处理数据情况对汽车数据处理者进行数据安全评估。汽车数据处理者开展重要数据处理活动，应当按照规定开展风险评估，并向省、自治区、直辖市网信部门和有关部门报送风险评估报告。重要数据处理者因业务需要确需向境外提供的，应当通过国家网信部门会同国务院有关部门组织的安全评估。《工业和信息化领域数据安全管理办法（试行）》规定，工业和信息化部制定行业数据安全评估管理制度，开展评估机构管理工作。制定行业数据安全评估规范，指导评估机构开展数据安全风险评估、出境安全评估等工作。工业和信息化领域重要数据和核心数据处理者应当自行或委托第三方评估机构，每年对其数据处理活动至少开展一次风险评估，及时整改风险问题，并向本地区行业监管部门报送风险评估报告。同时，除了工业和信息化部之外，该办法还赋予地方行业监管部门负责组织开展本地区数据安全评估工作的权力。

（三）审查程序

目前《数据安全法》并未直接对数据安全审查应经的程序作出规定，但由于《网络安全审查办法》将数据处理行为纳入网络安全审查体系之中，属于《网络安全审查办法》所规定的数据处理活动，需要遵循该办法所规定的程序。

第一，审查程序的启动。审查程序包含主动申报审查与被动审查两种类型。由当事人自行申报数据安全审查，应当向网络安全审查办公室提交审查申报书、关于影响或者可能影响国家安全的分析报告、采购文件、协议、拟签订的合同或者拟提交的首次公开募股（IPO）等上市申请文件以及网络安全审查工作需要的其他材料。网络安全审查办公室认为需要开展安全审查工作的，应当向当事人发出书面通知。

第二，审查决议。当事人主动申报审查的，网络安全审查办公室自收到符合规定的审查申报材料之日起 10 个工作日内作出是否开展审查工作的决议，并以书面形式告知申请人。网络安全审查办公室认为需要开展安全审查工作的，应当自向当事人发出书面通知之日起 30 个工作日内完成初步审查，包括形成审查结论建议和将审查结论建议发送网络安全审查工作机制成员单位、相关部门征求意见；情况复杂的，可以延长 15 个工作日。网络安全审查工作机制成员单位和相关部门自收到审查结论建议之日起 15 个工作日内，以书面形式向网络安全审查办公室回复意见。

第三，审查结论。网络安全审查工作机制成员单位、相关部门意见一致的，网络安全审查办公室以书面形式将审查结论通知当事人；意见不一致的，按照特别审查程序处理，并通知当事人。按照特别审查程序处理的，网络安全审查办公室应当听取相关单位和部门意见，进行深入分析评估，再次形成审查结论建议，并征求网络安全审查工作机制成员单位和相关部门意见，按程序报中央网络安全和信息化委员会批准后，形成审查结论并书面通知当事人。特别审查程序一般应当在90个工作日内完成，情况复杂的可以延长。

上文所提到的网络和信息领域安全审查相关规定，具体可见下表。

表5-4 网络和信息领域安全审查相关规定

名称	性质	相关条款	关注重点
《数据安全法》	法律	第24条	（1）制度层面：由国家建立数据安全审查制度 （2）审查对象：凡是影响或者可能影响国家安全的数据处理活动都应当受到安全审查 （3）效力：依法作出的安全审查决定为最终决定
《网络安全审查办法》	部门规章	第16条	（1）审查主体：网络安全审查工作机制成员单位 （2）审查对象：影响或者可能影响国家安全的网络产品和服务以及数据处理活动 （3）审查程序：网络安全审查办公室按相关程序，报中央网络安全和信息化委员会批准后再行审查
《汽车数据安全管理若干规定（试行）》	部门规章	第15条	（1）审查主体：国家网信部门、国务院发展改革、工业和信息化、公安、交通运输等有关部门 （2）要求：评估中所涉的商业秘密、未公开信息应当保密 （3）其他：汽车数据处理者具有配合义务
《工业和信息化领域数据安全管理办法（试行）》	部门规范性文件	第24条、第33条	（1）审查主体：数据处理者、本地区行业监管部门、工业和信息化部在本领域内开展数据安全审查的相关工作 （2）审查内容：跨主体提供、转移、委托处理的核心数据 （3）审查程序：首先，由数据处理者评估安全风险，并采取必要保护措施；其次，本地区行业监管部门审查，后报工业和信息化部；最后，在国家数据安全工作协调机制的指导下，由工业和信息化部开展本领域内数据安全审查的相关工作

第五节　数据跨境安全管理制度

一、数据跨境安全管理制度概述

随着全球化的扩展和延伸，数据伴随社会经济活动流向全球的各个角落，数据跨境安全是数据安全保护的重要组成部分。跨境数据的内容和规模在不断变化，数据与国家经济运行和国家安全的紧密程度也在不断加深，因此，完善数据跨境安全管理制度在新时期同样关乎国家数据主权利益。

目前围绕数据跨境较为重要的行政法规、部门规章和规范性文件包括，《网络数据安全管理条例》《数据出境安全评估办法》《促进和规范数据跨境流动规定》《个人信息出境标准合同办法》以及《数据出境安全评估申报指南（第二版）》《个人信息出境标准合同备案指南（第二版）》等。数据处理者因业务需要向境外提供重要数据和个人信息的，应当遵守《数据出境安全评估办法》《个人信息出境标准合同办法》和《促进和规范数据跨境流动规定》有关规定。符合数据出境安全评估适用情形的，按照申报指南申报数据出境安全评估；通过与境外接收方订立个人信息出境标准合同的方式向境外提供个人信息的，按照备案指南向所在地省级网信部门备案。

严格意义上而言，数据跨境流动包括数据出境和数据入境两个方面，但二者对于一国安全和利益的影响完全不同，从维护国家数据安全的角度出发，数据出境是数据跨境流动制度的重点，数据跨境制度也以数据出境为核心关注，并以此为基础展开具体的制度构建。根据国家互联网信息办公室《数据出境安全评估办法》答记者问和《数据出境安全评估申报指南（第二版）》，数据出境活动包括以下情形：（1）数据处理者将在境内运营中收集和产生的数据传输至境外；（2）数据处理者收集和产生的数据存储在境内，境外的机构、组织或者个人可以查询、调取、下载、导出；（3）符合《个人信息保护法》第3条第2款情形，在境外处理境内自然人个人信息等其他数据处理活动。本节数据跨境安全管理制度部分，如无特殊说明，将数据跨境与数据出境等同讨论，数据跨境安全管理与数据出境安全管理为相同概念，并不做专门的特殊区分。

从逻辑上而言，数据跨境安全管理包括了数据主动出境和数据被动出境两种情况。

第一，数据主动出境是最为常见的数据跨境情形，一般与社会经济活动紧密相关。2016年《网络安全法》首次以国家法律形式明确了我国数据跨境流动的基本管理要求，规定"关键信息基础设施的运营者在中华人民共和国境内运营中收集和产生的个人信息和重要数据应当在境内存储。因业务需要，确需向境外提供的，应当按照国家网信部门会同国务院有关部门制定的办法进行安全评估；法律、行政法规另有规定的，依照其规定"。《数据安全法》在《网络安全法》的基础上针对重要数据的跨境流动管理进行了补充和完善，进一步规定"其他数据处理者在中华人民共和国境内运营中收集和产生的重要数据的出境安全管理办法，由国家网信部门会同国务院有关部门制定"。与此同时，《数据安全法》在《出口管制法》的基础上对与维护国家安全和利益、履行国际义务相关的属于管制物项的数据依法实施出口管制，并规定任何国家或者地区在与数据和数据开发利用技术等有关的投资、贸易等方面对中华人民共和国采取歧视性的禁止、限制或者其他类似措施的，可以根据实际情况对该国家或者地区对等采取措施。

第二，数据被动出境同样是数据跨境的情形之一，一般多存在于跨境数据证据调取等情形。对此，《数据安全法》第36条规定，"中华人民共和国主管机关根据有关法律和中华人民共和国缔结或者参加的国际条约、协定，或者按照平等互惠原则，处理外国司法或者执法机构关于提供数据的请求。非经中华人民共和国主管机关批准，境内的组织、个人不得向外国司法或者执法机构提供存储于中华人民共和国境内的数据。"

本节"数据跨境安全管理制度"的主要内容也将以数据主动出境与数据被动出境两种情形为区分，进一步展开制度内容的具体介绍。

二、数据跨境安全管理制度的主要内容

数字经济时代，数据要素跨境流通是国际经济文化等交流中不可或缺的重要组成部分。[1] 作为新型生产要素，便捷的数据流动、高质量的数据供给，是新质生产力发展的重要动力。新质生产力突破了传统的经济增长方式，必须多措并举，不断释放其活力。对此，《网络数据安全管理条例》第 39 条明确规定，"国家采取措施，防范、处置网络数据跨境安全风险和威胁。任何个人、组织不得提供专门用于破坏、避开技术措施的程序、工具等；明知他人从事破坏、避开技术措施等活动的，不得为其提供技术支持或者帮助"，为数据跨境安全管理明确了基本的红线。

（一）数据主动出境的安全管理制度

1. 数据主动出境的安全管理要求

以是否涉及特殊类型数据为区分，数据主动出境包含了一般性要求和特殊性要求。

第一，数据主动出境的一般性安全管理要求。从监管范围来看，《数据安全法》对于数据跨境问题的监管范围可以从两个方面来理解，即关键信息基础设施和重要数据。一方面，《数据安全法》，强调关键信息基础设施的运营者在境内运营中收集和产生的个人信息和重要数据出境适用《网络安全法》的规定；另一方面，对于其他的重要数据的出境管理，《数据安全法》授权国家网信部门会同有关部门制定出境安全管理办法，包括 2022 年 7 月国家互联网信息办公室发布的《数据出境安全评估办法》，2024 年 3 月国家互联网信息办公室发布的《促进和规范数据跨境流动规定》。另外，2024 年 9 月出台的《网络数据安全管理条例》第 5 章以专章形式规定了"网络数据跨境安全管理"。值得注意的是，虽然个人信息与数据的关系在现有法律中没有明确规定，但从立法和监管实践来看，尤其是在数据监管领域，监管部门是把个人信息作为数据的重要组成部分进行统一监管的。因此，从当前我国数据跨境管理的整体框架来看，以《网络安全法》《数据安全法》《个人信息保护法》（以下简称"三法"）为核心构建了跨境数据流动监管的顶层设计，并与特定行业的法律法规和管理规定一同明确了数据跨境流动的相关要求。关于特定行业法的数据跨境管理要求，则是针对数据跨境的特殊性安全管理要求。

《促进和规范数据跨境流动规定》明确了数据出境安全评估、个人信息出境标准合同、个人信息保护认证的豁免情形：一是国际贸易、跨境运输、学术合作、跨国生产制造和市场营销等活动中收集和产生的数据向境外提供，不包含个人信息或者重要数据的。二是在境外收集和产生的个人信息传输至境内处理后向境外提供，处理过程中没有引入境内个人信息或者重要数据的。三是为订立、履行个人作为一方当事人的合同，如跨境购物、跨境寄递、跨境汇款、跨境支付、跨境开户、机票酒店预订、签证办理、考试服务等，确需向境外提供个人信息的。四是按照依法制定的劳动规章制度和依法签订

---

〔1〕 参见赵精武：《论数据出境评估、合同与认证规则的体系化》，载《行政法学研究》2023 年第 1 期。

的集体合同实施跨境人力资源管理，确需向境外提供员工个人信息的。五是紧急情况下为保护自然人的生命健康和财产安全，确需向境外提供个人信息的。六是关键信息基础设施运营者以外的数据处理者自当年 1 月 1 日起累计向境外提供不满 10 万人个人信息（不含敏感个人信息）的。其中，第 3 种至第 6 种条件所称向境外提供的个人信息，不包括被相关部门、地区告知或者公开发布为重要数据的个人信息。

第二，数据主动出境的特殊性安全管理要求。除了"三法"关于数据跨境流动的一般性规定以外，还有许多特定行业法围绕数据跨境流动进行了具体的规定，包括国家秘密相关数据、征信数据、出口管制物项数据、地图数据、汽车数据、卫生健康数据、人类遗传资源数据、金融数据等方面。关于数据主动出境的特殊性安全要求包括了不同具体措施，例如，禁止出境、批准后出境、境内存储等。以禁止出境和审批出境要求为例，《数据安全法》规定，关键信息基础设施的运营者在中华人民共和国境内运营中收集和产生的重要数据的出境安全管理，适用《网络安全法》的规定；其他数据处理者在中华人民共和国境内运营中收集和产生的重要数据的出境安全管理办法，由国家网信部门会同国务院有关部门制定。《保守国家秘密法》确立了禁止国家秘密载体出境的情况，规定邮寄、托运国家秘密载体出境，或者未经有关部门批准，携带、传递国家秘密载体出境的，依法给予处分，构成犯罪的，依法追究刑事责任。以境内存储要求为例，《征信业管理条例》规定，征信机构对在中国境内采集的信息的整理、保存和加工，应当在中国境内进行。《地图管理条例》规定互联网地图服务单位应当将存放地图数据的服务器设在中华人民共和国境内，并制定互联网地图数据安全管理制度和保障措施。《汽车数据安全管理若干规定（试行）》要求重要数据应当依法在境内存储，因业务需要确需向境外提供的，应当通过国家网信部门会同国务院有关部门组织的安全评估。此外，《人类遗传资源管理条例》《人口健康信息管理办法（试行）》《银行业金融机构反洗钱和反恐怖融资管理办法》《中国人民银行金融消费者权益保护实施办法》《商业银行互联网贷款管理暂行办法》等都对具体场景下的数据出境提出了细化规定。

2. 数据主动出境的安全管理措施

数据主动出境安全管理措施的相关规定主要见于《数据安全法》《网络安全法》《个人信息保护法》以及相关配套的行政法规、部门规章和规范性文件，包括《网络数据安全管理条例》《个人信息出境标准合同办法》《数据出境安全评估办法》《关于实施个人信息保护认证的公告》《促进和规范数据跨境流动规定》等。根据以上法律法规以及相关规定，数据出境合法路径包括安全评估、个人信息保护认证、国家网信部门制定的标准合同以及法律、行政法规或者国家网信部门规定的其他条件四种渠道。本节主要围绕前三种路径具体展开，这三种安全管理措施互为补充，共同构成数据主动出境的安全监管工具体系。安全评估主要针对拟出境的重要数据，关键信息基础设施运营者处理的个人信息，大规模的个人信息等特殊情形，其本质是一种行政许可。《数据出境安全评估办法》适用范围外的个人信息处理者的数据出境情形，可以通过个人信息保护认证或者签订国家网信部门制定的标准合同来满足个人信息跨境提供条件，便利个人信息处理者依法开展数据出境活动。[1]其中，标准合同采用合同与备案相结合的方式，其意旨在尽可能促进个人信息依法有序自由的流动；保护认证采用第三方认证的方式，是社会化服务在个人信息保护和数据安全领域的具体体现。

第一，安全评估。数据出境安全评估主要依据《数据安全评估办法》。《网络数据安全管理条例》第 37 条规定："网络数据处理者在中华人民共和国境内运营中收集和产生的重要数据确需向境外提供的，应当通过国家网信部门组织的数据出境安全评估。网络数据处理者按照国家有关规定识别、申报重要数据，但未被相关地区、部门告知或者公开发布为重要数据的，不需要将其作为重要数据申报数据出境安全评估。"《数据出境安全评估办法》于 2022 年 7 月公布，是完善数据安全保护顶层制度设计的重要配套性规定，为数据跨境流动提供了最为重要的合规指引。《促进和规范数据跨境流动规定》于 2024 年 3 月公布，对现有数据出境安全评估、个人信息出境标准合同、个人信息保护认证等数据出境制度的实施和衔接作出进一步明确，适当放宽数据跨境流动条件，适度收窄数据出境安全评估范围。《数据出境安全评估办法》《个人信息出境标准合同办法》相关规定与《促进和规范数据跨境流动规定》不一致的，适用《促进和规范数据跨境流动规定》。

数据处理者向境外提供数据应当通过所在地省级网信部门向国家网信部门申报数据出境安全评估的情形包括：（1）数据处理者向境外提供重要数据；（2）关键信息基础设施运营者和处理 100 万人以上个人信息的数据处理者向境外提供个人信息；（3）自上年 1 月 1 日起累计向境外提供 10 万人个人信息或者 1 万人敏感个人信息的数据处理者向境外提供个人信息；（4）国家网信部门规定的其他需要申报数据出境安全评估的情形。因此，数据安全评估的主体不仅限于重要数据处理者，还包括关键信息基础设施运营者以及达到一定数量的个人信息处理者。数据处理者应当按照相关规定识别、申报重要数据。未被相关部门、地区告知或者公开发布为重要数据的，数据处理者不需要作为重要数据申报数据出境安全评估。

数据处理者在申报数据出境安全评估前，应当开展数据出境风险自评估，即事前评估。评估应当至少包括以下重点事项：（1）数据出境和境外接收方处理数据的目的、范围、方式等的合法性、正当性、必要性；（2）出境数据的规模、范围、种类、敏感程度，数据出境可能对国家安全、公共利益、个人或者组织合法权益带来的风险；（3）境外接收方承诺承担的责任义务，以及履行责任义务的管理和技术措施、能力等能否保障出境数据的安全；（4）数据出境中和出境后遭到篡改、破坏、泄露、丢失、转移或者被非法获取、非法利用等的风险，个人信息权益维护的渠道是否通畅等；（5）与境外接收方拟订立的数据出境相关合同或者其他具有法律效力的文件等（以下统称法律文件）是否充分约定了数据安全保护责任义务；（6）其他可能影响数据出境安全的事项。自评估之后形成《数据出境风险自评估报告》，该报告是数据出境安全评估申报材料的重要组成部分。对于该报告的模板可参见国家互联网信息办公室发布的数据出境安全评估申报指南

---

[1]《〈数据出境安全评估办法〉答记者问》，载人民网。

（第二版）的附件材料。

省级网信办在数据处理者提交申报材料之日起 5 个工作日内完成申报材料的完备性查验，并向数据处理者告知查验结果。通过完备性查验的，省级网信办将申报材料提请国家网信办受理；未通过完备性查验的，省级网信办向数据处理者告知未通过完备性查验原因。国家网信办自收到省级网信办提交的申报材料之日起 7 个工作日内，确定是否受理并书面通知数据处理者。需要补充或者更正申报材料的，数据处理者应当按照告知要求及时补充或者更正材料。无正当理由不补充或者更正申报材料的，国家网信办可以终止安全评估。情况复杂或者需要补充、更正材料的，国家网信办可以适当延长评估时间，并告知数据处理者预计延长的时间。评估完成后，国家网信办向数据处理者出具评估结果通知书。数据处理者应当按照数据出境安全管理相关法律法规和评估结果通知书的有关要求，规范相关数据出境活动。数据处理者对评估结果有异议的，可以在收到评估结果通知书 15 个工作日内向国家网信办申请复评，复评结果为最终结论。

企业申报数据出境安全评估的结果有三种情形：一是申报不予受理。对于不属于安全评估范围的，数据处理者接到国家网信部门不予受理的书面通知后，可以通过法律规定的其他合法途径开展数据出境活动。二是通过安全评估。数据处理者可以在收到通过评估的书面通知后，严格按照申报事项开展数据出境活动。三是未通过安全评估。未通过数据出境安全评估的，数据处理者不得开展所申报的数据出境活动。通过数据出境安全评估的结果有效期为 2 年，自评估结果出具之日起计算。有效期届满，需要继续开展数据出境活动的，应当在有效期届满 60 个工作日前重新申报评估。

通过数据出境安全评估的结果有效期为 3 年，自评估结果出具之日起计算。有效期届满，需要继续开展数据出境活动且未发生需要重新申报数据出境安全评估情形的，数据处理者可以在有效期届满前 60 个工作日内通过所在地省级网信部门向国家网信部门提出延长评估结果有效期申请。经国家网信部门批准，可以延长评估结果有效期 3 年。

通过数据出境安全评估后，网络数据处理者向境外提供个人信息和重要数据的，不得超过评估时明确的数据出境目的、方式、范围和种类、规模等。

第二，标准合同。涉及个人信息的数据出境标准合同主要依据《个人信息出境标准合同办法》。《个人信息出境标准合同办法》于 2023 年 2 月公布，通过提供标准合同文本，明确了个人信息处理者的备案义务。按照国家网信部门制定的标准合同与境外接收方订立合同向境外提供个人信息是个人信息跨境提供的重要渠道，也是相比于安全评估对企业负担更小的方式。根据该办法第四条的规定，个人信息处理者同时符合下列情形的，可以通过签订标准合同的方式向境外提供个人信息：（1）非关键信息基础设施运营者；（2）处理个人信息不满 100 万人的；（3）自上年 1 月 1 日起累计向境外提供未达到 10 万人个人信息的；（4）自上年 1 月 1 日起累计向境外提供未达到 1 万人敏感个人信息的。省级网信办应当自个人信息处理者提交备案材料之日起 15 个工作日内完成材料查验，并向符合备案要求的个人信息处理者发放备案编号。需要补充完善材料的，个人信息处理者应当在 10 个工作日内提交补充完善材料；逾期未补充完善材料的，可以终止本次备案程序。在标准合同有效期内出现下列情形之一的，个人信息处理者应当重新开展个人信息保护影响评估，补充或者重新订立标准合同，并履行相应备案手续：（1）向境外提供个人信息的目的、范围、种类、敏感程度、方式、保存地点或者境外接收方处理个人信息的用途、方式发生变化，或者延长个人信息境外保存期限的；（2）境外接收方所在国家或者地区的个人信息保护政策和法规发生变化等可能影响个人信息权益的；（3）可能影响个人信息权益的其他情形。个人信息处理者在标准合同有效期内补充订立标准合同的，应当向所在地省级网信办提交补充材料；重新订立标准合同的，应当重新备案。补充或者重新备案的材料查验时间为15个工作日。

第三，保护认证。涉及个人信息的数据保护认证主要依据《关于实施个人信息保护认证的公告》。《个人信息保护认证实施规则》于2022年11月通过，规定了对个人信息处理者开展个人信息收集、存储、使用、加工、传输、提供、公开、删除以及跨境等处理活动进行认证的基本原则和要求。根据该规则，个人信息处理者应当符合《GB/T 35273—2020 信息安全技术 个人信息安全规范》的要求，对于开展跨境处理活动的个人信息处理者，还应当符合《网络安全标准实践指南——个人信息跨境处理活动安全认证规范》的要求，从认证依据、认证主体、认证模式、实施程序等方面构建了基本的认证实施框架。但是，目前暂未量化适用范围，实践中一般认为，可以参考标准合同的适用情形执行。

关于数据出境安全评估、个人信息出境标准合同、个人信息保护认证制度之间的关系，对于重要数据的出境活动和符合应当申报数据出境安全评估条件的个人信息出境活动，必须通过数据出境安全评估。对于未达到数据出境安全评估申报条件的个人信息出境活动，个人信息处理者可以结合自身情况，选择订立个人信息出境标准合同或者通过个人信息保护认证的方式。符合免予订立个人信息出境标准合同、通过个人信息保护认证条件的，个人信息处理者无须履行相关程序。

（二）数据被动出境的安全管理制度

1. 数据被动出境的安全管理要求

除了当事人为经济社会活动主动向境外提供数据之外，《数据安全法》第36条针对可能的域外法律适用所导致的冲突管辖及其所涉及的跨境证据调取问题，提出了相应的法律规范要求。《数据安全法》针对境外机构调取境内数据的规定旨在适应当前形势发展的需要，体现了我国监管部门对于境内主体向境外司法、执法机构合法合规提供数据的高度重视，同时也与当前严峻国际环境息息相关。一方面，《数据安全法》明确了我国司法、执法国际合作的基本原则，即由中华人民共和国主管机关根据有关法律和中华人民共和国缔结或者参加的国际条约、协定，或者按照平等互惠原则，处理外国司法或者执法机构关于提供数据的请求。另一方面，《数据安全法》明确了处理域外数据调取的基本要求，即非经中华人民共和国主管机关批准，境内的组织、个人不得向外国司法或者执法机构提供存储于中华人民共和国境内的数据。与此同时，国内相关法律法规也存在针对特定场景下"域外数据调取"的相关规定。例如，《国际刑事司法协助法》第4条规定，"非经中华人民共和国主管机关同意，外国机构、组织和个人不得在中华人民共和国境内进行本法规定的刑事诉讼活动，中华人民共和国境内的机构、组织和个人不得向外国提供证据材料和本法规定的协助";《证券法》第 177 条规定，"境外证券监督管理机构不得在中华人民共和国境内直接进行调查取证等活动。未经国务院证券监督管理机构和国务院有关主管部门同意，任何单位和个人不得擅自向境外提供与证券业务活动有关的文件和资料";《个人信息保护法》第 41 条规定，"中华人民共和国主管机关根据有关法律和中华人民共和国缔结或者参加的国际条约、协定，或者按照平等互惠原则，处理外国司法或者执法机构关于提供存储于境内个人信息的请求。非经中华人民共和国主管机关批准，个人信息处理者不得向外国司法或者执法机构提供存储于中华人民共和国境内的个人信息";《工业和信息化领域数据安全管理办法（试行）》第 21 条规定，"工业和信息化部根据有关法律和中华人民共和国缔结或者参加的国际条约、协定，或者按照平等互惠原则，处理外国工业、电信、无线电执法机构关于提供工业和信息化领域数据的请求。非经工业和信息化部批准，工业和信息化领域数据处理者不得向外国工业、电信、无线电执法机构提供存储于中华人民共和国境内的工业和信息化领域数据";等等。

2. 数据被动出境的安全管理措施

结合《数据安全法》《国际刑事司法协助法》《证券法》《个人信息保护法》等法律规定，关于境外调取数据等数据被动出境的情形，应当遵循以下程序进行：首先，由有关主管机关根据有关法律和我国缔结或者参加的国际条约、协定来处理。其次，根据不同请求的类型分别予以处理。一是对于外国提出的刑事司法协助的请求，应当依照刑事司法协助条约的规定提出请求书，没有条约或者条约没有规定的，应当在请求书中载明有关事项并附相关材料，请求应当向我国对外联系机关提出，对外联系机关在收到外国的请求后应当依法进行审查；符合要求的转送有关机关处理。二是对于民事诉讼方面的请求，应当依照我国缔结或者参加的国际条约、协定所规定的途径进行，没有条约关系的通过外交途径进行。三是对于有关行政执法方面的请求，目前在反洗钱、税收方面有相关的国际条约、协定，在证券监管等领域我国与有关国家签订了行政执法合作方面的协议。最后，无论是国际司法协助，还是国际行政执法协助，依照我国法律和有关国际条约、协定，均应通过有关主管机关进行。[1]

第六节 法律责任

《数据安全法》的立法目的是规范数据处理活动，保障数据安全，促进数据开发利用，保护个人、组织的合法权益，维护国家主权、安全和发展利益。《数据安全法》第 6 章规定了数据安全保护相关法律责任，以专章形式明确了违反数据安全保护法律法规可能要承担的法律责任，其条文与《数据安全法》所规定的数据安全保护义务——

---

〔1〕 参见杨合庆主编：《中华人民共和国个人信息保护法释义》，法律出版社 2021 年版，第 107—108 页。

对应，体现了《数据安全法》法律责任体系的体系性和严密性。《网络数据安全管理条例》第 8 章"法律责任"则在《数据安全法》的基础上，进一步细化了网络数据处理者违反条例规定应承担的法律责任。本节将主要基于《数据安全法》介绍数据安全保护相关法律责任体系，具体包括数据安全相关的民事法律责任、行政法律责任和刑事法律责任。

一、数据安全保护相关民事法律责任

数据安全保护相关民事法律责任主要见于两个方面，一是民事基本法律中关于数据安全保护的相关规定，二是《数据安全法》等特别法中关于数据安全保护民事法律责任的特殊规定。

第一，民事基本法律中关于数据保护的相关规定。《民法典》为数据安全保护相关民事法律责任明确了概括性保护。《民法典》第 127 条确立了对数据、网络虚拟财产的保护规则，"法律对数据、网络虚拟财产的保护有规定的，依照其规定"。同时，《民法典》第 111 条规定："自然人的个人信息受法律保护。任何组织或者个人需要获取他人个人信息的，应当依法取得并确保信息安全，不得非法收集、使用、加工、传输他人个人信息，不得非法买卖、提供或者公开他人个人信息。"《民法典》在第 4 编人格权编第 6 章专章规定了隐私权和个人信息保护，明确了个人信息的定义、个人信息的处理原则和条件、处理个人信息的免责事由、自然人查阅、复制、更正删除个人信息的权利、信息处理者的信息安全保护义务、未经同意不得对外提供个人信息等内容，同样也是数据安全保护民事法律责任的重要方面。

第二，特别法中关于数据保护民事法律责任的特殊规定。《数据安全法》的第 51 条和第 52 条规定了数据安全保护相关民事法律责任的具体内容。《数据安全法》第 51 条规定："窃取或者以其他非法方式获取数据，开展数据处理活动排除、限制竞争，或者损害个人、组织合法权益的，依照有关法律、行政法规的规定处罚。"第 52 条规定："违反本法规定，给他人造成损害的，依法承担民事责任。"《数据安全法》对于数据相关民事法律责任的立法方式是采取了指向性规定，即指向具体的数据相关侵权行为，并根据相关法律、行政法规的规定进行法律评价。例如，《著作权法》第 15 条规定："汇编若干作品、作品的片段或者不构成作品的数据或者其他材料，对其内容的选择或者编排体现独创性的作品，为汇编作品，其著作权由汇编人享有，但行使著作权时，不得侵犯原作品的著作权。"如果侵害了数据相关知识产权，应当根据《著作权法》相关的具体规定，承担侵犯他人知识产权的民事法律责任。

根据《民法典》的规定，民事责任承担侵权责任的主要方式包括停止侵害、排除妨碍、消除危险、返还财产、恢复原状、赔偿损失、赔礼道歉、消除影响、恢复名誉等。这些民事侵权责任的承担方式可以单独适用，也可以合并适用，这在数据安全保护相关民事责任的承担中是一体遵循的。

二、数据安全保护相关行政法律责任[1]

（一）数据安全保护相关行政法律责任的相关规定

《数据安全法》所规定的行政法律责任主要包括以下内容：

第 44 条规定："有关主管部门在履行数据安全监管职责中，发现数据处理活动存在较大安全风险的，可以按照规定的权限和程序对有关组织、个人进行约谈，并要求有关组织、个人采取措施进行整改，消除隐患。"

第 45 条规定："开展数据处理活动的组织、个人不履行本法第二十七条、第二十九条、第三十条规定的数据安全保护义务的，由有关主管部门责令改正，给予警告，可以并处五万元以上五十万元以下罚款，对直接负责的主管人员和其他直接责任人员可以处一万元以上十万元以下罚款；拒不改正或者造成大量数据泄露等严重后果的，处五十万元以上二百万元以下罚款，并可以责令暂停相关业务、停业整顿、吊销相关业务许可证或者吊销营业执照，对直接负责的主管人员和其他直接责任人员处五万元以上二十万元以下罚款。违反国家核心数据管理制度，危害国家主权、安全和发展利益的，由有关主管部门处二百万元以上一千万元以下罚款，并根据情况责令暂停相关业务、停业整顿、吊销相关业务许可证或者吊销营业执照；构成犯罪的，依法追究刑事责任。"

第 46 条规定："违反本法第三十一条规定，向境外提供重要数据的，由有关主管部门责令改正，给予警告，可以并处十万元以上一百万元以下罚款，对直接负责的主管人员和其他直接责任人员可以处一万元以上十万元以下罚款；情节严重的，处一百万元以上一千万元以下罚款，并可以责令暂停相关业务、停业整顿、吊销相关业务许可证或者吊销营业执照，对直接负责的主管人员和其他直接责任人员处十万元以上一百万元以下罚款。"

第 47 条规定："从事数据交易中介服务的机构未履行本法第三十三条规定的义务的，由有关主管部门责令改正，没收违法所得，处违法所得一倍以上十倍以下罚款，没有违法所得或者违法所得不足十万元的，处十万元以上一百万元以下罚款，并可以责令暂停相关业务、停业整顿、吊销相关业务许可证或者吊销营业执照；对直接负责的主管人员和其他直接责任人员处一万元以上十万元以下罚款。"

第 48 条规定："违反本法第三十五条规定，拒不配合数据调取的，由有关主管部门责令改正，给予警告，并处五万元以上五十万元以下罚款，对直接负责的主管人员和其他直接责任人员处一万元以上十万元以下罚款。违反本法第三十六条规定，未经主管机关批准向外国司法或者执法机构提供数据的，由有关主管部门给予警告，可以并处十万元以上一百万元以下罚款，对直接负责的主管人员和其他直接责任人员可以处一万元以上十万元以下罚款；造成严重后果的，处一百万元以上五百万元以下罚款，并可以责令暂停相关业务、停业整顿、吊销相关业务许可证或者吊销营业执照，对直接负责的主管人员和其他直接责任人员处五万元以上五十万元以下罚款。"

---

〔1〕 参见周辉主编：《数据安全法律实务教程》，法律出版社 2024 年版，第 247—254 页。

第 49 条规定："国家机关不履行本法规定的数据安全保护义务的，对直接负责的主管人员和其他直接责任人员依法给予处分。"

第 50 条规定："履行数据安全监管职责的国家工作人员玩忽职守、滥用职权、徇私舞弊的，依法给予处分。"

第 51 条规定："窃取或者以其他非法方式获取数据，开展数据处理活动排除、限制竞争，或者损害个人、组织合法权益的，依照有关法律、行政法规的规定处罚。"

第 52 条第 2 款规定："违反本法规定，构成违反治安管理行为的，依法给予治安管理处罚；构成犯罪的，依法追究刑事责任。"

（二）数据安全保护相关行政法律责任的具体类型

《数据安全法》第 6 章"法律责任"中列举了数据安全保护可能涉及的行政处罚方式，包括责令改正、警告、罚款以及暂停相关业务、停业整顿、吊销相关业务许可证或者吊销营业执照等。

第一，责令改正。责令改正根据不同的违法行为和实际情况有着不同的表现形式，需要结合违法行为的具体情况，并根据法律法规和规章的规定进行具体判定。在实践中，较为常见的责令改正的变体形式，包括限期清除、责令停止侵权、限期完善设施等形式。[1]依照《数据安全法》中对数据处理的定义，整个过程包括数据的收集、存储、使用、加工、传输、提供、公开等流程，在不同的流程环节中，"责令改正"的具体内容也并不相同，应当由行政机关依据法定义务对违法行为作出具体指令。

第二，警告。行政处罚中的警告是一种较轻的处罚形式，是行政机关对违法者的一种正式的告诫或谴责，通常适用于行为主体违法违规情节较轻、尚未造成严重后果的情况，行政机关通过发出警告，促使其认识到错误并及时纠正。但是警告同样具有法律约束力，通常而言，如果行为主体在受到警告后仍拒不改正的，将可能面临更加严厉的处罚。因此，警告既是行政机关及时纠正违法行为的处罚措施，也是防止出现更严重后果或进一步危害的预防手段。此外，也有观点认为警告是一种名誉罚，会产生名誉减损或降低社会评价的法律效果，但是从实践来看，这更像是一种"行政指导的事实行为"，除非是公开警告，才能在一定程度上起到名誉罚的效果。[2]

第三，罚款。罚款是数据相关行政执法实践中较为常见的一种行政处罚方式，是行政机关根据法律法规的规定，在授权范围内针对违法违规行为进行经济性制裁的财产罚。[3]通常而言，罚款对于执法机关而言具有易于掌握和执行、责任明确等客观优点，但是也同样面临着威慑困境、溢出效应、价值虚化等困境，存在一定的现实局限性[4]在实践中，对于此类行政处罚手段适用最多，而且往往与警告和责令整改同时出现。

第四，暂停相关业务、停业整顿、吊销相关业务许可证或者吊销营业执照。通常而言，数据相关违法行为造成严重后果的，应当承担更重的法律责任。《数据安全法》对

---

〔1〕 参见李孝猛：《责令改正的法律属性及其适用》，载《法学》2005 年第 2 期。

〔2〕 参见朱芒：《作为行政处罚一般种类的"通报批评"》，载《中国法学》2021 年第 2 期。

〔3〕 参见李惠宗：《行政法要义》，元照出版公司 2009 年版，第 462—463 页。

〔4〕 参见谭冰霖：《单位行政违法双罚制的规范建构》，载《法学》2020 年第 8 期。

严重的数据违法行为进行了细化规定，例如第 45 条第 1 款规定的加重情节："拒不改正或者造成大量数据泄露等严重后果"；第 45 条第 2 款规定的"违反国家核心数据管理制度，危害国家主权、安全和发展利益的"；第 46 条规定的"向境外提供重要数据"，情节严重的；等等。其中对于加重情节的判断，首先应当判断其是否存在违法行为，在存在违法行为的情况下进而判断是否存在加重情节。暂停相关业务、停业整顿、吊销相关业务许可证或者吊销营业执照在性质上属于行政处罚中的资格罚，最后的表现结果是对当事人行为的限制或者剥夺。[1] 对于罚款以外的其他类型处罚，如没收违法所得、暂扣或吊销许可证等，原则上可以并处，但不同类型的行政处罚并处并不存在重复处罚的问题，反而充分发挥不同类型处罚在制裁效果上的不同优势和特点，更有利于行政目的的实现。[2]

值得注意的是，《数据安全法》第 44 条规定了数据安全保护监督管理的约谈制度行政约谈是行政主体在职权范围内，针对行政相对人出现或可能出现的问题，通过约见其法定代表人或主要负责人进行诫勉谈话的方式，达到警示和防范作用的一种行政行为。行政约谈具有非处分性、非惩罚性和非强制性，不同于行政处罚和行政强制等传统措施，它体现了行政机关柔性执法的创新监管方式，具有促进沟通、提高行政执法效率、降低行政监管成本等优点。行政约谈实现了行政监管方式由事后的处罚打击型向事前的服务监管型的转变，有利于推动服务型政府的建设，[3] 维护行政相对人合法权益，充分调度和利用社会资源。[4] 根据《数据安全法》第 44 条触发行政约谈的法定情形是"发现数据处理活动存在较大安全风险"，有权进行行政约谈的主体是负有数据安全保护监督管理职责的相关主管部门，即根据《数据安全法》第 6 条规定，工业、电信、交通、金融、自然资源、卫生健康、教育、科技等主管部门以及公安机关、国家安全机关、国家网信部门都有权依照本法和有关法律、行政法规的规定在各自职责范围内开展相关监管工作。目前运行较为成熟、实践较为丰富的行政约谈是互联网信息内容监管约谈，可以作为数据安全保护相关行政执法实践中健全和完善行政约谈制度的有益参考。2015 年 4 月 28 日国家互联网信息办公室发布《互联网新闻信息服务单位约谈工作规定》，进一步规范互联网领域的行政约谈制度，推动行政约谈成为互联网信息内容监管领域的主要规制工具。[5]

与此同时，《网络数据安全管理条例》进一步规定了从轻、减轻或者不予行政处罚的情形。《网络数据安全管理条例》第 59 条规定："网络数据处理者存在主动消除或者减轻违法行为危害后果、违法行为轻微并及时改正且没有造成危害后果或者初次违法且危害后果轻微并及时改正等情形的，依照《中华人民共和国行政处罚法》的规定从轻、减轻或者不予行政处罚。"

---

〔1〕 参见黄海华：《行政处罚的重新定义与分类配置》，载《华东政法大学学报》2020 年第 4 期。
〔2〕 参见马怀德：《〈行政处罚法〉修改中的几个争议问题》，载《华东政法大学学报》2020 年第 4 期。
〔3〕 参见徐永涛、林树金：《我国行政约谈的理论基础及法治化》，载《东岳论丛》2014 年第 12 期。
〔4〕 参见邢鸿飞、吉光：《行政约谈刍议》，载《江海学刊》2014 年第 4 期。
〔5〕 参见朱新力、李芹：《行政约谈的功能定位与制度构建》，载《国家行政学院学报》2018 年第 4 期。

（三）数据安全保护相关行政法律责任的实现方式

1. 数据安全行政执法主体

数据安全保护领域，结合《数据安全法》等相关规定以及当前的执法实践可以看出，相关行政执法事项主要由网信部门、工信部门、公安机关以及国家安全机关负责。

第一，网信部门。2018年3月，中共中央印发了《深化党和国家机构改革方案》，将中央网络安全和信息化领导小组改为中共中央网络安全和信息化委员会，中央网信办为该委员会的办事机构。国家网信办，即中华人民共和国国家互联网信息办公室，是经国务院批准设立的互联网信息监管机构。2014年8月，国务院发布了《关于授权国家互联网信息办公室负责互联网信息内容管理工作的通知》，授权国家互联网信息办公室负责全国互联网信息内容管理工作，并负责监督管理执法。《网络安全法》第8条、第23条、第35条、第37条、第39条、第50条、第51条、第53条规定了国家网信部门在统筹协调网络安全工作、相关监督管理工作方面的具体职能。《个人信息保护法》第60条明确了国家网信部门在个人信息保护领域统筹协调个人信息保护工作和相关监督管理工作的职责。《数据安全法》系统规定了网信部门数据安全保护和执法监督中的职责和分工，其中第6条第4款规定"国家网信部门依照本法和有关法律、行政法规的规定，负责统筹协调网络数据安全和相关监管工作"；第31条规定"关键信息基础设施的运营者在中华人民共和国境内运营中收集和产生的重要数据的出境安全管理，适用《中华人民共和国网络安全法》的规定；其他数据处理者在中华人民共和国境内运营中收集和产生的重要数据的出境安全管理办法，由国家网信部门会同国务院有关部门制定"。2023年3月18日，国家互联网信息办公室发布《网信部门行政执法程序规定》，自2023年6月1日起施行。该规定进一步规范和保障网信部门依法履行职责，明确网信部门行政执法的管辖和适用、行政处罚程序、执行和结案等内容。

第二，工信部门。工业和信息化部是主管信息化事务的国务院组成部门，职责主要由工业和信息化部网络安全和信息化领导小组及工业和信息化领域数据安全工作机制承担。工业和信息化领域数据安全工作机制具体工作由工业和信息化部网络安全管理局牵头承担，主要职责包括承担电信网、互联网网络数据和用户信息安全保护管理工作等方面。地方工业和信息化主管部门主要包括各省、自治区、直辖市及计划单列市、新疆生产建设兵团工业和信息化主管部门，各省、自治区、直辖市通信管理局和无线电管理机构，负责组织开展本地区本领域职责范围内的数据安全保护相关工作。

第三，公安机关。2018年11月1起正式施行的《公安机关互联网安全监督检查规定》则成为公安部门进行网络安全监督检查的执法依据。根据《公安机关互联网安全监督检查规定》，互联网安全监督检查工作由县级以上地方人民政府公安机关网络安全保卫部门组织实施。上级公安机关应当对下级公安机关开展互联网安全监督检查工作情况进行指导和监督。其中，网安部门的大致层级为：中央设公安部网络安全保卫局，省（自治区、直辖市）级设网络安全保卫总队，地市级设网络安全保卫大队，区县级设网络安全保卫大队，各派出所不设网安保卫部门。《数据安全法》赋予公安机关有权依照法律、行政法规的规定，在职责范围内承担数据安全监管职责，这也为公安机关打击和惩治数据安全相关违法犯罪行为提供了明确的法律依据。

第四，国家安全机关。《数据安全法》是《国家安全法》总体国家安全观在数据领域的具体体现，中央国家安全领导机构负责国家数据安全工作的决策和议事协调，统筹协调国家数据安全的重大事项重要工作。因此，国家安全机关有权依照法律、行政法规的规定，对数据领域中危害或可能危害国家安全的行为实施监督管理。

各有关主管部门承担本行业、本领域网络数据安全监督管理职责，应当明确本行业、本领域网络数据安全保护工作机构，统筹制定并组织实施本行业、本领域网络数据安全事件应急预案，定期组织开展本行业、本领域网络数据安全风险评估，对网络数据处理者履行网络数据安全保护义务情况进行监督检查，指导督促网络数据处理者及时对存在的风险隐患进行整改。

2. 数据安全行政执法程序

近年来，数据安全领域行政执法相关规定进一步完善。2017 年 5 月，国家网信办发布了《互联网信息内容管理行政执法程序规定》，从规章层面将互联网信息内容管理的执法工作进行了程序上的统一协调安排。其中《互联网信息内容管理行政执法程序规定》第 21 条和第 29 条分别对"网络巡查"和"远程取证"等新型执法手段作了规定，在针对互联网领域的行政执法实践中更加具有可操作性。2023 年 3 月 18 日国家网信办公布了《网信部门行政执法程序规定》，自 2023 年 6 月 1 日起施行。《网信部门行政执法程序规定》对 2017 年 5 月 2 日公布的《互联网信息内容管理行政执法程序规定》进行了全面修订，规定了网信部门行政执法地域管辖、级别管辖、指定管辖、移送管辖等制度，明确了"一事不二罚"原则，是对近年来网信执法领域取得的诸多改革成果予以确认和巩固。以下主要结合《网信部门行政执法程序规定》介绍数据安全行政执法程序的相关内容。

第一，构建刚柔并济、安全与自由相平衡的监管体系和执法程序。一方面，确立了行政处罚前可以实施约谈的程序性规定。根据《网信部门行政执法程序规定》第 38 条的规定，网信部门对当事人作出行政处罚决定前，可以根据有关规定对其实施约谈，谈话结束后制作执法约谈笔录。这一规定能够对一些存在风险或风险可能、但尚未造成危害后果的数据活动起到引导和规范的作用，通过柔性手段化解数据安全风险，为产业创新和健康发展预留空间。另一方面，明确行政执法主体和管辖。在执法主体方面，网信部门实施行政处罚等行政执法，是指国家互联网信息办公室和地方互联网信息办公室。在管辖方面，行政处罚由违法行为发生地的网信部门管辖。其中，考虑到网络违法行为与现实空间违法行为的区别，网络违法行为通常是借由网络空间等媒介具体实施，行为人和受害人在物理空间上并不一定具有同一性，因此该规定通过列举的方式将"违法行为发生地"明确为包括违法行为人相关服务许可地或者备案地，主营业地，登记地，网站建立者、管理者、使用者所在地，网络接入地，服务器所在地，计算机等终端设备所在地等情形。

第二，进一步优化网信部门行政执法程序。党的二十大报告明确提出要"深化行政执法体制改革""完善行政执法程序"。《网信部门行政执法程序规定》从以下几个方面对网信部门的行政执法程序进行了优化：一是重新界定"电子数据"。电子数据是网信领域行政执法案件的重要证据形式。《网信部门行政执法程序规定》明确，电子数据是指案件发生过程中形成的，存在于计算机设备、移动通信设备、互联网服务器、移动存储设备、云存储系统等电子设备或者存储介质中，以数字化形式存储、处理、传输的，能够证明案件事实的数据。存储在电子介质中的录音资料和影像资料，适用电子数据的规定。二是增加关于快速办理案件的规定。根据《网信部门行政执法程序规定》第35条的规定，对事实清楚、当事人自愿认错认罚且对违法事实和法律适用没有异议的，网信部门应当快速办理案件。实践中部分网络违法案件事实较为清晰，当事人对于案件本身并无争议，对于此类案件可以通过快速办理程序提高行政执法效率，节约执法资源。三是完善网信行政执法听证规则，进一步扩大行政处罚听证的事项范围。《网信部门行政执法程序规定》第36条将较大数额罚款、没收较大数额违法所得、没收较大价值非法财物，降低资质等级、吊销许可证件，责令停产停业、责令关闭、限制从业等对相对人权利义务影响较大的处罚种类，都纳入申请听证的事项范围。延长相对人申请听证的时间，细化听证程序规定，以公开为原则，不公开为例外，为社会公众参与监督提供全新途径。

第三，完善网信部门行政执法证据制度。《网信部门行政执法程序规定》第22条明确规定网信部门在立案前调查和监督检查过程中依法取得的证据材料，可以作为案件的证据使用。对于移送的案件，移送机关依职权调查收集的证据材料，可以作为案件的证据使用。这一规定有利于将行政执法与行政监督检查衔接和协同，使监督检查过程中的证据材料可以作为行政执法证据材料的有力补充，有利于提高行政执法效率，节约行政执法资源。但需要注意的是，先行登记保存的证据必须与违法事实之间具有关联性，否则网信部门应当解除先行登记保存。此外，《网信部门行政执法程序规定》第32条进一步补充规定，对有证据证明是用于违法个人信息处理活动相关的设备、物品，可以采取查封或者扣押措施，避免网信部门在行政执法过程中出现证据被毁损或灭失等情形。

第四，确立网信行政执法监督制度，明确网络信息领域网信部门依法执法的基本要求。《网信部门行政执法程序规定》第4条明确了网信行政执法监督制度的基本框架，明确国家网信部门建立本系统的行政执法监督制度，上级网信部门对下级网信部门实施的行政执法进行监督。行政执法监督将覆盖行政执法责任制落实情况、行政执法主体的合法性、行政执法程序、行政执法人员资格和证件管理等方面。

三、数据安全保护相关刑事法律责任

（一）数据安全保护相关刑事法律责任的相关规定

《数据安全法》所规定的刑事法律责任主要包括以下内容：

第45条第2款规定："违反国家核心数据管理制度，危害国家主权、安全和发展利益的，由有关主管部门处二百万元以上一千万元以下罚款，并根据情况责令暂停相关业务、停业整顿、吊销相关业务许可证或者吊销营业执照；构成犯罪的，依法追究刑事责任。"

第 50 条规定："履行数据安全监管职责的国家工作人员玩忽职守、滥用职权、徇私舞弊的，依法给予处分。"

第 51 条规定："窃取或者以其他非法方式获取数据，开展数据处理活动排除、限制竞争，或者损害个人、组织合法权益的，依照有关法律、行政法规的规定处罚。"

第 52 条第 2 款规定："违反本法规定，构成违反治安管理行为的，依法给予治安管理处罚；构成犯罪的，依法追究刑事责任。"

（二）数据安全保护相关刑事法律责任的具体类型

1. 涉及数据的传统刑事犯罪类型

根据我国《刑法》规定，涉及数据的传统刑事犯罪类型主要包括侵害国家秘密罪、侵害军事秘密罪和侵害经济与社会秩序罪。

第一，侵害国家数据主权和安全类犯罪。我国《刑法》第 111 条规定了为境外获取、刺探、收买、非法提供国家秘密、情报罪；第 282 条规定了非法获取国家秘密罪和非法持有国家绝密、机密文件、资料、物品罪；第 398 条规定了泄露国家秘密罪。

第二，侵害军事数据安全类犯罪。我国《刑法》规定，侵害军事数据安全类犯罪可以分为三类：非法获取军事秘密罪；为境外获取、刺探、收买、非法提供军事秘密、情报罪；泄露军事秘密罪。

第三，侵害经济秩序罪。根据我国《刑法》的规定，通过侵害数据的行为实施的侵害经济秩序罪包括侵犯商业秘密数据类犯罪、泄露内幕信息罪、利用未公开信息交易罪。我国《刑法》第 219 条规定了侵犯商业秘密罪，第 180 条规定了泄露内幕信息罪和利用未公开信息交易罪。

第四，侵害社会秩序罪。根据我国《刑法》第 291 条的规定，侵害社会数据秩序罪可以分为编造、故意传播虚假恐怖信息罪和编造、故意传播虚假信息罪两种。

2. 涉及数据的特殊刑事犯罪类型

《数据安全法》第 45 条第 2 款规定"违反国家核心数据管理制度，危害国家主权、安全和发展利益的……构成犯罪的，依法追究刑事责任"以及第 52 条规定"违反本法规定……构成犯罪的，依法追究刑事责任"。从实践来看，结合我国《刑法》的相关规定，可能构成与数据相关的罪名主要涉及《刑法》第 219 条规定的侵犯商业秘密罪、第 253 条规定的侵犯公民个人信息罪、第 285 条第 2 款规定的非法获取计算机信息系统数据罪、第 286 条第 1 款规定的拒不履行网络安全管理义务罪以及第 286 条第 2 款规定的破坏计算机信息系统罪等。从分类来看，我国《刑法》及其司法解释对于涉及数据的刑事犯罪主要是从数据的本质属性和技术属性两个方面切入，分别施加刑法保护[1]。

第一，为境外窃取、刺探、收买、非法提供国家秘密、情报罪。《刑法》第 111 条规定：为境外的机构、组织、人员窃取、刺探、收买、非法提供国家秘密或者情报的，处 5 年以上 10 年以下有期徒刑；情节特别严重的，处 10 年以上有期徒刑或者无期徒刑；情节较轻的，处 5 年以下有期徒刑、拘役、管制或者剥夺政治权利。

---

〔1〕　参见王倩云：《人工智能背景下数据安全犯罪的刑法规制思路》，载《法学论坛》2019 年第 2 期。

第二，侵犯商业秘密罪。《刑法》第 219 条规定：有下列侵犯商业秘密行为之一，情节严重的，处 3 年以下有期徒刑，并处或者单处罚金；情节特别严重的，处 3 年以上 10 年以下有期徒刑，并处罚金：（1）以盗窃、贿赂、欺诈、胁迫、电子侵入或者其他不正当手段获取权利人的商业秘密的；（2）披露、使用或者允许他人使用以前项手段获取的权利人的商业秘密的；（3）违反保密义务或者违反权利人有关保守商业秘密的要求，披露、使用或者允许他人使用其所掌握的商业秘密的。明知前款所列行为，获取、披露、使用或者允许他人使用该商业秘密的，以侵犯商业秘密罪论。本条所称权利人，是指商业秘密的所有人和经商业秘密所有人许可的商业秘密使用人。第 219 条之一规定：为境外的机构、组织、人员窃取、刺探、收买、非法提供商业秘密的，处 5 年以下有期徒刑，并处或者单处罚金；情节严重的，处 5 年以上有期徒刑，并处罚金。

第三，侵犯公民个人信息罪。《刑法》第 253 条之一规定：违反国家有关规定，向他人出售或者提供公民个人信息，情节严重的，处 3 年以下有期徒刑或者拘役，并处或者单处罚金；情节特别严重的，处 3 年以上 7 年以下有期徒刑，并处罚金。违反国家有关规定，将在履行职责或者提供服务过程中获得的公民个人信息，出售或者提供给他人的，依照前款的规定从重处罚。窃取或者以其他方法非法获取公民个人信息的，依照第 1 款的规定处罚。单位犯前三款罪的，对单位判处罚金，并对其直接负责的主管人员和其他直接责任人员，依照该款的规定处罚。

第四，提供侵入、非法控制计算机信息系统程序、工具罪。我国《刑法》第 285 条第 3 款规定：提供专门用于侵入、非法控制计算机信息系统的程序、工具，或者明知他人实施侵入、非法控制计算机信息系统的违法犯罪行为而为其提供程序、工具，情节严重的，依照前款的规定处罚。

第五，非法获取计算机信息系统数据罪。《刑法》第 285 条第 2 款规定：违反国家规定，侵入前款规定以外的计算机信息系统或者采用其他技术手段，获取该计算机信息系统中存储、处理或者传输的数据，或者对该计算机信息系统实施非法控制，情节严重的，处 3 年以下有期徒刑或者拘役，并处或者单处罚金；情节特别严重的，处 3 年以上 7 年以下有期徒刑，并处罚金。

第六，破坏计算机信息系统罪。《刑法》第 286 条规定：违反国家规定，对计算机信息系统功能进行删除、修改、增加、干扰，造成计算机信息系统不能正常运行，后果严重的，处 5 年以下有期徒刑或者拘役；后果特别严重的，处 5 年以上有期徒刑。违反国家规定，对计算机信息系统中存储、处理或者传输的数据和应用程序进行删除、修改、增加的操作，后果严重的，依照前款的规定处罚。故意制作、传播计算机病毒等破坏性程序，影响计算机系统正常运行，后果严重的，依照第 1 款的规定处罚。单位犯前三款罪的，对单位判处罚金，并对其直接负责的主管人员和其他直接责任人员，依照第 1 款的规定处罚。

第七，拒不履行网络安全管理义务罪。《刑法》第 286 条之一规定：网络服务提供者不履行法律、行政法规规定的信息网络安全管理义务，经监管部门责令采取改正措施而拒不改正，有下列情形之一的，处 3 年以下有期徒刑、拘役或者管制，并处或者单处罚金：（1）致使违法信息大量传播的；（2）致使用户信息泄露，造成严重后果的；（3）致使刑事案件证据灭失，情节严重的；（4）有其他严重情节的。单位犯前款罪的，对单位判处罚金，并对其直接负责的主管人员和其他直接责任人员，依照前款的规定处罚。有前两款行为，同时构成其他犯罪的，依照处罚较重的规定定罪处罚。

（三）数据安全保护相关刑事法律责任的实现方式

我国《刑法》规定，一切危害国家主权、领土完整和安全，分裂国家、颠覆人民民主专政的政权和推翻社会主义制度，破坏社会秩序和经济秩序，侵犯国有财产或者劳动群众集体所有的财产，侵犯公民私人所有的财产，侵犯公民的人身权利、民主权利和其他权利，以及其他危害社会的行为，依照法律应当受刑罚处罚的，都是犯罪；但是情节显著轻微、危害不大的，不认为是犯罪。根据《刑法》的一般规定，涉及数据的刑事法律责任是指因行为人实施数据犯罪行为，侵害行为达到危害社会的程度并根据刑法规定应当认定为犯罪而产生的法律责任。行为人的行为是否构成刑事犯罪以及是否应当承担刑事责任，都应当以《刑法》的明确规定为唯一的判断标准。而从具体的数据犯罪刑事法律责任的承担方式来看，行为人承担犯罪刑事责任应当以《刑法》规定的实现方式为准，可能涉及主刑和附加刑，由法院对行为人进行判决并由专门机构根据《刑法》规定执行相应的强制措施。

重要名词术语

数据、数据处理、数据安全

思考题

1. 简述我国《数据安全法》的适用范围。
2. 简述我国《数据安全法》的基本原则。
3. 简述数据分类分级保护制度。
4. 简述数据安全审查制度。
5. 简述数据跨境安全管理制度。

典型案例分析

案例一

2022 年 2 月，在开展广州民生实事"个人信息超范围采集整治治理"专项工作中，广州警方检查发现，广州某公司开发的"驾培平台"存储了驾校培训学员的姓名、身份证号、手机号、个人照片等信息 1070 万余条，但该公司没有建立数据安全管理制度和操作规程，对于日常经营活动采集到的驾校学员个人信息未采取去标识化和加密措施，系统存在未授权访问漏洞等严重数据安全隐患。系统平台一旦被不法分子突破窃取数据，将导致大量驾校学员个人信息泄露，给广大人民群众个人利益造成重大影响。根据《数据安全法》的有关规定，广州警方对该公司未履行数据安全保护义务的违法行为，依法处以警告并处罚款人民币 5 万元的行政处罚，开创了广东省公安机关适用《数据安全法》的先例，对数据安全治理作出了积极探索和实践。

案例二

2023 年 2 月，湖南省湘潭市公安局岳塘分局网安部门通过工作发现辖区某商旅服务公司票务系统中存有大量用户姓名、电话、身份证号、航班、银行账户等敏感数据，存在数据泄露风险。经查，该公司服务器短时间内存在大量登录失败，被恶意用户暴力破解账户密码痕迹。同时，服务器内安装的 Elastic Search 软件，可通过互联网在无须账号密码的条件下直接访问系统内敏感数据。湘潭市公安局岳塘分局根据《数据安全法》第27 条、第 45 条第 1 款之规定，给予该企业警告，并责令其限期改正。

第六章　个人信息保护法

【内容提示】

　　以数据为新生产要素的数字经济蓬勃发展，数据的竞争已成为国际竞争的重要领域，而个人信息数据是大数据的核心和基础。加强个人信息保护，规范个人信息的获取及使用，不仅事关个人权益维护，也关系到数字经济健康发展。为适应我国信息化发展需要，我国于2021年8月通过了个人信息保护方面的专门法律《个人信息保护法》，并于同年11月起正式施行该法。这是一部专门规定个人信息保护基本原则和制度的法律，有力增强了个人信息保护的系统性、权威性和针对性，对于统筹个人信息保护和数据合理利用，统筹数字经济发展和数据安全，加快推进数字中国建设具有重要意义。

　　保护个人信息主体的合法权益是《个人信息保护法》的重中之重。《个人信息保护法》围绕这一目标规定和发展了个人信息权益内容，进一步确认个人信息主体在个人信息处理活动中所享有的知情权、决定权、查阅权、复制权、更正权、补充权，丰富了删除权的场景和创设了个人信息的可携带权。强调与个人权益密切相关的敏感个人信息要"严格保护"。对于社会反映强烈的胁迫用户同意处理个人信息、"大数据杀熟"和非法买卖、提供或者公开他人个人信息等违法行为明确了法律责任。

　　实现个人信息处理活动规范有序进行是《个人信息保护法》的主要实践路径。《个人信息保护法》从个人信息处理的全流程出发，拓展了包括同意规则在内的合法性基础场景。对于自动化决策、公共场所等特殊场景下的信息处理活动，进一步严格了管理要求。规定利用个人信息进行自动化决策，应当保证决策的透明度和结果公平、公正，不得对个人在交易价格等交易条件上实行不合理的差别待遇。在公共场所安装图像采集、个人身份识别设备，应当为维护公共安全所必需，遵守国家有关规定，并设置显著的提示标识。同时，不仅调整了一般民事主体的个人信息处理活动，也对国家机关处理个人信息作出特别规定，全面规范个人信息处理活动。

　　《个人信息保护法》既是一部"保护法"，也是一部"促进法"。在推动数字经济健康发展过程中，需要不断发掘和释放各类信息资源的价值潜力、激活海量数据要素的生产潜能，这些离不开对个人信息的有效合理利用。个人信息保护立法不能成为阻断个人信息传输使用的障碍，而是在保护的前提下根据具体情况促进个人信息的有效利用。《个人信息保护法》确定了除"同意以外"个人信息处理的多种合法性基础，切实回应了诸如疫情防控等具体场景下个人信息处理的特别需要。规定个人信息处理者处理个人信息，处于法律、行政法规规定应当保密或者不需要告知的情形下，则不负担告知义务。规定国家机关作为个人信息处理者，为保障其履行法定职责的情形，同样不负担告知义务。个人信息的有效合理利用是建设数字中国、网络强国与智能社会的题中应有之义，是制定《个人信息保护法》必要性的体现，是立法回应网络信息技术发展的必然要求。

个人信息保护法既从我国实际出发，坚持问题导向，将实践中行之有效的做法和措施上升为法律规范；又充分借鉴有关国际组织和国家、地区的有益做法，体现立法的前瞻性和完整性，构造以告知—同意为核心的个人信息处理一系列规则，首次在我国确立一整套系统的个人信息保护法律制度，弥补以前立法的缺陷。尤其将"根据宪法"纳入个人信息保护法，既明确了个人信息权益的基本权利定位，也为处理个人信息保护法与其他法律的关系奠定基础，具有重大的理论和现实意义。出台个人信息保护法，完善个人信息保护规则，是坚持以人民为中心，切实维护广大人民群众切身利益的应时之举，为我国人民群众撑起一把数字世界的"保护伞"。[1]

本章节将以《个人信息保护法》为基础，以个人信息保护法相关基本概念、法律渊源、适用范围等内容为切入点，在此基础上围绕个人信息保护法的基本原则、数据分类分级保护制度、数据安全审查制度、数据跨境安全管理制度等展开体系性的制度介绍和理论解释。

第一节 个人信息保护法导论

一、个人信息保护法的基本概念

（一）个人信息

由于信息技术的不断创新及信息化进程的不断推进，与特定个人有关的信息用于日常工作生活的场景逐渐增多，其类型和范围也逐步扩大。[2]以电子等方式记录的个人信息大量产生。人民群众普遍关心个人信息安全，关注个人隐私能否得到保护。[3]为推动个人信息保护和规范利用，相关立法也出现了许多关于个人信息范围概念的界定。

《网络安全法》第76条规定，"个人信息，是指以电子或者其他方式记录的能够单独或者与其他信息结合识别自然人个人身份的各种信息，包括但不限于自然人的姓名、出生日期、身份证件号码、个人生物识别信息、住址、电话号码等"。《民法典》第1034条规定，"个人信息是以电子或者其他方式记录的能够单独或者与其他信息结合识别特定自然人的各种信息，包括自然人的姓名、出生日期、身份证件号码、生物识别信息、

---

〔1〕 参见周汉华：《个人信息保护法的时代意义》，载《民主与法制》周刊2021年第32期。

〔2〕 参见周汉华：《个人信息保护的法律定位》，载《法商研究》2020年第3期。

〔3〕 参见周辉：《依法切实保护个人信息权益》，载《人民日报》2021年11月11日，第9版。

住址、电话号码、电子邮箱、健康信息、行踪信息等"。

《个人信息保护法》第 4 条指出,个人信息是以电子或者其他方式记录的与已识别或者可识别的自然人有关的各种信息,不包括匿名化处理后的信息。与《民法典》《网络安全法》不同,《个人信息保护法》中的"个人信息"突出识别性,是指可识别特定个人(仅指自然人)的信息。识别的基本含义就是通过分析关联数据以识别某个用户的个性特征。至于能否识别用户的身份,则取决于所掌握的数据是否匹配到某个人。[1] 凡是能够识别特定个人的信息,无论是直接识别到还是间接识别到特定个人的信息,均为个人信息。识别的结果就是认出特定个体,使某个人与其他人区分开来。作为识别的手段,个人信息是个人标识自己的工具,也是他人识别特定个人的工具。在网络环境中有许多身份标识符,典型的如用户名甚至 IP 地址、硬件识别号(如手机 IMEI 号),均可以视为一个个体。在一些商业应用中,即使不知道用户的姓名,也可以达到认识该用户甚至与他(她)联系的目的。[2] 在网络社会中,对个人信息进行匿名化处理后能达到信息完全不能被复原的程度,也就是结合任何其他信息也无法识别到某个人,即不再是个人信息。

(二)敏感个人信息

个人信息与敏感个人信息之间是包含与被包含的关系,"敏感的个人信息"是个人信息的一个子集,但是相对于一般个人信息而言,敏感个人信息对于自然人人格尊严、人身安全及财产安全更为重要。《个人信息保护法》从风险预警的视角对敏感个人信息进行了定义,指出了敏感个人信息风险的发生原因在于泄露或者非法使用,敏感个人信息与人格尊严、人身、财产安全之间存在紧密联系,使用了"容易"一词强调敏感个人信息不当使用产生风险的可能性较高,要求对敏感个人信息应给予特殊保护。随后通过直接列举的方式,指出生物识别、宗教信仰、特定身份、医疗健康、金融账户、行踪轨迹是敏感个人信息的典型类别,并特别强调了不满十四周岁未成年人的个人信息也属于敏感个人信息。[3] 未来随着个人信息保护实践以及相关法律法规的发展,"敏感个人信息"的概念与边界会进一步完善。

(三)个人信息处理环节

个人信息处理环节是指对个人信息的收集、存储、使用、加工、传输、提供、公开、删除等一系列活动的过程。

收集是个人信息处理环节开始的起点,指从不同渠道收集个人信息的过程。个人信息收集可以通过各种方式进行,如在线表单、调查、应用程序、传感器等路径来获取信息。

存储是指将所收集的个人信息以安全的方式保存在物理设备或数字存储系统中的过程,为保障存储安全,需要采取适当措施如数据加密、访问控制、防火墙等,以防止未

---

[1] 参见高富平:《个人信息保护:从个人控制到社会控制》,载《法学研究》2018 年第 3 期。
[2] 参见周汉华主编:《〈个人信息保护法〉条文精解与适用指引》,法律出版社 2022 年版,第 51 页。
[3] 参见周汉华主编:《〈个人信息保护法〉条文精解与适用指引》,法律出版社 2022 年版,第 58 页。

经授权的访问、泄露或盗窃。

使用是指在合法范围内对个人信息进行访问和利用，以满足特定目的，如获取信息内容、享受信息服务、进行数据分析、开展个性化推荐等。

加工是对个人信息进行操作、处理、分析或转换的过程，以实现特定的目标或提取有用的信息，生成衍生信息。

传输是将个人信息从某地转移到另一地，在个人信息处理活动中信息往往是需要流动起来的，传输的方式可能包括通信、邮件、传真等，强调信息本身的流动。

提供是指个人信息由其所控制的主体提供给另一个主体，如按法律要求提供给政府机构或者按合同要求提供给合作方，其强调的是主体的转移。

公开是指个人信息被公开至公共领域，包括个人自行公开或者在新闻报告、裁判文书等路径已经合法公开的个人信息。

删除是指个人信息从数字化系统或者其他存储介质中去除，基于个人信息主体请求、法律关于存储的时间限制等条件，个人信息需要被删除或销毁，确保个人信息主体权益。

从个人信息处理的定义及各个环节的设置可以看出，在个人信息保护的立法中，个人信息处理不单指对个人信息的加工处置，而是包括从个人信息的收集到最终删除的全生命周期中的各个环节。[1]

（四）"同意"概念

在个人信息保护法中有多种形式"同意"，有一般适用的"同意"，也包括特别情形下的"同意"。

1. 一般同意

个人信息处理活动应当"依法"进行，不得"非法"处理。"处理关于个人的信息所依据的正当的法律理由，被称为个人信息处理的合法性基础。"[2]《个人信息保护法》在基本框架、立法目的、适用范围、核心概念、基本原则、监管制度、法律责任等方面，充分借鉴国际经验，构造以"告知—同意"为核心的个人信息处理一系列规则。[3]"同意"是个人信息处理最为基础的合法性要求，堪称个人信息处理合规领域的"帝王条款"。[4]

除《个人信息保护法》之外，《全国人民代表大会常务委员会关于加强网络信息保护的决定》《网络安全法》《民法典》也都要求在取得个人信息主体的"同意"之后，个人信息处理者才可以进行上述个人信息的收集、存储、使用、加工、传输、提供、公开、删除等各个环节。"同意"可以理解为个人信息主体支持进行相应个人信息处理活动的真实意思表示或主动性动作。

2. 单独同意与书面同意

为切实保障个人信息权益和避免"一揽子授权"和强制同意，《个人信息保护法》

---

〔1〕 参见杨合庆主编：《中华人民共和国个人信息保护法释义》，法律出版社 2022 年版，第 23 页。

〔2〕 高富平：《个人信息使用的合法性基础——数据上利益分析视角》，载《比较法研究》2019 年第 2 期。

〔3〕 参见周汉华：《平行还是交叉 个人信息保护与隐私权的关系》，载《中外法学》2021 年第 5 期。

〔4〕 参见周汉华主编：《〈个人信息保护法〉条文精解与适用指引》，法律出版社 2022 年版，第 99 页。

在第 14 条、第 23 条、第 25 条、第 39 条规定在个人信息处理事项发生变更、向第三方提供个人信息、公开个人信息、公共场所安全设备收集个人信息、跨境提供个人信息等特殊的个人信息处理等场景下，个人信息的处理需要以"单独同意"为基础。在这些情形中，个人信息处理需要考虑广泛公共利益以及风险增高的情况，"同意"也被提高为"单独同意"。"单独同意"表达了立法者在特定场景下为实现"保护"个人信息的目标，对个人信息处理者以更高标准。从"同意"的类型上来看，"同意"可分为两种，一种是"默示同意"，该种同意并不需要个人信息主体表示同意的明示告知，只要个人信息主体不反对，个人信息处理主体便视为已取得信息主体的同意。另一种则是"明示同意"，即信息处理只有取得信息主体明确同意的意思表示，才可处理信息主体的相关个人信息。例如，《民法典》第 1033 条规定，除法律另有规定或者权利人明确同意外，任何组织或者个人不得实施隐私权侵害行为。此时的"明确同意"便为"明示同意"。《个人信息保护法》第 39 条明确规定，个人信息跨境提供应当取得个人的单独同意。此时的"单独同意"便是"明示同意"，即个人信息提供者只有取得信息主体的明示同意，其才可进行个人信息跨境提供行为。

关于"书面同意"，《个人信息保护法》规定，在法律、行政法规规定需要以"书面同意"为前提，从其规定，需要"书面同意"之后个人信息处理者方可处理。如《人类遗传资源管理条例》第 12 条规定："采集我国人类遗传资源，应当事先告知人类遗传资源提供者采集目的、采集用途、对健康可能产生的影响、个人隐私保护措施及其享有的自愿参与和随时无条件退出的权利，征得人类遗传资源提供者书面同意。在告知人类遗传资源提供者前款规定的信息时，必须全面、完整、真实、准确，不得隐瞒、误导、欺骗。"又如《征信业管理条例》第 14 条规定："禁止征信机构采集个人的宗教信仰、基因、指纹、血型、疾病和病史信息以及法律、行政法规规定禁止采集的其他个人信息。征信机构不得采集个人的收入、存款、有价证券、商业保险、不动产的信息和纳税数额信息。但是，征信机构明确告知信息主体提供该信息可能产生的不利后果，并取得其书面同意的除外。"

使用"书面同意"的规定主要表达了法律法规对这些信息的高度重视，而采取比一般同意更高的要求。《民法典》第 469 条明确书面形式是合同书、信件、电报、电传、传真等可以有形地表现所载内容的形式，强调同意必须"有形"，有据可查，对于防止争议和解决纠纷、保障个人信息处理安全有积极意义。其中，考虑到在当前个人信息处理活动中，同意的方式往往通过电子方式实现，如果采用"数据电文"的进行"书面同意"，不仅要保证能够有形地表现所需约定的内容，还应保证数据电文可以随时调取查用。[1]

（五）自动化决策

自动化决策，是指利用个人信息对个人的行为习惯、兴趣爱好或者经济、健康、信用状况等，通过计算机程序自动分析、评估并进行决策的活动。实践中，基于各种算法

---

〔1〕 参见黄薇主编：《中华人民共和国民法典侵权责任编》，中国法制出版社 2020 年版，第 34—37 页。

技术实施自动化决策的速度更快、规模更大、精准度更高，也可能产生个人信息保护的风险更大。

（六）去标识化与匿名化

去标识化，是指个人信息经过处理，使其在不借助额外信息的情况下无法识别特定自然人的过程。业界常用的"脱敏"概念，基本可以对应"去标识化"。对于公民个人而言，由于个人信息可以识别出个人身份，因此个人信息的广泛收集、使用及其被滥用的风险，会对私人生活、人格尊严和自由，乃至人身和财产安全产生重要影响。去标识化之后个人信息处理、传输和利用不当的风险将显著降低，能够避免信息主体可能遭受的直接识别的侵害，对信息主体具有积极意义，也能最大限度地在业者和信息主体之间实现个人信息的保护和利用需求。

匿名化，是指个人信息经过处理无法识别特定自然人且不能复原的过程。匿名化的结果是，切断信息与特定自然人之间的辨识要素，实现信息的去个人化，由于匿名化的信息不能复原识别特定自然人，其不再属于个人信息概念的范畴。匿名化的技术要求远高于去标识化，"脱敏"往往难以达到匿名化的标准。目前的共识是，除了个人信息经处理后、绝对不能复原的情况之外，匿名化也包括在现有技术条件下，需要付出极大的成本才能复原的情况。

二、个人信息保护法的法律渊源

法律渊源是指"适用法律者所有汲取法律之泉源"。[1]我国个人信息保护立法并非一蹴而就，其产生有着诸多相关可供参考的成文法基础以及文献材料。

（一）正式法律渊源

从法律位阶上来看，个人信息保护法的正式法律渊源包含了宪法、法律、行政法规、部门规章、地方性法规、地方政府规章。

1. 宪法

"当代中国法的渊源以宪法为核心、以制定法为主要表现形式。"[2]在立法依据方面，相较于《个人信息保护法》最初的一审稿与二审稿，正式通过的《个人信息保护法》增加了关于"根据宪法"的表述，明确了宪法是《个人信息保护法》的立法依据，体现个人信息权益源自宪法对于人格尊严与自由的规定。关于"根据宪法"的表述明确了个人信息保护的规定来自对《宪法》第33条"国家尊重和保障人权"、第38条"中华人民共和国公民的人格尊严不受侵犯"、第40条"中华人民共和国公民的通信自由和通信秘密受法律的保护"等要求的落实。将宪法作为立法依据，体现出《个人信息保护法》区别于《网络安全法》《电子商务法》等网络信息立法的鲜明特点，表明《个人信息保护法》是个人信息保护领域的基本法律。

---

[1] 韩忠谟：《法学绪论》，中国政法大学出版社 2002 年版，第 26 页。
[2] 张文显主编：《法理学》，高等教育出版社 2018 年版，第 89 页。

2. 法律

法律是指拥有国家立法权的全国人民代表大会及其常委会制定的规范性文件，以国家主席签署主席令的形式予以公布，一般均以"法"字配称。目前，我国出台了个人信息保护专门法《个人信息保护法》，以及《全国人民代表大会常务委员会关于维护互联网安全的决定》《全国人民代表大会常务委员会关于加强网络信息保护的决定》两个维护个人合法权益、加强个人电子信息保护的重要法律保障。除此之外，我国已有多部法律对个人信息保护作出了规定，例如，《民法典》在总则编明确规定自然人的个人信息受法律保护，并专设人格权编明确界定个人信息的概念和范围，在人格权层面为个人信息保护提供立法保障。《刑法》第253条之一专设"侵犯公民个人信息罪"，规定了违规出售、提供公民个人信息犯罪和窃取、以其他方法非法获取公民个人信息的犯罪及其处罚，在获取和提供个人信息层面加强对公民个人信息的保护。《网络安全法》从网络信息安全的角度，于第22条、第40条至第45条规定了网络产品、服务收集用户信息的合法性基础，强调网络运营者收集、使用个人信息应当遵守的原则、义务和法律责任，聚焦个人信息泄露风险。《电子商务法》旨在维护网络运行安全和个人信息安全，在第5条、第23条、第24条和第25条提出电子商务经营者和电子商务平台经营者的个人信息保护义务，以及个人信息主体权利的实现方式，全面维护电子商务各方主体权益。《消费者权益保护法》新增第29条，要求经营者履行保护消费者个人信息的义务，规定了经营者收集、使用消费者个人信息的原则、商业信息的发送限制等，首次将个人信息作为消费者权益以法律的形式确认下来。《电子签名法》确认了电子签名与传统手写签名和盖章具有同等的法律效力，是中国首部真正意义上的信息化法律。《未成年人保护法》则强调保护未成年人的个人信息，明确未成年人个人信息的处理原则和合法性基础，与以上一系列法律共同构成个人信息保护的法律体系。

3. 行政法规

行政法规是国务院为领导和管理国家各项行政工作，根据宪法和法律，并且按照法定程序行使行政权力，履行行政职责的规范性文件的总称。行政法规的制定主体是国务院，发布行政法规需要国务院总理签署国务院令。一般以条例、办法、实施细则、规定等形式组成，国务院常务会议通过的决议、决定和其发布的行政命令亦属于行政法规的范畴。行政法规的效力仅次于宪法和法律，高于部门规章和地方性法规。目前，我国已有多部行政法规对互联网信息保护作出了规定。

例如，《互联网信息服务管理办法》以规范互联网信息服务活动、促进互联网信息服务健康有序发展为目标，规范经营性和非经营性互联网信息服务活动；《电信条例》旨在保护电信网络和信息的安全，通过规范电信业务经营者基础电信业务和增值电信业务活动，维护电信用户和电信业务经营者的合法权益。《征信业管理条例》加强了对征信市场的管理，规范征信机构、信息提供者和信息使用者的行为，保护信息主体权益，引导和推进征信业健康发展。《未成年人网络保护条例》加强了未成年人个人信息网络保护，规定网络服务提供者发现未成年人私密信息或者未成年人通过网络发布的个人信息中涉及私密信息的，应当及时提示并采取必要保护措施。个人信息处理者的工作人员访问未成年人个人信息的，应当经过相关负责人或者其授权的管理人员审批。《网络安全数据管理条例》对网络数据实行分类分级保护，明确各类主体责任，落实网络数据安全保障措施，尤其是进一步细化了个人信息保护规则：网络数据处理者的个人信息处理规则应包括处理者联系方式、个人信息处理方式、数据保存期限、个人行权途径等要素，且要集中公开展示、易于访问并置于醒目位置；网络数据处理者提供便捷的支持个人行使权利的方法和途径，不得设置不合理条件限制个人的合理请求；采集到非必要或未经同意的个人信息需要及时删除或匿名化，确立"可携带权"行权规则，需要包括具备请求人的真实身份验证、仅限于本人同意或基于合同约定的个人信息、具备可转移个人信息的技术可行性及保护其他相关方合法权益等条件；强调网络数据处理者不得超范围收集、频繁索权、变更处理方式需要重新取得同意等要求；定期进行个人信息保护合规审计；网络数据处理者处理 1000 万人以上个人信息的，还需要遵守重要数据处理者的部分规定。

此外，还包括《关键信息基础设施安全保护条例》（2021 年 9 月 1 日施行）、《全国一体化政务服务平台移动端建设指南》（2021 年 9 月 29 日发布）、《科学数据管理办法》（2018 年 3 月 17 日发布）、《促进大数据发展行动纲要》（2015 年 8 月 31 日发布）等。

4. 部门规章

部门规章是国务院各部门、各委员会、审计署等根据法律和行政法规的规定和国务院的决定，在本部门的权限范围内制定和发布的调整本部门范围内的行政管理关系的，并不得与宪法、法律和行政法规相抵触的规范性文件。《宪法》第 90 条第 2 款规定："各部、各委员会根据法律和国务院的行政法规、决定、命令，在本部门的权限内，发布命令、指示和规章。"部门规章的主要形式是命令、指示、规定等。目前，我国已经有多部部门规章对个人信息保护作出了规定，例如，《电信和互联网用户个人信息保护规定》旨在保护电信和互联网用户的合法权益，维护网络信息安全，规范电信业务经营者、互联网信息服务提供者信息收集和使用活动，明确安全保障措施和监督检查等义务。《儿童个人信息网络保护规定》旨在保护儿童个人信息安全，促进儿童健康成长，明确规定网络运营者设置专门的儿童个人信息保护规则和用户协议、征得同意时应提供拒绝选项、设置安全保障措施等义务。《App 违法违规收集使用个人信息行为认定方法》为认定 App 违法违规收集使用个人信息行为提供参考，明确"未公开收集使用规则""未明示收集使用个人信息的目的、方式和范围""未经用户同意收集使用个人信息""违反必要原则，收集与其提供的服务无关的个人信息""未经同意向他人提供个人信息"和"未按法律规定提供删除或更正个人信息功能"或"未公布投诉、举报方式等信息"的行为范围，是针对广泛应用的 App 的个人信息保护配套性规章。

此外，还有《个人信息出境标准合同办法》（2023 年 6 月 1 日起施行）、《数据出境安全评估办法》（2022 年 9 月 1 日起施行）、《互联网信息服务算法推荐管理规定》（2022 年 3 月 1 日起施行）、《网络安全审查办法》（2022 年 2 月 15 日起施行）、《网络数据安全管理条例》（2024 年 9 月 24 日公布）等。

5.地方性法规、地方政府规章

地方性法规是指法定的地方国家权力机关依照法定的权限，在不同宪法、法律和行政法规相抵触的前提下，制定和颁布的在本行政区域范围内实施的规范性文件。根据《立法法》的规定，地方性法规的立法主体包括两大类：一是省、自治区和直辖市人大及其常委会；二是设区的市人大及其常委会。为落实《个人信息保护法》，也有部分地方性法规中提出了规范个人信息的要求，《上海市数据条例》单设一节明确个人信息特别保护，规范处理个人信息告知同意等原则，保护信息主体更正、补充、删除等合法权益。此外，还有《山西省消费者权益保护条例》（2023年修订）、《江西省数据应用条例》《安徽省未成年人保护条例》（2023年修订）等在相关领域作出了涉及个人信息保护的规定。

地方政府规章是指由省、自治区、直辖市和较大的市的人民政府根据法律和法规，并按照规定的程序所制定的普遍适用于本行政区域的规定、办法、细则、规则等规范性文件的总称。为落实《个人信息保护法》，也有部分地方政府规章中提出了规范个人信息的要求，如《拉萨市公共安全视频图像信息系统管理办法》禁止不分场所和区域安装视频图像采集设备和相关设备，包括旅馆客房、集体宿舍、公共浴室、更衣室、卫生间等可能泄露他人隐私的场所和区域；金融、保险、证券场所中可能泄露客户个人信息的操作区域；选举箱、投票点等可以观察到个人意愿表达情况的区域；其他可能泄露个人隐私和个人信息的场所和区域。此外，还有《武汉市公共安全视频图像信息系统管理办法》《红河哈尼族彝族自治州文明行为促进办法》《自贡市城乡社会治理网格化服务管理办法》《郑州市居民服务一卡通规定》等在相关领域作出了涉及个人信息保护的规定。

（二）非正式法律渊源

1.规范性文件

规范性文件是各级机关、团体、组织制发的各类文件中最主要的一类，因其内容具有约束和规范人们行为的性质，故称为规范性文件。规范性文件指由有权机关在履行职责过程中形成的具有特定效力和规范格式、可以反复适用的立法性文件和非立法性文件。广义上的规范性文件一般是指属于法律范畴的立法性文件，以及除此以外的由国家机关和其他团体、组织制定的具有普遍约束力的非立法性文件的总和。狭义上的规范性文件俗称"红头文件"，指法律范畴以外的由有权机关制定的其他具有普遍约束力、可以反复适用的非立法性文件，包括贯彻执行中央决策部署、指导推动各项工作的决议、决定、意见、通知等文件。目前，与个人信息保护相关规范性文件较多，例如，《寄递服务用户个人信息安全管理规定》《常见类型移动互联网应用程序必要个人信息范围规定》《互联网个人信息安全保护指南》《工业和信息化领域数据安全管理办法（试行）》《全国一体化政务大数据体系建设指南》《贯彻落实网络安全等级保护制度和关键信息基础设施安全保护制度的指导意见》《移动互联网应用程序信息服务管理规定（2022年修订）》《互联网跟帖评论服务管理规定（2022年修订）》《国家医疗保障局关于加强网络安全和数据保护工作的指导意见》《贯彻落实网络安全等级保护制度和关键信息基础设施安全保护制度的指导意见》《工业和信息化部关于加强电信和互联网行业网络安全工作的指导意见》等。

2. 司法解释

司法解释是指国家最高司法机关在适用法律过程中对具体应用法律问题所作的解释，包括审判解释和检察解释两种。审判解释，指最高人民法院对审判工作中具体应用法律问题所作的解释，如《最高人民法院关于贯彻执行〈中华人民共和国民法通则〉若干问题的意见（试行）》。审判解释对各级人民法院的审判具有约束力，是办案的依据。检察解释，指最高人民检察院对检察工作中具体应用法律问题所作的解释。这种解释对各级人民检察院具有普遍约束力。目前我国与个人信息保护相关的司法解释较多，例如，《最高人民法院、最高人民检察院关于办理侵犯公民个人信息刑事案件适用法律若干问题的解释》，该解释根据《刑法》第 253 条规定了三类"非法获取公民个人信息"的情形，并明确了网络服务提供者需要承担的责任，奠定了对于侵犯公民个人信息的违法犯罪行为严厉追究的基调，同时，为合法使用公民个人信息的情形保留操作空间。《最高人民法院关于审理利用信息网络侵害人身权益民事纠纷案件适用法律若干问题的规定（2020 年修正）》，该司法解释明确规定了网络服务提供者的告知义务，明确了利用自媒体等转载网络信息行为的过错及程度认定问题，进一步加大了对被侵权人的司法保护力度，为《个人信息保护法》保护公民人身权益提供了民法层面的判断依据。

此外，还包括《最高人民法院关于审理使用人脸识别技术处理个人信息相关民事案件适用法律若干问题的规定》（2021 年 8 月 1 日起施行）、《最高人民法院、最高人民检察院、公安部关于依法惩处侵害公民个人信息犯罪活动的通知》（2014 年 4 月 23 日起施行）等。

3. 标准文件

标准是指由国家标准化主管机构（国家标准化管理委员会）批准发布，对全国经济、技术发展有重大意义，且在全国范围内统一的标准。国家标准的年限一般为 5 年，过了年限后，国家标准就要被修订或重新制定。此外，随着社会的发展，国家需要制定新的标准来满足人们生产、生活的需要。因此，标准是一种动态信息。国家标准分为强制性国标（GB）和推荐性国标（GB/T）。强制性国标是保障人体健康、人身、财产安全的标准和法律及行政法规规定强制执行的国家标准；推荐性国标是指生产、检验、使用等方面，通过经济手段或市场调节而自愿采用的国家标准。但推荐性国标一经接受并采用，或各方商定同意纳入经济合同中，就成为各方必须共同遵守的技术依据，具有法律上的约束性。目前，与个人信息保护相关的国家标准较多，例如，《GB/T 35273-2020 信息安全技术 个人信息安全规范》，明确信息收集最小化要求、信息保存去标识化处理，在 2017 年版本之上，新增选择同意原则、安全原则、最少够用原则的适用情形、公开透明原则下的主体提供者查询方法及各种操作权限、个人信息的合规管理、个人生物识别信息的保护、数据商业化、第三方接入等规定，是我国个人信息保护领域最重要的国家标准，为企业合规、监督部门的执法管理和个人信息主体的维权提供了参考依据。《GB/T 39335—2020 信息安全技术 个人信息安全影响评估指南》则首次详细规定了个人信息安全影响评估的适用场景、主要内容及报告形式等，明确在开展个人信息处理前以及对于正在开展的个人信息处理，组织可通过影响评估，识别可能风险，持续修正安全控制措施，以确保对个人合法权益不利影响的风险处于总体可控状态，完善了《信息安全技术　个人信息安全规范》关于评估时间点的规定，为个人信息安全影响评估工作提供了强有力指引。

此外，还包括《GB/T 42582—2023　信息安全技术　移动互联网应用程序（App）个人信息安全测评规范》《GB/T 41817—2022　信息安全技术　个人信息安全工程指南》《GB/T 41391—2022　信息安全技术　移动互联网应用程序（App）收集个人信息基本要求》《GB/T 37964—2019　信息安全技术　个人信息去标识化指南》《GB/T 34978–2017 信息安全技术 移动智能终端个人信息保护技术要求》等。

三、个人信息保护法的适用范围

明确法律的适用范围是实施法律条款的基本前提。[1]《个人信息保护法》第 3 条明确了其适用范围，并分别表述了《个人信息保护法》的域内适用效力与域外适用效力。

（一）域内适用效力

根据国家主权原则，一国的法律只能在该国国家主权管辖范围内的全部领域发生效力。对于管辖权的分配，现行国际法确认了属地原则、属人原则、保护原则和普遍管辖原则的合法性。尽管互联网的发展对传统管辖权规则提出了新的挑战，但法律的属地原则仍然是有关一国法律地域范围的最基础原则。[2]《个人信息保护法》第 3 条明确在中华人民共和国境内处理自然人个人信息的活动，适用本法，确定了个人信息保护的地域管辖原则，即外国组织在中国境内处理个人信息，也需要符合中国法律的规定。

（二）域外适用效力

随着信息化和经济全球化进程，在各类跨国场景下，个人信息的处理越发体现出虚拟性、跨域性的特点。个人信息处理活动所产生的影响和结果也不局限于某一个国家或地区，各国都开始规定关于相关法律的域外适用效力，如欧盟《通用数据保护条例》（GDPR）第 3 条规定，即使数据控制者和处理者没有设立在欧盟境内，但只要他们处理与欧洲经济区内的个人有关的数据，而且这些数据处理活动与提供货物或服务或监控个人行为有关，都需要适用《通用数据保护条例》的规定。美国《澄清合法使用境外数据法》（*Cloud Act*）明确美国政府可依据该法规定要求企业提交存储于美国境外的数据，美国的执法机构可以调取企业数据，而外国政府调取美国企业数据则需要符合美国国内法要求的"适格外国政府"等限定条件。[3]

《个人信息保护法》根据个人信息跨境活动频发的现实情况，在第 3 条赋予本法必要的域外适用效力，以充分保护我国境内个人的权益，规定：以向境内自然人提供产品或者服务为目的，或者为分析、评估境内自然人的行为等发生在我国境外的个人信息处

---

〔1〕 参见张文显：《法理学》，高等教育出版社 2018 年版，第 93 页。

〔2〕 参见周汉华主编：《〈个人信息保护法〉条文精解与适用指引》，法律出版社 2022 年版，第 43 页。

〔3〕 参见洪延青：《我国数据安全法的体系逻辑与实施优化》，载《法学杂志》2023 年第 2 期。

理活动，也适用本法；并要求境外的个人信息处理者在境内设立专门机构或者指定代表，负责个人信息保护相关事务。

四、个人信息保护法涉及的法律主体

《个人信息保护法》是一部专门规范个人信息处理活动的综合性法律，它通过确立个人信息处理的基本原则和规则，明确个人信息处理者、个人信息主体以及监管部门等各方主体的权利义务，从而保障个人信息保护工作有序开展。

（一）个人信息主体

《个人信息保护法》第 2 条明确个人信息受法律保护以及界定了个人信息主体的范围，确定《个人信息保护法》所保护的对象是"自然人"的个人信息。这与当前世界各国各地区关于个人信息保护法的适用要求基本一致。结合《宪法》第 33 条、第 38 条、第 40 条以及《个人信息保护法》第 28 条的规定，个人信息保护是为了维护个人的人格尊严、通信自由和通信秘密以及人身安全，这不仅是作为自然人应有的权益，同时也是自然人区别于其他主体的本质性特征。

其他主体如法人或者非法人组织在其经营活动虽然也会产生相应的信息记录，但是可以通过商业秘密保护或者知识产权保护等路径进行，《个人信息保护法》并不对此类信息的保护规范进行调整。

（二）履行个人信息保护职责的部门

《个人信息保护法》在第 6 章设专章规定"履行个人信息保护职责的部门"这一重要的个人信息保护法律主体，承担我国各行业、各领域的个人信息保护监管职责。履行个人信息保护职责的部门，指的是依据法律、行政法规等有关规定承担个人信息保护监督管理职责的国家机关。其中，国家网信部门负责统筹协调个人信息保护工作和相关监督管理工作。国务院有关部门依照《个人信息保护法》和有关法律、行政法规的规定，在各自职责范围内负责个人信息保护和监督管理工作，形成了"网信部门统筹协调 + 有关部门分业监管"的行政监管体制，体系上呈"条块分割"的特点。[1]

在横向的"块"上，《个人信息保护法》根据不同行业的特点，将监管职责划分给国务院电信主管部门、公安部门等不同部门，并由国家网信部门统筹协调。这种分工合作的模式有其合理性：一方面，不同行业在个人信息保护方面有各自的难点和重点，需要主管部门发挥专业优势精准施策，同时也要兼顾行业发展；另一方面，互联网服务日益呈现出交叉融合的特点，单一部门难以全面监管，而国家网信部门的统筹协调有助于灵活调配各方力量，实现协同监管，化解管辖冲突，集中力量应对重大问题。

在纵向的"条"上，《个人信息保护法》原则性地规定，县级以上地方政府有关部门的监管职责按照国家有关规定确定。这种因地制宜的权力配置有利于地方政府针对本地区的突出问题开展有的放矢地监管。实践中，不同地区在个人信息保护方面可能面临不同的主要问题，如电商发达地区的个人信息保护重点可能在电商领域，电信诈骗多发

---

〔1〕 参见程啸：《个人信息保护法理解与适用》，中国法制出版社 2021 年版，第 458 页。

地区可能需要工信和公安部门加强合作，而像海南自贸港等有特殊发展定位的地区在个人信息保护监管上可能需要因地制宜进行一定探索。同时，地方监管还有助于扩大监管视野，将目光投向除互联网巨头以外的各类主体，加强对区域性互联网服务、公共服务机构等的监管，构建全方位、多层次的个人信息保护监管格局。

综上，《个人信息保护法》在行政监管权力配置上的横向"分工协作"与纵向"因地制宜"相结合，既发挥中央统筹和地方因地制宜的优势，又发挥不同部门专业优势和协同作用，形成了既统一有序又灵活有力的监管架构，为法律规范的有效实施提供了制度保障。

（三）个人信息处理者

1. 一般个人信息处理者

个人信息处理者，是指在个人信息处理活动中自主决定处理目的、处理方式的组织、个人。个人信息处理者对个人信息进行收集、存储、使用、加工、传输、提供、公开等处理行为，并承担个人信息保护责任的主体。个人信息处理者可以是政府部门、企业、组织或个人。个人信息处理者可以根据《个人信息保护法》的要求明确个人信息的处理目的、处理方式。

2. 国家机关

互联网与人工智能技术的快速发展和广泛应用，为国家机关履行职责提供了新的机遇与挑战。一方面，国家机关需要运用新技术来维护国家安全、社会治安，规范和引导各类社会经济活动，并为公民提供优质服务；另一方面，国家机关在自身机构建设与活动开展过程中，也需要借助新技术来提升效率和效能。在这些场景中，国家机关不可避免地要处理大量个人信息，成为个人信息处理者。根据我国《宪法》，国家机关是指从事国家管理和行使国家权力的机关，包括国家元首、立法机关、行政机关、监察机关、审判机关、检察机关和军事机关。在更加详细的层面上，根据最高人民法院编纂的《中华人民共和国民法典总则编理解与适用》所述，国家机关包括：（1）县级以上各级中国共产党委员会及其所属各工作部门；（2）县级以上各级人民代表大会机关；（3）县级以上各人民政府及其所属各工作部门；（4）县级以上各政治协商会议机关；（5）县级以上各级监察机关；（6）县级以上各级人民法院、检察院机关；（7）县级以上各民主党派机关；（8）乡、镇中国共产党委员会和人民政府以及街道办事处。此外，根据《个人信息保护法》第37条，法律法规授权的具有管理公共事务职能的组织为履行法定职责处理个人信息，适用《个人信息保护法》关于国家机关处理个人信息的规定。

3. 大型互联网平台

《个人信息保护法》第58条规定了"大型网络平台"个人信息保护的特别义务。《个人信息保护法》认定"大型网络平台"有三个条件：一是提供重要互联网平台服务，二是用户数量巨大，三是业务类型复杂。《网络数据安全管理条例》进一步明确了"大型网络平台"是指注册用户5000万以上或者月活跃用户1000万以上，业务类型复杂，网络数据处理活动对国家安全、经济运行、国计民生等具有重要影响的网络平台。

4. 小型个人信息处理者

小型个人信息处理者一般指处理个人信息规模较小、处理活动较为简单，或者处理的个人信息类型风险较低，且在人员、技术、资金等方面能力有限的组织或个人。与大型网络平台等个人信息处理者相比，小型个人信息处理者在信息处理量、处理活动类型、风险程度以及组织架构、专业人才、技术能力、资金水平等方面存在显著差异。若对小型处理者设置与其能力不相称的合规要求，将在一定程度上阻碍其发展，削弱其创新能力。《个人信息保护法》授权国家网信部门统筹协调有关部门进行个人信息保护工作，明确提出可就小型个人信息处理者制定专门规则，目的在于保障个人信息处理者的健康有序发展。

（四）个人信息处理的受托者

实践中，由于个人信息处理者的个人信息库通常比较庞大，其委托外部机构协助处理个人信息的现象尤为普遍，但对受托人的义务之前尚未有法律层面的明确指引。

接受委托处理个人信息的受托人与委托人通过合同安排，接受委托人关于处理目的、处理方式、个人信息的种类、保护措施等方面的要求，进行个人信息的处理。受托人与个人信息共同处理者不同，因其并不自主决定处理目的和处理方式，[1] 因而不扮演直接处理个人信息的角色，只是委托人在委托合同下的意定延伸。《个人信息保护法》明确了委托处理个人信息中受托人的义务，要求个人信息的受托者采取必要措施保障所处理的个人信息的安全，并协助个人信息处理者履行《个人信息保护法》规定的义务，也就是说在个人信息处理的受托者主要履行协助、附随性的个人信息保护义务。

第二节　基本原则

《个人信息保护法》确立了个人信息处理应遵循的原则，主要包括合法、正当、必要、诚信原则，目的明确及最小化原则、公开透明原则、信息质量原则、安全责任原则、依法处理原则。各项原则对于保障《个人信息保护法》的稳定性、反映《个人信息保护法》的价值取向、指导《个人信息保护法》有效实施具有重要作用，其中合法、正当、必要、诚信原则是我国个人信息保护立法确立的首要原则；目的明确和最小化原则对规范个人信息处理活动的滥用问题具有重要意义；公开透明原则是为了保护个人的知情权；信息质量原则是个人信息高效利用的基础；安全责任原则明确个人信息处理者是保障个人信息处理活动安全的第一责任人；依法处理原则明确个人信息处理活动应合法进行的重要性。《个人信息保护法》基本原则是个人信息保护规范工作的基点，本章将通过概念解释和内涵分析介绍《个人信息保护法》中各项基本原则。

---

〔1〕 参见程啸：《论个人信息共同处理者的民事责任》，载《法学家》2021 年第 6 期。

一、合法、正当、必要、诚信原则

合法、正当、必要、诚信原则是我国个人信息保护立法确立的首要原则，对于个人信息处理规范而言处于重要的指导地位。其中合法、正当、必要、诚信原则是全球个人信息保护立法中普遍存在的原则，而诚信原则是《个人信息保护法》立法亮点，集中彰显了社会主义核心价值观。合法、正当、必要、诚信原则是我国规范个人信息处理活动的要旨，个人信息保护法律体系的完善及适用也应以此为基点妥善推进。

（一）合法、正当、必要、诚信原则的概念

个人信息处理应当遵循合法、正当、必要和诚信原则，并且不得通过误导、欺诈、胁迫等方式处理个人信息。

合法原则是指处理个人信息符合"法"的规范要求，处理个人信息的活动不得非法进行。此处的"法"应作广义上的解读，即除了《个人信息保护法》之外，包括宪法、全国人大及其常委会制定的法律、国务院制定的行政法规、地方国家权力机关制定的地方性法规以及民族自治地方的人民代表大会制定自治条例和单行条例等。[1]

正当原则是指对个人信息的处理活动具备一个正当的目的，遵守公共秩序，符合善良风俗，不得违反社会的一般道德认知。

必要原则是指在合法、正当处理个人信息的基础上，各类处理行为应当具有必要的限度，避免滥用、过度。

（二）合法、正当、必要、诚信原则的内涵

合法、正当、必要、诚信原则是我国个人信息保护法所确认的首要原则。其中合法、正当、必要原则是世界各国在进行个人信息保护立法通常会涉及的普遍原则。如经济合作与发展组织制定的《隐私保护和个人数据跨境流动指南》规定，个人信息的收集应受到限制，任何此类信息的获得都应该通过合法和公正的方式，在适当的情况下应经过个人的默示或明示同意。欧盟《通用数据保护条例》规定，应以合法、公正、透明的方式处理个人信息，应在处理目的必要范围内处理相关的个人信息。[2]

在我国个人信息保护法所确认合法、正当、必要、诚信原则中，合法原则为其中的首要原则，在个人信息保护法律原则中起到总领的作用，对个人信息处理活动提出了根本性的要求。

正当原则与合法原则紧密相连。在法哲学中，合法性与正当性是相辅相成的概念，"离开正当性的合法性就可能成为单纯的统治工具；而离开合法性的正当性也是空中楼阁"[3]。正当原则强调个人信息处理的目的与措施要正当，在处理个人信息时应以人为本、公平正义、科学合理，尊重公序良俗。

必要原则也强调个人信息处理规范与发展的平衡。在规范层面，考虑到个人信息处

---

〔1〕 参见张文显：《法理学》，高等教育出版社 2018 年版，第 66 页。

〔2〕 参见杨合庆主编：《中华人民共和国个人信息保护法释义》，法律出版社 2022 年版，第 24 页。

〔3〕 刘杨：《正当性与合法性概念辨析》，载《法制与社会发展》2008 年第 3 期。

理者和信息主体常处于不平等的地位，个人信息处理者往往可以出于自身利益的考虑去损害个人信息主体的权益，因此要通过"必要原则"对个人信息处理者的处理行为加以限制，避免对个人信息权益过度侵害，加强安全保障措施。在发展层面，应处理好"保护个人信息权益，规范个人信息处理活动，促进个人信息合理利用"等立法目标的均衡，在发生利益冲突时应进行利益衡量，避免对个人信息处理活动的过度干预，在特殊情形下可以减少个人信息处理的限制。

诚信原则与合法、正当、必要等原则紧密联系，诚信既是法律的基本要求，也是个人信息处理者应具有的道德规范。诚信原则的单独成立对于个人信息处理者处理个人信息提出了更高标准，对个人信息保护法的适用进行了补充。

个人信息处理者在开展个人信息处理活动时，应将合法、正当、必要、诚信原则作为处理活动开展的基点以及相应合规工作开展的基本导向。同时，在数据处理的实践中遇到"规则空白""规则冲突"的情形时，合法、正当、必要、诚信原则可以作为个人信息处理合规基本的判断标准和决策依据，发挥解决规则之间的冲突或者填补规则漏洞的作用。[1]

二、目的明确和最小化原则

个人信息的收集具有隐蔽性特征，收集者与被收集者处于明显不对等的地位，个人信息主体对收集过程缺乏可感知性。由于个人信息过度收集、处理行为的随意性成为个人信息保护常见的问题，相关问题也成为个人信息保护的重点。如工业和信息化部曾发布多批次《关于 App 超范围索取权限、过度收集用户个人信息等问题"回头看"的通报》。目的明确和最小化原则对于个人信息超范围索取权限、过度收集等常见问题具有重要的规范指引价值。

（一）目的明确和最小化原则的概念

《个人信息保护法》中目的明确和最小化原则，是必要原则的展开延伸。要求个人信息处理者在处理个人信息时的处理行为应与这一目的直接相关，并需要减轻对个人权益的不利影响。目的明确和最小化原则明确提出了对个人信息处理"影响最小""范围最小"两个"最小"的要求，也被称为"最小化"原则或者"最小必要"原则，即通过"最小"一词明确个人信息处理行为所应把握的尺度，突出对个人信息权益的保护倾向，也具有相当的实践价值。

（二）目的明确和最小化原则的内涵

目的明确和最小化原则为应对个人信息过度收集、处理行为随意等问题具有十分重要的规范指引作用，对个人信息处理活动提出了较为具体的要求。

第一，处理个人信息应当具有明确、合理的目的、个人信息的最小化原则强调个人信息收集范围不应过大，不能超出业务所需要的信息范围，不能超范围收集，所收集的个人信息应与其所提供的产品和服务有着直接的或者容易理解的联系，不超出其与个人

---

〔1〕 参见周佑勇：《裁量基准的制度定位——以行政自制为视角》，载《法学家》2011 年第 4 期。

信息主体所约定的个人信息处理范围。

第二，处理个人信息应采取对其他主体权益影响最小的方式。个人信息处理者应采取对个人信息主体、善意第三人及其他主体权益影响最小的方式进行个人信息处理活动。由于个人信息处理活动中不能完全避免对个人信息的合法权益的损害，个人信息处理者应充分考量其在处理活动的各个环节对个人权益可能造成的侵害，应采取切实有效的处理手段与处理方式，在收集、访问、使用等各个环节将对个人造成损害的范围限制在最小范围之内。

要明确的是，目的明确和最小化原则并不是为了让个人信息处理活动变得"最小"，而是强调对个人信息处理环节应实现对个人信息主体造成的不利影响"最小"。个人信息处理者在开始处理活动之前，就应当确定个人信息处理的目的，做到收集范围最小、处理行为频率最低、储存期限数量最少等，必须具有明确、合理、合法的目的。在后续处理活动中，个人信息处理者可以凭借事前落实这一原则进一步掌握个人信息处理中的风险，使风险始终被限制在初始目的的范围内，不仅维护了个人信息主体的合法权益，还为个人信息处理者提供了足够的空间，通过变更处理目的、维持原有处理目的等方式找到最佳解决方案。

三、公开透明原则

公开透明原则要求处理个人信息应当遵循公开、透明原则，公开个人信息处理规则，明示处理的目的、方式和范围。对于保障个人信息主体的知情权、规范个人信息处理活动具有重要意义。

（一）公开透明原则的概念

公开透明原则即个人信息处理者在处理个人信息时应当提前公开个人信息处理规则，明示处理的目的、方式与范围，使个人信息主体充分了解其个人信息处理活动，从而切实保障其知情权和决定权。

在个人信息保护的语境下，公开即个人信息处理者应将相关个人信息处理行为以及机制设计向监管部门、个人信息主体、社会公众进行公布，使个人信息处理活动处于社会的公开监督之下，透明即强调个人信息处理者的公开动作应保证可以起到切实的释明作用，所公布的各类信息应真实、准确、完整，能够让相应主体全面了解个人信息处理活动的进行。

（二）公开透明原则的内涵

个人信息处理者所需要公开明示的内容应当采用显著的方式、清晰易懂的语言，并且便于查阅和保存，通过向个人提供清晰、透明的隐私政策和个人信息处理规则，才能与个人信息主体之间建立牢固的信任关系。个人信息处理过程公开透明"是信息控制者形成内生机制的重要外部条件和运行保障，能有效弥补合法、正当、必要等原则的不足"。[1]

---

〔1〕 周汉华：《探索激励相容的个人数据治理之道——中国个人信息保护法的立法方向》，载《法学研究》2018年第2期。

公开透明原则在个人信息处理活动的具体要求上应当包括：第一，向个人信息主体告知个人信息处理者的身份和联系方式；第二，充分披露个人信息的处理目的、处理方式，处理的个人信息种类、保存期限；第三，确定个人行使《个人信息保护法》规定权利的方式和程序；第四，履行法律、行政法规规定应当告知的法定义务。

四、信息质量原则

在信息化时代，个人信息及其价值利用能力日益凸显，个人信息开始逐步为市场主体、公共部门、社会组织注入新的活力；然而，个人信息的处理与利用必须建立在质量可靠的个人信息之上才有意义，《个人信息保护法》由此提出信息质量原则。

（一）信息质量原则的概念

海量的信息产生、流动和使用，这之中不乏过期的、存在疏漏和偏差的信息。错误的、不完整的信息将直接影响个人信息的价值，约束个人信息处理者对个人信息的有效利用，甚至影响个人信息主体的信息画像，损害个人信息主体的尊严。"信息的获取和提炼都必须以高质量的数据为前提"。[1]

由于自然人、法人和非法人组织获取个人信息之后可能会用于咨询服务、征信业务、社会预测、科学研究等。相应业务场景都要求自然人、法人和非法人组织所采取的公共数据应是真实的、准确的、完整的，建立在低质量甚至错误个人信息基础之上的商业或者公共应用有可能与其初心南辕北辙、背道而驰。因此，个人信息质量是个人信息应用的重要指标，高质量的数据可以决定数据应用的上限，而低质量的数据则必然拉低数据应用的下限。个人信息的质量要求对于提高个人信息的利用效率，加快数据要素市场发展具有十分重要的作用。

（二）信息质量原则的内涵

《个人信息保护法》明确了信息质量原则的两项要求。第一，准确性要求。准确性是指所处理的个人信息中记录的与个人有关的事实应当准确，不应存在异常或错误的信息，导致个人信息显示不正确或描述对象过期无法直接适用。在个人信息处理流程中，可能会由于错误录入、错误识别、错误输出等原因出现与原始信息的偏离。此外，个人信息也会随着时间的推移和个人状态的变化而变化，从而导致了个人信息不再与现实情况匹配，无法直接适用。第二，完整性要求。完整性是指个人信息处理者为达到合理合法的个人信息处理目的，所掌握的个人信息的记录应当完整，不应存在缺失的情况，为特定目的收集的个人信息也应保证全面和无遗漏，从而避免因任何原因导致的个人信息收集上的片面性。

个人信息的准确性不仅依赖于个人信息源头所提供内容的真实可靠性，更依赖于个人信息收集、处理环节的规范化。个人信息的质量要求个人信息处理者应确保其所处理的个人信息保持准确性、完整性，保障个人信息的可用性。

从保障个人信息有效利用的视角来看，确保个人信息质量是市场部门、公共部门通

---

[1] 宗威、吴锋：《大数据时代下数据质量的挑战》，载《西安交通大学学报（社会科学版）》2013年第5期。

过个人信息处理活动获取经济价值、社会管理价值的前提。不论是信息业者还是国家机关通过个人信息处理活动，力求达到"循数决策""循数管理"，信息主体的个人信息构成了其决策与管理的事实要素，只有准确、完整、可用的个人信息才能为市场部门、公共部门科学决策与管理提供前提。

从保护个人信息安全、个人信息合法权益不受侵犯的视角来看，个人信息处理者应"避免因个人信息不准确、不完整对个人权益造成不利影响"。由于个人信息的质量实际上决定于个人信息处理者的处理水平，个人信息处理者对个人信息的处理准确、及时、有效、完整，个人信息质量就有保障，才能保障个人信息合法权益不受侵犯，避免由于信息错误、信息缺失导致个人信息主体的财产与人格权利受损，个人信息处理者应实现个人信息处理全生命周期中的质量管理，包括分析个人信息收集与使用的需求、制定个人信息质量管理标准、构建个人信息质量实时监测与核验体系、落实个人信息整理删改路径、对整改效果进行评估等。

个人信息处理者应当积极采用相关管理手段和技术措施，以保证个人信息的准确性和完整性，并及时对不准确或不完整的个人信息进行修改和更新；对于有明显错误、过时或违反法律规定、约定期限的个人信息，应当及时停止处理或重新向个人信息主体收集。

五、安全责任原则

作为个人信息处理活动的主要负责人，个人信息处理者应对个人信息的安全承担相应。个人信息的泄露或滥用可能对个人造成严重的影响，例如，身份盗窃、财产损失、个人声誉受损等。通过要求个人信息处理者负责并采取必要措施保障个人信息的安全，可以减少个人信息被不法分子获取的风险，维护个人的隐私权和权益。此外，个人信息的安全也关系到社会的稳定和公共利益，对于打击犯罪活动、维护社会秩序具有重要意义。

（一）安全责任原则的概念

个人信息处理者是其个人信息处理活动的第一责任人。明确个人信息安全责任原则的重要意义在于保护个人隐私权，防止个人信息泄露，维护社会稳定和公共利益。个人信息安全责任原则为个人信息保护提供了基本框架和指导，是促进信息社会可持续发展的基本要求。

个人信息处理者应当通过积极的方式来保障个人信息处理活动整体安全可控，应根据个人信息的处理目的、处理方式、个人信息的种类以及对个人权益的影响、可能存在的安全风险等因素制定完善的处理规则、内部管理制度、分类分级、安全教育培训、指定个人信息保护负责人等，同时还要采取必要措施保障所处理的个人信息的安全，防止出现个人信息被泄露、窃取、篡改、删除、丢失等危及个人信息安全的事件，并在发生事件时及时止损处理，防止相关主体个人信息权益损失的进一步扩大并承担相应的责任，包括民事责任、行政责任以及刑事责任。

（二）安全责任原则的内涵

安全责任原则常见于各类调整非平等主体之间关系的法律规范之中，强调被规范主体需要具有责任意识，通常涉及预防潜在危害和保护他人安全的义务，如要求相关主体履行保障公共交通安全、生产产品安全、场所安全责任等，有助于激励相关主体强化主体责任意识及能力、构建合理的风险分担机制。[1]《个人信息保护法》关于个人信息处理者履行安全责任原则有两个方面的要求。

一是对个人信息处理活动"负责"。个人信息处理者应当对其个人信息处理活动负责要求个人信息处理者应当积极主动地落实《个人信息保护法》所建立的个人信息保护制度，按照个人信息处理规则开展个人信息处理活动，履行法定义务。除《个人信息保护法》外，《民法典》《网络安全法》《数据安全法》等法律以及其他行政法规、部门规章、规范性文件中所规定的个人信息保护要求也需要个人信息处理者积极落实，主动合规。总而言之，个人信息处理者应当根据个人信息的处理目的、处理方式、个人信息的种类以及对个人权益的影响、可能存在的安全风险等，采取相应措施确保个人信息处理活动符合法律法规的规定，其落脚点在于积极保护个人信息权益，规范个人信息处理活动，促进个人信息合理利用，而非仅仅消极地符合某一法律规定。

二是为保障个人信息处理活动安全应采取"必要措施"。主要是指个人信息处理者为保障个人信息安全所采取的措施，在其必要性的判断上应遵循比例原则，考量成本收益分析框架。如果某项安全保障措施有效性很强但成本太大，对个人信息处理者造成的成本与对个人信息安全保障产生的收益不成比例，就不应当被采取，如果该项措施有效性很强，相对于成本而言成比例，个人信息处理者就有义务采取该项措施。[2]

六、依法处理原则

《个人信息保护法》明确任何组织、个人不得非法收集、使用、加工、传输他人个人信息，不得非法买卖、提供或者公开他人个人信息；不得从事危害国家安全、公共利益的个人信息处理活动，以此确定了依法处理原则。依法处理原则强调个人信息的收集、使用、加工、传输应当经过符合法律法规要求，防止个人信息被滥用、泄露，以及保障国家安全、公共利益和个人信息主体权益。

（一）依法处理原则的概念

依法处理原则强调在处理个人信息时，必须按照法律的规定和要求来进行个人信息处理活动，此处的"法"与合法原则中的"法"同样作广义上的解读，即除了《个人信息保护法》之外，包括宪法、全国人大及其常委会制定的法律、国务院制定的行政法规、地方国家权力机关制定的地方性法规以及民族自治地方的人民代表大会制定自治条例和单行条例等。[3]

与合法原则的正面视角不同，依法处理原则强调的是禁止违法进行个人信息处理活动。由于在《个人信息保护法》正式发布、施行之前，便有多种危害个人权益、社会公

---

〔1〕 参见于海纯：《我国食品安全责任强制保险的法律构造研究》，载《中国法学》2015 年第 3 期。

〔2〕 参见刘权：《论个人信息处理的合法、正当、必要原则》，载《法学家》2021 年第 5 期。

〔3〕 参见张文显：《法理学》，高等教育出版社 2018 年版，第 66 页。

益和国家安全的个人信息处理活动，《个人信息保护法》通过禁止性规定，强调多种个人信息处理行为为法律禁止的违法行为，从保护合法权益的视角要求组织、个人履行不作为义务。

（二）依法处理原则的内涵

《个人信息保护法》通过反向列举的方式明确禁止违法进行个人信息处理活动所应具有的两个层次的内涵。

第一，任何组织、个人不得非法收集、使用、加工、传输他人个人信息，不得非法买卖、提供或者公开他人个人信息。从个人信息处理的定义出发，要求任何组织、个人无论是在一个主体内部处理个人信息，还是与外部其他主体合作处理个人信息，都得符合《个人信息保护法》及相关法律法规关于个人信息处理的规范要求。如不得在未经授权的情况下获取个人信息、不得未履行告知义务便将个人信息用于买卖或对外提供、对个人信息处理活动未采取相应管理措施和技术措施等。

第二，任何组织、个人不得从事危害国家安全、公共利益的个人信息处理活动。任何组织、个人不得利用个人信息处理活动从事国家法律禁止的违法犯罪活动，个人信息的处理必须合法、正当，不得用于非法的目的。如引诱用户在网站上注册并且提供个人信息用于实施网络赌博犯罪、网络暴力犯罪、电信网络诈骗犯罪等，将个人信息的获取使用作为实施其他犯罪行为的一种路径，此时应按照相关法律要求进行规范和处罚。

第三节　个人信息处理规则

一、告知—同意规则

《个人信息保护法》中明确了个人信息处理活动应遵循的原则，构建了以"告知—同意"为核心的个人信息处理规则。"知情—同意"历来是个人信息保护制度中的基本要求之一，作为规范个人信息处理活动的基础规则已经得到了世界各国理论与实务界的普遍认可。

（一）告知规则

"告知是个人信息处理公开透明原则的要求，是实现个人[1]知情权的基础，也是个人行使本法规定的其他权利的前提"。[2]告知个人信息保护中的核心要求，即以显著的方式、清晰易懂的语言，真实准确完整地告知个人信息主体，让其准确理解个人信息处理的用途和目标。只有在充分告知信息的情况下作出的"同意"才是有效且真实的"同意"。

---

〔1〕 参见任龙龙：《论同意不是个人信息处理的正当性基础》，载《政治与法律》2016 年第 1 期。

〔2〕 杨合庆：《中华人民共和国个人信息保护法释义》，法律出版社 2022 年版，第 61 页。

1. 告知的具体事项

根据《个人信息保护法》，个人信息处理者在处理个人信息前，应当告知的事项如下：

第一，个人信息处理者的名称或者姓名和联系方式。个人有权知晓是谁在处理其个人信息，这是行使个人信息权利的基本前提。同时，个人信息处理者也只有通过提供准确的身份信息和联系方式，才能在后续环节与个人进行必要的沟通，履行响应个人请求、协助行使权利等义务。

第二，个人信息的处理目的、处理方式，处理的个人信息种类、保存期限。个人同意其信息被处理的首要考量因素即处理目的能否被其接受，处理方式的合法性、正当性、必要性，处理信息的种类范围是否与处理目的相匹配，保存期限是否符合最小必要原则，都直接关系到个人信息自决权能否得到切实保障。个人信息处理者必须对上述事项进行充分说明，让个人在全面了解相关信息的基础上，评估个人信息处理活动可能带来的影响，作出是否同意的决定。

第三，个人行使本法规定权利的方式和程序。《个人信息保护法》第 4 章规定了个人享有查阅、复制、更正、删除个人信息，要求限制处理、拒绝自动化决策等多项权利。个人信息处理者应当就权利行使的具体流程进行指引，包括提供权利行使的渠道，明确申请材料的内容和形式，告知申请的处理期限，解释可能被拒绝的合理理由等。这既是提高权利实现度的应有之举，也体现了个人信息处理者的协助义务。

第四，法律、行政法规规定应当告知的其他事项。个人信息保护不仅受一般法的调整，还受到诸多专门领域法律、行政法规的补充规制。个人信息处理者应当全面梳理所适用的特别告知义务，譬如提示采用自动化决策方式处理个人信息可能产生的法律效果，说明跨境提供个人信息的目的地所在国家或地区的数据保护政策等，确保告知事项覆盖全面、内容合规。

个人信息处理者告知个人的事项并非一成不变。规定告知事项发生变更的，应当将变更部分告知个人。换言之，无论是个人信息处理者的基本信息，还是个人信息处理活动的关键要素，抑或是权利救济渠道的优化调整，只要是对已告知事项的变动，都应当再次履行告知义务，使个人能够及时了解并评估变更可能带来的影响。这既是动态更新个人知情权的需要，也彰显了个人信息处理者的诚信义务。当然，变更告知应当本着必要性原则，对于不影响个人决策判断、不加重个人权益风险的微小变动，可以简化告知流程或频次。

个人信息处理者履行告知义务的方式不限于逐项通知或逐个说明，也可以通过制定个人信息处理规则的方式进行。个人信息处理规则应当向社会公开，且应便于个人查阅和保存。这意味着，个人信息处理规则不能是内部文件或秘而不宣的"潜规则"，而应作为面向公众的、可依据、可督促的行为规范。无论是采取在官方网站公示、设立线下查询窗口，还是接受公众申请邮寄纸质文本等方式公开，个人信息处理者都应当确保规则易于检索访问、文本格式便于保存。这既是履行告知义务应尽的透明度要求，也有助于提高个人维权和社会监督的效能。

2. 免除告知的情形

告知义务虽然至关重要，但并非没有例外。根据《个人信息保护法》第 18 条，有两类情形个人信息处理者可以不向个人告知：

第一，法律、行政法规规定应当保密或者不需要告知的情形。这通常是出于国家安全、公共安全、犯罪侦查等公共利益考量，也可能是为了保护商业秘密、个人隐私等特定主体的合法权益。个人信息处理者对相关信息依法负有保密义务，或者个人对信息处理已经知情在先、无须重复告知的，均可直接处理个人信息，不必再履行告知程序。

第二，紧急情况下为保护自然人的生命健康和财产安全无法及时向个人告知的，可以暂时不告知，但应在可以告知的情况下及时告知。这是个人信息保护法律价值取向的集中体现，即以人为本，将保护个人人身和财产安全置于优先地位。在个人生命健康和财产安全处于紧急情况下，要求个人信息处理者耗时费力履行告知义务，非但无益于保护个人权益，反而可能贻误救助时机，因小失大、本末倒置。因此，紧急情况下个人信息处理者可以直接依据合理判断采取必要的信息处理措施，但在紧急情况消除后，应当及时补充履行告知义务，完成合规流程。

（二）同意规则

"同意"是个人信息处理最为基础的合法性要求，堪称个人信息处理合规领域的"帝王条款"。[1]全球各地普遍建立了个人数据收集使用的事前征询机制，个人在使用某项服务时可以选择是否接受个人信息处理者对其个人信息的收集处理。

1. 取得个人的同意

全国人大常委会于 2012 年 12 月 28 日发布的《全国人民代表大会常务委员会关于加强网络信息保护的决定》第 2 项指出："网络服务提供者和其他企业事业单位在业务活动中收集、使用公民个人电子信息，应当遵循合法、正当、必要的原则，明示收集、使用信息的目的、方式和范围，并经被收集者同意，不得违反法律、法规的规定和双方的约定收集、使用信息。"工信部于 2013 年发布了《信息安全技术公共及商用服务信息系统个人信息保护指南》，该指南针对个人数据的处理规定了目的明确、个人同意、公开告知、最少够用、安全保障、质量保证、诚信履行和责任明确等八项原则。2016 年，我国网络治理领域的里程碑式立法《网络安全法》正式通过，该法在法律上确立了"知情同意"原则并将其作为唯一合法性基础，其第 22 条第 3 款规定："网络产品、服务具有收集用户信息功能的，其提供者应当向用户明示并取得同意；涉及用户个人信息的，还应当遵守本法和有关法律、行政法规关于个人信息保护的规定。"第 41 条第 1 款规定："网络运营者收集、使用个人信息，应当遵循合法、正当、必要的原则，公开收集、使用规则，明示收集、使用信息的目的、方式和范围，并经被收集者同意。"第 42 条第 1 款规定："网络运营者不得泄露、篡改、毁损其收集的个人信息；未经被收集者同意，不得向他人提供个人信息。但是，经过处理无法识别特定个人且不能复原的除外。"2020 年 4 月发布的国家标准《个人信息安全规范》也规定了目的明确原则、权责一致原则、

---

〔1〕 参见周汉华主编：《〈个人信息保护法〉条文精解与适用指引》，法律出版社 2022 年版，第 99 页。

选择同意原则、公开透明原则、最少够用原则、确保安全原则、主体参与原则等七项原则。2020 年 5 月，《民法典》颁布，设专章对隐私权和个人信息进行保护，其第 1035 条、第 1036 条确立了以"知情同意"为一般，以"不经同意"为例外的个人信息处理合法性基础制度。

同意是个人信息处理活动时最为首要遵循和广泛适用的原则，在个人信息处理规则的构建中发挥了重要的作用。个人信息主体同意对个人信息的处理是合法合理进行个人信息处理活动的逻辑起点，只有取得个人信息主体的"同意"之后，个人信息处理者才可以进行上述个人信息的收集、存储、使用、加工、传输、提供、公开、删除等各个环节的活动。

2. 同意的例外

随着技术的进步与我国互联网产业商业模式的不断变革，个人信息处理所适用和衍生的场景日益丰富，参与主体也日趋复杂，"知情同意"原则作为个人信息处理行为唯一合法性基础的弊端就显现了出来，无法有效适应和规制丰富多元的个人信息处理场景，也在一定程度上阻碍了公共利益的实现。

《民法典》第 1035 条第 1 款第 1 项规定，处理个人信息的，应当征得该自然人或者其监护人同意，但是法律、行政法规另有规定的除外。这里的"除外情形"包括三种：第 999 条规定的"为公共利益实施新闻报道、舆论监督等行为的，可以合理使用民事主体的姓名、名称、肖像、个人信息等"；第 1036 条第 2 款规定的"合理处理该自然人自行公开的或者其他已经合法公开的信息"；第 1036 条第 3 款规定的"为维护公共利益或者该自然人合法权益，合理实施的其他行为"。在《民法典》的基础上，《个人信息保护法》也设计了其他个人信息处理的合法性基础（也被称为"同意例外"规则），在"同意"规则的基础之上进行相应增补，明确将"为订立或履行个人作为一方当事人的合同所必需""按照依法制定的劳动规章制度和依法签订的集体合同实施人力资源管理所必需""为应对突发公共卫生事件，或者紧急情况下为保护自然人的生命健康和财产安全所必需""为公共利益实施新闻报道、舆论监督等行为""依照本法规定在合理的范围内处理已公开的个人信息"等情况作为不需要个人同意即可进行个人信息处理的例外情形，在合理的范围内处理个人信息就无须征得个人同意。《个人信息保护法》对于同意例外规则的规定体现了该法在保障个人信息权益的基础上，对于如何促进个人信息依法合理有效利用的实际考量。

3. 同意的撤回

"同意"规则体现的是"信息自决"的理念，个人有权作出"同意"，自然也就有权对已作出的"同意"进行撤回。《个人信息保护法》规定"基于个人同意处理个人信息的，个人有权撤回其同意。个人信息处理者应当提供便捷的撤回同意的方式。"同时"个人撤回同意，不影响撤回前基于个人同意已进行的个人信息处理活动的效力"。

个人信息主体撤回同意的具体要求为：其一，撤回同意的主张无须得到个人信息处理者的回应或接受，仅凭单方行为就可以发生法律关系的变动。当用户个人撤回同意时，并不需要个人信息处理者任何形式的认可，意思表示到达个人信息处理者后撤回同意行为即告生效；其二，同意撤回权并不因个人的行使而灭失，个人信息主体可以重复行使。当个人再次授权后，还可以再次行使同意撤回权。

当信息主体行使同意撤回权时，个人信息处理者负有积极配合义务，这一义务履行最为重要的表现方式即为提供便捷的撤回同意的方式。个人撤回同意的方式不得烦琐复杂，而是应当易于操作，使信息主体能够便捷地实现对自身信息的决定权。信息处理者的积极配合义务的设定，也为信息处理活动中双方平等地位的实现作出了前瞻性的规定。至于"便捷"的理解，可以根据比例原则展开解读，即个人撤回同意的便捷程度应当与个人信息处理者获取个人同意的便捷程度相当。通过对个人同意撤回权以及个人信息处理者积极配合义务的规定，可以尽可能地保障信息主体的决定权，实现对个人弱势地位的倾斜性保护。

二、多主体处理个人信息的规则

个人信息的有序流动有利于个人信息价值的发挥。《个人信息保护法》第 1 条即明确了在"规范个人信息处理活动"的基础上，要求"促进个人信息合理利用"。个人信息的流通利用是数字经济发展的重要组成部分，不仅涉及个人信息处理者的相关业务运转，还关乎个人信息主体的权益保护问题。多主体之间的个人信息处理应符合《个人信息保护法》的规定。个人信息处理者在利用个人信息开展对外合作、对内共享时，不同的多主体处理个人信息的情形对应不同的合规义务与合规成本。

（一）对外提供

《个人信息保护法》第 23 条规定，个人信息处理者向其他个人信息处理者提供其处理的个人信息的，应当向个人告知接收方的名称或者姓名、联系方式、处理目的、处理方式和个人信息的种类，并取得个人的单独同意。接收方应当在上述处理目的、处理方式和个人信息的种类等范围内处理个人信息。接收方变更原先的处理目的、处理方式的，应当依照本法规定重新取得个人同意。

《个人信息保护法》《网络安全法》《民法典》《刑法》等关于个人信息保护的法律均禁止"非法提供"个人信息，"提供"个人信息是一种将个人信息相关权益较为完整地提供给第三方的行为，第三方通常可以获得独立、完整处理个人信息的法律基础。作为对于多主体处理个人信息的规则，"对外提供"的合规要求较高。

第一，个人信息处理者对外提供个人信息，不仅需要完成个人信息保护影响评估还应当具备合法性基础，即个人信息处理者就法定事项履行告知义务并取得个人的单独同意。通过单独同意这一特殊同意形式的设置，达到保障信息主体个人信息权益的目的。本质上，对于接收个人信息即"被提供"个人信息的处理者而言，该处理活动相当于对个人信息的间接收集。

第二，作为接收方的个人信息处理者也应当遵守相应义务，同样也需要受到《个人信息保护法》的约束，在个人单独同意的范围内处理个人信息，如需变更原先的处理目的、处理方式的，应当重新取得个人同意。通过对提供方和接收方处理个人信息活动的规范，保障个人信息"脱控但不失控"，在个人充分知情的基础上，遵循个人授权的范围有效利用个人信息。

（二）共同处理

《个人信息保护法》第20条规定了两个以上的个人信息处理者共同处理个人信息的具体规则。

随着信息智能化发展，个人信息的价值不再通过孤立的数据处理行为来实现。往往存在多个个人信息处理者共同对海量沉淀的个人信息进行二次甚至多次分析使用，深度开发个人信息背后的商业价值和公共价值，包括共同建立各类商业化的网络平台、共享数据进行各类技术开发和研究、合并决策等。规范个人信息的共同处理行为，可以保障个人信息流转利用过程中信息主体的决定权，以及遭受侵害时可以获得充分的权利救济。

第一，多主体的个人信息处理者需明确共同处理的权利义务划分和个人的权利主张方式。多主体信息处理者可基于业务关系约定共享个人信息处理权利，并共同承担安全保障义务。双方可以通过内部约定的方式确定各自的权利和义务，最大限度地实现个人信息处理者经营自主和契约自由。

第二，共同处理个人信息的处理者的责任承担形式为连带责任。个人信息处理者共同处理个人信息，侵害个人信息权益造成损害的，应当依法承担连带责任，目的在于强化平台企业等个人信息处理者的责任承担，倾斜性地保护个人信息主体，为受侵害个人实现权利救济、获得赔偿提供充分保障。本条款旨在避免因共同侵权中个人信息处理者侵权行为损害程度难以确定、一个或数个个人信息处理者缺乏赔偿能力，而使个人无法得到有效救济的情形。本条款与《民法典》中的共同侵权规则有效衔接，通过明确共同处理情形中个人信息处理者的责任形态，保障信息主体求偿权的实现，促使共同处理者之间就个人信息的安全保护互相监督。在个人信息快速传播的大数据时代，连带责任承担方式具有最大限度保护个人信息权益的实践价值。

（三）委托处理

《个人信息保护法》第21条规定了个人信息委托处理的具体规则，包括个人信息委托人和受托人在个人信息委托处理过程中各自应当遵守的义务。

个人信息的委托处理是较为常见的处理行为，《网络数据安全管理条例》将委托处理定义为："网络数据处理者委托个人、组织按照约定的目的和方式开展的网络数据处理活动。"当个人信息处理者因技术能力、人力资源、基础设施等方面的局限性，或考虑到企业经营成本效益等因素时，不能或不愿仅依靠自己完成个人信息的处理活动，可以将自己所控制的个人信息交给第三方主体进行处理。对于委托处理而言，合规要求主要从三个方面展开。

第一，个人信息处理者委托处理个人信息的，应当与受托人约定委托处理的目的、期限、处理方式、个人信息的种类、保护措施以及双方的权利和义务等，并对受托人的个人信息处理活动进行监督。在个人信息处理者委托处理个人信息的场景中，由作出委托的个人信息处理者承担《个人信息保护法》所规定的一般要求和义务，对受托人的处理进行约束和监督。

第二，受托人应当按照约定处理个人信息，不得超出约定的处理目的、处理方式等；委托合同不生效、无效、被撤销或者终止的，受托人应当将个人信息返还个人信息处理者或者予以删除，不得保留。这表明，在委托处理个人信息的场景中，受托人并非不承担任何义务。合规的个人信息委托处理关系应当以委托人和受托人之间的约定为边界，不得超出约定的处理目的、处理方式等处理个人信息。如果受托人超出约定的范围处理个人信息，就属于非法处理个人信息，应当根据《个人信息保护法》的相关规定取得同意或存在其他合法性基础。

第三，关于转委托的限制规定。未经个人信息处理者同意，受托人不得转委托他人处理个人信息。本条款规定与《民法典》中关于委托合同转委托的禁止性规定保持一致，旨在确保个人信息在委托处理活动中受到信息主体初始授权的约束，使个人信息"脱控但不失控"。

三、自动化决策进行个人信息处理的规则

互联网时代，个人信息处理者通过大数据进行精准营销为广告、推广提供了新的方向，由于其更好的营销效果和更高的转化率，在当前的数字经济中应用较多，但大数据精准营销所涉及的信息收集、数据分析、广告推送等步骤均蕴含着相应的风险，不恰当地使用精准营销可能给个人信息主体带来损害。《个人信息保护法》明确，个人信息处理者利用个人信息进行自动化决策，应当保证决策的透明度和结果公平、公正，不得对个人在交易价格等交易条件上实行不合理的差别待遇。通过自动化决策方式向个人进行信息推送、商业营销，应当同时提供不针对其个人特征的选项，或者向个人提供便捷的拒绝方式。通过自动化决策方式作出对个人权益有重大影响的决定，个人有权要求个人信息处理者予以说明，并有权拒绝个人信息处理者仅通过自动化决策的方式作出决定。

（一）自动化决策过程应确保公平透明

个人信息处理者应当认识到，自动化决策的风险包含很多，例如，有偏见的、过时的数据集，有缺陷的假设和偏见逻辑，错误的解释，开发和测试中的技术缺陷、使用缺陷、安全漏洞。因此，如果在商业服务中使用自动化决策，应当首先进行测试，避免自然和意外的结果或后果，尽可能地为用户和公民提供公平的服务，明确责任主体，安全处理数据并保护公民的利益，帮助用户了解相关技术等。

个人信息处理者利用个人信息进行自动化决策时应遵循透明度原则和公平合理原则。一方面，个人信息处理者应通过完整、开放、可理解、易于访问和免费的格式发布有关信息，明确其算法推荐机制的相应机理，保证用户所应有的知情权。另一方面，企业应遵循公平合理的原则，不应针对用户在交易价格等交易条件上实行不合理的差别待遇。不合理的差别待遇存在涉嫌垄断、侵犯消费者知情权、公平交易权等诸多法律风险。

（二）个人有权拒绝自动化决策进行的信息推送和商业营销

在现实生活中，自动化决策技术被广泛应用于在线广告的个性化推荐中。广告平台通过收集用户的浏览历史、搜索记录、位置信息等个人数据，利用算法模型对用户的兴

趣特点进行分析和预测，从而推送针对性的商业广告。然而，这种做法在给用户带来便利的同时，也引发了一系列个人信息保护方面的担忧。常有网络用户反映，当他们浏览网页或使用 App 时，会不断弹出与自己近期浏览内容相关的个性化广告，却无法找到关闭或拒绝的选项。即使在隐私设置中费力寻找，也可能因操作复杂或选项隐蔽而无法真正关停个性化广告的推送。这无疑侵犯了用户对个人信息的决定权。

《个人信息保护法》明确规定，个人有权拒绝自动化决策进行的信息推送和商业营销。个人信息处理者在采用自动化决策方式进行商业营销或者信息推送时，应向用户提供不针对其个人特征的选项，或者便捷的拒绝方式存在的法律风险，个人信息处理者在上述情景中应至少采用其中一种方式保障用户对自动化决策所拥有的决定权，不能使用户对自动化决策模式处于无法拒绝、无权选择的状态。

（三）个人对个人权益有重大影响的自动化决策的解释和拒绝权

在信息时代，越来越多的个人信息处理者利用自动化决策系统对个人进行画像和预测，并据此作出关乎个人权益的重大决定，如信贷审批、招聘录用、社会保障等。这些决定可能会对个人的生活、工作、声誉等产生深远影响。然而，自动化决策系统本质上依赖对海量个人数据的分析和计算，其决策过程往往呈现为一个"黑箱"，外人难以洞悉其中的逻辑和依据。这种不透明性可能导致决策结果不准确、不公平，侵害个人合法权益。

《个人信息保护法》赋予个人对个人权益有重大影响的自动化决策的相应权利。"重大影响"具体包括两种情形：一是该决定改变了个人法律上的权利、义务和责任关系，如拒绝订立合同或者撤销合同等；二是该决定使得个人的经济地位、社会地位等状况发生了改变。[1]当自动化决策可能对个人权益产生重大影响时，个人有权要求信息处理者告知决策的基本逻辑和可能的后果，有权获得针对性的解释说明。个人认为自动化决策存在偏差或不当时，还可以直接拒绝接受决策结果，要求人工复核或另作决定，个人信息处理者应满足相应诉求。

四、公共场所的个人信息保护规则

随着社会的数字化转型，在公共场所安装图像采集和个人身份识别设备已经越发普遍，其对于加强社会治安、预防违法犯罪等方面也发挥着越来越重要的作用。过度滥用图像采集和个人身份识别设备也可能对个人信息主体权利造成不当侵害，为了平衡公共利益与个人权益保护，《个人信息保护法》规定在公共场所安装图像采集、个人身份识别设备，应当为维护公共安全所必需，遵守国家有关规定，并设置显著的提示标识。所收集的个人图像、身份识别信息只能用于维护公共安全的目的，不得用于其他目的，取得个人单独同意的除外。

（一）公共场所安装图像采集、个人身份识别设备的基本要求

《个人信息保护法》明确了公共场所安装图像采集、个人身份识别设备的基本要求。

---

[1] 参见程啸：《个人信息保护法理解与适用》，中国法制出版社 2021 年版，第 232 页。

第一，公共场所安装图像采集、个人身份识别设备"应当为维护公共安全所必需"。这就意味着，安装和使用上述设备必须以维护公共安全为目的，而非出于私人目的或其他不正当目的。同时，"维护公共安全"的范围也应当依法予以严格界定，不能不当扩大。

第二，设置图像采集和身份识别设备还应当"遵守国家有关规定"。这意味着，除了《个人信息保护法》之外，还要符合其他法律、行政法规等上位法的规定。例如，《网络安全法》规定，网络产品、服务应当符合相关国家标准的强制性要求。网络产品、服务的提供者不得设置恶意程序；发现其网络产品、服务存在安全缺陷、漏洞等风险时，应当立即采取补救措施，按照规定及时告知用户并向有关主管部门报告。在公共场所安装图像采集、个人身份识别设备的责任就应确保该类产品的安全，相应设备发生问题时需要及时采取补救措施。

第三，安装图像采集和身份识别设备的，应当"设置显著的提示标识"。个人在进入某一公共区域时，有权知晓自己是否处于他人的监控和信息采集之下。设置显著提示标识，既是对个人信息主体知情权的尊重，也可以在一定程度上敦促个人信息处理者依法依规开展个人信息处理活动，自觉接受社会监督。值得注意的是，提示标识应当"显著"，这意味着，标识的悬挂位置应当醒目，标识的内容应当清晰易懂，以便个人能够获得有效信息并作出是否接受信息采集的选择。

（二）所收集的个人图像、身份识别信息的使用目的限制

《个人信息保护法》对采集到的个人信息的使用作出了严格限制，主要包括两个方面。

第一，原则上，收集的个人图像、身份识别信息只能用于维护公共安全的目的，不得挪作他用。这是对目的限定原则的体现。个人信息的收集和使用必须限定在特定、明确、合法的目的之内，不得进行与初始目的无关的进一步处理，更不得出于私利、谋利等目的随意使用，这是保障个人信息安全的重要一环。

第二，《个人信息保护法》对采集到的个人信息的使用也设置了一个例外，即"取得个人单独同意的除外"。在个人同意的情况下，个人信息处理者可以将设备上采集的个人信息用于其他目的，如商业广告的精准投放等。

五、公开个人信息的处理规则

信息社会时代，社交媒体迅速发展，大量个人信息处于已公开或半公开状态。一方面，已公开个人信息的利用也引发了"爬虫"采集、"人肉搜索"等现象。另一方面，数据要素流通是数字经济的重要基础，已公开个人信息的收集、挖掘、利用、流通是大数据时代重要的数据资源，许多个人信息是社会运转的基本要素。《个人信息保护法》对公开个人信息的处理作了明确规定，个人信息处理者可以在合理的范围内处理个人自行公开或者其他已经合法公开的个人信息；个人明确拒绝的除外。个人信息处理者处理已公开的个人信息，对个人权益有重大影响的，应当依照本法规定取得个人同意。

第一，合法使用公开个人信息的基本条件。合法使用公开个人信息的基本条件的先决条件应为该个人信息应为已合法公开。公开的个人信息包括自然人自行公开的个人信

息和其他已经合法公开的信息。如果该个人信息存在非法泄露、非法买卖或非法公开等情形，即使个人信息在事实上处于已经公开的状态，也不能在未经个人同意的情况下直接进行处理。

第二，对公开个人信息的使用应当限制在合理范围内。《个人信息保护法》中所言"合理范围"在根本上是一种比例性的要求，处理已合法公开的个人信息应当符合个人对于信息被公开时（可能的）用途的预期。欧盟《通用数据保护条例》将此描述为，数据控制者需要特别考虑个人数据主体是否能基于与数据控制者之间的关系，对数据控制者以该等目的处理其个人数据存在合理期待。

第三，个人对于其所属的已公开个人信息的处理活动有拒绝的权利。处理已公开个人信息，个人信息处理者虽然不需要履行告知同意规则的要求，但个人可以拒绝。这种拒绝应当是明确的，即个人应当向个人信息处理者明确表达不允许或拒绝处理自身已公开个人信息的行为。

第四，如果处理行为对个人权益有重大影响的，应当取得个人同意。这是对前述"合理使用"的补充。即便个人信息已经合法公开，如果基于该信息的处理行为可能对个人权益产生重大影响，个人信息处理者仍然有义务事先告知并征得个人同意。这类"重大影响"通常包括可能影响个人社会评价、就业求职、获得公共服务等方面的信息处理活动。在个人信息已公开的情况下，个人对其信息的控制力必然有所削弱，但对于涉及切身利益的信息使用，个人仍然享有知情权和决定权。个人信息处理者对此应当给予充分尊重，履行必要的告知义务，在取得个人明示同意的基础上再开展相关处理活动。

六、敏感个人信息的处理规则

《个人信息保护法》从风险预警的视角对敏感个人信息进行了定义，指出了敏感个人信息风险的发生原因在于泄露或者非法使用，敏感个人信息与人格尊严、人身、财产安全之间存在紧密联系，使用了"容易"一词强调敏感个人信息不当使用产生风险的可能性较高，从危害后果的产生原因、危害后果的具体指向、危害后果的发生的高概率对敏感个人信息进行了界定。敏感个人信息的处理需要遵守一定的特别规则。

（一）处理敏感个人信息的前置性规定

《个人信息保护法》规定处理敏感个人信息需要具有"特定的目的"和"充分的必要性"，且要采取"严格保护措施"，在必要原则、目的原则、责任原则等相应原则适用一般个人信息的基础上加码。

"特定的目的"在处理目的不仅与敏感个人信息要有"直接关联"，还需要有着专门指定的联系，是个人信息处理者履行其职责的必然要求。如只有金融机构为了提供金融产品和服务才能处理金融账户信息，只有医疗健康机构为了治疗患者疾病才能采集医疗健康信息等。"充分的必要性"强调个人信息处理活动对于该处理目的实现是不可缺少的，缺少这一信息，相关活动无法展开，不能实现对个人权益、公共利益的保护，如疫情期间要求上报个人行踪，汇报个人信息医疗健康状态，是展开疫情防控所必须，缺少这些敏感个人信息防控无从开展。

"严格保护措施"则意味着个人信息处理者在处理敏感个人信息行为开始前，就应计划采取有效的措施减少对个人合法权益的减损，如采用匿名化和去标识化的技术对采集的敏感个人信息进行处理，降低对个人信息权益造成损害的可能。

（二）处理敏感个人信息的特别同意要求

敏感个人信息需要在原有的同意基础上适用特别同意规则，《个人信息保护法》规定处理敏感个人信息应当取得个人的单独同意；法律、行政法规规定处理敏感个人信息应当取得书面同意的，从其规定。对个人信息处理者处理敏感个人信息提出了更高的合规标准。

从法条表述顺序上，"单独同意""书面同意"之间存在递进关系，"书面同意"是"单独同意"的提高与升级。在特殊的规范情形下，处理敏感个人信息需要以"书面同意"为前提，个人信息处理者方可处理。《个人信息保护法》第29条衔接现有的法律、行政法规作出关于敏感个人信息"书面同意"的规定。如《人类遗传资源管理条例》对于我国人类遗传资源信息的采集、保藏、利用、对外提供活动作出了严格规范，包括事前审批制度、对外资的限制、符合伦理原则等，其中，第12条明确要求，"采集我国人类遗传资源，应当事先告知人类遗传资源提供者采集目的、采集用途、对健康可能产生的影响、个人隐私保护措施及其享有的自愿参与和随时无条件退出的权利，征得人类遗传资源提供者书面同意。在告知人类遗传资源提供者前款规定的信息时，必须全面、完整、真实、准确，不得隐瞒、误导、欺骗"。作为生物识别信息，处理人类遗传资源需要符合处理敏感个人信息的规定，尤其是在考虑到随着生物医药的快速发展，我国地域辽阔、民族众多，具备天然的人类遗传资源优势，人类遗传资源已经上升为国家战略资源，因此，对于采集人类遗传资源的信息需要书面同意符合对人类遗传资源信息保护和合理利用的内在要求。又如《征信业管理条例》第14条规定："禁止征信机构采集个人的宗教信仰、基因、指纹、血型、疾病和病史信息以及法律、行政法规规定禁止采集的其他个人信息。征信机构不得采集个人的收入、存款、有价证券、商业保险、不动产的信息和纳税数额信息。但是，征信机构明确告知信息主体提供该信息可能产生的不利后果，并取得其书面同意的除外。"个人的收入、存款、有价证券、商业保险、不动产的信息属于征信机构限制采集的信息。《最高人民法院关于审理利用信息网络侵害人身权益民事纠纷案件适用法律若干问题的规定》第12条规定网络用户或者网络服务提供者利用网络公开个人隐私和其他个人信息，造成他人损害的原则上应当承担侵权责任，但在下列免责规定中，要求"经自然人书面同意且在约定范围内公开"即可豁免于侵权责任，否则网络用户或者网络服务提供者应承担相应的侵权责任。此外，由于现有的法律与行政法规中，明确指出个人信息处理需要"书面同意"的规定较少，这也为未来各类敏感个人信息处理规则的完善作铺垫。

（三）处理敏感个人信息的特别告知事项

《个人信息保护法》第30条明确在个人信息处理者处理敏感个人信息时，除了需要向个人信息主体告知关于处理个人信息的一般性内容，还需要额外告知关于处理敏感个人信息的必要性说明以及释明可能的不利影响，切实保障个人信息主体在敏感个人信息处理活动中所应有的知情权、决定权。

关于处理敏感个人信息的必要性，是《个人信息保护法》第 5 条与第 6 条关于个人信息处理必要原则和目的原则在敏感个人信息处理上的体现，应理解为个人信息处理者需要向个人信息主体解释处理敏感个人信息与实现产品或服务的业务功能之间存在的直接关联，明确处理敏感个人信息的直接目的，保障个人信息主体可以理解其所属的敏感个人信息确有处理的必要。

关于对个人权益的影响，与处理敏感个人信息的必要性紧密相连，《个人信息保护法》第 6 条要求处理个人信息应采取对个人权益影响最小的方式，要求个人信息处理者处理敏感个人信息时，应告知处理敏感个人信息对个人权益的具体影响尤其是不利影响，做好风险提示工作。

此外，《个人信息保护法》第 30 条衔接《个人信息保护法》第 18 条，指出了关于处理敏感个人信息的告知也应遵守告知义务的豁免性要求，在法律或者行政法规规定的情形下，为个人信息处理者对个人信息主体不负有告知义务，这一规定的意义在于强调敏感个人信息虽然是一种特殊的个人信息，但属于个人信息的范畴，应当适用个人信息处理的基本规则，在法定情形下可以不履行告知义务或者延迟告知。

（四）不满十四周岁未成年人个人信息处理的要求

《个人信息保护法》第 31 条明确了对不满 14 周岁未成年人个人信息处理的两项要求。第一，个人信息处理者处理不满 14 周岁未成年人个人信息，应以未成年人的父母或者其他监护人的同意作为处理的合法性基础，并且是唯一的合法性基础。在网络空间内容繁杂、违法违规处理未成年人个人信息问题层出不穷的形势下，2019 年 10 月 1 日开始施行的《儿童个人信息网络保护规定》成为我国首部规定儿童个人信息网络保护的专门立法，其中，关于"儿童"的年龄范围参考了《刑法》中"刑事责任年龄"的划分标准，将无刑事责任的 14 周岁以下未成年人归于儿童群体的范围，明确了儿童个人信息网络保护的五大原则。2020 年 10 月修订的《未成年人保护法》以专章的方式强调对未成年人的网络保护，并且在第 72 条规定："信息处理者通过网络处理未成年人个人信息的，应当遵循合法、正当和必要的原则。处理不满 14 周岁未成年人个人信息的，应当征得未成年人的父母或者其他监护人同意，但法律、行政法规另有规定的除外。"《个人信息保护法》沿用了《未成年人保护法》《儿童个人信息网络保护规定》规定，要求个人信息处理者处理不满 14 周岁未成年人个人信息的，应当取得未成年人的父母或者其他监护人的同意。

第二，《个人信息保护法》第 31 条强调个人信息处理者需要针对不满 14 周岁未成年人个人信息处理制定专门的个人信息处理规则，通过要求个人信息处理者制定专门的个人信息处理规则来提高不满 14 周岁未成年人个人信息的保护水平。综合《个人信息保护法》《未成年人保护法》对于制定专门的个人信息处理规则的要求，从其基本指向来看，即在现有用户协议基础上，个人信息处理者需要额外设置关于儿童用户的特别处理规则。如果对"制定专门的个人信息处理规则"作宽松理解，即在原有用户协议页面专门增设关于儿童个人信息保护的内容、并加以显著标识即基本满足现有的合规要求。"专门的个人信息处理规则"也可以作严格理解，个人信息处理者在制定儿童个人信息规则时，不仅应针对儿童个人信息保护有专门的规则设计，还应在对儿童群体提供产品或者服务的过程具有独立的规范文本或者页面提示。

（五）法律、行政法规对处理敏感个人信息的衔接性规定

由于敏感个人信息种类繁多，而法律规定篇幅有限，《个人信息保护法》第 32 条就关于处理敏感个人信息需要取得行政许可或者法定限制作出了衔接性的规定，旨在促进完善敏感个人信息处理规则的体系化，协调《个人信息保护法》与现有的其他法律、行政法规在敏感个人信息处理上的法律适用关系，形成有效的制度链接。考虑在有关敏感个人信息处理实践中，可能有部分信息处理者需要经年累月地处理大量敏感个人信息，或者本身就处于与敏感个人信息紧密相关的行业，如医药业、金融业等，为遵循互联网经济和信息时代社会发展规律，促进经济、社会和生态环境协调发展，对于关系人格尊严、人身健康、财产安全的敏感个人信息处理活动和处理主体有着具体的行政许可设定或者限制规定。如《人类遗传资源管理条例》第 5 条规定："国家加强对我国人类遗传资源的保护，开展人类遗传资源调查，对重要遗传家系和特定地区人类遗传资源实行申报登记制度。国务院科学技术行政部门负责组织我国人类遗传资源调查，制定重要遗传家系和特定地区人类遗传资源申报登记具体办法。"第 11 条规定："采集我国重要遗传家系、特定地区人类遗传资源或者采集国务院科学技术行政部门规定种类、数量的人类遗传资源的，应当符合下列条件，并经国务院科学技术行政部门批准：（一）具有法人资格；（二）采集目的明确、合法；（三）采集方案合理；（四）通过伦理审查；（五）具有负责人类遗传资源管理的部门和管理制度；（六）具有与采集活动相适应的场所、设施、设备和人员。"该条例规定了国务院科学技术行政部门是进行关于处理人类遗传资源信息的行政许可的实施机关，并明确申请成为采集人类遗传资源的法人需要符合的条件。又如《征信业管理条例》第 6 条规定："设立经营个人征信业务的征信机构，应当符合《中华人民共和国公司法》规定的公司设立条件和下列条件，并经国务院征信业监督管理部门批准：（一）主要股东信誉良好，最近 3 年无重大违法违规记录；（二）注册资本不少于人民币 5000 万元；（三）有符合国务院征信业监督管理部门规定的保障信息安全的设施、设备和制度、措施；（四）拟任董事、监事和高级管理人员符合本条例第八条规定的任职条件；（五）国务院征信业监督管理部门规定的其他审慎性条件。"该条例规定了对个人的信用信息进行处理的征信机构应经过国务院征信业监督管理部门批准，并符合相应的条件。

七、国家机关处理个人信息的特别规定

《个人信息保护法》明确国家机关在处理个人信息时同样要受到的规制与调整，体现了规则平等原则下对国家机关和市场主体的同等对待，划定了国家机关处理个人信息时的基本规则框架，使国家机关这一特殊主体在个人信息保护领域内的权利、义务与责任更具系统性、整体性和明确性。

（一）国家机关处理个人信息不得超越法定权限

在当前的个人信息处理活动中，国家机关为履行法定职责而处理个人信息时往往具有行使公权力和代表公共利益实现的优势，因而将对自然人和企业造成难以抗拒的压力，在个人信息处理活动中具有强大的控制力，极少面临来自其他个人信息主体的阻力，这势必会导致国家机关权力的扩张和其他主体个人信息权益的减损，所以应采取措施对国家机关因履行职责而处理个人信息的活动进行严格限制。

第一，履行法定职责。在我国，职权法定是行政法中的一项基本原则，它要求行政机关必须按照宪法等法律法规以及规章（规章应符合宪法、法律的规定）的规定行政，所有的行政管理活动都应有法律依据，任何行政权的来源与行使都必须具有明确的法律依据，否则越权无效。从整个国家机关的范围和层面上来看，其他国家机关履行职责同样应遵循职权法定原则，其职责的取得和存在必须有法律依据，由法律直接设定或依法授予。因此，《个人信息保护法》将国家机关处理个人信息的活动限定在"为履行法定职责处理个人信息，依照法律、行政法规规定的权限"的框架之中，只有在这种前提下，才能够最大限度地保障其他主体的个人信息权益，规范个人信息处理活动。

第二，依照法定程序。正当程序原则也是我国行政法体系中最重要的基本原则之一，目前已经被广泛应用到执法、司法等领域，成为得到普遍认同的现代法治的基石性原则之一。未经正当的法定程序，任何公民的合法权益都不受剥夺与侵害，正当程序能够防止公权力的滥用和无序扩张，使相对人享有和行使程序性权利，从而保障人权的有效实现，防止国家权力可能造成的不法侵害。本条中规定国家机关在为履行职责而处理个人信息时，应当依照法律、行政法规规定的权限、程序进行，这与《个人信息保护法》第 7 条相衔接，《个人信息保护法》第 7 条规定，"处理个人信息应当遵循公开、透明原则，公开个人信息处理规则，明示处理的目的、方式和范围"，即为正当程序的体现。此外，目前已有部分规章涉及国家机关处理个人信息时应当遵循的程序，如《互联网信息内容管理行政执法程序规定》第 18 条规定了主管部门在调查取证互联网信息服务提供者发布的信息、用户发布的信息、日志信息等信息时应当遵循的程序，即"互联网信息内容管理部门进行案件调查取证时，执法人员不得少于 2 人，并应当出示执法证。必要时，也可以聘请专业人员进行协助。首次向案件当事人收集、调取证据的，应当告知其有申请办案人员回避的权利。向有关单位、个人收集、调取证据时，应当告知其有如实提供证据的义务。被调查对象或者有关人员应当如实回答询问并协助、配合调查，及时提供依法应当保存的互联网信息服务提供者发布的信息、用户发布的信息、日志信息等相关材料，不得阻挠、干扰案件的调查。执法人员对在办案过程中知悉的国家秘密、商业秘密、个人隐私、个人信息应当依法保密"。

第三，最小范围。国家机关行使职责时应当遵循比例原则，兼顾目标的实现与保护相对人的权益，如果目标的实现将会给相对人的权益造成损害或产生使其受到损害的风险，那么应该将这种损害和风险控制在最小的范围和限度内，即必要性、适当性以及最小损害性。国家机关对公民个人信息的处理活动虽然并不必然地给公民造成损害，但在如今个人信息泄露和不当利用现象泛滥的风险社会时代，任何个人信息处理活动都会给公民的合法权益带来难以预知的风险，因而国家机关处理个人信息时不得超出履行法定职责所必需的范围和限度，与此相呼应。

（二）国家机关处理个人信息履行告知义务

国家机关为履行法定职责处理个人信息，应当依照本法规定履行告知义务；与《个人信息保护法》第18条第1款的规定即"个人信息处理者处理个人信息，有法律、行政法规规定应当保密或者不需要告知的情形的，可以不向个人告知前条第一款规定的事项"保持一致。

《个人信息保护法》还明确了国家机关豁免履行告知义务的两种情形。第一，有《个人信息保护法》第18条第1款规定的情形，第18条第1款规定为："个人信息处理者处理个人信息，有法律、行政法规规定应当保密或者不需要告知的情形的，可以不向个人告知前条第一款规定的事项。"第二，对于法定应当保密的情形，根据《保密法》主要是指涉及国家安全和利益且泄露后可能损害国家在政治、经济、国防、外交等领域的安全和利益的事项，如国家秘密、商业秘密、技术秘密等。除《保密法》外，《反恐怖主义法》《国家情报法》《反间谍法》《刑事诉讼法》《关键信息基础设施安全保护条例》等法律行政法规也对保密事项作出了详细规定，对于此类应当保密的事项，任何国家机关或工作人员都应当负有且严格遵守保密义务，一旦泄露则将承担相应的法律责任。对于法定的"不需要告知的情形"，目前尚未有专门的规定，可以理解为在没有个人信息主体明确拒绝或对其个人权益有重大影响的情况下，个人信息处理者在合理范围内可以处理用户公开的个人信息，不需要履行告知义务。

（三）国家机关处理的个人信息应境内存储

随着国际竞争的不断增强、全球数据安全局势的不断严峻以及诸如"棱镜门"此类事件的频繁发生，由数据跨境流动所带来的数据本地化、数据安全审查评估等问题越来越受到各主权国家和企业的重视。数据的跨境流动与本地化关乎国家主权和核心利益，尤其是其中含有的个人信息往往包括了较多的敏感信息，蕴藏着巨大的价值，对其进行挖掘、分析和处理后，就能成为影响国家安全、政治安全、经济安全以及公民生命财产安全的重要数据。因此，除美国这类能够凭借先进的技术和发达的互联网产业从数据跨境流动中获得巨大利益和优势的国家外，其他世界各国普遍在不同程度上强调数据本地化的要求，坚持重要数据非必要不出境的原则，即使出境也要经过严格和繁多的审查手续，如欧盟GDPR即采用了"原则禁止、例外允许"的数据跨境流动治理模式，境内数据自由流动，对外适当制造壁垒。而俄罗斯、印度等互联网产业技术并不十分发达的国家则采取了更加严格的数据本地化策略，如俄罗斯的《俄罗斯联邦个人信息保护法》、印度的《个人数据保护法草案2019》都设置了较为详细复杂的数据出境限制手段。《个人信息保护法》规定，在一般情况下国家机关处理的个人信息应当存储在中华人民共和国境内，在出现特殊情况导致确需向境外提供时，应当对数据安全风险进行自评估，并且可以请求有关部门的协助。

（四）具有公共事务管理职能的组织处理个人信息的规定

《个人信息保护法》规定法律法规授权的具有管理公共事务职能的组织处理个人信

息时应遵循的规则，即法律法规授权的具有管理公共事务职能的组织为履行法定职责处理个人信息时，应当与国家机关属于同一主体类别，适用《个人信息保护法》的关于国家机关处理个人信息的相关规定。

随着经济的不断发展和技术的快速进步，新事物、新现象及其所带来的新问题与随之而来的新管理方式不断涌现。社会分工日益精细化和专业化，需要国家调配相应的人力物力资源进行妥善管理。通过法律、法规授权具有管理公共事务职能的组织来承担这一职责，具有现实必要性和可行性。第一，上述管理职责通常需要专门的国家行政机关来承担。但受机构设置稳定性的要求和限制，行政机关的机构设立、人员配置、职责划分等都需要经过严格的程序来确定，不能因立法增加了某项行政管理权限而任意改变自身职责。[1]因此，通过授权具有管理公共事务职能的组织来承担立法增加的管理职责，将更具灵活性。第二，在社会事务专业化程度不断提高的情况下，许多管理职责的履行都需要较高的专业要求，如教育、医疗、文化、科技等领域。通过法律法规将这些领域的管理职责授权给专业组织，将更有利于工作的开展。第三，随着当前世界各国限制公权力趋势的不断形成，防止公权力无限扩张是现代化行政的必然要求。授权非国家机关组织承担一定管理职责，有利于降低公权力扩张的可能性，促进服务型政府的形成。

根据《行政许可法》《行政处罚法》《行政强制法》《反垄断法》《政府信息公开条例》《征信业管理条例》等法律法规，越来越多具有管理公共事务职能的组织参与当前的社会管理。在行使被授权的职能时，这些组织具有与行政机关基本相同的地位，可以依授权发布行政命令，采取行政措施，实施行政行为，对违法不履行义务或违反行政管理秩序的相对人依法采取行政强制措施或实施行政处罚，并由其本身对外承担法律责任。[2]

在当前的互联网时代，具有管理公共事务职能的组织履行法定职责时会不可避免地涉及个人信息或其他数据的处理活动。由于其具有与行政机关相同的法律地位，这种个人信息处理活动与国家机关的个人信息处理活动一样，带有公共利益属性和强制性。在此情况下，个人信息主体处于相对弱势的不平等地位，存在个人信息权益被侵犯和损害的风险，需要对这种场景下的个人信息处理活动予以规制，以保障相关主体的合法权益。例如，《数据安全法》第43条规定："法律、法规授权的具有管理公共事务职能的组织为履行法定职责开展数据处理活动，适用本章规定。"《民法典》第1039条规定："国家机关、承担行政职能的法定机构及其工作人员对于履行职责过程中知悉的自然人的隐私和个人信息，应当予以保密，不得泄露或者向他人非法提供。"《个人信息保护法》作为专门规范个人信息处理活动的法律，顺应时代发展需要，充分考虑到了国家行政管理部门设置的现状，进一步明确了具有管理公共事务职能的组织在履行法定职责时处理个人信息时应当适用国家机关处理个人信息的特别规则，对个人信息主体的权益保护更加完善。

---

〔1〕 参见许安标等：《〈中华人民共和国行政许可法〉释义及实用指南》，中国民主法制出版社2013年7月版，第104页。

〔2〕 参见姜明安：《行政法与行政诉讼法》，北京大学出版社2019年第7版，第112—113页。

第四节 个人信息跨境提供规则

随着新一轮数字技术的发展与全球市场的加速融合，全球数据量呈现指数级增长，数据的全球化属性、资产属性以及流动属性日益增强，全球正经历前所未有的数据要素市场的互联互通。但是，个人信息之上不仅承载着经济利益，其同样承载着国家的安全利益以及信息主体的个人信息权益。《个人信息保护法》对我国的个人信息跨境提供进行了详细的规定，明确了个人信息跨境的合规路径、关键基础设施运营者的特殊要求以及个人信息跨境提供的一般规则。此外，针对《个人信息保护法》确立的个人信息跨境提供规则，我国又先后出台多部规范性文件进行细化，增强跨境规则的可操作性，个人信息跨境提供规则逐步发展完善。

一、个人信息跨境提供的合规路径

随着人工智能、大数据等新兴技术的崛起，市场对数据资源的需求日益增长。在互联网时代，跨境电商等业务常常需要将用户的个人信息传输到境外服务器，其中可能涉及姓名、联系方式、地址、消费习惯等敏感数据。海量的个人信息一方面事关用户的合法权益，另一方面也关乎数据安全乃至国家安全。然而，简单地限制数据出境并非上策，因为这不仅无法发挥个人信息的经济价值，也会阻碍人工智能等产业发展所需的数据供给，长此以往不利于数字经济的可持续发展。为了兼顾数据安全与数据流动双重立法目标，《个人信息保护法》详细规定了跨境提供个人信息的具体合规路径。

（一）个人信息跨境提供的一般合规路径

《个人信息保护法》明确了向中华人民共和国境外提供个人信息的三种情形，分别为"安全评估""标准合同""保护认证"，这三种情形为个人信息跨境提供活动合规进行的一般路径。为落实个人信息保护的出境规则，我国先后出台了《数据出境安全评估办法》《个人信息出境标准合同办法》《个人信息保护认证实施规则》《数据出境安全评估申报指南（第一版）》《个人信息出境标准合同备案指南（第一版）》等规范性文件。2024 年 3 月 22 日，国家网信办公布了《促进和规范数据跨境流动规定》以及《数据出境安全评估申报指南（第二版）》《个人信息出境标准合同备案指南（第二版）》，对"安全评估""标准合同""保护认证"三种路径的具体适用情形作出了明确规定。在实施个人信息出境时，如果未达到"安全评估"的适用条件，既可选择"标准合同"途径，也可以选择"保护认证"路径，具体如何选择并不强制，由开展个人信息出境活动的个人信息处理者根据实际情况自行决定。个人信息出境的三种情形可详见数据安全法相关章节。

（二）个人信息跨境提供的特殊合规路径

除了个人信息合规跨境提供的一般路径之外，《个人信息保护法》还规定了个人信息合规跨境提供的特殊路径，包括根据国际条约、协定向境外提供个人信息以及经国家主管机关批准方可向外国司法或者执法机构提供存储于我国境内的个人信息。

1. 依照国际条约、协定

中华人民共和国缔结或者参加的国际条约、协定对向中华人民共和国境外提供个人信息的条件等有规定的，可以按照其规定执行。

目前，数字经济已成为重组全球要素资源、重塑全球经济结构、改变全球竞争格局的关键力量。从"系统整合"的角度来看，数字经济可以推动数据资源要素快速流动、各类市场主体加速融合，有利于突破时空限制，延伸产业链条，畅通国内国际双循环。从"破旧立新"的角度来看，数字经济可以改变传统的经济发展模式，优化资源要素配置，促进产业结构优化升级，推动全球经济高质量发展。从"互利共赢"的角度来看，数字经济可以为全球经济合作提供新的"增长点"，有利于加强国际经济合作，营造良好的国际竞争秩序，打造国际网络空间"经济共同体"。但是，全球数字经济的发展同样面临诸多挑战，例如：数据流通不畅、数据使用规则不协调、个人数据保护程度差异等。从冲突解决的路径上来看，目前的数据经济国际规则主要是通过制定国际多边贸易规则、组织多边贸易谈判来实现的，例如：美加墨自由贸易协定（USMCA）、全面与进步跨太平洋伙伴关系协定（CPTPP）和区域全面经济伙伴关系协定（RCEP）、数字经济伙伴关系协定（DEPA）等。

2. 经国家主管机关批准

个人信息提供者可以基于业务等需要在满足一定条件下对个人信息进行跨境提供，但是在国际司法协助以及行政执法协助情形下，个人信息处理者非经中华人民共和国主管机关批准，不得向外国司法或者执法机构提供存储于中华人民共和国境内的个人信息。这不仅是封堵境外机构长臂管辖的现实需要，也是维护国家的网络主权，保护个人的合法权益的客观需要。同时，基于平等原则，当任何国家或者地区在个人信息保护方面对中华人民共和国采取歧视性的禁止、限制或者其他类似措施时，中华人民共和国可以根据实际情况对该国家或者地区采取对等措施。

首先，当基于执法协助而进行个人信息跨境提供时，因为我国没有设立统一的执法机构，所以此时的有关部门应是指多个部门而非单一的部门，例如：商务部、外交部、网信办等。当然，对于不同部门应负责执法协助的批准，此则需要出台具体的部门规章来进一步明确。其次，请求和提供司法协助，应当依照中华人民共和国缔结或者参加的国际条约所规定的途径进行；没有条约关系的，通过外交途径进行。最高人民法院统一管理全国各级人民法院的国际司法协助工作；经最高人民法院授权的高级人民法院，可以依据海牙送达公约、海牙取证公约直接对外发出本辖区各级人民法院提出的民商事案件司法文书送达和调查取证请求；通过外交途径办理民商事案件司法文书送达和调查取证，不适用《最高人民法院关于依据国际公约和双边司法协助条约办理民商事案件司法文书送达和调查取证司法协助请求的规定》。因此，当基于司法协助而进行个人信息跨境提供时，此时的"主管机关"应为最高人民法院或者最高人民法院授权的高级人民法院以及外交部。

二、个人信息跨境提供的一般性规则

除了明确个人信息跨境提供的合规路径外，我国还针对个人信息跨境活动明确提出了一般性的规则要求。

（一）适用个人信息跨境提供规则的场景要求

《个人信息保护法》明确适用个人信息跨境提供制度的原因必须是"因业务等需要"。换言之，若非"因业务等需要"，个人信息处理者便不能将个人信息进行跨境提供。"因业务等需要"不能被无限扩大解释，个人信息处理者须以直接、具体的业务需求为依据进行跨境数据传输，而不能仅凭业务活动间的关联性就随意跨境提供数据。对此，个人信息处理者应进行严格自查，明确每一类跨境数据传输行为的业务理由是否充分、正当。

（二）适用个人信息跨境提供规则的地域要求

《个人信息保护法》所称的个人信息跨境提供，并不局限于将数据从物理意义上的境内传输至境外。根据《数据出境安全评估申报指南（第二版）》，个人信息处理者收集和产生的个人信息存储在境内，境外的机构、组织或者个人可以查询、调取、下载、导出的情况下，仍属于数据出境。

相对而言，如果个人信息只是过境我国，中转传输至境外第三方（即过境中转数据），且传输过程中未发生实质性的处理活动，则一般不属于我国法律调整的跨境提供行为。个人信息处理者应当认真审视数据传输全流程，充分识别可能触发跨境提供合规义务的各类场景，以免因认知偏差而违反法律规定。

（三）履行充分告知义务以及遵守单独同意规则

《个人信息保护法》明确个人信息处理者跨境提供个人信息的，应当向个人告知境外接收方的名称或者姓名、联系方式、处理目的、处理方式、个人信息的种类以及个人向境外接收方行使本法规定权利的方式和程序等事项，履行充分的告知义务。

如果个人信息处理者是依据个人同意作为合法性基础收集个人信息的，那么该同意的授权范围未必涵盖后续的跨境提供行为。因此，个人信息处理者还应当就跨境提供事项再次征得个人的明确、具体的同意，而不能简单依赖此前的概括授权。经个人单独同意的要求是对个人自主权的进一步保障。

个人信息处理者应当审慎履行告知同意义务，在告知的时间、方式、内容上满足法律要求，为个人提供充分的选择机会，而不能仅将其作为一项程序性的"通知"任务。只有个人在充分知情的基础上才能做出有效授权，个人信息处理者的跨境数据传输行为方能获得合法性基础。

（四）限制或者禁止个人信息提供措施

《个人信息保护法》明确境外的组织、个人从事损害我国公民的个人信息权益，或者危害我国国家安全、公共利益的个人信息处理活动的，国家网信部门有权将危害国家主权、安全、发展利益和公共利益，损害公民合法权益的境外机构和个人列入限制或禁止个人信息提供清单。个人信息处理者应当密切关注清单动向，严格遵守限制或禁止向清单主体传输数据的要求，共同维护国家安全和社会公共利益。

个人信息处理者在未来应重点关注国家网信部门发布的"限制或者禁止个人信息提供清单"，如个人信息的境外接收方被列入该清单，则向其传输个人信息的行为将受到限制或禁止。[1]

（五）确保境外接收方达到我国法律的保护标准

《个人信息保护法》将确保境外接收方达到我国个人信息保护水平作为个人信息处理者的义务，要求其采取必要措施实现这一目标。这一义务不因境内外双方签订合同而免除，不因数据主体同意跨境传输而减轻，是法律赋予个人信息处理者的强制性要求。个人信息处理者必须有意识地关注和评估境外接收方的个人信息保护状况，建立相应的管理机制，提升对境外数据处理活动的监管能力。要求境外接收方在个人信息的处理目的、处理方式、保存期限、安全防护等方面，都不得突破《个人信息保护法》的规制边界。个人信息处理者在评估对方保护水平时，应当全面对照《个人信息保护法》的各项规定，查找差距，消除风险，并通过与对方签署法律文件的形式约束对方的个人信息处理活动。

（六）对有关国家和地区不合理限制措施采取对等反制举措

我国坚持独立自主的和平外交政策，坚持互相尊重主权和领土完整、互不侵犯、互不干涉内政、平等互利、和平共处的五项原则。同时，当外国国家违反国际法和国际关系基本准则，以各种借口或者依据其本国法律对我国进行遏制、打压，对我国公民、组织采取歧视性限制措施，干涉我国内政的，我国有权采取相应反制措施。

《个人信息保护法》规定，当任何国家或者地区在个人信息保护方面对中华人民共和国采取歧视性的禁止、限制或者其他类似措施时，我国当然可以根据实际情况对该国家或者地区采取对等措施。首先，在"对等措施"的类型方面，国务院有关部门可以决定将直接或者间接参与制定、决定、实施《反外国制裁法》第 3 条规定的歧视性限制措施的个人、组织列入反制清单。其次，从"对等措施"实施方面，国家设立反外国制裁工作协调机制，负责统筹协调相关工作。国务院有关部门应当加强协同配合和信息共享，按照各自职责和任务分工确定和实施有关反制措施。最后，从"对等措施"的执行方面，我国境内的组织和个人应当执行国务院有关部门采取的反制措施。对违反前款规定的组织和个人，国务院有关部门依法予以处理，限制或者禁止其从事相关活动。

三、个人信息跨境提供规则的革新

2024 年 3 月 22 日，国家互联网信息办公室公布并施行《促进和规范数据跨境流动规定》，释放了进一步放松对现有个人信息出境管理制度的信号。

（一）对数据出境前置监管程序的优化

《促进和规范数据跨境流动规定》结合当前数据出境监管的实际需求，对现有数据出境安全评估、个人信息出境标准合同、个人信息保护认证等数据出境制度要求进行部分调整，从多个维度优化了数据出境监管的适用标准。

第一，"数量"维度，规定通过修改适用数据出境前置监管程序的门槛值、更改计数方式的路径，有序放宽数据出境监管要求。其一，取消了"处理 100 万人以上个人信

---

[1] 参见周汉华主编：《〈个人信息保护法〉条文精解与适用指引》，法律出版社 2022 年版，第 273 页。

息的数据处理者向境外提供个人信息"需要申请出境安全评估的要求。其二，新增"向境外提供不满 10 万人个人信息（不含敏感个人信息）的"豁免数据出境前置监管的规定。其三，对于数据出境监管程序的具体适用，由原来的"向境外提供 10 万人个人信息以上"改为"向境外提供 100 万人以上个人信息"才需要申报安全评估，向境外提供不满 100 万人个人信息的可以在标准合同备案或者保护认证两种合规程序中择一进行。其四，修改了个人信息出境数量的计算方式，起算时间由"自上年 1 月 1 日"调整为"自当年 1 月 1 日"起计算。

第二，"场景"维度，规定直接明确豁免数据出境监管要求的具体场景，包括四种，其一为订立、履行个人作为一方当事人的合同，如跨境购物、跨境寄递、跨境汇款、跨境支付、跨境开户、机票酒店预订、签证办理、考试服务等，确需向境外提供个人信息的；其二为按照依法制定的劳动规章制度和依法签订的集体合同实施跨境人力资源管理，确需向境外提供员工个人信息的；其三为紧急情况下为保护自然人的生命健康和财产安全，确需向境外提供个人信息的；其四为在境外收集和产生的个人信息传输至境内处理后向境外提供，处理过程中没有引入境内个人信息或者重要数据。规定对上述"场景"的"豁免"有效地推动正常的国际交往与合作，积极回应中国企业出海及外国企业在华投资经营的实际需要，同时便利个人参与国际经济社会活动，实现更加紧密地同世界联系互动。2024 年 9 月公布的《网络数据安全管理条例》将"为履行法定职责或者法定义务，确需向境外提供个人信息"的情形确立为豁免数据出境监管要求的具体场景，进一步拓宽了个人信息跨境提供的合法性基础。

第三，"区域"维度，规定授权自由贸易试验区可以自行制定区内的数据清单，经省级网信委批准，报国家网信部门、国家数据管理部门备案之后，自由贸易试验区内数据处理者向境外提供负面清单外的数据，可以免予数据出境前置监管程序。这给予自由贸易试验区在数据跨境上一定的探索创新的空间，旨在通过先行先试，促进自由贸易区的发展以及数据跨境模式的创新，形成数据出境领域的开放示范效应，为日后数据出境监管机制的进一步优化提供充分的实施样例，从而推动我国双循环发展以及更好对接国际高标准经贸规则的要求。2024 年 5 月，《中国（天津）自由贸易试验区数据出境管理清单（负面清单）（2024 版）》公布，围绕生物医药、服务外包、金融、互联网平台、汽车、集成电路、气象、国际贸易等自贸试验区 8 大重点领域产业发展和监管需要，将企业出境数据分为战略物资和大宗商品类、自然资源和环境类、工业类、金融类、统计类、通信传播类、住房建设类、交通运输类、公共卫生类、公共安全类、互联网服务和电子商务类、科学技术类和个人信息等 13 个大类 46 个子类，每一类均对数据基本特征作出详细描述，使企业易于理解、便于操作。2024 年 8 月，《中国（北京）自由贸易试验区数据出境负面清单管理办法（试行）》《中国（北京）自由贸易试验区数据出境管理清单（负面清单）（2024 版）》公布，重点围绕负面清单的制定流程、职责分工、使用管理、安全监管等方面进行深化设计，是制定负面清单和开展日常监管的基本规范，并同步完善了重要数据识别规则，提出 13 类 41 子类数据分类分级参考规则，助力企业提升识别能力；综合考虑数据出境需求迫切的重大场景、全市重点产业布局等因素，按照

"急用先行、小步快跑"原则,首批选择汽车、医药、零售、民航、人工智能等5个领域率先制定,详细列明23个业务场景和198个具体字段,便于企业准确识别判断。

（二）进一步细化数据出境前置监管工作的具体要求

在公布《促进和规范数据跨境流动规定》的同时,为了指导和帮助数据处理者规范有序申报数据出境安全评估、备案个人信息出境标准合同,国家互联网信息办公室公布《数据出境安全评估申报指南（第二版）》《个人信息出境标准合同备案指南（第二版）》,对申报数据出境安全评估、备案个人信息出境标准合同的方式、流程和材料等具体要求作出调整和更新,深入推进数据出境监管工作标准化、规范化、便利化。

第一,提升服务水平。《促进和规范数据跨境流动规定》及《个人信息出境标准合同备案指南（第二版）》以优化评估流程为导向,为提升监管服务水平采取了多种措施,包括增加电子申报方式以解决纸质材料申报准备烦琐、修改等问题;增加了电子邮箱的咨询、举报方式;明确了评估报告的撰写格式等。该规定及指南通过提高行政服务效能,有利于促进数据跨境合规主体积极依法合规、提升数据跨境效率。

第二,释明合规难点。《促进和规范数据跨境流动规定》及《个人信息出境标准合同备案指南（第二版）》针对当前数据处理者在进行评估申报或合同备案中遇到的重要数据认定、个人信息单独同意的适用情形、个人信息数量计算等常见问题进行了解答。其中,明确数据处理所出境数据未被相关部门、地区告知或者公开发布认定为重要数据的无须申报出境安全评估;澄清不以同意作为个人信息处理合法性基础的出境行为,无须再取得单独同意;计算个人信息出境数量应去重,避免多场景以及属于豁免情形的重复计算。该规定和指南针对相关问题给出了明确解答和具体指导,为企业规范运作、完成数据出境合规工作提供了有效指引。

第三,降低合规成本。《促进和规范数据跨境流动规定》明确数据出境安全评估结果的有效期由2年延长至3年,自评估结果出具之日起计算,到期届满前可以再延长评估结果有效期3年。《个人信息出境标准合同备案指南（第二版）》将数据处理者自评估报告模板内容进行大幅缩减,简化撰写的内容要求。同时,根据有关负责同志的答记者问,此前已进行数据出境前置监管程序但按《促进和规范数据跨境流动规定》无须开展的,可以直接撤回相应申请。这些举措与指导极大减轻企业合规的负担,降低企业数据出境的合规难度。

总体而言,我国个人信息跨境提供规则正在不断发展完善,《个人信息保护法》的各项要求也在逐步落实,其所规定的"安全评估""标准合同""保护认证"三种一般性合规路径也有了具体落地实例,相应规则也有了更加侧重于"发展"角度考虑,放松部分个人信息跨境活动的监管约束。2023年12月,国家网信办与香港创新科技及工业局共同发布了《粤港澳大湾区（内地、香港）个人信息跨境流动标准合同实施指引》（指引）并实施。2024年9月,国家网信办与澳门经济及科技发展局和个人资料保护局共同发布了《粤港澳大湾区（内地、澳门）个人信息跨境流动标准合同实施指引》并实施,简化了标准合同备案工作要求,为粤港澳大湾区企业提供更加便捷的数据流动机制。可以预见我国个人信息跨境规则未来将会不断调整优化，更好赋能我国的国际交流与合作。

第五节 个人信息主体的权利

随着新技术、新业态、新应用不断涌现，以电子等方式记录的个人信息大量产生。个人信息处理活动可以通过各类数字技术全面、系统、高频次、常态化地采集和处理。个人信息成为信息时代的重要资源，其附属的多重价值不断显现。由于个人信息处理者占有的资源较多，个人信息主体往往处于弱势地位，双方经济实力不对等、专业信息不对称，个人信息相关的处理互动往往规范性不强、随意性较大，违法采集、信息泄露、遭受滥用等情况时有发生。《个人信息保护法》以专章形式规定了个人在个人信息处理活动中的权利，是应对个人在个人信息处理活动所遭受的不法侵害成为法治发展的必然要求。

一、个人信息主体的基础性权利

《个人信息保护法》第44条规定，个人对其个人信息的处理享有知情权、决定权，有权限制或者拒绝他人对其个人信息进行处理；法律、行政法规另有规定的除外。该条对个人信息处理活动中的个人权利进行了总括性规定。该条规定的知情权和决定权是个人在个人信息处理过程中的基础性和概括性权利。

（一）知情权

在个人信息处理活动中，个人信息处理者和个人之间往往处于信息不对称的状态，尤其是在数字技术迅猛发展的情况下，个人信息处理技术含量高、专业性强，个人信息主体权益容易因为个人信息处理活动受到损害，并且往往难以发现和察觉。为此，赋予个人信息主体以知情权尤其必要。个人信息主体的知情权，是其参与个人信息处理活动的一项基础性权利，是公开透明原则的直接体现，有助于协调处理者和个人之间的不对称性，个人有权知悉与其所属的个人信息直接关联的个人信息处理活动，以确保自身权益免受不合理侵犯，对避免侵权行为的产生起到防患于未然的效果，更多地体现出事前事中的保护而不是事后救济。

知情权与《个人信息保护法》所确定个人信息处理者应尽的告知规则体系紧密相连，个人信息处理者履行告知义务是保障个人信息权益的基本要求。同时，作为一项积极权利，个人信息主体可以要求个人信息处理者保障其应有的知情权，如根据《个人信息保护法》第48条规定，考虑当前用户协议关于个人信息处理的约定内容往往冗长难懂，对于用户而言，实质地理解个人信息处理规则的全部内容存在较大困难，用户有权要求个人信息处理者对其个人信息处理规则进行解释说明。

（二）决定权

个人信息处理是指利用技术手段对个人信息进行分析用于相应决策的行为，是个人信息保护立法的规范对象。从理论上而言，个人信息处理的双方应该是平等的，个人信息主体可以依照自身的意愿决定处理的目的、方式、手段，个人信息处理者应遵从个人信息主体的意愿进行处理行为。然而在个人信息处理的实践中，二者往往处于不平等地位，即便是处理者切实履行了告知义务，制定了合规的用户文本，但是往往仍然脱离个人的意愿去处理个人信息，个人信息主体由于自身缺乏个人信息保护的有关意识、对利用信息技术进行个人信息处理的活动存有认知障碍，缺少有效的救济渠道而无法履行其决定权。

"个人是独立主体，个人有权决定个人事务，那么就应当自主决定，而不是被决定。"[1]《个人信息保护法》关于知情权和决定权的规定体现了"信息自决"的个人信息保护理念，是为了增强个人对自己所属信息的控制能力，是"知情同意"作为个人信息保护的核心原则在个人信息处理活动中的集中表现。知情权与决定权对于个人信息主体与个人信息处理者之间的不对称地位作出了相应调整，对于保障个人信息合法权益具有十分重要的作用。

（三）知情权、决定权的排除

个人对知情权、决定权的行使并非没有限制的。如根据《个人信息保护法》第13条规定依照本法其他有关规定，处理个人信息应当取得个人同意，但是有规定情形的，不需取得个人同意。第18条规定个人信息处理者处理个人信息，有法律、行政法规规定应当保密或者不需要告知的情形的，可以不履行相关的告知事项。又如第35条规定，国家机关在法律、行政法规规定应当保密或者不需要告知，或者告知将妨碍国家机关履行法定职责情形下，可以不履行告知义务。这代表个人信息主体对其所属的个人信息并没有完全的支配权力，为了维护公共利益、保护自然人的生命健康和财产安全，个人信息主体的知情权、决定权必须做出一定的让渡，这样体现了个人信息保护立法对多元化诉求的一种理性的平衡。

（四）个人信息主体权利的具体内容

个人信息主体的基础性权利是知情权与决定权，而知情权与决定权又包含了诸多更为具体化的权利，个人信息主体的权利具体包含如下内容：

二、个人信息主体的一般性权利

（一）查阅权与复制权

查阅权，即个人信息主体有权查询阅读其个人信息处理相关的具体情况，也称访问权。个人信息主体可查阅的范围包括个人信息处理的目的、类别、来源、存储期限等信息，凡是《个人信息保护法》第17条、第22条、第23条、第39条所确定个人信息处理者应尽的告知义务规则体系中包含的相关事项都应属于查阅的范围之内。查阅权是实

---

〔1〕 高富平：《论个人信息保护的目的——以个人信息保护法益区分为核心》，载《法商研究》2019年第1期。

现个人信息主体知情权的必然要求，是个人信息处理公开透明原则的具体体现。个人信息的可查阅也是行使复制权、可携带权等相关权益的前提，能够切实个人对个人信息处理活动的充分了解，从而自主地维护其合法权益。

复制权指个人信息主体有权对其所属的、正在处理的个人信息进行复制的权利，根据个人信息主体的请求，个人信息处理者应提供可阅读化的电子形式或者非电子形式信息给个人信息主体。一方面，复制权承接了查阅权的要求，作为行使查阅权的辅助性权利，"通过复制权可以有更多时间了解个人信息的情况，从而进一步判断个人信息处理行为是否符合本人意愿等"。[1]另一方面，复制权也是可携带权的前提，如果个人无法获取其所属的个人信息副本，将个人信息转移至第三方的基础也不复存在。

通常情况，个人信息主体不得对个人的合理请求进行限制，但个人信息主体的权利不是无限且无节制的。《个人信息保护法》规定了查阅权与复制权不可行使的两种情形，第一，根据《个人信息保护法》第18条第1款的规定，个人信息处理者处理个人信息，有法律、行政法规规定应当保密或者不需要告知的情形下，个人信息主体不可行使查阅权与复制权。第二，国家机关在法律、行政法规规定应当保密或者不需要告知，或者告知将妨碍国家机关履行法定职责情形下，查阅权与复制权不可行使。如《保守国家秘密法》第9条规定的涉及国家安全和利益的事项，为维护国家安全和社会公共利益的需要，个人信息处理者因负有保密义务而排除对帮助个人信息主体行使查阅权和复制权的义务，个人信息主体需要作出相应的权利让渡。

（二）可携带权

可携带权指的是在符合相关规定的情形下，个人信息主体有权向现在处理其个人信息的处理者提出将个人信息转移至其指定的第三方处理者。可携带权被认为具有可以遏制大型企业数据垄断促进数据市场竞争和数字经济繁荣的作用，可以方便个人获取并转移其个人信息，促进整个社会的数字化与智能化，

《网络数据安全管理条例》进一步细化了关于个人信息主体可携带权的行权规则，明确在符合能够验证请求人的真实身份；请求转移的是本人同意提供的或者基于合同收集的个人信息；转移个人信息具备技术可行性；转移个人信息不损害他人合法权益等条件的情况下，对于个人信息转移请求，处理者应当为个人指定的第三方处理者访问、获取有关个人信息提供途径。如果请求转移个人信息次数等明显超出合理范围的，处理者可以根据转移个人信息的成本收取必要费用。

（三）更正、补充权

更正、补充权是指，个人发现其个人信息不准确或者不完整的，有权请求个人信息处理者更正、补充。确保个人信息的准确性与完整性，一方面是保护信息主体合法权益的应有之义，另一方面也是个人信息处理者提供高质量信息服务的需要。提出请求的前提是个人信息不准确或者不完整，提出请求的内容是更正或者补充个人信息。更正主要针对的是个人信息处理者掌握的个人信息不准确，需要予以修正的情况。补充主要针对

---

〔1〕 申卫星：《论个人信息权的构建及其体系化》，载《比较法研究》2021年第5期。

的个人信息处理者掌握的个人信息不完整，需要予以补充的情况。此外，对于因个人信息过时而造成不准确或者不完整的，本人也有权请求个人信息处理者及时更新。

个人信息处理者需要履行相应的更正义务。具体分为两个义务。一是对个人信息予以核实的义务。个人信息处理者收到个人的请求之后，不能直接根据个人的请求予以修改个人信息，而首先要对个人处理者的请求予以核实。核实的内容包括：有关个人信息是否是申请人的个人信息，有关个人信息是否确实不准确或者不完整，等等。二是及时更正的义务，即经审核，个人信息处理者认为个人的请求合理的，应当及时对个人信息进行更正、补充，而不能有不合理的延迟。如果个人信息处理者认为个人的请求不合理或者不合法，也应当将原因及时告知申请人。

（四）删除权

删除权是指当法定或约定事由出现时，个人有权要求个人信息处理者删除其所属的个人信息，确保个人信息不可再次被使用。个人行使删除权是为了避免个人信息处理活动给个人信息权益带来不必要的损害，通过删除方式实现对侵害可能的消除，是目的原则的具体要求。个人信息处理者应在符合法定或者约定条件时主动删除个人信息，而在个人信息处理者未履行这项义务时，个人信息主体有权请求或者说督促个人信息处理者完成删除个人信息的任务。

《个人信息保护法》对适用删除权的情形采用"列举＋兜底"的规范方式，具体情形包括如下五种：

（1）处理目的已实现、无法实现或者为实现处理目的不再必要。根据个人信息处理必要原则以及目的原则的要求，处理个人信息活动的进行应与其处理目的直接相关，如果在处理目的已实现、无法实现或者为实现处理目的不再必要，也就缺少与处理个人信息活动的直接关联，因此应当删除个人信息。如交易双方在交易环节完全结束以后，双方主体应删除姓名、地址、电话等相关个人信息，不能再通过电话进行发放广告或进行骚扰。

（2）个人信息处理者停止提供产品或者服务，或者保存期限已届满。在个人信息处理者已停止提供产品或者服务的情况下，双方签订个人信息处理的用户协议的基础也不复存在，如社交平台停运以后，平台应删除其用户为注册提交的信息以及聊天记录。

保存期限已届满则属于法定情形或者约定情形，往往是在处理目的已经实现之后，意味着个人信息处理已无继续的必要，相关个人信息应妥善删除。《个人信息保护法》第19条对个人信息的保护期限作了原则性的规定，即除法律、行政法规另有规定外，个人信息的保存期限应当为实现处理目的所必要的最短时间。法定的具体情形如《电子商务法》第31条规定，电子商务平台经营者应当记录、保存平台上发布的商品和服务信息、交易信息，并确保信息的完整性、保密性、可用性。商品和服务信息、交易信息保存时间自交易完成之日起不少于3年。约定情形常见于互联网企业与用户之间的隐私协议，协议中往往会阐明个人信息的存储期限为实现服务所需的时间内，期限届满后会进行删除或者是匿名化处理。

（3）个人撤回同意。在同意作为个人信息处理的合法性基础的个人信息处理活动中，个人撤回同意意味着合法性基础的消失，处理者不可再继续个人信息处理，相关个人信息应妥善删除。

（4）个人信息处理者违反法律、行政法规或者违反约定处理个人信息。无论是违反法律还是违反协议约定，在此情形下，根据《个人信息保护法》第10条、第20条、第21条的规定，都是属于违法处理个人信息的行为，个人信息处理者应承担相应的法律后果，相关信息应得到妥善删除。

（5）法律、行政法规规定的其他情形。此为兜底性要求，如《民法典》《网络安全法》《个人信息安全规范》等规范性文件中皆有涉及"删除"的规定，但与本条所规定适用情形有所重叠。《网络数据安全管理条例》第24条中指出因使用自动化采集技术等无法避免采集到非必要个人信息或者未依法取得个人同意的个人信息，以及个人注销账号的，处理者应当删除个人信息或者进行匿名化处理。法律、行政法规规定的保存期限未届满，或者删除、匿名化处理个人信息从技术上难以实现的，处理者应当停止除存储和采取必要的安全保护措施之外的处理。

（五）获得解释说明权

获得解释说明权，是指个人有权要求个人信息处理者对其个人信息处理规则进行解释说明。在个人信息处理实践中，由于个人处理规则往往属于"格式条款"，个人并没有进行协商的权利。因此，当个人表示"同意"个人信息处理规则时，个人其实并没有参与规则的制定，也没有实质地理解个人信息处理规则的全部内容。因此，法律明确个人有请求解释说明的权利，可以防止个人信息处理者以"个人已经事先同意"为借口剥夺个人对于个人信息处理规则的知情权。

随着个人信息保护机制的不断完善，个人信息处理者往往制定详细、复杂的个人信息处理规则。由于个人处理规则的复杂性，"公开个人处理规则"仅意味着个人知道规则的相关文字，但并不意味着个人理解规则的含义。特别是针对个人信息处理规则的专业语言，如果个人缺乏相应的专业知识，往往难以真正地理解个人信息处理规则的含义，甚至完全不了解其中的专业术语，因此其知情权并没有真正地得到保障。鉴于此，《个人信息保护法》进一步规定，个人有权要求个人信息处理者对其个人信息处理规则进行解释说明。也就是说，个人信息处理权不能仅仅单纯公开其个人处理规则，还要对其规则进行解释说明，让个人真正理解规则的含义。个人信息处理规则内容繁多，如果其中的一些条款存在矛盾之处，个人有权要求个人信息处理者进行解释说明。

（六）个人行权保障与诉讼救济

《个人信息保护法》明确了个人在个人信息处理活动中依法享有的各项权利。在个人信息处理活动中，个人行使权利往往需要个人信息处理者的协助与配合，为此，《个人信息保护法》就个人信息处理者协助与配合个人行使权利的程序性义务作出了一般性的规定，加强了个人行权保障，并明确提出了个人信息主体所具有的诉讼救济权利。

第一，个人信息处理者要建立便捷的申请受理机制。除了征求个人同意等情形外，个人信息处理者一般不会主动请求个人行使其法定权利。在大多数情形下，个人要行使其知情权、查阅权、复制权、更正权、删除权等权利时，往往需要个人向个人信息处理者提出请求，因此，个人信息处理者必须建立相应的申请受理机制，该申请受理机制应当是简单方便、易识别的，不能为权利人行使设置不必要的障碍。申请受理机制包括申请机制与受理机制。申请机制主要包括权利人向个人信息处理者提出申请的渠道、方法以及个人需要提交的申请材料。申请的渠道、方法包括来访、电话、书面形式、互联网申请等。申请材料包括个人的具体诉求与证明材料等。受理机制包括个人信息处理者对个人的申请予以登记、审查与决定是否受理等程序。

第二，个人信息处理者要建立处理机制。处理机制，主要是指个人信息处理者要制定根据内部程序，对个人的申请作为决定并将结果反馈给个人的机制。内部的程序包括有权作出决定的人员、作出决定的具体程序、作出决定的期限、个人不服决定的救济程序，等等。个人信息处理者建立的处理机制应当告知个人。

第三，个人信息处理者拒绝个人行使权利的请求的，负有说明原因的法律义务。为保障个人的合法权益以及防止个人信息处理者滥用其权利，《个人信息保护法》规定了个人信息处理者的说明义务。个人信息处理者拒绝个人行使权利的请求的情形，包括不予受理或者受理后拒绝有关请求两种。无论是哪种情形，个人信息处理者均应当说明其理由。在法律没有规定"拒绝的理由"的情况下，个人信息处理者拒绝的理由，只能是个人的请求不符合法律的规定。例如，只有当相关信息不属于申请人时，个人信息处理者才能不受理相关请求。只有当个人的请求与法律规定不符合时，个人信息处理者才能拒绝请求。个人信息处理者不能以营业成本等为由拒绝个人的申请。

第四，个人信息处理者拒绝个人行使权利的请求的，个人可以依法向人民法院提起诉讼。诉讼是个人权利获利救济的有效途径之一。人民法院审理相关案件时，应当就个人请求的合法性、个人信息处理者有无建立便捷的申请受理和处理机制、个人信息处理者拒绝请求的合法合理性等问题进行审查。

三、死者个人信息保护

个人信息主体死亡后，其个人信息并不会随之而消失，而是继续由相关个人信息处理者所控制。在世界范围内，围绕死者的个人信息，存在许多有争议的问题。《个人信息保护法》专门针对该类问题进行回应，明确个人信息主体死亡的，其近亲属为了自身的合法、正当利益，可以对死者的相关个人信息行使该法规定的查阅、复制、更正、删除等权利；死者生前另有安排的除外。死者个人信息相应权利的行使有三个方面的要求。

第一，权利主体是近亲属。《个人信息保护法》并没有规定近亲属的范围，因此应当适用《民法典》有关规定。依据《民法典》第1045条第2款规定："配偶、父母、子女、兄弟姐妹、祖父母、外祖父母、孙子女、外孙子女为近亲属。"上述近亲属以外的亲属，均不能行使死者个人信息保护的有关权利。

第二，近亲属行使有关权利的目的是自身的合法、正当利益。一方面，利益属于近亲属，而不是死者，近亲属不能为了死者的利益而行使死者个人信息保护的权利。另一方面，近亲属的利益是合法、正当的，即符合法律规定、不违反公序良俗、诚信原则的权利。"为了自身的合法、正当利益"的情形有许多。例如，为了实现自身权益，必须行使相关个人信息权利。如死者将其遗嘱保存在云空间，为了行使继承权，近亲属需要查阅相关个人信息的。再如，近亲属为了维护自身合法权益、防止他人侵害，必须行使相关个人信息权利。如死者的个人信息可以在诉讼中作为证据支持近亲属的诉讼请求。

第三，权利的内容是对死者的相关个人信息行使本章规定的查阅、复制、更正、删除等权利。这里有几个方面的限制。一是只能针对"相关"个人信息行使权利。所谓"相关"，是指为了实现近亲属合法正当利益所必须的个人信息。如为了了解死者生前对财产继承的安排，只能查阅相关个人信息，而不能查阅所有个人信息。二是只能行使本章规定的权利，针对《个人信息保护法》其他章节规定的以及其他法律规定的个人信息权利，近亲属不能行使死者个人信息保护规定之权利。三是只能行使查阅权、复制权、更正权和删除权。本章还规定了很有知情权、决定权、可携带权、解释说明权等权利，近亲属不能行使。

第四，死者生前另有安排的，近亲属不能行使。"另有安排"主要有三种情形。一是死者生前要求，个人信息处理者要在其死后删除所有个人信息，因此其无法行使查阅、复制、更正等权利。二是死者生前要求，任何人都不能行使相关个人信息权利。三是死者生前委托他人行使权利。

第六节　个人信息处理者义务

个人信息处理者不仅仅要履行其与个人签订的合同所约定的义务，而且还要履行法律规定的强制性义务。基于个人信息的敏感性、权益保护的特殊性以及个人信息的涉众性，许多国家在个人信息保护领域并没有完全实施"合同自治"，而是选择在法律上明确规定个人信息处理者的强制性义务。《个人信息保护法》以专章明确个人信息处理者义务，从而规范个人信息处理活动，是《个人信息保护法》从文本向实践落地的基本路径。

一、个人信息处理者的一般性义务

个人信息处理者承担着保护个人信息安全的重要责任，需要严格履行法律规定的各项义务，切实维护个人在信息时代的合法权益。根据《个人信息保护法》规定，个人信息处理者负有保障个人信息安全的一般性义务。

（一）合规管理和信息安全保护

《个人信息保护法》第 51 条从个人信息处理者的角度，明确规定了其进行合规管理和保障个人信息安全应当采取的具体措施。

第一，在管制措施方面，个人信息处理者应当根据个人信息的处理目的、方式、种类以及可能带来的风险影响，制定科学完善的内部管理制度和操作规程，明确个人信息处理各环节的责任主体、行为规范和具体要求，使个人信息处理活动有章可循、有据可依。个人信息处理者应当采取分类管理措施，根据个人信息的敏感程度、对个人权益的影响大小等因素进行分级分类，有针对性地采取差异化的管理措施，从而在确保合规的同时，实现个人信息价值的最大化利用。要定期组织开展员工安全教育培训，提高其个人信息保护意识和安全防范技能。

第二，在技术措施方面，个人信息处理者应当采取与所面临的安全风险相适应的技术措施，尤其是加密、去标识化等关键技术，降低个人信息被非法获取、滥用的风险。同时，个人信息处理者还应当建立严格的权限管理制度，确保只有获得授权的人员才能接触和处理个人信息。

第三，在安全事件应急方面，考虑到个人信息安全事件的不可预见性和破坏性，个人信息处理者还应当制定完善的安全事件应急预案，明确紧急情况下的报告、处置、披露等措施，最大程度控制安全事件的负面影响。此外，个人信息处理者还应当积极关注国家有关部门制定的其他个人信息安全管理规范和指引，持续改进内部治理水平。

（二）明确个人信息保护责任人

个人信息保护责任人是组织内部的个人信息保护监督者，在推进落实个人信息保护措施、提高个人信息治理水平等方面发挥着重要作用。根据《个人信息保护法》第52条规定，处理个人信息达到国家网信部门规定数量的个人信息处理者，应当指定个人信息保护负责人，负责监督个人信息处理活动和保护措施的落实情况。同时，个人信息处理者还应当公开个人信息保护负责人的联系方式，方便个人与其沟通联系，并将个人信息保护负责人的姓名、联系方式等信息报送履行个人信息保护职责的部门备案。

个人信息保护负责人应当具有个人信息保护相关的专业知识和管理经验，熟悉个人信息保护相关的法律法规和技术标准，了解组织内部的个人信息处理情况，具备识别和应对个人信息安全风险的能力。个人信息保护负责人应当掌握个人信息处理各环节的管理和技术措施，对个人信息收集和使用的合法性进行审核把关，对可能存在的安全风险进行评估和预警，组织开展个人信息安全教育培训和应急演练，并就个人信息保护相关事务与业务部门、信息科技部门等内部机构进行协调。

此外，根据《个人信息保护法》第53条，在境外以向境内自然人提供产品或者服务为目的，分析、评估境内自然人的行为，或有其他法律规定情形的个人信息处理者也应在我国境内设置专门机构或指定代表，处理个人信息保护相关事务。此外，必须将在我国境内设立的专业机构或者指定代表人的相关信息报送履行个人信息保护职责的部门。《个人信息保护法》通过创设"联络点"来实现对境外的个人信息处理者的有效管制。[1]《网络数据安全管理条例》进一步细化了该规则，提出处理者依照《个人信息保护法》第53条规定在境内设立专门机构或者指定代表的，应当将有关机构的名称或者代表的姓名、联系方式等报送所在地设区的市级网信部门；网信部门应当及时通报同级有关主管部门。

---

〔1〕 参见周汉华主编：《〈个人信息保护法〉条文精解与适用指引》，法律出版社2022年版，第342页。

（三）处置个人信息安全事件

个人信息安全事件是指由于自然灾害、意外事故、人为破坏、技术故障等原因，导致个人信息泄露、篡改、丢失，或者可能导致此类情况发生的事件。个人信息安全事件一旦发生，往往会给个人权益造成严重损害，影响社会秩序稳定。因此，个人信息处理者负有及时发现、妥善处置个人信息安全事件的义务。

根据《个人信息保护法》第57条规定，发生或者可能发生个人信息泄露、篡改、丢失的，个人信息处理者应当立即采取补救措施，并通知履行个人信息保护职责的部门和个人。通知内容应当包括发生或可能发生个人信息安全事件的信息种类、原因、危害后果，个人信息处理者采取的补救措施和个人可以采取的自救措施，以及个人信息处理者的联系方式等。这里强调的"立即"，是指个人信息处理者应当在发现或应当发现个人信息安全事件后，在合理、可行的最短时间内采取必要的补救和通知措施。在个人信息处理者已经采取有效措施，能够避免个人信息安全事件造成危害的情况下，可以不通知个人；但监管部门有权要求其通知个人。

二、个人信息处理者的合规审计与影响评估义务

个人信息处理者应当遵守《个人信息保护法》要求进行合规审计和影响评估，合规审计与影响评估有助于个人信息处理者全面评估个人信息处理活动的合规性，持续提升个人信息保护水平。合规审计针对的是个人信息处理者的整体个人信息处理活动，侧重于事中或者事后。影响评估针对的是具体的个人信息处理行为，特别是对个人权益影响较大的处理行为，侧重于事前。对于保障个人信息处理活动安全合法而言，合规审计和影响评估是相辅相成、缺一不可的。

（一）个人信息处理者的合规审计义务

《个人信息保护法》要求个人信息处理者应当定期对其个人信息处理活动遵守法律、行政法规的情况进行合规审计。合规审计的性质是一种经济合规监督活动，主要指审计机构和审计人员依据国家法律法规和财经制度，对被审计单位的生产经营管理活动及其有关资料是否合规所进行的一种监督活动。一般分为外审和内审。个人信息处理者的合规审计既避免了采用检测、认证等传统手段可能带来的副作用，调动了个人信息处理者自我合规审计的积极性，又保留了特定情形下管理部门要求委托专业机构进行合规审计，并通过明确界定风险评估的范围和标准，实现以自律为主、自律与他律相结合的管理方式创新。[1] 2023年8月3日，国家互联网信息办公室发布《个人信息保护合规审计管理办法（征求意见稿）》，细化了个人信息保护合规审计的目的、程序、内容、专业机构等具体规定，为《个人信息保护法》有关个人信息处理的合规审计提供相对具体可借鉴的指引。

第一，审计情形。个人信息保护合规审计分为两种情形：一是个人信息处理者定

---

〔1〕 参见周汉华：《〈个人信息保护法（草案）〉：立足国情与借鉴国际经验的有益探索》，载《探索与争鸣》2020年第11期。

期自行开展，其中处理超过 100 万人个人信息的个人信息处理者应当每年至少开展一次，其他个人信息处理者应当每年至少开展一次；二是个人信息处理者按照主管部门要求委托专业机构进行审计，主要针对个人信息处理活动存在较大风险或发生安全事件的情况。

第二，审计流程。当个人信息处理者按照主管部门要求委托专业机构进行审计时，应当在收到通知后尽快选定专业机构，并在 90 个工作日内完成合规审计工作。个人信息处理者需全面配合审计，保证专业机构的调查权限，包括提供资料、现场查看、人员访谈、设备检测等。专业机构完成审计后出具合规审计报告，个人信息处理者应当根据整改建议进行整改，并经专业机构复核后将整改情况报送主管部门。

第三，专业机构规范。开展个人信息保护合规审计的专业机构应当具备独立性和专业性，连续为同一审计对象服务不得超过 3 年。国家网信部门会同有关部门建立专业机构推荐目录，并对其开展年度评估。专业机构在审计过程中应当恪守职业操守，诚信客观，保守商业秘密，不得转包审计业务或者恶意干扰被审计单位正常经营，否则将受到严厉处罚。

第四，审计具体要点。个人信息保护合规审计的核心是全面评估个人信息处理活动的合规性和安全性。审计工作应当重点关注个人信息处理各环节的关键风险点，包括但不限于个人同意的有效性、敏感信息的特殊保护、自动化决策的合规性、个人权利的保障机制、数据出境的安全评估、内部管理制度的健全性、技术措施的有效性、从业人员的安全意识和技能、个人信息保护负责人的履职情况、应急处置机制的完善程度等。对于互联网平台企业，还应重点审计平台规则的合规性、对平台内主体的监督管理、社会责任报告披露等情况。

（二）个人信息处理者的影响评估义务

《个人信息保护法》要求个人信息处理者在处理敏感个人信息、利用个人信息进行自动化决策、委托处理个人信息、向其他个人信息处理者提供个人信息、公开个人信息、向境外提供个人信息以及进行其他对个人权益有重大影响的个人信息处理活动时，应当事前进行个人信息保护影响评估，并对处理情况进行记录。

个人信息处理者的影响评估义务是处理者在进行特殊个人信息处理活动的事前所应履行的法定义务，要求处理者将风险防控关口前移，从事后补救转向事前预防。通过事先评估潜在风险和影响，个人信息处理者可以及早识别可能产生的负面后果，并采取相应的防控措施。这种主动防范的方法不仅有助于降低个人信息处理活动的潜在风险，还能提高个人信息保护的整体效果，最大限度地减少对个人权益的侵害。

个人信息保护影响评估的主要内容包括三个方面。第一，需要评估个人信息处理活动的合法性、正当性和必要性。处理者需要确保其信息处理活动有明确的法律依据，符合社会公德，并且是实现特定目的所必需的。第二，评估需要分析该处理活动对个人权益可能产生的影响以及可能存在的安全风险。处理者全面考虑信息处理可能对个人隐私、财产安全等方面造成的潜在影响。第三，评估还需要审视为保护个人信息而采取的各项措施是否合法、有效，并且与风险程度相匹配。

个人信息保护影响评估报告和处理情况记录应当至少保存 3 年，以便用于后续的监管检查和对照处理者自我改进情况。

三、大型网络平台的个人信息保护特殊义务

在个人信息处理方面，网络平台为平台内经营者处理个人信息提供基础技术服务、设定基本处理规则，是个人信息保护的关键环节。[1] 针对网络平台进行个人信息保护规则制定，需要进一步抓住重点，区分一般的个人信息处理者与充当"守门人"角色的个人信息处理者，即控制互联网技术环境与运营环境，有资源或能力影响其他个人信息处理者处理能力的大型网络平台。[2] 这些大型网络平台已经超越一般企业的范畴而带有提供社会公共服务的属性，需在个人信息保护等方面承担更多责任。《个人信息保护法》第 58 条对提供重要互联网平台服务、用户数量巨大、业务类型复杂的个人信息处理者即大型网络平台作出专条规定，规定了其在个人信息保护方面的特殊义务。按照第 58 条要求，大型网络平台需履行建立健全个人信息保护合规制度体系、制定平台规则、对严重违法的平台内个人信息处理者停止提供服务等义务，并且要定期发布个人信息保护社会责任报告，接受社会监督。本节将对大型网络平台角色的变化及平台监管中的"守门人"这一常用概念作简要介绍，并分析《个人信息保护法》第 58 条对大型网络平台个人信息保护特别义务作出的规定。

（一）建立更严格的合规制度

《个人信息保护法》第 58 条要求大型网络平台按照国家规定建立健全个人信息保护合规制度体系，不仅要在内部加强合规管理、履行一般个人信息处理者有关个人信息保护内部制度建设的义务，还需要"成立主要由外部成员组成的独立机构对个人信息保护情况进行监督"，加强大型网络平台个人信息保护措施的透明度。这里的"外部成员"，应当是仅在该组织担任个人信息保护监督职务，除此之外既不担任与该平台企业有关的其他任何职务，也没有"在该平台企业竞争对手处任职"等其他可能影响其履行职责、进行监督的因素。此类角色可类比上市公司的独立监事、外部董事，与个人信息处理者没有隶属关系，虽对大型网络平台的个人信息处理活动进行监督，但不对其负责，能够独立行使其职权，并具备行使职权的能力，具有对个人信息处理活动实施合规监督的专业知识和工作经验。

但由于《个人信息保护法》未对本项中"独立机构"的定位、人员组成、运行机制等作出说明，该条如何执行仍待后续明确。例如，有观点认为，独立机构应不对个人信息处理者负责，完全独立地行使权力；[3] 也有观点认为，鉴于独立机构设置的目的依然是监督特定个人信息处理者合规，且机构中仍可能有一定企业内部成员任职，该机构不可能完全独立于个人信息处理者，仅需与日常经营管理机构分割、独立行使其监督个人

---

〔1〕 参见杨合庆主编：《中华人民共和国个人信息保护法释义》，法律出版社 2022 年版，第 147 页。
〔2〕 参见张新宝主编：《〈中华人民共和国个人信息保护法〉释义》，人民出版社 2021 年版，第 448—450 页。
〔3〕 参见周汉华主编：《〈个人信息保护法〉条文精解与适用指引》，法律出版社 2022 年版，第 342 页。

信息保护情况的职责即可。[1]

（二）制定并健全个人信息保护平台规则

在《个人信息保护法》之前，《电子商务法》就对电子商务平台经营者制定平台内规则的义务进行了规定，并在制定程序、公示、修改和执行等方面提出了一系列要求，如其第32条规定：电子商务平台经营者应当遵循公开、公平、公正的原则，制定平台服务协议和交易规则，明确进入和退出平台、商品和服务质量保障、消费者权益保护、个人信息保护等方面的权利和义务。二者存在一定交叉重叠：电子商务平台经营者可能被认定为大型网络平台，而个人信息保护规则也应是平台服务协议、交易规则的一部分。

平台内规则具有双重属性。一方面，这种规则是平台经营者向平台内用户提供的格式条款，所以在制定个人信息保护规则时，须尽到提示、说明的义务，且不能免除提供条款的平台经营方的个人信息保护义务，也不能排除对方即平台内经营者或消费者的主要个人信息权利；另一方面，上述规则也是平台对其内部个人信息处理行为进行规制的主要依据，故还需要充分保障规则制定的公开、公平、公正，既不能对自身提供优待，也不能对平台内的其他个人信息处理者采取不正当的歧视策略。

平台内规则不能与《个人信息保护法》等国家规定相抵触，因此大型网络平台经营者自身特殊义务、个人信息处理的一般规则及处理者法定义务仍须在平台规则内履行。例如，若平台需根据这些规则实施个人信息处理行为，则其制定和实施个人信息处埋规则后不仅要履行向用户告知、获得同意的义务，还应当对其中可能涉及个人信息对外提供、个人敏感信息处理等情形取得个人单独同意；若这些个人信息处理规则发生变更，平台需向个人重新取得同意。

（三）对严重违法处理个人信息的行为停止提供服务

大型网络平台对严重违法行为负有制止义务。第58条第3项要求，对严重违反法律、行政法规处理个人信息的平台内产品或服务提供者，平台应停止提供服务。如本节第2部分所述，这一规定同第2项一起，对大型网络平台规定了与我国其他平台治理法律法规一致的第三方义务。例如，我国《网络安全法》《广告法》等法律法规规定，如果平台"发现"，或"明知或应知"用户内容违法时，需要采取行动予以处理，否则将被行政处罚；面对平台内违法行为，平台的处置义务一般既包括必要的事前审查和内容过滤，也包括事中阻断不法内容传播、停止侵权行为，还包括事后进行账号封禁等惩戒，并向有关部门依法报告。

即使大型网络平台自身未进行个人信息处理行为，也需要针对平台内其他个人信息处理者的处理行为履行相应义务。这要求大型网络平台不仅制定平台内规则，也要构建对平台内个人信息处理者的监督机制、违法违规行为处置机制。对需要停止提供服务的情形，应当主动采取措施；若平台内个人信息处理者未违反法律、行政法规而仅违反平台自定规则，或违反情形不严重，不应随意援引本项规定停止向其提供服务。若监管部

---

[1] 参见张新宝：《大型互联网平台企业个人信息保护独立监督机构研究》，载《东方法学》2022年第4期。

门发现平台内个人信息处理者存在违反法律、行政法规处理个人信息的行为，也可以履行法定程序通知"守门人"停止为其提供服务。

（四）发布社会责任报告和接受社会监督

大型网络平台需要承担特殊社会责任，即定期发布个人信息保护社会责任报告，接受社会监督。根据《网络数据安全管理条例》的规定，报告内容至少应该包括个人信息保护措施和成效、个人行使权利的申请受理情况、主要由外部成员组成的个人信息保护监督机构履行职责情况等方面的内容。社会责任报告与《个人信息保护法》第55条、第56条所规定的风险评估报告不能相互替代，后者需要聚焦于识别并降低个人信息保护风险、评估具体个人信息处理行为的合法性，并留存相应记录；社会责任报告则更加宏观、灵活，若不同企业承担社会责任的方式不同，报告内容也会千差万别。

总而言之，大型网络平台在履行其个人信息保护的特殊义务时，不仅要正确处理平台自身与平台内个人信息处理者、平台外部独立机构之间的关系，还要积极履行平台治理责任和社会责任，做好平台内自治规则与国家规定之间的衔接。

第七节　法律责任

法律责任是法律得以遵守和实施的重要保障。《个人信息保护法》以专章形式明确违反该法所需要承担的法律责任，包括行政责任、民事责任和刑事责任。《个人信息保护法》的法律责任条款有一定的制度创新：第一，针对个人信息处理者的相关严重违法行为，引入了高额罚款制度。第二，对于个人信息处理者相关违法行为的民事责任，《个人信息保护法》规定了过错推定的归责原则。第三，在个人信息保护中引入公益诉讼制度。第四，建立个人信息保护的信用惩戒制度。

一、个人信息保护相关民事法律责任

（一）个人信息保护相关民事法律责任的内容

个人信息保护相关民事法律责任主要见于两个方面，一是《民法典》中关于个人信息保护的相关规定，二是《个人信息保护法》中关于个人信息保护民事法律责任的特殊规定。

第一，《民法典》为个人信息保护相关民事法律责任明确了概括性保护。《民法典》第127条确立了对数据、网络虚拟财产的保护规则，"法律对数据、网络虚拟财产的保护有规定的，依照其规定"。同时，《民法典》第111条规定："自然人的个人信息受法律保护。任何组织或者个人需要获取他人个人信息的，应当依法取得并确保信息安全，不得非法收集、使用、加工、传输他人个人信息，不得非法买卖、提供或者公开他人个人信息。"《民法典》在第4编人格权编第6章专章规定了隐私权和个人信息保护，明确了个人信息的定义、个人信息的处理原则和条件、处理个人信息的免责事由、自然人查阅、复制、更正删除个人信息的权利、信息处理者的信息安全保护义务、未经同意不得对外提供个人信息等内容，同样也是个人信息安全民事法律责任的重要方面。

第二，《个人信息保护法》关于民事责任的设计具有特别要求。《个人信息保护法》规定处理个人信息侵害个人信息权益造成损害，个人信息处理者不能证明自己没有过错的，应当承担损害赔偿等侵权责任。相应的损害赔偿责任按照个人因此受到的损失或者个人信息处理者因此获得的利益确定；个人因此受到的损失和个人信息处理者因此获得的利益难以确定的，根据实际情况确定赔偿数额。《个人信息保护法》为自然人通过民事侵权救济途径维护个人信息权益提供了法律依据，确定了个人信息侵权责任的过错推定原则。相较于过错责任原则，过错推定原则的确立降低了信息主体在个人信息权益受到侵害时的维权成本。有关侵权损害赔偿数额的规定，关注采用何种标准确定具体赔偿数额，以填平信息主体的全部损失。一方面，以个人受到的损失或侵权行为人的获利数额来确定损害赔偿的数额；另一方面，仅在实际损害或侵权人获利数额难以确定时，赋予法官根据实际情况确定赔偿数额的自由裁量权。

在《个人信息保护法》与《民法典》的衔接和协调问题上。《民法典》第1034条第2款"个人信息中的私密信息，适用有关隐私权的规定；没有规定的，适用有关个人信息保护的规定"的规定。《民法典》在个人信息的概念上析出私密信息概念，并将私密信息按照隐私权加以保护。基于该规定，对私密信息的泄露、公开、刺探等侵权行为，将适用隐私权侵权的规定明确侵权责任。

（二）个人信息保护相关民事法律责任的实现

关于个人信息保护民事责任承担的方式上，《民法典》所规定的民事主体就其侵权行为应承担的法律责任主要包括：（1）停止侵害；（2）排除妨碍；（3）消除危险；（4）返还财产；（5）恢复原状；（6）赔偿损失；（7）赔礼道歉；（8）消除影响、恢复名誉。上述承担侵权责任的方式，可以单独适用，也可以合并适用。这在《个人信息保护法》相关民事责任的承担中是一体遵循的。

二、个人信息保护相关行政法律责任

《个人信息保护法》分别对一般个人信息处理者和国家机关，规定具体的行政法律责任。

（一）个人信息处理者的行政法律责任

《个人信息保护法》第66条规定："违反本法规定处理个人信息，或者处理个人信息未履行本法规定的个人信息保护义务的，由履行个人信息保护职责的部门责令改正，给予警告，没收违法所得，对违法处理个人信息的应用程序，责令暂停或者终止提供服务；拒不改正的，并处一百万元以下罚款；对直接负责的主管人员和其他直接责任人员处一万元以上十万元以下罚款。有前款规定的违法行为，情节严重的，由省级以上履行个人信息保护职责的部门责令改正，没收违法所得，并处五千万元以下或者上一年度营业额百分之五以下罚款，并可以责令暂停相关业务或者停业整顿、通报有关主管部门吊销相关业务许可或者吊销营业执照；对直接负责的主管人员和其他直接责任人员处十万元以上一百万元以下罚款，并可以决定禁止其在一定期限内担任相关企业的董事、监事、高级管理人员和个人信息保护负责人。"

关于"直接负责的主管人员"一般是指对违法行为起主要决策作用的主管人员。"其他直接责任人员"一般是指在直接负责的主管人员的授意、指挥、组织下，积极参与实施违法行为的单位内部人员。

处罚的具体情形，即违反《个人信息保护法》规定处理个人信息，或者处理个人信息未履行《个人信息保护法》规定的个人信息保护义务。前者既包括违反有关处理个人信息应当遵循的原则、方式、范围、处理规则等要求，也包括违反相关禁止性规定，比如违反《个人信息保护法》第 10 条非法收集、使用、加工传输他人个人信息，非法买卖、提供或者公开他人个人信息；违法从事危害国家安全、公共利益的个人信息处理活动等。后者主要是指《个人信息保护法》第 5 章有关个人信息处理者的义务规定，这里既有个人信息处理者内部加强管理的义务，如制定内部管理制度和操作规程、对个人信息实行分类管理、定期合规审计、进行个人信息保护影响评估、指定个人信息保护负责人等。也有对外应当履行的义务，如个人信息保护法第 57 条规定发生或者可能发生个人信息泄露、篡改、丢失情况下，个人信息处理者负有立即采取补救措施并通知相关部门和个人的义务。

1. 违法行为的确定

确定的违法行为有两种。一种是"违反本法规定处理个人信息"的行为，另一种是"处理个人信息未履行本法规定的个人信息保护义务"的行为。前者是一种作为，后者是一种不作为。但从法条字面意义上来看，某些违法行为可能既是违反《个人信息保护法》规定处理个人信息的行为，也属于未履行《个人信息保护法》规定的个人信息保护义务的行为。例如，未经个人同意收集个人信息，既是违反《个人信息保护法》规定处理个人信息的行为，也是没有履行《个人信息保护法》规定的"取得个人同意"这一义务的行为。但是，从立法的目的来看，"违反本法规定处理个人信息"强调的是信息处理行为本身具有违法性，主要是指违反《个人信息保护法》第 2 章规定进行个人信息处理活动。例如，没有合法的授权而非法买卖、提供或者公开他人的个人信息，在没有未成年人的父母或者其他监护人授权的情况下处理不满 14 周岁未成年人的个人信息。"处理个人信息未履行本法规定的个人信息保护义务"，则主要是指个人信息处理行为本身并不违法，但个人信息处理者没有履行法律规定的与个人信息处理相关的义务。例如，个人信息处理者处理不满 14 周岁未成年人个人信息，但没有依法制定专门的个人信息处理规则；个人信息处理者没有依法定期对其处理个人信息遵守法律、行政法规的情况进行合规审计。

2. "双罚制"的责任建构

《个人信息保护法》规定了个人信息处理的单位组织及主管人员和其他直接责任人的行政责任，采用了"双罚制"。网络安全法亦有类似规定，如《网络安全法》第 63 条第 3 款规定："违反本法第二十七条规定，受到治安管理处罚的人员，五年内不得从事网络安全管理和网络运营关键岗位的工作；受到刑事处罚的人员，终身不得从事网络安全管理和网络运营关键岗位的工作。""双罚制"有利于更好预防组织违法行为的发生。[1]

对于一般的、情节不严重的违法行为，行政处罚措施包括：责令改正，给予警告，没收违法所得，对违法处理个人信息的应用程序，责令暂停或者终止提供服务。有关执法部门作出上述处罚决定后，违法行为人拒不改正的，并处 100 万元以下罚款；对直接负责的主管人员和其他直接责任人员处 1 万元以上 10 万元以下罚款。换言之，对于一般违法行为，行政处罚的首要目标是让违法行为人自行整改以符合法律之规定。只有当违法行为人"知错不改"时，才予以罚款。

对于情节严重的违法行为，行政处罚措施包括：责令改正，没收违法所得，并处 5 千万元以下或者上一年度营业额 5% 以下罚款，并可以责令暂停相关业务或者停业整顿、通报有关主管部门吊销相关业务许可或者吊销营业执照；对直接负责的主管人员和其他直接责任人员处 10 万元以上 100 万元以下罚款，并可以决定禁止其在一定期限内担任相关企业的董事、监事、高级管理人员和个人信息保护负责人。对于何为情节严重，《个人信息保护法》并没有作出明确规定，这为执法部门留下一定裁量空间的同时，也要求有关部门制定具体的规则。

3. 对经营主体的罚款由省级行政机关实施

对违法企业处以高额罚款，能够对企业起到震慑作用，体现了保护个人信息的力度。根据《个人信息保护法》第 66 条第 2 款的规定，违法处理个人信息情节严重的，由省级以上履行个人信息保护职责的部门处 5 千万元以下或者上一年度营业额 5% 以下罚款。值得注意的是，对经营主体的罚款只能由省级行政机关实施。

关于罚款的数额，《反垄断法》规定为"上一年度销售额百分之一以上百分之十以下"，此条规定为"上一年度营业额百分之五以下"。"销售额"与"营业额"存在一定区别。《增值税暂行条例》第 6 条规定："销售额为纳税人发生应税销售行为收取的全部价款和价外费用，但是不包括收取的销项税额。销售额以人民币计算。纳税人以人民币以外的货币结算销售额的，应当折合成人民币计算。"《增值税暂行条例实施细则》第 7 条规定："纳税人兼营非增值税应税项目的，应分别核算货物或者应税劳务的销售额和非增值税应税项目的营业额；未分别核算的，由主管税务机关核定货物或者应税劳务的销售额。"此条表述为"营业额"，将非增值税应税项目纳入罚款计算基数，更为周延。

（二）公权力主体的行政法律责任

《个人信息保护法》第 68 条规定："国家机关不履行本法规定的个人信息保护义务的，由其上级机关或者履行个人信息保护职责的部门责令改正；对直接负责的主管人员和其他直接责任人员依法给予处分。履行个人信息保护职责的部门的工作人员玩忽职守、滥用职权、徇私舞弊，尚不构成犯罪的，依法给予处分。"

1. 国家机关不履行个人信息保护义务的行政法律责任

在我国，国家机关控制了大量的公民个人信息，是重要的个人信息处理者。根据《个人信息保护法》的规定，国家机关作为个人信息处理者和其他个人信息处理者一样，

---

[1] 参见谭冰霖：《单位行政违法双罚制的规范建构》，载《法学》2020 年第 8 期。

履行法定的个人信息保护义务。《个人信息保护法》第 68 条规定了国家机关相关违法行为的行政责任，某种意义上属于第 66 条的"特殊法条"。

国家机关是指从事国家管理和行使国家权力的机关，包括立法机关、行政机关、监察机关、审判机关、检察机关和军事机关等。《个人信息保护法》第 37 条规定："法律、法规授权的具有管理公共事务职能的组织为履行法定职责处理个人信息，适用本法关于国家机关处理个人信息的规定。"所以，具有公共管理职能的银保监会、证监会等机构也同样是适用《个人信息保护法》规定的责任主体。国家机关尤其是行政机关、审判机关和检察机关由于管理公共事务和司法活动的需要必须收集大量的个人信息。《个人信息保护法》第 33 条规定："国家机关处理个人信息的活动，适用本法。"在处理个人信息过程中如果违反《个人信息保护法》就要承担相应的行政责任和民事赔偿责任。

国家机关作为一类特殊的个人信息处理者在处理个人信息过程中如果违反《个人信息保护法》的相关规定需要承担双重责任，即国家机关作为一个责任主体要承担法律责任，机关内的主管人员和其他责任人员也要承担相应责任。上级机关或者履行个人信息保护职责的部门对有独立承担责任个人信息处理的机关或部门主体责令改正，责令改正是国家机关作为责任主体所承担的一类补救性责任，既要求有违法行为的机关停止违法行为，履行《个人信息保护法》规定的义务，也要求该机关尽量消除违法行为对信息主体所产生的不良后果。相较于其他类型的个人信息处理者，国家机关的经费来源于国家财政，所以没有必要设置第 66 条的罚款规定。对于直接负责的主管人员和其他直接责任人员依法给予处分。对国家机关工作人员的处分主要依据是《公务员法》《公职人员政务处分法》和《监察法》等，处分分为六种：警告、记过、记大过、降级、撤职、开除。根据《公务员法》第 61 条规定，违纪违法行为情节轻微，经批评教育后改正的，可以免予处分。处分决定可以由任免机关作出（内部惩戒），也可以由监察机关作出（外部惩戒），但对同一违纪违法行为，监察机关已经作出政务处分决定的，公务员所在机关不再给予处分。

2. 履行个人信息保护职责部门的工作人员的行政法律责任

《个人信息保护法》规定了履行个人信息保护职责的部门的具体职责，《个人信息保护法》规定了履行个人信息保护职责的部门的工作人员不正确履行职责的行政责任。不正确履行职责的方式包括玩忽职守、滥用职权、徇私舞弊三种。玩忽职守是指职责部门工作人员严重不负责任，不履行或不正确地履行自己的工作职责的行为。滥用职权是指职责部门工作人员故意逾越职权，违反法律决定、处理其无权决定、处理的事项，或者违反规定处理公务的行为。[1]徇私舞弊是指部门工作人员徇个人私情、徇个人私利，弄虚作假、玩弄职权的行为。

履行个人信息保护职责的部门的工作人员玩忽职守、滥用职权、徇私舞弊，致使公共财产、国家和人民利益遭受重大损失的，可以依照我国《刑法》第 9 章"渎职罪"中

---

〔1〕 参见高铭暄、马克昌主编：《刑法学（第 9 版）》，北京大学出版社、高等教育出版社 2019 年版，第 644—648 页。

的条款追究其刑事责任。如果行为尚不构成犯罪的，要依照《监察法》《公职人员政务处分法》《公务员法》《行政机关公务员处分条例》等给予相关人员处分。

三、个人信息保护相关刑事法律责任

根据《个人信息保护法》，违反该法规定构成犯罪的，依法追究刑事责任，根据我国《刑法》，涉及个人信息保护主要有以下几个罪名：

（一）侵犯公民个人信息罪

根据《刑法》第253条之一，侵犯公民个人信息罪的行为类型主要有两种：第一种是非法向他人提供、公开个人信息的行为，即"违反国家有关规定，向他人出售或者提供公民个人信息"；第二种是非法收集他人个人信息的行为，即"窃取或者以其他方法非法获取公民个人信息的"。可见，侵犯公民个人信息罪规制的主要是与个人信息收集、提供、公开等处理活动相关的违法行为。根据最高人民法院、最高人民检察院2017年5月8日发布《关于办理侵犯公民个人信息刑事案件适用法律若干问题的解释》（以下简称《侵犯公民个人信息解释》），"违反国家有关规定"，是指违反法律、行政法规、部门规章有关公民个人信息保护的规定；"提供公民个人信息"，是指向特定人提供公民个人信息，以及通过信息网络或者其他途径发布公民个人信息；"以其他方法非法获取公民个人信息"，是指违反国家有关规定，通过购买、收受、交换等方式获取公民个人信息，或者在履行职责、提供服务过程中收集公民个人信息。

侵犯公民个人信息，情节严重的，才构成犯罪。根据《侵犯公民个人信息解释》第5条的规定，非法获取、出售或者提供公民个人信息，具有下列情形之一的，应当认定为"情节严重"：（1）出售或者提供行踪轨迹信息，被他人用于犯罪的；（2）知道或者应当知道他人利用公民个人信息实施犯罪，向其出售或者提供的；（3）非法获取、出售或者提供行踪轨迹信息、通信内容、征信信息、财产信息50条以上的；（4）非法获取、出售或者提供住宿信息、通信记录、健康生理信息、交易信息等其他可能影响人身、财产安全的公民个人信息500条以上的；（5）非法获取、出售或者提供第3项、第4项规定以外的公民个人信息5000条以上的；（6）数量未达到第3项至第5项规定标准，但是按相应比例合计达到有关数量标准的；（7）违法所得5000元以上的；（8）将在履行职责或者提供服务过程中获得的公民个人信息出售或者提供给他人，数量或者数额达到第3项至第7项规定标准一半以上的；（9）曾因侵犯公民个人信息受过刑事处罚或者2年内受过行政处罚，又非法获取、出售或者提供公民个人信息的；（10）其他情节严重的情形。

实践中，一些行为人特别是企业为了合法经营活动而非法购买、收受个人信息，对此类行为，《侵犯公民个人信息解释》规定了特殊的"情节严重"的认定标准。如果行为人为合法经营活动而非法购买、收受的个人信息属于行踪轨迹信息、通信内容、征信信息、财产信息，或者住宿信息、通信记录、健康生理信息、交易信息等其他可能影响人身、财产安全的公民个人信息，则根据《侵犯公民个人信息解释》第5条判断是否属于"情节严重"。如果行为人为合法经营活动而非法购买、收受其他个人信息的，具有

下列情形之一的，才认定为"情节严重"：（1）利用非法购买、收受的公民个人信息获利 5 万元以上的；（2）曾因侵犯公民个人信息受过刑事处罚或者 2 年内受过行政处罚，又非法购买、收受公民个人信息的；（3）其他情节严重的情形。可见相对而言，针对为合法经营活动而非法购买、收受个人信息的行为，《侵犯公民个人信息解释》提高了入罪门槛，缩小刑事处罚的范围。

（二）拒不履行信息网络安全管理义务罪

根据《刑法》第 286 条之一，拒不履行信息网络安全管理义务罪是指网络服务提供者不履行法律、行政法规规定的信息网络安全管理义务，经监管部门责令采取改正措施而拒不改正，有下列情形之一的行为：（1）致使违法信息大量传播的；（2）致使用户信息泄露，造成严重后果的；（3）致使刑事案件证据灭失，情节严重的；（4）有其他严重情节的。

个人信息处理者如果属于网络服务提供者，又拒不履行《个人信息保护法》规定的信息网络安全管理义务，经监管部门责令采取改正措施而拒不改正，致使用户的公民个人信息泄露，造成严重后果的，应当依照《刑法》第 286 条之一的规定，以拒不履行信息网络安全管理义务罪定罪处罚。"严重后果"是指具有下列情形之一的：（1）致使泄露行踪轨迹信息、通信内容、征信信息、财产信息 500 条以上的；（2）致使泄露住宿信息、通信记录、健康生理信息、交易信息等其他可能影响人身、财产安全的用户信息 5000 条以上的；（3）致使泄露第一项、第二项规定以外的用户信息 5 万条以上的；（4）数量虽未达到第 1 项至第 3 项规定标准，但是按相应比例折算合计达到有关数量标准的；（5）造成他人死亡、重伤、精神失常或者被绑架等严重后果的；（6）造成重大经济损失的；（7）严重扰乱社会秩序的；（8）造成其他严重后果的。如果相关行为同时构成侵犯公民个人信息罪的，依照处罚较重的规定定罪处罚。

（三）非法利用信息网络罪

根据《刑法》第 287 条之一，非法利用信息网络罪是指利用信息网络实施下列行为之一，情节严重的：（1）设立用于实施诈骗、传授犯罪方法、制作或者销售违禁物品、管制物品等违法犯罪活动的网站、通讯群组的；（2）发布有关制作或者销售毒品、枪支、淫秽物品等违禁物品、管制物品或者其他违法犯罪信息的；（3）为实施诈骗等违法犯罪活动发布信息的。

行为人如果设立用于实施非法获取、出售或者提供公民个人信息违法犯罪活动的网站、通讯群组，情节严重的，应当依照《刑法》第 287 条之一的规定，以非法利用信息网络罪定罪处罚；同时构成侵犯公民个人信息罪的，依照侵犯公民个人信息罪定罪处罚。

四、公益诉讼

《个人信息保护法》规定人民检察院、法律规定的消费者组织和由国家网信部门确定的组织可以对违反《个人信息保护法》规定的侵害众多个人的权益的个人信息处理行为提起公益诉讼。公益诉讼是指非以维护自身权益，由特定的机关、社会团体或个人提起的旨在维护社会公共利益的诉讼活动。[1]《个人信息保护法》引入公益诉讼机制为规范非法处理个人信息侵害众多个人权益的行为提供公益诉讼法律依据。

（一）个人信息保护公益诉讼的适用条件

《个人信息保护法》将公益诉讼的对象限定为"个人信息处理者违反本法规定处理个人信息，侵害众多个人的权益的"行为。首先，违法行为主体是个人信息处理者，因此，当履行个人信息保护职责的部门不履行个人信息保护义务时，相关主体不得根据《个人信息保护法》的规定提起行政公益诉讼。其次，公益诉讼的对象是违反《个人信息保护法》规定处理个人信息的行为，因此处理个人信息未履行《个人信息保护法》规定的个人信息保护义务的行为，不属于公益诉讼的范围，主要由履行个人信息保护职责的部门根据《个人信息保护法》第66条的规定进行监管。最后，违法行为要侵害众多个人的权益。违法行为侵害一人或者少数人的权益的，不需要通过公益诉讼方式进行救济。至于"众多个人"的具体标准，需要根据个案进行判断或者由相关司法解释进行明确。需要注意的是，《民事诉讼法》第55条规定的民事公益诉讼的对象，是"损害社会公共利益"的违法行为，而《个人信息保护法》规定的只是"侵害众多个人的权益的"违法行为，二者之间存在一定的区别。

（二）提起个人信息保护公益诉讼的适格主体

根据《个人信息保护法》第70条的规定，有权提起个人信息保护公益诉讼的主体包括人民检察院、法律规定的消费者组织和由国家网信部门确定的组织。

（1）人民检察院。《民事诉讼法》第58条第2款规定："人民检察院在履行职责中发现破坏生态环境和资源保护、食品药品安全领域侵害众多消费者合法权益等损害社会公共利益的行为，在没有前款规定的机关和组织或者前款规定的机关和组织不提起诉讼的情况下，可以向人民法院提起诉讼。"可见，人民检察院根据《民事诉讼法》第58条第2款提起民事检察公益诉讼需要坚持辅助性原则，即只有"在没有前款规定的机关和组织或者前款规定的机关和组织不提起诉讼的情况下"，但根据《个人信息保护法》，在个人信息保护领域，人民检察院可以直接依法向人民法院提起诉讼。

（2）法律规定的消费者组织。《消费者权益保护法》第47条规定，"对侵害众多消费者合法权益的行为，中国消费者协会以及在省、自治区、直辖市设立的消费者协会，可以向人民法院提起诉讼。"因此，如果个人信息处理行为同时侵害了众多消费者合法权益的，中国消费者协会以及在省、自治区、直辖市设立的消费者协会可以依照本条的规定提起个人信息保护公益诉讼。

（3）国家网信部门确定的组织。除人民检察院之外，目前我国公益诉讼的原告一般不是国家机关，而是社会组织。目前在个人信息保护领域，还没有类似于"中国消费者协会"的专业组织，因此《个人信息保护法》第70条并没有明确可以提起个人信息保护公益诉讼的专业组织。但为了合理限制原告范围，避免公益诉讼制度被滥用，确保公益诉讼的质量，《个人信息保护法》第70条规定了国家网信部门可以确定具体的组织作

---

〔1〕 参见张卫平：《民事诉讼法》（第5版），法律出版社2019年版，第358页。

为个人信息保护公益诉讼的原告。

五、信用惩戒

《个人信息保护法》确立了将个人信息违法行为记入信用档案并予以公示的制度。信用档案是政府部门或征信机构对个人、组织的信用信息进行采集、保存和加工后形成的信用记录，反映了主体在市场活动中的守信践诺情况，是评判其诚实守信、遵纪守法程度的重要参考。将违法行为记入信用档案可能会对违法者的生产经营、从业就业等方面造成重大不利影响，是国家治理个人信息违法行为的重要手段之一。根据《个人信息保护法》，个人信息保护领域的信用惩戒有如下要点。

第一，被记入信用档案的是"本法规定的违法行为"，主要是指违反《个人信息保护法》规定处理个人信息，或者处理个人信息未履行《个人信息保护法》规定的个人信息保护义务的行为。因此，违法行为人除了承担《个人信息保护法》第66条的行政责任以外，还可能要承担违法行为被记入信用档案的法律后果。

第二，记入信用档案要有法律或者行政法规作为依据。《个人信息保护法》对于违法行为的认定、信用记录的主体、信用档案的种类以及信用惩戒的法律后果等问题，均未作出明确规定。这就需要结合其他相关法律法规的具体规定来落实本法的要求。

第三，记入信用档案后要公示。记入信用档案后公示可以使违法信息进入公共视野，客观上就形成了一种"声誉罚"，会对失信主体的信誉和舆论形象产生现实的减损效果，对其生产生活等方面产生极大影响和实质性限制。

信用惩戒制度是个人信息保护法治化的重要组成部分。通过信用机制倒逼个人信息处理者依法合规开展业务活动，可以有效遏制违法乱象，维护公民合法权益。个人信息处理者务必恪守信用、坚守底线，自觉接受信用约束和社会监督，在个人信息保护领域树立诚实守信、令行禁止的良好形象，促进形成社会各方主动参与个人信息保护工作的良好氛围。

▌重要名词术语 ▶

个人信息、自动化决策、去标识化、匿名化

▌思考题 ▶

1. 简述我国《个人信息保护法》的法律渊源。
2. 简述我国《个人信息保护法》的基本原则。
3. 简述个人信息处理规则。
4. 简述个人信息跨境提供制度。
5. 简述个人信息主体的权利。
6. 简述个人信息处理者的义务。

典型案例分析

案例一

徐某遭电信诈骗身亡案：2016 年 8 月 19 日，山东省 18 岁的高考录取新生徐某收到了大学录取通知书，随后遭遇电信诈骗被骗走 9900 元。案发后，徐某与父亲到公安机关报案，回家途中徐某心脏骤停，送医院抢救无效死亡。徐某的死引起了巨大的社会反响，最高检、公安部联合对该案挂牌督办，后陈某、郑某、黄某等 7 人被抓获归案，山东省临沂市人民检察院指控被告人陈某犯诈骗罪、侵犯公民个人信息罪，被告人郑某犯诈骗罪，向临沂市中级人民法院提起公诉。2017 年 7 月 19 日，山东省临沂市中级人民法院一审宣判，主犯陈某一审因诈骗罪、非法获取公民个人信息罪被判无期徒刑，没收个人全部财产，其他六名被告人被判 15 年到 3 年不等的有期徒刑并处罚金。从犯罪行为的具体实施来看，徐某个人招考信息的泄露是诈骗实施的关键，当大量个人信息由陈某获取，其冒充财政局工作人员以发放助学金为名拨打电话，才导致徐某接到诈骗电话后深信不疑，酿成悲剧。"徐某案""清华大学被骗 1700 万元案"等案件让人们认识到公民个人信息的泄露与滥用已经成为网络犯罪的"百罪之源"，个人信息保护获得了社会各界的关注，"徐某案"也成了推动个人信息保护立法进程中的典型案例。

案例二

2022 年 7 月 21 日，国家网信办依据《网络安全法》《数据安全法》《个人信息保护法》《行政处罚法》等法律法规，对 A 全球股份有限公司（以下简称 A 公司）作出网络安全审查相关行政处罚决定，对 A 公司处以人民币 80.26 亿元巨额罚款，对 A 公司董事长兼 CEO A 某、总裁 B 某各处人民币 100 万元罚款。根据国家网信办的处罚决定，A 公司违法处理个人信息、处理个人信息未履行法定义务的情节严重。第一，A 公司通过违法手段收集用户个人信息种类多，包括剪切板信息、相册中的截图信息、亲情关系信息，也包括人脸识别信息、精准位置信息、身份证号等多类敏感个人信息，既严重侵害用户个人信息权益，也严重侵犯用户隐私信息。第二，A 公司违法处理个人信息的数量惊人，多类个人信息数以千万甚至亿计。例如，过度收集乘客人脸识别信息 1.07 亿条、年龄段信息 5350.92 万条、职业信息 1633.56 万条、"家"和"公司"打车地址信息 1.53 亿条，在未明确告知乘客情况下分析乘客出行意图信息 539.76 亿条、常驻城市信息 15.38 亿条、异地商务 / 异地旅游信息 3.04 亿条。第三，A 公司违法涉及面广，涵盖多个 App 和多个个人信息处理环节，存在过度收集个人信息、强制收集敏感个人信息、App 频繁索权、未尽个人信息处理告知义务、未尽网络安全数据安全保护义务等多种情形。国家网信办立足以人民为中心的法治理念，坚持有法必依、执法必严、违法必究，依法作出巨额罚款，有效震慑了个人信息违法行为。

第七章　数字经济法

【内容提示】

党的十八大以来，我国数字经济增长迅速，"十四五"期间，随着《国民经济和社会发展第十四个五年规划和 2035 年远景目标纲要》和《"十四五"数字经济发展规划》对数字经济重新作出的全面部署，我国数字经济将进一步加快发展。习近平总书记指出："……要站在统筹中华民族伟大复兴战略全局和世界百年未有之大变局的高度，统筹国内国际两个大局、发展安全两件大事，充分发挥海量数据和丰富应用场景优势，促进数字技术和实体经济深度融合，赋能传统产业转型升级，催生新产业新业态新模式，不断做强做优做大我国数字经济。"[1]加快建设数字中国，构建以数据为关键要素的数字经济，推动实体经济和数字经济融合发展，需要相关的体制机制保障，其中一个非常重要的条件是数字经济立法。

鉴于我国尚无一部统一的"数字经济法"，本章分五节介绍了我国数字经济法律制度的主要内容。第一节"数字经济法导论"从数字经济的概念及特点入手，阐明数字经济发展面临的法治需求，并说明我国与数字经济有关的主要立法实践。第二节"电子商务法律制度"介绍了《电子商务法》《电子签名法》等一些与网络交易、电子商务紧密相关的法律及法规，并对电子合同效力、快递物流等配套制度进行了介绍。第三节"数字竞争法律制度"着眼于数字经济活动中的反不正当竞争和反垄断监管，并介绍了在传统经济活动之外，由于数据流通所形成的数据垄断问题。第四节"数据要素流通"基于我国将数据界定为生产要素的重要探索，介绍了我国数据要素流通相关政策和制度建设，总结了目前在促进数据流通和发挥数据价值方面的成果与未来面临的挑战。第五节"其他数字经济制度"从数字税收、互联网医疗、网约车、互联网金融等几个角度介绍了一些数字经济专门领域，并介绍了我国数字经济促进的地方立法以及有关制定统一的数字经济促进法的讨论。

---

〔1〕 习近平：《不断做强做优做大我国数字经济》，载《求是》2022 年第 2 期。

第一节　数字经济法导论

一、数字经济的概念

数字经济诞生于 20 世纪末、21 世纪初，以数字技术的发展为重要前提。有关数字经济概念的论述主要将"利用数据和数字技术进行的经济活动"作为认定数字经济业态的核心标准。例如，2016 年 G20 峰会上发布的《二十国集团数字经济发展与合作倡议》将数字经济定义为"以使用数字化的知识和信息作为关键生产要素、以现代信息网络作为重要载体、以信息通信技术的有效使用作为效率提升和经济结构优化的重要推动力的一系列经济活动。"[1]中国信息通信研究院则将数字经济界定为"以数字化的知识和信息作为关键生产要素，以数字技术为核心驱动力量，以现代信息网络为重要载体，通过数字技术与实体经济深度融合，不断提高经济社会的数字化、网络化、智能化水平，加速重构经济发展与治理模式的新型经济形态。"[2]

数字经济既包括数字的产业化，即依靠信息技术创新驱动，不断催生新产业新业态新模式，用新动能推动新发展；也包括产业的数字化，即利用互联网新技术新应用对传统产业进行全方位、全角度、全链条的改造，提高全要素生产率，释放数字对经济发展的放大、叠加、倍增作用。此外，数字经济还包括对经济活动实施的数字化治理，例如实施大数据监管、提供各类数字化公共服务；随着数据成为重要生产要素，发掘数据价值、促进数据流通也成为数字经济的重要组成部分，例如在数据主体之间、数据主体和数据交易平台之间开展的数据采集、数据确权、数据标注、数据定价、数据交易等活动。

数字经济具有高创新性、强渗透性、广覆盖性的特点。[3]高创新性，是指数字经济更依赖于技术创新和组织创新，同时也更能反过来推动现有技术、产业的创新升级。数字经济根植于大数据、云计算、人工智能等新兴技术，孕育了共享经济、平台经济等一系列新的商业形态，为消费者带来了更加多元化、个性化的产品和服务，为市场注入了新的活力。同时，新兴技术转化为商业模式、产业模式的速度也前所未有。区块链、生成式人工智能等技术从具备实用价值到投产应用的时间长仅几年，短则数月。技术创新所带来的丰厚回报驱动数字经济企业在技术研发、产品迭代方面大量进行投入，企业支出中的研发占比远超传统经济模式。

强渗透性，是指数字经济日渐渗透到经济体系的生产、分配、交换和消费等各个环节中，与实体经济深度融合，推动传统产业不断进行数字化转型升级。从生产端来看，数字技术的应用可以提升资源调配效率、产品生产效率，"无人工厂""熄灯工厂""智

---

[1]　G20 杭州峰会：《二十国集团数字经济发展与合作倡议》，载中国网信网。

[2]　中国信息通信研究院：《中国数字经济发展研究报告（2024 年）》，载中国信息通信研究院官网。

[3]　参见习近平：《不断做强做优做大我国数字经济》，载《求是》2022 年第 2 期。

能工厂"等高自动化生产模式在各行各业投入应用；从运输环节来看，现代物流业的运行高度依赖大数据技术精准匹配需求与运力；从消费端来看，大数据画像可以实现更准确地客户群体需求分析，提高营销效率，更好满足特定群体需求。

广覆盖性，强调的是数字经济在新兴技术加持下，得以跨越地域和行业的限制，实现广泛的服务覆盖和普及。地域覆盖上，数字经济借助互联网技术轻松打破了地域界限，使得全球范围内的用户都能享受到其带来的便利和益处。无论是繁华的都市还是偏远的乡村，只要有互联网连接的地方，数字经济的红利就能惠及每一个角落。这种广泛的地域覆盖性使得数字经济成为推动全球经济发展的重要引擎。而在行业覆盖方面，数字经济的影响力几乎无处不在。无论是金融、教育、医疗还是旅游等行业，都可以看到数字技术的广泛应用和深远影响。同时，各行业之间协同程度也进一步提高，跨行业、跨经济部门协作已成现实。

二、数字经济的法治需求

近年来，数字经济在发展过程中，出现了排除、限制相关市场竞争，妨碍市场资源要素自由流动，削弱企业创新动力和发展活力，损害平台内商家和消费者的合法权益等一系列问题。推动数字经济规范健康持续发展，加强市场监管执法、强化反垄断监管，是完善社会主义市场经济体制、推动高质量发展的内在要求。例如，一些数字经济企业以"金融创新""普惠金融"之名，规避金融牌照监管开展金融业务；一些平台企业滥用互联网支付等领域垄断地位，超范围利用征信数据，谋取超额垄断利润。又如，在平台生态内，平台企业滥采滥用用户个人信息，给消费者权益造成了损害；算法在精确预测个人行为的同时，也借此对服务使用者进行歧视性定价，或借由精确计算劳动时间、劳动报酬等剥削数字经济劳动者的剩余价值。有观点认为，数字经济催生了监视资本主义——一种建立在算法的使用与平台经济兴起背景下的新经济变种。在监视资本主义下，不再存在单纯意义上的消费者，每个系统中的人都在一定程度上是为企业创造价值的"工人"。无论用户的身份是消费者还是劳动者（如外卖骑手、快递配送员、平台内的商家等），都在使用系统的同时也被系统所监控着，并为企业"生产"数据，令庞大的用户群体成为生产要素的重要源泉[1]。

可见，尽管数字经济是一种新型经济形态，但仍然难以自发有序运行，需要法治的有力支撑。数字经济法治是有效防范与化解各种重大风险的必然需要。理论研究和国内外实践均表明，数字经济发展带来的风险和挑战是全面、深刻的：财富有可能进一步集中、去中心化趋势会冲击政府权威、大量劳动人口面临就业结构转型的深刻挑战、全球化带来的系列问题和国内不平等等现象可能会加剧、数字鸿沟加深、隐私更容易被侵犯、信息技术风险与安全问题成为全球性问题、赢者通吃加大垄断的暴利、国际贸易规则可能被改写。[2]为此，需要在平台责任、知识产权保护、创新、税收、劳动就业、反

---

〔1〕 参见张凌寒：《算法权力的兴起、异化及法律规制》，载《法商研究》2019年第4期。
〔2〕 参见江必新：《加快数字经济领域的立法步伐》，载《数字法治》2023年第1期。

垄断、国际规则、信息技术风险与安全等方面建立适应数字经济特点的新规则体系，以有效防范和化解可能面临的各种重大风险和挑战，确保社会稳定与国家根本利益。

数字经济法治同时也是推动新业态持续健康发展的迫切需要。实践中，智能制造、智慧物流、普惠金融、跨境电商、新零售等新业态不断涌现，数字经济与传统产业、社会生活融合加速，数字经济业态快速创新、快速迭代，甚至颠覆性发展。面对数字经济发展的新态势、新形势、新情况，要从促进数字经济健康快速发展的长远大局出发，重新审视既有或者正在进行立法的科学性、合理性、精准性，突破"线上线下割裂""部门立法"的局限，把成熟的政策尽快上升为法律制度、把看得准的方向及时地确定为法律原则、对阻碍发展的制度坚决地进行立改废、对滞后于新业态新模式的立法项目果断地进行调整，加快重新构建符合数字经济发展规律的、具有全球观的、体现综合治理的数字经济立法体系。

三、我国数字经济法律概述

数字经济法律制度既有网络与信息法注重对技术进行规制、兼顾发展与安全等特点，又有传统经济法部门作为其渊源和参考。例如，经济法规范可概括为调整宏观调控关系的宏观调控法规范及调整市场规制关系的市场规制法规范，即所谓"宏观调控法"和"市场规制法"；[1] 按照这一分类进行划分，同样也可将我国与数字经济有关的法律制度安放其中。例如，《电子商务法》及我国互联网医疗、网约车等领域的专门立法，主要着眼于规范市场秩序、规定服务提供者的义务和保护相应的消费者权益，因此可划归到市场规制法，尤其是消费者保护方面的法律法规中；有关数字经济促进的地方立法则更倾向于宏观调控法。但是，这种分类并不是绝对的，如我国《电子商务法》及配套制度中有大量关于促进电子商务的制度设计；本书第四章所述《数据安全法》也有促进数据流通和数字经济发展的相关条文。同时，数字经济法律制度也体现在传统经济法中，如数字经济领域的反不正当竞争、反垄断等法律制度体现在对《反不正当竞争法》和《反垄断法》的修正与扩张适用中，而非另行专门制定数字经济领域的相关法律。

总的来说，数字经济法除了传统经济法的延伸适用，还包括网络交易、网络金融等新经济方面的法律制度。具体来说，数字经济法律制度主要由数字交易法律制度、数字竞争法律制度以及数字税收、互联网金融、互联网医疗、网约车等一些专门领域的法律制度构成；未来，还将涉及数据要素方面的基础制度，以及促进数字经济发展的相关法律制度。

第二节　电子商务法律制度

目前，我国法律法规中对"电子商务"和"网络交易"采用同样的定义，即"通过

---

〔1〕　参见张守文主编：《经济法学》，高等教育出版社 2022 年版，第 32—36 页。

互联网等信息网络销售商品或者提供服务的经营活动"。实际使用中，涉及市场监管部门的法律法规多以"网络交易"表述为主，海关、商务部门等则更多使用"电子商务"一词。电子商务法律制度涉及的法律法规主要包括《电子商务法》《电子签名法》《电子认证法》《消费者权益保护法实施条例》《快递暂行条例》，以及上述法律法规的配套制度体系。

一、电子商务法律制度

网络交易发展初期，主要体现为利用计算机技术、网络技术和远程通信技术实现交易活动的无纸化或交易活动的电子化，即无纸化贸易或电子商务。传统立法中个别网络交易专门条款的零星出现，和其他条款在网络信息环境下的延伸适用是这一时期的电子商务法律制度的主要特征。早在 1999 年实施的《合同法》在合同形式上就认可了包括电报、电传、传真、电子数据交换和电子邮件等数据电文的效力，为电子商务的发展提供了重要法律保障。2018 年 8 月 31 日，第十三届全国人民代表大会常务委员会第五次会议通过了《电子商务法》。党的十九大后新组建的国家市场监督管理总局又于 2021 年 3 月 15 日出台了《网络交易监督管理办法》，对《电子商务法》中平台经营者义务、消费者保护等规则进行了细化落实。2021 年正式施行的《民法典》的合同编在《电子商务法》等关于电子合同的法律规定上进行了落实和发展，明确了电子合同在订立和履行阶段的相关规则。《民法典》第 469 条规定，以电子数据交换、电子邮件等方式能够有形地表现所载内容，并可以随时调取查用的数据电文，视为书面形式。该规定确认了电子合同作为书面合同的法律地位。此外，《民法典》规定通过互联网等信息网络发布商品或者服务信息的当事人都是电子合同的订立主体，将在互联网上进行零星偶尔性商品售卖和提供服务的行为视为电子商务经营行为，这与《电子商务法》第 9 条的规定一致。

目前，中国是世界领先的电子商务市场，在电子商务治理和制度建设中积累了丰富的创新发展经验。《电子商务法》是世界上首部电子商务领域综合性立法，以其为核心的电子商务法律制度体现出促进法、保护法、平台法、绿色发展法特征。《电子商务法》及《网络交易监督管理办法》主要对以下几个方面进行了规定：

（一）支持电子商务创新发展

创新是引领发展的第一动力。电子商务作为新兴产业，已成为经济新常态下的重要增长点和新型原动力，在推动高质量发展、满足人民日益增长的美好生活需要、构建开放型经济、解决就业岗位等方面有着明显优势，制定《电子商务法》就是为进一步释放电子商务发展潜力、提升电子商务创新发展水平提供法治保障。《电子商务法》自起草之初，就把"坚持促进发展"摆在工作原则的首位。最终通过的《电子商务法》文本中，除了将"促进电子商务持续健康发展"作为立法的重要目的写入法律第 1 条，还设专章规定"电子商务促进"法律制度。《电子商务法》的"促进法"特征还具体体现在以下几个方面：

第一，规定适应和促进电子商务发展的产业政策：国务院和省级政府应当将电子商务发展纳入国民经济和社会发展规划，制定科学合理的产业政策，促进电子商务创新发展。国家推动电子商务基础设施和物流网络建设，完善电子商务统计制度，加强电子商务标准体系建设；推动电子商务在国民经济各个领域的应用，支持电子商务与各产业融合发展；促进农村电子商务发展，发挥电子商务在精准扶贫中的作用。

第二，将有利于电子商务创新发展的市场环境和有关机制建设以法律的形式确定下来：国家鼓励发展电子商务新业态，创新商业模式，促进电子商务技术研发和推广应用，推进电子商务诚信体系建设，营造有利于电子商务创新发展的市场环境；鼓励电子商务数据开发应用，保障电子商务数据依法有序自由流动；采取措施推动建立公共数据共享机制，促进电子商务经营者依法利用公共数据。

第三，明确了符合电子商务发展需要的监管原则、治理体系和监管机制：国家平等对待线上线下商务活动，促进线上线下融合发展，各级人民政府和有关部门不得采取歧视性的政策措施，不得滥用行政权力排除、限制市场竞争。国家建立符合电子商务特点的协同管理体系，推动形成有关部门、电子商务行业组织、电子商务经营者、消费者等共同参与的电子商务市场治理体系。特别是降低准入门槛，明确个人销售自产农副产品、家庭手工业产品，个人利用自己的技能从事依法无须取得许可的便民劳务活动和零星小额交易活动，可以豁免办理市场主体登记。

第四，规定建立促进跨境电子商务发展的制度机制：国家建立健全适应跨境电子商务特点的海关、税收、进出境检验检疫、支付结算等管理制度，提高跨境电子商务各环节便利化水平，支持跨境电子商务平台经营者等为跨境电子商务提供仓储物流、报关、报检等服务；推动建立与不同国家、地区之间跨境电子商务的交流合作，参与电子商务国际规则的制定，促进电子签名、电子身份等国际互认；推动建立与不同国家、地区之间的跨境电子商务争议解决机制。国家进出口管理部门应当推进跨境电子商务海关申报、纳税、检验检疫等环节的综合服务和监管体系建设，优化监管流程，推动实现信息共享、监管互认、执法互助，提高跨境电子商务服务和监管效率。跨境电子商务经营者可以凭电子单证向国家进出口管理部门办理有关手续。

第五，鼓励平台创新业务内容、提供多元服务。电子商务平台经营者可以按照平台服务协议和交易规则，为经营者之间的电子商务提供仓储、物流、支付结算、交收等服务。

（二）保护电子商务平台用户和消费者权益

健康可持续发展的电子商务必然是保护用户和消费者权益的。《电子商务法》在起草过程中，也是一直坚持以人民为中心的发展思想，把用户和消费者的权益放在首要位置。从通过的法律文本来看，《电子商务法》对用户和消费者权益的保护主要体现在以下三个方面。

1. 系统、全面地规定电子商务经营者保护用户和消费者权益的义务

电子商务经营者的相关义务主要有如下几类：

（1）一般保护义务。从事经营活动，应当遵循自愿、平等、公平、诚信的原则，遵守法律和商业道德，履行消费者权益保护、知识产权保护、网络安全与个人信息保护等方面的义务。销售的商品或者提供的服务应当符合保障人身、财产安全的要求，不得销

售或者提供法律、行政法规禁止交易的商品或者服务。

（2）登记义务。电子商务经营者通过互联网等信息网络从事网络经营活动，应当依法办理市场主体登记，不得违反法律法规及行政规章等。但是，个人销售自产农副产品、家庭手工业产品，个人利用自己的技能从事依法无须取得许可的便民劳务活动和零星小额交易活动，以及依照法律、行政法规不需要进行登记的除外。《网络交易监督管理办法》进一步规定，个人通过网络从事保洁、洗涤、缝纫、理发、搬家、配制钥匙、管道疏通、家电家具修理修配等依法无须取得许可的便民劳务活动，依照《电子商务法》第 10 条的规定不需要进行登记；个人从事网络交易活动，年交易额累计不超过 10 万元的，依照《电子商务法》第 10 条的规定不需要进行登记；同一经营者在同一平台或者不同平台开设多家网店的，各网店交易额合并计算。个人从事的零星小额交易须依法取得行政许可的，应当依法办理市场主体登记。

（3）信息披露义务。电子商务经营者应当全面、真实、准确、及时地披露商品或者服务信息，保障消费者的知情权和选择权。电子商务平台经营者应当在其首页显著位置持续公示平台服务协议和交易规则信息或者上述信息的链接标识，并保证经营者和消费者能够便利、完整地阅览和下载。《网络交易监督管理办法》第 12 条细化了网络交易经营者应当公示的信息，同时区分了企业、个体工商户、农业合作社、农民专业合作社联合社，分别规定了以上主体应当公示的营业执照信息以及与其经营业务有关的行政许可等信息，或者该信息的链接标识。例如，企业应当公示其营业执照登载的统一社会信用代码、名称、企业类型、法定代表人（负责人）、住所、注册资本（出资额）等信息；个体工商户应当公示其营业执照登载的统一社会信用代码、名称、经营者姓名、经营场所、组成形式等信息。

（4）真实宣传义务。不得以虚构交易、编造用户评价等方式进行虚假或者引人误解的商业宣传，欺骗、误导消费者。

（5）公平交易义务。根据消费者的兴趣爱好、消费习惯等特征向其提供商品或者服务的搜索结果的，应当同时向该消费者提供不针对其个人特征的选项，尊重和平等保护消费者合法权益。

（6）搭售提示义务。搭售商品或者服务，应当以显著方式提请消费者注意，不得将搭售商品或者服务作为默认同意的选项。目前，大量的 App 提供自动续费、自动展期的功能，但是，一些应用程序在取消自动续费订阅方面设置障碍，如缺乏明确的取消渠道或流程，使得消费者在非自愿和知情的情况下与该应用达成自动展期、自动续费的协议。《网络交易监督管理办法》规定，网络交易经营者采取自动展期、自动续费等方式提供服务的，应当在消费者接受服务前和自动展期、自动续费等日期前 5 日，以显著方式提请消费者注意，由消费者自主选择；在服务期间内，应当为消费者提供显著、简便的随时取消或者变更的选项，并不得收取不合理费用。

（7）依承诺或约定交付义务。应当按照承诺或者与消费者约定的方式、时限向消费者交付商品或者服务。

（8）合理退还押金义务。按照约定向消费者收取押金的，应当明示押金退还的方式、程序，不得对押金退还设置不合理条件。消费者申请退还押金，符合押金退还条件的，应当及时退还。

（9）用户信息保护义务。应当明示用户信息查询、更正、删除以及用户注销的方式、程序，不得对用户信息查询、更正、删除以及用户注销设置不合理条件。收到用户信息查询或者更正、删除的申请的，应当在核实身份后及时提供查询或者更正、删除用户信息。用户注销的，应当立即删除该用户的信息。

（10）公平订立合同义务。不得以格式条款等方式约定消费者支付价款后合同不成立；格式条款等含有该内容的，其内容无效。应当清晰、全面、明确地告知用户订立合同的步骤、注意事项、下载方法等事项，保证用户能够便利、完整地阅览和下载，并保证用户在提交订单前可以更正输入错误。《网络交易监督管理办法》第21条规定，网络交易经营者向消费者提供商品或者服务使用格式条款、通知、声明等的，应当以显著方式提请消费者注意与消费者有重大利害关系的内容，并按照消费者的要求予以说明，不得作出含有下列内容的规定：免除或者部分免除网络交易经营者对其所提供的商品或者服务应当承担的修理、重作、更换、退货、补足商品数量、退还货款和服务费用、赔偿损失等责任；排除或者限制消费者提出修理、更换、退货、赔偿损失以及获得违约金和其他合理赔偿的权利；排除或者限制消费者依法投诉、举报、请求调解、申请仲裁、提起诉讼的权利；排除或者限制消费者依法变更或者解除合同的权利；规定网络交易经营者单方享有解释权或者最终解释权；其他对消费者不公平、不合理的规定。

（11）信息提供与接受监督义务。有关主管部门依照法律、行政法规的规定要求电子商务经营者提供有关电子商务数据信息的，电子商务经营者应当提供。有关主管部门应当采取必要措施保护电子商务经营者提供的数据信息的安全，并对其中的个人信息、隐私和商业秘密严格保密，不得泄露、出售或者非法向他人提供。《网络交易监督管理办法》第22条明确规定，网络交易经营者应当按照国家市场监督管理总局及其授权的省级市场监督管理部门的要求，提供特定时段、特定品类、特定区域的商品或者服务的价格、销量、销售额等数据信息。

此外，电子商务经营者或电子商务平台经营者还需履行受理并处理投诉、举报义务，即建立便捷、有效的投诉、举报机制，公开投诉、举报方式等信息，及时受理并处理投诉、举报；向消费者发送广告的，应当遵守《广告法》的有关规定。

2. 明确了电子支付服务提供者的用户保护义务和责任

电子商务经营者支付指令发生错误的，电子支付服务提供者应当及时查找原因，并采取相关措施予以纠正。造成用户损失的，电子支付服务提供者应当承担赔偿责任，但能够证明支付错误非自身原因造成的除外。电子支付服务提供者完成电子支付后，应当及时准确地向用户提供符合约定方式的确认支付的信息。未经授权的支付造成的损失，除非因用户的过错造成的，由电子支付服务提供者承担。电子支付服务提供者发现支付指令未经授权，或者收到用户支付指令未经授权的通知时，应当立即采取措施防止损失扩大。电子支付服务提供者未及时采取措施导致损失扩大的，对损失扩大部分承担责任。

3. 设定平台义务和平台责任

在本书总论所介绍的私权力主体义务基础上，电子商务法律制度对电子商务平台的义务和责任作了详细规定。

电子商务平台义务主要有：（1）区分标记自营业务义务。在其平台上开展自营业务的，应当以显著方式区分标记自营业务和平台内经营者开展的业务，不得误导消费者。（2）保留消费者评价义务。不得删除消费者对其平台内销售的商品或者提供的服务的评价。（3）合理宣传义务。应当根据商品或者服务的价格、销量、信用等以多种方式向消费者显示商品或者服务的搜索结果；对于竞价排名的商品或者服务，应当显著标明"广告"。（4）消费者维权协助义务。消费者在电子商务平台购买商品或者接受服务，与平台内经营者发生争议时，电商平台应当积极协助消费者维护合法权益。（5）不得干涉平台内经营者的自主经营。电子商务平台经营者不得利用服务协议、交易规则以及技术等手段，对平台内经营者在平台内的交易、交易价格以及与其他经营者的交易等进行不合理限制或者附加不合理条件，或者向平台内经营者收取不合理费用。《网络交易监督管理办法》具体列举了几种典型的干涉平台内自主经营的情形，包括通过搜索降权、下架商品、限制经营、屏蔽店铺、提高服务收费等方式，禁止或者限制平台内经营者自主选择在多个平台开展经营活动或者利用不正当手段限制其仅在特定平台开展经营活动；禁止或者限制平台内经营者自主选择快递物流等交易辅助服务提供者；其他干涉平台内经营者自主经营的行为。

对电子商务平台设置的特殊责任类型主要有：（1）先行赔偿责任。消费者可以根据《消费者权益保护法》的有关规定要求电商平台承担先行赔偿责任。（2）连带责任。知道或者应当知道平台内经营者销售的商品或者提供的服务不符合保障人身、财产安全的要求，或者有其他侵害消费者合法权益行为，未采取必要措施的，依法与该平台内经营者承担连带责任。（3）相应责任。对关系消费者生命健康的商品或者服务，对平台内经营者的资质资格未尽到审核义务，或者对消费者未尽到安全保障义务，造成消费者损害的，依法承担相应的责任。

除了上述义务和责任，《电子商务法》还明确规定国家维护电子商务交易安全，保护电子商务用户信息，并在法律责任专章中就违反用户和消费者权益保护规定的行为设定了相应的行政处罚。根据《网络交易监督管理办法》的规定，国家市场监督管理总局负责组织指导全国网络交易监督管理工作。县级以上地方市场监督管理部门负责本行政区域内的网络交易监督管理工作。此外，网络直播带货作为目前火爆的商业模式，给网络交易带来创新活力的同时也引发了很多损害消费者权益、破坏市场交易环境等问题。对此，《消费者权益保护法实施条例》第14条作出规定，要求直播营销平台经营者应当建立健全消费者权益保护制度，明确消费争议解决机制。发生消费争议的，直播营销平台经营者应当根据消费者的要求提供直播间运营者、直播营销人员相关信息以及相关经营活动记录等必要信息。直播间运营者、直播营销人员发布的直播内容构成商业广告的，应遵守《广告法》的规定，履行广告发布者、广告经营者或者广告代言人的义务。

（三）规范电子商务平台经营者行为

在电子商务发展和监管过程中，电商平台都是非常关键的主体。如果说网络1.0时代的特征是去中心化，那么在平台经济的网络2.0时代，最突出的特征就是围绕各类平台的再中心化。《电子商务法》制定者深刻把握了这一规律，把电商平台作为一类特殊主体在法律中作出规定。除了围绕其设定相应平台义务和平台责任外，在网络综合治理体系中发挥好电商平台的优势也是《电子商务法》的重要着力点。

第一，注重平台服务协议和交易规则（以下简称平台规则）在规范电子商务行为中的关键作用，对以平台规则为核心的平台治理机制作出明确规范：一是应当遵循公开、公平、公正的原则，制定平台规则，明确进入和退出平台、商品和服务质量保障、消费者权益保护、个人信息保护等方面的权利和义务；在其首页显著位置持续公示平台规则信息或者上述信息的链接标识，并保证消费者能够便利、完整地阅览和下载；建立健全信用评价制度，公示信用评价规则，为消费者提供对平台内销售的商品或者提供的服务进行评价的途径。二是鼓励建立争议在线解决机制，制定并公示争议解决规则，根据自愿原则，公平、公正地解决当事人的争议；鼓励建立有利于电子商务发展和消费者权益保护的商品、服务质量担保机制。三是修改平台规则，应当在其首页显著位置公开征求意见，采取合理措施确保有关各方能够及时充分表达意见。修改内容应当至少在实施前7日予以公示。《网络交易监督管理办法》进一步规定，网络交易平台经营者修改平台服务协议和交易规则的，应当完整保存修改后的版本生效之日前3年的全部历史版本，并保证经营者和消费者能够便利、完整地阅览和下载。四是不得利用平台规则，对平台内经营者在平台内的交易、交易价格以及与其他经营者的交易等进行不合理限制或者附加不合理条件，或者向平台内经营者收取不合理费用。五是依据平台规则对平台内经营者违反法律、法规的行为实施警示、暂停或者终止服务等措施的，应当及时公示。

第二，让电商平台参与或协助监管。一是在市场主体登记方面，应当提示未办理市场主体登记的经营者依法办理登记，并配合市场监督管理部门，针对电子商务的特点，为应当办理市场主体登记的经营者办理登记提供便利。二是在税收征管方面，应当依照税收征收管理法律、行政法规的规定，向税务部门报送平台内经营者的身份信息和与纳税有关的信息，并应当提示不需要办理市场主体登记的电子商务经营者依法办理税务登记。三是在安全保障方面，应当采取技术措施和其他必要措施保证其网络安全、稳定运行，防范网络违法犯罪活动，有效应对网络安全事件，保障电子商务交易安全；应当制定网络安全事件应急预案，发生网络安全事件时，应当立即启动应急预案，采取相应的补救措施，并向有关主管部门报告。四是在违法处置方面，发现平台内的商品或者服务信息存在违法情形的，应当依法采取必要的处置措施，并向有关主管部门报告。（见表7-1）

表 7-1 电商平台参与或协助监管的类别与管理规定

类别	要求与规定
市场主体登记	1. 提示未办理市场主体登记的经营者依法办理登记。 2. 配合市场监督管理部门。 3. 根据电子商务特点为经营者办理登记提供便利
税收征管	1. 依照税收征收管理法律、行政法规，向税务部门报送经营者的身份信息及纳税相关信息。 2. 提示不需要办理市场主体登记的电子商务经营者依法办理税务登记
安全保障	1. 采取技术和其他措施保证网络安全、稳定运行，防范网络违法犯罪。 2. 有效应对网络安全事件，保障交易安全。 3. 制定网络安全事件应急预案。当发生网络安全事件时，启动预案，采取补救措施，并向主管部门报告
违法处置	1. 发现平台内商品或服务信息违法时，依法采取必要的处置措施。 2. 向相关主管部门报告

第三，明确建立以电商平台为关键节点的知识产权保护规则。一是"避风港"规则。知识产权权利人认为其知识产权受到侵害的，有权通知电商平台采取删除、屏蔽、断开链接、终止交易和服务等必要措施。电商平台接到通知后，应当及时采取必要措施，并将该通知转送平台内经营者；未及时采取必要措施的，对损害的扩大部分与平台内经营者承担连带责任。平台内经营者接到转送的通知后，可以向电商平台提交不存在侵权行为的声明。电商平台接到声明后，应当将该声明转送发出通知的知识产权权利人，并告知其可以向有关主管部门投诉或者向人民法院起诉。电商平台在转送声明到达知识产权权利人后 15 日内，未收到权利人已经投诉或者起诉通知的，应当及时终止所采取的措施。二是公示规则。电商平台应当及时公示收到的前述通知、声明及处理结果。三是"红旗规则"。电商平台知道或者应当知道平台内经营者侵犯知识产权的，应当采取删除、屏蔽、断开链接、终止交易和服务等必要措施；未采取必要措施的，与侵权人承担连带责任。

第四，明确平台经营者对平台内经营者身份信息及商品、服务信息和交易信息的管理义务。电子商务平台经营者应当对其平台内经营者的身份信息进行核验，身份信息核验是电子商务平台保障交易安全的基础。电子商务平台作为连接买家和卖家的桥梁，必须确保交易双方的身份真实可靠。通过对平台内经营者的身份信息进行核验，可以有效防止不法分子冒用他人身份进行欺诈活动，降低交易风险，保护消费者权益。《电子商务法》第 27 条规定，电子商务平台经营者应当要求申请进入平台销售商品或者提供服务的经营者提交其身份、地址、联系方式、行政许可等真实信息，进行核验、登记，建立登记档案，并定期核验更新。根据《网络交易监督管理办法》第 24 条的规定，网络交易平台经营者应当要求申请进入平台销售商品或者提供服务的经营者提交其身份、地址、联系方式、行政许可等真实信息，进行核验、登记，建立登记档案，并至少每 6 个月核验更新一次。身份信息核验是电子商务平台履行社会责任的体现。电子商务平台作为现代社会经济活动的重要组成部分，必须承担起相应的社会责任。通过对平台内经营者身份信息的核验，电子商务平台可以筛选出合法合规的经营者，排除不合规的经营者，从而维护一个公平、公正、透明的市场环境。此外，电子商务平台经营者应当记录、保存平台上发布的商品和服务信息、交易信息，并确保信息的完整性、保密性、可用性。电子商务平台经营者发现平台内的商品或者服务信息违法的，应当依法采取必要的处置措施，并向有关主管部门报告。根据《网络交易监督管理办法》的规定，网络交易平台经营者应当对平台内经营者及其发布的商品或者服务信息建立检查监控制度。网络交易平台经营者对平台内经营者身份信息的保存时间自其退出平台之日起不少于3年；对商品或者服务信息，支付记录、物流快递、退换货以及售后等交易信息的保存时间自交易完成之日起不少于3年。法律、行政法规另有规定的，依照其规定。网络交易平台经营者对平台内经营者身份信息的保存时间自其退出平台之日起不少于3年；对商品或者服务信息，支付记录、物流快递、退换货以及售后等交易信息的保存时间自交易完成之日起不少于3年。法律、行政法规另有规定的，依照其规定。

（四）促进绿色发展

《电子商务法》多处就电子商务绿色发展作出规定：明确国务院和县级以上地方人民政府及其有关部门应当采取措施，支持、推动绿色包装、仓储、运输，促进电子商务绿色发展；规定电子商务经营者要履行环境保护义务，销售的商品或者提供的服务应当符合保障人身、财产安全的要求和环境保护要求；要求快递物流服务提供者应当按照规定使用环保包装材料，实现包装材料的减量化和再利用。

二、电子签名与电子认证法律制度

电子签名是指数据电文中以电子形式所含、所附用于识别签名人身份并表明签名人认可其中内容的数据。2005年4月1日起施行的《电子签名法》首次明确了电子签名与文本签名具有同等法律效力，规范了电子签名行为，建立了对电子签名提供认证服务的电子认证服务市场准入制度，规定了电子签名的安全保障措施，确立了电子记录的证据规则，是电子商务发展的重要法制基础。根据《电子签名法》的规定，除了涉及婚姻、收养、继承等人身关系的，涉及土地、房屋等不动产权益转让的，涉及停止供水、供热、供气、供电等公用事业服务的和其他法律、行政法规明确规定不适用电子文书的其他情形，当事人约定使用电子签名、数据电文的文书，不得仅因为其采用电子签名、数据电文的形式而否定其法律效力。可靠的电子签名与手写签名或者盖章具有同等的法律效力。数据电文不得仅因为其是以电子、光学、磁或者类似手段生成、发送、接收或者储存的而被拒绝作为证据使用。

电子认证是指为电子签名的真实性和可靠性提供证明的活动，包括签名人身份的真实性认证、签名过程的可靠性认证和数据电文的完整性认证三个部分。电子认证是确认网络主体及行为、保障权益、认定法律责任的有效手段，对构建安全、可信的网络空间发挥着重要的作用，是保障信息安全的一个重要方面，目前电子认证应用主要集中在电子政务、金融、电子商务、医疗卫生等信息化程度较高的领域。《电子签名法》颁布后，原信息产业部和国家密码管理局根据该法授权，分别制定了《电子认证服务管理办法》和《电子认证服务密码管理办法》。这两个配套规章与《电子签名法》自 2005 年 4 月 1 日起同步施行。《电子认证服务管理办法》对电子认证服务机构的设立、运营，电子签名认证证书的格式和签发等做出了具体规定。《电子认证服务密码管理办法》明确了《电子签名法》第 17 条所规定的作为提供电子认证服务前置性条件的"国家密码管理机构同意使用密码的证明文件"，即《电子认证服务使用密码许可证》的申请条件和程序。该办法也对电子认证服务系统的运行和技术改造等作出了相应规定。该办法先后经过 2009 年的修订和 2017 年的修正，内容进一步完善，审批程序进一步简化。

三、电子合同法律制度

电子合同是指双方或多方当事人之间通过电子信息网络以电子的形式达成的设立、变更、终止财产性民事权利义务关系的协议。早在 1999 年实施的《合同法》在合同形式上就认可了包括电报、电传、传真、电子数据交换和电子邮件等数据电文的效力，为电子商务的发展提供了重要法律保障。2000 年修订的《海关法》和 2001 年修订的《税收征收管理法》也相继明确了电子数据报关单和数据电文报税的效力。[1]

2020 年施行的《民法典》在已有实践的基础上发展了电子合同制度，对电子合同成立的时间作出了明确的规定，即合同一方通过互联网等信息网络发布的商品或者服务信息符合要约条件的，合同相对方提交订单成功时合同即成立。《民法典》还明确，电子合同的成立地点即收件人的主营业地或其住所地。此外，关于网络交易过程中常见的电子合同标的交付时间问题，《民法典》规定，合同标的通过快递物流方式交付的，收货人的签收时间为交付时间；合同标的为提供服务的，电子凭证或实物凭证中载明的时间为交付时间；合同标的物采用在线传输方式交付的，标的物进入对方当事人指定系统且能够检索识别的时间为交付时间。

四、快递物流法律制度

快递又称速递或快运，是指物流企业通过自身的独立网络或以联营合作的方式，将用户委托的文件或包裹，快捷而安全地从发件人送达收件人的门到门的新型运输方式。

根据《邮政法》，快递是指在承诺的时限内快速完成的寄递活动。与之相关联的概念还有"快件"，是指快递企业递送的信件、包裹、印刷品等。快递本身属于物流行业，但随着网络信息技术的发展，快递从业者可以更加高效地跨区域统筹快递运输，将线上完成的网络交易转化为线下交付的服务和商品，打通"最后一公里"。因此，快递业也属于数字经济的重要组成部分。

随着网络交易规模的快速增长，快递业也在迅猛发展。为促进快递业健康发展，保障快递安全，保护快递用户合法权益，加强对快递业的监督管理，国务院出台了《快递暂行条例》，自 2018 年 5 月 1 日起施行。条例贯彻了包容审慎、创新务实的原则，将快

---

〔1〕 参见周汉华：《中国网络与信息法治二十年》，载李林主编：《中国依法治国二十年（1997—2017）》，社会科学文献出版社 2017 年版，第 189 页。

递业作为与新经济、新业态关系紧密的新兴产业，充分融入了快递业的发展需求、改革需求和管理需求，作为全球为数不多的全方位调整快递法律关系的专门法，为世界邮政业改革发展贡献了"中国智慧"。《快递暂行条例》从促进行业发展、改革监管机制、保护用户权益、完善服务规则、保障快递安全等方面进行了规定。此外，快递物流领域的制度文件还有《快递业务经营许可管理办法》《快递市场管理办法》《国务院办公厅关于推进电子商务与快递物流协同发展的意见》《国务院关于促进快递业发展的若干意见》《国务院办公厅转发国家发展改革委等部门关于加快推进快递包装绿色转型意见的通知》《"十四五"现代物流发展规划》等。

第三节　数字竞争法律制度

竞争法一般是指以调整竞争关系、规范竞争行为为内容的法律规范总称。传统竞争法诞生于工业经济时代，旨在维护工业时代快速发展的市场经济，维护消费者和经营者的利益，促进市场良性运转。在数字经济时代迭代演进之际，传统竞争法在规制数据、算法驱动型不正当竞争行为层面日益呈现滞后性、僵化性与不匹配性。[1]数字经济领域的不正当竞争行为与传统的不正当竞争行为相比，既有在破坏市场竞争环境，阻碍经济健康发展方面的共性，也呈现出新的特点。首先，在数字经济领域，创新型商业模式可能会对既有的网络产品和服务造成冲击，甚至会导致这些产品和服务的市场被吞并或者消失。但如果监管部门将其归入不正当竞争行为的范畴，运用监管工具阻止其顺利推广，可能会误伤市场创新机制，错失发展良机。其次，数字经济领域的不正当竞争行为具有隐蔽性。以平台经济为例，其通常由大型互联网企业主导，具有规模效应、网格效应、跨界竞争、双边市场等特点，这增加了对其不正当竞争行为进行监管的难度。最后，技术性和复合性的特征在数字经济领域十分突出。以算法、大数据驱动的不正当竞争行为的背后是日新月异的技术更迭，技术的发展和应用具有推动社会发展的积极意义，但是技术的恶意使用也会扰乱市场秩序，危害公平竞争环境。因此，竞争法针对数字经济领域的不正当竞争行为应当首先关注规制对象，其次梳理新型竞争关系，最后结合不正当竞争行为的损害后果来设计相应的法律规范。

新生事物一般会经历先发展后规范的过程，以数字经济驱动的互联网企业的发展也不例外。在互联网行业发展初期，我国对其监管采取了包容审慎的态度，这为互联网行业发展赢得了时间，使得我国互联网产业在全球占据领先地位。然而，随着互联网企业的迅速扩张以及数字经济重要地位的日益凸显，数字经济领域的不正当竞争行为也日趋突出，传统的竞争法亟须调整以加强对互联网企业的监管，规范互联网行业的

---

〔1〕　参见翟巍：《数据、算法驱动型不正当竞争行为的规制路径》，载《法治研究》2021年第6期。

发展。[1]面对数字经济、平台企业等经济发展新业态，我国相继出台多部法律、修正案、部门规章、规范性文件等，以构建高质量的数字经济发展环境，促进新业态新模式健康发展。2019 年修订的《反不正当竞争法》规定，经营者利用网络从事生产经营活动，不得利用技术手段，通过影响用户选择或者其他方式，实施该法第 12 条规定的妨碍、破坏其他经营者合法提供的网络产品或者服务正常运行的行为。2019 年发布的《国务院办公厅关于促进平台经济规范健康发展的指导意见》指出要探索适应新业态特点、有利于公平竞争的公正监管办法。市场监管总局于 2021 年 8 月发布《禁止网络不正当竞争行为规定》（公开征求意见稿），该文件针对数据、算法驱动型的数字经济领域不正当竞争行为设定了新的规制条款。2021 年 2 月 7 日，原国务院反垄断委员会制定发布《国务院反垄断委员会关于平台经济领域的反垄断指南》，指南具体化了平台经济领域相关市场、垄断协议、市场支配地位的认定，将数据和算法驱动型的垄断行为纳入规制范围。这些文件的出台表明了我国在数字经济领域规范竞争行为的决心，描绘了数字竞争法律制度的宏伟蓝图。

数字竞争法律制度涉及的法律主要是《反不正当竞争法》和《反垄断法》，以及《数据安全法》《电子商务法》等法律法规中与反不正当竞争和反垄断相关的内容。虽然垄断和不正当竞争都有广义和狭义之分，而且广义的垄断包括狭义的垄断和限制竞争，广义的不正当竞争包括狭义的垄断、限制竞争和狭义的不正当竞争，但部门法意义上的反垄断法和反不正当竞争法，定位是明确的，两者之间的关系是作为市场规制法中并列的两个部门法之间的关系。二者的区别主要源于垄断和狭义的不正当竞争之间的区别。在存在垄断的情形下，市场竞争被限制、削弱或排除，市场主体之间无法或者难以展开竞争，市场也就不存在竞争或者即使存在竞争也不充分，价格信号被扭曲，基于价格的竞争机制也就无法或者难以发挥应有的作用。经济学的分析表明，失去了竞争的市场，对市场主体、消费者和整个社会的进步都是有害的，因此，产生了规制垄断的反垄断法。进一步的问题是，虽然市场中不存在垄断，竞争是"充分"的，但是其竞争行为违反公平合理、诚实信用等商业道德和善良风俗，且普遍存在，其交易标的质量、标记和价格信号同样是扭曲的，基于价格的竞争机制同样无法发挥应有的作用。充斥着不正当竞争的市场，会推动市场交易成本整体上升。作为市场主体的经营者、消费者权利会因此受到直接或间接的侵害。这样，产生了规制不正当竞争行为的《反不正当竞争法》。极端而言，在完全垄断的市场没有竞争行为，在完全竞争的市场没有垄断行为。因此，反垄断法和反不正当竞争法所产生的背景、适用的市场状况、调整的对象、规制的行为是不同的，但在其宗旨和所发挥的社会经济功能上是协同的，二者殊途同归。

一、反不正当竞争法律制度

数字经济法体系下的反不正当竞争法律制度，是指调整在国家规制数字经济领域不正当竞争行为过程中发生的社会关系的法律规范的总称。近几年来，随着新经济、新业

---

〔1〕　参见孔祥俊：《论互联网平台反垄断的宏观定位》，载《比较法研究》2021 年第 2 期。

态、新模式的不断涌现，一些利用数据、算法、平台规则等实施的新型不正当竞争行为也层出不穷。2019 年的《反不正当竞争法》相比之前修改的主要内容包括完善数字经济反不正当竞争规则、完善不正当竞争行为的表现形式、新增不正当竞争行为的类型、完善法律责任四个方面。2019 年修订的《反不正当竞争法》规定，经营者不得利用技术手段，通过影响用户选择或者其他方式，实施下列妨碍、破坏其他经营者合法提供的网络产品或者服务正常运行的行为：（1）未经其他经营者同意，在其合法提供的网络产品或者服务中，插入链接、强制进行目标跳转；（2）误导、欺骗、强迫用户修改、关闭、卸载其他经营者合法提供的网络产品或者服务；（3）恶意对其他经营者合法提供的网络产品或者服务实施不兼容；（4）其他妨碍、破坏其他经营者合法提供的网络产品或者服务正常运行的行为。2021 年 3 月 15 日，市场监管总局制定出台《网络交易监督管理办法》，提出严禁平台强制"二选一"等强制举措，还针对虚构交易、误导性展示评价、虚构流量数据等新型不正当竞争行为进行了明确规制。

2024 年 5 月，国家市场监督管理总局公布了《网络反不正当竞争暂行规定》，对网络不正当竞争行为的监管进行了进一步细化。根据该规定，网络不正当竞争行为主要有以下几种表现形式：一是利用网络实施混淆行为，引人误以为商品（包括服务）是他人提供或与他人存在特定联系；二是对商品生产经营主体及商品性能、功能、质量、来源、曾获荣誉、资格资质等作虚假或者引人误解的商业宣传；三是对商品生产经营主体以及商品销售状况、交易信息、经营数据、用户评价等作虚假或者引人误解的商业宣传；四是通过贿赂方式谋取交易机会或平台流量排名等方面竞争优势；五是利用虚假信息损害竞争对手声誉；六是使用大数据、算法等技术手段进行流量劫持、干扰用户选择等行为；七是利用技术手段在其他经营者商品、服务中进行链接插入、强制跳转等行为；八是误导、欺骗、强迫用户修改、关闭、卸载其他经营者合法提供的设备、功能或者其他程序等网络产品或者服务；九是对其他经营者合法提供的网络产品或服务恶意不兼容；十是以刷单、拦截屏蔽、限制用户下单搜索、非法获取数据、提供不同交易条件等方式，妨碍、破坏其他经营者合法提供的网络产品或者服务正常运行。

二、反垄断法律制度

数字经济法体系下的反垄断法律制度，是调整在国家规制数字经济尤其是平台经济领域垄断过程中所发生的社会关系的法律规范的总称。随着超级平台限制竞争、超范围收集与使用个人信息、传播虚假信息、滥用算法以及其他各种问题的集中显现，引发各国的普遍关注。一些企业无序扩张，在发展过程中出现了排除、限制相关市场竞争，妨碍市场资源要素自由流动，削弱企业创新动力和发展活力，损害平台内商家和消费者的合法权益等一系列数字经济领域垄断问题。

数字垄断有以下深层原因。首先，数字经济的竞争节奏加快。竞争节奏加速虽然有助于更快通过实验试错、实现高效创新、更快淘汰低效市场主体、更快优化资源整体配置，但也存在市场主体过度偏重短期利益、市场主体加速两极分化、市场整体陷入低水平均衡的风险。其次，数据资源争夺更容易形成"赢家通吃"。数据要素天然具有非竞争性和规模效应，在流动和集中利用时提供更高的回报。与此同时，不受制约的数据流动和集中不仅无法提升经济运行效率，还会对消费者利益和社会公共利益造成损害。最后，数字技术也为构筑信息壁垒提供了可能。数据流动的高效性和低成本与数据处理的技术性与复杂性并不矛盾。一方面，市场主体内部和主体之间能够高效、低成本地实现数据流动，甚至是实现足以构成限制、排除竞争的协同行为的数据流动；另一方面，市场主体能够有效避免外部其他主体知晓其数据处理活动的事实细节，特别是关系到法律分析和评价的技术细节。数据因此构筑起"定向"的信息壁垒。[1]

数字垄断法律问题有其特殊性，需要界定数字经济法律关系、法律主体和法律客体。首先，在数字经济领域，聚合了各类交易主体和交易行为的数字经济平台成为新型法律主体，其利用大数据、算法、区块链等技术，打破时空限制，链接各类主体，并且充分采集、共享、利用各类数据，制定交易规则，维护交易秩序，是区别于工业经济的新型经济组织。[2]其次，数据成为重要的竞争资源和法律客体。2022 年 12 月，中共中央、国务院发布《关于构建数据基础制度更好发挥数据要素作用的意见》，明确指出数据作为新型生产要素，是数字化、网络化、智能化的基础，已快速融入生产、分配、流通、消费和社会服务管理等各环节，深刻改变着生产方式、生活方式和社会治理方式。平台往往借助技术力量和市场优势，大量采集、处理和交易数据，提高市场准入壁垒，排除市场竞争行为。

为了应对数字垄断问题，法律界开始重新审视现有的法律框架，寻求有效的监管措施。一方面，加强了对数字平台企业的反垄断审查，对其市场行为进行了严格规范，防止其滥用市场支配地位；另一方面，完善了反垄断法相关的法律法规，明确平台经济下相关市场、市场支配地位等关键概念的具体内涵。2021 年 2 月 7 日发布的《国务院反垄断委员会关于平台经济领域的反垄断指南》，通过科学的规制框架强化威慑垄断行为，引导平台合法合规经营。2022 年 8 月 1 日修正的《反垄断法》在总则部分明确禁止协同行为，为后面的规制算法共谋、数据滥用、平台"二选一"、大数据"杀熟"等行为起到统领作用，同时明确提出"经营者不得滥用数据和算法、技术、资本优势及平台规则等排除、限制竞争"。大型平台利用数据强大的市场反馈与预测功能，通过算法和数据优势传导，打破基于工业经济的相关产品市场和相关地域市场的明确界限，有效链接"不相关市场"或"未来市场"，形成在纵向与横向市场上的跨时空竞争优势，构成过高的进入壁垒。[3]因此，如果由算法、数据驱动的竞争行为扰乱市场秩序，损害其他经营者和消费者的合法权益，就有可能被认定为垄断行为，落入《反垄断法》和《国务院反垄断委员会关于平台经济领域的反垄断指南》的规制范围。根据《反垄断法》第 1 条的规定，我国反垄断法的立法目标既包括"提高经济效率"这种经济效率目标，也包括"保护市场公平竞争，维护消费者利益和社会公共利益"这种非经济效率目标[4]。随着平

---

〔1〕参见周辉、朱悦：《治理数据垄断》，载《学习时报》2022 年 11 月 4 日，第 3 版。

〔2〕参见杨东：《论反垄断法的重构：应对数字经济的挑战》，载《中国法学》2020 年第 3 期。

〔3〕参见陈兵：《大数据的竞争法属性及规制意义》，载《法学》2018 年第 8 期。

〔4〕李剑：《平台经济领域的反垄断法实施：以经济效率目标为出发点》，载《中外法学》2022 年第 1 期。

台经济整体监管上的收紧，平衡效率和公平两种价值指标是反垄断执法在数字经济领域不可避免的命题。

下文将介绍数字经济背景下几种典型的垄断行为及目前的规制现状：

（一）"大数据杀熟"

"大数据杀熟"，又称个性化定价，是一种基于大数据而实施的对用户的价格歧视行为，一般是指就同一种商品或者服务对不同的消费者或者同一消费者在不同消费情境下开出不同的价格，以尽可能攫取更多利润及消费者剩余的行为。[1] 经营者通过采集、处理消费者的个人喜好、使用习惯、消费能力、社会关系等个人信息，形成基于个人的用户画像，并据此对同一种商品或服务给不同的用户以不同的价格。大数据"杀熟"的实施对象主要是掌握大数据资源的互联网平台，例如，某网约车平台曾被爆出在相同线路上，对老乘客采用较高的价格，对新乘客采用较低的价格。又如，网络平台根据用户的个人信息，对同一酒店同一类型的房间在平台上显示不同的价格。大数据"杀熟"现象的成因是多方面的。首先，平台具有双边市场属性，连接着经营者和消费者两方规模庞大的、利益倾向相反的群体，在促成双方达成交易的同时不可避免地收集了大量的用户信息。平台极有可能在用户不知情的情况下处理用户个人信息为己所用。其次，大数据"杀熟"所依赖的算法对于普通消费者而言是"黑箱"。消费者对于算法的推荐服务失去了自主决策权，任由算法践踏自己的权利，无法及时发现平台的差异化定价行为。学界对于大数据"杀熟"行为是否应受反垄断法的调整存有争议。一方面，个性化定价可能涉及对消费者个人信息的滥用，导致消费者剩余价值的榨取、公平感的剥夺和信息不对称，因此需要通过反垄断法进行规制；另一方面，个性化定价在提高资源配置效率、产出扩张和竞争强化方面有积极作用，因此不应该被完全禁止。

近年来，互联网平台型企业利用大数据算法实施算法歧视的"杀熟"行为引起热议。针对此现象，现有法律作出了回应。2021年发布的《关于平台经济领域的反垄断指南》第17条指出，分析是否构成差别待遇，可以考虑因素包括基于大数据和算法，根据交易相对人的支付能力、消费偏好、使用习惯等，实行差异性交易价格或者其他交易条件。该条规定明确执法机关和司法机关在认定企业是否构成差别待遇类型的垄断行为时，可以将基于大数据和算法的差异型定价行为纳入考虑范围。

（二）平台自我优待

平台自我优待（Self-Preferencing）是指数字平台利用其作为市场交易中介的角色，为自己的产品或服务提供相比其他经营者更为有利的条件的行为。自我优待行为可能会对市场竞争产生负面影响，如限制竞争、损害消费者利益、抑制创新等。平台自我优待在国内商业实践中较为普遍。例如，在社交平台领域，平台公司对竞争对手的应用链接分享进行限制，而对自身或关联方推出的应用链接却不加限制；在电商平台领域，平台公司在搜索、推荐页面中优先排列自营业务；在搜索引擎领域，平台公司利用搜索

---

[1] 参见王先林、曹汇：《数字平台个性化定价的反垄断规制》，载《山东大学学报（哲学社会科学版）》2022年第4期。

算法优先推荐与平台有战略合作关系、股权投资关系或已签订独家合作协议等关联的商家。[1]

中国对平台自我优待的规制尚在探讨和完善中，目前并没有专门的法律法规明确界定和全面规制自我优待行为。2022 年 6 月，国家市场监督管理总局发布《禁止滥用市场支配地位行为规定（征求意见稿）》，第 20 条拟禁止具有市场支配地位的数字平台经营者在无正当理由的情况下，与该平台内经营者竞争时对自身商业活动给予优待，但是在 2023 年 3 月 10 日公布的正式版本中又删去了该规定，这表明我国立法执法者对自我优待问题还存在疑惑，尚未形成共识。[2]《电子商务法》第 37 条规定，电商平台应以显著方式向消费者区分平台内的自营业务与他营业务，这有助于消费者识别和比较不同业务，防止平台实施自我优待行为误导消费者。《反垄断法》第 22 条关于禁止没有正当理由对条件相同的交易相对人在交易价格等交易条件上实行差别待遇的规定，可以被用来评估和规制自我优待行为。2021 年市场监管总局发布的《互联网平台落实主体责任指南（征求意见稿）》中提到超大型平台经营者应当遵守公平和非歧视原则，平等对待平台自身和平台内经营者，不实施自我优待。

（三）平台"二选一"

2021 年 4 月 10 日，市场监管总局对 A 集团作出行政处罚决定，认定其构成《反垄断法》第 17 条的"没有正当理由，限定交易相对人只能与其进行交易"的滥用市场支配地位行为，并对其处以 182.28 亿元的高额罚款。A 要求在其旗下 B 商城开设店铺的众多品牌商家不得在其他平台进行经营，甚至只能在 B 商城一个平台开设店铺进行经营行为（以下简称"二选一"行为）被法院判决认定为垄断协议，2024 年 8 月，国家市场监督管理总局发布公告表示，A 集团已完成整改，全面停止"二选一"垄断行为，平台间竞争活力明显提高。随着数字经济持续发展，"二选一"等垄断行为仍将是数字经济企业和监管部门需长期关注的重点。

平台"二选一"是指具有优势地位的电商平台以种种明示或暗示手段，要求合作商家只能通过特定平台提供服务，而不能同时在多个平台开设店铺，甚至要求商家退出竞争对手平台。如果商家不配合，可能就不能获得平台的某些优惠条件或服务，甚至可能被限制或排除在平台之外。平台实施"二选一"行为是为了独占网络交易环境下的商家、商品及服务资源，确保自身在平台建设中投入的技术和资金资源投入得到合理的回报，扩大自己对市场的支配力。"二选一"行为严重干扰了正常的市场竞争秩序，损害了消费者的合法权益。首先，平台的"二选一"行为实际上排除了消费者的选择权。由于商家被迫选择在一个平台上进行经营，这限制了消费者在不同平台之间进行比较和选择的机会，使得消费者无法获得最优惠的价格或最满意的服务，甚至不得不接受该平台不合理的定价等交易条件。其次，平台实施"二选一"行为后就具备了操控价格的能力。商

---

〔1〕 参见兰江华：《平台自我优待：行为机制、经济效果和规制路径》，载《南方金融》2023 年第 7 期。

〔2〕 参见周梦懿：《数字平台自我优待：行为类型与法律规制》，载《华侨大学学报》（哲学社会科学版）2024 年第 2 期。

家不得不接受平台所规定的佣金或销售费用，继而转嫁到消费者身上。最后，"二选一"行为是平台达成事实垄断所采取的手段。强势平台通过"二选一"策略巩固自身市场地位，可能导致新生平台的进入壁垒被抬高，阻碍行业的健康发展。

《国务院反垄断委员会关于平台经济领域的反垄断指南》明确"二选一"可能构成滥用市场支配地位限定交易行为，并从惩罚性措施和激励性措施两个角度，进一步细化了判断"二选一"等行为是否构成限定交易的标准：平台经营者通过屏蔽店铺、搜索降权、流量限制、技术障碍、扣取保证金等惩罚性措施实施的限制，因对市场竞争和消费者利益产生直接损害，一般可以认定构成限定交易行为；平台经营者通过补贴、折扣、优惠、流量资源支持等激励性方式实施的限制，如果有证据证明对市场竞争产生明显的排除、限制影响，也可能被认定构成限定交易行为。[1]

第四节　数据要素流通

数据要素，是指参与到社会生产经营活动中，为所有者或使用者带来经济效益的数据资源。习近平总书记高度重视数据在数字时代的重要作用，指出要"维护国家数据安全，保护个人信息和商业秘密，促进数据高效流通使用、赋能实体经济，统筹推进数据产权、流通交易、收益分配、安全治理，加快构建数据基础制度体系"。[2]在以全要素数字化转型为重要推动力的数字经济时代，数据在经济活动中的作用变得越来越重要。它能够帮助人们更有效地对经济发展、经营状况进行分析、判断和预测，从而更好地开展生产经营。而且，对比土地、资本等传统的生产要素而言，"数据"作为一种新的生产要素，可被多个主体反复使用，其价值却不会随着使用次数的增加而减少，存储和传输成本较低、整体流动性较强，边际产出远高于边际成本，基于数据非排他性、可复用性、强流动性等特点，通过数据边际效益递增能够为社会创造出巨大的财富。

一、数据要素的重要性

数据是数字经济时代的核心资源，是数字经济的关键要素，是创新发展的重要资产。数字经济的健康快速发展，离不开巨量可利用的政务数据和社会数据资源的不断生产、集中、共享和融合，也离不开相关数据收集、利用、交易、保护规则的建立健全。数据正在成为各种产品和服务生产的必要前提。[3]数据不仅能够帮助人们更好地组织和

〔1〕《剑指平台"二选一""大数据杀熟"等问题——平台经济领域反垄断指南出炉》，载《人民日报》2021年2月9日，海外版。

〔2〕习近平：《加快构建数据基础制度 加强和改进行政区划工作》，载《人民日报》2022年6月23日，第1版。

〔3〕参见 Graef, Inge, EU Competition Law, *Data Protection and Online Platforms: Data as Essential Facility: Data as Essential Facility*, Kluwer Law International BV, 2016, p.3.

规划生产经营，能更有效地进行判断和预测，指导经济发展的未来方向。数据是指引数字经济发展的基础要素，"得数据者得天下。"[1]对数据这一新型生产要素的利用效率，客观上决定了数字经济发展的规模与质量。

2022年12月，中共中央、国务院印发《关于构建数据基础制度更好发挥数据要素作用的意见》（也称"数据二十条"），其中指出，数据基础制度建设事关国家发展和安全大局，要求加快构建数据基础制度，充分发挥我国海量数据规模和丰富应用场景优势，激活数据要素潜能，做强做优做大数字经济，增强经济发展新动能，构筑国家竞争新优势。"数据二十条"以维护国家数据安全、保护个人信息和商业秘密为前提，以促进数据合规高效流通使用、赋能实体经济为主线，以数据产权、流通交易、收益分配、安全治理为重点，初步搭建了我国数据基础制度的"四梁八柱"，绘制切实发挥数据要素作用的未来图景。

二、我国的数据要素流通实践

党中央高度重视网络安全和数据领域政策法律体系建设工作。特别是党的十八大以来，我国网络安全和数据安全政策法律体系建设快速发展。

在战略层面，2015年，党的十八届五中全会首次提出"国家大数据战略"，国务院发布《促进大数据发展行动纲要》；2019—2020年，《中共中央关于坚持和完善中国特色社会主义制度、推进国家治理体系和治理能力现代化若干重大问题的决定》《中共中央　国务院关于构建更加完善的要素市场化配置体制机制的意见》《中共中央　国务院关于新时代加快完善社会主义市场经济体制的意见》《中共中央关于制定国民经济和社会发展第十四个五年规划和二〇三五年远景目标的建议》接连出台，均提出培育数据要素市场，推动数据要素市场改革，具体要求推进政府数据开放共享，提升社会数据资源价值，加强数据资源整合和安全保护。2021年12月，工信部出台《"十四五"大数据产业发展规划》，进一步强调了数据要素价值，要求加快培育数据要素市场、发挥大数据特性优势、夯实数据产业发展基础、筑牢数据安全保障防线，等等。2022年12月，中共中央、国务院印发《关于构建数据基础制度更好发挥数据要素作用的意见》，以充分实现数据要素价值、促进全体人民共享数字经济发展红利为目标，坚持促进数据合规高效流通使用、赋能实体经济。

在法律层面，我国数据要素的法治化进程不断深化，整体上以确保数据安全和构建数据基础制度为目标，并主要在两个方向上进行了制度探索：

（一）坚守数据安全底线

数据安全与网络安全、个人信息保护等重要课题紧密相关，共同构成网络信息法治体系建设中安全保障的一环。我国先后出台《全国人民代表大会常务委员会关于加强网络信息保护的决定》《网络安全法》《刑法修正案（九）》《最高人民法院、最高人民检察院关于办理侵犯公民个人信息刑事案件适用法律若干问题的解释》等法律文件，对侵犯

---

〔1〕［美］伊恩·艾瑞斯：《大数据：思维与决策》，宫相真译，人民邮电出版社2014年版，第63页。

个人信息权、保障网络安全和数据安全等问题进行了明确规定。2020年5月通过的《民法典》将个人信息置于民事权利一章，进一步明确个人信息的人格权属性，并将个人信息处理扩大为包括收集、存储、使用、加工、传输、提供、公开等全生命周期，同时还增加了处理个人信息的免责情形，在一定程度上改变了我国个人信息保护规定零碎化、片段化的现状，对个人信息处理的规制具有重要指导意义。《民法典》第127条首次规定法律对数据、网络虚拟财产的保护有规定的，依照其规定。该条明确数据和网络虚拟财产是民事权利的客体，回应了互联网时代保护数据权益与网络虚拟财产的需求。

2021年6月10日通过的《数据安全法》围绕保障数据安全和促进数据开发利用两大核心，从数据安全与发展、数据安全制度、数据安全保护义务、政务数据安全与开放的角度进行了详细的规制。在保障数据安全方面，建立了数据分类分级、数据安全风险评估、安全事件报告制度、监测预警机制、应急处置机制和安全审查等数据安全基本制度。第一，明确了数据处理者应建立数据安全管理制度、进行安全教育培训、开展风险监测和报告、采用技术手段落实制度等法律义务。第二，要求国家机关履行保密义务、建立健全管理制度、审慎监督受托方等以应对政务数据开放带来的安全风险。第三，建立数据安全审查制度、数据出口管制制度、对等反制制度以维护国家的主权、安全和发展利益。在促进发展方面，《数据安全法》充分认可行业协会、评估认证机构和标准化机构在推动技术发展、完善合规建设和促进行业自律方面的作用。在政务数据开放方面，明确了政务数据以公开为原则、不公开为例外的基本理念。2021年8月20日通过的《个人信息保护法》建立了一整套个人信息合法处理的规则，一是确立了自然人的个人信息受法律保护的原则和个人信息的处理规则；二是根据个人信息处理的不同环节、不同种类，对个人信息的共同处理、委托处理、数据共享、数据公开、自动化决策等提出针对性的要求；三是设专节对处理敏感个人信息作出更严格的限制，要求只有当具备特定的目的、充分的必要性时才可进行处理；四是设专节规定国家机关处理个人信息的规则，在保障国家机关依法履行职责的同时，要求国家机关处理个人信息应当依照法律、行政法规规定的权限和程序进行。

此外，我国出台了一系列地方性法规、规章、国家标准和行业自律规范作为相关立法的重要补充。例如，各部门加快推动数据相关法律法规的有效落实，如工信部、网信办先后发布《数据安全管理办法（征求意见稿）》《网络数据安全管理条例（征求意见稿）》《工业和信息化领域数据安全管理办法（试行）（征求意见稿）》《网络安全审查办法（修订草案征求意见稿）》等部门规章或征求意见稿，加快推动数据战略和法律的有效执行，保障数据安全与国家安全。同时，在标准规范方面，全国信息安全标准化技术委员会出台了《信息安全技术　个人信息安全规范》《信息安全技术　大数据安全管理指南》等一系列国家标准和技术规范，对个人信息处理和数据安全管理提出了较为细致的要求，具有良好的示范效果。

（二）构建数据流通和交易制度

近年来，我国明显加快了数字经济规范制定步伐，数字权利规范数量和内容粒度在中央至地方各个层面均有较快增长。一是在法律层面，《民法典》虽未正式直接规定数据权利，但一是经由个人信息保护内容的呈现，显示出数据人格权的基本意在；二是在总则和合同编层面，承认数据的财产性价值。《数据安全法》第 1 条对数据开发利用同国家发展利益间的紧密联系做出了价值性宣誓。同时，在"数据安全与发展""政务数据安全与开放"章节中认可数据自由流通对社会利益的正向激励作用。《个人信息保护法》虽是调整个人数据人格权益保护的法律规范，但商业场景下数据处理行为仍是其不可或缺的规制内容。

各省、自治区、直辖市相继出台大数据发展应用条例等地方性法规，针对省级行政区域内大数据发展应用及其相关活动作出统一的法律规制，力求发挥数据生产要素作用，培育壮大新兴产业并推动经济社会各传统领域的数字化、信息化、智能化发展，如 2019 年 10 月的《贵州省大数据安全保障条例》、2021 年 7 月发布的《深圳经济特区数据条例》以及 2021 年 12 月上海市发布的《上海市数据条例》等。截至 2022 年 5 月，已有十余个地级市以上行政区划颁布以《×××数据条例》《×××大数据促进条例》方式命名的相关地方性规范性文件，涉及数据要素市场、数据分级分类、数据权利、数据保护和数据产业促进等规则。由此可观之，数据经济价值、商业利益、权利保护必要和权利区分意识在层级、各领域规范中均有所体现。

但是目前，对于数据交易的启动、展开、结束等具体环节仍未有明确具体的规定，我国的数据交易基本处于平台自我约束、自行探索规则的状态。这与前文所提到的数据交易行业仍处于起步阶段相吻合，整体上体现出数据交易平台尚处于业务模式和运行方式的探索阶段。在以行业自律规范探索交易规则的同时，也应当考虑尽快制定权威、高效、标准化的规则体系。

三、数据要素制度发展成就与挑战

（一）公共数据开放共享不断推进

《中共中央办公厅、国务院办公厅关于加快公共数据资源开发利用的意见》指出，各级党政机关、企事业单位依法履职或提供公共服务过程中产生的公共数据，是国家重要的基础性战略资源。党的十八大以来，中央在多个重要文件中强调信息化和数字化建设要求，不断探索推进数据开放和政府信息公开制度；2021 年通过实施的《数据安全法》明确规定："国家机关应当遵循公正、公平、便民的原则，按照规定及时、准确地公开政务数据。依法不予公开的除外""国家制定政务数据开放目录，构建统一规范、互联互通、安全可控的政务数据开放平台，推动政务数据开放利用。"

此外，《网络安全法》《关于构建更加完善的要素市场化配置体制机制的意见》及《中华人民共和国国民经济和社会发展第十四个五年规划和 2035 年远景目标纲要》等一批法律法规及政策文件均多次强调要实施公共数据开放，在向社会公开各类高价值数据集如企业登记监管、卫生、交通、气象等领域数据的同时，鼓励对数据价值进行深度挖掘。在这种政策的激励和引导下，我国各省、市纷纷推进关于公共数据开放的地方性立法，如《深圳经济特区数据条例》《广东省公共数据管理办法》《上海市公共数据开放暂行办法》和《上海市公共数据开放实施细则（征求意见稿）》等。根据复旦大学和国家信息中心数字中国研究院发布的《中国地方政府数据开放报告——省域（2021年度）》，这些地方数据开放实践提供了包括数据查询、数据可视化、数据应用、研究成果、创新方案等多种数据服务形式。在疫情防控过程中，政府相关部门通过向特定主体开放确诊或疑似病例的身份证号、交通、通信、医疗等数据以及时采取筛查和管控措施，[1]也是公共数据开放的一次重要尝试。应该说，当前我国省级地方政府在公共数据开放利用相关政策方面已取得了一定进展，已初步形成了围绕开放公共数据的利用主体、利用条件、利用行为、利用成果和利用生态而展开的政策内容框架。[2]《中共中央办公厅、国务院办公厅关于加快公共数据资源开发利用的意见》则进一步从扩大公共数据资源供给、规范公共数据授权运营、推动数据产业健康发展、营造开发利用良好环境等方面对公共数据开发利用提出了具体意见。[3]

（二）社会数据资源价值显著提升

数据要素的核心价值体现在支撑决策者作出更明确的判断，更有效地创造价值。数据分析有助于对各行业的发展态势进行研判，省去大量人工分析和决策的成本，并能够提高决策的效率。随着各行业数据应用的不断深入，数据驱动的新业态、新模式正在加速涌现。

对数据开发利用是激活数据要素价值的关键。当前，我国围绕"数据资源、基础硬件、通用软件、行业应用、安全保障"的大数据产品和服务体系初步形成。[4]海量数据的聚合利用可以提高互联网行业的效率，在营销、物流和产品分析等领域有突出作用；数据要素还可以通过对农业数据、工业数据的分析，带动传统产业的数字化转型，提升发展的质量和效益。在新业态新模式的发展上，数据要素也可以提供充沛动能，既包括传统线下场景的线上化、数字化，也包括虚拟现实、直播电商等线上新业态、新模式。另外，数据要素的利用过程本身也将催生一批新产业，并带动经济发展。受益于数据要素价值不断凸显等原因，电信业、电子信息制造业、软件业等产业在近几年不断高速增长；信息技术服务业，如云服务、大数据服务等也随之成为热点行业。

此外，数据要素还在社会治理、文化传媒、生态文明等领域不断提升其价值。数字技术有力支撑常态化疫情防控，加速推动部门之间以及中央和地方之间的数据互通共享，也从客观上使数字政府建设更大范围、更深程度推进；博物馆馆藏文物资源、历史古籍、遗迹遗址等不可移动、不可再生的珍贵历史文化财产也正在逐渐通过数字化的方式呈现。[5]

---

〔1〕 参见刘权：《政府数据开放的立法路径》，载《暨南学报》（哲学社会科学版）2021年第1期。

〔2〕 参见付熙雯：《数字中国建设中政府数据开放利用政策的优化》，载《陕西师范大学学报》（哲学社会科学版）2022年第4期。

〔3〕 根据《中共中央办公厅、国务院办公厅关于加快公共数据资源开发利用的意见》，政务数据共享、公共数据开放和公共数据授权运营均属扩大公共数据资源供给的具体关注领域，因此《数据安全法》及其他文件中提及的"政务数据"在本书中视为公共数据的一类。

〔4〕《〈"十四五"国家信息化规划〉专家谈：激发数据要素价值 赋能数字中国建设》，载中国网信网。

〔5〕 参见《数字中国发展报告（2021年）》，载中国网信网。

（三）数据要素资源整合初具规模

目前，国内推动数据要素资源整合的主要形式是建设各种数据交易机构，希望借此撮合供需双方的数据交易，消除市场上存在的信息不对称，并"先行先试"地探索合理、可靠的数据定价机制与交易制度。据中国信息通信研究院发布的《大数据白皮书》统计，从贵阳大数据交易所于 2015 年挂牌运营以来，在 2014—2017 年，国内就先后成立了 23 家由地方政府发起、指导或批准成立的数据交易机构。"数据要素市场化配置"提出后，第二轮数据交易平台建设热潮掀起，越来越多的地方政府开始启动或规划本地数据交易平台建设。[1]

值得关注的还有数据中心建设。2021 年 5 月 24 日国家发展改革委、中央网信办、工业和信息化部、国家能源局印发《全国一体化大数据中心协同创新体系算力枢纽实施方案》；2022 年 2 月，经发改委等国家部委批准，京津冀、长三角、粤港澳大湾区、成渝、内蒙古、贵州、甘肃、宁夏 8 地启动建设国家算力枢纽节点，并规划了 10 个国家数据中心集群。至此，全国一体化大数据中心体系完成总体布局设计，东数西算工程正式全面启动。实施"东数西算"工程，推动数据中心合理布局、供需平衡、绿色集约和互联互通，将提升国家整体算力水平、促进绿色发展、扩大有效投资、推动区域协调发展。[2]

（四）市场化发展的挑战

《中共中央 国务院关于构建数据基础制度更好发挥数据要素作用的意见》印发以来，我国在数字基础设施建设、数据资源化利用等方面不断取得新进展，于 2023 年组建国家数据局和地方数据管理机构，就数据登记、数据交易、数据授权运营等方面开展了一系列探索。但是，目前我国数据要素市场化发展尚处于早期阶段，市场发展空间大，仍有理论问题、制度问题和实践问题需要在未来的探索中加以解决。其中较为关键的几个方面可概括如下：

第一，数据产权保护问题依然在探索中，近年来，学界围绕能否以传统物权法或财产法的理念来解释数据的权利属性展开了大量讨论，但关于数据的内容、归属等，仍然存在重大争议。对这些问题的判断将直接影响信息、数据的流通、再利用，甚至会影响互联网、高科技的发展。[3]受限于权属不明及其带来的权益保护不足、各方义务责任不清以及利益分配存在冲突等难题，许多数据控制者不愿参与数据交易、促进数据流通，而更希望由自己收集并垄断更多的数据，这无疑将导致数据壁垒的出现。

第二，数据开放推进缓慢，政府数据利用率低、流通受阻，尚未有效服务社会数字化转型。与各产业对产业内数据的深度分析和挖掘相比，公共数据的开发程度较低，利用率也不高。在数据开放的过程中，除了如何平衡"提高数据开放的效率和数据质量"与"明确各方职责义务、保障公共利益"之外，还要考虑到数据开放的成本较高和动力

---

〔1〕 参见《大数据白皮书》，载中国信通院网。

〔2〕《正式启动！"东数西算"工程全面实施》，载新华网。

〔3〕 参见王利明：《论数据权益：以"权利束"为视角》，载《政治与法律》2022 年第 7 期。

不足等问题。

第三，我国的数据交易市场规模化尚未形成，目前数据交易市场成交量远不及数据市场的预期，始终处于业务模式探索和改进的阶段，许多模式和业务最终未能真正落地，[1]且数据交易平台在运行中暴露出发展水平良莠不齐、数据要素流通困难、行业应用需求挖掘难、市场生态发育不良、相关技术支撑不足等诸多问题。[2]未来无论是数据交易平台的建设还是数据交易市场的运行规则体系完善，都还需要各界持续关注。

第四，数据垄断问题严峻。《中共中央 国务院关于加快建设全国统一大市场的意见》明确提出，要破除我国平台企业数据垄断等问题，防止利用数据、算法、技术手段等方式排除、限制竞争。在算法、爬虫技术等新技术新应用的加持下，头部平台企业等规模较大、用户体量较多、数据要素较集中的数据控制者可以实现数据垄断优势的自我强化，进而导致这种优势从数据传导至其他行业，使企业在这些领域也建立起垄断优势，即所谓"双轮垄断"，[3]进一步威胁市场的公平竞争秩序。

第五，由于在不同的数据相关方视角下，不同场景中不同数据的价值不同，如何给数据要素制定合理的定价规则以促进其公平交易也是一个难点。[4]数据在数字化时代的意义如同石油、钢铁和煤炭之于工业革命时期，但它的价值计算与衡量方法显然又不同于传统的有形且排他的物质资源。数据不仅要估值、定价，还要保值、增值，这也是值得探讨的问题。

第六，数据安全问题同时牵涉数据要素市场化和数据要素法治化进程，是建立起坚实可靠的经济产业的"定海神针"。数据安全事件不断发生，不仅会影响到社会舆论和民众对数字经济产业的态度，也会关系到切实的个人权益、企业利益及社会和国家安全。

第五节 其他数字经济制度

一、数字税收制度

针对数字经济进行的税收活动与我国传统经济形态类似。按照国家统计局《数字经济及其核心产业统计分类（2021）》，数字经济产业范围可分为数字产品制造业、数字产品服务业、数字技术应用业、数字要素驱动业、数字化效率提升业等五个大类，囊括绝

---

〔1〕 参见《大数据白皮书》，载中国信通院网，http://www.caict.ac.cn/kxyj/qwfb/bps/202112/t20211220_394300.htm。

〔2〕 参见陈舟、郑强、吴智崧：《我国数据交易平台建设的现实困境与破解之道》，载《改革》2022年第2期。

〔3〕 参见陈兵、林思宇：《互联网平台垄断治理机制——基于平台双轮垄断发生机理的考察》，载《中国流通经济》2021年第6期。

〔4〕 参见包晓丽、齐延平：《论数据权益定价规则》，载《华东政法大学学报》2022年第3期。

大多数现有数字经济活动。截至目前，针对数字经济进行的税收活动与我国传统经济形态类似，数字经济活动涉及的税种，依旧以增值税和企业所得税等为主。但是，在数字技术的支撑下，各类经济活动的界限逐渐模糊，不同产品与服务根据现有税收政策与制度难以界定，对数据、虚拟资产等数字资产征税也是现有制度难以回应和解决的难题。

二十届三中全会通过的《中共中央关于进一步全面深化改革　推进中国式现代化的决定》中提出，"研究同新业态相适应的税收制度"。从现有研究及实践来看，数字经济税收制度的完善主要集中于对现有税收制度、征税方式和手段进行调整，在提高征税效率的同时，提升以税收政策激励数字经济发展的效能。例如，2021年，中共中央办公厅、国务院办公厅印发的《关于进一步深化税收征管改革的意见》明确提出，全面推进税收征管数字化升级和智能化改造，整体性集成式提升税收治理效能。又如，财政部、税务总局于2024年7月发布《关于节能节水、环境保护、安全生产专用设备数字化智能化改造企业所得税政策的公告》。根据公告，企业在2024年1月1日至2027年12月31日期间发生的专用设备数字化、智能化改造投入，不超过该专用设备购置时原计税基础50%的部分，可按照10%的比例抵免企业当年应纳税额。此类税收优惠措施一般用于鼓励数字经济企业成长或鼓励传统企业实施数字化转型。

近年来，也有研究建议应考虑开征数字服务税、数据税或数字资源税等新税种，适应数字经济发展的需要。

目前，欧盟一些国家如法国、德国、英国等国已经率先开征针对跨国互联网平台的数字服务税，经济合作与发展组织（OECD）则提出了"两支柱"框架作为数字经济时代税制改革的基础理论，并得到许多国家认可。这一框架中，旨在增加市场国的征税权，通过修改现有跨境所得税分配规则，将超大型高利润跨国企业的一部分剩余利润分配给市场国；支柱二则致力于建立全球最低税制度，确保大型跨国企业在每个辖区的有效税率都至少达到全球最低税率标准。上述理论探索与实践加大了国际建立通用的数字税制度的可行性。[1]

数字税的概念看起来很"美好"，但无论是单独创设一种新的税种还是针对现有税收制度进行改革使其覆盖数字经济的各个领域，都并非易事。在考虑征收数字税时，需要回应以下挑战：首先，数字税可能诱发跨国数字企业不满和进行成本转嫁；其次，如果在未形成稳定的国际共识与统一安排的前提下由一国或几国单独开征数字税，会被认为是一种新时代的"数字经济壁垒"或"数字贸易保护"行为，这将随着跨国数字经济活动引起其他国家的担忧，进而导致政策上的对抗。最后，数字经济本身技术依赖度高、内涵复杂等特性使得对数据资产、数字产品或服务进行应纳税额确认更为困难，故对其进行征税并非易事。

二、互联网医疗法律制度

互联网医疗法律制度是指国家对互联网诊疗活动实行准入制管理和业务监管的相关

---

〔1〕　参见茅孝军：《新型服务贸易壁垒："数字税"的风险、反思与启示》，载《国际经贸探索》2020年第7期。

法律制度。互联网医疗服务仍然属于《医药法》《医疗机构管理条例》等医疗行业法律法规的管辖范围，提供互联网诊疗服务的机构也需要遵守传统线下诊疗机构的法律法规，如依法取得《医疗机构执业许可证》。此外，根据《互联网诊疗管理办法（试行）》《互联网医院管理办法（试行）》等规定，医疗机构应当有专门部门管理互联网诊疗的医疗质量、医疗安全、药学服务、信息技术等，建立相应的管理制度，包括但不限于医疗机构依法执业自查制度、互联网诊疗相关的医疗质量和安全管理制度、医疗质量（安全）不良事件报告制度、医务人员培训考核制度、患者知情同意制度、处方管理制度、电子病历管理制度、信息系统使用管理制度等。2022 年 3 月，国家卫生健康委医政医管局发布《互联网诊疗监管细则（试行）》，从医疗机构、人员、业务和质量安全几个方面来确定互联网诊疗的监管责任。

此外，与互联网医疗相关的法律制度和政策文件还有《互联网药品信息服务管理办法》《国务院办公厅关于促进"互联网 + 医疗健康"发展的意见》《国家卫生健康委办公厅关于进一步推动互联网医疗服务发展和规范管理的通知》《国家食品药品监督管理局关于印发〈互联网药品交易服务审批暂行规定〉的通知》《"十四五"全民健康信息化规划》等。各省、自治区、直辖市等地方政府也积极探索互联网医疗相关的法律制度，出台了一系列文件。例如，2023 年北京市卫生健康委员会起草了《北京市互联网诊疗监管实施办法（试行）》，2023 年 1 月山东省卫生健康委员会发布《山东省互联网诊疗管理实施办法》，2020 年宁夏回族自治区银川市发布《银川市互联网诊疗服务规范（试行）》，2019 年上海市发布《上海市互联网医院管理办法》。

三、网约车法律制度

网约车制度是指政府对网络预约出租汽车（简称网约车）行业进行监管、管理和服务的一种制度安排。网约车作为一种新兴的出行方式，通过互联网技术与传统出租车行业相结合，为公众提供便捷、个性化的出行服务。

2014 年前后，网约车行业开始蓬勃发展，在方便市民出行的同时，也暴露出承运人责任主体不明确、乘客安全和驾驶员权益得不到保证、个人信息泄露风险较高等问题，尤其是对传统出租汽车行业造成极大冲击。在这一背景下，我国制定了一系列政策和法规，如《网络预约出租汽车经营服务管理暂行办法》《国务院办公厅关于深化改革推进出租汽车行业健康发展的指导意见》《网络预约出租汽车监管信息交互平台运行管理办法》等。

涉及网约车监管的法律制度主要包括以下内容：

第一，网约车平台经营者是运输服务的提供者，应具备线上线下服务能力，承担承运人责任和相应社会责任。提供网约车服务的驾驶员及其车辆，应符合提供载客运输服务的基本条件。

第二，网约车平台经营者要充分利用互联网信息技术，加强对提供服务车辆和驾驶员的生产经营管理，不断提升乘车体验、提高服务水平。

第三，网约车平台经营者和驾驶员应按照国家相关规定和标准提供运营服务，合理确定计程计价方式，保障运营安全和乘客合法权益，不得有不正当价格行为。

第四，网约车平台经营者应当加强网络和信息安全防护，建立健全数据安全管理制度，依法合规采集、使用和保护个人信息，不得泄露涉及国家安全的敏感信息，所采集的个人信息和生成的业务数据应当在中国内地存储和使用，网约车平台经营者要维护和保障驾驶员合法权益。

四、互联网金融法律制度

互联网金融是传统金融机构与互联网企业利用互联网技术和信息通信技术实现资金融通、支付、投资和信息中介服务的新型金融业务模式。互联网与金融深度融合是大势所趋，将对金融产品、业务、组织和服务等方面产生更加深刻的影响。互联网金融对促进小微企业发展和扩大就业发挥了现有金融机构难以替代的积极作用，为大众创业、万众创新打开了大门。促进互联网金融健康发展，有利于提升金融服务质量和效率，深化金融改革，促进金融创新发展，扩大金融业对内对外开放，构建多层次金融体系。作为新生事物，互联网金融既需要市场驱动，鼓励创新，也需要政策助力，促进发展。目前，与互联网金融相关的规定主要包括征信领域的《征信机构管理办法》《征信业管理条例》《征信业务管理办法》，互联网保险领域的《互联网保险业务监管办法》，电子支付领域的《非银行支付机构监督管理条例》及其实施细则，以及与新兴的互联网金融业态紧密相关的虚拟货币领域的《国家发展改革委等部门关于整治虚拟货币"挖矿"活动的通知》《关于进一步防范和处置虚拟货币交易炒作风险的通知》等。

五、数字经济促进立法

"十四五"期间，随着《国民经济和社会发展第十四个五年规划和2035年远景目标纲要》和《"十四五"数字经济发展规划》对数字经济重新作出的全面部署，我国数字经济将进一步加快发展。习近平总书记指出："要加强国家安全、科技创新、公共卫生、生物安全、生态文明、防范风险等重要领域立法，加快数字经济、互联网金融、人工智能、大数据、云计算等领域立法步伐，努力健全国家治理急需、满足人民日益增长的美好生活需要必备的法律制度。"未来，为在经济立法中重新审视中央立法与地方立法的关系，科学把握依法调控数字经济产业发展的促进型立法问题，制定一部统一的《数字经济促进法》已成为现实需要。2023年9月6日，全国人大常委会召开立法工作会议，部署十四届全国人大常委会立法规划实施工作。《数字经济促进法》被纳入十四届全国人大常委会立法规划第二类立法项目，属于需要抓紧工作、条件成熟时提请审议的法律草案。

据不完全统计，截至2024年9月，我国以"数字经济"为核心的地方性法规已有近20部，如《北京市数字经济促进条例》《深圳经济特区数字经济产业促进条例》等。如果将范围扩大到在立法中提及数字经济发展的相关内容，则有关的地方性法规已有150余部，其中包括前文提及的数据要素立法，以及促进新兴技术领域发展的《上海市促进人工智能产业发展条例》等立法。就各地现有《数字经济促进条例》来看，法规内容具有以下共同特征：一是普遍重视数字经济发展，因地制宜确定本地数字经济发展战略原则、方向和体制机制；二是抓住数字基础设施和数据资源两个基本要素，明确其目标要求和重点措施；三是突出数字产业化、产业数字化、治理数字化的发展重点，明确发展目标、任务和要求；四是提出具体的激励政策和治理保障措施，努力营造良好的创新发展环境。[1]此外，大部分省级行政区在各自的"十四五"规划及其他规范性文件中对数字经济的发展进行了规定，如内容涉及数字基础设施建设、平台经济、公共数据汇聚与开放、数据交易、数据资产评估与登记结算、数字服务应用以及数据安全与个人信息保护等。

除了继续完善、落实上述制度，鼓励传统产业转型和新兴产业发展外，促进数字经济发展还要继续推进绿色环保与数字经济的融合。党的二十大报告强调，推动经济社会发展绿色化、低碳化是实现高质量发展的关键环节。通过立法鼓励低碳、符合可持续发展目标要求的数字技术创新应用，将会成为未来数字经济促进立法需回应的重要问题之一。此外，也要关注普惠发展，解决"数字鸿沟"问题，推动数字人才通识教育，提高全社会数字素养，提高数字设备和数字应用的普及率，增强数字产品服务的可获得性，实现数字经济对社会的全覆盖。对未成年人、老年人、残障人士等特殊群体，需明确数字产品和数字服务根据受众身心特点和使用习惯进行优化，提高使用的便捷性和安全性。

重要名词术语

数字经济、电子商务、数据要素

思考题

1. 数字经济法与传统经济法的联系与区别有哪些？
2. 数据有哪些价值？为什么被列为新时代的生产要素？
3. 促进数字经济发展的立法应该包括哪些内容？

典型案例分析

案例一

2021年11月18日，沈某某通过某二手交易平台，在南京某商贸公司经营的店铺内购买二手卡地亚牌戒指1枚，支付价款6100元。2021年11月21日，沈某某收到该戒指。2021年11月23日，沈某某通过平台向南京某商贸公司提出无理由退货。南京某商贸公司在平台留言称，按照双方约定，不支持7天无理由退货。沈某某认为南京某商贸公司的行为侵害其合法权益，遂诉至法院。沈某某认为，其行为符合7天内无理由

---

〔1〕 席月民：《我国需要制定一部统一的〈数字经济促进法〉》，载《法学杂志》2022年第5期。

退货情形，应返还其货款。南京某商贸公司辩称，其商品快照中标注了"该商品不支持七天无理由退货"，因此按照双方约定，不支持 7 天无理由退货。杭州互联网法院作出（2022）浙 0192 民初 922 号判决：南京某商贸公司于判决生效之日起 10 日内返还沈某某货款 6100 元，沈某某同时将案涉商品返还给南京某商贸公司。

案例二

A 集团控股有限公司于 1999 年成立，主营业务包括网络零售平台服务、零售及批发商业、物流服务、生活服务、云计算、数字媒体及娱乐、创新业务等。根据举报，2020 年 12 月起，市场监督管理总局依据对当事人涉嫌实施滥用市场支配地位行为开展了调查。其间，进行了现场检查、调查询问，提取了相关证据材料；对其他竞争性平台和平台内经营者广泛开展调查取证；对本案证据材料进行深入核查和大数据分析；组织专家反复深入开展案件分析论证；多次听取当事人陈述意见，保障当事人合法权利。经查，当事人自 2015 年以来，滥用其在中国境内网络零售平台服务市场的支配地位，实施"二选一"行为，侵害了平台内经营者的合法权益，损害了消费者利益，阻碍了平台经济创新发展。2021 年 4 月 10 日，市场监管总局依法作出行政处罚决定，责令 A 集团停止违法行为，并处以其 2019 年中国境内销售额 4557.12 亿元 4% 的罚款，计 182.28 亿元。同时，按照《行政处罚法》坚持处罚与教育相结合的原则，向 A 集团发出《行政指导书》，要求其围绕严格落实平台企业主体责任、加强内控合规管理、维护公平竞争、保护平台内商家和消费者合法权益等方面进行全面整改，并连续 3 年向市场监管总局提交自查合规报告。

第八章　网络信息内容法

【内容提示】

在当今数字化时代，网络信息服务已成为社会运行的重要组成部分，涉及通信、数据传输、信息发布等多个方面。为了规范网络信息服务活动，保障网络安全，维护用户权益，各国都在不断完善相关的法律法规体系。在中国，网络信息服务管理的基础法律框架主要由《互联网信息服务管理办法》和《网络信息内容生态治理规定》两部法律文件构成，它们共同构成了网络信息服务管理的法律基础。

《互联网用户账号名称管理规定》和《互联网用户公众账号信息服务管理规定》是中国在互联网领域实施国家认证的两部关键规范性文件。这两部法规从国家认证的角度出发，旨在通过系统化的信息收集、确认和识别，确保网络空间中用户账号名称的真实性、准确性和一致性，从而提高网络治理能力、维护网络安全和促进社会公正。

《微博客信息服务管理规定》《互联网论坛社区服务管理规定》和《互联网跟帖评论服务管理规定》是中国针对网络文字媒介信息内容管理的三部重要规范性文件。这些规范性文件的出台背景是随着互联网技术的快速发展，网络文字信息成为人们交流思想、获取信息的主要方式，同时也带来了信息传播失范、网络谣言、侵权行为等一系列问题。为了规范网络信息传播秩序，保护公民合法权益，维护网络安全和社会稳定，国家互联网信息办公室相继制定了这些管理规定。

《网络音视频信息服务管理规定》和《互联网直播服务管理规定》是中国针对视听媒介在网络中传播信息内容的两部关键规范性文件。这两部规范性文件的出台，反映了国家对于网络视听内容管理的重视，旨在规范网络音视频信息服务，保障信息传播的合法性、安全性和健康性，同时保护用户权益，维护网络文化秩序。

《互联网新闻信息服务管理规定》和《具有舆论属性或社会动员能力的互联网信息服务安全评估规定》是中国在网络信息内容管理领域针对舆论影响和意识形态风险的两部关键法律文件。这两部关键法律文件的出台，反映了国家对于网络信息内容可能带来的社会影响和意识形态安全风险的高度重视。

第一节　网络信息内容服务管理基础法律框架

随着互联网基础设施的发展，网络信息的传输载体也逐步从文字、图片向视频发展。网络信息服务的相关法律也逐步发展、完善。自 20 世纪末起，我国就及时制定相关立法，对网络信息内容作出规范管理要求，明确禁止制作、查阅、复制、传播的网络信息类型。例如，《计算机信息网络国际联网管理暂行规定》明确，从事国际联网业务的单位和个人不得制作、查阅、复制和传播妨碍社会治安的信息和淫秽色情等信息。《计算机信息网络国际联网安全保护管理办法》，明确任何单位和个人不得利用国际联网制作、复制、查阅和传播煽动颠覆国家政权、扰乱社会秩序、教唆犯罪和诽谤他人等各类违法信息。同期，《音像制品管理条例》《电影管理条例》《广播电视管理条例》《电子出版物管理规定》《中国公众多媒体通信管理办法》等也对网络信息内容管理作出相关规定。党的十八大报告提出，"加强和改进网络内容建设，唱响网上主旋律"[1]。党的十九大报告提出，"加强互联网内容建设，建立网络综合治理体系，营造清朗的网络空间"[2]。党的二十大报告进一步强调，"健全网络综合治理体系，推动形成良好网络生态"[3]。这一阶段，我国落实《网络安全法》要求，以《互联网信息服务管理办法》为基础，进一步完善网络信息内容建设与管理法律制度。[4]

一、《互联网信息服务管理办法》

迈入 21 世纪，伴随着互联网、城市化、移动终端快速推广普及，中国互联网产业迅速崛起，以社交、新闻、电商、视听为代表的一大批互联网信息服务应用发展迅速。为规范互联网信息服务活动，促进互联网行业健康有序发展，世纪交替之际，2000 年 9 月国务院颁布了《互联网信息服务管理办法》。

该办法共 27 条，奠定了我国互联网信息服务产业的监管机制与发展格局，是互联网行业发展的基础性规律规范，其将互联网信息服务分为经营类和非经营类两种，具体涉及新闻、出版、视听节目、文化、教育、医疗保健、药品、医疗器械等诸多领域。

（一）互联网信息服务相关概念解读

《互联网信息服务管理办法》定义了两个基本概念，分别是经营性互联网信息服务和非经营性互联网信息服务，以是否有偿作为划分标准。对经营性互联网信息服务实行许可制度，对非经营性互联网信息服务实行备案制度。经营性互联网信息服务，是指通

---

〔1〕　胡锦涛：《坚定不移沿着中国特色社会主义道路前进　为全面建成小康社会而奋斗——在中国共产党第十八次全国代表大会上的报告》，载求是网。

〔2〕　习近平：《决胜全面建成小康社会　夺取新时代中国特色社会主义伟大胜利——在中国共产党第十九次全国代表大会上的报告》，载求是网。

〔3〕　习近平：《高举中国特色社会主义伟大旗帜　为全面建设社会主义现代化国家而团结奋斗——在中国共产党第二十次全国代表大会上的报告》，载求是网。

〔4〕　中央网络安全和信息化委员会办公室：《中国网络法治三十年》，人民出版社 2024 年版。

过互联网向上网用户有偿提供信息或者网页制作等服务活动。非经营性互联网信息服务，是指通过互联网向上网用户无偿提供具有公开性、共享性信息的服务活动。

但是，随着互联网信息服务产业日益呈现出明显的平台化和场景融合的趋势，信息越发成为人们生产生活的基础性要素，导致经营性与非经营性的人为划分变得困难。

（二）互联网信息服务相关主管部门

电信业务作为信息发布渠道，连接信息发布者与信息接收者。因此《互联网信息服务管理办法》采取二分法，明确信息发布端的行业主管部门管理职责与信息渠道信息产业主管部门的管理职责。

1. 行业主管部门前置审核

从事新闻、出版、教育、医疗保健、药品和医疗器械等互联网信息服务，依照法律、行政法规以及国家有关规定须经有关主管部门审核同意的，在申请经营许可或者履行备案手续前，应当依法经有关主管部门审核同意。

2. 信息产业主管部门审核

（1）经营性互联网信息服务。

从事经营性互联网信息服务，应当向省、自治区、直辖市电信管理机构或者国务院信息产业主管部门申请办理互联网信息服务增值电信业务经营许可证（以下简称经营许可证）。

申请条件：第一，符合《电信条例》规定的要求；第二，有业务发展计划及相关技术方案；第三，有健全的网络与信息安全保障措施，包括网站安全保障措施、信息安全保密管理制度、用户信息安全管理制度；第四，服务项目属于《互联网信息服务管理办法》第5条规定范围的，已取得有关主管部门同意的文件。

申请人取得经营许可证后，应当持经营许可证向企业登记机关办理登记手续。

（2）非经营性互联网信息服务。

从事非经营性互联网信息服务，也需要按照《非经营性互联网信息服务备案管理办法》要求向省、自治区、直辖市电信管理机构或者国务院信息产业主管部门办理备案手续。违反《互联网信息服务管理办法》的规定，未取得经营许可证，擅自从事经营性互联网信息服务，由省、自治区、直辖市电信管理机构责令限期改正，有违法所得的，没收违法所得，处违法所得3倍以上5倍以下的罚款；没有违法所得或者违法所得不足5万元的，处10万元以上100万元以下的罚款；情节严重的，责令关闭网站。违反《互联网信息服务管理办法》的规定，未履行备案手续，擅自从事非经营性互联网信息服务，由省、自治区、直辖市电信管理机构责令限期改正；拒不改正的，责令关闭网站。

3. 互联网信息服务相关合规要求及法律责任

（1）经营范围合规层面。互联网信息服务提供者应当按照经许可或者备案的项目提供服务，不得超出经许可或者备案的项目提供服务。非经营性互联网信息服务提供者不得从事有偿服务。互联网信息服务提供者变更服务项目、网站网址等事项的，应当提前30日向原审核、发证或者备案机关办理变更手续。超出许可的项目提供服务的，由省、自治区、直辖市电信管理机构责令限期改正，有违法所得的，没收违法所得，处违法所得 3 倍以上 5 倍以下的罚款；没有违法所得或者违法所得不足 5 万元的，处 10 万元以上 100 万元以下的罚款；情节严重的，责令关闭网站。超出备案的项目提供服务的，由省、自治区、直辖市电信管理机构责令限期改正；拒不改正的，责令关闭网站。

（2）明示义务合规层面。互联网信息服务提供者应当在其网站主页的显著位置标明其经营许可证编号或者备案编号。未在其网站主页上标明其经营许可证编号或者备案编号的，由省、自治区、直辖市电信管理机构责令改正，处 5000 元以上 5 万元以下的罚款。

（3）电子公告合规层面。从事互联网信息服务，拟开办电子公告服务的，应当在申请经营性互联网信息服务许可或者办理非经营性互联网信息服务备案时，按照国家有关规定提出专项申请或者专项备案。

4. 信息安全合规

（1）备份记录合规层面。从事新闻、出版以及电子公告等服务项目的互联网信息服务提供者，应当记录提供的网络信息内容及其发布时间、互联网地址或者域名；互联网接入服务提供者应当记录上网用户的上网时间、用户账号、互联网地址或者域名、主叫电话号码等信息。互联网信息服务提供者和互联网接入服务提供者的记录备份应当保存 60 日，并在国家有关机关依法查询时，予以提供。违反上述规定义务的，由省、自治区、直辖市电信管理机构责令改正；情节严重的，责令停业整顿或者暂时关闭网站。

（2）信息审核合规层面。《互联网信息服务管理办法》要求，互联网信息服务提供者应当向上网用户提供良好的服务，保证所提供的网络信息内容合法，并规定了互联网信息服务提供者在信息服务管理中的"九不准"：①反对宪法所确定的基本原则的；②危害国家安全，泄露国家秘密，颠覆国家政权，破坏国家统一的；③损害国家荣誉和利益的；④煽动民族仇恨、民族歧视，破坏民族团结的；⑤破坏国家宗教政策，宣扬邪教和封建迷信的；⑥散布谣言，扰乱社会秩序，破坏社会稳定的；⑦散布淫秽、色情、赌博、暴力、凶杀、恐怖或者教唆犯罪的；⑧侮辱或者诽谤他人，侵害他人合法权益的；⑨含有法律、行政法规禁止的其他内容的。

制作、复制、发布、传播以上所列内容之一的信息，构成犯罪的，依法追究刑事责任；尚不构成犯罪的，由公安机关、国家安全机关依照《治安管理处罚法》《计算机信息网络国际联网安全保护管理办法》等有关法律、行政法规的规定予以处罚；对经营性互联网信息服务提供者，并由发证机关责令停业整顿直至吊销经营许可证，通知企业登记机关；对非经营性互联网信息服务提供者，并由备案机关责令暂时关闭网站直至关闭网站。

（3）违法信息处置合规层面。互联网信息服务提供者发现其网站传输的信息明显属于"九不准"所列内容之一的，应当立即停止传输，保存有关记录，并向国家有关机关报告。违反上述规定义务的，由省、自治区、直辖市电信管理机构责令改正；情节严重的，对经营性互联网信息服务提供者，并由发证机关吊销经营许可证，对非经营性互联网信息服务提供者，并由备案机关责令关闭网站。

《互联网信息服务管理办法》自公布之日起，较少修订。只是在 2011 年，根据《国务院关于废止和修改部分行政法规的规定》修订。2021 年 1 月 8 日,《互联网信息服务管理办法（修订草案征求意见稿）》公布。修订的初衷是为了适应经济社会发展、网络技术和信息服务的新特点和需求。办法已经颁布实施 20 多年了,我国数字经济发展得非常快,网络技术也在不断更新,各种互联网平台服务越来越成熟和强大,管理办法的修订势在必行。[1]第一,监管范围的局限性:随着互联网技术的快速发展,新的服务模式和平台不断涌现,如即时通信、网络直播等,这些新兴的互联网信息服务方式在原有的《互联网信息服务管理办法》中并没有得到充分覆盖。第二,实名制的执行与完善:实名制对于维护网络秩序和用户安全至关重要,但在实际操作中,存在实名信息的查验和保护不足。第三,个人信息保护的挑战:互联网信息服务提供者在收集和处理用户个人信息时,面临着信息安全的风险。第四,监管体制的适应性:随着互联网信息服务的多样化,原有的监管体制需要与时俱进。第五,行政执法与处罚措施的强化:对于网络信息服务领域的违法行为,现有的处罚措施可能不够严厉,导致违法行为得不到有效遏制。[2]

二、《网络信息内容生态治理规定》

近年来,新一代网络信息技术不断创新突破,深度学习、虚拟现实等新技术新应用不断涌现。网络空间在不知不觉中改变着人们的生产生活方式,技术的进步将信息的生产、传播、使用推向新高度。中国互联网络信息中心（CNNIC）发布的第 52 次《中国互联网络发展状况统计报告》显示,截至 2023 年 6 月,我国网民规模达 10.79 亿人,互联网普及率达 76.4%,我国网站数量为 446 万个,国内市场上监测到的 App 活跃数量为 260 万款。[3]

同时,网络暴力、人肉搜索、深度伪造、流量造假、操纵账号等行为的频发也为网络信息内容的治理带来了新挑战。党的十八大以来,在党中央精神的指引下,以《网络安全法》等法律法规为基础,我国颁布了一系列规范移动互联网应用程序、互联网信息搜索、互联网直播、互联网论坛社区、互联网群组、互联网跟帖评论、互联网用户公众账号、微博、网络音视频、互联网新闻及区块链等互联网领域行为的法律法规、部门规章和规范性文件,形成了较为完备的网络信息内容管理制度体系。但这种对网络空间进行分散性立法的管理模式,在不同规定协调衔接、不同部门协同协作、不同主体责任落实等实践操作方面,仍存在一定问题,亟须出台针对网络空间的综合性立法,解决相关规定的"碎片化"问题。

党的十九大报告提出"加强互联网内容建设,建立网络综合治理体系,营造清朗的网络空间"的重要战略部署,为建立健全网络综合治理体系提供了明确指引。在此背景下,国家互联网信息办公室于 2019 年 12 月 15 日公布第 5 号令,即《网络信息内容生

---

〔1〕 参见薛虹:《新〈互联网信息服务管理办法〉剑指何方》,载《保密工作》2021 年第 2 期。

〔2〕 参见魏世军:《互联网新闻信息服务监管问题研究》,载《湖北社会科学》2016 年第 9 期。

〔3〕 参见中国互联网络信息中心:《第 52 次中国互联网络发展状况统计报告》,载中国互联网络信息中心官网。

态治理规定》，自 2020 年 3 月 1 日起施行。规定的出台，既是建立健全网络综合治理体系的需要，也是维护广大网民切身利益的需要。

《网络信息内容生态治理规定》以《国家安全法》《网络安全法》《互联网信息服务管理办法》等法律法规为基础制定，由 8 章 42 项条款组成，包括：总则、网络信息内容生产者、网络信息内容服务平台、网络信息内容服务使用者、网络行业组织、监督管理、法律责任及附则。该规定紧紧围绕"网络信息内容生态治理"这一核心，全面规定了网络信息内容生态治理的根本宗旨、治理对象、基本目标、责任主体、治理义务及法律责任，具有综合性、系统性、针对性等特点。

作为我国在网络信息内容生态治理方面的第一部综合性专门立法，《网络信息内容生态治理规定》深入学习贯彻习近平新时代中国特色社会主义思想，全面贯彻落实党的十九届四中全会精神，坚持系统治理、依法治理、综合治理、源头治理，高度概括了近年来网络信息空间存在的问题，积极落实了《网络安全法》的相关要求，是对以往管理经验的总结与升华，实现了从偏重政府管理、许可、处罚的依法管网，向注重形成齐抓共管合力、多主体参与、多措施并重的依法治网的转变和升级[1]，为依法治网、依法办网、依法上网提供了具体可行的制度遵循。

（一）网络信息内容生态治理相关概念解读

网络信息内容生态治理指政府、企业、社会、网民等主体，以培育和践行社会主义核心价值观为根本，以网络信息内容为主要治理对象，以建立健全网络综合治理体系、营造清朗的网络空间、建设良好的网络生态为目标，开展的弘扬正能量、处置违法和不良信息等相关活动。

"生态"，指人类的家园或者人类生存的环境。人们常常用"生态"来定义许多美好的事物。习近平总书记在网络安全和信息化工作座谈会上的重要讲话中指出，"网络空间天朗气清、生态良好，符合人民利益。网络空间乌烟瘴气、生态恶化，不符合人民利益。"

《网络信息内容生态治理规定》动员政府、企业、社会、网民等主体共同参与网络信息内容生态治理，以培育和践行社会主义核心价值观为根本，以网络信息内容为主要治理对象，落实贯彻了党的十九大报告提出的"加强互联网内容建设，建立网络综合治理体系，营造清朗的网络空间"重要战略部署。

同时，《网络信息内容生态治理规定》将网络信息内容细化为正能量信息、违法信息和不良信息三类。在弘扬正能量信息方面，鼓励网络信息生态参与各方弘扬正能量，培育积极健康、向上向善的网络文化；在处置违法和不良信息方面，要求网络信息生态参与各方不得制作、复制、发布违法信息，应当防范和抵制制作、复制、发布不良信息。

网络信息内容生产者指制作、复制、发布网络信息内容的组织或者个人。自媒体时

---

〔1〕 参见周辉：《网络信息内容生态治理法治建设的里程碑——评〈网络信息内容生态治理规定〉的出台》，载中国网信网，http://www.cac.gov.cn/2019-12/21/c_1578463639341687.htm。

代的到来，让每一个拿起手机、电脑等电子设备，在网络空间制作、复制、发布网络信息内容的组织或者个人都成为内容生产者。

网络信息内容服务平台指提供网络信息内容传播服务的网络信息服务提供者。《最高人民法院、最高人民检察院关于办理非法利用信息网络帮助信息网络犯罪活动等刑事案件适用法律若干问题的解释》将"网络服务提供者"提供的服务分为信息网络接入、计算、存储、传输服务，信息网络应用服务和公共服务三类。实际上可以看出，"网络服务提供者"不仅包括网络接入服务提供者（ISP）和网络内容服务提供者（ICP），还包括信息网络计算、存储、传输服务等服务提供者。这里的"网络信息内容服务平台"指网络内容服务提供者。

（二）网络信息内容生态治理相关主管部门

《网络信息内容生态治理规定》采取了国家和地方协同合作的二元监管治理模式，进一步明确了各政府机构之间的关系及角色定位，搭建了更协调的联合执法机制，有助于各部门认真履职、更好地开展监管治理。

此外，为了更好地推进行业自律，《网络信息内容生态治理规定》明确了网络行业组织的以下工作：

发挥服务指导和桥梁纽带作用，引导会员单位增强社会责任感，唱响主旋律，弘扬正能量，反对违法信息，防范和抵制不良信息；

完善行业自律机制，制定网络信息内容生态治理行业规范和自律公约，建立内容审核标准细则，指导会员单位建立健全服务规范、依法提供网络信息内容服务、接受社会监督；

开展网络信息内容生态治理教育培训和宣传引导工作，提升会员单位、从业人员治理能力，增强全社会共同参与网络信息内容生态治理意识；

推动行业信用评价体系建设，依据章程建立行业评议等评价奖惩机制，加大对会员单位的激励和惩戒力度，强化会员单位的守信意识。

（三）网络信息内容生态治理相关合规要求及法律责任

互联网不是法外之地，网络空间的清朗化，需要治理的法治化。概括来讲，《网络信息内容生态治理规定》明确了多方参与、协同共治的网络生态治理模式，详细规定了政府、企业、社会、网民等各主体的治理义务及相应行为的法律责任，将网络信息生态参与各方统一到法治轨道上健康运行。

具体而言，《网络信息内容生态治理规定》明确了网络信息内容生产者、网络信息内容服务平台、网络信息内容服务使用者的法律责任，同时完善了民事、行政和刑事法律责任相衔接的体系化规定。违反本规定，给他人造成损害的，依法承担民事责任；构成犯罪的，依法追究刑事责任；尚不构成犯罪的，由有关主管部门依照有关法律、行政法规的规定予以处罚。其中，对严重违反本规定的网络信息内容服务平台、网络信息内容生产者和网络信息内容使用者，网信部门根据法律、行政法规和国家有关规定，会同有关主管部门建立健全网络信息内容服务严重失信联合惩戒机制，依法依规实施限制从事网络信息服务、网上行为限制、行业禁入等惩戒措施。

1. 网络信息生态参与各方的共同合规要求及法律责任

（1）不得利用网络和相关信息技术实施侮辱、诽谤、威胁、散布谣言以及侵犯他人隐私等违法行为，损害他人合法权益（第21条）。《民法典》第1194条也对利用网络侵害他人民事权益时侵权责任的承担作出了具体规定。

（2）不得通过发布、删除信息以及其他干预信息呈现的手段侵害他人合法权益或者谋取非法利益（第22条）。此条规定对于打击"网络黑公关""网络水军"等有预谋、有组织、有规模的黑色产业链起到了重要作用。

（3）不得利用深度学习、虚拟现实等新技术新应用从事法律、行政法规禁止的活动（第23条）。深度学习、虚拟现实等新技术新应用不断涌现，给人民生产生活带来便利的同时，也带来了损害国家利益、公共利益和他人合法权益的风险隐患。对新技术新应用的使用应当遵守法律法规，遵循公序良俗。

（4）不得通过人工方式或者技术手段实施流量造假、流量劫持以及虚假注册账号、非法交易账号、操纵用户账号等行为，破坏网络生态秩序（第24条）。刷单、刷流量、刷数据获取不正当商业利益，通过虚假注册账号、非法交易账号、操纵用户账号从事违法活动的行为在网络空间屡禁不止，亟须规制。《反不正当竞争法》也新增"互联网条款"，明确经营者利用网络从事生产经营活动，不得利用技术手段，通过影响用户选择或者其他方式破坏网络生态秩序。

（5）不得利用党旗、党徽、国旗、国徽、国歌等代表党和国家形象的标识及内容，或者借国家重大活动、重大纪念日和国家机关及其工作人员名义等，违法违规开展网络商业营销活动（第25条）。党徽党旗是中国共产党的象征和标志，党的各级组织和每一个党员都要维护党徽党旗的尊严，按照规定制作和使用党徽党旗。中华人民共和国国旗、国徽、国歌是《宪法》所规定的代表国家形象的标识及内容，不得违法违规使用。

2. 生产者的合规要求及法律责任

《网络信息内容生态治理规定》明确了正能量信息、违法信息和不良信息的具体范围，鼓励网络信息内容生产者制作、复制、发布含有正能量内容的信息。明确网络信息内容生产者应当遵守法律法规，遵循公序良俗，不得损害国家利益、公共利益和他人合法权益；不得制作、复制、发布违法信息；应当采取措施，防范和抵制制作、复制、发布不良信息。

（1）鼓励制作、复制、发布含有下列内容的信息。

宣传习近平新时代中国特色社会主义思想，全面准确生动解读中国特色社会主义道路、理论、制度、文化的；宣传党的理论路线、方针政策和中央重大决策部署的；展示经济社会发展亮点，反映人民群众伟大奋斗和火热生活的；弘扬社会主义核心价值观，宣传优秀道德文化和时代精神，充分展现中华民族昂扬向上精神风貌的；有效回应社会关切，解疑释惑，析事明理，有助于引导群众形成共识的；有助于提高中华文化国际影响力，向世界展现真实立体全面的中国的；其他讲品位讲格调讲责任、讴歌真善美、促进团结稳定等内容。

以往与网络空间治理相关的规定大多为禁止性规定，出发点为防止含有特定内容的信息进入网络空间，对于违规者以采取事后处罚措施为主。《网络信息内容生态治理规定》以弘扬正能量信息为出发点，对于生产者制作、复制、发布的内容，新增了事前的正向引导措施。

（2）不得制作、复制、发布含有下列内容的违法信息。

反对宪法所确定的基本原则的；危害国家安全，泄露国家秘密，颠覆国家政权，破坏国家统一的；损害国家荣誉和利益的；歪曲、丑化、亵渎、否定英雄烈士事迹和精神，以侮辱、诽谤或者其他方式侵害英雄烈士的姓名、肖像、名誉、荣誉的；宣扬恐怖主义、极端主义或者煽动实施恐怖活动、极端主义活动的；煽动民族仇恨、民族歧视，破坏民族团结的；破坏国家宗教政策，宣扬邪教和封建迷信的；散布谣言，扰乱经济秩序和社会秩序的；散布淫秽、色情、赌博、暴力、凶杀、恐怖或者教唆犯罪的；侮辱或者诽谤他人，侵害他人名誉、隐私和其他合法权益的；法律、行政法规禁止的其他内容。

《网络信息内容生态治理规定》在《互联网信息服务管理办法》第15条"九不准"要求的基础上，新增了不得制作、复制、发布含有"宣扬恐怖主义、极端主义或者煽动实施恐怖活动、极端主义活动的"以及"煽动民族仇恨、民族歧视，破坏民族团结"的违法信息，贯彻落实了习近平总书记在网络安全和信息化工作座谈会上的讲话精神。习近平总书记在会上强调，"利用网络鼓吹推翻国家政权，煽动宗教极端主义，宣扬民族分裂思想，教唆暴力恐怖活动，等等，这样的行为要坚决制止和打击，决不能任其大行其道。"[1]

（3）采取措施，防范和抵制制作、复制、发布含有下列内容的不良信息。

一是使用夸张标题，内容与标题严重不符的。为了博取关注，一些"标题党"使用严重夸张的文章标题吸引眼球，事实上其文章内容与标题毫无关系。"标题党"乱象污染网络生态，把互联网搞得乌烟瘴气，严重影响网民的阅读体验，亟须治理。

二是炒作绯闻、丑闻、劣迹等的。越来越多自媒体账号在微博等平台通过发布明星私生活照片、视频等来博关注、拼流量，严重侵害其个人信息及隐私权等权利。

三是不当评述自然灾害、重大事故等灾难的。没有事实依据，妄自评论自然灾害、重大事故等灾难，散布恐慌情绪的行为，必须予以严肃处理。2020年1月25日，微信安全中心发布《关于新型冠状病毒肺炎相关谣言专项治理的公告》，对散布有关谣言信息的账号，采取限期或永久封禁处理。

四是带有性暗示、性挑逗等易使人产生性联想的。一些微信文章、抖音视频、网站网页经常利用带有性暗示、性挑逗的图片和视频作为封面博眼球刷流量，点进去后的内容与"性"又毫不相关，这种"打擦边球"的行为既不违法又不违规，无法适用《治安管理处罚法》《刑法》对于传播、制作、运输、复制、出售、出租淫秽物品的行为作出的禁止性规定。《网络信息内容生态治理规定》将此类行为纳入规制范围，有利于对网络信息内容的治理。

---

〔1〕 习近平：《在网络安全和信息化工作座谈会上的讲话》（2016年4月19日），人民出版社2016年版，第8—9页。

五是展现血腥、惊悚、残忍等致人身心不适的。一些网络信息内容生产者为了赚取点击率和提升话题度，上传血腥、惊悚、残忍等致人身心不适的内容，赚取非法利益，污染网络空间。

六是煽动人群歧视、地域歧视等的。《治安管理处罚法》《刑法》对煽动民族仇恨、民族歧视的行为都作出了相关规定。《网络信息内容生态治理规定》将歧视的范围延伸为"人群、地域"，保护范围更加广泛，有利于控制网络上的煽动性言论。

七是宣扬低俗、庸俗、媚俗内容的。中共中央、国务院印发《新时代爱国主义教育实施纲要》，规定文艺作品要具有鲜明爱国主义导向，抵制低俗、庸俗、媚俗内容。网络上大量存在打擦边球的"三俗"内容，不利于营造清朗网络空间。

八是可能引发未成年人模仿不安全行为和违反社会公德行为、诱导未成年人不良嗜好等的。未成年人身心发育尚未成熟、普遍缺乏个人信息保护意识和能力，《网络信息内容生态治理规定》的出台对于完善未成年人网络保护法律体系具有重要意义。

九是其他对网络生态造成不良影响的内容。此条为兜底条款。

综上，《网络信息内容生态治理规定》将上述内容列为网络信息内容生产者应当采取措施，防范和抵制的不良信息，是对《网络安全法》第六条相关规定的响应与落实，也使《网络安全法》相关规定在实践中更加具体和有操作性。

3.服务平台的合规要求及法律责任

网络信息内容服务平台应当履行信息内容管理主体责任，加强本平台网络信息内容生态治理，培育积极健康、向上向善的网络文化。

（1）运营安全合规。

《网络信息内容生态治理规定》明确了平台运行环节管理要求，包括建立健全算法推荐的人工干预和用户自主选择机制、未成年人使用模式、广告管理制度、平台公约和用户协议制度、举报制度、年度报告制度等。

第一，采用个性化算法推荐技术推送信息的，应当设置符合本规定第10条、第11条规定要求的推荐模型，建立健全人工干预和用户自主选择机制（第12条）。平台应当采用个性化算法推荐技术推送弘扬正能量的信息，并将其在上述重点环节积极呈现，不得推送违法信息，并采取措施防范和抵制不良信息。

第二，鼓励开发适合未成年人使用的模式，提供适合未成年人使用的网络产品和服务，便利未成年人获取有益身心健康的信息（第13条）。未成年人身心尚未成熟，有关企业要承担起社会责任，为未成年人打造清朗网络空间。

第三，应当加强对本平台设置的广告位和在本平台展示的广告内容的审核巡查，对发布违法广告的，应当依法予以处理（第十四条）。无法手动关闭的"流氓"弹窗广告让人不堪其扰，该规定在《广告法》《互联网广告管理暂行办法》等相关法律法规规定的基础上，进一步压实了互联网平台自行开展审核巡查的责任。

第四，应当制定并公开管理规则和平台公约，完善用户协议，明确用户相关权利义务，并依法依约履行相应管理职责。同时，应当建立用户账号信用管理制度，根据用户账号的信用情况提供相应服务（第15条）。根据信用等级提供相应服务的方式，一方面激励用户用心经营账号，积极发布正向内容；另一方面有助于用户辨别违法和不良信息。

第五，应当在显著位置设置便捷的投诉举报入口，公布投诉举报方式，及时受理处置公众投诉举报并反馈处理结果（第16条）。本规定沿用了《网络安全法》第49条关于受理处置举报的相关合规要求。

第六，应当编制网络信息内容生态治理工作年度报告，年度报告应当包括网络信息内容生态治理工作情况、网络信息内容生态治理负责人履职情况、社会评价情况等内容（第17条）。年度报告是平台对自己过去一年网络信息内容生态治理情况的总结，有助于平台在此基础上完善改进之后的治理工作。

（2）网络信息内容安全合规。

《网络信息内容生态治理规定》明确，网络信息内容服务平台应当履行信息内容管理主体责任，建立网络信息内容生态治理机制、制定生态治理细则、设立生态治理负责人。同时，明确了平台的信息安全管理义务，包括不得传播违法信息，应当防范和抵制传播不良信息，鼓励在重点环节传播正能量信息，不得在重点环节呈现不良信息等。

第一，建立网络信息内容生态治理机制，制定本平台网络信息内容生态治理细则，健全用户注册、账号管理、信息发布审核、跟帖评论审核、版面页面生态管理、实时巡查、应急处置和网络谣言、黑色产业链信息处置等制度；设立网络信息内容生态治理负责人，配备与业务范围和服务规模相适应的专业人员，加强培训考核，提升从业人员素质。

第二，不得传播违法信息，应当防范和抵制不良信息的传播。网络信息内容服务平台应当加强信息内容的管理，发现违法和不良信息，应当依法立即采取处置措施，保存有关记录，并向有关主管部门报告。

此外，平台发现生产者传播违法信息，应当依法依约采取警示整改、限制功能、暂停更新、关闭账号等处置措施，及时消除违法网络信息内容，保存记录并向有关主管部门报告。

第三，该规定不仅对网络信息内容本身提出要求，对内容的服务类型、位置版块等重点环节也提出了具体要求，鼓励在重点环节传播正能量信息，禁止在重点环节呈现不良信息。尤其强调鼓励开设专门服务未成年人的栏目、区域和产品等。

《网络内容生态治理规定》的实施对于构建一个健康、有序的网络环境具有重要意义。它不仅要求各利益相关方共同参与治理，还强调了法治、技术、文化等多方面的支持和创新。网络信息内容生态治理的内涵涉及网络空间的秩序维护、信息传播的规范管理以及网络文化的健康发展。治理的核心在于平衡网络自由与秩序、个人权利与公共利益、技术创新与社会责任等多方面的关系。然而，在实际操作中，这一治理体系面临着诸多挑战。

首先，多元主体共治乏力的问题凸显。在网络信息内容的治理中，需要政府、企业、社会组织和网民等多方共同参与，形成合力。然而，由于各方利益诉求不同，缺乏有效的沟通协调机制，导致治理合力难以形成。例如，政府在监管过程中可能存在过度干预或监管不足的问题，企业在追求商业利益的同时可能忽视社会责任，社会组织和网民在参与治理时可能缺乏足够的信息和资源。

其次，法律法规的执行与约束力不足。虽然该规定为网络信息内容治理提供了法律框架，但在具体执行过程中，由于法律法规的细化不足、执行力度不够以及监管技术手段的落后，使得一些违法和不良信息得以传播。此外，随着网络技术的快速发展，新的网络应用和平台不断涌现，现有的法律法规难以及时适应这些变化，导致监管出现滞后。

最后，公民权利与公共权力的边界模糊。在网络空间，个人的言论自由和隐私权等公民权利与国家和社会的公共权力之间存在一定的张力。如何在保障公民权利的同时，有效维护网络秩序和公共利益，是网络信息内容治理中需要仔细权衡的问题。例如，政府在打击网络谣言和虚假信息时，如何避免对公民言论自由的不当限制；在保护个人隐私的同时，如何有效打击网络犯罪等。[1]

总之，网络信息内容生态治理是一项系统工程，需要各方共同努力，形成合力，才能有效应对挑战，实现网络空间的长期稳定和健康发展。

三、《网络暴力信息治理规定》

网络暴力信息，是指通过网络以文本、图像、音频、视频等形式对个人集中发布的，含有侮辱谩骂、造谣诽谤、煽动仇恨、威逼胁迫、侵犯隐私，以及影响身心健康的指责嘲讽、贬低歧视等内容的违法和不良信息。网络暴力是网络信息内容治理的重点。最高人民法院、最高人民检察院、公安部于 2023 年印发《关于依法惩治网络暴力违法犯罪的指导意见》，强调依法严惩网络暴力违法犯罪，并明确了各种网络暴力行为的认定及责任承担。2024 年，国家互联网信息办公室联合公安部、文化和旅游部、国家广播电视总局公布了《网络暴力信息治理规定》，进一步建立网络暴力信息治理制度体系。

除了要求网络信息服务提供者和用户坚持正确价值导向以及要求网络信息服务提供者履行主体责任、依法进行真实身份信息认证和用户账号信息管理、制定相关规则公约，《网络暴力信息治理规定》还在以下方面针对网络暴力信息治理现状进行了设计：[2]

（一）网络暴力信息预防预警机制

就网络暴力信息预防预警机制而言，《网络暴力信息治理规定》提出了从事前预警模型及信息库建设到根据预警及时处置的一套系统流程。网络信息服务提供者应当在国家网信部门和国务院有关部门指导下细化网络暴力信息分类标准规则，建立健全网络暴力信息特征库和典型案例样本库。同时，网络信息服务提供者还应当建立健全网络暴力信息预警模型，及时发现预警网络暴力信息风险。发现存在网络暴力信息风险后，网络信息服务提供者应当及时回应社会关切，引导用户文明互动、理性表达，并对异常账号

---

〔1〕 参见冉连、张曦：《网络信息内容生态治理：内涵、挑战与路径创新》，载《湖北社会科学》2020 年11 期。

〔2〕 参见《〈网络暴力信息治理规定〉答记者问》，载中国网信网。

及时采取处置措施；如果发现相关信息内容流量显著增长，还需要及时向有关部门报告。网络暴力信息预防预警机制还和用户账号信用管理体系形成联动，网络信息服务提供者需要将涉网络暴力信息违法违规情形记入用户信用记录，并依法依约采取降低信用等级、列入黑名单等措施。

（二）网络暴力信息处置

发现涉网络暴力违法信息或不良信息后，网络信息服务提供者需要立即停止传输，采取删除、屏蔽、断开链接等处置措施，保存有关记录，向有关部门报告。发现涉嫌违法犯罪的，应当及时向公安机关报案，并提供相关线索，依法配合开展侦查、调查和处置等工作。

（三）互联网新闻信息服务提供者义务

互联网新闻信息服务提供者在进行采编发布、转载信息时，可能会涉及网络暴力相关信息，或诱发网络暴力事件。《网络暴力信息治理规定》明确，互联网新闻信息服务提供者不得通过夸大事实、过度渲染、片面报道等方式采编发布、转载涉网络暴力新闻信息。对互联网新闻信息提供跟帖评论服务的，应当实行先审后发。互联网新闻信息服务提供者采编发布、转载涉网络暴力新闻信息不真实或者不公正的，应当立即公开更正，消除影响。

（四）用户权益保护

网络暴力事件发酵、扩散较为迅速，权益受损的个人如不能立刻采取有效措施，后果将很难挽回。《网络暴力信息治理规定》提出通过下列技术手段、程序协助用户保护自身权益：一是要求网络信息服务提供者提供用户屏蔽、发布信息限定范围可见、禁止转载评论等功能；二是要求网络信息服务提供者提供拒绝接收部分或特定私信等信息防护功能；三是要求网络信息服务提供者及时通过显著方式提示用户采取措施；四是网络信息服务提供者应当协助用户保存证据、提供快捷取证功能；五是要求网络信息服务提供者及时受理、处理投诉、举报。

此外，《网络暴力信息治理规定》还明确，网信部门会同公安、文化和旅游、广播电视等有关部门依法对网络信息服务提供者的网络暴力信息治理情况进行监督检查，并建立健全信息共享、会商通报、取证调证、案件督办等工作机制，协同治理网络暴力信息。

第二节　网络账号管理制度

一、互联网用户账号名称管理

我国的网民规模世界第一，用户账号数量巨大，在用户账号名称、头像和简介信息等方面存在一定程度的账号乱象。为加强对互联网用户账号名称的管理，保护公民、法人和其他组织的合法权益，国家互联网信息办公室根据 2014 年 8 月发布的《国务院关于授权国家互联网信息办公室负责互联网信息内容管理工作的通知》和有关法律、行政法规，于 2015 年 2 月 4 日发布《互联网用户账号名称管理规定》。该规定自 2015 年 3 月 1 日起施行。该规定共十条，业界简称"账号十条"。

互联网用户账号名称，是指机构或个人在博客、微博客、即时通信工具、论坛、贴吧、跟帖评论等互联网信息服务中注册或使用的账号名称。国家互联网信息办公室负责对全国互联网用户账号名称的注册、使用实施监督管理，各省、自治区、直辖市互联网信息内容主管部门负责对本行政区域内互联网用户账号名称的注册、使用实施监督管理。

（一）落实实名制要求

我国的互联网用户账号名称注册实施实名制，其原则是"后台实名、前台自愿"。互联网信息服务提供者应当按照该原则，要求互联网信息服务使用者通过真实身份信息认证后注册账号。

《互联网用户账号名称管理规定》规定的实名制仅要求"后台实名"，前台是否实名，互联网用户有权自行决定。只要符合法律法规的规定，不违反《互联网用户账号名称管理规定》第 6 条规定的"九不准"，仍可以在前台使用个性化的"马甲"和"昵称"。

（二）遵守账号注册"七条底线"

《互联网用户账号名称管理规定》第 5 条第 2 款，互联网信息服务使用者注册账号时，应当与互联网信息服务提供者签订协议，承诺遵守法律法规、社会主义制度、国家利益、公民合法权益、公共秩序、社会道德风尚和信息真实性等七条底线。

（三）遵守账号注册使用"九不准"

《互联网用户账号名称管理规定》第 6 条任何机构或个人注册和使用的互联网用户账号名称，不得有下列情形：

（1）违反宪法或法律法规规定的；

（2）危害国家安全，泄露国家秘密，颠覆国家政权，破坏国家统一的；

（3）损害国家荣誉和利益的，损害公共利益的；

（4）煽动民族仇恨、民族歧视，破坏民族团结的；

（5）破坏国家宗教政策，宣扬邪教和封建迷信的；

（6）散布谣言，扰乱社会秩序，破坏社会稳定的；

（7）散布淫秽、色情、赌博、暴力、凶杀、恐怖或者教唆犯罪的；

（8）侮辱或者诽谤他人，侵害他人合法权益的；

（9）含有法律、行政法规禁止的其他内容的。

（四）及时处置用户违法违规行为

互联网信息服务使用者以虚假信息骗取账号名称注册，或其账号头像、简介等注册信息存在违法和不良信息的，互联网信息服务提供者应当采取通知限期改正、暂停使用、注销登记等措施。

对冒用、关联机构或社会名人注册账号名称的，互联网信息服务提供者应当注销其账号，并向互联网信息内容主管部门报告。

二、互联网用户公众账号信息服务管理

随着移动互联网的迅猛发展和广泛普及，微博客、即时通信工具、移动应用程序等网络平台为公众提供各类丰富的信息服务，满足了人民群众多样化的信息需求，极大丰富了广大网民的网络文化生活。但一些互联网用户公众账号信息服务提供者落实管理主体责任不到位，部分用户公众账号使用者传播低俗色情、暴力恐怖、虚假谣言、营销诈骗、侵权盗版等信息，违反相关法律法规，违背社会公序良俗，社会反映强烈。规范互联网用户公众账号信息服务对弘扬社会主义核心价值观，培育健康向上的网络文化，维护良好网络生态，有着积极推动作用。

互联网用户公众账号信息服务，是指通过互联网站、应用程序等网络平台以注册用户公众账号形式，向社会公众发布文字、图片、音视频等信息的服务。例如，在各类社交网站和客户端开设的用户公众账号，均在本规定适用范围之内。如微信公众号、微博账号；×度的百家号、×易的×易号、××头条的头条号、×讯的企鹅号、××资讯的一点号等；在直播平台和短视频平台开设的用户公众账号；在互动平台开设的对公众答复的用户公众账号等。

互联网用户公众账号信息服务提供者是指为用户提供公众账号注册使用服务的网络平台。用户公众账号信息服务使用者是指注册使用或运营互联网用户公众账号提供信息发布服务的机构或个人。

（一）互联网用户公众账号信息服务提供者自身管理义务

1. 用户个人信息保护

互联网用户公众账号信息服务提供者应当采取必要措施保护使用者个人信息安全，不得泄露、篡改、毁损，不得非法出售或者非法向他人提供。互联网用户公众账号信息服务提供者在使用者终止使用服务后，应当为其提供注销账号的服务。

2. 网络信息安全管理

（1）建立健全各项管理制度。

互联网用户公众账号信息服务提供者应当落实信息内容安全管理主体责任，建立健全用户注册、信息审核、应急处置、安全防护等管理制度。同时，互联网用户公众账号信息服务提供者还应当制定和公开管理规则和平台公约，与使用者签订服务协议，明确双方权利义务。

（2）完善人员和技术配置。

互联网用户公众账号信息服务提供者应当落实信息内容安全管理主体责任，配备与服务规模相适应的专业人员和技术能力，设立总编辑等信息内容安全负责人岗位。此外，互联网用户公众账号信息服务提供者还应当配合党政机关、企事业单位和人民团体提升政务信息发布和公共服务水平，提供必要的技术支撑和信息安全保障。

（3）禁止发布违法违规信息。

互联网用户公众账号信息服务提供者和使用者，应当坚持正确导向，弘扬社会主义

核心价值观，培育积极健康的网络文化，维护良好网络生态。

互联网用户公众账号信息服务使用者应当履行信息发布和运营安全管理责任，遵守新闻信息管理、知识产权保护、网络安全保护等法律法规和国家有关规定，维护网络传播秩序，不得通过公众账号发布法律法规和国家有关规定禁止的信息内容。

（4）互动功能安全评估。

互联网用户公众账号信息服务提供者开发上线公众账号留言、跟帖、评论等互动功能，应当按有关规定进行安全评估。

（5）接受处理投诉举报。

互联网用户公众账号信息服务提供者和使用者应当设置便捷举报入口，健全投诉举报渠道，完善恶意举报甄别、举报受理反馈等机制，接受社会公众、行业组织监督，及时公正处理投诉举报。

（6）配合监督检查。

互联网用户公众账号信息服务提供者和使用者应当配合有关主管部门依法进行的监督检查，记录互联网用户公众账号信息服务使用者发布内容和日志信息，并按规定留存不少于6个月，并提供必要的技术支持和协助。

（二）互联网用户公众账号信息服务提供者对使用者的管理义务

1. 实名制审查

应当按照《网络安全法》的规定，要求用户提供真实身份信息。互联网用户公众账号信息服务提供者应当按照"后台实名、前台自愿"的原则，对使用者进行基于组织机构代码、身份证件号码、移动电话号码等真实身份信息认证。使用者不提供真实身份信息的，不得为其提供信息发布服务。

2. 签订服务协议

互联网用户公众账号信息服务提供者应当制定和公开管理规则和平台公约，与使用者签订服务协议，明确双方权利义务。

3. 信用等级管理

互联网用户公众账号信息服务提供者应当建立互联网用户公众账号信息服务使用者信用等级管理体系，根据信用等级提供相应服务。

4. 分级分类管理

互联网用户公众账号信息服务提供者应当对使用者的账号信息、服务资质、服务范围等信息进行审核，分类加注标识，并向所在地省、自治区、直辖市互联网信息办公室分类备案。互联网用户公众账号信息服务提供者应当根据用户公众账号的注册主体、发布内容、账号订阅数、文章阅读量等建立数据库，对互联网用户公众账号实行分级分类管理，制定具体管理制度并向国家或省、自治区、直辖市互联网信息办公室备案。

对使用者开设的用户公众账号的留言、跟帖、评论等进行监督管理，并向使用者提供管理权限，为其对互动环节实施管理提供支持。对管理不力、出现法律法规和国家有关规定禁止的网络信息内容的，互联网用户公众账号信息服务提供者应当依据用户协议限制或取消其留言、跟帖、评论等互动功能。

5. 及时处置违法违规信息

（1）违法违规公众账号。

对违反法律法规、服务协议和平台公约的互联网用户公众账号，依法依约采取警示整改、限制功能、暂停更新、关闭账号等处置措施，同时建立黑名单管理制度，对违法违约情节严重的公众账号及注册主体纳入黑名单，视情采取关闭账号、禁止重新注册等措施，保存有关记录，并向有关主管部门报告。

（2）违法违规信息。

加强对本平台公众账号的监测管理，发现有发布、传播违法信息的，应当立即采取消除等处置措施，防止传播扩散，保存有关记录，并向有关主管部门报告。

第三节　社交类网络信息内容服务管理制度

一、《微博客信息服务管理规定》

美国最早开创了微博客交互的社交平台，Twitter 是微博客领域的全球初创者。这种追求实时分享个人日志的创意，伴随着 3G、4G 技术发展和 5G 时代的到来，不仅极大地改变了人们的社交方式，而且从简单的私人分享发展至社会热点的关注与引领。自 2007 年 5 月饭否网建立至今，中国微博客信息服务已走过了十多年的发展历程。

微博客产品发展初期，设计者对用户几乎未作限定，准入门槛、网络信息内容发布、信息审核方面，亦无具体规定，微博客运营管理问题逐步显现。由于发言成本低廉、信息审核环节缺失，不实言论频出，维护网络舆论稳定的风险变高。

我国微博客的监管和治理，初期主要依据互联网行业整体规范进行。微博客行业运营、管理的问题凸显后，我国先后出台了若干专门规定。早在 2000 年 9 月，国务院就以国务院令的形式公布了《互联网信息服务管理办法》；2011 年 12 月，北京市政府曾出台《北京市微博客发展管理若干规定》；2016 年，全国人大颁布《网络安全法》；2017 年和 2018 年，国家网信办先后出台《互联网群组信息服务管理规定》和《微博客信息服务管理规定》等。以上法律法规都对微博客服务商提出了合规要求。尤其是国家网信办出台的《微博客信息服务管理规定》，作为微博客管理的专门立法，对于微博客服务提供者主体责任、真实身份信息认证、分级分类管理、辟谣机制、行业自律、社会监督及行政管理等方面进行了规制。

（一）微博客信息服务相关概念解读

微博客是指基于使用者关注机制，主要以简短文字、图片、视频等形式实现信息传播、获取的社交网络服务。微博客服务提供者是指提供微博客平台服务的主体。微博客服务使用者是指使用微博客平台从事信息发布、互动交流等的行为主体。微博客信息服务是指提供微博客平台服务及使用微博客平台从事信息发布、传播等行为。

微博客有助于公众对社会热点事件的及时参与，为公众提供了公众话题讨论的空间。例如，2009年2月9日，中央电视台新址发生严重火灾，一位"80后"青年周某，作为一名饭否微博客用户，在火灾发生后半小时发布了央视大火的消息，并附上了文字和配图，获得了诸多关注。

（二）微博客信息服务相关主管部门

《微博客信息服务管理规定》将微博客的监管层级划分如下：国家互联网信息办公室负责全国微博客信息服务的监督管理执法工作；地方互联网信息办公室依据职责负责本行政区域内的微博客信息服务的监督管理执法工作。

（三）微博客信息服务相关合规要求及法律责任

1. 市场准入合规

微博客作为集社交平台、资讯平台、信息共享于一身的综合类信息服务平台，其市场准入受到多方面的行政许可资质的限制。重点相关的有：网络内容服务提供者（ICP）经营许可、网络文化经营许可、信息网络传播视听节目许可等。同时，随着微博客经营范围的拓展，平台信息日趋多样化，需要申请的许可证也在增多，比如互联网药品信息服务许可证等。

向社会公众提供互联网新闻信息服务的，应当依法取得互联网新闻信息服务许可，并在许可范围内开展服务，禁止未经许可或超越许可范围开展互联网新闻信息服务活动。

2. 运营管理合规

（1）落实网络信息内容安全管理主体责任。

微博客服务提供者应当落实网络信息内容安全管理主体责任，建立健全用户注册、信息发布审核、跟帖评论管理、应急处置、从业人员教育培训等制度及总编辑制度，具有安全可控的技术保障和防范措施，配备与服务规模相适应的管理人员。

（2）制定平台服务规则。

微博客服务提供者应当制定平台服务规则，与微博客服务使用者签订服务协议，明确双方权利、义务，要求微博客服务使用者遵守相关法律法规。

（3）实施网络实名制。

微博客服务提供者应当按照"后台实名、前台自愿"的原则，对微博客服务使用者进行基于组织机构代码、身份证件号码、移动电话号码等方式的真实身份信息认证、定期核验。微博客服务使用者不提供真实身份信息的，微博客服务提供者不得为其提供信息发布服务。

（4）保障使用者信息安全。

微博客服务提供者应当保障微博客服务使用者的信息安全，不得泄露、篡改、毁损，不得出售或者非法向他人提供。

（5）实行分级分类管理。

微博客服务提供者应当按照分级分类管理原则，根据微博客服务使用者主体类型、发布内容、关注者数量、信用等级等制定具体管理制度，提供相应服务，并向国家或省、自治区、直辖市互联网信息办公室备案。

（6）建立健全辟谣机制。

微博客服务提供者应当建立健全辟谣机制，发现微博客服务使用者发布、传播谣言或不实信息，应当主动采取辟谣措施。

2012 年 5 月，《新浪微博社区公约（试行）》及其配套社区规则上线，对维护网友权益净化社区秩序起到了重要作用。随着移动互联网、社交媒体平台的高速发展，2017 年，历经酝酿起草、征求专家意见、征求用户及网友意见等环节，《微博社区公约》及配套的《微博社区举报投诉操作细则》《微博社区商业行为规范办法》和《微博信用规则》全面落地，对于维护用户权益、促进微博社区健康发展起到了促进作用。

二、《互联网论坛社区服务管理规定》

从全球范围看，伴随计算机的迅速普及和互联网技术的突飞猛进，网络社区经历了不同形态的演变与拓展——从最初的 BBS 电子公告板，延伸至公共论坛，再拓展至各种贴吧、博客、SNS 等新媒体形态。在我国，网络社区起源于 20 世纪 80 年代至 90 年代的 BBS 公告板，并在 21 世纪初飞速成长，经过近 20 年的发展已经走向相对成熟的阶段。

作为我国三类侧重点不同的 UGC（User Generated Content，用户原创内容）论坛社区，以豆瓣、天涯、知乎社区等为代表的互联网论坛社区平台，在国内目前的论坛类社区较为有代表性。各论坛社区经过发展，积累了大量用户，虽然核心版块有所区别，但是都汇集了来自社会各界的声音，网络社区在言论观点、宣传价值观上的力量不可小觑，一直以来保持较高活跃度，为广大网民分享网络信息内容、讨论兴趣话题提供了便利。但同时存在一些问题，如部分论坛社区平台存在淫秽色情、虚假广告、血腥暴力、侮辱诽谤、泄露个人隐私等违法违规信息，污染网络生态，扰乱互联网信息传播秩序，侵害公众利益的情况时有发生，严重破坏了互联网信息传播秩序和互联网论坛社区服务市场秩序。

脱离了监管的网络论坛社区，往往会被"有心人"利用。目前三类社区论坛注册用户数以亿计，对网络论坛社区的正确引导、监管规制重要性越发显现。在此背景下，为规范互联网论坛社区服务，促进互联网论坛社区行业健康有序发展，保护公民、法人和其他组织的合法权益，维护国家安全和公共利益，根据《网络安全法》《国务院关于授权国家互联网信息办公室负责互联网信息内容管理工作的通知》，国家网信办于 2017 年 8 月 25 日出台《互联网论坛社区服务管理规定》，并自 2017 年 10 月 1 日起施行。

《互联网论坛社区服务管理规定》共计 13 条，是一部专门针对网络论坛社区的法律规章。其首次明确互联网论坛社区服务提供者开展经营和服务活动，必须遵守法律法规，同时也要尊重社会公德，遵守商业道德，诚实信用，承担社会责任；明确监管执法部门，也从各个角度对涉及网络论坛社区的一些问题作出了规制。

（一）互联网论坛社区服务相关概念解读

《互联网论坛社区服务管理规定》中仅定义了一个概念，即"互联网论坛社区服务"。互联网论坛社区服务指在互联网上以论坛、贴吧、社区等形式，为用户提供互动式信息发布社区平台的服务。

社区的概念由来已久，德国社会学家滕尼斯认为社区是基于亲族血缘关系而结成的社会联合，在这种社会联合中，情感的、自然的意志占优势，个体意志被共同意志所抑制，人与人之间形成的共同的文化意识以及亲密无间的关系。

网络社区是伴随网络新媒体及网络行为的扩展而出现的人类社会活动的新型空间，它是一种全新的人类生活共同体和生存模式，也是人们咨询、发表言论和社交的新型平台。现实社区的基本特征在网络社区中有所映照，随着互联网技术的发展和计算机的普及，人们逐渐适应在虚拟空间发表言论、娱乐休闲甚至结交天涯海角的朋友，体验数字化的生存环境，并逐渐形成了有针对性的约束机制——制度与规范，网络社区因此壮大繁荣。

（二）互联网论坛社区服务相关主管部门

《互联网论坛社区服务管理规定》实行属地化管理模式，国家互联网信息办公室负责全国互联网论坛社区服务的监督管理执法工作，地方互联网信息办公室依据职责负责本行政区域内互联网论坛社区服务的监督管理执法工作。

经过对《互联网论坛社区服务管理规定》法律框架的观察、总结法律合规要求，网络社区论坛的合规重点主要集中在不良信息清理和个人信息保护两个方面。

1. 不良内容清理

网络社区论坛的合规重点在于加强论坛内容审核、抵制低俗虚假和违法的信息传播和打造干净、清朗的网络环境上。就目前而言，我国网络论坛社区法律规制基本规范已经形成。但是随着网络的发展，现实中出现的问题越来越多，情况也越来越复杂，这些粗线条的规制可能无法解决实践中出现的所有问题。在如何加强网络论坛社区规制上，既要明确违法信息发布者的责任，又要加强网络论坛社区服务提供者的监管；既要发挥法制的作用，完善《网络安全法》《互联网论坛社区服务管理规定》《互联网信息服务管理办法》《网络信息内容生态治理规定》等相关法律法规的配套法规、规章及解释，又要监督网络论坛社区平台规制自身行为，为用户提供绿色的网络平台。

2. 个人信息保护

作为个人信息的收集、分析和使用者，网络社区论坛理应承担大部分的责任，来保护个人信息的安全。

首先，在采集环节，网络社区在采集个人信息之前，应当告知用户需要采集的信息，以及用于何种用途，询问用户是否允许个人信息的采集和使用，由用户自主做出选择。在获得用户的授权后，收集信息。

其次，存储和使用环节。用户个人信息采集后的存储和使用，是企业保护个人信息的关键环节。为提高信息的安全程度，防止个人信息被滥用，企业应采取相应的数据保护技术，如数据等级保护、数据加密和访问控制技术等。应将个人信息按照重要程度进行分级，区分敏感数据与非敏感数据，对"敏感数据"进行加密，将两种数据分片储存。对"敏感数据"设置访问控制，设置授权用户和授权期限，只有具有一定权限的人在授权期限内才可以访问敏感数据。一旦超过授权期限，数据应当自动销毁，以防止后期管理疏忽造成信息泄露。

3. 法律责任

《互联网论坛社区服务管理规定》明确，互联网论坛社区服务提供者开展经营和服务活动，必须遵守法律法规，尊重社会公德，遵守商业道德，诚实信用，承担社会责任。互联网论坛社区服务提供者违反本规定的，由有关部门依照相关法律法规处理。可参照其他法律，如《网络安全法》明确规定，违反网络安全保障义务，对于拒不接受监管或者合规失职的网络服务商，依法追究民事、行政治安管理乃至刑事法律责任；《网络信息内容生态治理规定》明确了网络信息内容生产者、网络信息内容服务平台、网络信息内容服务使用者的法律责任，同时完善了民事、行政和刑事法律责任相衔接的体系化规定。

三、《互联网跟帖评论服务管理规定》

随着移动互联网技术的发展，人们可以在网上虚拟空间发表言论、娱乐甚至互动交友，体验数字化网络时代的便利。据极光大数据发布的《2019 年社交网络行业研究报告》数据显示，网络空间呈现持续平稳的发展态势，以兴趣和圈子为主要特点的社区论坛发展价值仍很凸显。在网络社区论坛日渐成熟发展的过程中，跟帖评论也成为广大网民交流、表达意见的重要方式。

网络跟帖评论服务在发挥积极作用的同时，也带来了言论失范现象及负面影响。早前，国家网信办针对网络跟帖乱象连续召开两次专项整治会议。2014 年 11 月，国家网信办组织了 29 家网站签署了跟帖评论自律承诺书的会议，会议强调网站对跟帖评论负第一责任。但网站的切实贯彻效果不明显，让自律书成为一纸空文；2016 年 6 月 21 日，国家网信办召开全国跟帖评论专项整治视频会议，部署集中治理跟帖评论存在的突出问题。这两次会议都强调网站主体责任制是整治网络跟帖评论的重要手段，强调网站对网络跟帖乱象负主要责任，对乱象整治有直接不可推诿责任。鉴于此，2017 年 8 月 25 日，在《网络安全法》指导下，国家网信办公布了《互联网跟帖评论服务管理规定》，并于同年 10 月 1 日起施行。

为了适应深入推进依法行政的需要，《互联网跟帖评论服务管理规定》作为《网络安全法》颁布后的配套措施，严格依照《网络安全法》的规定，设定了相关制度，明确提出了对网络信息安全的要求，第一，为了适应跟帖评论服务管理规范化的需要，需加强对传播网络谣言、散布污言秽语、发布违法违规信息等不良现象、扰乱信息传播秩序、破坏网络舆论生态的治理；第二，为了促进跟帖评论服务健康发展的需要，需对新形势新功能下各类传播平台的跟帖评论服务依法监督。《互联网跟帖评论服务管理规定》共计 13 条，依据上位法《网络安全法》《国务院关于授权国家互联网信息办公室负责互联网信息内容管理工作的通知》相关条款，对用户真实身份登记、个人信息保护、违法信息处置、用户行为规范、网站主体责任、属地管理责任、社会监督和法律责任等作了规定。

（一）互联网跟帖评论服务相关概念解读

跟帖评论服务指互联网站、应用程序、互动传播平台以及其他具有新闻舆论属性和社会动员功能的传播平台，以发帖、回复、留言、"弹幕"等方式，为用户提供发表文字、符号、表情、图片、音视频等信息的服务。

根据当前的实践，"互联网站、应用程序、互动传播平台以及其他具有新闻舆论属性和社会动员功能的传播平台"应包括但不限于BBS/论坛、贴吧、公告栏、个人知识发布、群组讨论、个人空间、无线增值服务等形式在内的网上交流空间，涉及豆瓣、知乎、虎扑、天涯论坛、微博、优爱腾、B站等企业。从演变历程上看，传播平台的形成最早可追溯至20世纪90年代，从BBS电子公告板、新闻组、电子邮件，延伸至公共论坛、在线游戏和电子商务，再拓展至各种贴吧、博客、SNS、微博等新媒体形态。

（二）互联网跟帖评论服务相关主管部门

《互联网跟帖评论服务管理规定》明确网信部门是互联网群组信息服务的主管部门。我国实行属地化管理模式，即国家互联网信息办公室负责全国跟帖评论服务的监督管理执法工作，地方互联网信息办公室依据职责负责本行政区域的跟帖评论服务的监督管理执法工作。

各级互联网信息办公室应当建立健全日常检查和定期检查相结合的监督管理制度，依法规范各类传播平台的跟帖评论服务行为。

互联网站、应用程序、互动传播平台以及其他具有新闻舆论属性和社会动员功能的传播平台，以发帖、回复、留言、"弹幕"等方式，为用户提供发表文字、符号、表情、图片、音视频等信息的服务的企业都是被监管的重点。

（三）互联网跟帖评论服务相关合规要求及法律责任

1. 提供者的合规要求

《互联网跟帖评论服务管理规定》一方面对企业自身运营要求作出规定，另一方面明确了企业对保护公民权益及管理义务的要求。

2. 企业自身运营要求

（1）企业主体责任要求。

网上信息管理，网站应负主体责任，政府行政管理部门要加强监管。《互联网跟帖评论服务管理规定》认真落实这一要求，对网站主体责任进行了明确规定，主要包括8个方面。

一是落实实名制要求。网站要按照"后台实名、前台自愿"原则，对注册用户进行真实身份信息认证，不得向未认证真实身份信息的用户提供跟帖评论服务。

二是建立用户信息保护制度。《网络安全法》对用户信息保护制度作出规定后，此规定作了原则性表述即建立健全用户信息保护制度，收集、使用用户个人信息应当遵循合法、正当、必要的原则，公开收集、使用规则，明示收集、使用信息的目的、方式和范围，并经被收集者同意。

三是建立先审后发机制。对新闻信息提供跟帖评论服务的，应当建立先审后发制度。目的在于推动企业负起管理责任，当好跟帖评论的"把关人"，维护跟帖评论良好生态。

四是加强"弹幕"管理。提供"弹幕"方式跟帖评论服务的，应当在同一平台和页面同时提供与之对应的静态版网络信息内容。维护弹幕正常秩序，防止在弹幕环节传播违法违规信息。

五是建立信息安全管理。建立健全跟帖评论审核管理、实时巡查、应急处置等信息安全管理制度，及时发现和处置违法信息，并向有关主管部门报告。主要针对用户公开发布的信息。

六是建立技术保护措施。开发跟帖评论信息安全保护和管理技术，创新跟帖评论管理方式，研发使用反垃圾信息管理系统，提升垃圾信息处置能力；及时发现跟帖评论服务存在的安全缺陷、漏洞等风险，采取补救措施，并向有关主管部门报告。

七是建立审核编辑队伍。配备与服务规模相适应的审核编辑队伍，提高审核编辑人员专业素养。

八是配合主管部门督查。配合有关主管部门依法开展监督检查工作，提供必要的技术、资料和数据支持。

（2）企业应对监管要求。

一是做好安全评估。跟帖评论服务提供者提供互联网新闻信息服务相关的跟帖评论新产品、新应用、新功能的，应当报国家或者省、自治区、直辖市互联网信息办公室进行安全评估。

二是建立健全投诉举报制度。跟帖评论服务提供者应当建立健全违法信息公众投诉举报制度，设置便捷投诉举报入口，及时受理和处置公众投诉举报。国家和地方互联网信息办公室依据职责，对举报受理落实情况进行监督检查。

三是落实信息安全管理。跟帖评论服务提供者信息安全管理责任落实不到位，存在较大安全风险或者发生安全事件的，国家和省、自治区、直辖市互联网信息办公室应当及时约谈；跟帖评论服务提供者应当按照要求采取措施，进行整改，消除隐患。

四是开展信用评估。国家和省、自治区、直辖市互联网信息办公室应当建立跟帖评论服务提供者的信用档案和失信黑名单管理制度，并定期对跟帖评论服务提供者进行信用评估。

五是及时处置违法违规情形。跟帖评论服务提供者对发布违反法律法规和国家有关规定的网络信息内容的，应当及时采取警示、拒绝发布、删除信息、限制功能、暂停更新直至关闭账号等措施，并保存相关记录。

3.企业用户权益保护及管理义务

（1）保护个人信息。

跟帖评论服务提供者应依法履行用户信息保护义务，建立健全用户信息保护制度。

（2）不得误导公众舆论。

跟帖评论服务提供者及其从业人员不得非法牟利，不得为谋取不正当利益或基于错误价值取向有选择地删除、推荐跟帖评论，不得利用软件、雇佣商业机构及人员等方式散布信息。

（3）建立举报监督制度。

跟帖评论服务提供者应建立健全违法信息公众投诉举报制度，及时受理和处置公众投诉举报。同时，规定国家和省、自治区、直辖市互联网信息办公室建立互联网跟帖评论服务提供者的信用档案和失信黑名单管理制度，加强对互联网跟帖评论服务提供者的管理监督和失信惩戒。

（4）签订服务协议。

跟帖评论服务提供者应当与注册用户签订服务协议，明确跟帖评论的服务与管理细则，履行互联网相关法律法规告知义务，有针对性地开展文明上网教育。

（5）用户分级管理。

跟帖评论服务提供者应当建立用户分级管理制度，对用户的跟帖评论行为开展信用评估，根据信用等级确定服务范围及功能，对严重失信的用户应列入黑名单，停止对列入黑名单的用户提供服务，并禁止其通过重新注册等方式使用跟帖评论服务。

4.使用者的合规要求

跟帖评论服务使用者应当严格自律，承诺遵守法律法规、尊重公序良俗，不得发布法律法规和国家有关规定禁止的网络信息内容。不得利用软件、雇佣商业机构及人员等方式散布信息，干扰跟帖评论正常秩序，误导公众舆论。

5.法律责任

《互联网跟帖评论服务管理规定》第11条规定：跟帖评论服务提供者信息安全管理责任落实不到位，存在较大安全风险或者发生安全事件的，国家和省、自治区、直辖市互联网信息办公室应当及时约谈；跟帖评论服务提供者应当按照要求采取措施，进行整改，消除隐患。除此之外，《互联网跟帖评论服务管理规定》并未直接明确提供者和使用者的具体法律责任，而是作了一个衔接性规定，即互联网跟帖评论服务提供者违反本规定的，由有关部门依照相关法律法规处理。因此，这并不意味着跟帖评论服务提供者存在违反本规定行为时无须承担责任，而应根据违法违规行为的具体类型，适用与之相对应的法律规范，追究行为人法律责任。企业在运营互联网跟帖评论服务时，还应当对现有的《网络安全法》《网络信息内容生态治理规定》乃至《刑法》等各类有关法律法规进行全方位合规。

除了合规义务与责任，社会监督有利于互联网跟帖评论服务的良好运行。对此，《互联网跟帖评论服务管理规定》第10条明确，跟帖评论服务提供者应当建立健全违法信息公众投诉举报制度，设置便捷投诉举报入口，及时受理和处置公众投诉举报。国家和地方互联网信息办公室依据职责，对举报受理落实情况进行监督检查。

第四节　音视频类网络信息内容服务管理制度

《网络音视频信息服务管理规定》的颁布，是中国政府为了应对网络音视频信息服务领域快速发展所带来的一系列挑战而采取的关键立法行动。随着网络技术的进步和用户习惯的变化，音视频内容已成为信息传播的主要形式之一，但同时也带来了版权侵权、内容监管不严、用户隐私泄露等问题。这些问题不仅影响了网络环境的健康，也对国家安全和社会稳定构成了潜在威胁。该规定的出台，正是为了解决这些问题，通过法律手段确立了网络音视频信息服务的基本规范。它要求服务提供者必须依法取得相应的经营许可，对上传的内容进行严格审核，确保所有信息符合法律法规的要求。同时，规定还强调了对用户个人信息的保护，要求服务提供者采取必要措施防止信息泄露，并对未成年人提供额外的保护措施。《网络音视频信息服务管理规定》的实施，对网络音视频服务提供者提出了更高的运营标准，促使他们加强内部管理，提升内容质量。对于用户而言，这一规定增强了他们在网络环境中的安全感，因为他们的个人信息得到了更好的保护。对于内容创作者，规定提供了版权保护的法律依据，有助于激励其创新和创作。

《互联网直播服务管理规定》是中国针对互联网直播领域出台的专门法规，其背景是直播服务的快速兴起与普及，以及由此带来的一系列监管挑战。2020年疫情的暴发促进了直播行业的高速发展。直播作为一种新兴的网络传播形式，为用户提供了实时互动的平台，但同时也出现了内容低俗化、版权侵权、用户隐私泄露等问题，尤其是对未成年人的潜在影响引起了社会广泛关注。该规定的出台，旨在规范互联网直播服务，明确直播服务提供者和直播发布者的资质要求，强化内容管理义务，以及保护用户特别是未成年人的权益。规定强调了直播服务提供者必须依法取得互联网新闻信息服务资质，并在许可范围内开展活动。同时，要求直播服务提供者对直播内容实施先审后发管理，确保新闻信息的真实性、客观性和公正性。此外，规定还对直播服务提供者提出了用户实名制的要求，以及对违法违规信息的处置措施。对于违反规定的直播服务提供者和直播发布者，规定设定了相应的法律责任，包括行政处罚和刑事责任。

一、《网络音视频信息服务管理规定》

当前，网络音视频信息服务迅速发展，用户规模不断壮大。我国网络音视频行业正在持续高速发展，网络音频、网络影视剧、短视频、网络直播等网络信息传播形式已逐渐成为社会主流信息传播方式，网络音视频内容更加优质化，业务模式更加多元化，行业发展更加规范化。中国互联网络信息中心（CNNIC）发布的第52次《中国互联网发展状况统计报告》显示，截至2023年6月，我国网络视频用户规模为10.44亿人，较2022年12月增长1380万人，占网民整体的96.8%。其中，短视频用户规模为10.26亿人，较2022年12月增长1454万人，占网民整体的95.2%。[1]

但与此同时，"深度伪造"等新技术新应用在网络音视频领域的运用，也使得传播违法和不良信息、侵犯人民群众合法权益等风险隐患进一步集聚、放大。这些新技术新应用可能被利用从事危害国家安全、破坏社会稳定、扰乱社会秩序、侵犯他人合法权益等法律法规禁止的活动，造成政治安全风险和国家安全、公共安全风险，对社会稳定造成不良影响。

例如，在侵害个人合法权益方面，此前一夜爆红的"换脸"App和在巨大争议中

---

〔1〕 中国互联网络信息中心：《第52次中国互联网发展状况统计报告》，载中国互联网信息中心官网。

下线的"一键脱衣"App，都涉嫌侵犯个人信息、知识产权、肖像权等个人权利，甚至将个人暴露在色情的危险之中。在损害社会公共利益方面，印度各地曾有20多人因在WhatsApp上被谣传绑架小孩或涉及其他罪案而被施暴致死。在危害国家安全方面，利用深度伪造技术制成的美国总统、众议院议长等人的假视频，都曾在网上公开传播，通过操纵观众的情绪反应，引发社会广泛的不信任，对国家安全造成威胁。

因此，针对我国当前网络音视频信息服务行业中存在的风险隐患，为促进网络音视频信息服务健康有序发展，保护公民、法人和其他组织的合法权益，维护国家安全和公共利益，根据《网络安全法》《互联网信息服务管理办法》《互联网新闻信息服务管理规定》《互联网文化管理暂行规定》《互联网视听节目服务管理规定》，国家互联网信息办公室、文化和旅游部、国家广播电视总局于2019年11月18日联合印发《网络音视频信息服务管理规定》，并自2020年1月1日起施行。

《网络音视频信息服务管理规定》具有针对性、系统性、技术性等特点，是我国网络音视频信息服务领域的专门管理规定，不仅及时回应了当前网络音视频信息服务行业中存在的问题，也是对现有制度体系的补充与完善。规定的出台，为促进网络音视频信息服务健康有序发展提供了明确指引，为保护公民、法人和其他组织的合法权益，维护国家安全和公共利益提供了有力保障。

《网络音视频信息服务管理规定》共19条，明确了管理对象、管理机制、总体要求、行业自律等方面的要求，规范了网络音视频信息服务提供者关于利用深度学习、虚拟现实等新技术新应用的管理要求，为网络音视频信息服务及其相关技术的提供、使用、管理等提供了有效依据。

（一）网络音视频信息服务相关概念解读

《网络音视频信息服务管理规定》明确了管理对象，界定了"网络音视频信息服务""网络音视频信息服务提供者"和"网络音视频信息服务使用者"三个关键概念。

网络音视频信息服务，是指通过网站、应用程序等网络平台，向社会公众提供音视频信息制作、发布、传播的服务。具体而言，在各类互联网站和应用程序制作、发布、传播的网络音视频，均在本规定适用范围之内。

网络音视频信息服务提供者，是指向社会公众提供网络音视频信息服务的组织或者个人。例如，QQ音乐、虾米音乐、酷狗音乐、网易云音乐等网络音频平台，腾讯视频、爱奇艺、优酷视频等网络影视剧平台，花椒、映客、抖音、快手等短视频平台，斗鱼、虎牙、淘宝等直播平台。

网络音视频信息服务使用者，是指使用网络音视频信息服务的组织或者个人，即在各类互联网站和应用程序制作、发布、传播网络音视频的组织或者个人，如哔哩哔哩视频网站的UP主。

（二）网络音视频信息服务相关主管部门

对于网络音视频信息服务的监管，《网络音视频信息服务管理规定》采取了国家互联网信息办公室、文化和旅游部、国家广播电视总局三部门联合监管的形式。同时，该规定明确了管理机制，即各级网信、文化和旅游、广播电视等部门依据各自职责开展网络音视频信息服务的监督管理工作。

具体而言，《网络音视频信息服务管理规定》明确各级网信、文化和旅游、广播电视等部门应当建立日常监督检查和定期检查相结合的监督管理制度，指导督促网络音视频信息服务提供者依据法律法规和服务协议，规范网络音视频信息服务行为。

此外，《网络音视频信息服务管理规定》注重发挥互联网多元治理主体的作用，鼓励和指导互联网行业组织加强行业自律，建立健全网络音视频信息服务行业标准和行业准则，推动网络音视频信息服务行业信用体系建设，督促网络音视频信息服务提供者依法提供服务、接受社会监督，提高网络音视频信息服务从业人员职业素养，促进行业健康有序发展。

（三）网络音视频信息服务相关合规要求及法律责任

网络音视频信息服务提供者和使用者应当遵守宪法、法律和行政法规，坚持正确的政治方向、舆论导向和价值取向，弘扬社会主义核心价值观，促进形成积极健康、向上向善的网络文化。

网络音视频信息服务提供者的合规要求：

1. 运营安全合规

《网络音视频信息服务管理规定》对于网络实名制（第 8 条）、受理处置举报（第 15 条）等的要求，基本沿用了《网络安全法》的规定。此外，该规定在服务资质获取、对于利用新技术新应用的管理以及违法违规处置三个层面上明确了合规要求。

（1）在服务资质获取层面，要依法取得法律、行政法规规定的相关资质。

（2）在利用新技术新应用的管理层面，《网络音视频信息服务管理规定》明确了以下四项合规要求。

一是明确安全评估要求。对基于新技术新应用上线具有媒体属性或者社会动员功能的音视频信息服务、调整增设相关功能的，应当按照国家有关规定开展安全评估。

二是明确标识要求和新闻信息管理要求。利用新技术新应用制作、发布、传播非真实音视频信息的，应当以显著方式予以标识，不得利用新技术新应用制作、发布、传播虚假新闻信息。转载音视频新闻信息的，应当依法转载国家规定范围内的单位发布的音视频新闻信息。

三是明确违法违规信息管理要求。应当部署应用违法违规音视频以及非真实音视频鉴别技术。

四是明确辟谣要求。应当建立健全辟谣机制，及时采取辟谣措施。党的十九届四中全会提出，完善诚信建设长效机制，健全覆盖全社会的征信体系，加强失信惩戒。我们的网络家园同样也应以诚信为本。《网络音视频信息服务管理规定》充分贯彻落实十九届四中全会精神，在《微博客信息服务管理规定》要求建立健全辟谣机制的基础上，进一步提出要将相关信息报网信、文化和旅游、广播电视等部门备案的要求，为建立信息真实的清朗网络空间提供了有力保障。

（3）在违法违规处置层面，对违反本规定、相关法律法规及服务协议的使用者依法依约采取警示整改、限制功能、暂停更新、关闭账号等处置措施，保存有关记录，并向有关主管部门报告。

2. 信息安全合规

为了更好地落实网络信息内容安全管理主体责任，《网络音视频信息服务管理规定》明确了以下四点信息安全合规要求。

一是配备与服务规模相适应的专业人员，建立健全用户注册、信息发布审核、信息安全管理、应急处置、从业人员教育培训、未成年人保护、知识产权保护等制度。随着"深度伪造"等新技术新应用在网络音视频领域的运用，只有采取与新技术新应用发展相适应的安全可控的技术保障和防范措施，才能有效应对网络安全事件，防范网络违法犯罪活动，维护网络数据的完整性、安全性和可用性。

二是明确签订协议要求，与使用者签订服务协议，要求其遵守法律规定，对违反法律规定和服务协议的服务使用者依法依约采取相应的处置措施。

三是不得利用网络音视频信息服务以及相关信息技术从事法律法规禁止的活动，侵害他人合法权益。

四是加强对使用者发布的音视频信息的管理，发现有制作、发布、传播违法网络信息内容的，应当依法依约停止传输该信息，采取消除等处置措施，防止信息扩散，保存有关记录，并向有关主管部门报告；发现应以显著方式标识而未标识的信息，应当立即停止传输，并以显著方式标识后再继续传输该信息。

3. 网络音视频信息服务使用者的法律责任

网络音视频信息服务使用者不得利用网络音视频信息服务以及相关信息技术从事危害国家安全、破坏社会稳定、扰乱社会秩序、侵犯他人合法权益等法律法规禁止的活动，不得制作、发布、传播煽动颠覆国家政权、危害政治安全和社会稳定、网络谣言、淫秽色情，以及侵害他人名誉权、肖像权、隐私权、知识产权和其他合法权益等法律法规禁止的网络信息内容。

网络音视频信息服务使用者利用新技术新应用制作、发布、传播非真实音视频信息的，应当以显著方式予以标识，不得利用新技术新应用制作、发布、传播虚假新闻信息。转载音视频新闻信息的，应当依法转载国家规定范围内的单位发布的音视频新闻信息。

网络音视频信息服务提供者和网络音视频信息服务使用者违反本规定的，由网信、文化和旅游、广播电视等部门依照《网络安全法》《互联网信息服务管理办法》《互联网新闻信息服务管理规定》《互联网文化管理暂行规定》和《互联网视听节目服务管理规定》等相关法律法规处理；构成违反治安管理行为的，依法给予治安管理处罚；构成犯罪的，依法追究刑事责任。

二、《互联网直播服务管理规定》

互联网直播作为目前一种主要的娱乐方式，其最早的出现时间已经无从考证，不过，互联网直播首次出现在中国互联网络信息中心的统计报告中则是在其2002年1月发布的第九次《中国互联网络发展统计报告》，而中国互联网络信息中心随后发布的第十次《中国互联网络发展统计报告》则首次将网络直播单独作为"用户经常使用的网络服务"的一个统计项目，截至 2002 年 6 月 30 日，网络直播在用户经常使用的网络服务中占比为 4.4%。由此可以反映出互联网直播正在由萌芽阶段不断地发展，并逐渐吸引越来越多的用户目光。

网络直播从产生到发展至今，其定位大多为娱乐方式，尽管"互联网+"理念已提出多年，在线教育产业也在不断发展，但真正让大众重新认识网络直播却是 2020 年初疫情使得中小学、大学将课堂搬到线上，从事教育事业的老师们纷纷当起主播。可见网络直播绝不仅是"说唱逗笑"，还有"书声琅琅"。网络直播行业在快速发展的同时，也出现了许多问题，据国家网信办有关负责人介绍，互联网直播作为一种新型传播形式迅猛发展，但部分直播平台传播色情、暴力、谣言、诈骗等信息，违背社会主义核心价值观，特别是给青少年身心健康带来不良影响。还有的平台缺乏相关资质，违规开展新闻信息直播，扰乱正常传播秩序，必须予以规范。[1]为此，国家互联网信息办公室 2016 年 11 月 4 日发布了《互联网直播服务管理规定》，旨在促进互联网直播行业健康有序发展，弘扬社会主义核心价值观，维护国家利益和公共利益，为广大网民特别是青少年成长营造风清气正的网络空间。

《互联网直播服务管理规定》共 20 条，对互联网直播的概念、从事直播服务的资质以及直播平台的管理义务等作了规定，其中关于资质问题，该规定中提出"双资质"要求，即互联网直播服务提供者和互联网直播发布者在提供互联网新闻信息服务时，都应当依法取得互联网新闻信息服务资质，并在许可范围内开展互联网新闻信息服务。而关于平台的管理义务，该规定提出了具体的要求，包括先审后发、总编辑制、分级分类管理等。

（一）互联网直播服务相关概念解读

《互联网直播服务管理规定》分别对"互联网直播""互联网直播服务提供者""互联网直播服务使用者"三个概念进行了定义。

互联网直播，是指基于互联网，以视频、音频、图文等形式向公众持续发布实时信息的活动。根据该定义，互联网直播的界定包括 3 个关键点：首先，直播形式多样，既包括视频，也包括音频、图文，常见的如喜马拉雅、蜻蜓直播等音频直播软件都是纳入该规定的监管范围的；其次，直播对象是"公众"，这也意味着局限于特定群体的直播不在此列，比如公司内部会议直播；最后，实时性，这也是互联网直播最核心的特征，即直播活动画面及播出时间，应当和用户接收处于同一时间点，当然因网速及传输造成的一定的延时不影响其实时性。

互联网直播服务提供者，是指提供互联网直播平台服务的主体，也就是直播平台，比如映客直播、虎牙直播、斗鱼直播，等等。

互联网直播服务使用者，包括互联网直播发布者和用户。互联网直播发布者即指主播，由于主播是具体直播内容的发布者，因此，对其行为规范尤其重要。规定也明确要

---

〔1〕《国家网信办发布〈互联网直播服务管理规定〉》，载中国网信网。

求对互联网直播发布者建立信用等级管理体系。

（二）互联网直播服务相关主管部门

《互联网直播服务管理规定》明确网信部门负责全国互联网直播服务信息内容的监督管理执法工作，其中国家互联网信息办公室负责全国互联网直播服务信息内容的监督管理执法工作。地方互联网信息办公室依据职责负责本行政区域内的互联网直播服务信息内容的监督管理执法工作。国务院相关管理部门即广播电视管理部门、文化和旅游部门依据职责对互联网直播服务实施相应监督管理。

同时，《互联网直播服务管理规定》要求各级互联网信息办公室应当建立日常监督检查和定期检查相结合的监督管理制度，指导督促互联网直播服务提供者依据法律法规和服务协议规范互联网直播服务行为。

（三）互联网直播服务相关合规要求及法律责任

互联网直播服务管理对象为互联网直播服务提供者、发布者及用户，三者在互联网直播服务中承担着不同的角色，其所承担的合规义务也不相同。

对于服务提供者，一般有以下要求：

1. 资质要求

（1）一般资质。

互联网直播平台作为经营性网站，应当取得《增值电信业务经营许可证》（ICP 证）。同时，根据工业和信息化部发布的《电信业务类目录（2015 年版）》，互联网直播应当属于第二类增值电信业务中的信息服务业务（B25），根据分类目录，信息服务业务主要包括信息发布平台和递送服务、信息搜索查询服务、信息社区平台服务、信息即时交互服务、信息保护和处理服务等，互联网直播具体来说应当属于信息发布平台和递送服务，即建立信息平台，为其他单位或个人用户发布文本、图片、音视频、应用软件等信息提供平台的服务。因此，互联网直播平台应当取得此类 ICP 许可。

同时，如果直播平台存在打赏等涉及在线支付业务的，则属于第二类增值电信业务中的在线数据处理与交易处理业务（B21），即利用各种与公用通信网或互联网相连的数据与交易 / 事务处理应用平台，通过公用通信网或互联网为用户提供在线数据处理和交易 / 事务处理的业务，此时，应当取得此类 ICP 许可。

（2）特殊资质。

除了具备一般资质《增值电信业务经营许可证》，互联网直播内容的不同，其所需的资质也不相同。其所需的特殊资质主要包括以下几类：

第一，《网络文化经营许可证》。根据《互联网文化管理暂行规定》，从事经营性互联网文化活动的，应当取得《网络文化经营许可证》。比如提供文艺表演、网络游戏等文化产品技法展示或解说的直播，应该取得该资质。

第二，《信息网络传播视听节目许可证》。不同的直播内容，所需的《信息网络传播视听节目许可证》的类型也不一样，根据《互联网视听节目服务业务分类目录》，直播类型主要分为，第一类第（五）项重大政治、军事、经济、社会、文化、体育等活动、事件的实况视音频直播服务；第二类第（七）项一般社会团体文化活动、体育赛事等组织活动的实况视音频直播服务。

如果直播涉及新闻内容的，还需要取得《互联网新闻信息服务证》。

2. 内容管理义务

第一，直播平台应当配备审核人员，技术监管措施对其内容进行实时监管。发现网络表演含有违法违规内容时，应当立即停止提供服务，保存有关记录，并向相关监管部门报告。

第二，新闻内容先审后播：直播平台应对新闻直播内容及评论、弹幕实施先审后发管理，直播新闻的平台，应当设立总编辑。发布平台应确保新闻信息真实准确、客观公正。转载平台的新闻信息应当完整准确，并在显著位置注明来源，保证新闻信息来源可追溯。

第三，录播内容先审后播：向公众提供的非实时的网络表演音视频，包括用户上传的，应当严格实行先自审后上线。

3. 主播及用户管理义务

第一，落实实名制义务：比如，通过要求主播及用户使用有效的身份证件实名注册，对其身份进行核实。同时，直播平台应当注意保护个人信息。

第二，主播资质管理义务，如果直播内容涉及新闻，则除了平台应取得《互联网新闻信息服务许可证》外，主播也取得相应的服务资质，并在许可范围内从事新闻直播服务。

第三，主播、用户黑名单制度。直播平台应根据互联网直播的内容类别、用户规模等实施分级分类管理，建立主播信用等级管理体系，提供与信用等级挂钩的管理和服务。对于违反《互联网直播服务管理规定》及其他法律法规的主播和用户将其纳入黑名单，禁止重新注册账号。

4. 分类管理义务

分类管理：目前的直播按照内容进行监管，主要分为网络表演类、网络视听节目服务类和网络新闻类。如前所述，根据不同的内容，需要具备不同的资质要求。

5. 备案义务

第一，境外表演审批备案：外国或者港、澳、台的表演者开通表演频道，应当经文化部批准。并在境外表演者开展表演活动之日起 10 日内，将表演频道信息向文化部备案。

第二，开展重大政治、军事、经济、社会、文化、体育等活动、事件的实况直播前 5 天，开展一般社会团体文化活动、体育赛事等组织活动的实况直播前 48 小时，应将拟直播的具体活动相关信息报所在地省级新闻出版广电行政部门备案。

对于服务使用者而言，其在使用服务时应遵守以下义务：

1. 不从事违法活动的义务

互联网直播服务使用者不得利用互联网直播服务从事危害国家安全、破坏社会稳定、扰乱社会秩序、侵犯他人合法权益、传播淫秽色情等法律法规禁止的活动，不得利用互联网直播服务制作、复制、发布、传播法律法规禁止的网络信息内容。

2. 发布信息真实可靠义务

互联网直播发布者发布新闻信息，应当真实准确、客观公正。转载新闻信息应当完整准确，不得歪曲新闻信息内容，并在显著位置注明来源，保证新闻信息来源可追溯。

对于违反规定的服务提供者和使用者，可能被追究以下责任：

1. 行政法律责任

《互联网直播服务管理规定》第17条对直播平台以及主播的违法违规行为应当承担的行政责任，即互联网直播服务提供者和互联网直播发布者未经许可或者超出许可范围提供互联网新闻信息服务的，由国家和省、自治区、直辖市互联网信息办公室依据《互联网新闻信息服务管理规定》予以处罚。对于违反本规定的其他违法行为，由国家和地方互联网信息办公室依据职责，依法予以处罚。

2. 刑事法律责任

网络直播行为如果构成犯罪的，依法追究刑事责任。《互联网信息服务管理办法》第15条规定了互联网"九不准"，包括不得危害国家安全，泄露国家秘密，颠覆国家政权，破坏国家统一；不得散布淫秽、色情、赌博、暴力、凶杀、恐怖或者教唆犯罪等。实践中，互联网直播平台经常出现淫秽、色情等违规内容，该行为不仅违反了网络监管规定，而且可能触犯刑法，实践中亦有不少平台负责人、主播被判入狱的案例。

3. 民事法律责任

如果直播行为违反《著作权法》《民法典》等规定的，则需要依法承担民事责任。实践中存在很多直播平台被判承担民事责任的案例。而该风险一方面来自平台自身实施侵权行为，另一方面则来自主播以及主播外的用户，在后者存在违法违规行为时，直播平台存在过错时需要负相应的法律责任。

第五节　新闻类网络信息内容服务管理制度

近年来，互联网新闻信息服务发展迅速，丰富了人民群众的网络生活，但同时也出现了非法网络公关、虚假新闻等行为，严重侵害了用户合法权益，需要完善立法加以规范。2005年《互联网新闻信息服务管理规定》公布实施以来，国家先后制定修订了《网络安全法》等多部法律法规。《互联网新闻信息服务管理规定》作为网信部门监督管理的直接依据，需要严格依照上位法的规定设定相关制度，对不符合上位法规定的制度进行调整。随着互联网行业的迅猛发展，新技术新应用不断涌现。微博、微信、客户端等出现和普及，改变了2005年《互联网新闻信息服务管理规定》主要立足于"门户网站"时代的制定背景。根据部门职责调整，互联网新闻信息服务的管理部门已经由"国务院新闻办公室"调整为"国家互联网信息办公室"。同时，为了应对互联网新闻信息服务迅速发展的形势，需要将原来的国家和省、自治区、直辖市两级管理体制，调整为三级或四级管理体制，充分发挥地方互联网信息办公室的属地管理作用。[1]出于上述四方面的需要，即适应促进发展和规范管理的需要，适应深入推进依法行政的需要，适应互联网信息技术及应用迅猛发展的需要，以及适应管理体制机制调整的需要，2017年5月2日，国家互联网信息办公室发布新的《互联网新闻信息服务管理规定》，自2017年6月1日开始施行。《互联网新闻信息服务管理规定》（2017年）分为总则、许可、运行、监督检查、法律责任和附则六章，共29条。该规定系国家互联网信息办公室第1号令，是目前国家互联网信息办公室依法管理互联网新闻信息服务的主要依据。

一、《互联网新闻信息服务管理规定》

为进一步提高互联网新闻信息服务许可管理规范化、科学化水平，促进互联网新闻信息服务健康有序发展，根据《行政许可法》《互联网新闻信息服务管理规定》，国家互联网信息办公室还于2017年5月出台了《互联网新闻信息服务许可管理实施细则》，与《互联网新闻信息服务管理规定》（2017年）同步施行。

目前，互联网新闻信息服务的合规依据，除了《互联网新闻信息服务管理规定》（2017年）之外，主要有《网络安全法》《互联网信息服务管理办法》《国务院对确需保留的行政审批项目设定行政许可的决定》等。《网络安全法》对用户真实身份登记、个人信息保护、违法信息处置等作了规定；《互联网信息服务管理办法》对日常运行管理作了规定；《国务院对确需保留的行政审批项目设定行政许可的决定》对互联网新闻信息服务许可管理作了具体规定。《互联网新闻信息服务管理规定》（2017年）是《网络安全法》的重要配套措施之一。

《互联网新闻信息服务管理规定》（2017年）的前身是2005年9月25日国务院新闻办公室和原信息产业部联合颁布的《互联网新闻信息服务管理规定》。《互联网新闻信息服务管理规定》（2005年）对互联网新闻信息服务单位的设立、服务规范、监督管理和法律责任等作出了规定，对于规范我国互联网新闻信息服务活动、促进互联网新闻信息服务健康有序发展发挥了积极的作用。但是，随着互联网技术及应用的快速发展，《互联网新闻信息服务管理规定》（2005年）的一些制度已不适应互联网新闻信息服务发展和管理的实际，需要及时修订。为加强互联网信息内容管理，促进互联网新闻信息服务健康有序发展，根据《中华人民共和国网络安全法》《互联网信息服务管理办法》《国务院关于授权国家互联网信息办公室负责互联网信息内容管理工作的通知》，国家互联网信息办公室制定了《互联网新闻信息服务管理规定》（2017年）。

（一）互联网新闻信息服务相关概念解读

《互联网新闻信息服务管理规定》（2017年）中定义了三个概念，即"新闻信息""互联网新闻信息服务""新闻单位"。

新闻信息，包括有关政治、经济、军事、外交等社会公共事务的报道、评论，以及有关社会突发事件的报道、评论。

---

〔1〕《国家互联网信息办公室有关负责人就〈互联网新闻信息服务管理规定〉答记者问》，载中国网信网。

互联网新闻信息服务，包括互联网新闻信息采编发布服务、转载服务、传播平台服务。

新闻单位，是指依法设立的报刊社、广播电台、电视台、通讯社和新闻电影制片厂。

（二）互联网新闻信息服务相关主管部门

国家互联网信息办公室负责全国互联网新闻信息服务的监督管理执法工作。地方互联网信息办公室依据职责负责本行政区域内互联网新闻信息服务的监督管理执法工作。

国家和地方互联网信息办公室应当建立日常检查和定期检查相结合的监督管理制度，依法对互联网新闻信息服务活动实施监督检查，有关单位、个人应当予以配合。

国家和地方互联网信息办公室应当健全执法人员资格管理制度。执法人员开展执法活动，应当依法出示执法证件。

任何组织和个人发现互联网新闻信息服务提供者有违反本规定行为的，可以向国家和地方互联网信息办公室举报。

国家和地方互联网信息办公室应当向社会公开举报受理方式，收到举报后，应当依法予以处置。互联网新闻信息服务提供者应当予以配合。

国家和地方互联网信息办公室应当建立互联网新闻信息服务网络信用档案，建立失信黑名单制度和约谈制度。国家互联网信息办公室会同国务院电信、公安、新闻出版广电等部门建立信息共享机制，加强工作沟通和协作配合，依法开展联合执法等专项监督检查活动。

（三）互联网新闻信息服务相关合规要求及法律责任

1. 互联网信息新闻服务许可合规要求

为了适应新的管理需要，《互联网新闻信息服务管理规定》（2017 年）对许可管理事项作出了较大的调整，许可类别、条件、程序等均发生了变化。为了规定颁布以后互联网新闻信息服务许可管理工作的顺利实施，国家互联网信息办公室出台了《互联网新闻信息服务许可管理实施细则》与其同步施行。

（1）许可对象合规。

根据《互联网新闻信息服务管理规定》（2017 年）第 5 条第 1 款，通过互联网站、应用程序、论坛、博客、微博客、公众账号、即时通信工具、网络直播等形式向社会公众提供互联网新闻信息服务，应当取得互联网新闻信息服务许可，禁止未经许可或超越许可范围开展互联网新闻信息服务活动。这一规定适应信息技术应用发展的实际，将新媒体、自媒体、社交网站等转载、发布新闻信息纳入规范管理，建立了互联网新闻信息服务的行政许可制度。

（2）许可类别合规。

互联网新闻信息服务，包括互联网新闻信息采编发布服务、转载服务、传播平台服务。（见表 8-1）

表 8-1　互联网新闻信息服务许可类别

许可类别	含义	申请主体	说明
互联网新闻信息采编发布服务	对新闻信息进行采集、编辑、制作并发布	限定为新闻单位（含其控股的单位）	获准提供互联网新闻信息采编发布服务的，可以同时提供互联网新闻信息转载服务
转载服务	选择、编辑并发布其他主体已发布新闻信息	主要是新闻单位（含其控股的单位）以外的其他法人单位	取得该类许可的只能提供转载服务，不能进行新闻信息采编发布服务
传播平台服务	为用户传播新闻信息提供平台	主要是指微博客、即时通信工具等传播平台	获准提供互联网新闻信息传播平台服务，拟同时提供采编发布服务、转载服务的，应当依法取得互联网新闻信息采编发布、转载服务许可

（3）互联网新闻信息服务安全评估合规。

根据《互联网新闻信息服务管理规定》（2017年）第17条第2款，应用新技术、调整增设具有新闻舆论属性或社会动员能力的应用功能，应当报国家或省、自治区、直辖市互联网信息办公室进行互联网新闻信息服务安全评估。

2017年10月30日，国家互联网信息办公室公布《互联网新闻信息服务新技术新应用安全评估管理规定》，该规定自2017年12月1日起施行。这一规定是《网络安全法》和《互联网新闻信息服务管理规定》的配套规定，其宗旨是规范开展互联网新闻信息服务新技术新应用安全评估工作，维护国家安全和公共利益，保护公民、法人和其他组织的合法权益。出台专门规范互联网新闻信息服务新技术新应用安全评估的管理规定，主要基于以下三个方面的考虑：

一是适应深入推进网络信息安全管理的需要。《网络安全法》已经颁布实施，明确规定了网络运行和信息安全管理有关制度要求。建立新技术新应用安全评估制度，制定《互联网新闻信息服务新技术新应用安全评估管理规定》，是落实《网络安全法》，加强网络信息安全管理的需要。

二是适应促进互联网新闻信息服务健康有序发展的需要。新技术新应用安全评估是指导互联网新闻信息服务提供者建立健全信息安全管理制度和技术措施的重要途径，有利于推动互联网新闻信息服务行业健康发展。《互联网新闻信息服务新技术新应用安全评估管理规定》的出台细化了新技术新应用安全评估的具体要求，有利于进一步加强工作指导和规范。

三是适应互联网新技术新应用安全风险防范的需要。互联网新技术新应用蓬勃涌现，给国家经济社会带来巨大发展机遇，便利了人民群众的信息沟通和文化交流，但同时社交网络、自媒体、即时通信工具、搜索引擎、网络直播等新技术新应用被一些不法人员利用，作为发布、传播违法违规信息，实施网络违法犯罪活动的工具，扰乱互联网新闻信息传播秩序，严重损害公民、法人和其他组织合法权益，亟须依法推动服务提供者主动健全安全保障措施能力，提升安全风险预警防范效果。[1]

---

〔1〕《国家互联网信息办公室有关负责人就〈互联网新闻信息服务新技术新应用安全评估管理规定〉答记者问》，载中国网信网。

新技术新应用安全评估报告载明的意见认为新技术新应用存在信息安全风险隐患，未能配套必要的安全保障措施手段的，互联网新闻信息服务提供者应当及时进行整改，直至符合法律法规规章等相关规定和国家强制性标准相关要求。在整改完成前，拟调整增设的新技术新应用不得用于提供互联网新闻信息服务。

服务提供者拒绝整改，或整改后未达到法律法规规章等相关规定和国家强制性标准相关要求，而导致不再符合许可条件的，由国家和省、自治区、直辖市互联网信息办公室依据《互联网新闻信息服务管理规定》（2017年）第23条的规定，责令服务提供者限期改正；逾期仍不符合许可条件的，暂停新闻信息更新；《互联网新闻信息服务许可证》有效期届满仍不符合许可条件的，不予换发许可证。

2. 约谈制度

2015年4月28日，国家互联网信息办公厅发布《互联网新闻信息服务单位约谈工作规定》（以下简称"约谈十条"），自2015年6月1日起实施。出台"约谈十条"旨在更好地规范行政行为，依法行政，推动约谈工作进一步程序化、规范化，更好地促进互联网新闻信息服务单位依法办网、文明办网。

"约谈十条"对约谈的行政主体、行政相对人、实施条件、方式、程序等作了明确规定。

约谈是指国家互联网信息办公室、地方互联网信息办公室在互联网新闻信息服务单位发生严重违法违规情形时，约见其相关负责人，进行警示谈话、指出问题、责令整改纠正的行政行为。

互联网新闻信息服务单位有下列情形之一的，国家互联网信息办公室、地方互联网信息办公室可对其主要负责人、总编辑等进行约谈（见表8-2）：

表8-2　约谈的九种情形

序号	具体情形
1	未及时处理公民、法人和其他组织关于互联网新闻信息服务的投诉、举报情节严重的
2	通过采编、发布、转载、删除新闻信息等谋取不正当利益的
3	违反互联网用户账号名称注册、使用、管理相关规定情节严重的
4	未及时处置违法信息情节严重的
5	未及时落实监管措施情节严重的
6	内容管理和网络安全制度不健全、不落实的
7	网站日常考核中问题突出的
8	年检中问题突出的
9	其他违反相关法律法规规定需要约谈的情形

国家互联网信息办公室、地方互联网信息办公室对互联网新闻信息服务单位实施约谈，应当提前告知约谈事由，并约定时间、地点和参加人员等。国家互联网信息办公室、地方互联网信息办公室实施约谈时，应当由两名以上执法人员参加，主动出示证件，并记录约谈情况。国家互联网信息办公室、地方互联网信息办公室履行约谈职责

时，互联网新闻信息服务单位应当予以配合，不得拒绝、阻挠。

国家互联网信息办公室、地方互联网信息办公室通过约谈，及时指出互联网新闻信息服务单位存在的问题，并提出整改要求。互联网新闻信息服务单位应当及时落实整改要求，依法提供互联网新闻信息服务。国家互联网信息办公室、地方互联网信息办公室应当加强对互联网新闻信息服务单位的监督检查，并对其整改情况进行综合评估，综合评估可以委托第三方开展。

二、《具有舆论属性或社会动员能力的互联网信息服务安全评估规定》

为加强对具有舆论属性或社会动员能力的互联网信息服务和相关新技术新应用的安全管理，规范互联网信息服务活动，维护国家安全、社会秩序和公共利益，国家互联网信息办公室和公安部于 2018 年 11 月 15 日发布《具有舆论属性或社会动员能力的互联网信息服务安全评估规定》，并于 2018 年 11 月 30 日起施行。规定明确了具有舆论属性或社会动员能力的互联网信息服务的定义，包括开办论坛、博客、微博客、聊天室、通讯群组、公众账号、短视频、网络直播、信息分享、小程序等信息服务或者附设相应功能，以及开办提供公众舆论表达渠道或者具有发动社会公众从事特定活动能力的其他互联网信息服务。此外，规定还要求互联网信息服务提供者在信息服务上线或增设相关功能、使用新技术新应用导致舆论属性或社会动员能力发生重大变化、用户规模显著增加等情况下，应当依照本规定自行开展安全评估，并对评估结果负责。

（一）具有舆论属性或社会动员能力的互联网信息服务相关概念解读

具有舆论属性或社会动员能力的互联网信息服务，包括下列情形：

（1）开办论坛、博客、微博客、聊天室、通讯群组、公众账号、短视频、网络直播、信息分享、小程序等信息服务或者附设相应功能；

（2）开办提供公众舆论表达渠道或者具有发动社会公众从事特定活动能力的其他互联网信息服务。

（二）具有舆论属性或社会动员能力的互联网信息服务相关主管部门

具有舆论属性或社会动员能力的互联网信息服务安全评估的主管部门是所在地地市级以上网信部门和公安机关。

（三）具有舆论属性或社会动员能力的互联网信息服务相关合规要求及法律责任

1. 自行评估与委托评估

（1）自行评估情形。

互联网信息服务提供者具有下列情形之一的，应当依照本规定自行开展安全评估，并对评估结果负责：

一是具有舆论属性或社会动员能力的信息服务上线，或者信息服务增设相关功能的；

二是使用新技术新应用，使信息服务的功能属性、技术实现方式、基础资源配置等发生重大变更，导致舆论属性或者社会动员能力发生重大变化的；

三是用户规模显著增加，导致信息服务的舆论属性或者社会动员能力发生重大变

化的;

四是发生违法有害信息传播扩散,表明已有安全措施难以有效防控网络安全风险的;

五是地市级以上网信部门或者公安机关书面通知需要进行安全评估的其他情形。

(2)委托评估情形。

互联网信息服务提供者可以自行实施安全评估,也可以委托第三方安全评估机构实施。

2. 合规要求

(1)安全评估重点。

互联网信息服务提供者开展安全评估,应当对信息服务和新技术新应用的合法性,落实法律、行政法规、部门规章和标准规定的安全措施的有效性,防控安全风险的有效性等情况进行全面评估,并重点评估下列内容:

一是确定与所提供服务相适应的安全管理负责人、信息审核人员或者建立安全管理机构的情况;

二是用户真实身份核验以及注册信息留存措施;

三是对用户的账号、操作时间、操作类型、网络源地址和目标地址、网络源端口、客户端硬件特征等日志信息,以及用户发布信息记录的留存措施;

四是对用户账号和通讯群组名称、昵称、简介、备注、标识,信息发布、转发、评论和通讯群组等服务功能中违法有害信息的防范处置和有关记录保存措施;

五是个人信息保护以及防范违法有害信息传播扩散、社会动员功能失控风险的技术措施;

六是建立投诉、举报制度,公布投诉、举报方式等信息,及时受理并处理有关投诉和举报的情况;

七是建立为网信部门依法履行互联网信息服务监督管理职责提供技术、数据支持和协助的工作机制的情况;

八是建立为公安机关、国家安全机关依法维护国家安全和查处违法犯罪提供技术、数据支持和协助的工作机制的情况。

(2)书面审查与现场检查。

一是书面审查。地市级以上网信部门和公安机关应当依据各自职责对安全评估报告进行书面审查。发现安全评估报告内容、项目缺失,或者安全评估方法明显不当的,应当责令互联网信息服务提供者限期重新评估。发现安全评估报告内容不清的,可以责令互联网信息服务提供者补充说明。

二是现场检查。网信部门和公安机关根据对安全评估报告的书面审查情况,认为有必要的,应当依据各自职责对互联网信息服务提供者开展现场检查。网信部门和公安机关开展现场检查原则上应当联合实施,不得干扰互联网信息服务提供者正常的业务活动。

（3）法律责任。

具有舆论属性或社会动员能力的互联网信息服务提供者拒不按照本规定开展安全评估的，网信部门和公安机关发现有权通过全国互联网安全管理服务平台向公众提示该互联网信息服务存在安全风险，并依照各自职责对该互联网信息服务实施监督检查，发现存在违法行为的，依法处理。

《具有舆论属性或社会动员能力的互联网信息服务安全评估规定》的出台是对既有法律法规的进一步落实和细化，旨在加强互联网信息服务和相关新技术新应用的安全管理，规范互联网信息服务活动，维护国家安全、社会秩序和公共利益。该规定以问题关注为重点，以相关法律法规为依据，明确了相关互联网信息服务单位和管理部门的职责义务范围，以及安全评估内容、过程、规范和机制建设要求等，充分体现了依法治网的理念精神。该规定是对互联网传播管理制度建设的深化和完善，对于清晰各方主体责任、强化服务提供者安全服务义务、增强广大用户使用互联网的规范意识和责任意识都具有重要意义。互联网信息服务提供者应对评估结果负责，并围绕安全管理、内容审核等基本机制推进相关机制建设。规定进一步明确了具有舆论属性或社会动员能力的互联网信息服务提供者的信息安全管理义务，以自我评估来督促其落实主体责任，从而实现有效防控信息安全风险的目的。[1]

重要名词术语

互联网信息服务、具有舆论属性或社会动员能力的互联网信息服务

思考题

1. 在实施实名制的过程中，如何确保用户的隐私不被侵犯？请讨论实名制对于个人信息安全的影响，并提出你认为的解决方案，以实现实名制与用户隐私保护之间的平衡。

2. 在《网络信息内容生态治理规定》的框架下，如何平衡政府监管、企业自律、社会监督和网民参与这四大主体在网络信息内容治理中的作用和责任？请结合实际案例，分析各主体在网络治理中可能面临的挑战和机遇，并提出您认为的优化策略。

3. 《互联网用户账号名称管理规定》要求互联网服务提供商加强审核义务，确保用户账号名称的合法性。请分析在实际操作中，服务提供商可能面临的挑战，包括技术难题、人力资源需求、用户合作程度等。同时，讨论如何通过技术创新和管理优化来克服这些挑战，提高账号管理的效率和效果。

4. 《微博客信息服务管理规定》对微博内容提出了一系列规范要求，旨在打击违法和不良信息。请讨论这些规定如何在保障用户言论自由和创作自由的同时，有效监管和

---

〔1〕《〈具有舆论属性或社会动员能力的互联网信息服务安全评估规定〉发布规范互联网信息服务行为》，载中国网信网。

过滤有害信息。分析在实际操作中，如何界定和管理"不良信息"的界限，以及如何避免过度审查。

5. 在《网络音视频信息服务管理规定》中，如何平衡深度伪造技术的创新潜力与其可能带来的法律风险？

6.《互联网直播服务管理规定》在加强网络直播内容监管方面采取了哪些关键措施？

7. 在《互联网新闻信息服务管理规定》的框架下，新媒体平台在发布新闻信息时需要承担哪些责任？请结合规定内容，分析新媒体平台如何确保所发布新闻的真实性和合法性，并探讨在实际操作中可能遇到的挑战及应对策略。

8.《具有舆论属性或社会动员能力的互联网信息服务安全评估规定》中，对于平台责任和内容管理提出了哪些具体要求？请结合规定内容，分析这些要求如何影响互联网平台的运营策略和用户行为。

典型案例分析

案例一

2020 年 3 月，山东省网信办会同山东省通信管理局对"A 影院"等涉嫌传播淫秽色情视频的网站依法予以关闭。2020 年 4 月，江苏省网信办会同江苏省通信管理部门依法关闭、注销"B 视频在线"等传播淫秽色情低俗视频的网站。

"A 影院""B 视频在线"等网络音视频信息服务提供者违反《网络音视频信息服务管理规定》，传播淫秽色情视频，由有关主管部门依照《网络安全法》《互联网信息服务管理办法》《网络信息内容生态治理规定》等相关法律法规规定予以处理。

案例二

2017 年 8 月，韦某与阮某合谋以经营直播平台牟利，两人出资在深圳成立公司，在未取得网络直播许可的情况下推出直播平台，并先后聘请黄某、刘某、林某、肖某担任技术员开发直播软件，聘请向某担任平台客服负责认证主播及直播间巡查。2017 年 8 月，该公司首先推出直播平台，2018 年 2 月，该平台因大肆宣传有害信息被国家网信办通报而关停，后又因直播平台允许淫秽直播被查获。经对从网络直播平台提取的 13 段直播视频进行鉴定，均为淫秽物品。

该平台为逃避监管，不断更换"马甲"。同时，为了不断吸引新用户以谋取更大利益，韦某和阮某决定不断更换直播平台的"马甲"，先后更名为"暧昧""媚娘""爱美人"，每次更换"马甲"时先通过允许尺度不限的淫秽直播方式来提升注册会员数。2019 年 4 月 23 日，被告人韦某等 7 人因犯传播淫秽物品牟利罪，被司法机关判处有期徒刑 1 年至 1 年 4 个月不等刑罚，并处人民币 3000 元至 1 万元不等罚金。

案例三　A 文化传媒有限公司诉 B 网络科技有限公司著作权侵权及不正当竞争纠纷

2014 年，A 文化传媒有限公司（以下简称 A 公司）与游戏运营商签订战略合作协议，共同运营 2015 年 DOTA2 亚洲邀请赛。A 公司通过协议约定获得该赛事在中国大陆地区的独家视频转播权。B 网络科技有限公司（以下简称 B 公司）未经授权，以通过客户端旁观模式截取赛事画面配以主播点评的方式实时直播涉案赛事。法院判决认为，B 公司未经授权许可，擅自对网络游戏赛事进行实时直播，免费坐享他人投资并组织运营赛事所产生的商业成果，为自己谋取商业利益和竞争优势，其实际上是一种"搭便车"行为，构成不正当竞争，最终判决 B 公司赔偿 110 万元。

案例四

2018 年 2 月 14 日，冯某在 X 鱼直播时，播放了半首歌曲《恋人心》，中国音乐著作权协会将 X 鱼告上法院。2018 年 12 月 27 日，北京互联网法院公开宣判，认定冯某构成侵权行为，判决 X 鱼向中国音乐著作权协会赔偿经济损失 2000 元及因诉讼支出的合理费用 3200 元。

在网络直播侵权纠纷中，通常分为两种情况，第一种是平台自己实施侵权，比如案例三中，B 公司通过客户端旁观模式截取赛事画面配以主播点评的方式实时直播涉案赛事，此种情况下由直播平台承担责任。第二种是主播实施侵权行为导致的纠纷，特别是一些秀场直播，通常会播放他人的音乐作品，或者翻唱经典音乐，此时主播的行为构成著作权侵权。而平台对此是否需要承担责任，则需要从平台是否存在相应的过错以及权利义务是否一致等进行判断，比如在本案例中，主播在直播过程中播放了歌曲《恋人心》，法院认为，虽然主播是视频的制作者和上传者，但是其并不享有对视频的知识产权，根据权利和义务相一致的原则，其不应是侵权主体。X 鱼作为视频的权利人，对直播成果的合法性负有注意义务和审核义务，应承担侵权责任。

案例五

2013 年 11 月，因登载网络淫秽色情信息，海南省文化市场行政执法部门对某网站处以罚款 1 万元的行政处罚，并责令其进行深入整改。该网站全面清查淫秽色情及低俗网络出版物，删除帖文、博客 75 篇，封杀注销传播违规内容的用户 17 个。

网络论坛的兴起与发展在很大程度上归因于互联网的自由与开放，但这种自由与开放又会成为滋生淫秽色情、虚假广告、侮辱诽谤等违法违规信息的温床。违法违规信息能够为论坛带来的巨额流量导致论坛运营方疏于管理，加之网络论坛相关管理规范的不成熟，造成违法违规信息屡禁不止，严重破坏了互联网信息传播秩序和互联网论坛社区市场秩序。对于网络论坛违法违规信息的治理，完善网络安全法律规范体系与加大网络平台执法力度缺一不可。网络社区论坛在自我合规过程中，要加大网站对内容的审核力度，应安排专人每日检查首页和专题，强化对链接信息的内容审查，防止传播不良信息。

案例六

2018 年 5 月，北京公安、网安部门调查发现，某网络问答社区中以提出问题或自问自答等方式传播违法信息问题突出，涉及求购枪支、非法代开发票、网络招嫖、贩卖公民个人信息、制贩假证、兜售考试作弊工具等7类违法信息。公安机关依法对该网站予以行政处罚，责令其限期改正，全面清理违法信息。

网络论坛的发展具有高自由度、强交互性的特点。作为一种开放的信息交流场所，网络社区论坛里的用户也是鱼龙混杂。因此，对网络社区论坛的监管不容松懈，需要有关部门从制度建设和执法措施等多层面入手，解决不良信息传播、达成监管目标。

案例七

2017年7月，微博上"12岁女孩被两教师强奸"的虚假新闻在未经证实的情况下，迅速被网民关注与转发，并一度成为微博热点话题，不明真相的网民们还对两位教师人身攻击。导致受害者电话、住址被"人肉"出来，直到官方证实其虚假性后，谣言才得以平息。网络传播作为信息传播的主要渠道，网民可以在自媒体平台以个人的名义发布并跟帖评论新闻消息。网信办出台《互联网跟帖评论服务管理规定》旨在对网络舆论进行管理。落实实名制的要求，一定程度上能够约束和规范网络谣言。

尽管2011年《北京市微博客管理规定》实施之后，新浪微博以及其他博客平台就在次年3月正式要求新注册用户进行实名验证，但直到网信办发布《互联网跟帖评论服务管理规定》后，各平台才对未认证真实身份信息的用户实施禁止跟帖、评论的措施，这意味着对全面落实实名制的要求更加严格。2017年9月，新浪微博要求所有用户需实名认证，否则无法发送评论及新的微博。

案例八

2019年6月26日晚，一篇曝光贵州毕节、凯里两地幼儿园和福利院有未成年儿童被性侵的帖子迅速引起社会的巨大关注。据新浪舆情通大数据平台统计，两天的时间全网的信息量达63万条，话题阅读量为14.7亿次，讨论量为32.9万条。经警方排查，此事件系发帖人赵某某从网上收集编造。警方已对其依法采取强制措施。

互联网时代，人们可以快速获取海量的信息，事件的真实性往往会让位于情绪，在此次事件中，造谣者利用网民的同情心激化公众的情绪，使得很多人不会去判断事件的真假，从而盲目跟帖评论引起舆论的发酵。本身造谣者的行为已经违反了《互联网跟帖评论服务管理规定》第7条："跟帖评论服务提供者和用户不得利用软件、雇佣商业机构及人员等方式散布信息，干扰跟帖评论正常秩序，误导公众舆论。"事件中的赵某某存在传播虚假谣言误导公众舆论的行为。

虚假信息传播账号第一时间注销账号的行为符合《互联网跟帖评论服务管理规定》第8条的处理方式："跟帖评论服务提供者对发布违反法律法规和国家有关规定的信息内容的，应当及时采取警示、拒绝发布、删除信息、限制功能、暂停更新直至关闭账号等措施，并保存相关记录。"

本案中，行为人若系主观故意，无论是故意编造虚假的信息进行传播，还是明知是虚假的信息而进行传播的，都构成犯罪行为。若虚假信息最终造成严重扰乱社会公共秩序的，根据《刑法》第 291 条之一第 2 款规定："编造虚假的险情、疫情、灾情、警情，在信息网络或者其他媒体上传播，或者明知是上述虚假信息，故意在信息网络或者其他媒体上传播，严重扰乱社会秩序的，处 3 年以下有期徒刑、拘役或者管制；造成严重后果的，处 3 年以上 7 年以下有期徒刑。"

案例九 A 网宣布停更 PC 端内容 6 天，所有平台内容全面彻底整改

2019 年 4 月，A 网因违反《网络安全法》《互联网信息服务管理办法》《互联网新闻信息服务管理规定》等相关法律法规，严重危害互联网信息传播秩序。经巡查发现，B 公司在未获得互联网新闻信息服务资质的情况下，违规登载新闻信息，且内容导向存在偏差，扰乱网络信息传播秩序。某市网信办依据相关法律法规，约谈 A 网负责人，责令其停止违法违规行为，开展全面深入整改。同时根据前期执法调查结果，某市网信办依法对 B 公司作出罚款的处罚决定。

从事新闻、出版、教育、医疗保健、药品和医疗器械等互联网信息服务，须经过"两步走"。第一步，应依法取得新闻、出版、教育、医疗保健、药品和医疗器械等有关主管部门审核同意。第二步，拟从事经营性互联网信息服务，应当向省、自治区、直辖市电信管理机构或者国务院信息产业主管部门申请办理互联网信息服务增值电信业务经营许可证。拟从事非经营性互联网信息服务，应当向省、自治区、直辖市电信管理机构或者国务院信息产业主管部门办理备案手续。未取得许可或者未履行备案手续的，不得从事互联网信息服务，否则应当承担相应法律责任。

案例十

2017 年 8 月 17 日，某省网信办经核查，发现 A 网部分店铺存在售卖破坏计算机信息系统工具、售卖违禁管制物品、贩卖非法 VPN 工具、贩卖网络账号等突出问题；B 网存在导向不正、低俗恶搞等有害信息等问题。上述平台和网站未能切实履行网上信息内容管理主体责任，未能对用户发布的禁止性信息尽到监管义务，违反了《网络安全法》《互联网信息服务管理办法》《互联网用户账号名称管理规定》等法律法规。某省网信办责令 5 家网站立即开展自查自纠，全面清理有害信息，关闭相应违规账号，要求网站尽快健全信息审核、应急处置、技术支撑等方面的制度机制并限期提交整改报告。对 A 网提出警告，责令其举一反三，全面整改，下架违法违规商品，对违法违规店铺进行严肃处理。责令 B 网全面开展专项检查，暂停有关系统运行，严肃追究有关人员责任。

"九不准"是《互联网信息服务管理办法》明令禁止在网络传播的九类信息，互联网信息服务提供者不得制作、复制、发布、传播这九类信息，平台经审查发现后，应当立即停止传输，保存有关记录，并向国家有关机关报告。违法信息审查合规是互联网企业信息合规的重中之重，《网络安全法》《互联网信息服务管理办法》《互联网新闻信息服务管理规定》等法律法规都有明确规定。因此，互联网企业应积极建章立制、招聘信息合规人员或是采取技术筛除措施，有效隔离、防范平台内违法违规信息，以免因平台内违法信息传播使企业承担不利。

案例十一

"某梁工作站""某西都市频道"两款微信公众号在未取得互联网新闻信息服务许可的情况下，违规采编转载新闻信息，存在大肆征集爆料线索、违规采编虚假不实新闻信息、拒不服从网信部门约谈整改等违规行为。"这里是 A"搜狐账号（个人注册），冒用 A 市广播电视台"这里是 A"官方微信公众号标识，大肆抄袭新闻内容，违规发布转载新闻信息，扰乱互联网信息传播秩序。山西省网信办协调账号服务平台依据有关用户协议，对"某梁工作站""某西都市频道"微信公众号和"这里是 A"搜狐号予以处置。

"某梁工作站""某西都市频道"微信公众号和"这里是 A"搜狐号传播不良及违法信息，违反《网络安全法》《互联网信息服务管理办法》《互联网新闻信息服务管理规定》等相关法律法规规定，对网络生态造成不良影响，由相关主管部门协同网络信息内容服务平台予以处置。

案例十二 国家互联网信息办公室就"血友病吧"事件约谈 B 公司负责人

2016 年 1 月 15 日，国家互联网信息办公室针对 B 贴吧存在违法违规信息及商业化运作管理混乱、部分搜索结果有失客观公正、B 公司新闻炒作渲染暴力恐怖等有害信息的突出问题，约谈了 B 公司负责人。B 公司负责人表示将认真反省公司管理失责问题，并将就"血友病吧"一事再次向网民作出说明，全面整改。

国家互联网信息办公室相关负责人指出，近期中国互联网违法和不良信息举报中心接到大量涉 B 贴吧的举报。经核查发现，部分贴吧存在政治有害、淫秽色情、虚假广告、血腥暴力、侮辱诽谤、泄露个人隐私等违法违规信息，严重污染网络环境，严重影响青少年身心健康。"B 出卖血友病吧"事件引发广大网民谴责。此外，B 还存在部分搜索结果有失客观公正、B 新闻炒作渲染暴力恐怖等有害信息问题，破坏了正常的网络传播秩序，损害了公共利益，侵犯了网民权益，扰乱了社会秩序，造成不良社会影响。

国家互联网信息办公室责令 B 公司依据《全国人大常委会关于加强网络信息保护的决定》《互联网信息服务管理办法》《互联网新闻信息服务管理规定》《互联网用户账号名称管理规定》等法律法规，立即采取有效措施进行整改，同时要求 B 公司切实强化主体责任，履行社会责任，加强内部管理和自律，健全完善信息安全管理机制，并要求北京市网信办按照属地管理原则，依法依规对 B 公司予以处罚。B 公司负责人在约谈中表示已充分认识到自身管理存在的严重不足和所造成的不良社会影响，将立即按照要求进行整改。通过本次约谈，国家互联网信息办公室有效加强了对互联网新闻信息服务单位的指导监督，有利于互联网新闻服务企业和行业的健康、长足发展。

第九章　人工智能法

【内容提示】

国务院 2017 年印发的《新一代人工智能发展规划》深刻指出，人工智能的迅速发展将深刻改变人类社会生活、改变世界。经过 60 多年的演进，特别是在移动互联网、大数据、超级计算、传感网、脑科学等新理论新技术以及经济社会发展强烈需求的共同驱动下，人工智能加速发展，呈现出深度学习、跨界融合、人机协同、群智开放、自主操控等新特征。人工智能作为新一轮产业变革的核心驱动力，将进一步释放历次科技革命和产业变革积蓄的巨大能量，并创造新的强大引擎，重构生产、分配、交换、消费等经济活动各环节，形成从宏观到微观各领域的智能化新需求，催生新技术、新产品、新产业、新业态、新模式，引发经济结构重大变革，深刻改变人类生产生活方式和思维模式，实现社会生产力的整体跃升。但与此同时，人工智能是影响面广的颠覆性技术，可能带来改变就业结构、冲击法律与社会伦理、侵犯个人隐私、挑战国际关系准则等问题，将对政府管理、经济安全和社会稳定乃至全球治理产生深远影响。在大力发展人工智能的同时，必须高度重视其可能带来的安全风险挑战，加强前瞻预防与约束引导，最大限度降低风险，确保人工智能安全、可靠、可控发展。本章从人工智能法的功能及其关注入手，阐明了在权力维度、技术维度和公平维度的核心立法关注。在剖析域外和我国人工智能政策立法发展进路的基础上，介绍了人工智能伦理治理制度、算法推荐管理制度、深度合成管理制度和生成式人工智能管理制度等基础性法律制度的相关规范性内容。

第一节　人工智能法导论

一、人工智能法的功能及其关注

在博登海默那里，"秩序"（order）被作为法律制度形式结构的重要表征，并同"安全"概念紧密关联起来[1]。从这一表述出发，法律的功能便可以理解为引入并维持一种确

---

[1] "秩序这一术语将被用来描述法律制度的形式结构，特别是在履行其调整人类事务的任务时运用一般性规则。标准和原则的法律倾向。另外，安全则被视为一种实质性价值，亦即社会关系中的正义所必须设法增进的东西。"参见 [美]E.博登海默：《法理学：法律哲学与法律方法》，邓正来译，中国政法大学出版社 2004 年版，第 227 页。

定的"有序"状态。同任何关注"技术进路"的法律议程类似，基于半个多世纪以来人类向数字社会迁移的经验和教训，人工智能的技术规范和法律治理在一开始就成为与技术发展几乎被同步考虑的事项[1]。通常，我们会从"技术依赖性"[2]和"技术脆弱性"[3]两个角度来审视法律方法的必要性，并通过"基于风险"（risk-based）的途径来塑造规范结构，这一点在人工智能法领域表现得尤为明显[4]。鉴于技术风险损害的"不可逆性"，人工智能法最为重要的功能在于实现"安全保障"，即通过对人工智能技术的开发、部署和利用附加明确的约束和限制，将可以预期的风险损害降低到可以接受的程度。同时，人工智能作为驱动现代数字经济发展的"颠覆性技术"，"发展促进"同样是人工智能法应该发挥的基础性功能。例如，我国在 2017 年发布的《新一代人工智能发展规划》中就明确提出，人工智能成为国际竞争的新焦点，人工智能成为经济发展的新引擎，人工智能带来社会建设的新机遇。

（一）人工智能法的"安全保障"功能

当前，对人工智能技术最大的安全担忧来源于其算法的"不可见性"或"不可知性"，一方面，作为人工智能技术的使用者，算法本身的技术性和专业性导致大部分用户很难充分了解其逻辑结构和运作机理；另一方面，作为人工智能技术的开发者，人工智能模型的"自我学习"过程往往会突破开发者对于算法逻辑的预设，产生不可预测的输出结果[5]。这也构成了人工智能"技术恐慌"的根源——当我们对于某一事物足够了解时，即便其利用过程具有确定性的风险，但我们也会认为其是"安全"和"可控"的，只需要附加额外的注意义务即可；反之，我们则会认为其是"不安全"和"不可控"的，需要实施必要的法律治理。

有鉴于此，当前人工智能法的核心关注集中于"算法治理"的法治因应及其路径问题。在此需要说明的是，算法概念的出现远远早于第一台电子计算机[6]——也就是说，算法并非绝对电子化或信息化的产物——简单而言，算法即规则，其决定了执行某项任务的确切顺序或过程，是从给定"输入"生成"输出"的逻辑结构，其也构成了人工智

[1] 例如，早在 1970 年，布鲁斯·布坎南和托马斯·希德里克就发表了《关于人工智能和法律推理若干问题的考察》，被视为人工智能法律研究的开端。参见马长山：《迈向数字社会的法律》，法律出版社 2021 年版，第 26 页。

[2] 例如"技治主义"对于社会技术依赖性的两个经典假设包括：一是"社会的技术基础是影响所有社会存在模式的根本条件"；二是"技术变革是社会变革最为重要的根源。"

[3] 例如，从纯粹的技术维度出发，安全漏洞被证明是无法被完全排除的，无论是软件、硬件、还是算法。

[4] 例如，作为全球首部专门性人工智能立法，欧盟《人工智能法》在序言中即表明，人工智能可能根据其具体应用、使用情况和技术发展水平，对受欧盟法律保护的公共利益和基本权利造成损害。这种损害可能是物质性的，也可能是非物质性的损害，包括身体、心理、社会或经济损害。

[5] 例如，2020 年麻省理工学院研究团队在《细胞》发表了名为《发现抗生素的深度学习方法》，揭示出通过训练能够预测具有抗菌活性分子的深度神经网络发现了一种与常规抗生素结构相异的分子"Halicin"。不过令人困惑的是，人工智能技术在发现"Halicin"的过程中没有使用任何预设的人为假设，从零开始发现的全新抗生素。这意味着人工智能自我学习的训练过程，可能使算法逻辑与算法功能超越包括算法设计者在内所有人员的理解，我们甚至不知道人工智能是通过何种指标或要素删选出与传统抗生素结构迥然不同的新样本。

[6] 参见 Moschovakis, Y. N. *What is an Algorithm?*, in B. Engquist and W. Schmid（Eds.），Mathematics Unlimited, 2001，PP.919–936。

能技术所能发挥功能并提供服务的基础。当前，对于"算法危机"或"算法风险"主要包含以下几个维度的探讨。

1. 权力维度

算法即规则，这表明算法可能影响事物的发展，具有某种意义上的决定力。例如，在算法推荐场景下，算法可以决定用户所能接触和交互信息的范围，诱发"信息茧房"问题；在算法决策场景下，算法可以决定用户的评价状态及权益范围，诱发"算法歧视"问题，这一现状正在明显导致"算法权力化"。特别是在人工智能的场景下，算法的"自主性"逐渐脱离了技术本身"工具化"的范畴，"算法权威"开始形成类似传统"公权力"的社会统治力。

算法权力可能通过三个层面对社会和个人产生影响，成为可以调配社会资源的新兴力量：一是算法通过对数据的占有、处理与结果输出，演化为资源、商品、财产、中介甚至社会建构力量；二是算法直接变为行为规范，影响甚至控制个体的行为；三是算法辅助甚至代替公权力，做出具有法律效力的算法决策[1]。将算法视为一种权力属于一种典型的外部性视角，其更贴近于"社会控制论"的理解，突出彰显了算法对现代社会运行的底层支撑作用，并开始对"人的生活"具有支配性影响；这无疑构筑了巨大的权力运用风险，一旦算法失控或被滥用，将对包括国家、组织和个人在内的所有主体产生严重的权益侵犯。

2. 风险维度

技术风险永远是任何类型规范体系的关键规制对象，人工智能法也不例外，当前各国的人工智能政策法律治理框架几乎都对潜在的技术风险给予了持续关注。如前所述，技术本身具有"脆弱性"的固有属性，技术风险是无法在技术开发和利用环节中予以完全排除的。人工智能算法的技术风险可能由于有意或无意的错误，出现在算法设计、数据输入和决策输出中的各个环节。例如，在算法设计环节，开发者可能出现算法逻辑偏差或编码错误，导致算法条件假设与评估判断存在不当，影响决策输出结果；在数据输入环节，可能出现用于训练算法的数据本身质量不高（例如，存在偏见或歧视），使用过时或不相关的数据样本，数据样本量不足等问题；在决策输出环节则可能出现对输入数据的解释偏差，决策结果的不当使用和对算法假设的忽视等问题。

这些技术风险均可能导致人工智能技术的实践应用产生有违于法律价值观念的不利后果，例如，如果算法设计者本身就带有偏见，或模型训练数据不足，就必然导致"算法歧视"现象。典型的如微软和 IBM 的面部识别算法更倾向于准确识别白人男性。而谷歌的自动照片标签软件将许多非裔美国人的照片识别为"大猩猩"或"猴子"。这些案例产生的争议是，识别错误的原因很大程度上可能在于算法模型自身的缺陷。再如，如果算法的开发、训练、测试或验证过程中缺乏技术意义上的"稳健性"，便可能导致错误的决策输出。又如，算法本身由于其高价值性，很容易产生"蜜罐效果"，内部或外部威胁均可以通过未经授权的访问输入数据、算法设计或决策输出，操纵算法来引入有

---

[1] 参见张凌寒：《算法权力的兴起、异化及法律规制》，载《法商研究》2019 年第 4 期。

风险的输出结果。德勒会计师事务所（Deloitte & Touche LLP）便认为，算法正在成为易受攻击的目标。机器学习算法已经显现出可被黑客利用的漏洞：一个常见的漏洞出现在训练算法过程中，当训练数据提交给算法时，攻击者对算法进行操作存在可能性，这会导致产生错误输出的算法模型。此外，攻击者还有可能篡改算法实际应用到的实时数据，以影响通过算法产生的最终决策[1]。人工智能通用大模型（或称基础模型）所产生的安全风险还会更进一步随其具体应用而向各行业、各领域进行传导，威胁建立在特定模型之上的整个应用生态。[2]

3. 公平维度

客观而言，公平是一个多维度的、内在复杂的法律概念，几乎很难用单一的定义来表达，但算法公平反映了对基于一系列社会价值观的评价，其非常重视社会技术结构中算法的社会效应，强调在具体案例中探讨广泛的社会价值，表现为受算法决策影响的不同利益相关者的共同利益、需求和价值之间的平衡。针对算法公平，欧洲议会研究院（EPRS）认为其至少应当满足"透明度"和"可审计性"两项具体要求，并通过"概念角色"（conceptual roles）的创新表述加以规范[3]。

EPRS 认为，在确保负责任地开发和使用算法系统以改善人权和造福社会方面，透明度是一种工具。根据算法决策系统的类型和用途，对算法透明度的要求可能涉及诸多领域，例如，代码、逻辑、模型、目标（如优化目标）、决策变量等。算法透明性可以是全局的，即寻求对任何类型的输入行为进行洞察；也可以是局部的，即寻求解释特定的输入—输出关系。概言之，EPRS 希望在三个层面上实现算法透明度：一是在系统数据和算法层面，透明度可以帮助组织和用户检查数据和算法中影响系统公平性的偏差，检查和修复漏洞，防范恶意的数据侵害活动；二是在目标层面，透明度可以帮助监管机构和公众评估算法相对于其目标的表现；三是在合规状态层面，透明度可以帮助监管机构在发生安全事件之后合理追究责任，用户也可以更为有效地评估算法的可信性，了解基于算法的服务的利弊。

与透明度要求类似，EPRS 同样认为"可审计性"也是一种工具。但透明度和可审计性之间的一个重要区别是，可审计性主要是个人或组织承担的一项法律和道德义务，即对其活动负责，承担责任，并以透明的方式披露结果。其中，维持透明度、数据日志、代码更改和其他记录保存是可审计性重要的技术支持工具，但最终的可审计性则取决于建立明确的责任链。算法可审计性的基本功能是，对部署 / 使用的算法（包括人员）的不负责任或非法行为起到威慑作用，此外，也可以为公民和社会的自我反省提供反馈路径，暴露现有的偏见和歧视。

在理论上，"算法公平"显然已经超越传统"分配正义"的内涵，但在正面理解算

---

〔1〕　参见 Deloitte & Touche, *Managing algorithmic risk-Safeguarding the use of complex algorithms and machine learning*, 2017, https://www2.deloitte.com/us/en/pages/risk/articles/algorithmic–machine–learning–risk–management.html。

〔2〕　参见周辉：《人工智能基础模型安全风险的平台治理》，载《财经法学》2024 年第 5 期。

〔3〕　参见 EPRS, *A governance framework for algorithmic accountability and transparency*, 2019, https://www.europarl. europa. eu/stoa/en/document/EPRS_STU(2019)624262。

法公平仍然极为困难，因为其包含了过于宏大的价值结构。针对这一问题，EPRS 提出了"算法公平"所应当考虑的情况，这对于充分理解"透明度"和"可审计性"策略提供了非常有益的参照和借鉴[1]。

（二）人工智能法的"发展促进"功能

安全价值的重要意义无须赘言，脱离安全去探讨任何价值问题都会成为无本之木、无源之水，安全价值仍然是理解人工智能法律功能的核心。但面向社会的数字化转型，对发展价值的引入将产生更多可供反思的探讨空间。发展意味着创新，意味着进步，在竞争环境下，同样意味着生存。早在 2011 年，英国的《国家网络安全战略》就披露了令人震惊的数字经济贡献率，使公众开始真正意识到数字经济强大的驱动力。其指出，"在过去的 15 年中，数字经济使发达国家的人均 GDP 提升了 500 美元，而工业革命达到同样的效果则花费了 50 年时间"。[2] 我国信息通信研究院发布的《中国数字经济发展研究报告（2023 年）》显示，2022 年，我国数字经济规模达到 50.2 万亿元，同比名义增长 10.3%，已连续 11 年显著高于同期 GDP 名义增速，数字经济占 GDP 比重相当于第二产业占国民经济的比重，达到 41.5%[3]。这意味着我国数字经济正在成为推动经济增长的主要引擎之一。

鉴于人工智能强大的技术效用和劳动替代价值，其被广泛认同为下一代技术变革和产业创新的关键驱动力，并对数字经济发展提供不可替代的支撑作用。例如，我国工信部 2017 年发布的《促进新一代人工智能产业发展三年行动计划（2018—2020 年）》中就明确指出，人工智能具有显著的溢出效应，将进一步带动其他技术的进步，推动战略性新兴产业总体突破，正在成为推进供给侧结构性改革的新动能、振兴实体经济的新机遇、建设制造强国和网络强国的新引擎。

从法律价值层面观察，安全和发展体现出强烈的一致性：一方面，安全是发展的条件，没有安全，就没有发展得以顺利实现的根本保证；另一方面，发展是安全的基础，

---

[1] EPRS 提出的"算法公平"考量要素包括：

机会均等 / 结果均等：如果算法或其结果有偏差，这可能会阻碍机会均等和结果均等，并系统地对某些社会群体不利。

公平性：算法中的偏见可能具有歧视性，这对具有受保护特征的特定人群不利。

真相：如果算法过程歪曲事实或将虚假信息作为事实呈现，这将损害公民判断真相并据此采取行动的能力。

自主性：公民的行动和决策能力可能会因算法过程的各种特征而受到损害。

同意：在要求用户同意接受算法过程的情况下，也可能存在个人不完全了解协议所包含内容的情况。一般来说，用户非常担心条款冗长且充满技术术语，即使用户完整阅读这些条款，也可能很难理解，这意味着真正的知情同意是不可能的。

隐私：隐私从根本上与同意有关。扩展人工智能范围的一个关键问题是其对个人隐私的影响。有争议的应用包括将面部识别技术整合到公共空间，以及在线广告对个人用户的个性化程度。

信任：如果存在算法过程可能产生有害和不均衡结果的风险，就会损害公民对过程本身和使用过程的机构的安全感和信任。

[2] 参见 *The UK Cyber Security Strategy : Protecting and promoting the UK in a digital world.*, 2011, https://www.gov.uk/government/speeches/cyber-security-strategy-statement。

[3] 参见中国信息通信研究院：《中国数字经济发展研究报告（2023 年）》。

没有发展，就没有安全得以持续维持的有力支撑。人工智能技术正在成为全球经济博弈和国家竞争的关键内容，人工智能法除关注源于"风险"的安全保障功能外，还应当同步强化便利和支持技术利用的发展促进功能[1]。

当前，世界各国普遍从战略高度来看待"人工智能技术发展"这一关键性问题。例如，欧盟早在 2018 年就发布《人工智能时代：确立以人为本的欧洲战略》，明确提出欧洲发展人工智能的四个维度[2]。美国于 2023 年更新了《国家人工智能研发战略计划》，明确国家对基础和负责任的人工智能研究进行长期投资，开发用于人工智能训练和测试的共享公共数据集和环境，扩展公私合作加速人工智能技术发展，并为人工智能研究的国际合作建立有原则和可协调的方法。我国于 2017 年发布的《新一代人工智能发展规划》将人工智能技术视为"经济发展的新引擎"，确立了科技引领、系统布局、市场主导和开源开放的发展原则。此外，英国、法国、德国、新加坡、韩国等众多国家也相继发布本国的人工智能国家战略和政策，采取多种举措方法加强对人工智能技术领域的研究，加大投资力度，注重人才培养，促进人工智能技术的创新、应用和发展。

二、欧美人工智能治理现状

鉴于人工智能强大的"社会重塑"功能，目前各国对于人工智能技术的监管立法均处于高度关注态势。仅以 2023 年为例，诸多国家已经积极推动面向人工智能技术或与此相关的监管框架。例如，2023 年 5 月 16 日，法国数据保护监管机构国家信息与自由委员会（CNIL）公布了一项旨在解决与人工智能相关的隐私问题的行动计划，特别是与像聊天机器人 Chat GPT 有关的问题；2023 年 6 月 8 日，英国和美国联合发布了《二十一世纪英美经济伙伴关系大西洋宣言》，要搭建两国间的数据桥梁，并在人工智能和隐私增强技术等方面进一步展开合作。2023 年 6 月 29 日，澳大利亚工业、科学和资源部公布了《澳大利亚安全和负责的人工智能讨论文件》，重点讨论了应当如何确定监管措施，以确保人工智能在澳大利亚能够得到安全、负责地开发和使用。该讨论文件提出了一个潜在的风险管理框架，可用于管理与人工智能技术相关的各种风险。2023 年 7 月，哥斯达黎加立法议会提交了规范该国人工智能的第 771 号法案，该法案确立了一系列道德原则和基本权利来指导人工智能监管。这些原则包括公平、问责制、透明度、隐私和数据保护以及安全性。法案认为，必须确保所有人的平等待遇和机会，避免人工智能系统中的歧视和不公平偏见。同样，必须提高这些系统运行的透明度，确保个人数据的隐私，并将个人和整个社会的安全风险降至最低。

---

〔1〕　典型的例子如，1996 年美国新版《电信法》（*Telecommunications Act of 1996*）对 1934 年的《通信法》（*Communication Act of 1934*）进行了全面修订，旨在全面促进竞争和技术发展，以确保美国电信消费者通过更低的价格获得更优质的电信服务，同时鼓励新兴电信技术的部署和应用。该法将依托于互联网信息技术的"信息服务"（*Information service*）从传统的电信业务中分离出来，实施轻度监管（*lightly regulated*），进而促进了美国互联网信息技术产业的高度繁荣。

〔2〕　其思维维度包括：支持：促进人工智能技术的发展和应用；教育：加强欧洲的人工智能人才建设；执行：实现传统体制和政策工具的现代化转变；引导：确保以人为本的人工智能发展路径。

不过，纵观全球的人工智能政策立法进程，其他国家的监管策略仍然是"试探性"或"宣示性"的，参照意义大于实践意义。就立法进程所关注的稳定性和确定性而言，中国、美国和欧盟仍然走在世界前列，具有积极的示范效果。其中，中国通过《互联网信息服务算法推荐管理规定》《互联网信息服务深度合成管理规定》《生成式人工智能服务管理暂行办法》初步建立起人工智能监管的法律框架[1]；美国建立了全球首部人工智能风险管理标准；欧盟则制定颁布了全球首部专门针对人工智能进行专门性、系统性监管立法。本节将对此予以概述。

（一）美国 NIST《人工智能风险管理框架》

美国 NIST 于 2023 年 1 月发布了《人工智能风险管理框架》（AI RMF）1.0 版，其目标在于为设计、开发、部署、应用 AI 系统的组织提供参考，以使之能够在控制多样性风险的同时，促进可信赖、负责任 AI 系统的开发与应用。框架具有自愿性、基于权益保护原则、普遍适用性等特征，能够为不同规模、不同领域乃至全社会的各相关组织提供参考。

2021 年 1 月 1 日，美国正式颁布《2020 年国家人工智能倡议法案》（*National Artificial Intelligence Initiative Act of 2020*），该法案的主要目标包括：（1）确保美国在 AI 研究和开发方面继续保持领导地位；（2）在公共和私营组织中开发和使用值得信赖的 AI 系统，并达到世界领先；（3）为当前和未来的美国劳动力做好准备，以便整合各部门 AI 系统；（4）协调民间机构、美国国防部和情报界正在进行的人工智能研究、开发和演示活动，确保信息互通和工作协调。更为重要的是，该法案指定 NIST 推进 AI 相关的标准、指南和技术的研究，并要求 NIST 在法案颁布 2 年内，与私营和公共部门合作起草《人工智能风险管理框架》。NIST 于 2021 年 7 月启动 AI RMF 意见征集工作；2022 年 3 月形成框架第一版草案；2022 年 8 月形成 AI RMF 第二版草案；2023 年 1 月 26 日框架 1.0 正式发布。

该框架认为，AI 技术在改变社会和人类生活方面具有巨大潜力，其应用涵盖商业、健康、交通、网络安全、环境等众多领域。但同时 AI 技术的应用也带来了很多新的风险，例如，使用不合适的数据集会导致 AI 模型准确性受到影响、AI 算法可能潜藏偏见或歧视、AI 算法的黑箱性质存在难解释性、AI 系统容易遭受数据投毒和对抗样本攻击等新型攻击。这些风险使 AI 技术的安全应用充满挑战，若没有适当控制，AI 系统会放大、延续和加剧这些风险带来的负面影响。为此，该框架明确指出，增强 AI 可信度是有效减少 AI 风险带来的负面影响的重要手段。该框架给出了可信 AI 系统的特性，包括：有效和可靠性、安全（safe）、安全（secure）和弹性、可说明和可解释性、隐私增强性、公平—偏见管理、可追责和透明性。其中，有效和可靠性是 AI 系统可信赖的必要条件，是其他特性的基础，可追责和透明性则与其他所有特性都相关。这些特性的含义大多与已发布的 ISO 标准保持一致。

该框架的核心由 4 个模块组成：治理、映射、测量和管理。其中，治理主要指要在组织的制度流程、组织建设、组织文化、技术能力等方面践行 AI 风险管理框架；映射

---

〔1〕 本章将在后续予以集中阐述，此节不再赘述。

主要用于确定特定场景与其对应的 AI 风险解决方案；测量主要采用定量和 / 或定性的工具、技术和方法来分析、评估、测试和监控 AI 风险及其相关影响；管理主要是将相关资源分配给相应的 AI 风险，进行风险处置。治理是一个交叉模块，融入并影响其他 3 个模块。上述 4 个核心模块按照若干类和子类进一步详细划分，每个类和子类根据特定的活动和结果进行描述。（见表 9–1）。

表 9–1　《人工智能风险管理框架》核心模块分类描述示意

治理模块	子类描述
治理 1（风险管理策略、流程、程序和实践）	治理 1.1（法律法规要求梳理） 理解、管理并记录涉及 AI 的法律法规要求
	治理 1.2（可信 AI 特征整合） 可信 AI 特征被整合到组织的策略、流程、程序和实践中
	治理 1.3（风险管理活动级别确定） 根据组织的风险承受能力，确定所需的风险管理活动级别的相关流程、程序和实践
	治理 1.4（风险管理流程和输出） 基于风险优先级的透明性策略、程序和其他控制措施，确立风险管理流程及其输出形式
	治理 1.5（风险管理输出监测和评审） 对风险管理流程及其输出结果进行持续监测和定期评审，并明确相关角色、职责和定期评审的频率
	治理 1.6（系统审计机制） 建立 AI 系统审计机制，并确保根据审计结果的风险优先程度分配管理资源
	治理 1.7（停用和淘汰机制） 制定 AI 系统停用和淘汰的流程和程序，确保该过程不增加风险，不降低组织可信度

由于篇幅限制，本期专题不对该框架的详细内容予以展开，仅阐述该框架中的风险管理思路和方法。在实际操作中，组织可以执行全部的类和子类，或根据自身需要选择部分执行，该框架表明，表格中给出的活动不构成检查清单，也不需按序进行。不过依据该框架的要求，AI 风险管理应该是持续、及时地，并贯穿整个 AI 系统生命周期。其执行方式应反映多样化和多学科的观点，并可包括组织外部参与者的观点。在执行顺序上，从任意一个模块开始执行都是可以的（通常来讲，用户会首先从治理模块开始，其次执行映射模块，最后是测量模块和管理模块）。无论如何集成，应确保整个过程的迭代性，必要时模块之间可进行交叉引用。

（二）欧盟《人工智能法》

欧盟《人工智能法》是全球首部针对人工智能技术进行专门性、系统性监管的立法，具有里程碑式的积极示范和参照效应，其最初于 2021 年 4 月提出，在经历了 3 年马拉松式的各方博弈和妥协之后，最终于 2024 年 5 月 21 日获得欧盟理事会正式批准通过，昭示了一个全新的人工智能监管时代的到来。《人工智能法》延续了欧盟长期以来在数字治理领域所秉承的"风险治理"理念，在全面承认和认知人工智能技术正向推动作用的前提下，塑造了一套"基于风险"的分级治理结构。比利时国务秘书马修·米歇尔总结道，《人工智能法》的采纳对欧盟来说是一个重要的里程碑，这项具有标志性的法律是世界首创，通过该法案，欧洲强调了在处理新技术时信任、透明度和问责制的重要性，同时确保这项迅速变化的技术能够繁荣发展，并促进创新[1]。

欧盟《人工智能法》对于待规制的"人工智能系统"界定相对宽泛，该法第 3 条规定，人工智能系统是一种"基于机器"的系统，通过不同程度的自主性运行，在部署后可以表现出适应性，为实现明确或隐含的目标，从接收的输入中推断出如何生成可能影响物理或虚拟环境的输出，如预测、内容、建议或决定。在该定义中，欧盟强调了人工智能系统区别于简单传统软件系统或编程方法的特点，使其不仅仅涵盖基于规则的自动执行操作系统。在欧盟看来，人工智能系统最显著的技术特征是具备"推理"能力，即进行自主性输出的过程，或从输入数据中推导出模型或算法的能力。而也正是此种自主性、适应性的推理能力，使得人工智能技术很可能被滥用，为操纵、剥削和社会控制提供新颖、强大且极具破坏性的工具。例如，人工智能可能被用于劝说或诱导自然人做出与其意志相悖的行为，颠覆或损害人类自主、决策和自由选择的权利。此外，人工智能技术还可能以其他方式利用个人或特定群体在年龄、身份、社会或经济状况方面的特点，使其更容易受到剥削。

不过，欧盟同样高度看重人工智能技术的积极促进作用，认为人工智能是一个快速发展的技术族，能够为各行各业和社会活动提供广泛的经济、环境和社会效益。例如，通过改进预测、优化运营和资源配置、提供个性化数字解决方案，人工智能可以提供关键性的竞争优势，并支持有益于社会和环境的成果。为此，欧盟《人工智能法》按照人工智能开发和部署的风险等级，尝试构建并采用了一套符合比例原则的约束规则，并提供了"沙盒监管"等旨在促进人工智能发展的法律工具，良好地践行了"安全与发展并重"的技术规制理念。鉴于欧盟在数字治理领域强大的全球示范效应，其极有可能建立起共识性的人工智能治理标准。

本书对欧盟《人工智能法》的核心内容梳理如下。

1. 禁用的人工智能实践

由于可能对人的基本权利产生不可接受的风险，某些类型或场景的人工智能实践被禁止在欧盟范围内部署和使用，具体包括：

（1）使用超出个人意识的潜意识技术或有目的的操纵或欺骗技术，通过明显损害自然人或群体作出知情决定能力的方法，实质性地扭曲该自然人或群体的行为，导致做出其原本不会做出的决定，造成或可能造成重大伤害。

（2）利用特定自然人或群体在年龄、残疾或特定社会、经济状况而具有的任何弱点，以实质性扭曲行为的方法，造成或可能造成重大伤害[2]。

---

〔1〕 参见 Council of the EU, *Artificial intelligence (AI) act: Council gives final green light to the first worldwide rules on AI*, https://www.consilium.europa.eu/en/press/press-releases/2024/05/21/artificial-intelligence-ai-act-council-gives-final-green-light-to-the-first-worldwide-rules-on-ai/。

〔2〕 例如，利用生物识别数据对自然人进行个体分类，以推导或推断其种族、政治观点、身份、宗教信仰等。

（3）根据自然人或群体的社会行为或已知、推断和预测的个人特征，在一定时期内对其进行分类或评估[1]。

（4）公共场所为执法目的使用实时远程生物识别系统[2]。

2. 高风险的人工智能实践

高风险人工智能系统是欧盟《人工智能法》的重点监管对象，不论其本身是否可以独立地作为附件二所列欧盟立法确定的"涵盖产品"，均被视为高风险系统[3]。欧盟采用的是根据"应用领域"来认定高风险人工智能系统的方式，受限领域系指附件三列明的八类特定领域，包括：（1）生物识别技术领域，例如，基于敏感或受保护的属性或特征进行推断，意图用于生物识别分类，用于情感识别等。但是仅用于生物验证的人工智能系统不包含在内。（2）关键基础设施领域，例如，用于重要数字基础设施、道路交通、能源供应的管理和运行。（3）教育和职业培训领域，例如，用于确定自然人接受培训的机会，评估学习成绩，评估教育水平，用于监控或检测考试违纪行为等。（4）就业、劳动者管理和自营职业领域，例如，用于招聘选拔，用于做出可能影响工作关系（如晋升和终止合同）的决定等。（5）公共服务领域，例如，公共机构评估自然人获得福利和服务，评估自然人信用情况，用于对自然人紧急呼叫的评估分类等。（6）执法领域，例如，用于评估自然人犯罪成为刑事犯罪受害者的风险，用于测谎等。（7）移民和边境控制管理领域，例如，用于评估移民带来的安全风险，用于测谎等。（8）司法和民主进程领域，例如，用于法律适用，用于影响选举等。

不过，欧盟似乎意识到基于领域划分的"高风险人工智能系统"过于广泛，这可能影响到技术自身发展和创新的活力，为此，《人工智能法》专门对此规定了"克减条款"，如果人工智能系统对自然人的健康、安全或基本权利不构成重大损害，则不应被视为高风险系统，包括人工智能系统旨在执行范围狭窄的程序性任务；旨在改进先前完成的人类活动结果；旨在检测决策模式；旨在对附件三所列用例进行评估等。但是需要注意的是，只要人工智能系统存在对自然人进行画像的情况，就不能享受该项"克减条款"，而且应当始终被视为高风险人工智能系统。

高风险人工智能系统需要履行非常广泛的安全管理义务，概括梳理主要包括：

一是应建立、实施、记录和维护与高风险人工智能系统有关的风险管理系统，该系统应被理解为一个在高风险人工智能系统整个生命周期内进行规划和运行的持续迭代过程，需要定期进行系统审查和更新。风险管理系统被用于识别和分析高风险人工智能系统根据预期用途可能对自然人健康、安全或基本权利造成的已知和可合理预见的风险，并采取适当的针对性风险管理措施，这些措施应当能够使残余风险降低到可以被接受的程度。

二是使用数据训练模型的高风险人工智能系统应实施数据治理，在训练、验证和测

〔1〕　例如，对特定自然人或群体产生有害或不利待遇。

〔2〕　例如，对自然人进行风险评估，预测其实施刑事犯罪的可能性。只有在执法机构进行第29条规定的基本权利影响评估，并根据第51条规定在数据库中进行登记后，才可授权在公共场所使用实时远程生物识别系统。

〔3〕　例如，人工智能系统即使仅仅作为涵盖产品的组件，同样也会被视为高风险系统，承担必要的安全义务。

试数据集的基础上进行开发。例如，标记数据收集过程和数据来源，对数据进行注释、标记、清理、更新等数据处理准备工作，评估所需数据集的可用性和适用性，审查、防范和减少可能存在的偏见等。

三是在系统投放市场或投入使用之前编制、更新技术文件，技术文件应当能够证明高风险人工智能系统符合《人工智能法》的相关要求，并以清晰和全面的形式向国家主管机关和通知机关提供必要信息。关于技术文件的要素在附件四中进行了具体细化，在此不再赘述。

四是高风险人工智能系统应当在技术上允许自动记录系统生命周期内的日志，确保人工智能系统功能的可追溯性，以及与预期目的的相适应性，至少涵盖每次使用系统的时间，系统对输入数据进行核对的参考数据库，搜索结果匹配的输入数据等。

五是高风险人工智能系统的设计和开发应确保其操作具有足够的透明度，使部署者能够解释系统的输出并加以适当使用。高风险人工智能系统应附有适当的数字格式或其他形式的使用说明，其中包括简明、完整、正确和清晰的信息，这些信息应与用户相关、便于用户使用和理解。

六是高风险人工智能系统的设计和开发应当引入适当的人机交互接口工具，以便在系统使用期间能够接受人工监督。人工监督旨在防止或最大限度地减少高风险人工智能在适用时可能产生的风险，相关人工监督所采取的措施应当与人工智能系统的风险、自主程度和使用环境成比例。

七是在设计和开发高风险人工智能系统时，应使其达到适当的准确性、稳健性和网络安全水平，并在其整个生命周期内始终保持一致。其中，系统的准确度等级和指标应当在附随的使用说明中加以展示[1]。考虑到高风险人工智能系统在投放市场或投入使用之后仍然在继续学习，其开发方式便应当尽可能消除或减少可能存在偏差的输出结果影响到未来操作。

八是高风险人工智能系统应建立质量管理体系，包括合规策略，用于高风险人工智能系统设计、开发、质量控制的技术、程序和系统行动，检查、测试和验证的程序，技术规格，数据管理的系统和程序，风险管理系统。市场检测系统，严重事件报告程序，信息记录保存系统和程序，资源管理，问责框架，等等。

九是在高风险人工智能系统投放市场或投入使用的10年内，应当随时向国家主管机关报告和提交《人工智能法》所载明的各项文件，例如，签署的技术文件、质量管理体系文件、欧盟合格性声明文件等。

十是高风险人工智能系统在投入使用之前，部署者应当评估使用该系统可能对基本权利产生的影响，包括按照预期目标使用高风险人工智能系统的过程，使用期限和频率，可能受到影响的自然人或群体的类别，可能受到的具体损害风险，人工监督措施的执行情况，以及应对风险应当采取的措施等。同时，部署者有义务将评估结果通知市场监督管理部门。

---

[1] 例如，《人工智能法》推荐通过技术冗余解决方案实现稳健性。

值得注意的是，欧盟《人工智能法》将监管视域延展至整个"人工智能价值链"，尽管人工智能系统的提供者、分销者、进口者、部署者或其他第三方基于角色定位，在安全管理义务的承担方面仍存在一定程度的差异[1]，但欧盟认为，考虑到人工智能系统价值链的复杂性，相关主体可能同时扮演多个角色——例如，提供者同时可能是进口者和分销者——为确保法律责任的确定性，应考虑对义务承担进行累加的可能性。为此，《人工智能法》明确任何分销者、进口者、部署者或其他第三方都应当被视为高风险人工智能系统的提供者，并因此承担所有相关义务。

此外，欧盟《人工智能法》非常重视高风险人工智能系统的标准化工作，在采用了统一标准或其部分内容（第40条），或适用了共同规格（第41条）的情况下，高风险人工智能系统可以被推定为符合相关安全管理要求，可以申请合格性评估程序。在这一过程中，高风险人工智能系统的提供者应向主管机关提供人工智能系统及其开发过程的描述、关于人工智能系统检测、运作和控制的描述等系统相关必要信息，确保人工智能系统的性能始终符合其预期目的及各项管理要求，并附加欧洲共同市场安全标志（CE标志），附有CE标志的人工智能系统产品方可在欧盟成员国内自由流通。

3. 具有系统风险的通用人工智能系统实践

所谓"通用人工智能系统"是指，以通用人工智能模型为基础的人工智能系统，该系统具有服务各种目的的能力，既可直接使用，也可集成到其他人工智能系统中使用。可以发现，欧盟事实上将通用人工智能模型同广义的人工智能系统相区分（类似于我国关于生成式人工智能的界定），通用模型通常可以通过库、API、直接下载或实务拷贝的多种灵活方式投放市场，其可能是人工智能系统的重要组成部分，但本身并不构成人工智能系统。其需要添加额外的组件，例如用户界面，才能成为人工智能系统。大型生成式人工智能模型便是通用人工智能模型的典型范例，其可以灵活地生成文本、音频、视频、图像等内容，随时适应各种不同的任务。如果将一个通用人工智能模型集成到一个人工智能系统中，那么该系统就符合《人工智能法》关于通用人工智能系统的界定，欧盟认为，通用人工智能模型在整个价值链中具有特殊的作用和责任，因模型本身可能构成一系列下游系统的基础，其功能对于下游产品和服务的风险影响至关重要——例如，在开源情况下发布的模型可能被公开访问、使用、修改和重新发布——为此通用人工智能模型可能产生系统性的风险，典型如非法、虚假或歧视性的内容，这意味着建立一套将通用模型人工智能模型分类为具有非系统风险的人工智能系统的方法是十分必要的。

欧盟《人工智能法》首先确立了将"通用人工智能模型"划分为"具有系统风险"的标准，如果一个通用人工智能模型符合以下任意一项要素，则应将其视为具有系统性风险的用人工智能模型：（1）根据适当的技术手段对其影响能力进行评估[2]确认具有风险；（2）欧盟委员会依职权，或科学小组提出有关警告后，认为通用人工智能模型具有

与第（1）项具有相同的能力或影响。作为包含具有系统风险的通用人工智能模型的提供者，应当毫无延迟地将必要信息通知欧盟委员会，并承担额外的安全保障义务。需要注意的是，《人工智能法》对于"通用人工智能模型提供者"和"具有系统风险的通用人工智能模型提供者"的义务进行了区分，以明晰各方主体在人工智能价值链中应当承担的角色责任。

通用人工智能模型提供者的义务包括：（1）编制并不断更新模型的技术文件，包括将该模型纳入人工智能系统的信息文件，使人工智能系统提供者能够全面知悉该模型能力和局限性；（2）制定尊重欧盟版权法的政策；（3）就该模型训练所涉及的内容起草足够详细的摘要。具有系统风险的通用人工智能模型提供者则需要根据前述文件，对模型进行评估，以识别和降低系统性风险，同时确保对模型的物理基础设施提供足够水平的网络安全保护。上述义务均可通过第52条所确立的"行为守则"加以体现。

4. 人工智能支持创新措施

欧盟《人工智能法》在分类监管的同时，亦注重对于人工智能技术创新措施的布局和落地，要求各成员国应当确保在国家层面建立至少一个人工智能"沙盒监管"模式[1]，各成员国将主管部门在沙盒中提供指导、监督和支持，并确定涉及基本权利、健康和安全的风险。同时需要提请注意的是，欧盟建立人工智能"沙盒监管"具有非常明确的法治诉求，包括提供法律的确定性，支持和分享最佳实践，促进和加快人工智能系统进入欧盟市场等。

特别需要关注的是，为促进人工智能技术的发展和创新，欧盟甚至在"个人数据保护"这一核心问题上做出了妥协，《人工智能法》允许在监管沙盒中基于"公共利益"目的处理个人数据，例如为维护重大公共利益而开发人工智能系统，促进公共安全和公共卫生，保护和改善环境质量，增进能源的可持续性，增强运输系统的流动性和关键基础设施的网络安全性，提高公共行政和公共服务的效率和质量等。不过，待处理的任何个人数据均需要处于功能独立、隔离和受保护的状态，并不会影响数据主体的任何措施或决定，也不会影响任何个人数据权利的适用。

三、我国人工智能治理的顶层政策设计

近年来，我国在政策立法层面开展了诸多富有成效的人工智能治理探索，聚焦于"安全"和"发展"两个维度逐步构建其全面而立体的外部政策法律环境。2017年国务院印发的《新一代人工智能发展规划》，明确了到2030年我国人工智能发展的总体思路、战略目标和主要任务，旨在抢抓人工智能发展的重大战略机遇，构筑我国人工智能发展的先发优势，加快建设创新型国家和世界科技强国，建立了我国人工智能治理的顶层政策设计框架。2017年，工信部发布《促进新一代人工智能产业发展三年行动计

---

[1] 所谓沙盒监管是指在划定的范围内，对"盒子"里的产业实践和应用采取"包容审慎"的监管措施，同时确保问题不扩散到"盒子"之外。这种监管模式属于在可控的范围内实行容错纠错机制，并由监管部门对运行过程进行全过程监管，以保证测试的安全性并作出最终的评价。沙盒监管的目的是在保护与监管之间找到最佳结合点，避免"一管就死，一放就乱"的管理困局。

划（2018—2020年）》，明确提出要以信息技术与制造技术深度融合为主线，推动新一代人工智能技术的产业化与集成应用，发展高端智能产品，夯实核心基础，提升智能制造水平，完善公共支撑体系，促进新一代人工智能产业发展，推动制造强国和网络强国建设，助力实体经济转型升级。2022年，科技部等六部委联合发布《关于加快场景创新以人工智能高水平应用促进经济高质量发展的指导意见》，要求以促进人工智能与实体经济深度融合为主线，以推动场景资源开放、提升场景创新能力为方向，强化主体培育、加大应用示范、创新体制机制、完善场景生态，加速人工智能技术攻关、产品开发和产业培育，探索人工智能发展新模式新路径，以人工智能高水平应用促进经济高质量发展。2023年，国务院办公厅印发《国务院2023年度立法工作计划》，明确将人工智能法列入立法计划。

其中，《新一代人工智能发展规划》作为我国首部专门面向人工智能技术的战略性政策规划，具有基础性和全局性作用。该规划已经清醒地意识到人工智能正在成为国际竞争的新焦点，成为经济发展的新引擎，并带来社会建设的新机遇，其在教育、医疗、养老、环境保护、城市运行、司法服务等领域广泛应用，将极大提高公共服务精准化水平，全面提升人民生活品质。同时，该规划同样关注到人工智能发展带来不确定性新挑战，其将人工智能定义为"颠覆性技术"和"战略性技术"，认为可能带来改变就业结构、冲击法律与社会伦理、侵犯个人隐私、挑战国际关系准则等问题，将对政府管理、经济安全和社会稳定乃至全球治理产生深远影响。本部分将以《新一代人工智能发展规划》为主要蓝本，介绍我国关于人工智能治理的顶层政策设计。

《新一代人工智能发展规划》确定了"三步走"[1]的人工智能发展战略目标，并提出若干兼具创新性和实用性的治理举措。

（一）构建开放协同的人工智能科技创新体系

科技创新是人工智能技术发展的"源头供给"，《新一代人工智能发展规划》提出从"前沿基础理论""关键共性技术""基础平台""人才队伍培养"等方面强化部署，并积极促进开源共享，系统提升持续人工智能的技术创新能力。

一是建立新一代人工智能基础理论体系，聚焦人工智能重大科学前沿问题，兼顾当前需求与长远发展，促进学科交叉融合，为人工智能持续发展与深度应用提供强大的科学储备。一方面，要突破应用基础理论瓶颈，瞄准应用目标明确、有望引领人工智能技术升级的基础理论方向，加强大数据智能、跨媒体感知计算、人机混合智能、群体智能、自主协同与决策等基础理论研究；另一方面，要布局前沿基础理论研究，针对可能

---

〔1〕　第一步，到2020年，人工智能总体技术和应用与世界先进水平同步，人工智能产业成为新的重要经济增长点，人工智能技术应用成为改善民生的新途径，有力支撑进入创新型国家行列和实现全面建成小康社会的奋斗目标。

第二步，到2025年，人工智能基础理论实现重大突破，部分技术与应用达到世界领先水平，人工智能成为带动我国产业升级和经济转型的主要动力，智能社会建设取得积极进展。

第三步，到2030年，人工智能理论、技术与应用总体达到世界领先水平，成为世界主要人工智能创新中心，智能经济、智能社会取得明显成效，为跻身创新型国家前列和经济强国奠定重要基础。

引发人工智能范式变革的方向，前瞻布局跨领域基础理论研究。并重视跨学科的探索性研究，推动人工智能与神经科学、认知科学、量子科学、心理学、数学、经济学、社会学、法学等相关基础学科的交叉融合。

二是建立新一代人工智能关键共性技术体系，围绕提升我国人工智能国际竞争力的迫切需求，以算法为核心，以数据和硬件为基础，以提升感知识别、知识计算、认知推理、运动执行、人机交互能力为重点，形成开放兼容、稳定成熟的技术体系，涵盖知识计算引擎与知识服务技术、跨媒体分析推理技术、群体智能关键技术、混合增强智能新架构与新技术、自主无人系统的智能技术、虚拟现实智能建模技术、智能计算芯片与系统、自然语言处理技术，等等。

三是统筹布局人工智能创新平台，强化对人工智能研发应用的基础支撑，涵盖人工智能开源软硬件基础平台、群体智能服务平台、混合增强智能支撑平台、自主无人系统支撑平台、人工智能基础数据与安全检测平台，等等。其中，人工智能开源是助力人工智能创新发展、促进人工智能协作的有效手段。《新一代人工智能发展规划》《国家新一代人工智能标准体系建设指南》和《全球人工智能治理倡议》等政策文件都强调了开源开放的重要性。[1] 各类通用软件和技术平台应当促进开源开放，也需要按照军民深度融合的要求和相关规定，推进军民共享共用。

四是加快培养聚集人工智能高端人才，把高端人才队伍建设作为人工智能发展的重中之重，坚持培养和引进相结合，完善人工智能教育体系，加强人才储备和梯队建设，特别是加快引进全球顶尖人才和青年人才，形成我国人工智能人才高地。

（二）培育高端高效的智能经济

自信息技术革命至今，数据对于经济发展的驱动作用始终是"增量"的。2020年《中共中央　国务院关于构建更加完善的要素市场化配置体制机制的意见》，首次将数据与土地、劳动力、资本、技术等传统要素并列为要素之一，提出要加快培育数据要素市场。2022年《中共中央　国务院关于构建数据基础制度更好发挥数据要素作用的意见》进一步明确提出要加快构建数据基础制度，对涵盖数据产权、流通交易、收益分配和安全治理等多个维度的制度内容进行了部署，体现出我国对"数据驱动"的智能经济给予了高度重视。《新一代人工智能发展规划》明确指出，数据和知识成为经济增长的第一要素，要加快培育具有重大引领带动作用的人工智能产业，促进人工智能与各产业领域深度融合，形成数据驱动、人机协同、跨界融合、共创分享的智能经济形态。

一是大力发展涵盖智能软硬件、智能机器人、智能运载工具、虚拟现实与增强现实、智能终端、物联网基础器件等在内的人工智能新兴产业，加快人工智能关键技术转化应用，促进技术集成与商业模式创新，推动重点领域智能产品创新，积极培育人工智能新兴业态，布局产业链高端，打造具有国际竞争力的人工智能产业集群。

二是加快推进产业智能化升级，推动人工智能与各行业融合创新，在制造、农业、

---

〔1〕 参见周辉：《开源人工智能模型的法律治理》，载《上海交通大学学报》（哲学社会科学版）2024年第8期。

物流、金融、商务、家居等重点行业和领域开展人工智能应用试点示范，推动人工智能规模化应用，全面提升产业发展智能化水平。

三是大力发展智能企业，大规模推动企业智能化升级。支持和引导企业在设计、生产、管理、物流和营销等核心业务环节应用人工智能新技术，构建新型企业组织结构和运营方式，形成制造与服务、金融智能化融合的业态模式，发展个性化定制，扩大智能产品供给。鼓励大型互联网企业建设云制造平台和服务平台，面向制造企业在线提供关键工业软件和模型库，开展制造能力外包服务，推动中小企业智能化发展。

四是打造人工智能创新高地，结合各地区基础和优势，按人工智能应用领域分门别类进行相关产业布局。鼓励地方围绕人工智能产业链和创新链，集聚高端要素、高端企业、高端人才，打造人工智能产业集群和创新高地。包括开展人工智能创新应用试点示范、建设国家人工智能产业园、建设国家人工智能众创基地等方法举措。

（三）建设安全便捷的智能社会

智能社会是人类社会发展进程的新阶段，人工智能技术的引入将极大提升社会服务的效率和质量，显著增进公民福祉。《新一代人工智能发展规划》提出要围绕提高人民生活水平和质量的目标，加快人工智能深度应用，形成无时不有、无处不在的智能化环境，全社会的智能化水平大幅提升。

一是发展便捷高效的智能服务，围绕教育、医疗、养老等迫切民生需求，加快人工智能创新应用，为公众提供个性化、多元化、高品质服务。

二是推进社会治理智能化，围绕行政管理、司法管理、城市管理、环境保护等社会治理的热点难点问题，促进人工智能技术应用，推动社会治理现代化。

三是利用人工智能提升公共安全保障能力，促进人工智能在公共安全领域的深度应用，推动构建公共安全智能化监测预警与控制体系。

四是促进社会交往共享互信，充分发挥人工智能技术在增强社会互动、促进可信交流中的作用。其中特别强调针对改善人际沟通障碍的需求，开发具有情感交互功能、能准确理解人的需求的智能助理产品，实现情感交流和需求满足的良性循环。促进区块链技术与人工智能的融合，建立新型社会信用体系，最大限度降低人际交往成本和风险。

（四）构建泛在安全高效的智能化基础设施体系

涵盖算力、网络、数据等在内的信息基础设施建设是人工智能得以持续、高效发展的前提。《新一代人工智能发展规划》提出要大力推动智能化信息基础设施建设，提升传统基础设施的智能化水平，形成适应智能经济、智能社会和国防建设需要的基础设施体系。加快推动以信息传输为核心的数字化、网络化信息基础设施，向集融合感知、传输、存储、计算、处理于一体的智能化信息基础设施转变。优化升级网络基础设施，研发布局第五代移动通信（5G）系统，完善物联网基础设施，加快天地一体化信息网络建设，提高低时延、高通量的传输能力。统筹利用大数据基础设施，强化数据安全与隐私保护，为人工智能研发和广泛应用提供海量数据支撑。建设高效能计算基础设施，提升超级计算中心对人工智能应用的服务支撑能力。建设分布式高效能源互联网，形成支撑多能源协调互补、及时有效接入的新型能源网络，推广智能储能设施、智能用电设施，实现能源供需信息的实时匹配和智能化响应。

（五）前瞻布局新一代人工智能重大科技项目

《新一代人工智能发展规划》构建了"1+N"的人工智能项目布局框架。其中，"1"是指新一代人工智能重大科技项目，聚焦基础理论和关键共性技术的前瞻布局，包括研究大数据智能、跨媒体感知计算、混合增强智能、群体智能、自主协同控制与决策等理论，研究知识计算引擎与知识服务技术、跨媒体分析推理技术、群体智能关键技术、混合增强智能新架构与新技术、自主无人控制技术等，开源共享人工智能基础理论和共性技术。持续开展人工智能发展的预测和研判，加强人工智能对经济社会综合影响及对策研究。

"N"是指国家相关规划计划中部署的人工智能研发项目，重点是加强与新一代人工智能重大科技项目的衔接，协同推进人工智能的理论研究、技术突破和产品研发应用。加强与国家科技重大专项的衔接，在"核高基"（核心电子器件、高端通用芯片、基础软件）、集成电路装备等国家科技重大专项中支持人工智能软硬件发展。加强与其他"科技创新2030—重大项目"的相互支撑，加快脑科学与类脑计算、量子信息与量子计算、智能制造与机器人、大数据等研究，为人工智能重大技术突破提供支撑。国家重点研发计划继续推进高性能计算等重点专项实施，加大对人工智能相关技术研发和应用的支持；国家自然科学基金加强对人工智能前沿领域交叉学科研究和自由探索的支持。在深海空间站、健康保障等重大项目，以及智慧城市、智能农机装备等国家重点研发计划重点专项部署中，加强人工智能技术的应用示范。其他各类科技计划支持的人工智能相关基础理论和共性技术研究成果应开放共享。

（六）强化对人工智能技术的资源配置

持续而有效的资源投入是人工智能技术发展必不可少的外部支撑。《新一代人工智能发展规划》提出要充分利用已有资金、基地等存量资源，统筹配置国际国内创新资源，发挥好财政投入、政策激励的引导作用和市场配置资源的主导作用，撬动企业、社会加大投入，形成财政资金、金融资本、社会资本多方支持的新格局。

一是建立财政引导、市场主导的资金支持机制。统筹政府和市场多渠道资金投入，加大财政资金支持力度，盘活现有资源，对人工智能基础前沿研究、关键共性技术攻关、成果转移转化、基地平台建设、创新应用示范等提供支持。

二是优化布局建设人工智能创新基地，按照国家级科技创新基地布局和框架，统筹推进人工智能领域建设若干国际领先的创新基地。引导现有与人工智能相关的国家重点实验室、企业国家重点实验室、国家工程实验室等基地，聚焦新一代人工智能的前沿方向开展研究。按规定程序，以企业为主体、产学研合作组建人工智能领域的相关技术和产业创新基地，发挥龙头骨干企业技术创新示范带动作用。发展人工智能领域的专业化众创空间，促进最新技术成果和资源、服务的精准对接。

三是统筹国际国内创新资源。支持国内人工智能企业与国际人工智能领先高校、科研院所、团队合作。鼓励国内人工智能企业"走出去"，为有实力的人工智能企业开展海外并购、股权投资、创业投资和建立海外研发中心等提供便利和服务。鼓励国外人工智能企业、科研机构在华设立研发中心。依托"一带一路"倡议，推动建设人工智能国际科技合作基地、联合研究中心等，加快人工智能技术在"一带一路"沿线国家推广应用。推动成立人工智能国际组织，共同制定相关国际标准。支持相关行业协会、联盟及服务机构搭建面向人工智能企业的全球化服务平台。

（七）构建适应人工智能治理的制度框架

《新一代人工智能发展规划》高度重视人工智能技术发展的社会效果和经济效果，但同样认为人工智能发展的不确定性将带来新的挑战，可能带来改变就业结构、冲击法律与社会伦理、侵犯个人隐私、挑战国际关系准则等问题，将对政府管理、经济安全和社会稳定乃至全球治理产生深远影响。为此，在大力发展人工智能的同时，必须高度重视可能带来的安全风险挑战，通过有效的制度设计，加强前瞻预防与约束引导，最大限度降低风险，确保人工智能安全、可靠、可控发展。其中，与人工智能治理最为密切的制度设计包括：

一是制定促进人工智能发展的法律法规和伦理规范。加强人工智能相关法律、伦理和社会问题研究，建立保障人工智能健康发展的法律法规和伦理道德框架。开展与人工智能应用相关的民事与刑事责任确认、隐私和产权保护、信息安全利用等法律问题研究，建立追溯和问责制度，明确人工智能法律主体以及相关权利、义务和责任等。重点围绕自动驾驶、服务机器人等应用基础较好的细分领域，加快研究制定相关安全管理法规，为新技术的快速应用奠定法律基础。开展人工智能行为科学和伦理等问题研究，建立伦理道德多层次判断结构及人机协作的伦理框架。制定人工智能产品研发设计人员的道德规范和行为守则，加强对人工智能潜在危害与收益的评估，构建人工智能复杂场景下突发事件的解决方案。

二是建立人工智能技术标准和知识产权体系。加强人工智能标准框架体系研究。坚持安全性、可用性、互操作性、可追溯性原则，逐步建立并完善人工智能基础共性、互联互通、行业应用、网络安全、隐私保护等技术标准。加快推动无人驾驶、服务机器人等细分应用领域的行业协会和联盟制定相关标准。鼓励人工智能企业参与或主导制定国际标准，以技术标准"走出去"带动人工智能产品和服务在海外推广应用。加强人工智能领域的知识产权保护，健全人工智能领域技术创新、专利保护与标准化互动支撑机制，促进人工智能创新成果的知识产权化。建立人工智能公共专利池，促进人工智能新技术的利用与扩散。

三是建立人工智能安全监管和评估体系。加强人工智能对国家安全和保密领域影响的研究与评估，完善人、技、物、管配套的安全防护体系，构建人工智能安全监测预警机制。加强对人工智能技术发展的预测、研判和跟踪研究，坚持问题导向，准确把握技术和产业发展趋势。增强风险意识，重视风险评估和防控，强化前瞻预防和约束引导，近期重点关注对就业的影响，远期重点考虑对社会伦理的影响，确保把人工智能发展规制在安全可控范围内。建立健全公开透明的人工智能监管体系，实行设计问责和应用监督并重的双层监管结构，实现对人工智能算法设计、产品开发和成果应用等的全流程监管。促进人工智能行业和企业自律，切实加强管理，加大对数据滥用、侵犯个人隐私、违背道德伦理等行为的惩戒力度。加强人工智能网络安全技术研发，强化人工智能产品和系统网络安全防护。构建动态的人工智能研发应用评估评价机制，围绕人工智能设计、产品和系统的复杂性、风险性、不确定性、可解释性、潜在经济影响等问题，开发系统性的测试方法和指标体系，建设跨领域的人工智能测试平台，推动人工智能安全认证，评估人工智能产品和系统的关键性能。

第二节　人工智能伦理规范

所谓"伦理"，通常认为是调整人伦关系的道理和原则[1]。其同"道德"的区别在于，道德较多的是指人们之间的道德关系，而伦理则较多的是指有关这种关系的道理[2]。伦理规范同法律规范虽然在技术治理中所采用的方式和途径有所区别[3]，但都是保证人工智能"向上向善"不可或缺的制度工具。在2022年中共中央办公厅、国务院办公厅印发的《关于加强科技伦理治理的意见》中，就已经明确提出，科技伦理是开展科学研究、技术开发等科技活动需要遵循的价值理念和行为规范，是促进科技事业健康发展的重要保障。该意见事实上将科技伦理视为技术风险"源头治理"的一项基础性工作，提出"伦理先行"的治理要求，明确要将科技伦理要求贯穿科学研究、技术开发等科技活动全过程，促进科技活动与科技伦理协调发展、良性互动，实现负责任的创新。

2021年9月，我国国家新一代人工智能治理专业委员会发布《新一代人工智能伦理规范》，旨在深入贯彻《新一代人工智能发展规划》，细化落实《新一代人工智能治理原则》[4]，增强全社会的人工智能伦理意识与行为自觉，积极引导负责任的人工智能研发与应用活动，促进人工智能健康发展，将伦理道德融入人工智能全生命周期，为从事人工智能相关活动的自然人、法人和其他相关机构等提供伦理指引。该规范也构成了我国目前人工智能技术发展和应用中的基础性伦理遵循，包括基本伦理要求、管理规范、研发规范、供应规范和使用规范五个方面的重点内容。

一、基本伦理要求

《新一代人工智能伦理规范》适用于从事人工智能管理、研发、供应、使用等相关活动的自然人、法人和其他相关机构等，基本伦理要求构成了各方在实施人工智能各项

---

〔1〕参见毕彦华：《何谓伦理学》，中央编译出版社2010年版，第3页。

〔2〕参见罗国杰等：《伦理学教程》，中国人民大学出版社1985年版，第4页。

〔3〕伦理更加注重对良知和道德的塑造，通过非强制性的方法引导行为；而法律则更加强调社会秩序的形成，通过强制性的方法约束行为。

〔4〕《新一代人工智能治理原则》由国家新一代人工智能治理专业委员会于2019年6月17日印发实施，其核心治理理念是"发展负责任的人工智能"，提出了包括和谐友好、公平公正、包容共享、尊重隐私、安全可控、共担责任、开放协作、敏捷治理等在内的八项人工智能发展原则。

相关活动中应当遵循的"共识性""基础性"和"通用性"的行为规范和原则，包括：

一是增进人类福祉。坚持以人为本，遵循人类共同价值观，尊重人权和人类根本利益诉求，遵守国家或地区伦理道德。坚持公共利益优先，促进人机和谐友好，改善民生，增强获得感幸福感，推动经济、社会及生态可持续发展，共建人类命运共同体。

二是促进公平公正。坚持普惠性和包容性，切实保护各相关主体合法权益，推动全社会公平共享人工智能带来的益处，促进社会公平正义和机会均等。在提供人工智能产品和服务时，应充分尊重和帮助特殊群体，并根据需要提供相应替代方案。

三是保护隐私安全。充分尊重个人信息知情、同意等权利，依照合法、正当、必要和诚信原则处理个人信息，保障个人隐私与数据安全，不得损害个人合法数据权益，不得以窃取、篡改、泄露等方式非法收集利用个人信息，不得侵害个人隐私权。

四是确保可控可信。保障人类拥有充分自主决策权，有权选择是否接受人工智能提供的服务，有权随时退出与人工智能的交互，有权随时中止人工智能系统的运行，确保人工智能始终处于人类控制之下。

五是强化责任担当。坚持人类是最终责任主体，明确利益相关者的责任，全面增强责任意识，在人工智能全生命周期各环节自省自律，建立人工智能问责机制，不回避责任审查，不逃避应负责任。

六是提升伦理素养。积极学习和普及人工智能伦理知识，客观认识伦理问题，不低估不夸大伦理风险。主动开展或参与人工智能伦理问题讨论，深入推动人工智能伦理治理实践，提升应对能力。

二、管理规范

管理规范主要适用于人工智能管理活动，管理活动主要指人工智能相关的战略规划、政策法规和技术标准制定实施，资源配置以及监督审查等，其伦理规范包括：

一是要推动敏捷治理。尊重人工智能发展规律，充分认识人工智能的潜力与局限，持续优化治理机制和方式，在战略决策、制度建设、资源配置过程中，不脱离实际、不急功近利，有序推动人工智能健康和可持续发展。

二是要积极实践示范。遵守人工智能相关法规、政策和标准，主动将人工智能伦理道德融入管理全过程，率先成为人工智能伦理治理的实践者和推动者，及时总结推广人工智能治理经验，积极回应社会对人工智能的伦理关切。

三是要正确行权用权。明确人工智能相关管理活动的职责和权力边界，规范权力运行条件和程序。充分尊重并保障相关主体的隐私、自由、尊严、安全等权利及其他合法权益，禁止权力不当行使对自然人、法人和其他组织合法权益造成侵害。

四是要加强风险防范。增强底线思维和风险意识，加强人工智能发展的潜在风险研判，及时开展系统的风险监测和评估，建立有效的风险预警机制，提升人工智能伦理风险管控和处置能力。

五是要促进包容开放。充分重视人工智能各利益相关主体的权益与诉求，鼓励应用多样化的人工智能技术解决经济社会发展实际问题，鼓励跨学科、跨领域、跨地区、跨国界的交流与合作，推动形成具有广泛共识的人工智能治理框架和标准规范。

三、研发规范

研发规范主要适用于人工智能研发活动，研发活动主要指人工智能相关的科学研究、技术开发、产品研制等，其伦理规范包括：

一是要强化自律意识。加强人工智能研发相关活动的自我约束，主动将人工智能伦理道德融入技术研发各环节，自觉开展自我审查，加强自我管理，不从事违背伦理道德的人工智能研发。

二是要提升数据质量。在数据收集、存储、使用、加工、传输、提供、公开等环节，严格遵守数据相关法律、标准与规范，提升数据的完整性、及时性、一致性、规范性和准确性等。

三是要增强安全透明。在算法设计、实现、应用等环节，提升透明性、可解释性、可理解性、可靠性、可控性，增强人工智能系统的韧性、自适应性和抗干扰能力，逐步实现可验证、可审核、可监督、可追溯、可预测、可信赖。

四是要避免偏见歧视。在数据采集和算法开发中，加强伦理审查，充分考虑差异化诉求，避免可能存在的数据与算法偏见，努力实现人工智能系统的普惠性、公平性和非歧视性。

四、供应规范

供应规范主要适用于人工智能供应活动，供应活动主要指人工智能产品与服务相关的生产、运营、销售等，其伦理规范包括：

一是尊重市场规则。严格遵守市场准入、市场竞争、市场交易等活动的各种规章制度，积极维护市场秩序，营造有利于人工智能发展的市场环境，不得以数据垄断、平台垄断等破坏市场有序竞争，禁止以任何手段侵犯其他主体的知识产权。

二是加强质量管控。强化人工智能产品与服务的质量监测和使用评估，避免因设计和产品缺陷等问题导致的人身安全、财产安全、用户隐私等侵害，不得经营、销售或提供不符合质量标准的产品与服务。

三是保障用户权益。在产品与服务中使用人工智能技术应明确告知用户，应标识人工智能产品与服务的功能与局限，保障用户知情、同意等权利。为用户选择使用或退出人工智能模式提供简便易懂的解决方案，不得为用户平等使用人工智能设置障碍。

四是强化应急保障。研究制定应急机制和损失补偿方案或措施，及时监测人工智能系统，及时响应和处理用户的反馈信息，及时防范系统性故障，随时准备协助相关主体依法依规对人工智能系统进行干预，减少损失，规避风险。

五、使用规范

使用规范主要适用于人工智能使用活动，使用活动主要指人工智能产品与服务相关的采购、消费、操作等，其伦理规范包括：

一是提倡善意使用。加强人工智能产品与服务使用前的论证和评估，充分了解人工智能产品与服务带来的益处，充分考虑各利益相关主体的合法权益，更好促进经济繁荣、社会进步和可持续发展。

二是避免误用滥用。充分了解人工智能产品与服务的适用范围和负面影响，切实尊重相关主体不使用人工智能产品或服务的权利，避免不当使用和滥用人工智能产品与服务，避免非故意造成对他人合法权益的损害。

三是禁止违规恶用。禁止使用不符合法律法规、伦理道德和标准规范的人工智能产品与服务，禁止使用人工智能产品与服务从事不法活动，严禁危害国家安全、公共安全和生产安全，严禁损害社会公共利益等。

四是及时主动反馈。积极参与人工智能伦理治理实践，对使用人工智能产品与服务过程中发现的技术安全漏洞、政策法规真空、监管滞后等问题，应及时向相关主体反馈，并协助解决。

五是提高使用能力。积极学习人工智能相关知识，主动掌握人工智能产品与服务的运营、维护、应急处置等各使用环节所需技能，确保人工智能产品与服务安全使用和高效利用。

第三节　人工智能法律制度

人工智能法律制度的塑造在全球范围内都尚属于新兴议题，我国是较早对于人工智能进行立法探索的国家之一，目前已经制定颁布《互联网信息服务算法推荐管理规定》《互联网信息服务深度合成管理规定》《生成式人工智能服务管理暂行办法》等可专门适用于人工智能技术应用的法律规范，对于人工智能的算法安全管理、算法滥用规制、信息内容安全治理、训练数据安全管理、内容标识等诸多事项进行了初步规定，在人工智能伦理规范的基础上，明确了各方在研发、部署和使用人工智能技术过程中应当恪守的基本原则和遵从的行为规范。目前，学界也有一些研究提出参考国内外立法实践，制定人工智能专门立法，从顶层设计的维度对人工智能治理体系进行全面规定。[1] 本节主要介绍现行与人工智能关联较强的法律制度。

一、互联网信息服务算法推荐管理制度

鉴于"算法危机"触发了大部分可预见的伦理和安全风险，人工智能算法的"可解释性"和"透明度"等安全特征便构成了当前政策立法关注的核心内容。我国进行人工智能算法治理主要依据 2021 年由国家互联网信息办公室、工业和信息化部、公安部和

---

〔1〕 例如周辉、李延枫主编、中国社会科学出版社 2024 年出版的《人工智能示范法释义》就以《人工智能示范法 2.0（专家建议稿）》为基础，介绍了其起草逻辑与主张。

国家市场监督管理总局联合制定发布的《互联网信息服务算法推荐管理规定》，虽然该规定的法律位阶并不高，仅属于部门规章，但却是当前全球范围内为数不多的、可专门适用于人工智能算法治理的规范性文件，具有极强的示范意义和实践价值。

需要注意，严格而言，该规定的治理客体并非单纯的算法本身，而是互联网信息服务算法推荐活动，即"利用生成合成类、个性化推送类、排序精选类、检索过滤类、调度决策类等算法技术向用户提供信息"的行为或过程，本质上是对互联网信息服务的规范性约束，但其中渗透了关于"算法安全"的系统性考量，很多规定具有非常强烈的"问题导向性"，直面算法歧视、算法滥用、算法黑箱等所引发的社会矛盾和危机。

（一）算法安全管理

算法模型自身的安全性决定了整个算法利用生命周期中的安全性，试想，如果算法设计本身就存在恶意或非恶意的逻辑缺陷，那么在后续的算法利用过程中就会不可避免地出现违反法律法规或伦理道德的情况。为此，算法安全管理是实施算法治理的"逻辑起点"。由于算法推荐服务提供者是算法的使用者，对于算法的使用过程和结果具有最直接的控制力，为此《互联网信息服务算法推荐管理规定》将算法推荐服务提供者设定为算法安全管理义务的主要承担者，对算法安全承担主体责任，遵循公正公平、公开透明、科学合理和诚实信用的基本原则。

为保障算法安全，算法推荐服务提供者应当积极促进算法应用向上向善，建立健全算法机制机理审核、科技伦理审查、用户注册、信息发布审核、数据安全和个人信息保护、反电信网络诈骗、安全评估监测、安全事件应急处置等管理制度和技术措施，制定并公开算法推荐服务相关规则，配备与算法推荐服务规模相适应的专业人员和技术支撑。在算法的开发设计之初，就确保算法本身不存在违反法律法规和伦理道德的偏见、歧视和逻辑错误等因素，并保证算法自身的"强健性"，避免使用"黑箱人工智能模型"[1]。在实践中，由于算法推荐服务提供者所使用的算法可能并非由自己开发和部署，而是由第三方提供相应的算法和技术支持，因此，算法推荐服务提供者就必须投入更为审慎的注意义务，充分了解和验证第三方算法的安全性和可信性，通过加强管理、技术和人员保障，确保算法应用安全。

此外，考虑到算法推荐应用场景的复杂性和机器运用算法逻辑的"不可知性"[2]，一些由算法应用而导致的技术或伦理风险在算法部署之前往往无法预见，这就需要算法推荐服务提供者对算法安全实施有效的"过程控制"，对于算法应用中发现的风险事由具有及时识别和应急处置的能力，确保算法在整个生命周期的安全性。为此，《互联网信息服务算法推荐管理规定》第8条明确要求算法推荐服务提供者应当定期审核、评估、验证算法机制机理、模型、数据和应用结果等，不得设置诱导用户沉迷、过度消费等违

---

[1] 黑箱模型通常是指那些在审查和问责范围之外的，具有工作不透明性的软件工具。依据黑箱模型进行的决策不但超出了最终用户的理解范围，而且在很多情况下，设计者也可能不会全面了解黑箱模型（尤其是复杂网络）进行决策的完整内部工作机制。

[2] 例如，在人工智能算法训练的自主学习过程中，算法逻辑产生的输出结果甚至可能超越算法设计者对于算法实现过程的理解，导致算法决策过程的"不可知性"或"不可见性"。

反法律法规或者违背伦理道德的算法模型。

（二）算法推荐信息内容安全管理

在使用算法进行推荐或决策的大部分场景下，算法应用的客观结果都是以"信息"的特定方式加以呈现的，信息内容的合法性是判断算法应用安全最直观的要素或标准。例如，欧盟委员会在《数字服务法》的解释性备忘录中阐述道，基于算法的推荐系统可能会对用户在线检索信息和信息交互的能力产生重大影响，其在某些信息的放大，非法信息的病毒式传播和在线行为的刺激中均发挥着重要作用。

我国历来非常重视互联网信息内容安全的治理问题，《互联网信息服务算法推荐管理规定》也将其作为算法应用安全的重要规范内容。具体有以下几个方面。

其一是明确算法推荐服务提供者的"内容审核义务"，阻断违法和不良信息的传播与扩散。《互联网信息服务算法推荐管理规定》第6条原则性规定算法推荐服务提供者不得利用算法推荐服务传播法律、行政法规禁止的信息，应当采取措施防范和抵制传播不良信息[1]。第9条进一步规定，算法推荐服务提供者应当加强信息安全管理，建立健全用于识别违法和不良信息的特征库，完善入库标准、规则和程序。其中特别强调了对"算法生成合成信息"的标识义务，规定发现未作显著标识的算法生成合成信息的，应当作出显著标识后，方可继续传输。发现违法信息的，应当立即停止传输，采取消除等处置措施，防止信息扩散，保存有关记录，并向网信部门和有关部门报告。发现不良信息的，应当按照网络信息内容生态治理有关规定予以处置。

其二是禁止算法推荐服务提供者将违法和不良信息用于信息推送过程，这主要是考虑到实践中算法推荐服务提供者可能片面追求"流量经济"，在"用户画像"中嵌入用户对某些违法和不良信息的偏好，诱导用户点击违法和不良信息。为此，《互联网信息服务算法推荐管理规定》第10条规定，算法推荐服务提供者应当加强用户模型和用户标签管理，完善记入用户模型的兴趣点规则和用户标签管理规则，不得将违法和不良信息关键词记入用户兴趣点或者作为用户标签并据以推送信息。

其三是重点规制虚假新闻信息，由于新闻信息较于普通网络信息更具有"公知性"和"权威性"，通过算法合成和推送虚假新闻信息更容易误导公众、操纵舆论、破坏社

---

〔1〕 我国国家互联网信息办公室2019年制定颁布的《网络信息内容生态治理规定》首次对互联网信息进行了"违法信息"和"不良信息"的划分，明确禁止制作、复制、发布违法信息，要求防范和抵制制作、复制、发布不良信息。其中，违法信息包括：（1）反对宪法所确定的基本原则的；（2）危害国家安全，泄露国家秘密，颠覆国家政权，破坏国家统一的；（3）损害国家荣誉和利益的；（4）歪曲、丑化、亵渎、否定英雄烈士事迹和精神，以侮辱、诽谤或者其他方式侵害英雄烈士的姓名、肖像、名誉、荣誉的；（5）宣扬恐怖主义、极端主义或者煽动实施恐怖活动、极端主义活动的；（6）煽动民族仇恨、民族歧视，破坏民族团结的；（7）破坏国家宗教政策，宣扬邪教和封建迷信的；（8）散布谣言，扰乱经济秩序和社会秩序的；（9）散布淫秽、色情、赌博、暴力、凶杀、恐怖或者教唆犯罪的；（10）侮辱或者诽谤他人，侵害他人名誉、隐私和其他合法权益的；（11）法律、行政法规禁止的其他内容。不良信息包括：（1）使用夸张标题，内容与标题严重不符的；（2）炒作绯闻、丑闻、劣迹等的；（3）不当评述自然灾害、重大事故等灾难的；（4）带有性暗示、性挑逗等易使人产生性联想的；（5）展现血腥、惊悚、残忍等致人身心不适的；（6）煽动人群歧视、地域歧视等的；（7）宣扬低俗、庸俗、媚俗内容的；（8）可能引发未成年人模仿不安全行为和违反社会公德行为、诱导未成年人不良嗜好等的；（9）其他对网络生态造成不良影响的内容。

会信任和扭曲公民意见，形成社会的不稳定因素，甚至严重侵害社会公众的人身和财产权益。为此《互联网信息服务算法推荐管理规定》第 13 条明确规定，算法推荐服务提供者提供互联网新闻信息服务的，应当依法取得互联网新闻信息服务许可[1]，规范开展互联网新闻信息采编发布服务、转载服务和传播平台服务，不得生成合成虚假新闻信息，不得传播非国家规定范围内的单位发布的新闻信息。

其四是关注特殊人群的权益保护问题，由于未成年人和老年人等特殊人群在互联网信息技术的使用方面存在一些天然障碍，对于网络风险的识别和判断能力较弱。例如，未成年人处于身心发展的关键期，更容易受到违法和不良信息的引诱和影响，更容易沉迷网络；而老年人则因存在"技术断代"，易产生明显的"数字鸿沟"问题，对新兴互联网信息技术"不敢用""不会用"或"不能用"，在现代社会中很难公平且便利地获取数字公共服务，并更容易受到电信诈骗信息的误导。为此，《互联网信息服务算法推荐管理规定》第 18 条规定，算法推荐服务提供者向未成年人提供服务的，应当依法履行未成年人网络保护义务，并通过开发适合未成年人使用的模式、提供适合未成年人特点的服务等方式，便利未成年人获取有益身心健康的信息。算法推荐服务提供者不得向未成年人推送可能引发未成年人模仿不安全行为和违反社会公德行为、诱导未成年人不良嗜好等可能影响未成年人身心健康的信息，不得利用算法推荐服务诱导未成年人沉迷网络。《互联网信息服务算法推荐管理规定》第 19 条规定，算法推荐服务提供者向老年人提供服务的，应当保障老年人依法享有的权益，充分考虑老年人出行、就医、消费、办事等需求，按照国家有关规定提供智能化适老服务，依法开展涉电信网络诈骗信息的监测、识别和处置，便利老年人安全使用算法推荐服务。

（三）算法滥用治理

算法"自动化"分析和决策过程通常可以规避人工干预的风险排查机制，其本身的"不可见性"导致算法滥用具有相当程度的隐蔽性，"算法权力"的兴起也赋予算法利用者更强的排他性信息控制能力，其侵益过程和结果往往具有更强的破坏性。《互联网信息服务算法推荐管理规定》对于算法滥用的治理规定具有极强的"事件导向性"，主要关注到"算法误导""算法剥削""算法杀熟"和"算法垄断"等现实问题。

1. 关于算法误导

算法功能的本质在于结果输出，特别是在信息推送服务中，算法规则决定了用户"可能看到什么"或"优先看到什么"，在某些专业领域，用户基于对服务提供商的"信任"，可能产生对算法推荐结果的高度依赖性。那么，服务提供商如果出于经济利益或其他目的，滥用算法改变信息输出的应然呈现顺序或推送结果，则会对用户判断和决策产生显著影响。2016 年，西安电子科技大学学生魏某通过百度搜索找到排名领先的医院治疗癌症，但百度搜索使用的不是基于"自然排序"的算法方法，而是通过"竞价排名"

---

[1] 我国国家互联网信息办公室 2017 年颁布的《互联网新闻信息服务管理规定》建立了严格的互联网新闻信息服务许可要求，其第 5 条明确规定，通过互联网站、应用程序、论坛、博客、微博客、公众账号、即时通信工具、网络直播等形式向社会公众提供互联网新闻信息服务，应当取得互联网新闻信息服务许可，禁止未经许可或超越许可范围开展互联网新闻信息服务活动。

呈现搜索结果。事实上，魏某基于信任而选择的医院技术并不先进，甚至仍然在使用淘汰的治疗技术，最终导致病情恶化，不幸去世。这一事件引发了各界关于算法误导的高度警醒，算法公平及其透明度问题开始被作为重要的法治议题，成为算法向善的关键性内容。《互联网信息服务算法推荐管理规定》第12条明确规定，鼓励算法推荐服务提供者综合运用内容去重、打散干预等策略，并优化检索、排序、选择、推送、展示等规则的透明度和可解释性，避免对用户产生不良影响，预防和减少争议纠纷。第14条规定，算法推荐服务提供者不得利用算法虚假注册账号、非法交易账号、操纵用户账号或者虚假点赞、评论、转发，不得利用算法屏蔽信息、过度推荐、操纵榜单或者检索结果排序、控制热搜或者精选等干预信息呈现，实施影响网络舆论或者规避监督管理行为。

2. 关于算法剥削

2021年，一篇名为《外卖骑手，困在系统里》的调查性文章引发高度关注，该文章揭示出美团外卖通过算法决定骑手的规定送餐时间，人工智能算法通过深度学习，优化派单，压缩时间，提升配送效率。但客观现实是，连续多年来，骑手的送餐里程在逐年增加，但规定的送餐时间却在逐年减少。美团算法在压缩配送时间时，并没有综合考虑道路情况、天气情况、拥堵情况的动态的外部因素，一旦骑手超时，平台系统会自动扣除提成。骑手为了满足准时率的要求，往往无视交通规则，从而引发大量的交通事故，甚至是人身伤亡。为了解决这一问题，《互联网信息服务算法推荐管理规定》第20条规定，算法推荐服务提供者向劳动者提供工作调度服务的，应当保护劳动者取得劳动报酬、休息休假等合法权益，建立完善平台订单分配、报酬构成及支付、工作时间、奖惩等相关算法。

3. 关于算法杀熟

算法杀熟也称为大数据杀熟，在网络经济兴起的若干年中，消费者开始习惯于高度依赖网络平台提供产品和服务。但很多老用户发现自己购买同样商品或服务所支付的价格往往要高于新用户。例如，光明网披露，市民杨女士在使用某打车软件时，因准备下单时来了一条微信，后台切换软件回复完再进入打车软件后，发现重新打车的价格从11元提高到13元，前后不超过1分钟。算法杀熟通常与用户偏好相关，而且非常具有隐蔽性。通过对用户搜索记录、社会媒体活动、产品和服务的购买记录等进行数据分析，可以判断用户对于某种产品和服务的依赖程度，依赖性越高，其"用户粘性"就越强，那么用户对于价格的关注度就可能较低，商家据此来进行差别定价，这无疑严重侵犯了用户的公平交易权。为解决这一问题，《互联网信息服务算法推荐管理规定》第21条明确规定，算法推荐服务提供者向消费者销售商品或者提供服务的，应当保护消费者公平交易的权利，不得根据消费者的偏好、交易习惯等特征，利用算法在交易价格等交易条件上实施不合理的差别待遇等违法行为。

4. 关于算法垄断

在人工智能算法垄断治理中，主要关注网络运营者通过算法限制其他竞争者的数据访问能力，或设置不合理条件，限制其他竞争者进入相关市场。在2010年前后，以互联网为代表的数字产业获得了高速发展，数字经济在成为新的国家经济增长点的同时，也催生了包括 Google、Microsoft、Facebook、Amazon、Apple 等互联网科技巨头，其市值和体量均超过了各类传统经济部门所能企及的高度，这引发了各国反垄断监管机构的强烈关注。欧盟委员会在 2020 年 2 月发布的《欧盟数据战略》中直言道，在数据的访问和使用方面，欧盟存在市场失灵的现象，大型在线平台等少量市场参与者能够积累大量数据，并从这些丰富多样的数据中建立竞争优势，这转而会影响市场的可竞争性——不仅会影响此类平台服务市场，还会影响平台所提供的特定商品和服务市场。"数据优势"赋予大型企业在市场竞争中的优势地位，使其能够在平台上设定规则，单方面为数据的访问和使用设置条件，并在开发新服务和扩展新市场时利用这种"权力优势"[1]。2019 年，Facebook 近 7000 页的报告被披露，其中大约有 1200 页被标记为"高度机密"。这些文件展示了 Facebook CEO 扎克伯格和管理团队如何想方设法利用 Facebook 用户的数据作为对合作公司的谈判筹码，最终目的是巩固其统治地位。其中一个比较典型的案例是 Facebook 通过切断对 Six4Three 公司某类用户数据的访问，直接导致后者濒临倒闭。为了解决利用数据优势可能产生的阻碍竞争的问题，《互联网信息服务算法推荐管理规定》第 15 条明确规定，算法推荐服务提供者不得利用算法对其他互联网信息服务提供者进行不合理限制，或者妨碍、破坏其合法提供的互联网信息服务正常运行，实施垄断和不正当竞争行为。

（四）算法备案

算法备案是我国在新时代创设的一项算法治理制度。这项制度是"有效市场与有为政府相结合"的治理原则在数字领域的延伸和创新[2]。算法备案本质上，"是行政机关作出的一种存档备查的行为，其目的在于获取平台设计部署的具有潜在危害和风险的算法系统的相关资讯，以固定问责点为今后的行政监管提供信息基础"[3]需要注意，算法备案不应当理解为行政许可，根据我国《行政许可法》第 2 条的规定，所谓行政许可，是指"行政机关根据公民、法人或者其他组织的申请，经依法审查，准予其从事特定活动的行为"。行政许可具有赋权性和解禁性[4]，简单理解，行政许可的法律意义在于"普遍禁止，许可豁免"，具有"准入"的事先控制功能，即"未经许可，不得从事特定活动"。但算法备案并不具有这种事先控制功能，只是便利算法行政监管的一种方式或手段。

根据我国《互联网信息服务算法推荐管理规定》，具有舆论属性或者社会动员能力[5]的算法推荐服务提供者应当在提供服务之日起 10 个工作日内通过互联网信息服务算法备案系统填报服务提供者的名称、服务形式、应用领域、算法类型、算法自评估报

〔1〕 参见 A European Strategy for data，2020，https://data.europa.eu/en/news-events/news/online-consultation-european-strategy-data。

〔2〕 参见张吉豫：《论算法备案制度》，载《东方法学》2023 年第 2 期。

〔3〕 张凌寒：《网络平台监管的算法问责制构建》，载《东方法学》2021 年第 3 期。

〔4〕 参见应松年主编：《行政法与行政诉讼法学》（第 2 版），高等教育出版社 2020 年版，第 126 页。

〔5〕 根据当前规定，需要履行备案义务的算法推荐服务提供者仅限于"具有舆论属性或者社会动员能力"的范畴，根据我国中央网信办 2018 年制定发布的《具有舆论属性或社会动员能力的互联网信息服务安全评估规定》，具有舆论属性或社会动员能力的互联网信息服务，包括：（1）开办论坛、博客、微博客、聊天室、通讯群组、公众账号、短视频、网络直播、信息分享、小程序等信息服务或者附设相应功能；（2）开办提供公众舆论表达渠道或者具有发动社会公众从事特定活动能力的其他互联网信息服务。

告、拟公示内容等信息，履行备案手续。算法推荐服务提供者的备案信息发生变更的，应当在变更之日起 10 个工作日内办理变更手续。算法推荐服务提供者终止服务的，应当在终止服务之日起 20 个工作日内办理注销备案手续，并作出妥善安排。国家和省、自治区、直辖市网信部门收到备案人提交的备案材料后，材料齐全的，应当在 30 个工作日内予以备案，发放备案编号并进行公示；材料不齐全的，不予备案，并应当在 30 个工作日内通知备案人并说明理由。完成备案的算法推荐服务提供者应当在其对外提供服务的网站、应用程序等的显著位置标明其备案编号并提供公示信息链接。同时，具有舆论属性或者社会动员能力的算法推荐服务提供者应当按照国家有关规定开展安全评估。

二、互联网信息服务深度合成管理制度

2017 年前后，一款名为 Deep Faker 的社交媒体软件应用火爆全球，其基本功能是利用人工智能技术进行人脸替换。与传统 PS 技术不同的是，Deep Faker 不仅可以生成图片，只要用户收集到足够多的训练素材，其还能几乎"无破绽"地生成完整的视频。Deep Faker 最初是经 Reddit 社区流行开来，一位用户上传了使用 Deep Faker 处理过的换脸视频以达到娱乐效果，短时间内就吸引了大量关注，可由于其具有明显的侵权特征，视频很快就被删除，可该项被称为"深度伪造"或"深度合成"的技术已经在 Github 上开源，并迅速传播。

作为人工智能的一个应用领域，深度合成技术从一开始就饱受诟病，与其有限的正向娱乐功能相比，公众更担忧其通过生成虚假信息误导公众、左右舆论、实施诈骗、制造恐慌等潜在的负面影响，而这种担忧很快就成为现实。由于深度合成技术生成的信息内容高度逼真，受众很难加以分辨，在信息源无法验证的情况下，这就为违法犯罪活动提供了有效的技术途径。2022 年，众多社交媒体平台上出现了一则马斯克推广一个名为 BitVex 的加密货币投资项目的视频，在该视频中，马斯克声称所有人都可以投资该项目，即使比特币全球市场价格回落，该项目也承诺用户每天拥有 30% 的投资回报率。鉴于马斯克本人强大的成功示范效应和影响力，短期内有大量民众通过 BitVex 官网进行投资。但事实上，该视频是诈骗分子利用深度合成技术伪造的，其通过截取马斯克不久前接受 TED 采访的视频，改变马斯克的口型并配上合成的声音。在短短的一年时间内，诈骗分子利用这种"拙劣"的手段骗取了超过 1 亿美金。

无独有偶，2023 年，我国包头市警方披露了我国首例利用深度合成技术实施电信诈骗的典型案例，受害人在短短 10 分钟内被骗 430 万元。在本案中，受害人的"好友"通过微信视频聊天功能联系他，声称自己在外地竞标，需要 430 万元保证金。由于是视频通话，受害人对此深信不疑，在没有核实钱款是否到账的情况下就分两次把 430 万元转入"好友"银行账户。直到事后受害人拨打被冒充的好友电话，才发现受骗。诈骗分子在微信视频通话中就是使用了人工智能深度合成技术，成功使受害人放下戒心。在此种场景下，公众普遍会认为"难道眼见还不能为实吗"？这恰恰是深度合成技术强大的破坏力所在。

为此，对基于人工智能的深度合成技术进行必要监管，防范和控制潜在的技术滥用，无疑具有异常紧迫的现实意义。2022 年，我国国家互联网信息办公室、工业和信息化部、公安部联合制定颁布《互联网信息服务深度合成管理规定》，旨在加强互联网信息服务深度合成管理，规范深度合成技术的提供和应用，切实维护国家安全和社会公共利益，保护公民、法人和其他组织的合法权益。值得注意的是，该规定从"技术中立"的角度出发，遵从安全与发展并重原则，并没有"一刀切"地禁止深度合成技术的利用，而是侧重于强化深度合成服务提供者在"信息内容安全"方面的主体责任，构建深度合成数据和技术管理规范，从源头上消弭技术滥用的可能。

根据《互联网信息服务深度合成管理规定》，受规制的"深度合成技术"是指利用深度学习、虚拟现实等生成合成类算法制作文本、图像、音频、视频、虚拟场景等网络信息的技术[1]。在我国，应用深度合成技术提供互联网信息服务受到相应的规制和约束，提供深度合成服务，应当遵守法律法规，尊重社会公德和伦理道德，坚持正确政治方向、舆论导向、价值取向，促进深度合成服务向上向善。概括而言，《互联网信息服务深度合成管理规定》重点对以下应用和提供深度合成服务的相关事项明确了具体规范要求。

（一）深度合成服务的信息内容安全管理

深度合成服务的一般性义务主要概括了服务提供和应用过程中，服务提供者需要符合和遵从的基线要求。鉴于深度合成服务可能导致的"法益减损"主要是通过信息内容的"失范性"予以呈现的，《互联网信息服务深度合成管理规定》仍然聚焦于"信息内容安全"，强调深度合成服务提供者的信息安全主体责任，并建立与此相关的信息内容安全管理制度。

第一，明确对制作发布违法有害信息的禁止性规定，强调安全风险的"源头治理"。任何组织和个人不得利用深度合成服务制作、复制、发布、传播法律、行政法规禁止的信息，不得利用深度合成服务从事危害国家安全和利益、损害国家形象、侵害社会公共利益、扰乱经济和社会秩序、侵犯他人合法权益等法律、行政法规禁止的活动。同时，深度合成服务提供者和使用者均不得利用深度合成服务制作、复制、发布、传播虚假新闻信息。转载基于深度合成服务制作发布的新闻信息的，应当依法转载互联网新闻信息稿源单位发布的新闻信息。

第二，明确深度合成服务提供者应建立信息内容安全制度，提供管理和技术层面的安全保障。一方面，深度合成服务提供者自身应当落实信息安全主体责任，建立健全用户注册、算法机制机理审核、科技伦理审查、信息发布审核、数据安全、个人信息保护、反电信网络诈骗、应急处置等各项管理制度，并提供安全可控的技术保障措施。另

---

［1］ 包括但不限于：（1）篇章生成、文本风格转换、问答对话等生成或者编辑文本内容的技术；（2）文本转语音、语音转换、语音属性编辑等生成或者编辑语音内容的技术；（3）音乐生成、场景声编辑等生成或者编辑非语音内容的技术；（4）人脸生成、人脸替换、人物属性编辑、人脸操控、姿态操控等生成或者编辑图像、视频内容中生物特征的技术；（5）图像生成、图像增强、图像修复等生成或者编辑图像、视频内容中非生物特征的技术；（6）三维重建、数字仿真等生成或者编辑数字人物、虚拟场景的技术。

一方面，深度合成服务提供者对技术支持者和使用者具有信息安全维护的提示义务，应当制定和公开管理规则、平台公约，完善服务协议，依法依约履行管理责任。更为重要的是，深度合成服务提供者应当以显著方式提示深度合成服务技术支持者和使用者承担信息安全义务，有效防范安全风险，规制技术滥用。

第三，明确"实名制"要求。"实名制"制度是我国在网络信息内容管理方面长期坚持的有益经验，也是防范违法有害信息的最有效手段[1]。网络失序（包括内容失序和行为失序）的根本性症结在于用户在线身份和现实身份之间的"映射关系"失效，鉴于互联网技术在设计之初就非常专注于实现"虚拟性"或"匿名性"的特点，这客观上导致用户对于"身份认知"的割裂。这种身份影射关系的失效导致现实规则（包括法律、道德、伦理等）的约束效果大打折扣，既不能在事先对行为人的失范行为产生足够的威胁力，又不能在事后对行为人的失范行为有效追责，导致互联网很容易沦为"法外之地"。为此，推行"实名制"有助于在用户的在线身份和现实身份之间重构有效的"映射关系"，使现实规则能够延及虚拟，建立秩序。深度合成服务提供者应当基于移动电话号码、身份证件号码、统一社会信用代码或者国家网络身份认证公共服务等方式，依法对深度合成服务使用者进行真实身份信息认证，不得向未进行真实身份信息认证的深度合成服务使用者提供信息发布服务。

第四，明确深度合成服务提供者的信息内容"事中事后"监管责任，强调"过程控制"要求。深度合成服务提供者应当加强深度合成内容管理，采取技术或者人工方式对深度合成服务使用者的输入数据和合成结果进行审核。应当建立健全用于识别违法和不良信息的特征库，完善入库标准、规则和程序，记录并留存相关网络日志。发现违法和不良信息的，应当依法采取处置措施，保存有关记录，及时向网信部门和有关主管部门报告；对相关深度合成服务使用者依法依约采取警示、限制功能、暂停服务、关闭账号等处置措施。

第五，明确深度合成服务提供者的"辟谣"义务，最大限度削弱虚假信息对公众的负面影响，并防止危害结果的进一步扩散。深度合成服务提供者应当建立健全辟谣机制，发现利用深度合成服务制作、复制、发布、传播虚假信息的，应当及时采取辟谣措施，保存有关记录，并向网信部门和有关主管部门报告。深度合成服务提供者还应当设置便捷的用户申诉和公众投诉、举报入口，公布处理流程和反馈时限，及时受理、处理和反馈处理结果。

---

〔1〕 早在 2012 年，我国颁布的《全国人民代表大会常务委员会关于加强网络信息保护的决定》就首次对"实名制"进行了明确要求，其第 6 条规定，网络服务提供者为用户办理网站接入服务，办理固定电话、移动电话等入网手续，或者为用户提供信息发布服务，应当在与用户签订协议或者确认提供服务时，要求用户提供真实身份信息。2016 年，我国颁布的《网络安全法》中，明确将"实名制"作为网络运营者提供服务的强制性义务，其第 24 条对前述《全国人民代表大会常务委员会关于加强网络信息保护的决定》第 6 条进行了改良和细化，规定网络运营者为用户办理网络接入、域名注册服务，办理固定电话、移动电话等入网手续，或者为用户提供信息发布、即时通讯等服务，在与用户签订协议或者确认提供服务时，应当要求用户提供真实身份信息。用户不提供真实身份信息的，网络运营者不得为其提供相关服务。可以认为，此时的"实名制"已经成为用户接受网络服务的"准入条件"。此后，中央网信办配套颁布的多部涉及网络信息内容管理的规范性文件中都明确规定了"实名制"要求，

需要注意的是，《互联网信息服务深度合成管理规定》已经关注到当前信息传播方式多元化和便捷化的显著特点，考虑到大量的信息服务是通过互联网应用程序（App）予以提供的，特别强调互联网应用商店等应用程序分发平台的控制功能。规定互联网应用商店等应用程序分发平台应当落实上架审核、日常管理、应急处置等安全管理责任，核验深度合成类应用程序的安全评估、备案等情况；对违反国家有关规定的，应当及时采取不予上架、警示、暂停服务或者下架等处置措施。

（二）深度合成服务的数据和技术管理

为促进深度合成服务和应用过程的向上向善，防范潜在的安全风险和技术滥用，《互联网信息服务深度合成管理规定》要求深度合成服务提供者和技术支持者应当加强数据和技术管理，定期审核、评估、验证生成合成类算法机制机理。概括而言，深度合成服务的数据和技术管理主要包括以下三方面内容：

第一，深度合成服务提供者和技术支持者应当按照《数据安全法》和《个人信息保护法》的规定实施必要的管理和技术保护措施。《互联网信息服务深度合成管理规定》要求深度合成服务提供者和技术支持者应当加强训练数据管理，采取必要措施保障训练数据安全。如果训练数据中包含个人信息的，还应当遵守个人信息保护的有关规定，提供人脸、人声等生物识别信息编辑功能的，应当提示深度合成服务使用者依法告知被编辑的个人，并取得其单独同意。此外，对于包含生成或者编辑特定类型信息[1]功能的模型、模板等工具的，深度合成服务提供者和技术支持者还具有事先的安全评估义务，应当依法自行或者委托专业机构开展安全评估。

第二，深度合成服务提供者应当建立健全"标识"制度，即通过"显著告知"，使用户和公众明确知悉相关信息内容是通过深度合成技术生成或编辑的，降低误导和欺骗的可能。深度合成服务提供者对使用其服务生成或者编辑的信息内容，应当采取技术措施添加不影响用户使用的标识，并依照法律、行政法规和国家有关规定保存日志信息。任何组织和个人不得采用技术手段删除、篡改、隐匿深度合成标识。这包括两个层面的具体要求，一是由深度合成服务提供者自行强制添加标识。此类深度合成服务通常可能严重导致公众混淆或者误认，深度合成服务提供者应当在生成或者编辑的信息内容的合理位置、区域进行显著标识，向公众提示深度合成情况。此类深度合成服务包括：（1）智能对话、智能写作等模拟自然人进行文本的生成或者编辑服务；（2）合成人声、仿声等语音生成或者显著改变个人身份特征的编辑服务；（3）人脸生成、人脸替换、人脸操控、姿态操控等人物图像、视频生成或者显著改变个人身份特征的编辑服务；（4）沉浸式拟真场景等[2]生成或者编辑服务；（5）其他具有生成或者显著改变信息内容功能的服务。二是深度合成服务提供者仅提供标识功能，由用户添加标识。深度合成服务提供者提供上述五类以外的深度合成服务的，应当提供显著标识功能，并提示深度合

---

〔1〕 此类特殊类型信息包括：一是生成或者编辑人脸、人声等生物识别信息的；二是生成或者编辑可能涉及国家安全、国家形象、国家利益和社会公共利益的特殊物体、场景等非生物识别信息的。

〔2〕 沉浸式拟真场景，是指应用深度合成技术生成或者编辑的、可供参与者体验或者互动的、具有高度真实感的虚拟场景。

成服务使用者可以进行显著标识。

第三，深度合成服务提供者应当履行备案义务。深度合成服务提供者应当按照前节《互联网信息服务算法推荐管理规定》的要求履行备案和变更、注销备案手续。深度合成服务技术支持者应当参照前款规定履行备案和变更、注销备案手续。完成备案的深度合成服务提供者和技术支持者应当在其对外提供服务的网站、应用程序等的显著位置标明其备案编号并提供公示信息链接。有关具体的备案要求在此不再赘述。

三、生成式人工智能管理制度

2023 年伊始，Chat GPT 就以匪夷所思的速度持续刷新公众对于人工智能技术应用前景的既有认知。在短短一个月内，Chat GPT 的月活用户就已经突破 1 亿，成为有史以来增长最快的消费者应用。基于大通用模型的"生成式人工智能"甚至开始被作为进行技术发展断代的重要标志。我国对于该项技术应用法律规制的反应速度异常迅速，仅仅在 Open AI 正式推出 GPT-4 的 1 个月后，2023 年 4 月，我国国家网信办就发布了《生成式人工智能服务管理办法（征求意见稿）》，旨在为生成式人工智能技术提供一个强有力的监管框架。在经过 3 个月的讨论修改后，2023 年 7 月 10 日，七部委最终发布《生成式人工智能服务管理暂行办法》，自 8 月 15 日起施行。该办法也是全球首个专门针对生成式人工智能的法律规范。根据我国《生成式人工智能服务管理暂行办法》规定，生成式人工智能技术，是指具有文本、图片、音频、视频等内容生成能力的模型及相关技术。针对该技术，我国坚持"安全与发展并重"的基本原则，促进创新和依法治理相结合，一方面，正视生成式人工智能对于数字经济发展的正向驱动作用，规定了大量的技术发展促进规范；另一方面，亦未忽视生成式人工智能的潜在法律风险，建立了初步的规范和治理框架，规定提供和使用生成式人工智能服务，应当遵守法律、行政法规，尊重社会公德和伦理道德[1]。

（一）生成式人工智能技术发展促进

总体而言，我国《生成式人工智能服务管理暂行办法》的治理路径秉承较为开放的技术利用态度，其明确规定，鼓励生成式人工智能技术在各行业、各领域的创新应用，生成积极健康、向上向善的优质内容，探索优化应用场景，构建应用生态体系。支持行业组织、企业、教育和科研机构、公共文化机构、有关专业机构等在生成式人工智能技术创新、数据资源建设、转化应用、风险防范等方面开展协作。鼓励生成式人工智能算

---

[1] 包括：（1）坚持社会主义核心价值观，不得生成煽动颠覆国家政权、推翻社会主义制度，危害国家安全和利益、损害国家形象，煽动分裂国家、破坏国家统一和社会稳定，宣扬恐怖主义、极端主义，宣扬民族仇恨、民族歧视，暴力、淫秽色情，以及虚假有害信息等法律、行政法规禁止的内容；（2）在算法设计、训练数据选择、模型生成和优化、提供服务等过程中，采取有效措施防止产生民族、信仰、国别、地域、性别、年龄、职业、健康等歧视；（3）尊重知识产权、商业道德，保守商业秘密，不得利用算法、数据、平台等优势，实施垄断和不正当竞争行为；（4）尊重他人合法权益，不得危害他人身心健康，不得侵害他人肖像权、名誉权、荣誉权、隐私权和个人信息权益；（5）基于服务类型特点，采取有效措施，提升生成式人工智能服务的透明度，提高生成内容的准确性和可靠性。

法、框架、芯片及配套软件平台等基础技术的自主创新，平等互利开展国际交流与合作，参与生成式人工智能相关国际规则制定。推动生成式人工智能基础设施和公共训练数据资源平台建设。促进算力资源协同共享，提升算力资源利用效能。推动公共数据分类分级有序开放，扩展高质量的公共训练数据资源。鼓励采用安全可信的芯片、软件、工具、算力和数据资源。

（二）生成式人工智能数据训练

生成式人工智能应用中的各类风险主要来源于"数据训练"过程，数据训练的合规性和成熟度决定了生成和编辑结果的正确性和非歧视性。为此，《生成式人工智能服务管理暂行办法》重点对生成式人工智能的数据训练活动提出了明确要求，规定生成式人工智能服务提供者应当依法开展预训练、优化训练等训练数据处理活动：一是使用具有合法来源的数据和基础模型；二是涉及知识产权的，不得侵害他人依法享有的知识产权；三是涉及个人信息的，应当取得个人同意或者符合法律、行政法规规定的其他情形[1]；四是采取有效措施提高训练数据质量，增强训练数据的真实性、准确性、客观性、多样性；五是《网络安全法》《数据安全法》《个人信息保护法》等法律、行政法规的其他有关规定和有关主管部门的相关监管要求。例如，《网络数据安全管理条例》明确，提供生成式人工智能服务的网络数据处理者应当加强对训练数据和训练数据处理活动的安全管理，采取有效措施防范和处置网络数据安全风险。

同时，生成式人工智能服务提供者必须审慎对待数据标注[2]义务，在生成式人工智能技术研发过程中进行数据标注的，提供者应当制定清晰、具体、可操作的标注规则；开展数据标注质量评估，抽样核验标注内容的准确性；对标注人员进行必要培训，提升尊法守法意识，监督指导标注人员规范开展标注工作。

（三）生成式人工智能服务规范

1. 信息内容安全管理

根据规定，生成式人工智能服务提供者应当依法承担网络信息内容生产者责任，履行网络信息安全义务。根据我国《网络信息内容生态治理规定》，网络信息内容生产者应当遵守法律法规，遵循公序良俗，不得损害国家利益、公共利益和他人合法权益。其一，鼓励网络信息内容生产者制作、复制、发布含有特定内容的信息[3]；其二，网络信

---

〔1〕 本书在个人信息保护专章对此进行详细论述，在此不再赘述。

〔2〕 根据我国国家标准《GB/T 42755—2023 人工智能 面向机器学习的数据标注规程》规定，数据标注是指"给数据样本指定目标变量和赋值的过程"。数据标注涉及数据需求方、标注管理方及数据标注方，包括标注任务前期准备、标注任务执行、标注结果输出三个基本流程阶段。在各个阶段应当实施必要的管理和技术保障措施，例如，在最关键的标注任务执行阶段，应当实施过程控制、质量保证、管理机制等。

〔3〕 包括：(1)宣传习近平新时代中国特色社会主义思想，全面准确生动解读中国特色社会主义道路、理论、制度、文化的；(2)宣传党的理论路线方针政策和中央重大决策部署的；(3)展示经济社会发展亮点，反映人民群众伟大奋斗和火热生活的；(4)弘扬社会主义核心价值观，宣传优秀道德文化和时代精神，充分展现中华民族昂扬向上精神风貌的；(5)有效回应社会关切，解疑释惑，析事明理，有助于引导群众形成共识的；(6)有助于提高中华文化国际影响力，向世界展现真实立体全面的中国的；(7)其他讲品味讲格调讲责任、讴歌真善美、促进团结稳定等的内容。

息内容生产者不得制作、复制、发布含有特定内容的违法信息[1]；其三，网络信息内容生产者应当采取措施，防范和抵制制作、复制、发布含有特定内容的不良信息[2]。此外，生成式人工智能服务提供者发现违法内容的，应当及时采取停止生成、停止传输、消除等处置措施，采取模型优化训练等措施进行整改，并向有关主管部门报告；发现使用者利用生成式人工智能服务从事违法活动的，应当依法依约采取警示、限制功能、暂停或者终止向其提供服务等处置措施，保存有关记录，并向有关主管部门报告。

2. 个人信息保护

个人信息保护是生成式人工智能技术应用中的重要关注点，由于在数据训练中不可避免地会使用到个人信息（包括公开和未公开的个人信息），而这一情况可能并不为个人信息主体所知，为此，各国通常均强调个人信息保护规则在人工智能技术应用中的关键作用[3]。在涉及个人信息的生成式人工智能应用场景下，《生成式人工智能服务管理暂行办法》规定生成式人工智能服务提供者应当依法承担个人信息处理者责任，履行个人信息保护义务。对使用者的输入信息和使用记录应当依法履行保护义务，不得收集非必要个人信息，不得非法留存能够识别使用者身份的输入信息和使用记录，不得非法向他人提供使用者的输入信息和使用记录；应当依法及时受理和处理个人关于查阅、复制、更正、补充、删除其个人信息等的请求。

3. 网络防沉迷

网络服务越来越丰富的扩展功能对于未成年人具有强大的吸引力，"网络沉迷"现象已经成为一项普遍性的社会"痛点"问题。早在2021年，我国国家新闻出版署就印发《关于进一步严格管理切实防止未成年人沉迷网络游戏的通知》，明确所有网络游戏企业仅可在周五、周六、周日和法定节假日每日20时至21时向未成年人提供1小时网络游戏服务；所有网络游戏必须接入国家新闻出版署网络游戏防沉迷实名验证系统，用户必须实名注册登录，网络游戏企业不得以任何形式（含游客体验模式）向未实名注册和登录的用户提供游戏服务。2024年1月1日正式施行的《未成年人网络保护条例》第

〔1〕　包括：（1）反对宪法所确定的基本原则的；（2）危害国家安全，泄露国家秘密，颠覆国家政权，破坏国家统一的；（3）损害国家荣誉和利益的；（4）歪曲、丑化、亵渎、否定英雄烈士事迹和精神，以侮辱、诽谤或者其他方式侵害英雄烈士的姓名、肖像、名誉、荣誉的；（5）宣扬恐怖主义、极端主义或者煽动实施恐怖活动、极端主义活动的；（6）煽动民族仇恨、民族歧视，破坏民族团结的；（7）破坏国家宗教政策，宣扬邪教和封建迷信的；（8）散布谣言，扰乱经济秩序和社会秩序的；（9）散布淫秽、色情、赌博、暴力、凶杀、恐怖或者教唆犯罪的；（10）侮辱或者诽谤他人，侵害他人名誉、隐私和其他合法权益的；（11）法律、行政法规禁止的其他内容。

〔2〕　包括：（1）使用夸张标题，内容与标题严重不符的；（2）炒作绯闻、丑闻、劣迹等的；（3）不当评述自然灾害、重大事故等灾难的；（4）带有性暗示、性挑逗等易使人产生性联想的；（5）展现血腥、惊悚、残忍等致人身心不适的；（6）煽动人群歧视、地域歧视等的；（7）宣扬低俗、庸俗、媚俗内容的；（8）可能引发未成年人模仿不安全行为和违反社会公德行为、诱导未成年人不良嗜好等的；（9）其他对网络生态造成不良影响的内容。

〔3〕　例如，英国ICO连续发布的三份针对人工智能技术合法性的公众征求意见文件，均是针对个人信息保护问题而展开的。其于2024年1月发布的首份文件重点讨论"网络数据爬取"及"处理网络爬取数据用于训练生成式人工智能"的合法依据；2024年2月发布的第二份文件重点讨论"目的限定"原则在生成式人工智能生命周期中的适用问题；2024年4月发布的第三份文件重要讨论"训练数据和模型输入的准确性"问题，其中涉及个人信息的准确性问题。

42条规定，网络产品和服务提供者应当建立健全防沉迷制度，不得向未成年人提供诱导其沉迷的产品和服务，及时修改可能造成未成年人沉迷的内容、功能和规则，并每年向社会公布防沉迷工作情况，接受社会监督。第43条规定，网络游戏、网络直播、网络音视频、网络社交等网络服务提供者应当针对不同年龄阶段未成年人使用其服务的特点，坚持融合、友好、实用、有效的原则，设置未成年人模式，在使用时段、时长、功能和内容等方面按照国家有关规定和标准提供相应的服务，并以醒目便捷的方式为监护人履行监护职责提供时间管理、权限管理、消费管理等功能。《生成式人工智能服务管理暂行办法》同样关注到对于未成年人网络保护的特殊问题，要求生成式人工智能提供者应当明确并公开其服务的适用人群、场合、用途，指导使用者科学理性认识和依法使用生成式人工智能技术，采取有效措施防范未成年人用户过度依赖或者沉迷生成式人工智能服务。

4. 内容标识

生成式人工智能服务提供者应当按照《互联网信息服务深度合成管理规定》对图片、视频等生成内容进行标识[1]。

5. 算法备案

提供具有舆论属性或者社会动员能力的生成式人工智能服务的，应当按照国家有关规定开展安全评估，并按照《互联网信息服务算法推荐管理规定》履行算法备案和变更、注销备案手续[2]。

重要名词术语

人工智能、机器学习、生成式人工智能技术、算法推荐技术、深度合成技术

思考题

1. 简述我国人工智能伦理规范包含哪些内容。

2. 简述我国《互联网信息服务算法推荐管理规定》中关于"算法滥用"治理的相关规定。

3. 简述我国《生成式人工智能服务管理暂行办法》中关于"服务规范"的具体要求。

4. 简述我国《互联网信息服务深度合成管理规定》中深度合成服务提供者应当承担的一般性义务。

典型案例分析

深圳某计算机公司、某科技（深圳）公司（原告）系A软件及产品的开发和运营主体，A软件提供手动抢红包功能，即一名用户可以点击领取其他用户通过一对一聊天或

---

〔1〕 有关标识义务已经在前述"互联网信息服务深度合成管理制度"一节中予以阐述，在此不再赘述。

〔2〕 有关算法备案义务已经在前述"互联网信息服务算法推荐管理制度"一节中予以阐述，在此不再赘述。

群聊方式发送的电子红包。杭州某科技公司（被告）是"某抢红包"和"某猎手"软件的开发和运营主体，通过多个安卓客户端的手机应用市场以及其运营的两个网站提供上述两款软件的下载服务，该软件在免费试用次数结束后转为提供会员收费服务，杭州某科技公司是收款主体。杭州某艺术公司（被告）是"某抢红包"软件在华为应用市场、豌豆荚平台的服务提供者。为实现自动抢红包功能，A软件需要处于运行状态，A后台显示时必须开启A消息通知，A前端显示时不受关闭A消息提醒的影响。一旦有用户发送红包，上述软件可自动领取红包并自动发送答谢消息，软件教程还有"抢红包防限抢技巧"等内容。一审法院经审理认为，本案主要争议焦点在于被诉行为是否构成不正当竞争行为。两原告系A软件及产品的开发和运营主体，享有保证其产品正常运行的权利，以及争夺客户群体、交易机会等市场资源所产生的竞争利益。两款被诉侵权软件调用安卓系统为开发者提供的无障碍服务和通知使用权服务，并需要使用软件的用户同意并设置赋予软件权限，但该软件所体现的监听、控制或者自动点击屏幕的功能系开发者对安卓系统原本标准化服务的异化使用。两款软件的上架运营有违两原告正常提供A产品服务的初衷，直接冲击A以真实社交为依托的运营基础。杭州某科技公司作为被诉侵权软件的开发者，利用寄生于A软件才能达到"自动抢红包"的产品效果，架构于两原告已经拥有的广大A软件用户群体和已经建立的真实、诚信的互动生态系统，妨碍两原告合法提供的A产品或者服务的正常运行，通过提供损害两原告、消费者以及社会公共利益的服务而获利，扰乱了市场竞争秩序，应属我国《反不正当竞争法》第12条第2款第4项所规制的不正当竞争行为。杭州某艺术公司系被诉侵权软件在部分应用市场上的网络服务提供者，亦对于该部分不正当竞争行为构成共同侵权。综上，一审法院判决两被告立即停止侵权、登报消除影响，两被告共同赔偿两原告经济损失。

第十章　互联网司法和在线纠纷解决

【内容提示】

在信息化时代，互联网技术的迅猛发展不仅改变了人类社会的交往方式和经济模式，也带来了全新的法律挑战。为了回应这些挑战，互联网法院应运而生，一些互联网审判的规则也不断创新。杭州、北京、广州相继设立了互联网法院，集中管辖涉及互联网的第一审案件。在司法审判中，全类型案件标准化、智能化审理模式等创新正不断适应互联网的发展。这些创新司法不仅是传统司法体系的一种补充，更是对网络空间治理需求和司法现代化追求的具体体现。通过实现全流程在线化的"双线诉讼"模式，互联网法院提高了司法效率，降低了诉讼成本，并借助区块链等技术创新来提升司法透明度和公信力。

中国法院在互联网司法领域的创新实践包括建立专业化审判机构、便民利民机制、在线诉讼机制、智能化应用机制和协同治理机制，以及构建裁判规则体系。这些举措不仅提升了司法服务的效率和质量，增强了司法公信力，而且为人民群众提供了更加公正、高效、便捷、精准、透明的司法运作模式。中国法院在互联网司法实践方面的成就，为全球司法体系提供了新的网络纠纷解决模式，对推动全球司法现代化具有重要意义。然而，随着技术的不断进步，互联网法院也面临着诸多挑战，如何在保障司法公正的同时提高审判效率、保护个人隐私和网络安全，以及在国际层面上推动互联网司法合作等，都是未来发展的关键问题。本章除了对互联网司法制度的建立和运行做整体介绍，也将介绍《人民法院在线诉讼规则》《人民法院在线调解规则》等对在线纠纷解决有重要意义的司法解释，阐明线上案件解决方式的具体规则。此外，本章还将对电子证据及其效力认定规则进行介绍。

第一节　互联网司法

互联网司法，是指在线诉讼模式和互联网司法治理规则的有机统一。这一概念主要包括三个方面：一是与互联网技术深度融合的审判模式，即传统审判流程在互联网上的升级改造、网络科技在司法场景中的融合锻造；二是体现互联网特点的在线程序规则，即以在线诉讼为核心，构建一套电子诉讼规则和证据规则；三是确立互联网依法治理的实体裁判规则，即通过典型个案裁判，逐步确定网络空间行为规范、权利边界和责任体系，推进网络空间治理法治化。

在信息化时代背景下，互联网技术的迅猛发展深刻改变了人类社会的交往方式和经济活动，同时也带来了一系列新的法律问题和挑战。互联网司法作为应对这些挑战的创新司法实践，应运而生，其时代背景与现实必要性体现在对传统司法体系的补充、对网络空间治理的需求以及对司法现代化的追求。

互联网技术的普及改变了人们的日常生活和工作方式，网络交易、在线社交、数字内容创作等成为新的经济和社会活动形式。据统计，全球互联网用户数量持续增长，网络经济规模不断扩大，数字经济成为推动全球经济增长的重要力量。然而，随着网络活动的增多，网络交易纠纷、网络侵权、网络犯罪等问题也日益突出，对现有司法体系提出了新的挑战。

传统司法体系在处理物理空间的纠纷时已形成一套成熟的理论和实践模式。然而，面对网络空间的新型纠纷，传统司法体系显得力不从心。网络行为的匿名性、跨国性、即时性和虚拟性等特点，使得传统的管辖原则、证据规则、审判程序等难以适应。此外，网络犯罪的隐蔽性和技术性也对司法机关的侦查、取证和审判能力提出了更高要求。

为了有效应对网络空间的法律问题，中国率先设立了互联网法院。互联网法院的诞生，是对传统司法体系的有益补充，它专门处理网络空间的民事、行政案件，采用"双线诉讼"模式，即线上纠纷线上审，实现了诉讼活动的全流程在线化。这种模式不仅提高了司法效率，降低了诉讼成本，而且通过技术创新，如区块链技术的应用，提高了司法透明度和公信力。[1]

2017 年 6 月，中央全面深化改革委员会审议通过了《关于设立杭州互联网法院的方案》，标志着中国首家互联网法院的诞生。随后，北京互联网法院和广州互联网法院也相继成立。互联网法院的设立，标志着司法体系在信息化时代的重要进步。它不仅体现了司法体系对新技术的适应和创新，也展示了法治文明在新时代的发展。互联网法院的实践，为全球司法体系提供了新的解决网络纠纷的模式，对推动全球司法现代化具有重要意义。随着互联网技术的不断发展，互联网法院面临的挑战也在不断增加。如何在保障司法公正的同时，进一步提高审判效率，如何在保护个人隐私和网络安全的同时，有效打击网络犯罪，如何在国际层面上推动互联网司法合作，都是互联网法院未来发展需要考虑的问题。为了规范互联网法院的运作，最高人民法院发布了《关于互联网法院审理案件若干问题的规定》，明确了互联网法院的管辖范围、审理程序、证据规则等。

一、互联网司法的发展现状

2019 年 12 月 4 日上午，最高人民法院在浙江乌镇召开《中国法院的互联网司法》白皮书新闻发布会，发布《中国法院的互联网司法》白皮书。这是中国法院首次发布的

---

〔1〕 参见景汉朝：《互联网法院的时代创新与中国贡献》，载《中国法学》2022 年第 4 期。

互联网司法白皮书，也是全球首部阐述互联网时代司法创新的官方文件。在信息技术深刻影响生产生活并给司法带来新机遇与挑战的当下，中国法院紧跟时代步伐，结合国情，积极探索互联网司法新模式，推动司法工作与信息技术的全面深度融合，以提升审判体系和能力现代化。

根据白皮书，互联网司法的发展呈现出以下四个特点。第一，应用领域由司法公开向全流程全方位拓展。中国法院将司法公开作为互联网技术应用的切入点，自2013年起，建立了多个公开平台，如审判流程、庭审、裁判文书和执行信息网，推动司法透明。同时，法院扩展互联网司法实践至多元解纷、诉讼服务等领域，构建线上线下结合的诉讼服务体系，实现全流程、全方位的互联网司法覆盖。第二，平台载体由单一维度向多元化系统化延伸。互联网司法平台从单一维度发展为多元化系统，自2016年起，"智慧法院"建设成为国家战略，至2019年6月，形成了全业务网上办理、全流程公开、全方位智能服务的体系，服务平台扩展至移动终端，并建立了大数据共享平台。"智慧法院"使法官、法官助理、书记员借助人性化的智慧审判系统脱离出事务性工作，专注于审判业务，实现工作流程、环节的改造和优化。[1]第三，诉讼模式由线性封闭向集成开放智能转变。诉讼模式在互联网技术支持下，从传统的线性封闭模式转变为集成开放智能的新模式，通过模块化应用和新技术，如大数据、云计算、区块链、人工智能，实现司法活动的线上线下融合。第四，工作重心由机制创新向推动依法治网转变。在互联网司法的初期发展阶段，主要工作聚焦于紧密跟随技术进步的步伐，探索在线诉讼机制，并加强技术的实际应用，以提高司法系统的便民性和效率。随着互联网行业与社会经济的深度融合，中国法院准确捕捉时代发展的动向，借助成立互联网法院的契机，通过审理新兴的互联网相关案件，持续提炼和总结裁判规则，从而全面提升了互联网司法的管理与治理能力。我们以白皮书的内容为基础，介绍中国互联网司法在重要领域内的发展。

（一）互联网专业化审判机构建设

为响应互联网时代的发展需求，各级法院根据本地实际情况，积极推进"互联网＋司法"审判模式的创新。2015年4月，浙江省高级人民法院在本辖区内率先实施电子商务网上法庭的试点工作，专门负责处理网络支付、网络版权、网络交易等纠纷案件。基于试点经验的深入总结，杭州互联网法院于2017年8月18日正式成立。继而，北京互联网法院和广州互联网法院分别于2018年9月9日和9月28日相继成立，标志着司法体系在互联网领域的进一步深化与发展。互联网法院，作为基层人民法院中专门负责互联网案件的机构，采纳并实施了"网上案件网上审理"的先进审理机制。该院专注于管辖所在市辖区内的十一类特定类型的互联网案件，涵盖了网络金融借款合同纠纷、网络购物合同纠纷、网络服务合同纠纷、网络侵权纠纷以及网络著作权纠纷等。在案件审理程序、在线诉讼平台构建、诉讼规则制定、技术手段应用以及网络治理策略等多个关键领域，互联网法院已成功积累并总结出一系列具有标杆意义、可复制性及推广价值的经验

---

[1] 参见周辉：《深化法院信息化建设，实现智能互通的公平正义》，载《人民法院报》2022年7月21日。

和做法。各地法院根据实际工作需求，主动成立互联网审判机构或专项办案组织，致力于创新并实施新型互联网审判机制。

（二）互联网司法便民利民机制

在信息化时代背景下，中国法院积极利用互联网技术，不断改进诉讼服务体系和纠纷化解机制，以满足人民群众日益多元化的司法需求。通过全面推行在线立案和跨域立案机制，中国法院建立了一站式多元解纷平台和一站式诉讼服务平台，显著提升了诉讼便利程度，有效降低了当事人的诉讼成本。

为了构建一站式多元解纷平台，中国法院充分利用互联网的开放性、快捷性和高效性，拓展了解纷渠道并优化了解纷方式。这一平台覆盖了在线流程全贯通、解纷业务全覆盖、线上线下全融合的全流程服务，为当事人提供了精准匹配的解纷力量及方案。2016 年 10 月，最高人民法院启动了统一在线调解平台，该平台支持当事人进行诉前调解、诉中和解以及司法确认等事项的在线办理。

在实行跨域立案新模式方面，中国法院通过"互联网＋立案"的模式，允许当事人及其代理人选择就近的法院提交立案申请。这种跨域立案机制打破了时空限制，重塑了法院立案模式，开创了跨地域、跨法院、跨层级的诉讼服务新格局。

此外，中国法院还推广了"移动微法院"诉讼平台的运用，该平台依托微信小程序，利用人脸识别、远程音视频、电子签名等技术，使得当事人可以通过手机完成立案、送达、开庭、证据交换、调解等诉讼活动，实现了指尖诉讼、掌上办案的便捷服务。为提升律师执业在线服务的体系，最高人民法院于 2015 年 12 月 30 日正式启用律师服务平台。该平台为律师提供了一系列诉讼服务，包括网上立案、阅卷、案件进度查询、庭审排期调整、法官联络以及电子文书送达等，旨在切实维护律师的执业权益，并为其依法履行职责提供最大限度的支持与便利。自 2011 年起，上海法院开始构建在线律师服务平台，逐步将服务项目从最初的法院基本信息公开扩展至 5 大类别、26 个子项，全面覆盖律师执业的各个环节。

为了全面深化司法信息公开，中国法院通过互联网平台全面推进审判流程、庭审活动、裁判文书和执行信息的公开，确保了人民群众的知情权、参与权和监督权。根据 2023 年最高人民法院的工作报告显示，中国裁判文书网公开文书 1.4 亿份、访问量逾千亿次，中国庭审公开网直播庭审超过 2100 万场，这些举措有效推动了司法透明度的提升。

通过上述措施，中国法院的互联网司法便民利民机制不仅提高了司法服务的效率和质量，而且增强了司法公信力，为人民群众提供了更加公正、高效、便捷、精准、透明的司法运行模式。这些创新举措体现了中国法院以人民为中心的发展思想，积极推动司法体制改革，探索与互联网技术深度融合的新路径，为国家治理体系和治理能力现代化做出了重要贡献。

（三）互联网司法在线诉讼机制

中国法院在互联网司法领域的深入探索和实践，代表了司法模式的一次重大革新。在线诉讼机制作为这一创新的核心，致力于利用互联网技术重构传统司法流程，旨在提升审判效率并保障司法公正。

在线诉讼机制的初步探索始于"网上纠纷网上审理"模式的尝试。中国法院通过互联网法院改革试点，推动了从案件起诉到执行的全流程在线完成，包括立案、调解、举证、质证、庭审、宣判等环节。北京互联网法院实现了立案申请、诉讼费用交纳、庭审及裁判文书送达的高度在线化，显著提高了司法活动的效率。

杭州互联网法院针对诉讼参与人因时间安排产生的"时间差"问题，创新"异步审理"模式，即在线上审理案件过程中采用线上非同步、非实时方式进行证据交换和质证等环节，该模式允许当事人在不同时间、地点参与诉讼活动，有效解决了时间同步性问题，节约了当事人的时间成本。广州互联网法院推出的"在线示范性庭审"模式，通过示范性审理同类型案件，促进了类案纠纷的化解，实现了审理一案、影响一片的示范效应。

为了完善在线诉讼程序规则，最高人民法院发布了《关于互联网法院审理案件若干问题的规定》，明确了身份认证、立案、应诉、举证、庭审、送达、签名、归档等在线诉讼规则。这些规则的制定，为在线诉讼提供了明确的操作指引，确保了在线诉讼的开放有序、交互充分、庄严规范，有效保障了当事人的合法诉讼权利。

在电子证据方面，中国法院创新了电子证据在线存证方式。针对在线诉讼中电子证据取证难、存证难、认证难的问题，法院积极探索"区块链+司法"模式，利用区块链技术的防篡改特性，提高了电子证据的可信度和真实性。北京互联网法院建设的"天平链"电子证据平台，完成了大量数据的上链存证固证，有效支持了链上取证核验。

此外，中国法院还推进了执行财产网络查控处置机制的建设。通过与多家单位和金融机构的信息共享机制，法院可以依法查询被执行人的财产信息，实现了对执行财产的全面覆盖和高效处置。网络司法拍卖的推行，更是提高了财产处置的效率和透明度，为当事人节约了大量佣金。

总体而言，中国法院通过互联网技术的应用，建立了一个高效、便捷、透明的在线诉讼体系，提升了司法效率，降低了诉讼成本，增强了司法公信力，为公众提供了更优质的司法服务。随着技术的持续进步和司法实践的深化，互联网司法在线诉讼机制将持续优化，为法治中国的建设作出更大贡献。

（四）互联网司法智能化应用机制

中国法院在推进司法智能化应用方面取得了显著成就，这些成就体现了法院系统对现代信息技术的深度融合和创新应用。智能化应用机制的建立，旨在通过人工智能、大数据、云计算等新兴技术提升司法工作的效率和质量，实现司法活动的自动化、智能化。

电子卷宗随案同步生成机制是智能化审判的基础。最高人民法院自2016年起在全国法院推广电子卷宗随案生成系统，以实现案件办理的无纸化。江苏省昆山市人民法院作为典型，全面推行全流程无纸化办案模式，通过电子卷宗同步流转、集中保全送达、一键精准归档等方式，显著提高了办案效率和质量。

智能分案系统是智能化应用的另一项重要内容。一些地方人民法院建立了智能分案系统，通过"系统算法+人工识别"机制，对案件进行繁简分流，有效提升了审判工作的效率。还有一些法院建立了以"电子卷宗 + 全景语音 + 智能服务"为核心的智慧审判系统，集成了庭审语音转写、电子质证随讲随翻、简易判决一键生成等功能，进一步推动审判活动的无纸化。

司法运行智能化监督管理平台的建立，使得法院能够通过智能化手段完善监督管理机制。最高人民法院建立的执行指挥管理平台，利用实时监控和督办，实现了对全国法院执行工作的监督管理。

司法大数据的管理和应用水平也得到了显著提升。最高人民法院的人民法院大数据管理和服务平台，实现了对全国法院审判执行、人事政务、研究信息等数据的实时收集和分析，为科学决策提供了有力支持。

智能化应用机制的建立和完善，不仅提高了司法工作的效率，还增强了司法工作的透明度和公信力。通过智能化技术的应用，中国法院能够更好地满足人民群众对高质量司法服务的需求，同时也为全球司法信息化建设提供了宝贵的经验和参考。

总体而言，中国法院在互联网司法智能化应用方面的探索和实践，展现了司法系统与时俱进的创新精神和服务社会公众的决心。随着技术的不断进步和应用的深化，智能化司法将成为推动司法现代化的重要力量，为实现公正高效、公开透明的司法体系作出更大的贡献。

（五）互联网司法协同治理机制

中国法院在互联网司法领域的协同治理机制，展现了法院系统在网络空间治理的创新精神与合作意愿。该机制致力于构建一个跨部门、多层次、无缝衔接、全面覆盖的在线司法协作体系，旨在促进司法信息的畅通交流，优化在线办案流程和纠纷综合解决模式，塑造网络空间多部门联动、协同治理的新局面。

在刑事案件在线协作处理方面，中国法院利用大数据手段规范刑事案件办理流程，推动形成公安、检察院、法院、司法行政机关之间的协同办案机制。上海法院开发的刑事案件审判辅助系统，通过统一的证据标准和规则指引，结合图文识别、自然语言理解等技术，确保了刑事案件办理的全程可视化、留痕化和监督化。贵州省高级人民法院则推动了跨部门大数据办案平台的建设，与公安、检察等机关合作，建立了数据信息互联共享平台，提高了刑事案件处理的效率。

在道路交通纠纷解决方面，中国法院实施了道路交通事故纠纷的网上数据一体化处理，通过数据共享，实现了法院与公安交警、司法行政、人力社保、鉴定机构、保险公司等多机构的联动，引入调解资源，使得案件处理更加高效、透明，实现了快速处理和赔偿。全国道路交通事故损害赔偿一体化平台的建立，提供了一站式服务，显著提升了处理效率和群众满意度。

在破产审判信息化建设方面，通过全国企业破产重整案件信息平台，中国法院实现了破产案件的在线办理。法官、破产管理人、律师通过共享工作平台在线处理破产案件，分级披露发布信息，债权人、债务人企业、市场投资者及其他利害关系人均可在线参与破产进程，有效促进了资本、技术、资产等要素的自由流动和再配置。

在社会信用体系建设方面，中国法院完善了失信被执行人的信用监督、警示和奖惩机制，建立了失信被执行人名单制度和司法信用报告制度，保障了债权人和债务人的合法权益，推动形成了一个以信用为基础的社会评价体系。最高人民法院与国家发改委等单位合作，对失信被执行人实施限制，构建了信用惩戒网络，形成了多部门、多行业、多手段的信用惩戒体系。

互联网司法协同治理机制的建立和完善，不仅提升了司法工作的效率和质量，还增强了司法公信力，为人民群众提供了更加公正、高效、便捷的司法服务。随着技术的持续进步和应用的深化，这一机制将继续发展完善，为法治中国的建设贡献更多力量，并为全球互联网治理体系的变革和治理规则的完善提供中国智慧和中国方案。

（六）互联网司法裁判规则体系

中国法院在互联网司法领域的裁判规则体系构建，彰显了法院系统对网络空间法治化的积极探索与实践。该体系的目标是通过审理互联网案件，明确网络交易的规则、行为规范和权利界限，以促进网络空间治理的法治化。

在网络交易行为规则方面，中国法院通过典型案例，逐步确立网络交易活动的法律规则，引导网络商业活动的规范化。在网络平台责任判定方面，中国法院通过司法裁判，明确了网络平台的责任界限。在网络侵害人格权行为的规制方面，中国法院加强了对网络肖像权、名誉权等人格权的保护。在互联网垄断及不正当竞争行为的遏制方面，中国法院细化了相关行为的认定标准和规则。在维护个人数据信息安全方面，中国法院通过司法裁判明确了用户个人数据信息商业使用的规则和边界。在保障数字经济健康发展方面，中国法院依法裁判，有效治理网络黑灰产业，支持行政部门履行监管职责，明确了行业发展的法律边界。在完善网络空间知识产权保护规则方面，中国法院通过司法裁判，明确了网络环境下新类型知识产权的权利属性、保护范围和追责机制。在坚决打击网络刑事犯罪方面，中国法院根据网络犯罪的特点，加大了打击力度，有效惩治了网络赌场、网络诈骗、非法盗取数字财产、侵犯公民个人信息等犯罪，确保了网络空间的秩序。

综上所述，中国法院在互联网司法裁判规则体系的构建中，展现了对网络空间治理法治化的坚定决心和积极作为。通过一系列具有指导意义的裁判实践，为网络空间的参与者提供了明确的行为指引，并为全球互联网治理提供了中国智慧和中国方案。随着互联网技术的不断进步，这一裁判规则体系将继续完善，为构建公正、透明、有序的网络空间提供坚实的法治基础。

二、有关互联网司法的观点争论

传统司法理论的形成与发展始于工业文明时代，其核心原则和规则主要适用于物理空间中的行为和纠纷处理。然而，随着信息技术的迅猛发展，互联网的普及使得人们的生活和社交活动逐渐转移到了网络空间。在这个新的环境下，出现了大量涉及网络行为的纠纷，而传统司法理论显然无法完全胜任。首先，网络空间与物理空间存在本质上的差异。网络行为的匿名性导致很难追踪到行为背后的真实身份，而非领土性则意味着纠纷涉及的地域范围可能非常广泛，涉及不同国家或地区的法律体系。其次，网络行为的即时性和虚拟性质使得证据的获取和保全变得更加困难。这就导致传统司法的管辖权理论需要创新，才能应对新技术带来的法律问题。例如，网络侵权案件的司法管辖问题，即在跨境网络犯罪中，如何确定哪个法域有权审理案件。此外，一些司法审判过程中的实体法问题也受到挑战。如电子证据的可接受性和保护，即如何确保网络证据的真实性和完整性，以及如何保护其不受篡改或破坏；又如在线法庭审理的合法性，即如何确保网络法庭的程序公正性和效率性等。因此，针对这些新问题，传统司法理论需要进行相应的调整和创新。我们需要重新审视司法原则和规则，以更好地适应网络时代的需求。[1]

从传统司法理论看待互联网法院，形成了四种不同的观点。"担忧论"认为，司法应当是一个严肃、正式的过程，需要面对面的交流和传统的法庭程序。互联网法院可能被视为缺乏人情味和正式性，可能无法充分保障当事人的权利，或者无法维护司法的权威性和庄严性。[2]"传统论"主张互联网法院虽为新兴实体，但其程序构建仍须基于传统诉讼法原则，如公开、辩论、处分等原则。电子诉讼未根本改变诉讼本质，而是将传统诉讼流程电子化，保持线上线下审理的一致性。[3]"重构论"强调重塑传统司法理论以适应互联网法院的新特征与挑战。新的司法规则应以在线为基础，同时考虑传统规则的挑战，进行创新解读。在中国，民事电子诉讼改革旨在建立以当事人为中心的规则体系，深度理论总结与规则重塑至关重要。电子诉讼与人工智能、5G、区块链、大数据司法的融合将共同塑造未来信息社会的法治格局。[4]基于上述分类，有学者从"双线模式"来理解互联网法院的基本立场。互联网法院是信息化时代独立实体形态的审判机关，以"双线诉讼"模式运行。其特征包括完全是互联网时代产物、与传统法院分离、专司因互联网行为引发的纠纷、全过程在线上虚拟运行。对此，研究应区分"双线"与"单线"模式，理解传统理论的时代性，并推进创新。[5]

第二节 在线纠纷解决

在线纠纷解决机制（Online Dispute Resolution，ODR）原本是替代性纠纷解决机制（Alternative Dispute Resolution，ADR）衍生出的线上化形式。所谓"替代性纠纷解决机制"，一般认为是一种非司法、非常规性的纠纷解决机制，如通过调解、仲裁、协商等形式解决原需以诉讼方式解决的法律争议，从而避免漫长的诉讼程序。在我国，传统的

---

〔1〕 参见景汉朝：《互联网法院的时代创新与中国贡献》，载《中国法学》2022 年第 4 期。

〔2〕 参见段厚省：《远程审判的程序正当性考察——以交往行为理论为视角》，载《政法论丛》2020 年第 2 期。

〔3〕 参见陈杭平、李凯、周晗隽：《互联网时代的案件审理新规则——互联网法院案件审理问题研讨会综述》，载《人民法治》2018 年第 22 期。

〔4〕 参见李占国：《互联网司法的概念、特征及发展前瞻》，载《法律适用》2021 年第 3 期；高翔：《民事电子诉讼规则构建论》，载《比较法研究》2020 年第 3 期。

〔5〕 参见景汉朝：《互联网法院的时代创新与中国贡献》，载《中国法学》2022 年第 4 期。

替代性纠纷解决一般包括政府职能部门在行政执法过程中进行的现场调解、人民调解组织进行的争端调解、司法机关组织的诉前调解、仲裁机关作出的裁决等。随着网络社会的发展，线上争端开始出现，替代性纠纷解决机制也从线下向线上转移。

起初的在线纠纷解决方式，沿用线下替代性纠纷解决机制的概念范畴，不包含作为被替代对象的诉讼方式；但随着这一概念逐渐推广，在线纠纷解决机制也用于指代包括在线诉讼在内的所有可用于纠纷解决的线上手段。例如，最高人民法院 2016 年 6 月 28 日公布的《关于人民法院进一步深化多元化纠纷解决机制改革的意见》中就提出，要"创新在线纠纷解决方式"，"根据'互联网＋'战略要求，推广现代信息技术在多元化纠纷解决机制中的运用。推动建立在线调解、在线立案、在线司法确认、在线审判、电子督促程序、电子送达等为一体的信息平台，实现纠纷解决的案件预判、信息共享、资源整合、数据分析等功能，促进多元化纠纷解决机制的信息化发展"，此处所提的在线纠纷解决方式就包括了在线立案、在线审判和电子送达等司法程序。在最高人民法院对全国人大相关建议的答复中，也有"积极推进一站式国际商事纠纷解决信息化平台尽快上线，为国内外当事人提供立案、证据交换、调解、开庭的全流程在线纠纷解决服务，切实为诉讼参与人提供诉讼便利"的表述。[1]

当然，在线调解等非诉讼手段仍然是在线纠纷解决的重要组成部分。例如，最高人民法院、中国人民银行、原中国银行保险监督管理委员会于 2019 年 11 月 19 日印发的《关于全面推进金融纠纷多元化解机制建设的意见》中就提出，要充分运用在线纠纷解决方式开展工作，不断丰富完善在线网络调解平台功能，推动通过平台与法院调解平台数据交换、互联互通的方式，建立"总对总"金融纠纷在线诉调对接机制；还要求金融纠纷调解组织充分运用技术手段，构建涵盖在线调解、现场调解、电话调解等多途径的调解体系，高效及时化解纠纷。除了司法机关，市场监督管理总局也于《法治市场监管建设实施纲要（2021—2025 年）》中提出，要大力推进在线纠纷解决机制建设，切实推动消费纠纷源头化解。

综上，本节将以在线诉讼和在线调解为核心，介绍我国在线纠纷解决相关法律制度。这两方面制度的主要法律依据是 2021 年 6 月 17 日和 12 月 31 日最高人民法院分别发布的《人民法院在线诉讼规则》和《人民法院在线调解规则》，两份规则对在线诉讼和在线调解的适用范围、法律效果、程序要求等给出了明确指引。

一、人民法院在线诉讼规则

生活、商业等的线上化意味着人类已经开始接受线上方式作为普遍的社会、经济、政治、法律的时代载体。因应线上社会已经全面降临的时代背景，线上诉讼几乎必然会成为与这个时代相匹配的新司法方式。[2]此前，依托杭州、北京、广州三家互联网法院

---

〔1〕 参见《最高人民法院对十三届全国人大四次会议第 6369 号建议的答复》，载全国人大代表、全国政协委员 联络沟通平台。

〔2〕 参见左卫民：《中国在线诉讼：实证研究与发展展望》，载《比较法研究》2020 年第 4 期。

和"中国移动微法院"诉讼平台，我国已在线上诉讼方面进行了一定的实践探索，也陆续出台了《关于互联网法院办理案件若干问题的规定》《关于新冠肺炎疫情防控期间加强和规范在线诉讼工作的通知》等文件。《人民法院在线诉讼规则》的发布是将此前已有的远程审判等案件在线审理方式进一步规范化、制度化，总结在线诉讼实践经验，是一份适用性更广、效力更高、覆盖更全面的在线司法规则，在数字时代系统地重塑了传统线下审理模式和诉讼流程。

（一）在线诉讼的概念与效力

《人民法院在线诉讼规则》第1条明确："人民法院、当事人及其他诉讼参与人等可以依托电子诉讼平台（以下简称'诉讼平台'），通过互联网或者专用网络在线完成立案、调解、证据交换、询问、庭审、送达等全部或者部分诉讼环节。"换言之，在线诉讼可以包括传统诉讼的各环节，但并非必须全部诉讼环节均在线进行才是在线诉讼。任意诉讼环节通过线上进行，或诉讼的任一方以线上方式参与诉讼的任意环节、其他参与方线下进行各环节，都符合在线诉讼的概念。疫情防控期间，一些诉讼案件中一方当事人部分到场参与诉讼、部分通过线上形式参与诉讼，亦应归属于在线诉讼。该诉讼规则第1条同时明确，在线诉讼活动与线下诉讼活动具有同等法律效力。

《人民法院在线诉讼规则》第1条还提到了在线诉讼的渠道，即"电子诉讼平台"。电子诉讼平台即允许当事人在其上完成部分或全部诉讼环节的在线信息系统，既包括由"中国移动微法院"转型升级而来的"人民法院在线服务"平台，也包括各地自行打造的、满足各地方在线诉讼需要的平台，如四川在线诉讼服务平台"天府智诉"、重庆网上智能法院"易诉"平台等。目前，已有大量在线诉讼通过电子诉讼平台进行：据《人民日报》报道，截至2023年12月底，"人民法院在线服务"平台累计接收网上立案申请逾3905万件，累计访问量超过59亿次。未来，各在线诉讼服务平台间信息联通程度、服务一体化程度有望进一步加深，真正形成覆盖全国各级法院的统一在线诉讼系统。

（二）在线诉讼的适用范围与适用条件

1. 适用范围

在线诉讼的范围涵盖绝大多数民事、行政、特别程序和执行案件。《人民法院在线诉讼规则》第3条规定："综合考虑案件情况、当事人意愿和技术条件等因素，可以对以下案件适用在线诉讼：（1）民事、行政诉讼案件；（2）刑事速裁程序案件，减刑、假释案件，以及因其他特殊原因不宜线下审理的刑事案件；（3）民事特别程序、督促程序、破产程序和非诉执行审查案件；（4）民事、行政执行案件和刑事附带民事诉讼执行案件；（5）其他适宜采取在线方式审理的案件。"刑事案件因涉及因素较多，需考虑侦查机关、检察机关和审判机关间的协调，且证据认定、被告人权利保障等也较民事、行政诉讼不同，故第3条第2项中仅规定了对"刑事速裁程序案件，减刑、假释案件，以及因其他特殊原因不宜线下审理的刑事案件"可适用在线诉讼。该诉讼规则第37条对此作了进一步详细规定，明确对刑事案件适用在线诉讼须以"公诉人、当事人、辩护人同意"为前提，适用方式一般为采取在线方式讯问被告人、开庭审理、宣判等。如果对符合条件的刑事案件进行在线审理，可以按照以下情形分别处理：被告人、罪犯被羁押的，可以在看守所、监狱等羁押场所在线出庭；被告人、罪犯未被羁押的，因特殊原因确实无法到庭的，可以在人民法院指定的场所在线出庭。但是，除非法律和司法解释另有规定，刑事诉讼中的证人、鉴定人一般应当在线下出庭。

随着在线诉讼相关技术的发展、电子诉讼平台建设的完善，人民法院也可以根据该诉讼规则第 3 条第 5 项综合判断特定案件是否属于"适宜采取在线方式审理"。未来，随着在线诉讼各项配套技术和数字基础设施的完善，当事人自身有在线诉讼需求、无敏感因素的案件将可能越来越多地适用在线审理。

2. 适用条件

《人民法院在线诉讼规则》第 3 条、第 4 条、第 5 条、第 6 条也对在线诉讼适用应满足的条件进行了规定。从上文第 3 条规定中可以看出，决定是否适用在线诉讼，应综合考虑当事人是否同意、案件是否适宜在线审理和是否具备在线审理的技术条件三方面因素。

"当事人同意"指当事人主动选择在线诉讼（例如，通过在线诉讼平台立案和提交证据），也可以是当事人同意他方提出的在线诉讼请求。至于以何种方式同意，《人民法院在线诉讼规则》未作明确要求，既可以根据各地法院要求出具书面同意、在诉讼过程中口头表示同意，也可以在线上勾选相应选项或填写在线诉讼确认书等。依据该诉讼规则第 4 条，根据不同当事人作出意思表示的情况，法院应对是否在线诉讼进行以下处理：当事人主动选择适用在线诉讼的，人民法院可以不再另行征得其同意，相应诉讼环节可以直接在线进行；各方当事人均同意适用在线诉讼的，相应诉讼环节可以在线进行；部分当事人同意适用在线诉讼，部分当事人不同意的，相应诉讼环节可以采取同意方当事人线上、不同意方当事人线下的方式进行；对人民检察院参与的案件适用在线诉讼的，还应当征得人民检察院同意。同时，如果当事人仅主动选择或者同意对部分诉讼环节适用在线诉讼的，人民法院不得推定其对其他诉讼环节均同意适用在线诉讼。如果当事人欠缺在线诉讼能力或同意在线诉讼后又反悔，法院可以将相应诉讼环节转为线下进行；若一方当事人要求其他当事人及诉讼参与人在线下参与诉讼并提出具体理由，经法院审查后，可以将相应诉讼环节转为线下进行。但是，对于"同意在线诉讼后又反悔"的情况，当事人须在开展相应诉讼活动前的合理期限内提出，并不得以此故意拖延诉讼。如果当事人已经同意适用在线诉讼，但未申请转为线下审理又未参与举证等在线诉讼相应环节的，法院可以参照线下诉讼情形，作出对证据不予采纳、视为拒不到庭或中途退庭、进行缺席审理等处理。

"案件适宜在线审理"则需要法院结合案件性质、特点、证据类型、社会关注度等各方面因素，综合作出判断。一般来说，案件事实清楚、争议不大的案件更适宜在线审理：这类案件通常可以适用简易程序进行，也不需要大量举证和进行反复辩论，在线审理能够在更好地满足快速、高效解决纠纷需求的同时，确保审判的公平公正。反之，对于案情复杂、争议较大的案件，由于其需要较多的证据审查、证人询问和法庭辩论，所需时间和精力较多，所需审理环境和程序也更严格，故不适宜以线上诉讼方式进行。当然，即使是案情复杂、争议较大的案件，其立案、调解、送达等环节也仍然可以在线完成，因此并不排除对其适用部分在线诉讼、将线上线下有序融合衔接。

"具备相应技术能力和条件"可以从硬件、软件和诉讼参与人员素质等方面加以考量。从硬件角度来看，在线诉讼需要安全、稳定的网络环境和设备，可以保证在线交流的稳定、通畅；从软件角度来看，诉讼过程中的信息应当可以通过电子诉讼平台及其他关联应用、衍生应用顺利传输并完整地为各方所接收，并应保障在线诉讼过程中的数据安全及个人信息保护；从诉讼参与人员素质来看，审判员、书记员、诉讼当事人和辩护人应能够熟练使用在线庭审平台，进行电子文件等数据的传输，并在必要时进行线上视频通话等活动，因此也应具备一定的数字素养。

（三）在线诉讼应坚持的基本原则

《人民法院在线诉讼规则》第 2 条确立了在线诉讼"公正高效""合法自愿""权利保障""便民利民""安全可靠"五个基本原则，作为开展在线诉讼的总体要求。[1]

公正高效原则是在线诉讼的根本特征，强调在线诉讼活动必须严格依法进行，目的是利用信息技术，提升审判质量效率，更快更好地实现公平正义。在线诉讼虽然可以提高审判效率，但也需要确保审判活动的公正性和合法性，以维护司法权威。因此在在线诉讼活动中，法院应完善审判流程和工作机制，加强技术保障，以提高司法效率并保障司法公正。

合法自愿原则是在线诉讼实施的基本前提，要求法院尊重并保障当事人及其他诉讼参与人对诉讼方式的选择权。当事人具有自主决定线上或线下诉讼方式的权利，同时不得对其他诉讼主体的选择权产生不当干预或影响。这意味着人民法院不得强制或变相强制适用在线诉讼，而是应当在当事人及其他诉讼参与人自愿选择的基础上开展在线诉讼活动。

权利保障原则是在线诉讼的核心要求，要求法院在在线诉讼过程中充分保障当事人各项诉讼权利，不得随意减少诉讼环节或减损当事人诉讼权益。为贯彻这一原则，在适用在线诉讼时，法院应加强对当事人的提示、说明和告知，确保当事人能够充分了解在线诉讼的流程、规则和要求，帮助当事人更加充分、便捷、及时地行使各项诉讼权利。

便民利民原则是在线诉讼的价值取向，其基本出发点在于为当事人提供便捷高效的诉讼服务，减轻诉讼负担，同时兼顾各类诉讼主体的诉讼能力和司法需求，从而实现差异化、精准化的在线诉讼服务。这要求法院通过完善电子诉讼平台功能、加强信息技术应用等方式，降低当事人诉讼成本，提升纠纷解决效率。同时，法院还需要统筹兼顾不同群体的司法需求，为老年人、残障人士等特殊群体提供相应的引导和便利。

安全可靠原则是在线诉讼的基础保障。作为在线诉讼的基石，信息技术的运用必须严格遵循司法规律和技术伦理。尤其要强调的是，在线诉讼过程中必须依法维护国家安全，保护国家秘密、商业秘密、数据安全和个人信息权益，并应考虑技术应用过程中的伦理问题和利益关联因素，避免技术运用影响司法的公平公正、损害司法公信力。

---

〔1〕 刘峥、何帆、李承运：《〈人民法院在线诉讼规则〉的理解与适用》，载《人民司法》2021 年第 19 期。

（四）在线诉讼的程序和规则

1. 身份认证

《人民法院在线诉讼规则》第 7 条详细规定了在线诉讼中诉讼主体的身份认证规则，以保障在线诉讼活动的真实性和安全性。依据该条，诉讼主体需于在线诉讼前先行在诉讼平台完成实名注册；法院应通过多种方式核实实名信息，确认诉讼主体身份真实性。通过实名注册和身份认证确保诉讼主体真实存在，防止未授权个体参与诉讼，减少欺诈风险，能够保障真实性和安全性。完成注册后，诉讼主体应妥善保管账号和密码；除非有证据表明账号被盗用或系统错误，使用诉讼主体账号登录诉讼平台并作出的各种行为将视为本人行为。诉讼主体通过专用账号进行的操作被视为本人行为，这提高了诉讼行为的有效性，确保了诉讼决策和行为的可追溯性和责任归属。在调解、证据交换、庭审等重要诉讼环节，人民法院还需要再次验证诉讼主体的身份。通过再次验证身份，法院可以确保诉讼活动是在当事人知情和同意的情况下进行的，从而保证了判决的合法性，确保法律效力。

身份认证通过实名注册要求、身份核实、账号与密码管理以及诉讼活动中的身份验证等一系列规定，确保了在线诉讼过程的安全性、真实性、有效性以及其法律效力，从而保障司法活动的公正与权威。

2. 诉讼文书材料的在线提交

在线诉讼需与线下诉讼一样，提交各种诉讼材料。《人民法院在线诉讼规则》第 9 条、第 11 条就当事人在起诉立案等环节录入诉讼文书材料进行了规定。当事人可以直接在诉讼平台上填写起诉状、答辩状等各类诉讼文书，也可以通过扫描、翻拍、转录等方式将线下的诉讼文书或证据材料电子化后上传至诉讼平台。若诉讼材料为电子数据，且诉讼平台与存储该电子数据的平台已实现对接，当事人也可以直接将电子数据提交至诉讼平台；对于提交电子化材料确有困难的当事人，法院还可以辅助其将线下材料电子化后导入诉讼平台。当事人在线提交符合要求的起诉状等材料后，人民法院不得再要求当事人提供相关材料的纸质版本。通过在线处理和电子化提交，减少了文书的物理传递时间，加快诉讼进程，同时也避免了当事人因提交纸质材料而产生的打印、复印和邮寄等费用，从而降低了经济成本。

对在线立案的时限要求、材料补正通知、不予受理的情形等规定，保证了诉讼程序的正当性和公正性。法院收到当事人在线提交的起诉材料后，必须在法定期限内进行审查。若材料符合起诉条件，人民法院应当及时登记立案，并通过在线方式向当事人送达相关的诉讼文书，包括案件受理通知书、交纳诉讼费用通知书以及举证通知书等；若当事人提交的起诉材料不符合要求，人民法院应当及时通知其进行补正，并一次性告知需要补正的具体内容和补正期限；若经过补正后，起诉材料仍不符合要求或者案件本身不符合起诉条件，而原告坚持起诉的，人民法院将依法裁定不予受理或者不予立案。这样不仅提高了诉讼效率，而且确保了当事人的合法权益得到充分保护，体现了权利保障、便民利民的原则。

3.电子化材料的效力认定

在线诉讼过程中，有时需提交线下材料的电子化版本，如对文书类证据进行拍照、扫描，对实物进行拍照、录像等。同时，也有一些证据如聊天记录、网站数据等本已以电子化形式存在，《人民法院在线诉讼规则》对上述证据的效力认定及区块链技术在存证中的法律效力进行了规定。

《人民法院在线诉讼规则》第12条明确，电子化材料经人民法院审核通过后，可以直接在诉讼中使用，这大大提高了在线诉讼的效率。当然，如果遇到对方当事人对电子化材料的真实性提出合理质疑、电子化材料本身存在质量问题、法院档案管理需要以及法院认为有必要提交原件的其他情况，人民法院应当要求当事人提供原件、原物。该诉讼规则第13条则进一步明确了电子化材料符合原件、原物形式要求的几种情形。这些情形包括对方当事人未对电子化材料与原件的一致性提出异议、电子化材料经过公证、电子化材料在之前的诉讼中已被确认、电子化材料与原件已比对一致，以及其他证据证明电子化材料与原件一致等。

对于利用区块链技术存留电子证据并提交，《人民法院在线诉讼规则》从存证的性质、效力、真实性审核等方面进行了规定。区块链存证本质上并不是一种新的证据类型，而是一种当下被认为更可信赖、更能防止篡改的证据保存方式。通过对经过加密运算所得的哈希值进行保存和检验，可以确认相关电子证据是否遭到篡改。《人民法院在线诉讼规则》第16条明确"当事人作为证据提交的电子数据系通过区块链技术存储，并经技术核验一致的，人民法院可以认定该电子数据上链后未经篡改，但有相反证据足以推翻的除外"，推定区块链存证具有真实性；当然，这种推定可被对方当事人异议和有效证据所推翻，同时也仅限于保证"数据未经篡改"，而不是"数据本身是真实可信的"。除了可以对区块链存证本身的真实性进行审查，法院还应当根据案件实际状况和当事人是否提出异议，决定是否对所存储的数据进行上链前真实性审查。此时的审查主要考虑数据的具体来源、生成机制和存储过程，是否有公证机构公证、第三方见证等程序保障，以及能否有关联数据或证据与之印证。如果对方当事人对上链前数据真实性提出异议，并已经提供证据或者说明理由，而数据持有者不能提供证据证明或说明证据的真实性，将可能承担不利的法律后果。

最高人民法院在2022年2月颁布的《人民法院在线运行规则》，进一步规定了电子材料的提交、审核及应用等具体操作要求，补充和完善了之前的诉讼规则在电子材料提交方式等方面的不足。然而，电子证据的高科技性和脆弱性给原始数据的收集、保全和判断带来一定难度，还存在认证程序复杂烦琐等问题。目前，我国关于电子证据的民事法律规定尚显不足，案件处理在一定程度上依赖于法官的自由裁量，这可能对判决的一致性和可预测性产生影响。另外，运用截图、转录等方式展示和更改原件载体存在篡改、泄露等风险，形成所谓的"原件困局"。若不使用此类方式，则大量未经格式统一的电子化材料在庭审中出具，不仅增加了当事人的举证负担，还可能影响司法效率。[1]

---

〔1〕 杜江涌、李书恒、洪若尧：《在线诉讼电子化材料司法适用问题与完善路径》，载《海南开放大学学报》2023年第1期。

在线诉讼电子化材料问题是诉讼程序在线化变革所面临的重要挑战，面对时代发展和技术更新，未来仍需进一步优化诉讼的程序性和实质性规则，以确保司法公正和效率。

4. 非同步审理机制

《人民法院在线诉讼规则》第 20 条规定："经各方当事人同意，人民法院可以指定当事人在一定期限内，分别登录诉讼平台，以非同步的方式开展调解、证据交换、调查询问、庭审等诉讼活动"。该条确认了在线诉讼并不必须要求双方当事人同时在线，可以采用"非同步审理"机制，即将原来需要各方诉讼主体在同一时空共同完成的诉讼活动，在一定时间范围内分别完成，并统一汇集至诉讼平台。在符合条件的前提下，各方诉讼主体非同步参与诉讼活动仍然具有法律效力。该规则第 20 条同时规定了非同步审理适用的条件："适用小额诉讼程序或者民事、行政简易程序审理的案件，同时符合下列情形的，人民法院和当事人可以在指定期限内，按照庭审程序环节分别录制参与庭审视频并上传至诉讼平台，非同步完成庭审活动：（1）各方当事人同时在线参与庭审确有困难；（2）一方当事人提出书面申请，各方当事人均表示同意；（3）案件经过在线证据交换或者调查询问，各方当事人对案件主要事实和证据不存在争议。"也就是说，实践中应以同步审理为一般，非同步审理为例外；如无特殊情况或当事人特殊要求，仍应以同步审理方式进行在线庭审活动。同时，非同步审理的适用范围也仅限于小额诉讼程序或者民事、行政简易程序案件。

非同步审理方式相对于传统同步审理方式的优势在于它提供了更大的时间和地点灵活性，尤其对于远距离的证人或当事人来说，可以减少往返时间和相关成本。还能扩大司法服务范围，通过非同步审理，将司法服务延伸到偏远地区。同时，在一些敏感或紧张的案件中，非同步审理避免了面对面的实时互动，可能有助于减少冲突和紧张情绪。此外，非同步审理使得法庭可以同时审理多个案件或多个阶段的同一案件，提高了审理效率。然而，我们也要注意到非同步审理方式可能带来的挑战，如技术设备的依赖性、网络安全问题等，需要在保障庭审质量和公正的前提下，不断完善相关技术和规范。

除非同步审理之外，证据的交换在特定情况下也可以非同步进行，但非同步在线证据交换以各方当事人同意在线交换证据且均同意以非同步方式为前提。《人民法院在线诉讼规则》第 14 条规定："人民法院根据当事人选择和案件情况，可以组织当事人开展在线证据交换，通过同步或者非同步方式在线举证、质证。……各方当事人选择非同步在线交换证据的，应当在人民法院确定的合理期限内，分别登录诉讼平台，查看已经导入诉讼平台的证据材料，并发表质证意见。各方当事人均同意在线证据交换，但对具体方式无法达成一致意见的，适用同步在线证据交换。"

5. 在线庭审规则

《人民法院在线诉讼规则》第 21 条至第 27 条详细规定了在线庭审的各个方面，包括适用情形、庭审活动、纪律要求，以及证人在线出庭等。

庭审是诉讼的环节之一，案件是否适用在线庭审，并不必然意味着其适用在线诉讼与否；但不适用在线诉讼的案件，一般也不能以在线方式进行庭审。《人民法院在线诉讼规则》第 21 条从反方向明确了排除适用在线庭审的情形，包括："（一）各方当事人均明确表示不同意，或者一方当事人表示不同意且有正当理由的；（二）各方当事人均不具备参与在线庭审的技术条件和能力的；（三）需要通过庭审现场查明身份、核对原件、查验实物的；（四）案件疑难复杂、证据繁多，适用在线庭审不利于查明事实和适用法律的；（五）案件涉及国家安全、国家秘密的；（六）案件具有重大社会影响，受到广泛关注的；（七）人民法院认为存在其他不宜适用在线庭审情形的。"如果在审理过程中，已经采取在线庭审方式审理的案件，发现了不适宜适用在线庭审的情形，人民法院应当及时转为线下庭审，但已完成的在线庭审活动仍然具有法律效力。

关于在线庭审的纪律，该诉讼规则强调了庭审的庄重性和严肃性：出庭人员参加在线庭审应当尊重司法礼仪，遵守法庭纪律。在庭审过程中，人民法院根据在线庭审的特点，适用《人民法院法庭规则》相关规定开展庭审工作。当然，在线庭审仍然需要庭审参与人在线下以某种方式接入线上，故该诉讼规则对在线庭审各参与方的线下环境也进行了要求：人民法院应当设置环境要素齐全的在线法庭。在线法庭应当保持国徽在显著位置，审判人员及席位名称等在视频画面合理区域。因存在特殊情形，确需在在线法庭之外的其他场所组织在线庭审的，应当报请本院院长同意。出庭人员参加在线庭审，应当选择安静、无干扰、光线适宜、网络信号良好、相对封闭的场所，不得在可能影响庭审音频视频效果或者有损庭审严肃性的场所参加庭审。必要时，人民法院可以要求出庭人员到指定场所参加在线庭审。

对于证人在线出庭，该诉讼规则也作了明确规定。证人通过在线方式出庭的，人民法院应当通过指定在线出庭场所、设置在线作证室等方式，保证其不旁听案件审理和不受他人干扰。如果当事人对证人在线出庭提出异议且有合理理由的，或者人民法院认为确有必要的，应当要求证人线下出庭作证。该诉讼规则第 28 条集中规定了违反在线诉讼程序要求，实施妨害在线诉讼行为的处罚规则，明确对于实施妨害在线诉讼秩序行为的，人民法院可以根据法律和司法解释关于在线下妨害诉讼的相关规定，依法作出处理。该条具体所指向的妨害在线诉讼秩序行为主要包括该诉讼规则的第 8 条、第 24 条、第 25 条、第 26 条、第 27 条，即在线调解程序、在线庭审程序、在线作证，以及在线庭审过程的公开。

6. 电子送达规则

《人民法院在线诉讼规则》的第 29 条至第 32 条针对电子送达进行了详细规定，明确以受送达人同意为前提，人民法院可以通过送达平台，向受送达人的电子邮箱、即时通讯账号、诉讼平台专用账号等电子地址，按照法律和司法解释的相关规定送达诉讼文书和证据材料。为了便利操作，该诉讼规则也对"同意"的方式进行了拓展，除了明确表示同意，下列情形也可认定为同意电子送达：受送达人在诉讼前对适用电子送达已作出约定或者承诺；受送达人在提交的起诉状、上诉状、申请书、答辩状中主动提供用于接收送达的电子地址；受送达人通过回复收悉、参加诉讼等方式接受已经完成的电子送达，并且未明确表示不同意电子送达。

对于可送达的文书，除了诉讼文书和证据材料，诉讼规则中还规定，适用在线诉讼的案件，各方诉讼主体可以通过在线确认、电子签章等方式，确认和签收调解协议、笔录、电子送达凭证及其他诉讼材料。在线电子送达与线下送达具有同等法律效力。

关于送达的生效，《人民法院在线诉讼规则》中明确规定，向受送达人主动提供或者确认的电子地址送达的，送达信息到达电子地址所在系统时，即为送达；受送达人未提供或者未确认有效电子送达地址，人民法院向能够确认为受送达人本人的电子地址送达的，若受送达人回复已收悉，或者根据送达内容已作出相应诉讼行为的，即为完成有效送达；若受送达人的电子地址所在系统反馈受送达人已阅知，或者有其他证据可以证明受送达人已经收悉的，推定完成有效送达，但受送达人能够证明存在系统错误、送达地址非本人使用或者非本人阅知等未收悉送达内容的情形除外。这一送达生效标准分别采"到达主义"和"收悉主义"两种不同标准，其中"收悉主义"的适用需要满足一系列条件，并以其"确认收悉"的时间点作为送达生效的时间点。

在电子送达后，法院还应通过其他方式如短信、电话等进行提示和通知。若出现无法或不宜使用电子送达的情况，则应按传统方式线下送达。

（五）关于刑事案件在线审理

《人民法院在线诉讼规则》充分考虑到刑事案件的特殊性，针对刑事案件在线诉讼的适用条件、适用环节、庭审要求等方面作出专门规定。其第37条规定："符合本规定第三条第二项规定的刑事案件，经公诉人、当事人、辩护人同意，可以根据案件情况，采取在线方式讯问被告人、开庭审理、宣判等。案件采取在线方式审理的，按照以下情形分别处理：（一）被告人、罪犯被羁押的，可以在看守所、监狱等羁押场所在线出庭；（二）被告人、罪犯未被羁押的，因特殊原因确实无法到庭的，可以在人民法院指定的场所在线出庭；（三）证人、鉴定人一般应当在线下出庭，但法律和司法解释另有规定的除外。"对刑事案件适用在线诉讼，可线上进行讯问、审理、宣判等环节，这意味着刑事案件中的证据交换、认定等一些有较严格程序要求的环节一般不适用线上进行。当然，对可适用在线诉讼的环节，仍应征求公诉人、当事人和辩护人同意，保护诉讼参与方的合法权利。部分案件中，被告人、罪犯可能未被羁押；《人民法院在线诉讼规则》据此对被告人、罪犯的在线出庭方式进行了规定，并要求证人、鉴定人一般应当在线下出庭，以保证案件审理的规范性和严肃性。

（六）关于在线诉讼数据信息保护

在线诉讼需高度重视和防范数据信息安全风险。《人民法院在线诉讼规则》对在线诉讼中的数据信息保护提出了一系列要求，以确保诉讼过程中的数据安全和当事人隐私。例如，《人民法院在线诉讼规则》第7条的诉讼主体实名制及其身份信息核实，即有保障在线诉讼的数据安全，防止冒名顶替、数据泄露的考量；此外，对于涉及国家安全、国家秘密或个人隐私的案件，即使采取在线方式进行审理，庭审过程也不得在互联网上公开。《人民法院在线诉讼规则》第27条同时规定，未经法院同意，严禁任何人违法违规录制或传播庭审相关的资料。对于违反有关数据保护规定的行为，人民法院将依法追究相应法律责任。

该诉讼规则总体上确立了人民法院对在线诉讼数据信息的权利主体地位，明确了各方主体对在线诉讼数据信息的保护义务和责任追究的法律依据，切实加大对数据安全和个人信息保护力度，保障在线诉讼安全、规范、有序运行。[1]

总的来说，《人民法院在线诉讼规则》坚持人民性、注重规范性、彰显时代性，充分回应了互联网时代人民群众司法需求，积极适应技术与司法融合应用发展要求，科学构建了人民法院在线办案程序。[2]司法诉讼的未来离不开技术的深度参与，但并不意味着技术能够作为解决法律问题的主要方式或根本手段。[3]在线诉讼在数字化时代具有现实的积极意义，但也给传统审判带来了理论与实践的挑战，例如，对庭审仪式感的削弱、对被追诉人权利的克减、对直接言词原则的冲击、对诉讼法教义学的需求以及对其适用范围的界定及数字技术的运用。[4]因此应当理性、全面认识在线诉讼的多元功能，既不应将在线诉讼看成一种"廉价正义"的供给渠道，也应当警惕"技术万能主义"，充分认识技术局限性、技术与司法之间的张力带给诉讼制度的风险和挑战。[5]

二、人民法院在线调解规则

调解是在第三方主持下，以国家法律法规、规章和政策以及社会公德为依据，对纠纷双方进行斡旋、劝说，促使他们互相谅解，进行协商，自愿达成协议，消除纷争的活动。[6]由法院组织的在线调解作为非诉讼化纠纷解决的典型代表，是法院信息化建设回应网络信息社会发展、人民多元化利益需求的创新和探索，也是促进纠纷解决机制多元化、现代化的应然选择。在线调解契合了其作为非诉讼化纠纷解决方式的灵活性特征，因其非公开性在个人信息保护、隐私保护等方面更具优势，同时网络信息技术与调解相结合也可以提高纠纷解决的效率性与便捷性。[7]

（一）《人民法院在线调解规则》前的我国在线调解工作实践

在《人民法院在线调解规则》出台前，我国已经在在线调解领域进行了充分的实践探索。早在 2018 年，最高人民法院即开发建设了人民法院调解平台，在全国范围内试运行。此后，最高人民法院又先后出台《关于建设一站式多元解纷机制、一站式诉讼服务中心的意见》《关于深化人民法院一站式多元解纷机制建设推动矛盾纠纷源头化解的实施意见》等规范性意见，提出建设人民法院调解平台、将各地法院审判流程管理系统或者自建调解平台与最高人民法院在线调解平台对接等举措，推动将地区解纷资源通过线上汇集、流转，以便当事人在线接受咨询评估、调解、确认、分流、速裁快审等一站式解纷服务。

通过调解平台试运行，人民法院整合了法院定分止争的职能与新时代"枫桥经验"

---

〔1〕 刘峥、何帆、李承运：《〈人民法院在线诉讼规则〉的理解与适用》，载《人民司法》2021 年第 19 期。

〔2〕 参见《全面规范在线诉讼活动 健全完善互联网司法新模式——相关负责人就〈人民法院在线诉讼规则〉答记者问》，载最高人民法院网。

〔3〕 参见左卫民：《迈向数字诉讼法：一种新趋势？》，载《法律科学》（西北政法大学学报）2023 年第 3 期。

〔4〕 参见刘沛宏：《从"场域化"到"场景化"：刑事远程庭审的理论及其发展》，载《学术交流》2022 年第 9 期。

〔5〕 参见郭丰璐：《论在线诉讼的功能定位》，载《法律适用》2023 年第 5 期。

〔6〕 参见范愉：《非诉讼纠纷解决机制研究》，中国人民大学出版社 2000 年 6 月版，第 176 页。

〔7〕 参见谢登科、张赫：《在线调解的实践困境与未来发展》，载《学术交流》2022 年第 12 期。

的发展，结合信息化技术和社会化参与，创建了融合替代性争端解决（ADR）和在线争端解决（ODR）的中国特色在线多元纠纷解决模式。[1]在此基础上，《人民法院在线调解规则》进一步发挥调解平台在促进基层治理体系和治理能力现代化中的作用、进一步满足在线调解工作新要求，对于完善具有鲜明中国特色、实践特色、时代特色的纠纷解决制度体系，构建中国特色、世界领先互联网司法新模式，实现更高水平的数字正义，具有里程碑意义。[2]《人民法院在线调解规则》明确了在线调解框架体系，丰富了人民法院调解形式，填补了在线调解程序空白，创新完善了互联网时代人民群众参与司法的制度机制，拓展了调解资源共享的广度深度，对推动司法工作与信息化建设的深度融合，促进实现更高水平的数字正义具有里程碑意义。

（二）《人民法院在线调解规则》的适用范围

规则第1条明确，其适用范围仅限定在立案前或者诉讼过程中依托人民法院调解平台开展的调解。如本节开篇部分所述，人民法院并非组织调解的唯一主体，许多矛盾和纠纷可以通过其他调解组织、运用其他替代性纠纷解决机制或者非由法院建设的在线调解平台化解。对于此类调解活动，不适用该规则。

从在线调解适用的案件范围来看，由于与在线诉讼不同，调解所需严肃性较低，也不必经过严格的举证、质证程序，故依法可以调解或者和解的纠纷，包括民事纠纷、行政纠纷、执行案件、刑事自诉以及被告人、罪犯未被羁押的刑事附带民事诉讼案件等均可以在线调解。

从在线调解的环节来看，在线调解包括调解申请、委派委托、音视频调解、制作调解协议、申请司法确认调解协议、制作调解书等环节。与在线诉讼类似，上述各环节中有任意环节经由线上途径进行，即可认定为在线调解。例如，即使当事人通过在线调解平台提交了在线申请、法院通过在线调解平台进行委派委托后，其他调解环节均在线下进行，未发生音视频调解等情况，该案件仍可视为适用了在线调解。

与在线诉讼规则类似，案件适用在线调解，必须以征得当事人同意为前提，同时还需要考虑案件具体情况以及技术条件等因素。从技术发展逻辑来看，在线调解更加快捷、方便，可以满足当事人异地调解需求；但在具体个案中，也存在现场调解更易于双方化解纠纷，或无异地调解诉求、双方均可接受线下调解的情形，此时也仍可以组织线下调解。组织调解既包括诉前，也包括诉讼中。在进入正式诉讼程序前，如果能够通过非司法手段成功调解、化解纠纷，可以有效节约审判资源，[3]故《人民法院在线调解规则》也明确了对诉前调解程序的适用。

（三）在线调解的信息公开及人员名册管理

《人民法院在线调解规则》规定了调解组织和调解员指定或者选定原则，明确当事人可以申请更换调解组织或者调解员。此外，法院应在调解平台公布调解组织和调解

---

〔1〕 钱晓晨、刘雪梅、徐德芳：《〈人民法院在线调解规则〉理解与适用》，载《人民司法》2022年第10期。

〔2〕 《最高法立案庭相关负责人就〈人民法院在线调解规则〉答记者问》，载人民法院网。

〔3〕 参见左卫民：《通过诉前调解控制"诉讼爆炸"——区域经验的实证研究》，载《清华法学》2020年第4期。

员信息：根据《人民法院在线调解规则》第 5 条，公布的信息包括在线调解组织和调解员的基本情况、纠纷受理范围、擅长领域、是否收费、作出邀请的人民法院等内容。同时，规则规定了调解组织和调解员应当在接受调解前或者调解过程中进行披露的三种情形，即"是纠纷当事人或者当事人、诉讼代理人近亲属的；与纠纷有利害关系的；与当事人、诉讼代理人有其他可能影响公正调解关系的。"如果在披露后，当事人仍愿意选择或者虽未披露但当事人明知具有三种情形，仍同意该调解组织或者调解员调解的，应当尊重当事人意愿，允许该调解组织或者调解员继续调解。

在调解人员名单的制定及管理方面，《人民法院在线调解规则》第 27 条明确了"谁选任、谁管理"的原则。此处所指的管理，包括调解组织或者调解员的选任。上级人民法院选任的调解组织或者调解员，下级人民法院可以征得其同意后确认为本院调解组织或者调解员；除选任外，管理工作还包括对调解员进行业务培训、资质认证、指导入驻、权限设置、业务评价等。为了更有效地调配调解资源，《人民法院在线调解规则》第 28 条规定，最高人民法院可以建立全国性特邀调解名册，供地方各级法院使用。地方法院对重大、疑难复杂且适宜调解的案件，可以邀请名册中的调解组织或者人员参与调解。此外，长三角、粤港澳、京津冀等地区法院也可以建立区域性特邀调解名册，还可由多个地区共同选任一批在线调解组织和调解员，建立共享调解资源库，提高解决纠纷质效。

另外，法院还可以建立特殊特邀调解名册。实践中，一些矛盾纠纷专业性强、类型化显著，需要更加精准、精细地进行调解，对调解员的专业水平提出了很高要求。《人民法院在线调解规则》第 28 条对此明确，人民法院可以建立婚姻家庭、劳动争议、道路交通、金融消费、证券期货、知识产权、海事海商、国际商事和涉港澳台侨纠纷等专业行业特邀调解名册，按照不同专业邀请具备相关专业能力的组织和人员加入。

港澳台居民和外国人也可以作为调解员参与调解。《人民法院在线调解规则》第 6 条明确，人民法院可以邀请符合条件的外国人、港澳地区居民、台湾地区居民入驻人民法院调解平台。若调解当事人一方或双方为：（1）外国人、无国籍人、外国企业或者组织；（2）香港特别行政区、澳门特别行政区居民、法人或者非法人组织以及大陆港资澳资企业；（3）台湾地区居民、法人或者非法人组织以及大陆台资企业，入驻平台的港澳台居民和外国人可以分别对应上述三种情形，参与调解民商事纠纷。

（四）在线调解程序

在线调解程序主要包括引导调解、提交调解材料、立案前调解的启动和退回、调解组织或调解员的选定及更换、调解组织及调解员接受调解及披露、调解前准备工作、调解行为效力和诉调对接机制等作出规定。除了上文已介绍的调解组织及调解员披露规则，其他部分程序依次介绍如下：

1. 在线调解的引导

《人民法院在线调解规则》第 7 条规定："人民法院立案人员、审判人员在立案前或者诉讼过程中，认为纠纷适宜在线调解的，可以通过口头、书面、在线等方式充分释明在线调解的优势，告知在线调解的主要形式、权利义务、法律后果和操作方法等，引导当事人优先选择在线调解方式解决纠纷。"2019年《最高人民法院关于建设一站式多元解纷机制 一站式诉讼服务中心的意见》首次明确了设立诉讼引导和辅导区，提供诉讼指引类服务。2020年《关于完善"分调裁审"机制的意见（试行）》要求全面开展调解分流工作，对起诉到人民法院的民事纠纷，除根据案件性质不适宜调解、已经调解但无法达成调解协议的外，应当在立案前向当事人发放是否同意调解确认书。

有效的诉前引导可以将适宜调解的案件通过调解方式尤其是在线调解方式及时解决，但需要注意的是，不应出于追求案件调解率等因素，强行要求或误导诉讼当事人进行调解。对于不适宜在线调解的案件，仍应通过线下途径进行；对于不适宜调解或者当事人不接受调解的案件，仍应通过诉讼方式解决。

2. 在线调解材料的提交

在线调解材料的提交形式分为两种：一种是当事人自行填写；另一种为系统推送。与在线诉讼规则类似，《人民法院在线调解规则》第8条规定："当事人同意在线调解的，应当在人民法院调解平台填写身份信息、纠纷简要情况、有效联系电话以及接收诉讼文书电子送达地址等，并上传电子化起诉申请材料。当事人在电子诉讼平台已经提交过电子化起诉申请材料的，不再重复提交。当事人填写或者提交电子化起诉申请材料确有困难的，人民法院可以辅助当事人将纸质材料作电子化处理后导入人民法院调解平台。"这一规定在明确在线调解材料提交途径的同时，也提出法院可以辅助老年人、残障人士或使用电子设备有困难的人群等一些特殊群体在选用在线调解时提交材料。

3. 立案前在线调解申请的退回

《人民法院在线调解规则》第9条对立案前申请在线调解所需满足的条件进行了明确规定。对于不符合条件的，法院应退回申请并按情况分别处理。退回申请的主要情形有以下三类：

一是当事人申请调解的纠纷不属于人民法院受案范围，告知可以采用的其他纠纷解决方式。属于人民法院受理民事诉讼的范围，依法可以受理并立案的，才可以考虑是否适用在线调解。

二是与当事人选择的在线调解组织或者调解员建立邀请关系的人民法院对该纠纷不具有管辖权，告知选择对纠纷有管辖权的人民法院邀请的调解组织或者调解员进行调解。一般来说，绝大多数法院在立案前委派调解时，已经对纠纷是否属于法院受案范围、是否属于本院管辖作了初步判断。但在后续选任调解员或调解组织过程中，仍然需要注意避免出现当事人选择与有管辖权法院毫无关系的调解组织或者调解员等情形。

三是当事人申请调解的纠纷不适宜在线调解，告知到人民法院诉讼服务大厅现场办理调解或者立案手续。

4. 调解组织或者调解员的选定及更换

《人民法院在线调解规则》第10条、第14条对调解组织和调解员的选定方式以及当事人申请更换的权利、法律后果等作出规定，并根据立案前一方当事人申请还是立案后双方当事人申请作出区分。在指定调解员问题上，规则规定，当事人一方在立案前同意在线调解的，由人民法院征求其意见后指定调解组织或者调解员；当事人双方同意在线调解的，可以在案件管辖法院确认的在线调解组织和调解员中共同选择调解组织或者调解员。当然，如果当事人同意由人民法院指定调解组织或者调解员，或者无法在同意在线调解后两个工作日内共同选择调解组织或者调解员的，可以由人民法院指定调解组织或者调解员。

在线调解过程中，当事人可以申请更换调解组织或者调解员；更换后，当事人仍不同意该调解组织或调解员进行调解的，可以自行选择调解员。如果当事人在调解组织或调解员更换后仍然不同意，且拒绝自行选择的，视为当事人拒绝调解。规定由法院指定调解组织或调解员的情形及当事人拒绝调解的认定，主要是为了防止案件当事人利用调解程序恶意拖延案件时间，加快案件处理效率。

5. 调解组织或者调解员及时接受及披露义务

在线调解不同于现场调解，法院工作人员或者当事人不能面对面确认调解组织或者调解员是否接受委派委托，故《人民法院在线调解规则》第12条对于在线调解组织和调解员应当在收到人民法院委派委托调解信息或者当事人在线调解申请后3个工作日内确认接受委派委托或者调解申请、不予接受的情形以及超期未予确认的法律后果作出规定。

与现场调解不同，法院工作人员与当事人现场确认调解员是否接受委派委托存在难度。因此，《人民法院在线调解规则》第12条规定，在线调解组织和调解员需在接到委派委托调解信息或调解申请后3个工作日内确认。调解组织或调解员也可以写明理由后不接受调解委派或申请，以免调解工作不符合自身擅长领域或存在其他不适宜接受的情形，如调解资源已经饱和、调解员精力有限等。

如前所述，《人民法院在线调解规则》第13条规定了调解组织和调解员应当披露的3种情形。在披露上述情形之后，一般而言当事人有权申请其回避。之所以未直接规定披露后有利害关系或可能对案件有影响的调解组织或者调解员应当回避，是因为调解案件中往往存在"有利害关系或者有影响力的调解员更好化解纠纷"的情形。如果调解员与双方均熟识，或与案件有一定利害关系，也可能从中斡旋说和，促成双方和解；故无须强制要求利害关系人回避调解，而是应允许调解双方当事人自行选择。调解组织和调解员披露后当事人仍同意的，或者当事人明确知道调解组织、调解员具有利害关系等情形，没有要求更换，仍同意继续调解的，应当尊重当事人意愿，由该调解组织或者调解员继续调解。

6. 调解前的准备工作

《人民法院在线调解规则》第15条明确了调解员在立案前调解阶段的职责，即对于当事人一方同意立案前调解的，调解员可以协助法院通知对方当事人，征询调解意愿。允许调解员从中促成双方选择调解方式，也是有效实施案件分流、节约诉讼资源、促成案件调解的有益做法。《人民法院在线调解规则》第16条则对参与调解方式作了规定：如果当事人同意通过线上方式参与在线调解，应组织其通过在线调解平台同时或异步开展调解工作；如果当事人同意但不具备相应的技术条件，法院可以考虑案件情况，在人民法院诉讼服务中心、调解组织所在地或者其他便利地点，为其参与在线调解提供场所和音视频设备。如果各方当事人均不具备使用音视频技术条件或者拒绝通过音视频方式调解的，应确定现场调解的时间、地点，转为现场调解；此外，在线调解过程中，如果部分当事人提出不宜通过音视频方式调解的，调解员在征得其他当事人同意后，也可以组织现场调解。线上线下调解方式的灵活转换有利于保障当事人的选择权，也能够保障调解工作的灵活性，提高调解工作效率。

7. 在线调解行为效力和诉调对接

调解过程中，各方当事人为了促成调解，可能会作出妥协或者让步。如果调解不成，这些妥协或让步可能会成为诉讼过程中的不利证据。对此，《人民法院在线调解规则》第18条规定，在线调解过程中，当事人可以通过语音、文字、视频等形式自主表达意愿，提出纠纷解决方案。除共同确认的无争议事实外，当事人为达成调解协议作出妥协而认可的事实、证据等，不得在诉讼程序中作为对其不利的依据或者证据，但法律另有规定或者当事人均同意的除外。

对于调解行为的效力，《人民法院在线调解规则》第20条规定："各方当事人在立案前达成调解协议的，调解员应当记入调解笔录并按诉讼外调解结案，引导当事人自动履行。依照法律和司法解释规定可以申请司法确认调解协议的，当事人可以在线提出申请，人民法院经审查符合法律规定的，裁定调解协议有效。各方当事人在立案后达成调解协议的，可以请求人民法院制作调解书或者申请撤诉。人民法院经审查符合法律规定的，可以制作调解书或者裁定书结案。"

调解也有可能失败。无论成功与否，《人民法院在线调解规则》对调解程序终结的情形作了如下列举，明确符合下列条件的，调解程序应当终结：当事人达成调解协议；当事人自行和解，撤回调解申请；在调解期限内无法联系到当事人；当事人一方明确表示不愿意继续调解；当事人分歧较大且难以达成调解协议；调解期限届满，未达成调解协议，且各方当事人未达成延长调解期限的合意；当事人一方拒绝在调解协议上签章；其他导致调解无法进行的情形。

应注意的是，调解未达成协议，不代表调解未取得任何实质性成果。调解员在线调解过程中，可以同步形成电子笔录，并确认无争议事实。经当事人双方明确表示同意的，可以以调解录音录像代替电子笔录，但无争议事实应当以书面形式确认。电子笔录以在线方式核对确认后，与书面笔录具有同等法律效力。所记载的无争议事实在诉讼程序中有利于确认双方分歧焦点、固定已取得的进展。例如，2016年出台的《关于人民法院进一步深化多元化纠纷解决机制改革的意见》规定："在诉讼程序中，除涉及国家利益、社会公共利益和他人合法权益的外，当事人无需对调解过程中已确认的无争议事实举证。"

如果在线调解达不成调解协议，调解组织或者调解员应当记录调解基本情况、调解不成的原因、导致其他当事人诉讼成本增加的行为以及需要向人民法院提示的其他情况。法院应根据调解发生在诉前还是诉中，采取登记立案、开庭审理等措施继续推进案件解决。

此外，为避免虚假调解等情形，《人民法院在线调解规则》规定，人民法院在审查司法确认申请或者出具调解书过程中，发现当事人可能采取恶意串通、伪造证据、捏造事实、虚构法律关系等手段实施虚假调解行为，侵害他人合法权益的，可以要求当事人提供相关证据。当事人不提供相关证据的，人民法院不予确认调解协议效力或者出具调解书。经审查认为构成虚假调解的，依照《民事诉讼法》等相关法律规定处理。发现涉嫌刑事犯罪的，及时将线索和材料移送有管辖权的机关。

第三节　电子证据法律制度

在互联网司法和在线纠纷解决过程中，不可避免会使用大量电子证据。因此，有必要对我国电子证据法律制度进行介绍，尤其是在各类执法、司法活动中如何判断电子证据是否有效的相关规定。

电子证据是指通过电子信息技术应用而出现的各种能够证明案件真实情况的材料及其派生物。电子证据具有以下特点：一是虚拟性。电子证据存在于虚拟空间，不同于传统的实物证据；二是系统性。在虚拟空间，电子证据的产生或其他行为均不是孤立的，而是一系列命令或程序遵循一定技术规则的综合产物。电子证据的载体不仅会记录涉案的数据电文证据，还会记录有关附属信息证据和关联痕迹证据，具有相对稳定的层次结构和极强的规律性、协同性；三是稳定性。电子证据在某些情况下容易被篡改，但通过技术手段可以提高其稳定性；四是多元性。电子证据涉及多种类型的信息和数据，如文档、图片、音视频、数字证书等。

中国的电子证据法律制度涵盖了多部法律法规。其中，《刑事诉讼法修正案草案》将"电子数据"规定为法定证据种类之一，首次以立法形式肯定电子证据的法律地位[1]。基本法律包括《刑事诉讼法》《民事诉讼法》《行政诉讼法》和《监察法》等，确立了电子证据可以作为证据的法律地位。关联法律、行政法规包括《电子签名法》《道路交通安全法》《审计法》《出入境管理法》《海关法》《审计法实施条例》《国际海运条例》《海关行政处罚实施条例》等。司法解释方面，有《民事诉讼证据规定》《互联网法院规则》《关于适用〈中华人民共和国民事诉讼法〉的解释》《关于适用〈中华人民共和国刑事诉讼法〉的解释》《人民检察院刑事诉讼规则》等。

判断电子证据是否有效，应遵循关联性规则、真实性规则、合法性规则及证明力规则等。

一、电子证据的关联性规则

电子证据的关联性规则主要需满足内容关联性、载体关联性和多元关联三个方面。内容关联性是指电子证据的内容应当与案件事实直接相关。这一规则要求证据与案

---

〔1〕 参见戴莹：《电子证据及其相关概念辨析》，载《中国刑事法杂志》2012 年第 3 期。

件之间存在明确的事实关系，即电子证据能够证明或反驳某一具体事实。内容的关联性可以分解为两方面内容，一是实质性，电子证据内容所要证明的对象属于案件包含的事实；二是证明性，电子证据内容对所要证明的事项的存在或不存在发生影响。[1]在实际案例中，判断内容关联性需要对电子证据进行全面、细致的分析。例如，涉及金融诈骗案件中的电子转账记录、合同电子文本等，均应具有明确的内容关联性，以确保证据在法庭审理过程中能够发挥实质性作用。

载体关联性是指电子证据的载体应当与案件事实有直接关联。载体关联性规定电子证据在提取、收集和保存过程中应当保持原始状态，确保其完整性和真实性。关联性是电子证据在法庭上运用的关键性指标，载体上的关联性突出表现为虚拟空间的身份、行为、介质、时间与地址要同物理空间的当事人或其他诉讼参与人关联起来。[2]例如，在互联网侵权案件中，涉案的侵权信息往往存储在服务器、电脑硬盘等载体上，这些载体本身就是案件事实的直接证明。因此，对电子证据载体的保护和管理至关重要，一旦出现篡改、删除等行为，就可能导致证据失去法律效力。

多元关联是指电子证据与其他证据之间应当具有相互印证、相互支持的作用。在法庭审理过程中，电子证据往往需要与其他证据类型（如书证、物证、证人证言等）结合起来进行综合评价，以确保证据的可靠性和有效性。多元关联要求各类证据能够相互印证，构成一个完整的证据链条。例如，在合同纠纷案件中，当事人可能需要提供电子邮件、短信记录、合同扫描件等电子证据，同时还需提供纸质合同、证人证言等其他证据，以形成一个完整的证据体系。

二、电子证据的真实性规则

电子证据的真实性规则是指证据应当真实可信，未经过伪造、篡改。在司法实践中，电子证据面临来自真实性方面的巨大挑战。根据《关于办理刑事案件收集提取和审查判断电子数据若干问题的规定》，电子数据具有下列情形之一的，不得作为定案的根据：电子数据系篡改、伪造或者无法确定真伪的；电子数据有增加、删除、修改等情形，影响电子数据真实性的；其他无法保证电子数据真实性的情形。电子证据真实性又可以进一步分为电子证据载体的真实性、电子数据的真实性和电子证据内容的真实性[3]。《最高人民法院关于民事诉讼证据的若干规定（2019修正）》第93条、第94条也对电子证据真实性的认定作了重要的规则建设，形成了推理性标准、推定性标准和认知性标准的三类标准：基于推理的标准，即对若干因素进行综合判断；基于推定的标准，即满足若干情形之一的推定属实；基于司法认知的标准，即满足特殊情形的由法官直接确认属实。[4]而关于电子证据的效力，《人民法院在线诉讼规则》对电子证据提出了"呈

---

〔1〕 参见陈如超：《电子证据审查判断的模式重塑——从混合型审查到分离型审查》，载《河北法学》2022年第7期。

〔2〕 参见刘品新：《电子证据的关联性》，载《法学研究》，2016年第6期。

〔3〕 参见褚福民：《电子证据真实性的三个层面——以刑事诉讼为例的分析》，载《法学研究》2018年第4期。

〔4〕 参见刘品新：《论电子证据的真实性标准》，载《社会科学辑刊》2021年第1期。

现完整、内容清晰、格式规范”的要求，电子化证据材料仅在符合“形式规范性”和“原件非必要性”条件下才具有准入资格，在符合一致性、完整性、清晰性、规范性等条件下才具有“拟制原件”法律效力。[1]《关于办理刑事案件收集提取和审查判断电子数据若干问题的规定》《检察机关办理电信网络诈骗案件指引》《最高人民法院关于民事诉讼证据的若干规定（2019 修正）》《最高人民法院关于互联网法院审理案件若干问题的规定》《公安机关办理刑事案件电子数据取证规则》等均对电子证据取证及采信过程中的真实性规则进行了规定。

三、电子证据的合法性规则

电子证据的合法性规则是评价电子证据在法律诉讼中能否被接受和采信的基本原则。合法性规则主要包括主体合法性、形式合法性和程序合法性三个方面。

主体合法性是指电子证据的提供者和使用者均应具备合法资格。提供者应当是具有相应权利和义务的当事人、证人、鉴定人等，而使用者则应为法庭、检察机关、公安机关等依法享有调查取证权的主体。主体合法性要求电子证据的获取、提交和使用过程中，各方行为应符合法律法规的规定，以确保电子证据的合法性。

形式合法性是指电子证据应当符合法律法规对证据形式的要求。电子证据的形式包括电子文档、电子邮件、聊天记录、音频、视频等，这些证据形式应当能够在法庭审理过程中准确、完整地展示事实。形式合法性要求电子证据的表现形式应当便于法庭审查、鉴定，并能够保证证据的真实性、客观性。

程序合法性是指电子证据的获取、保存、提交和使用等过程应当符合法律法规的程序要求。建立非法证据排除规则的根本目的在于制止那些野蛮、残忍、不人道的非法取证方式和手段，[2]在电子证据的获取过程中，应遵循合法来源、合法手段等原则，不能侵犯他人的合法权益；在保存和提交过程中，应确保证据的完整性、真实性；在使用过程中，应遵守法庭的审理程序，保障当事人的诉讼权利。程序合法性有助于维护电子证据的真实性和公正性，防止非法证据影响审判结果。

四、电子证据的证明力规则

电子证据的证明力规则是评价电子证据在法律诉讼中作为证明材料的能力。就法官运用经验法则评价证据证明力的过程而言，并不是指法官毫无拘束地根据自身的感性认识判断证据有多大的证明力，而是要求法官在司法中遵循一定的范式，理性地评价证据证明力。[3]证明力规则主要包括物理空间相印证和虚拟空间相印证两个方面：

物理空间相印证指的是电子证据作为物理空间即现实中的证明，即使电子证据与现实生活中的物证、书证等证据类型相结合，相互印证，以提高电子证据的可信度。这种

---

[1]　参见谢登科：《在线诉讼电子化证据的法律效力与规则适用》，载《地方立法研究》2022 年第 4 期。

[2]　参见陈卫东主编：《刑事诉讼法》，中国人民大学出版社 2015 年版，第 152 页。

[3]　参见谭世贵、陆怡坤：《论经验法则在证据证明力评价中的运用——以刑事司法为视角》，载《华南师范大学学报》（社会科学版）2021 年第 5 期。

方法要求法庭对电子证据与现实中的证据进行对比分析，确保电子证据反映的事实与物理空间中的事实一致。例如，电子合同中的签名与实际签名样本相符合，或者网络交易的物流信息与实际收货记录相一致。

虚拟空间相印证即在虚拟空间中由电子证据相互印证，证明某一事实的发生。这种印证过程通常需要比对和分析同一虚拟空间内的其他电子证据，以证实某一电子证据的可靠性。这种方法主要适用于网络环境中的证据，通过分析电子证据之间的关联性、一致性、来源等方面，来判断证据的真实性。例如，通过比对聊天记录、通话记录、交易记录等多种电子证据，证明某一交易行为的真实性。

《最高人民法院关于适用〈中华人民共和国刑事诉讼法〉的解释（2021）》《检察机关办理电信网络诈骗案件指引》《关于办理网络赌博犯罪案件适用法律若干问题的意见》等均对电子证据的证明力作出了要求。

▌重要名词术语 ▶

互联网司法、智慧法院、双线模式、异步审判、在线诉讼、在线调解、电子证据

▌思考题 ▶

1. 互联网法院的设立和运作模式对传统司法权威和公信力产生了哪些影响？互联网法院是否能够有效提升司法的透明度和公众信任度，同时保持对法律权威的尊重和维护？

2. 在互联网司法实践中，如何平衡技术应用和法律原则，确保案件审理的公正性和准确性？面对技术的快速发展，如何更新法律教育和职业培训，以适应互联网时代司法工作的新要求？

3. 互联网法院在处理案件过程中，如何保护当事人的隐私权和个人数据安全？

4. 如何看待我国司法机关主导的在线纠纷解决制度？你认为这一制度的未来发展如何？

▌典型案例分析 ▶

2015年10月以来，深圳微源码软件开发有限公司（以下简称微源码公司）在腾讯科技（深圳）有限公司、深圳市腾讯计算机系统有限公司（以下简称腾讯公司）运营的微信平台上注册"数据精灵分销平台"等26个微信公众号。之后，腾讯公司因涉案公众号推广的外挂软件明显超越微信所允许的功能范畴，违反微信服务协议及运营规范等多项规定，封禁了微源码公司运营的公众号。故微源码公司诉至法院，请求法院判令腾讯公司停止滥用市场支配地位行为，提出包括解封其注册的公众号并赔偿损失等九项诉

讼请求。[1]

法院裁定认为，"第一，从功能角度看，其他互联网产品都具有原告所主张的宣传、推广功能，能够对微信公众号实现有效的替代。原告在已使用的互联网服务渠道中，不仅宣传、推广的图片、文案、视频内容高度一致，并且通过设置跳转链接、预留其他渠道二维码等方式，实现了多种推广渠道相互链接，用户能够毫无障碍地在各宣传推广渠道自由转换，如微信公众号通过"阅读原文"链接其自办官网，而原告在其自办网站也展示了微信公众号二维码和微博二维码。证明原告将上述互联网服务整合为一个覆盖全网络各个宣传渠道的体系。微信公众号、新浪微博、自办网站与搜索引擎、社交网站、视频自媒体等互联网平台是该体系中内容高度一致、功能高度类似的渠道，相互间具有紧密的替代性。

第二，从商品特性上看，前述互联网产品提供的推广服务都是面对广大用户提供的，运营主体通过注册相关账号并主动投放相关推广内容即可实现在线推广，如本案原告即在微信公众平台和新浪微博上注册了账号并发布了大量推广文章，在优酷视频网站亦注册了账号并投放了数百个宣传推广视频；就普通互联网用户而言，其可以通过关注或订阅等方式对运营主体的推广账号进行实时关注，也可以通过主动搜索等方式顺利获取前述在线推广内容"。

因此，法院认为，本案涉及的商品市场应为互联网平台在线推广宣传服务市场。这个市场包括能够满足原告产品宣传推广主要需求的渠道，如自办网站、微博、视频平台（如优酷）、搜索引擎服务平台、社交网站（如 QQ 空间）等。

---

〔1〕《深圳微源码软件开发有限公司与腾讯科技（深圳）有限公司、深圳市腾讯计算机系统有限公司滥用市场支配地位纠纷》，载中国法院网 2019 年 12 月 4 日，https://www.chinacourt.org/article/detail/2019/12/id/4704725.shtml，2024 年 5 月 3 日最新访问。

后　记

　　网络与信息法学是因应信息技术网络化、数字化、智能化的迭代发展，服务和支撑网络强国和数字中国建设、网络与信息法治实践的新型、新兴法学二级学科。本《网络与信息法学教程》作为"新时代法学教育丛书"的组成部分，是在《网络安全法》《电子商务法》《数据安全法》《个人信息保护法》《反电信网络诈骗法》等法律相继实施，数字经济、人工智能、网络信息内容等领域制度日益健全的背景下，对本学科基础理论及主要立法内容的总结和阐释，旨在为高校法学专业的本科生和研究生系统了解我国网络与信息法学理论成果、法律制度构成及最新发展提供指导和帮助，也可为关注和从事网络法、数据法、数字法、人工智能法等网络与信息法治实践的专业人士提供参考。

　　本书主要由中国社会科学院大学网络与信息法学教研室的老师及长期从事网络与信息法立法支撑研究的专家学者合作完成。网络与信息法学教研室周辉副教授负责全书的统稿。本书共十章，具体分工如下：

　　周辉：第一章总论；

　　刘灿华：第二章网络安全法；

　　赵淑钰：第三章电信法；

　　吴红强：第四章反电信网络诈骗法；

　　徐玖玖：第五章数据安全法；

　　张心宇：第六章个人信息保护法；

　　周辉、孙牧原：第七章数字经济法；

　　徐斌：第八章网络信息内容法

　　马宁：第九章人工智能法；

　　徐斌、孙牧原：第十章互联网司法和在线纠纷解决。

　　本书能够顺利完成，要感谢参与撰写的各位学者专家的辛勤付出，也要感谢中国社会科学院大学法学院和中国社会科学院法学研究所提供的支持和保障，以及网络与信息法学界同仁的宝贵意见和建议。当然，由于编写时间仓促，本书存在的问题颇多，恳请读者批评指正。

编者

2024 年 12 月 4 日